中国古今蚕桑丝绸技艺精华

ZHONGGUO GUJIN CANSANG SICHOU JIYI JINGHUA

主编 钱小萍 白伦

图书在版编目(CIP)数据

中国古今蚕桑丝绸技艺精华/钱小萍,白伦主编. —苏州:苏州大学出版社,2021.6
国家出版基金项目
ISBN 978-7-5672-3646-2

Ⅰ.①中… Ⅱ.①钱…②白… Ⅲ.①丝绸工业-工业史-中国 Ⅳ.①F426.81

中国版本图书馆CIP数据核字(2021)第142624号

中国古今蚕桑丝绸技艺精华

总策划
张　凝

主　编
钱小萍　白　伦

责任编辑
张　凝　薛华强

助理编辑
王玉琦

装帧设计
吴　钰

责任校对
倪锈霞　谢珂珂

出版发行

苏州大学出版社
(社址:苏州市十梓街1号　邮编:215006)

排　版
镇江文苑制版印刷有限责任公司

印　装
苏州工业园区美柯乐制版印务有限责任公司

版次　2021年6月第1版　2021年6月第1次印刷
开本　700 mm×1 000 mm　1/8
印张　62.75
字数　1 150千字
书号　ISBN 978-7-5672-3646-2
定价　680.00元

若有印装错误,本社负责调换
苏州大学出版社营销部　电话:0512-67481020
苏州大学出版社网址　http://www.sudapress.com
苏州大学出版社邮箱　sdcbs@suda.edu.cn

《中国古今蚕桑丝绸技艺精华》编委会

主 编
钱小萍　白　伦

编 委
（按姓氏笔画排序）

丁怀进	卫正国	王　晨	王雪琴
孔大德	左保齐	白　伦	庄国华
李加林	沈　惠	沈芝娴	张　凝
张剑峰	陈国强	胡连华	钱小萍
徐回祥	郭文登	唐人成	薛华强

总策划
张　凝

《中国古今蚕桑丝绸技艺精华》编撰分工

前　言　钱小萍　白伦

第一章　古今的桑　张剑峰

第二章　古今家蚕及品种　卫正国

第三章　古今养蚕技术　卫正国

第四章　古今的丝　白伦

第五章　古今的缂丝技艺　徐回祥

第六章　绢纺与丝绵技艺　白伦　胡连华

第七章　古今丝绸织造　沈惠　丁怀进　左保齐　庄国华

第八章　古今丝绸品种　钱小萍　王晨　王雪琴　沈芝娴

第九章　典型丝绸品种实例　钱小萍　王晨　王雪琴　李加林　沈芝娴

第十章　古今蚕丝绸的印染　孔大德　陈国强　唐人成　郭文登

序　言

中国是世界丝绸的发源地，丝绸生产已有 5 000 年以上的历史。自公元前 5 世纪起，中国丝绸开始流传海外，生产工艺和技术随之远播四方。几千年来，这一"中华瑰宝"不仅美化了世界人民的生活，而且成了向世界传播古代中国文明与精神的"通途"。对于这样一份中国所独有的珍贵历史文化与技术遗产，近代以来曾有许多著述从各种不同的角度进行过研究、整理，这些书籍大多在历史、文化、工艺以及服饰等宏观视野上，论及古代蚕桑丝绸，但对于自古以来蚕桑丝绸生产过程最有价值的生产技艺，如蚕桑品种育成、生丝精制、丝绸品种设计、丝织工具及技艺、染整工艺、染料及技艺等，尚缺乏在系统深入研究基础上的分类精粹整理，而这些对于更深入、更全面地理解蚕丝绸珍贵遗产所蕴含的文明文化、技术技艺及其丰富的科学内涵与时代价值有着极为重要的意义。《中国古今蚕桑丝绸技艺精华》正是一部着眼于此的著述。

《中国古今蚕桑丝绸技艺精华》与蚕丝绸技艺一样，是一份可以留传给后人的有价值的遗产。它与迄今丝绸历史研究与整理中的大量著述不同，其编写宗旨富有特色，编写思路十分新颖，编撰过程中采集与研究了大量资料，并广泛搜罗自古以来蚕桑丝绸的技艺细节。根据编写的目标设想，编写团队的蚕桑丝绸专家们在全面掌握材料的基础上，除了深入研究史实外，还注意到与其他丝绸历史研究书籍的不同，致力于从技艺精华的视角展开古今丝绸发明与生产历史进程的画卷。编写团队由国内蚕桑丝绸业界富于影响的专业学者、研究人员与技术人员组成，他们专业知识丰富，除了拥有丝绸技术史的研究经历外，还有丝绸生产第一线的实践经验，显示出在浩瀚的丝绸历史资料中撷萃材料、去粗取精、去伪存真的治学精神和基于古代技术文献、考古资料对技艺精华进行深入解析的工匠精神。《中国古今蚕桑丝绸技艺精华》的出版，为展示与弘扬中国发明的蚕桑丝绸技艺提供了一个崭新视角和强劲推力，成为广泛传播这一珍贵人类文明文化遗产深厚底蕴与历史价值的优秀载体。

本书的编著出版，既是蚕桑丝绸科技界、丝绸史学界、丝绸文化艺术界，也是出版界的一件值得庆贺的盛事，其价值和意义值得读者期待。有感于此，特记以为序。

中国工程院院士、浙江理工大学校长
2021 年 6 月

前　言

我国古人发明的蚕桑丝绸技艺历经了5 000年以上的凝练发展历程，在漫长的历程中，不仅奠定了延续演变至今的蚕桑丝绸生产技术体系的基础，而且在人类社会文明进步中显示了无可替代的珍贵价值。特别是近代以后，"蚕吐丝"现象启示与导引出了以"人造丝"为目标的化学纤维的发明与应用。几千年来，这些技艺及其衍生的丝绸相关资源已经与人类文明文化的各种要素融合一体，成为在现代技术发展及社会生活中得到广泛认同的一颗璀璨明珠。

对于在蚕桑丝绸故乡成长起来的中华民族，以及生活在中国城乡环境中从小就接受养蚕、吐丝、缫丝这些知识的世世代代的中国人而言，虽然蚕桑丝绸已经是一种耳熟能详的认知以至体验，但有时候又容易处在一种盲点位势之中，不经意间失却了对蚕桑丝绸技艺之精华及对丝绸所蕴含的珍贵文明文化价值探求与了解的自觉。

近现代以来，科学技术的不断进步，特别是进入21世纪以后，信息科学、材料科学、生命科学及其相关科学技术的迅速发展，不断改变着世界，同时也对包括蚕桑丝绸在内的传统产业发起了一次又一次的挑战。在长期实践中由先人的聪明才智凝练出来的蚕桑丝绸生产体系，在滋养社稷民生、支撑国力政体的支柱产业群体中不断地被时代边缘化。我们这一代人亲身经历了这一传统产业逐渐走向衰退的过程，目睹了在新时期中以劳动密集型产业形态为新经济生长进行原始积累的艰辛，由此深深地感到忧虑。我们先人创造出来的这一珍贵遗产在新时代的价值认知、发掘、传承与提升，已经成为迫切需要解决的问题。如何将古人发明的蚕桑丝绸技艺精华进行系统深入的整理剖析，使更广大的华夏后人特别是年轻一代认识与理解，这是时代赋予我们的责任。

另一方面，我们也知道，现代科学技术进步对于传统产业与技术，是一把双刃剑，除了使我们面临严峻的挑战之外，同时也可以使我们从中发现并发掘出更高的利用价值，在此过程中，现代人一次次地拓展了视野，获得了重新认识蚕桑丝绸的契机。人们越来越深刻地认识到，在这个文明古国中与我们同行了几千年的丝绸不仅是一类被称为"纤维皇后"的特色产品，同时还是一个蕴含丰富的科学技术载体，是深刻标记着华夏文明与文化历史的活化石，有着远远超出人们想象力的价值。对这样的价值内涵及其根基，现代科学家们进行了不懈的探讨与挖掘。进入21世纪以后不久，我国科学家在家蚕基础科学研究中独领风骚，完成了从家蚕基因组文库构建到测序和组装框架图的所有工作，绘制出了覆盖家蚕基因组95%区域的家蚕基因组框架图，取得了令世界瞩目的成果。这是我国科学家继参与人类基因组1%测序工作、完成水稻基因组工作框架图和精细图之后，向世界贡献的第三大基因研究成果。这一成果的获得，揭示了千百年来蕴含在蚕桑丝绸技术内的种种秘密与人文情怀，为人类发掘出更高端的蚕丝绸利用价值奠定了科学基础，也激发人们对于自古以来就憧憬的蚕桑丝绸拥有了更多的梦想与期望。

此外，在现代中国，人们越来越深刻地认识到，从古人最初发明的汉语象形文字结构及其衍生变化的蕴意，到经年累月积淀扩展形成的华夏文明，社会生活中衣、食、住、行的每一个角落，都浸润着蚕桑丝绸的元素，镌刻着蚕桑丝绸的影响。国内外学者对于丝绸文字与中华文化之间的关系有过很多研究，详细地揭示了汉字中隐藏着的古代中国文化与丝绸技术发展之间关系的信息。但是，在以往的研究中，对于这一现象的发生机制，即中国象形文字发明过程中，为什么丝绸文字如此深入地嵌入其中，并且渗透扩散到汉字体系中，有关这个问题却较少受到关注。本书在探索中国古代蚕桑丝绸技艺精华的过程中，对于这些技艺精华的价值阐析，为理解这一重要的现象、给出问题的答案拓开了新的道路。我们深刻地感悟到，蚕桑丝绸与中华文明的融合，已经不是一种能够将其从中华民族文化和社会生活中简单地剥离出去的特征要素了。这样的认识以及这一领域中诸多的发现启发着现代人对蚕桑丝绸历史价值与地位的反思，同时也呼唤着对先人智慧结晶凝成的生产技艺在新时期的升华。

因此，我们深深感到，帮助华夏子孙后代更深刻地认识与理解蚕桑丝绸在现代科学技术领域以及人类文明文化领域中的价值，这是使这一宝贵历史文化与技术遗产得到传承与发扬光大的共识基础。

基于以上的认识，我们编写了这本《中国古今蚕桑丝绸技艺精华》。我们希望为广大的读者群体特别是年轻一代提供一本了解蚕桑丝绸技艺精华及其珍贵科学技术与文化价值的读物。它不是一本单纯介绍古代和当代蚕桑丝绸技术的著述，也不同于记录蚕桑丝绸发展历史的著作，它在萃取我国古今蚕桑丝绸技艺精华进行介绍的同时，讲解了这些技艺的产生机缘、科技文化内涵及其演化脉络，并特别关注蚕桑丝绸技艺在社会文明文化发展进程中的价值与贡献。本书涉及很多在各种蚕桑丝绸技术书、历史书中出现过的出土文物、文献资料，但是与其他蚕桑丝绸书籍不同的是，我们不是简单地引用这些文献与文物资料来证实历史进程，而是利用这些资料连接成的线索，来讲述蚕桑丝绸发明与发展进程中的故事，探寻这一进程中没有被阐明的种种秘密，解释蚕桑丝绸技艺的精华内涵。其中有不少章节的内容是本书特别提炼总结的，比如对古今丝绸品种的类别，对我国丝织物区分的14个大类，对绫、罗、绸、缎、锦、纱、绡等分别作出系统而详尽的论述，使得以往各种读物中比较模糊的丝绸概念得到了更加清楚的阐析。

我国古籍文献留下的栽桑、养蚕、缫丝、织绸等传统技艺的相关资料，在发掘、整理、记述以及传承等方面的深度、广度都是令人称奇的。从这些资料中可以读出我国古人所积淀的丰富经验、哲理思考和技艺创造，唯其如此，才能够创造出这一遍布世界、传承几千年的蚕桑丝绸技艺来。为了便于更广大读者群的阅读与理解，本书对于古籍中涉及的蚕丝绸记述，较多地采用了翻译成现代汉语同时加以解说的方法。在此基础上，对古代技艺与现代技艺相关内容进行了提炼采撷。因此，它又不像一般教科书那样系统地详述每一个技术细节，我们希望它成为在新时代视角上系统地解读古今蚕桑丝绸技艺精华的珍贵读物。

在梳理古今蚕桑丝绸技艺演变的历史中，我们注意厘清一些重要的关系与事实，如提出古代用植物纤维或动物毛等短纤维纺成长纤维用于织布技术的发明，应该先于缫丝技术的发明；由此推测，"丝绵""绵绸"等古代蚕丝利用技术的出现也应在缫丝技术发明之前；并从甲骨文中蚕丝绸文字发明的线索，探索并推证了这一判断。这些论述对于阐明丝绸技术发明与文明进化的关系，包括更准确地界定甲骨文的产生时期都具有重要意义。我们还特别关注蚕桑丝绸发明与象形文字发明之间历史性的邂逅，提出了缫丝技术的发明与象形文字发明历史过程同步的观点；指出在汉语象形文字最终发展成为具备完整功能的文字系统的过程中，蚕桑丝绸的发明起到了不可或缺的作用。在此基础上，阐析了蚕丝元素对中国社会文化板块的融入，揭示出在这个历史悠久的古国文明中，由社会结构基础到上层建筑乃至社会生活各个范畴蚕丝元素及用语都无所不在的现象。

另一方面，本书特别强调了我国古代蚕桑丝绸技艺发明对现代科学技术进步的杰出贡献。它除了给后人留下完整的蚕丝绸生产技术体系，以及从"蚕吐丝"启示与导引出"人造丝"为首的化学纤维世界之外，古人发明的丝绸织造"挑花结本"技艺也启发了贾卡（Joseph-Marie Jacquard）纹版提花机的发明，而这种基于二进制的卡片式提花信息储存装置又激发IBM（美国国际商业机器公司）发明了现代计算机存储技术。1994年IBM公司为纪念贾卡提花机的贡献，曾将其操作系统命名为OS/2 Warp（warp意为纺织的经线）。因此，"挑花结本"的信息存储利用技术作为现代计算机存储与输入技术的先驱，也被载入了世界科学技术发展的史册。在本书中，读者还将会注意到，在蚕桑丝绸几千年的发展演化中，无论农桑技艺，还是养蚕、缫丝、织造、染整等各个领域，由古人的聪明才智凝练而成的种种技艺精华至今依然发挥着作用，并且继续令今人赞叹不已。

通过对古今蚕桑丝绸技艺精华及其在社会文明进步史中价值的深入解读，我们深深地感悟到，在中国古代，固然有像火药、指南针、印刷术和造纸这样的影响世界科学技术文明进步的四大发明，但是，像蚕桑丝绸这样影响波及世界以及社会各个领域，并融入中华民族思想文化结构中的发明创造，也是独树一帜而无可类比的。

置身古老丝绸文明浸润着的国度，我们如何始终保持对蚕桑丝绸技艺与文化的珍惜爱护、开拓创新、薪火传承的热情与自觉，并使得蚕桑丝绸资源持续不断地贡献于科学技术及社会文明的进步，增强民族的自信心与使命感，这是我们始终不变的期盼。

由于编者水平及涉猎资料的限制，谬误疏漏在所难免，诚恳希望广大读者给予批评与指教。

钱小萍　白伦

2020年12月24日于苏州

目 录

第一章　古今的桑　　1

第一节　桑文化与社会文明　2
一、桑的起源与桑文化　2
二、桑与古代社会文明　4
三、桑的经济作物价值　5

第二节　古今桑的品种　5
一、古代桑的品种与特征　5
二、野蚕的食料植物　6
三、近现代桑的品种与分类　7
四、现代桑品种的改良与基因工程　8

第三节　古今桑的繁育技术　9
一、古今桑的有性繁育技术　9
二、古今桑的无性繁育技术　11
三、现代桑的快速育苗技术　15

第四节　古今桑的栽培技术　16
一、古代桑的栽植与养成技术　16
二、近现代桑的栽植与养成技术　21
三、现代桑园高效管理技术体系　22

第五节　近现代桑的资源分布与利用　23
一、近现代桑的地域分布　23
二、桑资源的综合利用　24
三、现代家蚕人工饲料的研制　25

第二章　古今家蚕及品种　　27

第一节　家蚕的起源　28
一、家蚕起源的生物进化　28
二、其他绢丝昆虫　33

第二节　家蚕　36
一、家蚕形态　36
二、家蚕幼虫的体色和斑纹　38
三、家蚕幼虫的生长发育　39

四、蚕茧　41

第三节　中国家蚕品种　44
　　一、家蚕地方品种的形成　44
　　二、有关古代蚕品种的认识　45
　　三、近代以来生产用家蚕及品种的变迁　46
　　四、家蚕品种及开发技术发展新趋势　48

第三章　古今养蚕技术　55

第一节　从古籍中解读古代养蚕技术　56
　　一、开始养蚕之前的准备　56
　　二、蚕种催青　58
　　三、蚁蚕的饲育管理　59
　　四、大蚕的饲育管理　61
　　五、蚕的眠起管理　62
　　六、蚕的上簇管理　65
　　七、古代养蚕技艺精要　65

第二节　古代蚕种生产技术及技巧　66
　　一、基本的选种技艺　66
　　二、化性、眠性及四眠蚕的饲养　67
　　三、蚕种的人工孵化及低温制取生种　68
　　四、发现杂种优势　69

第三节　家蚕生长发育与饲养环境条件的关系　69
　　一、家蚕生长发育的环境管理　69
　　二、家蚕生长发育的温度管理　70
　　三、家蚕生长发育的营养管理　70
　　四、家蚕疾病的防治　71

第四节　蚕神崇拜、生产习俗与养蚕禁忌　73
　　一、蚕神崇拜　73
　　二、养蚕习俗　75
　　三、养蚕禁忌　76

第五节　养蚕布局及蚕丝业中心的南移　76
　　一、棉花的推广　77
　　二、从三眠蚕到四眠蚕　77
　　三、江南地区蚕桑技术的优势　77
　　四、生产规模的扩大和集约化生产　78

第四章　古今的丝　79

第一节　生丝的发明　80
　　一、山西西阴村新石器时代遗址中的半个蚕茧　80
　　二、从蚕茧中获得织造纤维材料　81
　　三、蚕丝发明在纺织技术进化过程中的定位　83
　　四、新石器时代遗址中的葛布残片　86
　　五、从已出土的纺织器件看纺织技术的进化　88

六、蚕丝的发现与丝绸织造技术的进化　90
第二节　古代蚕丝的地位　92
　　一、蚕丝发明与蚕神崇拜　92
　　二、甲骨文中记载的古代蚕丝绸　94
　　三、蚕桑丝绸在古代社会生活中的地位　95
第三节　生丝与古代社会文明　97
　　一、蚕丝发明与象形文字发明同步进行　97
　　二、蚕丝元素融入中国社会文化板块之中　102
　　三、蚕丝文字与中华文化　105
第四节　古今生丝的品种　110
　　一、古代的生丝　110
　　二、现代的生丝产品　113
　　三、各种野蚕丝　116
　　四、花色丝　121
第五节　现代生丝的新形态　125
　　一、人造丝与化学纤维的梦想和实现　125
　　二、蚕丝等天然纤维的丽质天成　127
　　三、人类仿真丝与仿生纤维的努力　129
　　四、蚕丝不只是"纤维皇后"　132
　　五、从根源上探索蚕丝的本质　134

第五章　古今的缫丝技艺　139

第一节　缫丝器具的发明　140
　　一、我国早期的缫丝器具　140
　　二、关于商代的缫丝工艺与器具　141
第二节　古代缫丝器具与技艺的演变　142
　　一、古代缫丝器具的进化脉络　142
　　二、从《耕织图》看古代缫丝技艺　143
　　三、古代缫丝器具的演变　147
　　四、古代缫丝技艺的进化　150
第三节　近代以来缫丝机与缫丝技术的变化及发展　154
　　一、我国缫丝技术的发展历程　154
　　二、缫丝前准备工程　157
　　三、缫丝工程　165
　　四、复摇整理工程　174
　　五、生丝检验　176
第四节　古代缫丝技艺集萃　178
　　一、索理绪技术　178
　　二、接绪技术　179
　　三、集绪和捻鞘技术　179
　　四、复摇技术　180
　　五、络交技术　180
　　六、追求缫丝效率的技术　180

七、缫丝工艺的成就　181
　　八、古代缫丝技艺精品之谜　181
第五节　古今的柞蚕茧缫丝技艺　182
　　一、柞蚕茧缫丝的工艺过程　182
　　二、混茧和选茧　183
　　三、煮漂茧　183
　　四、剥茧和缫丝　185
　　五、复摇　186
　　六、柞蚕丝的整理和检验　187

第六章　绢纺与丝绵技艺　189

第一节　古代丝绵及捻线绸　190
　　一、古代丝绵的发明与制作技艺　190
　　二、古代丝绵的应用　193
　　三、古代捻线绸的技艺　195
　　四、古代捻线绸的延伸与近代绢纺绸　197
第二节　古代蚕丝精练脱胶技艺　198
　　一、蚕丝脱胶技术的开发先于缫丝技术的发明　199
　　二、草木灰浸泡兼日晒法　200
　　三、木杵捶打法　201
　　四、猪胰煮练法　202
第三节　现代绢丝的精练和漂白　203
　　一、现代绢纺工程及原料蚕丝精练　203
　　二、近现代以来的蚕丝精练方法　204
　　三、精练技术的改善与发展　207
　　四、蚕丝的漂白　207
第四节　捻丝的技艺　208
　　一、古代捻丝技艺的进化　208
　　二、捻丝技艺的延伸与发展　210
　　三、捻丝技艺的智慧　212
第五节　现代的绢纺工程及技艺　215
　　一、近代以来绢纺业及绢纺技艺的演变　215
　　二、绢纺原料的分类　217
　　三、精练工程　218
　　四、制绵工程　219
　　五、纺丝工程　221
　　六、现代绢纺业的人文情结　225
第六节　现代的丝绵被制作　227
　　一、丝绵原料准备　227
　　二、手工制作丝绵被　228
　　三、丝绵被的机器加工　229
　　四、特殊的丝绵被工艺及今后的改善　230

第七章 古今丝绸织造 233

第一节 古代丝绸织造技艺的发展 234
一、早期的丝绸织造器械 234
二、古代丝绸织造技艺的演进 236
三、古代丝绸生产的组织管理 239

第二节 古代丝绸织造准备技艺的演变 241
一、调丝 241
二、并丝 243
三、捻丝 244
四、牵经与通经 247
五、浆丝 249
六、卷纬 250

第三节 古代织机的演变及织造原理 251
一、腰机 252
二、斜织机 253
三、多综多蹑织机 254
四、移钩多综织机 256
五、束综提花织机 260
六、竹笼机 263

第四节 古代的纹制加工技艺 266
一、纹制加工技艺的发展历程 267
二、挑花结本技艺 268
三、挑花结本工艺方法 269
四、古代挑花结本技术的应用 279

第五节 丝绸织造在近现代的变化与发展 280
一、古代花本提花技术启示了近代计算机信息存储技术 281
二、近现代经、纬线准备工器具的发展 282
三、近现代织机演变及技艺 291

第八章 古今丝绸品种 301

第一节 锦 302
一、锦的概念 302
二、锦的演变与历史发展 302
三、锦的结构特点 306

第二节 纱与罗 309
一、纱与罗的概念 309
二、纱与罗的演变和历史发展 310
三、纱与罗的结构特点 314
四、纱与罗的上机工艺 316

第三节 缎 318
一、缎的概念 318
二、缎的起源和历史发展 319

  三、缎的种类和结构特点　320
  四、缎的主要工艺特点　323
 第四节　绡　323
  一、绡的概念　323
  二、绡的演变和历史发展　324
  三、绡类织物的结构和工艺特点　325
 第五节　绢　326
  一、绢的概念　326
  二、绢的演变与发展　326
  三、绢的织造工艺　327
 第六节　绮　328
  一、绮的概念和结构形态　328
  二、绮的变化和发展　329
  三、绮的织造工艺　332
 第七节　绫　334
  一、绫的概念和结构形态　334
  二、绫的演变与发展　336
  三、绫的织造工艺　339
 第八节　绉　340
  一、绉的概念和结构形态　340
  二、绉的演变与发展　340
  三、绉的织造工艺　343
 第九节　绒　343
  一、绒的概念和结构形态　343
  二、绒的变化与发展　346
  三、绒的织造技艺　349
 第十节　绸　351
  一、绸的概念　351
  二、绸的历史简况　351
  三、绸的分类　351
  四、举例说明　351
 第十一节　其他类别　353
  一、纺　353
  二、呢　353
  三、葛　355
  四、绨　355
  五、古代的几种主要丝织物　355
 第十二节　近现代丝绸品种　356
  一、应用新纤维设计开发的品种　357
  二、应用新工艺、新技术设计开发的品种　359
  三、应用电子数码技术设计开发的品种　362

第九章 典型丝绸品种实例 363

第一节 锦类 364
一、蜀锦 364
二、宋锦 365
三、云锦 366
四、杭州都锦生织锦 369
五、数码提花织锦 372

第二节 纱类 374
一、莹波纱 374
二、莨纱（香云纱） 374
三、夏夜纱 375
四、碧玉纱 376
五、窗帘纱 378

第三节 罗类 378
一、杭罗 378
二、花罗 379
三、织印花罗 379
四、五经绞提花纱罗 380
五、双面彩色提花纱罗 381

第四节 缎类 382
一、织锦缎 382
二、花软缎 383
三、丁香缎 384
四、修花缎 384
五、层云缎 385
六、克利缎 386
七、金雕缎 386
八、环丽缎 387

第五节 绡类 387
一、真丝绡 387
二、条子花绡 388
三、烂花绡 389
四、伊人绡 390
五、迎春绡 391
六、乔其绉（乔其纱） 391

第六节 绢类 392
一、塔夫绸 392
二、天香绢 393
三、丛花绢 393

第七节 绫类 394
一、真丝斜纹绸 394
二、双宫斜纹绸 395

三、花绫　396
　　四、美丽绸　396
　　五、羽纱　396
　　六、花广绫　397
　　七、绢纬绫　397
第八节　绉类　398
　　一、双绉　398
　　二、碧绉　398
　　三、留香绉　399
　　四、浪花绉　399
　　五、彩虹顺绉　400
　　六、凸花绉　401
第九节　绒类　402
　　一、漳缎　402
　　二、漳绒　403
　　三、天鹅绒　403
　　四、乔其绒　404
　　五、长毛绒　404
第十节　绸类　405
　　一、花绒绸　405
　　二、和服绸　406
　　三、高花绸　407
　　四、双面异色异纹夹丝绸　408
　　五、印经绸（东风绸）　409
第十一节　其他类　410
　　一、纺类　410
　　二、呢类　412
　　三、葛类　413
　　四、绨类　415
第十二节　现代新品种　416
　　一、弹力丝竹呢　416
　　二、数码混色弹力高花绸　416
　　三、机织涤纶毛绒型人造血管　417
　　四、丝羊绒双面异效披肩　418
　　五、仿真彩色数字化提花像锦　419

第十章　古今蚕丝绸的印染 — 421

第一节　古今蚕丝绸印染技术的演进　422
　　一、古代印染技艺的萌芽　422
　　二、秦、汉练漂温度从常温浸泡提高到沸煮　423
　　三、唐代创造了胰酶脱胶练漂工艺　423
　　四、明、清利用硫黄还原漂白法　424
　　五、晚清导入合成染料印染工艺　424

六、近现代丝绸染整技术的进步　424

第二节　古代蚕丝绸的印染技艺　425
一、色彩与染色的文化　426
二、古代蚕丝绸印染常用的天然染料和颜料　428
三、古代蚕丝绸印染常用的天然助剂　434
四、古代蚕丝绸印染的常用器具　437
五、古代蚕丝绸的印染方法　441

第三节　近现代蚕丝绸的印染技术　454
一、近现代蚕丝绸印染常用染化料　454
二、近现代蚕丝绸印染常用的器具和设备　456
三、近现代蚕丝绸印染方法　457

第四节　当代蚕丝绸的印染技术　462
一、当代蚕丝绸印染常用合成染料　462
二、当代蚕丝绸印染常用助剂　463
三、当代蚕丝绸印染常用设备　463
四、蚕丝绸印染加工技术的新发展　476

后　记　482

第一章

古今的桑

桑，拉丁学名 Morus alba L.，是一种多年生木本植物，落叶乔木或灌木树种。叶片呈卵形、宽卵形等，叶基圆形或浅心脏形，边缘有粗锯齿。雌雄异株，五月开花，葇荑花序。6~7月为果熟期，聚花果卵圆形或圆柱形，黑紫色或白色。喜温暖湿润气候，耐寒、耐干旱、耐水湿能力较强。原产于中国中部，分布在北半球的温带和亚热带地区，以亚洲最多。迄今为止的考古发掘显示，桑属植物及其果实的化石曾在第三纪（距今6 500万年，延至距今180万年）地层中被发现，说明桑在地球上已存在至少300万年了。这是一个在地球上叩开"现代生物时代"大门的阶段，而桑属植物及其果实的出现，也为其后演绎的蚕桑丝绸历史拉开了序幕。

养蚕业起源于中国，桑树种植迄今已有数千年历史。人类尚不能知道桑属植物出现之后，相继而来的桑蚕发生与演变经过及其原貌。但是，人类最早与蚕桑丝绸因缘结交，并由此引发了桑树栽培、家蚕饲养、捻丝织绸，以及蚕桑丝绸技术精华的凝练，则得天独厚地发生在了华夏大地上，只为中国所独占，这成了世界公认的事实。几千年来，蚕桑丝绸工艺技术持续发展、经久不衰的根基，就是源于那神奇而又普通的植物——桑树。

本章将从我国古人结缘桑树开始，到认识并学会利用其价值，再到创造出桑树栽培精粹技艺的历史中，了解古往今来激发蚕桑丝绸技艺最初要素的桑树及其栽培利用的相关技艺的演变过程。

第一节　桑文化与社会文明

根据考古发掘资料及有文字以来的史籍记载，我国桑树栽培的历史至少已经延绵数千年了。古人很早就知道蚕吃桑叶、吐丝结茧这一自然现象并加以利用。虽然文字发明以前桑树被发现与利用的详细情况仍不是很清楚，但是，从已有的关于蚕丝的历史记载中可以确切地知道，古人在几千年前就已开始利用与改良桑、蚕，使得蚕桑业对富国裕民做出了不可磨灭的历史贡献；并且，也正是因为蚕桑在经济与社会生活中的重要地位，使得蚕桑的观念及意识进入了民俗、宗教、信仰、礼仪等传统文化，以及中国古代文明发展的每一个角落，伴随并影响了我国社会文明的演变历程。

一、桑的起源与桑文化

桑属植物（图1.1）作为自然资源，在遥远的古代留下了种种传说。最早记载桑树地理分布的是先秦古籍《山海经》，书中各"山经"中有很多关于"桑""桑柘""柠"的记录，如《山海经·西山经》载："鸟山，其上多桑。"《山海经·东山经》载："姑儿之山，其上多漆，其下多桑柘。"《山海经·中山经》载："辉诸之山，其上多桑。"《山海经·北山经》载："灌题之山，其上多柠柘……洹山，三桑生之……发鸠之山，其上多柘木。"这是关于桑树地理分布的记述。我国现存最早的一部传统农事历书《夏小正》中也记载："三月：摄桑，萎杨……妾子始蚕，执养宫事。"记载夏禹时期物产的著作《禹贡》"九州"中也有兖州"桑土既蚕""厥贡漆丝，厥篚织文"等文字。根据这些古籍文献可以推知，早在夏代，人们已开始采桑养蚕了。

在中国蚕桑发展史上，嫘祖被视为采桑养蚕的始祖。相传，嫘祖首创种桑养蚕之法与抽丝编绢之术，被尊为"先蚕"。

图1.1　桑

野生状态下的乔木桑，粗壮高大。西藏林芝雅鲁藏布大峡谷中至今仍生长着树龄1 600多年的古桑树（图1.2）。福建泉州的桑莲禅寺内植有距今1 000多年的古桑树。河南新野县的汉桑城内植有两棵千年汉桑。桑树适应性很强，对气候和土质具有较强的抗逆性，生长分布地域广，种质资源极为丰富。种种考古及文字资料显示，正是中国古代先民最早发现了利用野生桑树养蚕取丝的实用价值，并在长期的实践活动中创造性地发明了桑树栽培技术，进而实现了桑蚕驯化家养。

桑文化是在栽桑养蚕的历史进程中形成的一种文化形态。它既是原始宗教祭祀中的图腾，又包含了古代社会男耕女织的物象。以桑为载体，通过与各种文化有机融合所形成的形态、内容极其丰富的桑文化贯穿于生产生活、家庭礼仪、政治经济等各个方面，构成了我国传统文化的重要组成部分。

上古时期，桑文化映现了原始宗教的形式和内容。在古代，"扶桑""穷桑""空桑"这些含义相同的词汇，并非指直接用来养蚕的桑树。"桑"表达的是东方大海里的一种神木，这种神木在神话中被称为"扶桑"，又称"扶木"或"搏桑"，其叶子像桑，但枝条柔长。如《楚辞·东君》中有"暾将出兮东方，照吾槛兮扶桑"。这里"槛"指窗下的栏杆，是房子的代称；文中称朝阳从东方升起，首先照亮太阳神东君住处的扶桑木。"扶桑"的记述首见于《离骚》："饮余马于咸池兮，总余辔乎扶桑。"意为饮马在海边，结缰绳于扶桑树上。在这些典故中，古人用"桑"代指东方神木，表明先民们对于"桑"早已认识，也昭示了他们对于"桑"的崇拜。

图1.2　雅鲁藏布大峡谷的千年古桑树

《淮南子·修务训》中有"汤旱，以身祷于桑山之林"。对此，公子高注："桑山之林，能为云雨，故祷之。"这记载了商汤在桑山之林祈祷，愿以自己的身体为牺牲祈求上天降雨，以保佑殷商的农作物丰收。据传，商朝建立不久，连续五年遇到大旱，骄阳似火，河井枯竭，商汤就到桑林中向上天祷告，希望上天降下甘霖。公子高注称，当时之所以在桑山之林祈祷，是因为桑山之林能兴云雨、利万物，由此足见古人对于桑山之林的敬畏。

《庄子·养生主》有记载，庖丁为文惠君解牛时，手、肩、足、膝之动作，"莫不中音，合于桑林之舞"。文中称赞，厨师给文惠君宰杀牛牲时，身体各部分的动作及发出的声响，无不像美妙的音乐旋律，恰好符合桑林舞曲的节奏。这里说的"合于桑林之舞"，司马注："桑林，汤乐名。"崔云注："宋舞乐名。"即"桑林"是一种古代乐曲名。用"桑林"表示古代的高雅乐曲，可见古人已把农桑作为礼乐、祭祀的基本内容，表达了对原始农桑的崇仰。

从古代典籍有关"桑"文字的记载中也可以得知，桑文化反映了我国传统的社会和生活模式。殷商甲骨文中已有"桑""蚕""丝""帛"等象形文字（图1.3），说明远古时代的先民已开始进行栽桑养蚕、缫丝、织绸的生产活动。

图1.3　桑、蚕、丝、帛的甲骨文字

在封建社会，蚕桑业作为社会物质生产的重要行业，历来受到统治阶级的高度重视，因此，以此为基础形成的桑文化折射出国家政治、经济的影子。在古代，采桑是一项很神圣的劳动。这方面史籍记载很多，如东晋初年史学家干宝编撰的《搜神记》卷十四记载："汉礼，皇后亲采桑，祀蚕神。"《晋书》卷十九、志第九记载："《周礼》，王后帅内外命妇享先蚕于北郊。汉仪，皇后亲桑东郊苑中，蚕室祭蚕

3

神……魏文帝黄初七年正月，命中宫蚕于北郊，依周典也。"唐代杜佑所编《通典》卷四十六"先蚕"也有"汉皇后蚕于东郊，其仪：春蚕生，而皇后亲桑于苑中"。当时宫廷中在蚕室养蚕，管理十分规范。据《后汉书·礼仪志》注："皇后亲桑于苑中，蚕室养蚕千薄以上。"在苑中蚕室养蚕，后妃要斋戒后才能带领有一定地位的夫人去采桑，可见古人对于桑蚕事务的虔诚和敬畏心态。

在中国古代，桑及与桑有关的物象也逐渐进入诗词歌赋领域，因蚕桑丝绸而产生的成语典故也比比皆是。《诗经》中有大量以桑为题材的诗篇，如《魏风·十亩之间》："十亩之间兮，桑者闲闲兮，行与子还兮。十亩之外兮，桑者泄泄兮，行与子逝兮。"其中描写了一群采桑女在大片的桑林中穿梭，相互招呼、结伴同归的情景，一派愉快而轻松的氛围。《礼记·射义》记载："国君世子生……射人以桑弧蓬矢六，射天地四方。"称国君的嫡长子出生时，射手以桑干作弓，以蓬作箭标，向天、地、东、南、西、北射箭六支，表示世子须志在四方，驰骋疆场。史书记载，仙人麻姑三次目视东海变桑田，后世常用"沧海桑田"比喻世事的巨大变化。此外，《诗经》中《卫风·氓》有"桑之未落，其叶沃若"，以桑叶之润泽有光，比喻女子的容颜亮丽；"桑之落矣，其黄而陨"，以桑叶的枯黄零落，比喻女子的憔悴和被遗弃的境况。桑文化要素经历千百年的历史冲刷，凝聚了极高的社会文化与美学价值。

二、桑与古代社会文明

人类文明的肇始如果以生产方式来分类，则可以分为农耕文明和游牧文明两大类。不同的文明形式，决定了不同民族的风格与特质。古代中国的先民属于典型的农耕民族，其衣、食、住、行等生活方式及风俗习惯都受到农耕制度的约束和影响，由此形成了中国的传统文明。而在中国农耕文明中，桑文化要素占据着重要的地位。

我国最早的诗歌总集《诗经》中的《小雅·小弁》是一首抒写主人公遭受父母抛弃后内心孤独、失落、痛苦而充满着忧愤情绪的哀怨诗，即便是怨世愤俗，诗人依然流露出对家园、父母的眷恋与感恩情愫，写出了"维桑与梓，必恭敬止"的千古名句。古时，人们常在屋宇旁栽种桑树和梓树，每每想起家乡的桑树和梓树，就不胜怀念家乡父母，对桑梓家园流露出深深的敬意。这也是古人用"桑梓"比喻故乡的由来。了解"桑梓"的寓意由来，不仅能够使已经进入工业文明时代的现代人认识到古人最为本原的道德意识，同时也可以了解到桑树作为不可亵渎的神圣家园的象征，在古人心目中的地位。

植桑及采桑是极具文明表现力的图景。中国古代社会的文明是在以耕织为主体的、自给自足的自然经济基础之上建立起来的。在这里，丝绸俨然已成为国富民强的标志与最重要的物质基础。同时，在漫长的历史进程中，不断发展演变的蚕桑与丝织技艺，以及以此为基础的文化元素群集，还在以丝绸为纽带的、古代中国走向世界的丝绸之路形成中担当了历史重任。

古代中国以农桑为本，蚕桑生产的丰歉直接影响到国家政权统治的基础。前面提到，商代成汤年间遭遇大旱，商王祈祷桑林，即为商王重视农耕与蚕桑的典型写照。西周时，国家设有专属的桑田，桑木又被尊为宗庙祭祀的神木，"桑梓"被视为乡土的象征，等等，都是古代中国农桑为本的写照。先秦，桑林遍野，采桑为最重要的农事之一，《孟子·梁惠王上》中说："五亩之宅，树之以桑，五十者可以衣帛矣。"在四川成都出土的战国时期制作的采桑宴乐射猎攻战纹铜壶上（图1.4），采桑画面形象生动，反映了当时社会中妇女们采桑劳动的真实情景。图纹画面也反映出蚕桑生产是战国时期社会经济的重要组成部分，这也是世界上关于蚕桑生产活动最早的形象描绘。

桑树被尊为"生命树"，被称为"东方自然神木"。北魏时期，政府实行均田制，分给男

图1.4　战国采桑宴乐射猎攻战纹铜壶局部

子桑田20亩，规定至少种桑50株，并以植桑为世业。春秋时期，吴、楚两国边邑采桑女因争采相邻边界上的桑叶，致使双方争斗，进而引发了两国之间的战争，世称"争桑之战"。为了争夺桑地之利而不惜诉诸战争，可见蚕桑在古代社会经济中的重要地位。

在《诗经》中涉及的各种植物文字中，"桑"出现的频率最高，甚至超过了主要粮食作物黍稷，反映出在当时的社会生活环境中，既有大面积桑林、桑田，也有广泛栽植于宅前屋后的桑树。宋代以前，桑的分布遍及黄河中下游地区，这些地区成为当时中国主要的栽桑养蚕区域。唐、宋以后，南方蚕桑业赶上并超过了北方中原地区。随着栽桑技术的不断进步，南方蚕农选育出多种优良的桑品种，桑苗繁殖与桑树管理技术都达到了较高的水平，并且使桑树品种形成了南北两个中心。

三、桑的经济作物价值

从自然资源利用角度看，桑树全身都是宝，具有很高的经济价值。

首先，桑树的叶用价值。作为养蚕取丝的物质基础，桑叶几乎是唯一的选择。最初，古人利用野生桑树直接养蚕，通过长期的驯化，逐渐过渡到家养。在桑叶不足时，蚕农们学会了人工栽植桑树，提高了桑叶的产量。贵州苗族地区至今仍有利用野生桑种采桑养蚕的习惯，成为蚕桑业自然经济的活标本。

其次，桑树的材用价值。桑干木材坚硬，有很强的韧性，适于制作多种器具和生产工具，如桑杈、车辕等。此外，桑木也可制作家具、乐器，或用来雕刻等。桑木还可以用来做弓，叫作桑弧。民间有将粗壮分叉的桑干制成桑杈的传统，用于撒晒麦草等农活。桑干还是制作凳、椅的理想材料；桑枝可编箩筐。桑枝皮条是天然的造纸原料，可用于生产实用美观的桑皮纸。

再次，桑树的食用和医用价值。在中医界，桑树的叶、根、皮可以作为药材；桑果（桑葚）性寒味甘，含有芸香苷、花青素、胡萝卜素及多种维生素成分，具有补肝益肾、滋阴养血等功能，是食补入药用方。桑葚可供食用和酿酒。

第二节　古今桑的品种

野生桑在中国分布很广，种类也很多。调查发现，即使在新疆、西藏、云南、贵州、四川等地，也都有许多高龄的野生桑，分属于15个不同的种类及其变种。栽培之后的桑树品种被称为栽培桑种，主要有鲁桑、白桑、荆桑、广东桑等，有上千个不同的品种。野生桑种有长穗桑、长果桑、黑桑、华桑、细齿桑、蒙桑、川桑、唐鬼桑、滇桑、鸡桑等。变种桑有蒙桑的变种鬼桑，白桑的变种大叶白桑、垂桑、白脉桑等，分布于不同的地区。

一、古代桑的品种与特征

古代桑树品种见诸古籍记载的只是极小一部分。由于桑树的优劣、桑叶的丰歉直接关乎养蚕的收成，所以蚕农十分注意桑树的栽培，重视桑树品种的选育。宋代以前，中国的蚕业中心主要在黄河中下游地区，尤其是南北朝之前，山东是蚕桑业的发达地区，古籍所载"鲁桑"，即为山东地区各种桑树品种的总称。

《齐民要术》载："黄鲁桑不耐久。谚曰：'鲁桑百，丰绵帛。'言其桑好，功省，用多。"其中的黄鲁桑，就是鲁桑中的一个丰产叶优品种。这里所说"黄鲁桑不耐久"，主要是指其桑葚成熟时应该尽快收取留种。唐、宋以降，南方蚕桑业渐趋发达，全国的蚕桑业中心逐渐转移至杭嘉湖一带，并涌现出了众多的桑树优良品种。

桑属植物在漫长的历史进化过程中，由于生态环境、地理特征的变化，以及人为培育等，逐渐分化成若干不同的桑种，主要有岩桑（刺叶桑、蒙桑），白桑（大叶桑），鸡桑（小叶桑、台湾桑），华桑（葫芦桑），长果桑（光叶桑），川桑，长穗桑（黄蚕木），黑桑，鲁桑（湖桑），等等。

两汉时期，桑树种植的北界大致在泾、渭河中游，晋中和冀北永定河流域。自魏、晋开始，随着南北经济文化交流的加强，桑树种植地域日益扩大。晋末，平州刺史慕容廆曾向东晋求桑种，于是辽河流域也开始种植桑树。不过，那时种植桑树除了用于养蚕外，还有解决饥困的作用。

东汉末年，曹操、袁绍、刘备都曾以桑葚为军粮，但当时植桑的主要目的还是为了育蚕，这使得河北地区种植了大批桑树，蚕桑业也十分发达。唐代桑的品种除了北方地区常见的鲁桑外，还有白桑、鸡桑、胡桑、黄桑等。白桑几乎没有籽，采用压条繁殖。这一桑种在唐代得到重视和开发，对后世影响颇大。鸡桑广泛栽培于南方，诗人陆龟蒙家四周就种有"百树鸡桑半顷麻"，意思是在房子的周围种植了上百棵的鸡桑和半顷的麻。胡桑可能是适宜种植于西北地区的桑的变种。黄桑分布在江南地区，但黄桑一名在历史上出现甚少。

宋代，桑树品种更多，见诸记载的有：青桑、白桑、拳桑、大小梅、红鸡爪、睦州青、鸡桑、黄桑、花桑、水桑、海桑、过海桑等。白桑叶子厚大，用白桑叶饲养的蚕所结的茧较重，缫出的丝比平常多一倍；红鸡爪有可能是从唐代鸡桑演变来的；海桑多以压条繁殖。

元代，北方各桑树品种被归纳为荆桑和鲁桑两大类。荆桑多葚，叶薄而尖，其边有瓣，根固而心实；鲁桑少葚，枝干条叶丰腴茂盛，叶圆厚而多津。利用嫁接法吸取两者所长，即可间栽荆、鲁两种桑树。小蚕用鲁桑饲养，大蚕用荆桑饲养。

明代，桑农通过嫁接鲁桑，逐渐选育出了新桑种——湖桑，这是蚕桑业中的一项重大成就。清代，杭嘉湖地区种苗业发达，外地向往杭嘉湖地区桑品种的丰产性能，纷纷向杭嘉湖地区引种。把从江苏、安徽等地引种栽培的桑种统称为"湖桑"。湖桑是优良桑种的统称，如棉叶桑、青桑、荷叶桑等均称为湖桑。它们的共同特点是叶大而厚、多津液、少葚、饲蚕大、得丝多。湖桑中有青皮、黄皮、紫皮三种，紫皮者最佳，但在民间大多根据其性状命名。

清末，卫杰对湖桑、川桑、鲁桑、荆桑等主要桑树品种的性状做了详细记述。湖桑的叶子柔嫩，又大又圆，汁液多而且甘甜，枝条脆容易采折，异地移栽比较困难；川桑的汁液较湖桑略少，但移栽容易成活；鲁桑的叶子厚实，又大又圆，不如湖桑柔嫩，多数养成高大的树型；荆桑容易种植和生长，桑叶小而密集，叶片尖，用荆桑喂养的蚕较小，获得的蚕丝也较少。

二、野蚕的食料植物

自然界中能吐丝结茧的泌丝昆虫数以百计，其中被人类利用最多、经济价值最显著的就是桑蚕和柞蚕。此外，还有许多野生泌丝昆虫为人们所发现并利用。古代文献中把桑蚕（家蚕）以外的其他蚕类统称为野蚕，与联合国粮农组织（FAO）使用的"非家蚕"属同一含义，即大蚕蛾科的大蚕类泌丝昆虫。在为数众多的大蚕类中，包括具有最大生产规模的柞蚕和已被开发利用的蓖麻蚕、天蚕、樟蚕、樗蚕、大乌桕蚕、柳蚕和栗蚕等。

野蚕食性较广，食料植物很多。柞蚕喜食多种柞树的树叶。蓖麻蚕除主食蓖麻叶外，还食用臭椿、木薯、马桑、红麻、黄麻、乌桕、蒲公英等40多种植物叶子。天蚕食料主要是柞树叶，也摄食其他栎属植物叶子，如麻栎、蒙古栎、辽东栎、栓皮栎等。樟蚕食料为樟树叶和枫树叶（故又名枫蚕），并能食用杞柳叶。樗蚕嗜食臭椿树，又名臭椿蚕（简称椿蚕），也能食用乌桕、樟树、苹果树、蓖麻、梧桐、泡桐、女贞等植物叶子。大乌桕蚕是适应性很强的杂食性野蚕，除摄食珊瑚树叶、猪鹿木叶、乌桕树叶外，还能取食30多种植物叶子。柳蚕食料为柳树、枫杨、乌桕、樟树、苹果树、梨树、杏树、泡桐等植物的叶子。栗蚕主要食用板栗树叶、核桃楸叶，也能食用银杏、枫杨、樟树等树种的树叶。

柞蚕在我国分布区域广，经济价值高，已形成完整的产业，并在学术上从野蚕类分出独立形成了"柞蚕学"。柞蚕以柞树叶（图1.5）为主要摄食对象。柞树属于壳斗目山毛榉科栎属，为自然界中的天然林树种。我国幅员辽阔，拥有67种柞树资源，主要有辽东栎、麻栎、蒙古栎、栓皮栎等。各地柞树的主要性状随生长分布地区不同而有所不同。如辽东栎的树叶硬化早，晚秋柞蚕不宜放养；主要分布于黑龙江、吉林、辽宁、河北、河南、山东、四川、甘肃等省。麻栎树种优良，喜光喜高温，适宜在湿润气候和土质肥沃的地方生长，但易受冻害；分布在山东、河南、河北、辽宁、甘肃、江苏、江西等省。蒙古栎树种喜光，能耐寒冷和干旱，可以生长在贫瘠的土壤中，适宜春养稚蚕；主要分布于黑龙江、吉林、辽宁三省。栓皮栎喜光喜温，耐干旱，不耐寒冷；分布于山东、湖南、湖北、江苏、云南、浙江等省。

图1.5　柞蚕食料——柞树叶

柞蚕的利用和人工放养起源于中国，山东鲁中南地区是柞蚕生产的发源地。西晋崔豹《古今注》记载："汉元帝永光四年，东莱郡东牟山有野蚕为茧……民以为蚕絮。"即在公元前40年的汉代，山东省牟平县一带，有大批柞蚕结茧，人们采集来制作丝绵。可见，在两千多年前，中国已有柞蚕自生自育于山林之中，虽然当时的先民尚未自觉地对其进行驯化放养，但山林中存在的"野蚕为茧"却是柞蚕种质资源的真实写照。古代人工放养柞蚕最早出现在山东鲁中南地区。到明末清初，人工放养技术日渐完善成熟，并迅速由山东向其他省区传播和发展。清初孙廷铨在其《南征纪略》的《山蚕记》中记述了山东诸城石门村农民放养柞蚕的情景，以及放养技术、抽丝捻线的方法。

在生产实践中，放养柞蚕用的柞树须经过人工培植和修剪，从而使柞树株距、行距适宜。柞树剪枝，压制高度，可促进枝杈形成灌木状，使枝叶生长茂盛，便于柞蚕取食和摘茧。常规柞林树型分为无干树型和中干树型两种，经过人工培植、修剪的矮化树型最终可形成柞树林和柞蚕场。

柞树树种的自然地理分布决定了柞蚕产业的区域，我国辽宁、河南、山东、陕西、山西、河北、四川、吉林、黑龙江和贵州等省都是利用柞树放养柞蚕的主产区。辽宁为全国柞蚕第一生产大省，其次为河南省。山东是我国人工驯化柞蚕与传播放养技术的第一个传播中心，迄今，山东仍保有大面积的柞树林。以威海为例，当地目前拥有上万亩的柞树灌木林，形成了蔚为可观的柞蚕放养规模（图1.6）。

图1.6　山东威海的柞树林（毕旭东提供）

三、近现代桑的品种与分类

近现代桑树主要分布在温带和亚热带地区，以亚洲最多。中国幅员辽阔，气候温和，适宜桑树的生长。全国除西藏、青海、天津外，其他省、市、自治区均有蚕桑生产。桑树对生态环境有着广泛的适应性，全国三大蚕桑区域（长江三角洲、四川盆地、珠江三角洲）在土壤、气候等自然条件方面更适宜栽桑养蚕，因而成了全国的高产、优质蚕茧生产基地。

这一时期，人们按照高产、优质、易采摘、抗病害以及适应地方土壤、气候条件等方面的要求，通过纯系选择、人工诱变、杂交育种等方法，育成了数以千计的栽培品种。江浙地区的湖桑、四川和重庆地区的嘉定桑、广东一带的广东桑、山东的鲁桑，以及山西的格鲁桑、安徽的摘桑、新疆的白桑、辽宁的辽桑等，都是具有典型地区特点的优良桑树品种。目前，中国栽培的桑树品种主要有鲁桑、白桑、山桑及广东桑四大系统。

鲁桑：树冠开展、枝条粗壮、叶形大、叶肉厚、叶质好、长势旺、产量高，广泛栽培于山东、浙江、江苏等省。山东的鲁桑和江浙地区的湖桑都属于鲁桑系统。

白桑：枝条细长直立，发条数多，叶形较小，叶肉稍薄，叶质较好。四川和重庆的嘉定桑、新疆的白桑均为白桑系统。

山桑：发条数多，枝条直立，发芽早，成熟快，抗寒性强，常作为稚蚕用桑。火桑和剑持品种皆属于山桑系统。

广东桑：发条数多，枝条细长直立，叶形小，叶肉薄，发芽早，生长快，落叶迟，耐寒、耐旱性差。原产于广东省，主要分布于珠江流域，性状比较驳杂多样。

不同的桑树品种，由野生桑过渡到栽培桑，从某一地区扩展到另一地区，在长期的自然条件和栽培条件影响下，桑种会发生某些变异，再经过长期的自然选择和人工选择，形成了许多遗传性状比较稳定的栽培品种。

四、现代桑品种的改良与基因工程

蚕桑业发展到现代，选种以高产、优质和抗逆性强为主要目标，同时也会考虑适应机械化耕作和条桑收获的需要，以及确保养蚕、制种、产茧、缫丝的高产优质等诸方面要求。

我国桑树品种的改良，先后通过地方品种选拔、实生桑选育、芽变异选种、有性杂交育种、单倍体育种和人工诱变育种等办法，选出了一大批优良的品种，其栽植率达到80%以上。桑品种改良的发展，主要经历了三个阶段。

（1）地方品种阶段

时间为20世纪50～60年代中期，以蚕桑业省区选栽地方品种为主，如江浙地区的荷叶白、桐乡青、白条桑、湖桑2号、湖桑7号等；四川的乐山花桑、黑油桑、小官桑等；广东的广东荆桑；安徽的大叶瓣；山东的鸡冠鲁桑、黄鲁头；等等。

（2）引种阶段

时间为20世纪60年代中期至70年代末期。由于优良品种只有在特定的栽培地区和栽培条件下才能表现出优良性状，因此在引种时需要在气候条件相近的地方进行，并经过比较试验和多点鉴定。这一阶段全国主要蚕区之间形成了桑品种互相引进交流的格局，一些产量高、叶质优、适应性强的地方品种得以在国内蚕区广泛推广。如湖桑32号在长江、黄河流域的蚕区大面积栽植；广东的荆桑和伦教40号也在珠江流域蚕区、中南地区得到推广。

（3）新品种应用阶段

时间为20世纪70年代末期至今。由于改革开放在科技界的推动，桑树育种工作得到快速发展，国内蚕区先后育成了一批高产、优质、抗逆性强的新品种，并迅速应用于蚕桑生产规划，形成了优良桑品种区域化的新格局。如江苏的育151、育237、育71-1；浙江的璜桑、农桑12号、农桑14号；山东的选792、7906；四川的北桑1号、实钻11-6、嘉陵16号；安徽的7707、华明桑；广东的沙2×伦109、抗青10号；等等。

进入21世纪，现代桑品种基因工程育种研究取得了长足的进步，在完善基因克隆技术，对重要的农艺性状进行基因克隆，确立简便有效的基因转移和检测技术，以及对转基因桑树的安全性检测技术等方面进行了深入的探索，建立了与桑树常规育种方法相配套的转基因技术体系，培育出了含有改良品质与抗性等外源基因的转基因植株与品种。我国桑树种质资源保有量居世界首位，为探索桑属植物的进化分类与亲缘关系打下了扎实的物质基础。在桑品种育种技术方面，先期进行了分子标记育种研究、种质资源遗传多样性探究，确立了桑资源核心种质、高产基因及基因定位，并利用分子标记创造了高产、优质品种或杂交组合。在这一时期，还进行了抗性基因筛选和抗虫基因分子标记，并组装于产量高和叶质优的桑品种中，创造出高产、优质、高抗逆性的桑树新品种。我国在20世纪已成功培育出桑的单倍体植株，此后，积极探索利用细胞工程进行育种和种质资源的创新，推动了桑品种改良的突破性进展，适应了桑品种和蚕桑业生产新形势发展的需要。

与此同时，多倍体桑、果用桑、变异桑等特殊种质资源的开发研究也取得了良好进展，为蚕桑生产上特殊用途的新桑品种和高附加值的蚕丝产品的开发提供了新的途径。

第三节　古今桑的繁育技术

栽桑是养蚕的基础，发展蚕桑生产，首先要考虑优良桑苗的供给。在我国古代，桑树苗木大多由农家自行繁殖，互通有无。之后，在主要蚕区出现了商品性桑苗的集中产地和桑苗市场。随着桑苗繁育技术的普及，各蚕区又多实行自行繁育桑苗。

自古以来，培育桑苗的方法可分为有性繁育和无性繁育两种。有性繁育是用种子育苗；无性繁育是用枝条进行嫁接或扦插育苗。在我国的古代农书中，有性繁育从选种、收种到播种，都有详细的介绍；而无性繁育的插条、压条与嫁接，尤其是传统的嫁接技术，也已经非常完备与精湛，堪称古代园艺技术的精华。

一、古今桑的有性繁育技术

桑树的繁殖选育是栽桑技术的重要环节，直接影响桑叶的产量和质量。对此，先民们在长期的桑树栽培实践中积累了丰富的经验。古农书中记载了栽桑技术的演变进程，有些技术沿用至今，一脉相承。现代栽桑技术是在古代栽桑技术的基础上发展起来的，并且在生产实践中得到了应用验证。

在古代，桑葚种子繁殖是一种基本的方法，常用于桑苗繁殖。由于桑葚是通过雌雄花粉授粉的有性过程形成的，因此被称为有性繁殖。关于种子繁殖，北魏贾思勰的《齐民要术》中有专门论述，书中特别强调，种桑要选择优良品种：桑葚熟时，"收黑鲁葚，即日以水淘取，晒燥。仍畦种；治畦下种，一如葵法。常薅令净"。称收种应在桑葚成熟时，收摘黑紫色的鲁葚，当天用水淘洗干净，取出（种子）晒干，将种子播种在畦中。作畦和播种的方法，完全和种葵是一样的。育种过程中，要经常除草，避免杂草生长。宋陈旉《农书》中也记载："若欲种椹子，则择美桑种椹，每一枚剪去两头。两头者不用，……唯取中间一截。"称在进行桑树收种时，要挑选健壮茂盛的桑葚为种子，对采得的每一串桑葚要剪去两端，舍弃果粒细小部分，只取中间一截留种。从这里可以得知，古人强调淘汰秕种，选取饱满种子用于播种。这样的种子繁殖法一直沿用到后世，并且随着历代桑农育种经验的积累，后世对于种子的选择处理更加精细，包括整地、施底肥、遮阴、护苗等配套措施一应俱全。对于种子的保存管理，古籍中也有十分详尽的记载。元代《士农必用》记载："种子，宜新不宜陈。新椹种之为上；隔年春种，多不生。"称桑树种子，宜采用新桑葚；隔年的春天用陈桑葚往往种而不生。至清代，卢燮宸的《粤中蚕桑刍言》有："当暮春时，向树根之桑葚，择其熟黑而壮大者，用水一盆，将葚中之桑仁，放水中搓烂搅匀，轻轻将葚皮淘去，再洗再淘净仁，即置仁于簸箕上，用白糠灰掺之，风干去灰，勿令见日，勿用纸包闭气。欲下时用水浸开，如浸谷种然。每年于初春时即好下仁，勿过夏至，过则不生。"可见到了清代，对于桑葚种子的选择与管理更加讲究。文中说到，桑树选种在暮春（谷雨前后）时节，应摘取靠近桑树根部的桑葚，挑选其中熟黑而饱满者，然后备水一盆，将桑葚用流水搓烂，搅拌均匀，轻轻淘去葚皮，并反复清洗至留下清净桑仁，随即放在簸箕上，用白谷米糠灰掺和，晾晒干之后，风干去灰，注意避免日晒，也不要用纸包住，致使其不透气。至下种时，用水浸开桑仁，其做法与浸谷种类似。每年在初春时就可以下种了，不要到夏至之后，过此时期则不会生芽。可见，我国古人对于桑葚种子的繁殖管理，精心而又细致，其中充满了智慧和丰富的经验。

有关桑树的育种，《氾胜之书》又记载了一种桑黍混播的方法，书中说道："治肥田十亩，荒田久不耕者尤善，好耕治之。每亩以黍、椹子各三升合种之。黍桑当俱生。锄之，桑令稀疏调适。黍熟，获之。桑生正与黍高平，因以利镰摩地刈之，曝令燥。后有风调，放火烧之，常逆风起火。桑至春生，一亩食三箔蚕。"称要整治好肥田十亩，利用长期抛荒不耕作的田为最佳。将其耕耘整理好，按照每亩黍种、桑葚籽各三升混合种植，黍与桑都可以生长。下桑葚籽时，锄松并整理好土地，应使得其稀疏适度。黍成熟时即可收获。桑树长大后正好与黍同高。之后，用镰刀平地切断，使曝晒，令干燥。此后有风时节，放火烧作肥料。桑树至春天再生长。古人据此技术并种黍、桑的结果，一亩地可得到供三箔蚕食用的桑叶。陈旉《农书》中说：育苗先整治苗圃，"预择肥壤土，锄而又粪，粪毕复锄。如此三四转，踏令小紧。平整了，乃于地面匀薄布细沙，约厚寸许，然后于沙上匀布椹子，令疏密得所"。文中介绍整治桑园苗圃技术时，称须预先选择肥沃土壤，锄松并加粪，加粪之后再次拌匀松土，如此三四次之后，用脚踏，令土地稍微紧实。平整地面以后，在地面上均匀地薄撒一层细沙，约厚寸许，然后在沙上均匀地播下桑葚籽，注意要疏密均匀。

古代桑农采用种子繁殖进行桑苗繁育的种种做法，传承至今仍然具有实用价值。这其中主要的技术经验包括以下几点。

（1）适期采种

桑葚籽采收，要选择树势强健、无病虫害的母树。同时，要采种适期，过早则桑葚尚未成熟，发芽率低，幼苗纤弱；过迟则桑葚会自然掉落。从经验上讲，是要根据桑葚的色泽来适期采种。采收的桑葚要先行捣烂，再进行淘洗，并将其摊薄晾干待用。淘洗桑葚的另一种方法，《天工开物》中有所记载："立夏桑葚紫熟时取来，用黄泥水搓洗，并水浇于地面，本秋即长尺余。"即在立夏桑葚紫熟时，先把桑葚在黄泥水中搓碎，使搓出的种子混浮在水中，然后将它均匀地泼在苗圃地里，从而直接完成淘取种子和播种工作。

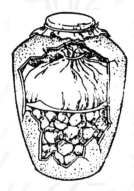

图1.7 桑葚籽干燥贮藏

（2）合理贮藏

桑葚籽的贮藏，适用干燥法，即将装袋的桑葚籽放入置有新鲜石灰的罐中密闭贮藏（图1.7）。

（3）整地作畦

选择苗圃，首先要求靠近水源，地势平坦，能排能灌，通风透光；其次要求土层深厚肥沃，要结构良好的沙壤土或壤土。苗地要避免连作，实行轮作，并及时深耕，施足基肥。同时，要掌握墒情，在苗地可耕性最好时进行整地作畦。

（4）分时播种

桑葚籽播种，既有桑葚采收后立即进行的"复播"，又有到翌年春季才开始的"春播"，元初《务本新书》中有"二月种旧椹"之说。播种之前，先将桑葚籽与草木灰、油饼碎末、蚕沙等混合，然后再播种，这样既可以撒播得均匀，又可以发挥种肥的作用。

桑葚籽播种方法主要有以下几种。

点播：据《务本新书》记载，所谓"点播"，是把黍和桑葚籽混合后放在"瓠种"的葫芦里，一穴一穴地点播到苗地里，或把桑葚籽一粒一粒地成行点播于苗地上。近现代桑农也采用撒播的简便方法，即把桑葚籽均匀地撒播在苗地畦面上，然后用扫帚或其他工具轻扫畦面，使种子和土壤密接，从而方便吸水发芽。

条播：陈旉的《农书》中有"每畦阔三尺，其长称焉。一畦可种四行，既便于浇灌，又易于除草"的记载。通常的条播做法，是将苗地翻耕后，开成5寸宽、1~2寸深的长沟，沟底的泥要匀细，然后把桑葚籽均匀地撒在沟内，再覆盖一层薄薄的草木灰。

绳播：《务本新书》中也有关于绳播的较早记载，即在苗地上开出浅沟，先在沟内铺上一层熏土，然后把截成一托长的草绳若干条，用面汤或清水浸湿，草绳两头各空出3~4寸，中间用桑葚十余粒均匀抹过，使桑葚籽黏附在草绳上，再把一条条草绳排在浅沟内，两绳间距离5~6寸为宜。播种后，用细沙或草木灰覆盖，或再铺上一层稻草或麦壳，以避免日光暴晒，防止土壤水分蒸发。据传，这样的绳播方法传到南方以后，湖州一带的桑农又做了改进，《西吴蚕略》称，要把草绳先在人的粪尿中浸渍一段时间，然后取出晒干，抹上桑葚籽。这样，桑葚籽萌发后就能直接从草绳上摄取充足的养分。这比原来北方的方法又进了一步。宋、元以后，绳播法一直在不断改进。

除了点播、条播、绳播以外，还有原始的撒播方法。

撒播：这也是古人采用的最早的播种方法之一。清代卢燮宸的《粤中蚕桑刍言》中有"撒则更疏，如播谷种之法"的记载，称撒播可以播得更稀疏，其法有如播种稻谷。采用撒播，"大约桑仁一升，用地约税三分"；或"凡撒桑仁之处，宜于地坪上，先画地圳形象一井，将桑仁一两六七钱，试于地圳形上撒之，此则疏密之准，由此而见"。即为了均匀撒播，在将要撒桑仁的地坪上，先画出一块方形的洼地，将桑仁一两六七钱，试撒于洼地上，以此作为疏密的标准。这样，撒播时就能做到心中有数，当在大田播种时就不至于疏密过度。

播种桑籽时，苗圃的选择与管理至关重要。古今桑农培育桑苗，均选择肥地作为苗圃。汉代《氾胜之书》主张用"荒田久不耕"的土地作为培育桑苗之用，其原因就在于土地既经长期闲置，土壤必然肥沃。苗圃在播种之前，必须深耕熟锄，施足基肥，并进行筑畦。《蚕桑萃编》记载，培育桑苗筑畦有两种：一种是平畦，一种是沟畦。平畦是在畦的四周作矮土埂，以便于灌溉；沟畦须筑成畦背和畦沟，其畦阔5～6尺（1尺=0.333米），畦背高5～6寸，畦沟则一头高、一头低，宜于水的流动。桑苗培植在畦沟里。桑苗苗圃需要搭遮阳棚，并根据需要随时遮盖或撤除。遮阳棚高度为3尺左右，用草席或芦苇帘子遮盖，昼舒夜卷，处暑之后，就无须遮蔽。此外，苗圃要进行灌溉处理，古人使用先灌水、后趁墒播种的办法。清代《豳风广议》记载，播种后应每天灌溉一次，出苗后，春播的3天灌溉一次，夏播的则2天灌溉一次。待桑苗长到1尺多高时，隔3～7天灌溉一次。

这些十分简单而又相当原始的播种方法，在生产力十分落后的古代，凝聚了先民们的聪明与智慧。这些方法在当时的生产条件和生产力水平下是有重要价值的。对于这些技艺，古人精心处置，并详尽地传授给后人，它们对今天的生产实践依然具有借鉴与参考的价值。

二、古今桑的无性繁育技术

利用桑籽播种获得实生苗属于有性繁殖。多年生植物的有性繁殖后代具有返祖野生性特点，往往表现出长势旺、花果多等生物性状，但不一定能够保持优良的经济性状，如养蚕所需要的桑叶性状、桑葚的营养价值指标等。同时，桑是异花授粉植物，遗传性上高度杂合，致使自然杂交的后代性状十分复杂，因此又往往难以保持原有品种的单纯特性。

桑的无性繁殖则是将桑树营养器官的一部分（如枝条和桑根）剥离母体，在一定条件下培育成独立的植株，也称营养繁殖。这是一种利用桑树营养器官具有较强的再生能力而进行繁殖的方法。由于无性繁殖是桑树营养器官一部分个体发育的继续，是人们有目标地选取具有优良经济性状的部分个体所进行的繁殖，因此它比较能够继承和保持母树特定的经济性状。优良桑品种大多采取无性繁殖的方法进行培育。无性繁殖技术主要包括压条、扦插、嫁接等，其中嫁接又分枝接、芽接、根接等多种方法。这些方法的不断改进与完善，确保了快捷获得新植株，并使品种得以保持优良特性。

在我国古代，人们很早就已经知道利用无性繁殖的方法进行桑树繁殖与培育了。虽然从现存的古籍文献中我们无法考证古人是如何学会利用无性繁殖方法的，但事实告诉我们，确实有很多自古以来代代相传、千百年来依然无法解开的谜团。现在我们只能推测，古人懂得利用有性繁殖或无性繁殖的方法，应该都是从大自然中学会的。落下的果实及种子最终出现萌芽，或者插入地下的枝条、不幸被埋入泥土的活枝上同样也可以萌发出新芽等，自然环境中最容易见到的这些现象，教会了古人通过模仿这些过程，获得新的、完全一样的新生植株。

桑树的无性繁殖早在魏、晋时期就已经被采用了。北魏《齐民要术》中有"种椹长迟，不如压枝之速"的记载，称利用桑葚种植桑树生长速度比较迟缓，不如用无性繁殖的扦插、压条等方法快。这说明北魏时人们已经知道采用压条技术了。到了宋、元时，扦插桑条（压条）的技术也已得到广泛应用。我国关于嫁接的早期记载见于西汉末年的《氾胜之书》，其中记载了用十株瓠苗嫁接成一蔓大瓠的方法。《务本新书》是一本已经散佚的农书，因其中涉及范围甚广的农学技术以及地域特色而受到关注。其内容首次在元代农书《农桑辑要》中被引用，其中记载称，如果有较多桑树供截取插穗，则可用扦插法繁殖。但是，桑树被较多地截取插穗，会影响翌年养蚕的成绩，为此可选用直播育苗或压条方法。宋、元以后，杭嘉湖及江苏地区常用嫁接技术繁殖桑苗。陈旉的《农书》中最先记载了桑树嫁接的方法。《农桑辑要》论述嫁接效果时指出，鲁桑接在荆桑上能改变接本的品质。之所以能产生这样的效果，是因为两种桑树嫁接之后"使之功相附丽，二气交通，通则变，变则化"。近代生物学研究告诉我们，植物嫁接后，砧木和接穗在营养物质供应上和新陈代谢方式上都会发生相互交换和同化。古人说的"功相附丽，二气交通，通则变，变则化"应该就是对于这一生物学机制的理解与表述，表明在当时，人们确已初步认识到了嫁接后砧木与接穗之间"气"的互相交流和影响，认识到了正是"气"促进了嫁接体的形质改变，使砧木原来的不良性状"潜消于冥冥之中"。宋、元时期创造了多种嫁接法，如插接、劈接、搭接、靥接和皮接等。其中，劈接今称"嵌接"，搭接今称"合接"，靥接今称"片芽接"，皮接今称"抱娘接"。古籍中的记述，表明古人已基本了解了嫁接的奥秘，并掌握了影响嫁接成败的关键秘诀。

由于桑树无性繁殖属于营养器官的延续生长，保持了母树的优良性状，因此古今桑农大多采用此法繁育良种桑苗。以下是几种主要的无性繁殖方法。

(1) 压条

压条繁殖是将母株上的枝条压入土中，待枝条长出新根后剪离母株，使之成为一株新的桑苗。压条生根前依靠母株供应水分、养分，成活率很高，当年即能成苗，而且方法简单。古人认为此法"得利厚而力不费"，新桑苗与桑园中原来的桑树母株"枝枝相似"。《齐民要术》中记载，桑农常用此法繁殖桑苗；《天工开物》也记载，"嘉湖用枝条垂压"。而《士农必用》中所载则略有不同，其中说：在桑枝发芽前，把两年生小桑树或地桑的枝条，截去梢头3~5寸，伏倒在预先掘好的沟里，并用木钩钩住。木钩插在地里，不致枝条着土。不久，这种水平横伏在沟中的桑条着生新芽，并长成耙齿样的若干新梢。至农历四五月间，选择晴天的中午，用晒暖的烂泥在横伏沟内的枝条上堆壅成垄。到秋天时，将每个芽所发育的新梢起出截断，成为一株株桑苗。此即沿用至今的"压条繁殖桑苗法"（图1.8）。

图1.8　压条繁殖桑苗法

压条前，须施足基肥，发根后重施追肥，并分次壅土，逐步加厚。春压或夏压的桑苗在压条的当年农历九十月份，或翌年的早春时节起苗移栽；秋压或冬压的桑苗则在翌年农历九十月份起苗移栽。在起苗之前，须先将压条的基部和母株剪断，即所谓"近树根处斫断"。为促使压条上发出新根，古人还将压条的基部用细铁丝缠绕或做环状剥皮，以防止压条上叶片制造的养分转运到母树上去，以便让养分在压条内不断积累，促进发根和增加根量。

(2) 扦插

古代扦插桑条时，往往直接扦插在桑园里，而不是先扦插在苗圃中育苗，然后再移植到桑园。扦插一般利用一年生的木栓化枝条进行，也称为硬枝扦插。《士农必用》载：扦插适期为桑条上"青眼动时"，即在冬芽萌动时进行。如插穗在本地可以取得，则腊月中采回藏于土窖中，以减少水分的蒸发，待开春后桑树萌发时开启土窖，取出插穗并烙过，然后扦插。插穗"烙过"，即截取的插穗两头截口都要经过烧烙，"在火内微微过"，目的是防止插穗截口被微生物侵入而引起腐烂。扦插时，"掘坑如地桑法"，坑与坑相隔5尺左右，坑中插4~5条插穗，操作时要注意将插穗的芽朝上，勿倒插，将7~8寸长的插穗插入土中4~5寸，插入土中的一段须填入土壤筑紧，露在土面上的用松土堆覆，松土上还可"厚盖丝草"（柔软的杂草），以防止水分过度蒸发。扦插后要立即浇水，并时时浇灌。为了使土壤经常保持湿润状态，古人采用了一种土方法，即把插穗一端穿插在一个萝卜中，连萝卜一起埋在土里。使用此法，因萝卜在土中渐渐腐烂，可以缓缓供给插穗所需要的水分和养分。

（3）嫁接

嫁接技术的早期应用是中国古代劳动人民独立于西方而获得的一项重大成就。人们很早就发现，林中树木枝条相互摩擦损伤后，会发生彼此贴近而联结起来的自然嫁接现象，古代称之为"木连理"。嫁接就是受这种自然现象的启发而发明的一种生产技术。西汉末年，《氾胜之书》已记载了嫁接的实际应用例子和技术。其实，西汉以前，同种植株嫁接技术的应用已经相当成熟。但是，桑树的嫁接晚于其他花木的嫁接。有关记载始见于宋代陈旉的《农书》，书中记载，湖州安吉人能用嫁接繁殖桑树。北宋以后，为了满足蚕桑生产发展的需要，人们把嫁接技术运用到桑树繁殖上，使性状不良的桑树，通过嫁接来提高桑叶的产量和质量。人们把桑树分为荆桑和鲁桑两大类：荆桑木质坚硬，衰退慢；鲁桑木质不如荆桑，衰退快，但叶质好、产量高。古人就将鲁桑的枝条嫁接到荆桑上，从而培育出了兼有荆桑和鲁桑优点的桑树。元代的《农桑辑要》和《农书》，对桑树嫁接技术做了汇总整理，成为我国现存古籍中对桑树嫁接技术最早、最完整的记载。

桑树嫁接，在形式上就是把桑树的枝或芽（称为接穗）移接到另一株桑树的枝、茎或根（称为砧木）上，使它们愈合成一株共生的新植株。其作用原理，古人的解释是"二气交通，通则变，变则化"。实质上，其所揭示的自然科学原理就是：嫁接成活后，被移接的砧木吸收土壤中的无机养分和水分等供给接穗；而接穗制造的有机养分输送到根部，供应根系生长发育，这样接穗和砧木在营养和代谢上互相交换、互相同化，使得新的植株根系强盛、性状优良。在嫁接技术上，古人力求接穗和砧木间"二气变通"。《农政全书》载：其要紧处只在皮对皮、骨对骨，更要紧处在缝对缝。"骨"，就是桑树的木质部；"皮"就是木质部外面的韧皮部；"缝"则是木质部和韧皮部之间的愈合层。此外，桑树嫁接需要适期，《士农必用》认为，桑树开始"条眼衬青"，即桑树冬芽脱苞为适期。接穗的采集，如附近可以采得，则嫁接时临时采取；如需来自远处，则在腊月就要预先采集，并把采得的接穗放在"柿篓"中，中间用蒲绒垫壅，并将篓口密封。这样既可以保温，水分又不易散失。关于桑树的嫁接工具，古书记载有桑剪、桑锯、接桑刀、桑钩以及各种接木刀等（图1.9、图1.10）。

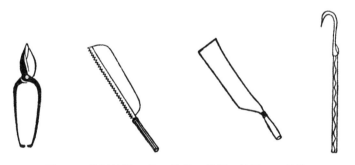

图1.9　桑树嫁接工具：桑剪、桑锯、接桑刀、桑钩

图1.10　各种嫁接用接木刀

传统的桑树嫁接方法主要有以下几种。

（1）插接（冠接）

其方法是将嫁接用的砧木"附地锯断"，或在离地面较高处锯断。在锯成的砧木上，先用竹篾子插入木质部和韧皮部之间1寸半深，再选择良桑枝条的接穗进行插接。据《士农必用》记载，插接接穗的切削方法是：取5寸以上的桑树枝条，在基部1寸半处，将上半段切成判官头样、下半段削成马耳形的斜面，背面用刀刮去表皮，将削面尖端割去半分长的木质部，使韧皮部和形成层露出。然后，拔出砧木上的竹篾子，把削好的接穗插入，每个砧木上可插2~3根接穗（图1.11）。

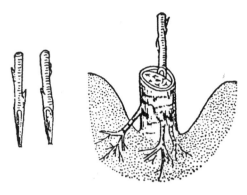

图1.11 插接法

还有一种将桑根锯成砧盘的插接法。操作时，在桑树周围掘土见根，然后把侧根和主根都斫断，用桑锯将桑根锯成砧盘，每一个砧盘上都扦2~3根接穗。成活后，如接穗太密可以剪去一部分，第二年只留一株最大的，其余植株则分别移栽。

（2）皮接（抱娘接）

此法是沿用至今的一种桑树嫁接方法。元代王祯的《农书》中已有记载。《吴兴蚕书》记述：在定植三年的实生苗树干上约离地0.5~1尺处，选择朝北一面树皮表面比较光润之处，用尖刀向上左右斜劈两刀，像"八"字形。同时，选用手指粗细的良桑枝条，截去枝梢，削成5寸左右的接穗。其上应保持2个桑芽。将接穗下半段削成马耳形，并稍稍刮去外面的"粗浮青皮"。然后，将"八"字形伤口处的韧皮部和木质部裂开，把接穗插入"八"字形裂口。插入时，要注意把削成马耳形的一面朝向砧木树皮的一面。插好后，用浸湿的稻草缚扎。当接穗成活长到1~2尺高时，在砧木上把未着刀一面之皮割断，以利养分集中输入接穗部分，促使接穗旺盛生长（图1.12）。

  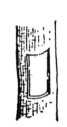 

图1.12 皮接法　　　图1.13 劈接法　　　图1.14 靥接法

（3）劈接（嵌接）

此嫁接桑树之法在古农书《豳风广义》和《神农最要》中都有记述。其方法是，先把砧木锯断削平，小的砧木截得低些，大的砧木截得高些。然后，用刀横架在砧木的截面上，用斧击刀背，劈出一缝，在劈缝中插入两根接穗。如果砧木的直径有2寸左右，则可以劈两次，劈成"十"字形裂缝，插入4根接穗。劈接法要求将接穗削成斜面，其长短、角度要求与劈缝相吻合，要插入的2根接穗，分别插在劈缝的两端，同时必须使砧木和接穗的皮层相接触。插接后，嫁接部位用纸、竹箬或棕皮包裹，外用湿土涂封，只露接穗梢端在外。待穗上的芽长到3~4寸长时，再把砧木上的芽疏去（图1.13）。

（4）靥接（片芽接）

此操作方法是，在良种桑树的枝条上挑选一个饱满的芽，在此芽周围用刀尖刻断半寸见方的一块皮，把这片带芽的皮层揭下来，这一片皮层便是接芽片。把接芽片在嘴里嚼一刻，然后取出贴在砧木枝条上。由于接芽片是嚼湿的，故在砧木枝条上会印下一个湿痕。沿着湿痕的四周，用刀尖刻断砧木皮层并把它揭下来，然后用接芽片嵌补上去。嵌补时，既要注意芽尖向上放置，不可颠倒，又要使接芽片上的皮层和砧木切口四周的皮层密接而无间隙。最后，在芽片的两头，用细薄的桑皮扎缚，松紧得当。待芽片上抽生的枝条长至尺余时，便可解除扎缚的桑皮了。通常一株砧木能接几个芽要根据砧木的大小而定（图1.14）。

（5）搭接（合接）

《士农必用》中又称"批接"。其方法是，用两年生的实生苗作砧木，在离地面3寸处把砧木削成马耳状，再用与砧木一般粗细的鲁桑作接穗，其基部也削成马耳状。将接穗马耳和砧木马耳两相搭接，并用桑皮扎缚，上用湿土堆壅，在接穗上留1～2个芽使其长成新枝（图1.15）。

（6）靠接

古代运用此嫁接技术最早的记载见于汉代《氾胜之书》中记述的葫芦"靠接"，它是古代劳动人民受自然界中"连理木"的启发而创造出来的一种嫁接方法。《豳风广义》中记述的"枝接"就是靠接，俗称"渡树"。其方法是，在性状优良和性状不好的两株桑树上，各选取一根粗细相近的枝条。将枝条中间一段削去2～3寸长的木质部和韧皮部，然后把两枝削开的伤口皮对皮、骨对骨地贴合在一起，用桑皮或麻扎缚，再用泥土涂封。随后，把性状良好的一株枝条的愈合处以下部分与性状不良的枝条愈合处以上部位用刀逐渐削细，待两枝愈合牢固后，解去缠缚，并把削细的部位截断，嫁接便成功了。

图1.15　搭接法

（7）判官接

这是清末《劝桑说》记载的一种接大桑树的方法。其方法是，在大桑树上选择表面光滑"无块垒处"，用刀横划，割断树皮。再在这横划的上方1～2处斫去树皮，然后从横划的伤口处，用竹签沿着韧皮部和木质部之间插入，再用手指粗细的桑枝作接穗，将它削成马耳状。抽出竹签，把接穗插入其中。最后用稻草扎缚，涂封牛粪泥或围壅泥土。砧木上当年仍可采收桑叶。在切削技术上，《劝桑说》强调：用桑枝削接穗，"刀要快，钝则损浆，一刀削成，多削亦损浆"。

（8）袋接

袋接法成熟较晚，直到19世纪中叶，《广蚕桑说》上才有记载。袋接法，亦称"平头接"，现已成为国内桑树繁殖上应用最广的一种嫁接方法。其操作方法简单，成活率高，苗木生长快，适用于大批量桑苗的繁殖。袋接法是在实生苗的根旁掘开1～2寸深土层，见有丝根，即在丝根处齐土剪断。在剪断的根茎下，用刀划破皮层1寸半长，将刀略一摆动，使皮层和木质部分离，但也可不划破皮层，而用两指捏住砧木向一边微推，使皮层和木质部脱离，然后将桑刮从裂口处插入。再从选定的桑树上剪下笔管粗细的桑条，其下半段木质部较充实，用这段作为接穗剪成3寸左右。接着将接穗下端1寸处削成马耳形，上端留芽1～3个。从砧木中拔出桑刮，立即将接穗插入3～4厘米，最后用松土培壅。此法能够达到很高的成活率（图1.16）。

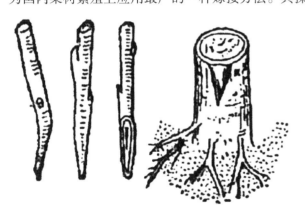

图1.16　袋接法

在古代欧洲，虽然亚里士多德和古罗马学者普利尼都先后提到过嫁接，但是直至5世纪，枝接和芽接技术才在地中海地区逐渐得到应用。16世纪，英国有劈接、冠接和舌接等枝接方法。芽接技术在欧洲获得普遍应用是17世纪以后了，当时主要用来繁殖毛桃、油桃、杏等核果类果树。这些都已经是后来的事情了。由此看来，我国古代的嫁接技术是古人创造的精湛农桑技艺中最值得称道的内容之一。

三、现代桑的快速育苗技术

现代桑的育苗技术向省力、快速、节约方向发展。实生苗的繁育改变了过去传统的点播、撒播和用桑葚直接播种的方法，而推广条播覆盖和营养钵育苗方法。前者有利于保蓄土壤水分，调节保持地表湿度、温度和营养环境，也可促进根系发展，且可防止种子异常流失；后者则利用营养钵保持土质营养和水分充足，有利于培植壮苗，且在定植时可以保护根系，促成壮苗迅速生长。国内主要蚕区推广应用的杂交一代实生苗直栽法，由于采用的是经过杂交的种子播种育成实生苗，其群体优良性状基本一致，不必再用嫁接法改良，因而大大简化了桑苗繁育的程序，缩短了育苗时间，降低了建园成本，满足了发展密植桑园的需要，成为快速建成高产新桑园的一条途径。

在蚕桑生产上，桑苗的无性繁殖技术在现代快速发展，如一苗多用、一砧多用的袋接法，操作简便的切皮芽接、简易芽接、室内袋接与芽接，都较传统的广秧接与盾形芽接显得省工、易操作、易推广。因而，扦插育苗技术得到重点开发和实用化推广应用，除了硬枝扦插技术外，又陆续推出了绿枝扦插和绿枝土钵扦插技术，以及应用营养钵（袋）和全光喷雾扦插技术等，大大提高了扦插育苗的成活率。

桑树组织培养技术体系的建立，已能对桑冬芽、腋芽、茎尖、胚轴、子叶、花药、子房、胚和叶片等器官或组织进行离体培养，并获得完整植株，为桑树的工厂化、产业化育苗奠定了基础。桑树的工厂化育苗，指在人工创造的优良环境条件下，采用规范化技术措施以及机械化、自动化手段，快速而稳定地成批生产桑树苗木，这已成为桑苗培育技术的方向。

第四节 古今桑的栽培技术

《农政全书》上说："桑者易生之物，除十一月份不生活，余月皆可。"称桑树为易于生长之物，除11月份栽种不易成活外，其余时期都可种植生长。《天工开物》之"乃服"又说："凡桑叶无土不生。"即桑树在各个地方都可以生长。即便如此，自古以来，人们对于栽培桑树仍然细致入微、一丝不苟，从栽培时节的选择到桑树栽植、肥培管理等，都总结出了符合桑树生长发育规律且很有科学性的一系列农学技艺。

一、古代桑的栽植与养成技术

我们不妨从桑苗定植、栽植方法及桑田间作、桑田管理等几个方面来了解古代桑农是如何进行桑树栽植和培育的。

（一）桑苗定植

在我国，桑农很早就了解到，桑树的栽植技术与定植后的成活率和初期生长有密切的关系。因此，他们十分重视定植的时期、定植前的土地准备、优良苗木的选择以及定植后的管理工作。

关于定植的时期，唐代韩鄂的《四时纂要》记载："移桑，正月二月三月并得，熟耕地五六遍，五步一株，着粪二三升，至秋初，劚根下，更着粪培土，三年即堪采。"文中称，移桑定植时期为春天的二三月，熟地耕五六遍，下粪二三升；至秋初，再在根部下粪培土，这样三年即可采用。

对于移栽时间，各农书所言不尽相同，但共有的指导思想是：栽种技艺之关键，在于掌握适宜种植的时期和土地。元代的《农桑辑要》认为："一岁之中，除大寒时分不能移栽，其余月份皆可。"一般情况下，桑树栽植在落叶后至翌春发芽前进行。桑苗落叶后至土壤封冻前栽植为冬栽；土壤解冻后至桑苗发芽前栽植为春栽。此时，桑苗处于休眠阶段，体内贮藏养分较多，蒸腾量较少，因此桑苗栽植以冬栽和春栽为宜。

关于移栽技术，元代的《农桑辑要》、明代的《便民图纂》、清代的《齐民四术》都有详细论述，其中对各种移栽的方法描述得十分具体。如宋代陈旉的《农书》中记载："于次年正月上旬，乃徙植。削去大半条干。先行列作穴，每相距二丈许，穴广各七尺。穴中填以碎瓦石，约六七分满，乃下肥火粪两三担于穴中所填者碎瓦石上。然后于穴中央植一株，下土平填紧筑，免风摇动。"诸如此类，各农书中均有记载。

关于定植前的土地准备，古籍文献中都强调，栽植前要深翻土壤，施足基肥。深翻通常采用沟翻和穴翻。沟翻时，将表土和心土分别堆放在植沟两旁，并挖松沟底的土壤，植沟挖好后，要将腐熟的厩肥、堆肥等堆在沟底作基肥；穴翻是按桑树的株行距挖植穴，挖土方法、施肥与沟翻相同。总而言之，古人重视春季移桑，强调要精细整地，秋季时在根下松土追肥，保驾植株越冬。

古代的桑树栽植技术中有一种技巧，即培育的桑苗在三四年中须移植两次，古书上称之为"转盘之法"。《士农必用》解释说，通过移植，老根被切断，有利于新根的旺盛生长；第一次移植是为了保护幼小的桑苗免受自然灾害或牲畜的伤害，所以先以较高的密度种植，以便于管理，待其长大以后再定植到桑园中去。

另外，一些农书上还提出，移植时树干和根的方向必须与原树的朝向一致。如《劝桑说》提出，栽桑时，桑根"不可错了原向"，认为移植较大的桑树，树身原来向南的一方，仍要向南，不可错向。栽植小桑树时，根须少的一面要向南，因为阳光的照射可使这一面多发根；反之，根须少的一面如果朝北，则桑树成长以后南北两面的根须就更不均匀。有关这点，按现代的植物生理生态知识来看也是很有道理的，因为树干向阳面的茎、枝、叶长期生长在阳光充沛的生态条件下，而向阴面的茎、枝、叶则生长在向阴环境中，都已经分别形成了各自对于环境的适应性。移植时一旦改变了阴阳面的方向，桑树形态结构和生理特征就会因为不适应新的环境而造成代谢紊乱，甚至导致死亡。古人的这些做法与经验具有深刻的科学道理。

针对北方地区的气候特点，《务本新书》中提出，挖掘植穴时，在植穴的北面，要用挖出的泥土堆成2~3寸高的土壁，借此阻挡北风，接受日光照射。秋栽时，在露出地面1~2寸的苗干上，用肥土覆盖，借以保温。《士农必用》中还记载，栽植时，植穴中用熟土填满后，上面再用"虚土"堆成锅子状，以桑树为中心构成"环池"。这样，下雨时雨水可以汇流入窝，有利渗入土中，灌溉时也不致溢流它处。此法是适应北方寒冷干燥气候的有力措施。

在定植时，优良苗木的选择以及栽植管理，也是一项重要的工作。桑农在进行桑苗选择的同时也进行苗木的修剪。优质桑苗必须新鲜且皮部不起皱缩，品种纯一，苗木大小均匀，根系尽可能保持完整。桑苗要选择优良植株，必须主根发达，侧根分布均匀，须根多而颜色鲜黄，嫁接部位要愈合良好，苗茎要粗壮无侧枝，下部冬芽要饱满完整，且无病虫害。桑苗在栽植前要修剪苗根，《广蚕桑说》明确指出，要剪去"直下及腐而无用"的根，所谓"直下"，即伸入土中较深的根。实践证明，轻度修剪苗根能促进桑根的生长。

（二）栽植方法与桑田间作

古人在栽植桑树时十分注意保证每一植株获得充分的阳光以及良好的营养。为此，对栽植密度和栽植形式都提出了具体的要求。《士农必用》中记载了乔木桑的栽植密度，其行株距为4步×8步。其中的"布地桑法"中又说：5尺内挖一坑，每亩种240棵，此为宋、元时期黄河中下游地区乔木桑的栽植密度。明代后期，太湖地区的桑树一般"每亩约二百株"。清代《蚕桑捷效书》中记载：密植株距为4尺，稀植株距为6~7尺，而以5尺5寸为适中。为实现桑园丰产，除合理密植外，还要配合适当的栽植形式。清代《广蚕桑说》谈到栽桑时常用"品"字样，即第一行的桑树不和第二行的桑树正对，而和第三行的桑树正对；第二行的桑树则和第四行的桑树正对。《齐民要术》亦载"行欲小掎角，不同正相当"，意即相邻的两行桑树不要完全平行而要偏倚一些，植株之间不正对是适宜的。"品"字样是古代栽桑较常用的形式，这种形式使桑树长大后可以比较充分地吸收日光，提高了土地利用率。清代《蚕桑速效编》还记载了一种高低干桑树混栽的形式：两株高干桑间距10尺，中间再栽低干桑两株。低干桑的桑叶萌芽较早，稚蚕期可先采收低干桑的桑叶，壮蚕期则采收高、低干桑的成熟叶。

在栽植方法上，古人注意营造有利于植株吸收利用营养的环境与水土形态。桑树栽植方法分沟栽和穴栽两种。沟栽是挖沟栽植，在挖好植沟、施足基肥后，顺着植沟按预定的株距，先将苗木放准栽植位置，并按纵横行列对正，用细碎表土壅没根部，边壅土边轻提苗干，使苗根伸展并与土壤密接，再将根部土壤踏实，然后用新土填满沟。一般情况下，壅土要稍高于地面，但干旱地区壅土可略低于地面，以便接纳雨雪；多雨地区壅土则呈馒头状，以防积水。栽植距离较宽的桑园与散植的桑树一般采用穴栽，其栽植的方法、步骤与沟栽基本相同，必须做到"苗正根促，浅栽踏实"。所谓"苗正根促"，就是苗木要栽得端正，不可歪斜，苗木根部均匀向四方伸直不弯曲；所谓"浅栽踏实"是指栽植宜浅，填土要踏实。栽植尝试，以埋没根茎为标准，土壤踏实，使苗木根部紧密地接触土壤，以促进根部对水分和养分的吸收，提高成活率。

此外，我国古人历来注重提高土地的利用率，注重构建合理的营养及阳光利用结构。在长期的农桑作业历史上，古人形成了间作的传统。他们在高大的桑树下适当种植低矮的农作物，从而获得更高的经济效益。

春秋时期，就出现了在大田当中间作桑树的耕作方式，《诗经》中的《魏风·十亩之间》有"十亩之间兮，桑者闲闲兮，行与子还兮。十亩之外兮，桑者泄泄兮，行与子逝兮"这样的田园诗，描写了夕阳西下，采桑女劳动之后，结伴同归的情景，展现了一幅桑园晚归图。而这里所描写的环境背景是十亩农田，其间混作或间作有桑树，这是我们可以读出的信息。西汉以后，有关桑田混作、间作的记载明显增多。汉代《氾胜之书》中记载有桑黍混播的方法，是我国古籍中关于桑黍混种的最早记载，其中也描绘了桑黍混种的具体做法。

北魏《齐民要术》中记载，当时的桑地往往间作绿豆、小豆，两豆均生长良好，并且"润泽益桑"，表明当时华北地区多采用桑粮间作的做法。由此可知，当时人们已经认识到与豆类作物间作可以促进桑树生长，因为豆根上的根瘤菌可以固氮肥田，对桑树有益。

隋、唐时，虽然专门的桑田多了起来，但是韩愈《过南阳》诗中仍有"南阳郭门外，桑下麦青青"的记载，说明隋、唐、五代时期仍有桑田沿用粮桑间作的方式。

宋代陈旉的《农书》中还进一步探讨了桑田间作植物相宜的原因，该书以桑苎间作为例说道："若桑圃近家，即可作墙篱，仍更疏植桑，令畦垄差阔，其下遍栽苎。因粪苎，即桑亦获肥益矣，是两得之也。桑根植深，苎根植浅，并不相妨，而利倍差。……若能勤粪治，即一岁三收，中小之家，只此一件，自可了纳赋税，充足布帛也。"文中称，桑苎间作时，如果桑圃离家近，既可作墙篱，还可以疏植桑株，使得畦垄间隔宽些，其中可以栽苎。下粪供苎用时，桑亦获肥效，故一举两得。桑根植深，而苎根植浅，各不妨碍，而利益倍增。如能勤下粪管理，即可一年三次收获，中小家庭，只此一项，就可以完纳赋税，衣着布帛充足。由此，我们可以充分了解到古代桑田间作的益处。

当然，间作并不总是有利的。元代以后，人们对于桑树搭配作物的适宜与否也进行了反思。《农桑辑要》指出："桑间可种田禾，与桑有宜与不宜。如种谷，必揭得地脉亢干，至秋桑叶先黄，到明年桑叶涩薄，十减二三。又致天水牛、生蠹根吮皮等虫。若种蜀黍，其梢叶与桑等，如此丛杂，桑亦不茂。如种绿豆、黑豆、芝麻、瓜、芋，其桑郁茂，明年叶增二三分。种黍亦可，农家有云：'桑发黍，黍发桑。'此大概也。"文中指出，桑树间虽然可以种植田禾，但是有宜与不宜之分。如种谷必会招致土地营养枯竭，至秋天，桑叶先发黄，到次年，桑叶厚度将变薄，程度可降二三成；又会招致天牛，生出蛀蚀根皮的昆虫。若种蜀黍，其顶部叶子与桑等高，如此混种，桑亦不会茂盛。如种绿豆、黑豆、芝麻、瓜、芋，则桑树繁茂，明年桑叶产量可增加二三成。种黍也可以，农家有谚语说："桑发黍，黍发桑。"这基本上是符合实际的。明、清以后，《种树书》又称"树下宜种蔬菜"等。此后，江浙一带桑田间作蚕豆，其做法一直沿袭下来，直至近现代。这些都充分说明古人对桑、黍以及各种作物之间相生相克的关系已经有了很深刻的认识。

(三) 桑田管理

传统农谚说："三分种，七分管。"要想有收成，种下优良的种苗之后，更重要的是，还要对植株进行养护管理，比如要浇水、施肥、修剪、除草、防病治虫等，这样才可能获得丰收。没有后续良好的养护管理，再好的种苗也难以成材。对于桑田管理，我国古人总结了一系列精耕细作的技术措施。

桑树栽植后的管理包括剪干、疏芽、灌排、补植、追肥等一系列作业。

剪干：桑苗栽植后，随即按主干的定干高度剪去苗干，以保证主干的养分。古人十分重视剪干的农技，元代《士农必用》曰："树桑，惟在稀科、时斫，使其条叶丰腴而早发，……稀则条自丰，叶自腴。……是故科斫为蚕事之先务。……农语云：'锄头自有三寸泽，斧头自有一倍桑。'"这说明古人早就知道修剪桑条可以获得增产的道理了，所以桑农在注重桑地耕耘的同时，也特别讲究桑树剪伐的技术操作。

疏芽：桑树新芽长到13～16厘米时，按树型养成的留干数，要疏去多余的芽，使养分集中，并留出空间，以促进新芽生长。

灌排：栽桑工作结束后，平整地面，筑好畦沟，疏通灌排沟渠。干旱时，及时灌水；多雨时，做好田间排水工作。植沟或植穴的堆土下陷时必须填土，以防止露根或积水。

补植：桑园若有缺株就会影响单位面积的产量，所以应及时补植。补植的桑树应加强管理。在桑树定植时，再栽植一些预备苗，以备补植缺株之用。

追肥：桑树栽植当年，在施足基肥的基础上，要适当施用追肥。一般在疏芽后，随即施稀薄人畜粪一次。以后根据幼树生长情况，再施追肥一至两次。施肥量为成林桑的三分之一，以后逐年增加。古代给桑园施肥，除施用人粪尿、饼肥、厩肥等外，在桑树养成阶段还较多使用塘河泥。据《沈氏农书》记载：施用塘河泥的桑地，具有"土坚而又松，雨过便干"的特点，符合桑园管理要求。基于"桑性喜燥，易于茂旺"的特点，"不罱泥之地，经雨则土烂如腐，嫩根不行，老根必露，纵有肥壅，亦不全盛"。就是说不施塘河泥的桑园，经下雨浸润则土烂如腐，嫩根生长不起来，老根则易暴露出来，这时即使施肥培土，桑树也难以茂盛生长。塘河泥主要用作冬肥，而人粪尿则主要作春肥和夏肥。施夏肥又称为"谢桑"，应在剪桑完毕后立即进行。《沈氏农书》又说："谢桑尤是要紧功夫，切不可因循。"即谢桑特别要下功夫做好，切不可轻率从事。为了防止杂草和桑树争夺土壤中的养分与水分，要同时把杂草翻入土中，使杂草转而成为桑树的养分，同时，桑园尚须中耕除草。明、清时期，在杭嘉湖、江苏地区的桑园管理中，中耕除草还起到了改善土壤理化性质的作用。桑园垦土一年须两次，一次在夏伐后，称"垦蚕罢地"；另一次在冬至前，即所谓"垦过冬"。"垦过冬"至关重要，古人认为"垦地须在冬至之前，取其冬日严寒，风日冻晒"之功用。

除了比较程式化的桑田管理技术之外，桑树栽植管理中的一个特别技艺，是通过修截桑树使其养成一定的树型。在《诗经》的《国风·豳风·七月》中有"七月流火，八月萑苇。蚕月条桑，取彼斧斨，以伐远扬，猗彼女桑"这样的修剪桑树的描述。即七月天气开始转凉，八月要把过冬的芦苇割好。三月修剪桑枝，要用锋利的斧头，以砍伐高处枝条，顺着细枝采嫩桑。

我国农学方面的古籍中有许多关于桑树树型修剪的记载以及相关技术的介绍。这里所说的桑树修剪，主要目的是通过人工调整养成树型，以便于采摘。正如唐代韩鄂《四时纂要》所述："每年及时科斫，以绳系石，坠四向枝，令婆娑，中心亦屈，却勿令直上难采。"这里告诉人们，每年要及时修剪桑枝，届时用绳系住石块，使得桑枝坠向四周，呈披散状，即使树的中心部也要弯曲下来，以免枝叶直指向上难以采摘。人工修剪树型也就是为了解决树高分散难以采摘的问题。此外，桑树修剪也是为了去掉老枝、病枝、枯枝，使得桑树更好地生长，从而提高产量。这与前面所谓"斧头自有一倍桑"的增产效果是同样的道理。

据古籍记载，宋、元以前，农村为养蚕栽培的桑园，大多是乔木桑和高干桑。明代以后，逐渐流行栽培高干桑或中干桑，进行拳式养成，并逐步向低干桑发展。清代以后，江南一带栽桑，植株行距通常为5尺×7尺（1.67米×2.3米），每亩栽桑170株左右，需要4年时间方能成园投产。为了提高桑叶产量和方便采桑，每亩栽桑株数逐步增加到200～300株，后来，每亩栽桑株数又增加到600株左右。从开始定植到正式投产为3年时间，即养成两层支干的低中干树型，俗称"三腰六拳"式桑园，现代统称"普通桑园"。

古人很注重提高桑树的树型养成技术。这里说的树型养成，即通过修截桑树，养成一定的桑树树型。桑树树型有自然型和人工剪伐型两类。桑树修截的方法，《士农必用》记述了三种。

第一种方法，对于6～7尺高的桑树，移栽时截去树梢，使枝干向四面发展，阻止树干向上直长。此法目的在于养成通风透光良好、便于采收管理的树型。

第二种方法称为"双身树"，即桑树长到相当粗壮时，留两根枝条，其余的截去。待两根枝条长到一人高时，即截去枝梢而使其成为支干。横生的枝条任其生长，到腊月时，对这些枝条再加修截，每个支干留3～4枝，且每枝截成1尺左右，逐渐使树冠养成球形，翌年各支干又抽生出许多枝条，此时可按照枝条的疏密适当采收桑叶，养成"双身树"的树型。

第三种方法称为"剥桑法"。在腊月中，把桑树上过密的枝条截去，只留少数枝条，且枝条上都截去枝梢，每根枝条留3～4个芽，培养成支干。翌年，支干上的芽可抽长成几尺长的枝条。

经过修截的桑树，枝条分布均匀、疏密合度、空气流通，而且养分比较集中于桑叶，特别肥美。但若干年后，随着树冠的增高，支干渐分渐多，不便于采收管理，必须进行截干，以降低树冠高度。古代北方地区的桑树树型以乔木桑和高干桑（图1.17）为主，修截桑条主要用斧或镰。

图1.17　高干桑

明代后期，在江南太湖地区，桑树的树型以拳式桑和无拳式桑为多，修剪桑枝都用桑剪，树型养成技术也随之发展。清代《桑谱》中记载，桑树经过4～5年的修剪，就形成了一定的树型，以后一年剪、一年养，即当年剪伐采叶，翌年留养在树上，不再剪伐采叶。此法即古代的剪养法。

对于一般桑树，过去也进行树型养成。古代桑农常用的拳式桑养成法，即为一般树型养成法。其方法是，桑苗栽植后的翌年正月，在离地面2尺处剪去苗梢，保留2个芽，使其秋后长成两根枝条。到次年正月，又在这2根枝条的1尺多高处剪伐，并各保留2个芽，其余的芽都除去。以后每年进行剪伐，至第五或第六年时，在枝条基部连枝带叶剪伐养蚕，经过数年在这一部位剪伐，就形成了拳式。一株桑树上可养成8～10个拳。

《蚕桑要略》上还记述了树型养成的"剪桑"和"摘桑"两大类技术。所谓"剪桑"，是在嫁接后的桑树长到4～5尺时剪伐枝梢，翌年把树上新抽生的枝条全部剪去，以后年年如此剪伐枝条，在桑树长到4～5尺高时形成拳式剪定。"摘桑"也称"扎桑"，是嫁接的桑树栽植后，年年采叶不剪伐，任枝条自然生长。古农书中记载：剪桑叶小，扎桑叶大；剪桑高不过1丈，扎桑可高至2丈多；剪桑占地小而叶多，树低而易采；扎桑占地大而叶少，树高采叶难。

在北方，古代多采用地桑养成法养成桑树树型，因为北方主要为乔木桑，地桑养成法可以弥补乔木桑的不足。《士农必用》载：没有树桑（乔木桑）的农户，可以用地桑养蚕。树桑不能及时供应桑叶，可用地桑代替。《韩氏直说》指出：种地桑须用早生桑品种。乔木桑发芽较迟，地桑发芽较早，可用地桑供稚蚕期之用。

地桑养成法形成于宋、元时期。具体方法是：将桑苗从苗圃掘出移栽后，在离根部6～7寸处截去苗干。栽后露出地面的苗干用松土培壅。当苗干上的芽萌发到4～5指高时进行疏芽，每一苗干上只留1～2个新芽，其余全部疏去。当年这2个新芽可抽长成5尺多长的枝条，翌年就可齐地截下，采叶喂蚕了。次年，主干上又萌发出新芽，疏芽时保留4～5个芽，使其抽长成4～5枝新条。以后每年如此截条收获，枝干逐年粗壮，疏芽时所保留的枝条也逐年增多，其枝条生长旺盛，叶片大、产量高。

桑树修剪的结果，使得不同地区的桑田中呈现出各种不同的树型，显示了不同的地方特色。简要划分起来，古代的桑树树型可以分为乔木桑、高干桑、低干桑和地桑四种。其中，乔木桑为保持桑树自然形态的树型，属原型；其他树型均为人工改造的产物。根据甲骨文中桑字的象形，同时对照战国铜壶上的采桑图，可以推断，大约在商周时期，我国古人就已经修剪出高干桑和低干桑了。经过古人几千年来对桑树有意识的修剪塑型，促成了桑树便于采摘的低矮化形态。这样的修剪塑型技术，为后世形成密集型桑园打下了基础。

我国古人通过古籍文献留下的桑树栽植与栽培技艺，在技艺发掘、因循传承等方面的深度、广度都是令人称奇的。民国初年，图书馆学家金步瀛先生曾致力于改良传统的蚕桑技术，在培养新型蚕桑技术人员的过程中，他一度惊叹"复取中国蚕桑古书读之，绝古人所述，颇多与新法相合，且有较为详尽而胜之者，因撷其精华……"这确实也是我们在学习与整理古代关于桑树栽植与栽培技艺的古籍资料时所具有的相同感受。从这些古籍资料中，可以读出我国古人在蚕桑技艺上所积淀的丰富经验，以及充满哲理的思考和工巧的技艺创造，从中可以感受到我国古代蚕桑技艺传承至今而依然值得借鉴与参考的真正价值。

二、近现代桑的栽植与养成技术

近现代桑树的栽植，是由桑农自育自栽地方桑品种逐渐发展到农村成片桑园的。随着养蚕用桑需求量的扩大，人们选择优良的桑树采种，播种育苗，进而采用压条、扦插和嫁接等方法繁育良种桑苗。桑树的养成形式，也由先前的房前屋后散栽乔木桑、旱地种桑，逐步发展成密植桑园（地桑）和现代高产优质桑园。

随着桑树栽培技术的不断进步，在桑园建立上，人们创造了快速、高产、高效的技术方法，改变了传统的一年嫁接、二年定植定干、三年春伐养型、四年提前夏伐建园的过程。桑园群体结构更加合理，提高了光能利用率，而立体栽培、农桑间作等新的栽桑管理模式，又充分发挥了水、肥、地、热的潜力，实现了高产目的。

近代，桑园的肥培管理技术也有了很大进步，方法趋向科学化、合理化。人们在对土壤进行肥力状况普查的基础上，参照桑树收获时带走的养分确定施肥量，并根据全年肥培分布规律，确立适施春肥、重施夏肥、巧施秋肥、足施冬肥的施肥原则。

桑树病虫害防治技术方面也从局部、单一防治，向综合、全面防治发展。在生产上，采取了选栽优良抗病桑品种、防治媒介昆虫、培育无病苗木、挖除病株、春伐休养、增施有机肥等技术措施。

在桑树树型养成上，改变了以往的高、中、低干养成形式，一般为低干和中干养成形式。桑树剪伐技术绝大多数采用春伐条、夏疏芽、中秋剪梢及夏伐条、早秋疏芽、晚秋剪梢等技术，同时采用隔行春夏轮伐收获条桑的方法，并应用夏伐留基叶、晚秋蚕饲养后留叶8～9片和水平剪梢的措施，增强了树势，延长了桑树丰产期。20世纪中期，先后采用无干的地桑、中干的拳式桑和密植桑园桑等树型养成形式。80年代在新桑园栽植和老桑园改造中，推行"一步成园"的桑园模式，即先育成嫁接苗，而后用嫁接苗定植桑园，并管理成园。

近现代桑树树型养成，是在桑苗栽植后的技术管理中进行剪伐，逐年把桑树培养成一定的树型。

无干桑养成法：无干桑也称地桑，是树干大致与地面相平的独拳树形。其养成方法是：在桑苗栽植后，离地2寸处剪干，养成2～3根枝条，使其生长。翌年春蚕后，在枝条基部上方1寸处进行夏伐，养成桑拳。剪伐时，要使枝条保留1寸高度持平，以使桑拳匀整和迅速扩大。

矮干桑养成法：矮干桑介于低干桑与无干桑之间，外观没有主干（或主干很矮）而且只有一层支干，树干部高度在1尺以下。其养成方法是：第一年在栽植桑2寸处剪除苗干，至冬季，培养成3根左右健壮的枝条。第二年春蚕后，在离地0.6～1尺处剪定枝干，以后年年在同一部位夏伐，养成拳式。

低干桑养成法：低干桑的树干高度在2尺以下，由主干和两层支干组成。其养成方法是：第一年在桑苗定植后离地4～6寸处剪干，待新芽长到4～5寸时选留健壮、均匀的芽2～3个，培养成粗壮的枝条。第二年春季发芽前，在离地1～1.4尺处剪定第一支干，当年培养4～6根枝条。第三年春蚕采叶后，在离地1.5～2尺处进行夏伐，剪定第二支干，发芽后，每一支干留芽2～3个，每株养成6～

12根枝条。第四年起,按照成年桑树进行常规采叶伐条。

中干桑养成法:中干桑的树干高3～3.5尺,由主干和两层或三层支干组成。其养成方法是:第一年桑苗定植后,在离地约1尺处剪定主干,当年养成粗壮的枝条2～3根。第二年春季发芽前,在离地约2.5尺处剪定第一支干,通过发芽后的疏芽处理,养成4～6根粗壮枝条。第三年夏伐后,在离地3～3.5尺处剪定第二支干,每株养成8～12根枝条。第四年在离地4尺处进行夏伐,并养成第三支干,每一支干上留2～3根枝条。

高干桑养成法:高干桑的主干和支干比中干桑更高,层次更多。主干要多一年养成,一般为1.5～2尺,第一支干为1.2尺左右,第二支干为1尺,第三支干为0.5尺,第四支干为0.3尺,每株养成18～24个支干。

乔木桑养成法:乔木桑树形高大,有明显的主干,并有多种树型,在生产实践中应用较多的是叶材两用乔木桑。其养成方法是:选择苗木条直、叶大、生长势强的粗壮实生苗,培养两年达到6尺以上。然后,深穴浅栽进行定植,待新梢长到3～4寸时,采取留一去三或去四的办法疏芽,使留芽位置在主干上分布均匀。第二年起,使主干逐年接高上升,达到12尺左右时,不再进行接高处理,而是适当修剪,使逐年分枝。乔木桑的树型修剪在桑树休眠期进行,生长期间则结合养蚕用叶进行疏芽留芽,逐步养成水杉式的树型。

在桑树栽植中,一般采取合理密植增株数、摘芯分杈增条数、加强管理增条长的技术措施。在桑树树型养成上,不同地区根据当地的气候条件和各自的栽培目的,创造了桑树伞形养成法、桑树株内轮伐的出扦养成法、桑树留枝留芽养成法、桑树水平式和步步高式养成法、桑树拳式养成法,以及杈子桑养成法和条墩桑养成法等(图1.18)。

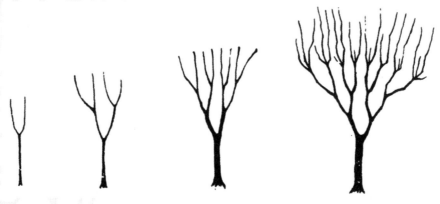

图1.18 桑树的树型养成

三、现代桑园高效管理技术体系

现代桑园高效管理技术体系以密植高产桑园和立体桑园管理模式为基础,配合优良桑品种、桑园节水、免耕或少耕、平衡施肥、桑树病虫害防治等技术构建而成,同时,建立了桑树栽培、桑树病虫害测报、土壤诊断专家系统,根据不同地区的生态条件,确立相应的技术措施和作业制度,使桑叶的利用率和生产效率达到最大化。

国内主要蚕桑产区在桑园规划上大多采取集中连片、避开污染源等措施;在桑园丰培管理技术上,侧重于优良品种、合理密植、树形结构等要素,同时,结合农机作业、配套施肥、间作套种、灾害防治等措施,形成了一大批蚕桑生产基地,并因地制宜探索独具特色的现代桑园高产化模式。

桑园管理向高效、省力化方向发展,注意降低管理成本,注重提高劳动生产率,其中桑园农机具的研究和应用、桑园除草剂的应用和开发进展明显。如桑园翻耕机、桑园伐条机、绿肥埋青机、动力喷雾机等在桑园管理中应用十分广泛。同时,为了提高桑园的光能利用率,桑园在复合经营上也进行了许多试验探索,并取得了显著的经济效益。桑树综合利用得到高度重视,绿色环保和健康理念被业内及相关产业所推崇。

第五节　近现代桑的资源分布与利用

我国是桑树原产地，有几千年桑树栽培的历史。由于幅员辽阔，桑树在各种不同的自然环境下都有广泛分布。如何发挥我国的蚕桑资源优势，进一步深入开展蚕桑业资源的综合利用，已经引起人们的广泛重视。随着生命科学技术、信息与计算机科学技术等的发展，借助于新的理论与技术手段，蚕桑产业不断取得新成果，展现出蓬勃生机和活力，并正在形成新的产业形态。

一、近现代桑的地域分布

近代以来，随着我国与其他国家交往的日益频繁，我国的桑树资源也逐渐扩展到国外，甚至被引进到了非洲和南、北美洲，带动了世界蚕桑业的发展。目前，桑树资源在世界上形成了三大分布区域，即以中国、日本和东南亚国家为主的主要蚕桑产区，以黑海和地中海沿岸国家为主的蚕桑产区，以及北非和南、北美洲蚕桑产区。

桑树作为桑属植物的树种，在全球约有16种，分布于北温带、亚洲热带、非洲热带及美洲地区。我国是世界上桑种最多的国家，桑树资源分布于全国大部分地区，其中，栽培种有鲁桑、白桑、山桑、广东桑及瑞桑等；野生种则有长穗桑、长果桑、黑桑、华桑、蒙桑、川桑、鸡桑等。目前，全国共保存有桑品种资源3 000余份。桑树的垂直分布大多在海拔1 200米以下，全国近30个省、市、自治区都有桑树栽植和蚕桑生产。

桑树品种因地域生态环境不同而差别较大，在自然分布的演变上形成了许多各具特征的桑种，经过长期的生产应用和选择培育，其中经济性状良好、抗逆性能优良的品种得到广泛栽植。鲁桑主要栽植于山东、浙江、江苏等地，江浙一带的湖桑也属于鲁桑系统。白桑主要分布于新疆和四川地区。山桑中的火桑和剑持品种在栽培上多作为稚蚕用桑。广东桑原产于广东省，较多分布于珠江流域，性状比较驳杂。

近现代桑树栽培在不同的地域形成不同的品种类型。如江苏、浙江地区有湖桑、桐乡青、育2号；四川盆地有黑油桑、小官桑、红皮桑；安徽有大叶瓣；广东有荆桑、伦教40号；山东有大鸡冠、黑鲁采桑；山西有黑格鲁桑；河北有牛筋桑；陕西有胡桑；辽宁有风桑1号；吉林有秋雨；新疆有白桑；等等。它们的形态特征、经济性状、栽培特点等都存在差异。

近年来，我国实行西部大开发战略，落实退耕还林等一系列富民政策，蚕桑产区进行了"东桑西移"调整，潜在的生态效益、经济效益、社会效益得到发挥，桑树作为优良树种在保持水土、改善生态环境中起到了重要的作用。桑树的一大特点是根系发达，它的根垂直分布，最深可达4米多。桑树有着储水功能良好的根系网络，具有极强的遏制风沙、保持水土的能力，其地下密集分布的根系是树冠投影面积的4～5倍，有的甚至达7～8倍，因而即使在年降水量250～300毫米的干燥气候下，其地上部分生长所需的水分也能得到保障。在北方干旱地区，桑树主根系最深可达8米，侧根最长超过9米。沙地上一年生定植苗，树冠为直径1米，其根系向四周辐射，面积直径超过4米，根系分布面积为树冠投影面积的15倍之多。相比较生长期达30年的树种，在北纬42°、年降水量300毫米的干旱沙地中，桑树的生长量为刺槐、榆树的5倍。桑树自身强大的根系，使得它具有优良的防风、固沙、保土功能，在土壤墒情较好时，一般不需要浇水也能栽植成活。因此，桑树是北方众多省区生态环保的优选树种。

桑树抗逆性强，既能抵抗-30℃的低温，也能忍受40℃的高温，生命力极其旺盛。同时，桑树对土壤酸碱度的适应性较强，在pH值4.5～8.5范围内都能生长，并且土壤含盐量在0.2%时桑树也能正常生长，因此，桑树能分布于我国的南、北方广大区域。桑树不仅分布广，而且萌生能力极强，年年刈采，年年萌生。桑树又是长寿树种之一，历经千年还能正常生长。它相对于其他果树植物，没有大小年，进入产果期后，年年都盛产，即使是千年老桑，依然还能年年结果。

二、桑资源的综合利用

桑树除采叶养蚕外，大量多余的桑叶、桑枝、桑根、桑葚等在医药、化工、食品、畜牧业等领域可以被进一步开发利用，生产出具有独特功效的各类产品。我国桑树资源极其丰富，综合利用价值前途广阔。有鉴于此，21世纪人们又提出了蚕桑资源高效利用的新概念，即依据循环经济和效益最大化的理念，高效开发利用蚕桑物质资源和生物资源，形成一个桑产业。

1. 桑叶

桑叶作为药食两用的原料在民间早有应用。现代药理阐明，桑叶中含有较多的降血糖生物活性因子，可以与中药配伍成为降血糖药物，同时，桑叶提取物中的桑叶黄酮具有抗糖尿病的作用。桑叶中多酚类与黄酮类化合物有抑制肿瘤、病毒活性的功用，临床主要用于泻肺清肝，治疗如风热袭肺、燥热伤肺、目赤肿痛等症，以及抗炎解痉；同时，因桑叶中含有蜕皮激素，能促进细胞生长，刺激真皮细胞分裂，产生新的表皮，因而具有延缓衰老等多种保健功效。近现代，以桑叶为原料的系列保健食品不断得到开发应用，如将新鲜桑叶制作成色绿味甘的桑叶茶；将干桑叶磨成细粉添加到面食中制成桑叶面、桑叶饼、桑叶糕点等（图1.19）；利用桑叶中富含桑叶多糖、桑叶生物碱等功效成分研制成口服液和保健品等。

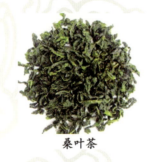

桑叶茶　　　　　桑叶糕点　　　　　桑叶面

图1.19　各种桑叶加工食品

2. 桑枝

桑枝作为中草药，性苦平，归肝经，可以祛风通络，治疗风湿、手足麻木等症。桑枝提取物对糖尿病并发症治疗的作用效果明显，由此开发出了诸多新药品，如桑枝颗粒剂等，可有效治疗糖尿病及其引起的关节疼痛、高脂血症，有显著的降糖作用。用桑枝栽培的药用桑枝灵芝，亦具有良好的治病保健功效。桑枝富含纤维素、粗蛋白等营养物质，因而也是食用菌培养的优质原料，可用于栽培多种菌菇绿色食品。基于桑枝主要成分木质部含有的大量纤维素，生产上可应用其制作纤维板、密度板、粒子板等。同时桑枝也是高品质纸浆纤维的来源，业已开发出宣纸、擦镜纸、滤纸、卷烟纸等。桑枝皮可加工制作成优质桑皮纸，结实牢固，美观实用。

3. 桑葚

桑葚含有丰富的氨基酸、糖类、维生素、脂类等多种营养物质，以及花青素、矢车菊素等功能性物质，具有调节人体免疫机能、促进造血细胞生长的作用，被医学界誉为"21世纪的最佳保健果品"，中医药典载明，桑葚药性温和，有补肾益气、养血生津、安神乌发、聪耳明目等功效。从桑葚中提取有效成分制取中药，已成功研制出了桑葚膏、糖浆和复方药丸、散剂、冲剂等。食品工业上则利用桑葚开发出了桑葚汁、桑葚酒、桑葚酱、桑葚醋等，以及桑葚色素食品添加剂。并且还从桑葚籽中提取桑葚籽油与食用植物油配比，调制出了保健性的食用油。此外，利用桑葚红色素良好的染色性能，研发了蚕丝织物染色上的天然植物染料。

三、现代家蚕人工饲料的研制

家蚕人工饲料的研究，是一项重大的技术革新，为蚕丝业的发展开辟了新的途径。1953年日本最早利用人工饲料进行育蚕，1960年首次获得成功。1965年至1975年，日本完成了对家蚕人工饲料的实用化技术研究，其后又在广食性蚕品种的培育和低成本人工饲料的研究方面取得了一系列进展，使家蚕人工饲料的开发走上了产业化道路。但是，日本家蚕人工饲料的推广囿于劳动力不足、人口老龄化、人工成本和饲料价格偏高等原因，近年来仅应用于稚蚕期饲育，而大蚕期则仍以桑叶饲育为主，生产形式不断向规模化养蚕农户集中。日本经济进入高速发展阶段后，传统蚕桑业相对于现代产业效能明显滞后，经济总量弱小，加之国内丝绸消费需求递减，致使蚕桑业后继乏人，产业不断萎缩。所以，纵然日本在家蚕人工饲料技术等方面已取得突破，生产效率有明显提高，也难以挽回产业滑坡的窘境。

我国家蚕人工饲料的研究始于1973年，至1975年试验获得成功。但在当时，人工饲料研究总体上尚未达到实用化水平。20世纪90年代以后，经济发展状况和蚕丝业发生了显著变化，为人工饲料养蚕技术的加快研制和推广应用带来了契机。一方面，经济发展驱使劳动力价格不断上涨，环境污染和蚕病暴发又对传统养蚕业构成巨大冲击，致使工序烦琐、劳动强度大、规模小、效益低的传统养蚕业，必须大幅度提高劳动生产力，向集约化、专业化方向转变，其中推广家蚕人工饲育成为一条重要的途径；另一方面，经济发展状况、人口优势和国情决定了我国和日本蚕桑业的产业态势不同，甚至在相当一段时间内取而代之。可以预见，国内家蚕人工饲料的实用化研究及其饲育技术的革新应用，对于养蚕业的技术进步具有不可估量的作用。

近年来，我国许多蚕业研究机构和大专院校相继开展了这方面的研究工作，并在家蚕人工饲料选配、饲料防腐、饲料加工，以及适合蚕品种、饲育方法、环境技术条件等方面进行了一系列试验和探索。

家蚕人工饲料是根据家蚕的食性特点和营养要求，采用适当原料经人工配制而成的一种饲料。人工饲料是与天然饲料相对应的通称，按其组成成分的来源和纯度，可分为混合饲料、半合成饲料和合成饲料三种。混合饲料是混有桑叶粉的人工饲料；半合成饲料是不含桑叶粉，但含有部分天然食物（如黄豆粉等）的人工饲料；合成饲料则是纯粹由氨基酸及其他化学成分组成的饲料。

家蚕人工饲料可加工成粉体饲料、湿体饲料、干体饲料和颗粒饲料等（图1.20）。首先，在饲料调制前要对原料（尤其是天然原料）进行选择和必要的加工；其次，作为家蚕人工饲料的原料，要在满足营养价值的前提下降低成本；再次，在饲料调制过程中，要注意充分混合，保持营养价值。

湿体饲料

颗粒饲料

图1.20 家蚕人工饲料

人工饲料的加工，侧重在原料的选择上，其组成分别为：① 桑叶粉。宜选用当年采摘的春叶，采用较低温度（40℃～50℃），鼓风干燥。② 蛋白质原料。以脱脂大豆粉（豆饼粉）为主要原料。③ 碳水化合物原料。一般选用甘薯粉或马铃薯淀粉、玉米粉等含有糖类及易糖化的淀粉，此外，还须添加胡萝卜素和维生素C等其他养分。④ 脂质原料。在不含桑叶的饲料中须添加精制大豆油（脂肪酸的甘油酯）。⑤ 维生素原料。通常使用各种市售药品原料。⑥ 无机盐原料。一般使用各种化学试剂，在不含桑叶粉的半合成饲料中，通常加入磷酸氢二钾（K_2HPO_4）、氯化钾（KCl）、硫酸镁（$MgSO_4$）、碳酸钙（$CaCO_3$）、硫酸亚铁（$FeSO_4$）和硫酸锰（$MnSO_4$）六种无机盐组成的混合盐类。⑦ 成型剂及其原料。利用淀粉的造型力，适当增加甘薯粉或淀粉的用量，也有使用纤维素来改善饲料物理性状的。上述7类原料及其他添加物（特别是天然原料）均须加工成粉末状，并且粉末粒子的细度达到60目以上。

家蚕人工饲料的调制，一般包括以下步骤：称量→混合→加水→搅拌→蒸煮→冷却→贮藏备用。其中，混合是确保饲料质量的关键，在各类原料中，微量添加剂（如山梨酸、氯霉素等）需要均匀地混合到饲料中去，且需要经过研细后再与一定量的淀粉充分混合，从而使得这些药物均匀地黏附于淀粉的表面，这样调制成的饲料可确保微量元素均匀分布。

人工饲料的处理，通常是在95℃的温度下蒸煮15～20分钟。如用作家蚕无菌饲育，一般采用117℃高压灭菌40分钟。蒸煮后，将饲料放置于洁净的无菌环境中自然冷却，然后贮放于冷库或冰箱中以备调用。

多年来，我国蚕业研究机构和主要蚕桑产区的研发部门经过一系列的家蚕人工饲料攻关研究，开展了中试和小面积推广应用，逐步建立起了适合我国国情的家蚕人工饲料加工与饲育技术体系，包括稚、壮蚕用低成本人工饲料、专用饲育蚕具与饲育用房、适合人工饲料育蚕品种、人工饲料配套饲养技术等，特别是家蚕颗粒型人工饲料应用技术取得了良好进展，为大面积推广应用家蚕人工饲育打下了扎实的基础。

本章参考文献

1. 李星学，周志炎，郭双兴. 植物界的发展和演化［M］. 北京：科学出版社，1981.
2. 浙江大学. 中国蚕业史［M］. 上海：上海人民出版社，2010.
3. 陈维稷. 中国纺织科学技术史（古代部分）［M］. 北京：科学出版社，1984.
4. 章楷. 中国古代栽桑技术史料研究［M］. 北京：农业出版社，1982.
5. 石声汉. 农桑辑要校注［M］. 北京：中华书局，2014.
6. 金步瀛. 古今合纂殖桑法［M］. 杭州：浙江省立图书馆，1930.
7. 唐志强. 中华蚕桑文化图说［M］. 北京：中国时代经济出版社，2010.
8. 周肇基. 中国植物生理学史［M］. 广州：广东高等教育出版社，1998.
9. 韩辉. 中国古代桑树栽培技术发展的研究［D］. 广州：华南农业大学，2003.
10. 日本蚕丝学会，福田纪文，等. 综合蚕丝学［M］. 苏州蚕桑专科学校，吴友良，等译. 南京：《江苏蚕业》编辑部，1984.

第二章

古今家蚕及品种

　　家蚕是一种以桑叶为食料的鳞翅目泌丝昆虫,属无脊椎动物,节肢动物门蚕蛾科蚕蛾属,学名为 *Bombyx mori Linnaeus*。家蚕属于完全变态昆虫,一生要经过卵、幼虫、蛹、成虫4个形态上和生理机能上完全不同的发育阶段,各个发育阶段在整个生命周期中所起的作用是不同的。卵期是胚胎发生、发育形成幼虫的阶段,幼虫期是从外界摄取食物营养的生长阶段,蛹期是从幼虫向成虫过渡的变态阶段,成虫期是交配产卵繁殖后代的生殖阶段。整个世代只有幼虫期摄食,并为蛹期、成虫期和卵期的生命活动提供营养。家蚕属寡食性昆虫,除喜食桑叶外,也能吃柘叶、榆叶、蒲公英和莴苣叶等。吐丝结茧是蚕适应环境而生存的一种本能。

　　蚕的一生在短短40多天时间内,从一粒细小的卵变为蚕,生长过程要历经四眠四起,长成熟蚕后,吐丝结茧变成蚕蛹,最后蜕变成蛾,破弃蚕茧产下蚕卵,才完成一个生命周期。熟蚕在最后阶段,吐丝形成任何其他纤维无法相比的"纤维皇后"——天然蚕丝纤维。蚕丝纤维优良的性能、雅致的色光、柔和的手感,使得几千年来人类始终无法摆脱对这种自然天成而又神奇美丽的纤维的崇敬与遐想。在古代,西方炼金术士们探求着用泥土炼成金的梦想,这在蚕儿身上宛如得到了实现——蚕儿将泥土中长出来的绿色桑叶吃进体内,在幼虫阶段,历经20多天,就变成了神圣的蚕丝纤维。尽管古代世界中人们无法理解的神灵怪奇事物极多,但是蚕儿这一座"纤维炼金术"的熔炉,还是真真切切地惊动了人类。直到近代,蚕丝"纤维炼金术"仍然吸引着人们去探索家蚕吐丝的真谛,由此掀起了研制人造纤维的热潮,并最终造就了今天装饰着、美化着现代生活的合成纤维世界。与此同时,围绕着蚕儿吐丝过程的发现而衍生出来的养桑蚕、吐蚕丝、缫生丝、织绢绸的产业链及其蚕丝绸产品,也成了我们这个文明古国为世界文明进步所做出的最重要贡献之一,而丝绸在各种人造纤维、新型纤维蜂拥而至的现代社会,依然保持着引领世界纤维时代潮流的"纤维皇后"的地位。

　　在这一章以及第三章,我们将揭示造就这一"纤维皇后"的家蚕的种种秘密,探源中国古人是如何从原始时代的荒蛮中学会并精通养蚕,从而走出贯通古今的丝绸之路的。

第一节 家蚕的起源

有关家蚕的起源，目前还没有准确的结论。学术界普遍认为，家蚕是由古代栖息在桑树上的一种以桑叶为饲料的泌丝昆虫——原始野蚕或称古野桑蚕经人工驯化而来的。原始野蚕或古野桑蚕的形态和习性与今天食害桑叶的野桑蚕十分相似。中国野桑蚕有28对染色体，而日本野桑蚕及中国东北地区的野桑蚕只有27对染色体。由于家蚕的染色体是28对，所以从染色体性状分析，一般认为家蚕起源于中国野桑蚕。我们的祖先最初可能是为了食用才从桑林中采集原始野蚕的蚕茧。后来，人们发现了蚕的泌丝机能，以及蚕茧丝的利用价值，于是开始了人工饲养，并逐步过渡到室内饲养。经过长期世代交替的培育和选择留种，原始野桑蚕逐渐被驯化，成了具有今天这样性状与形态、适合家养的桑蚕品种，这也就是我们所熟知的家蚕。家蚕作为人类长期有目的地选育的高丝量品种，体内合成丝蛋白质的丝腺在5龄期已异常迅速生长，至熟蚕时，丝腺重量占体重的百分率高达40%～45%，这是驯化前的桑蚕远远不能相比的。现在依然在危害桑园的野桑蚕也是由原始野蚕进化而来的，不过它们是适者生存的自然选择的结果。图2.1所示分别为现在常见的家蚕和桑园害虫——野桑蚕。

图2.1 家蚕和野桑蚕 （左：家蚕；右：野桑蚕）

一、家蚕起源的生物进化

虽然全世界公认家蚕起源于中国，但关于家蚕起源分化的具体生物学模式问题，至今仍争议不断。不同学者采用不同的技术手段、实验材料和分析方法，得出的结论各不相同。事实上，由于家蚕进化年代久远，因此到目前为止，除了家蚕来自古野桑蚕这一大家普遍认可的观点外，我们还不能准确地阐明其进化历史。下面将简述家蚕进化史研究中的一些重要观点。

（一）一化性一中心学说

家蚕是有滞育昆虫。所谓滞育，是指昆虫对于经常性和周期性不利环境条件响应而产生的发育延迟机制。这一机制，有利于在可预测的、不利环境条件下的生存，如极端温度、干旱或食物供应减少等。该机制的形成意味着发生了基因层次的变化，能够遗传给后代。昆虫滞育发生于一定的发育阶段，表现为形态发生的停顿和生理活动的降低，而且一经开始就必须度过一定阶段或经某种生理变化后才能结束。昆虫可以通过滞育来调节生长发育和繁殖的时间，以适应所在地区的季节性变化。

有滞育性且生活史较短的昆虫在一年内重复发生的世代数依属、种、亚种的遗传而定，这一性质称为化性。化性是依环境、气候条件等外界因素而发生变化的，不同的环境条件下可能育成不同化性的家蚕品种，并且化性通过繁殖遗传给后代。昆虫完成世代发育所需的时间和滞育类型的不同就是遗传的表现。根据化性的次数，一年内发生一个世代的称一化性，一年内发生两个世代的称二化性，一年内发生三个世代以上的称多化性。家蚕的化性依品种而异，如一化性的家蚕包括欧洲种的全部、日本种和中国种的一部分；二化性的家蚕是中国种和日本种；多化性的家蚕分布在中国南部及南方各国。正是因为化性以及滞育性同昆虫本身的遗传有关，且又与其生存环境密切相关，所以，科学家们为了探索自远古时代开始的家蚕进化的历史，便以家蚕的化性以及滞育性等作为标志，通过研究其进化演变的过程来了解家蚕群种的扩展与进化演变过程。

基于这些方面的研究，家蚕由原始野蚕驯化而来，已经为多数学者所公认，但是对家蚕各系统的分化顺序与过程，仍有很多不同看法。

日本学者吉武成美曾对家蚕各地理品种进行了与血液酸性磷酸酶、血液和皮肤酯酶有关的基因概率分布的研究。结果发现，在各家蚕品种中以中国一化性品种各种酶的分布频率最高，中国一化性品种的基因种类表现出明显的多型化现象。进而，他根据群体遗传变异性创立的起源中心说，即某一生物种群占据某一地区的时间越长，它的适应性就越表现出多型性，推测出各地理品种是以中国一化性品种为起源的。吉武成美推测，最早的家蚕是由在中国某一地域中生息过的桑蚕驯化而成的。野生桑蚕驯化成为家蚕必须经历漫长的时间，其中包含了大量先人的智慧与努力。在这一过程中，从野蚕向人工饲养方向驯化而成的家蚕，不断向各地传播开去。在不同地域，经过驯化的家蚕逐渐适应了当地的气候环境，在世代选育过程中，受到不同地区地域气候等因素的影响，久而久之就形成了不同的地理品种。

日本学者蒲生和大塚针对不同的地理品种调查了三种酶的遗传基因和四种血液蛋白质遗传基因的遗传频率，并计算出了各地品种分化的系统树，结果显示，地理蚕品种首先由中国一化性种形成，接着形成了欧洲种，再形成中国二化性种，中国二化性种又分化出了热带种和日本种。

段佑云根据野桑蚕分布和遗传实验分析认为，家蚕由一化→二化→有滞育多化→无滞育多化，野桑蚕由一、二化自然混杂种群→二、三化自然混杂种群→三、四化自然混杂种群。段佑云在原有研究上对陕西一化性三眠性野桑蚕与家蚕进行杂交，根据遗传上取得的结果，进一步得出了黄河中游三眠性野桑蚕是家蚕祖先的结论。

这就是说，上述科学家们的研究结果表示了古代中国区域内的一化性桑蚕品种可能是各地理品种的源头。这就是家蚕进化史研究中的"一化性一中心学说"。

（二）多化性多中心学说

家蚕进化史研究中，除了"一化性一中心学说"之外，以我国学者蒋猷龙为代表的研究者还提出了"多化性多中心学说"，其依据主要是古生物学、古气候学、文献典籍和考古学资料。他们强调，最先被驯化的是多化性品种，从野蚕到家蚕的驯化是在多个地方完成的，进化方向为多化→二化→一化。这一学说强调在远古生产力低下且缺乏交流的条件下，家蚕驯化过程可能发生在不同时期与不同地域，并且应该是各自独立进行的，这就是"多化性多中心学说"。蒋猷龙以大量考古发掘出土的资料论证了这一理论。

河南新郑是黄帝故里。司马迁的《史记·五帝本纪》记载："黄帝者，少典之子，姓公孙，名曰轩辕。"《史记·集解》说："谯周曰：'有熊国君，少典之子也。'皇甫谧曰：'有熊，今河南新郑是也。'"这里记载了当时的有熊，即后来的河南新郑，其国君少典之子就是黄帝。5 000 年前，中华蚕桑发明的始祖嫘祖的夫君——轩辕黄帝在这里出生，后人就把新郑视为古代蚕桑的发祥地。

1984 年，在河南荥阳市青台村的仰韶文化遗址中发掘出了距今约 5 000 年的丝麻织物。这些织物中很大一部分是安葬儿童时使用的裹尸布。这一事实表明，我国北方地区的蚕桑业有着非常悠久的历史。

在我国东部地区浙江省吴兴县的钱山漾良渚文化遗址中也出土了丝麻织物残片，经放射性碳检测，确认距今 4 750 年以上，证明了我国东部蚕丝业生产也有着悠久的历史。

在我国南部地区，1978年在福建省武夷山白岩崖发现的商代船棺中，也出土了丝织物残片。经对船棺进行放射性碳检测，结果显示距今3 840年以上，推定为夏商之间古越族子孙的遗物。

此外，汉武帝元封元年（前110年）海南岛设置郡县以前，汉族人的影响尚没有进入海南岛，那时，当地人已经在养蚕了。据推定，那个时期应该是南方少数民族养蚕的起源时期。海南岛的养蚕方法与陆上的养蚕方法完全不同，当地人是将篮筐悬挂于竹竿上养蚕的。

根据上述资料，蒋猷龙认为，中国古代养蚕业的形态十分复杂，养蚕地域极为广阔。在当时交通极为不便，不同地域民族各自封闭、相互隔绝的社会环境下，尽管各地域民族出现了种种各具特色的文化与技术，但是几乎无法传播出去。因此，在各个具有不同地理品种桑蚕的区域中，人们在很长的历史时期内只是对当地生息着的多化性野桑蚕品种进行驯化。

对于蒋猷龙的"多化性多中心学说"，日本学者吉武成美也表示，由于能够有力地支持前述的"一化性一中心学说"的历史事实确实还没有找到，就这一点来看，也应该支持家蚕的"多化性多中心学说"。

（三）分子生物学技术分析应用下的家蚕进化研究

20世纪末、21世纪初，随着分子生物学理论研究的深化，以及现代生物学检测手段的不断涌现，借助分子生物学技术的分析方法及其应用，在家蚕进化史研究中也不断获得新的见解和研究成果。

1. 中国一化性四眠种可能最早从野桑蚕中分化出来

任何生物种都具有特定顺序和结构的遗传物质——DNA。由于在生物进化过程中选择性的不同，生物基因组DNA的不同区域会表现出高度保守或高度变异的现象，具有不同的遗传多样性。分子遗传学的发展，使人们能通过DNA大分子本身来分析遗传差异，为物种的起源和进化研究开辟了新的途径。DNA分子水平上大量信息的获得，有力地推动了物种起源与进化的研究。但是，要检测到DNA分子水平的变化，首先要有表征DNA分子水平差异的方法，这就是所谓分子标记的方法。这是以个体间遗传物质内核苷酸序列变异为基础的遗传标记，是DNA水平遗传多态性的直接反映。一般而言，广义的分子标记是指可遗传并可检测的DNA序列或蛋白质；狭义的分子标记是指能反映生物个体或种群间基因组中某种差异的特异性DNA片段。随着分子生物学技术的发展，DNA分子标记技术已有数十种。即便如此，科学家们依然在致力于探索有利于分析遗传差异、亲缘关系和进化演变等的分子标记方法。

20世纪末发展起来的随机扩增多态性DNA（RAPD）标记技术，是通过分析遗传物质DNA经过PCR（聚合酶链反应）扩增的多态性，来诊断生物体内基因排布与外在性状表现的规律的技术。这一方法因其可以方便、快速提供DNA多态性的丰富信息的特征而被广泛应用于遗传差异、亲缘关系和进化等方面的研究。

夏庆友等利用他们自己建立起来的家蚕随机扩增多态性DNA（RAPD）标记技术，对家蚕不同地理品种的遗传差异进行分析，由此探讨家蚕的起源与分化进程。他们在DNA分子水平上对不同系统、化性和眠性的六类59个家蚕品种及野蚕之间的遗传差异进行了研究，结果发现，其RAPD不但具有品种特异性，而且具有系统特异性，认为中国一化性四眠种是最早从野蚕中分化出来的系统，并且过去被视为同类的中国一化性三眠种与一化性四眠种在进化上属于有显著差异的两个类群。

2. 家蚕可能是由多种生态类型（包括一化、二化、多化）混杂的野桑蚕驯化而来的

鲁成等用分子生物学手段对中国野桑蚕的DNA多态性及其系统进化进行了研究，并进一步探讨家蚕的起源与分化。他们在研究中，对11个地区的野桑蚕和25个代表性家蚕品种进行了随机扩增多态性DNA（RAPD）标记分析，并通过野桑蚕与家蚕的DNA多态分析及聚类分析，进一步证实了家蚕起源于中国野桑蚕。与此同时，结合有关文献及气候变迁过程，鲁成等提出，家蚕可能是由多种生态类型（包括一化、二化、多化）混杂的野桑蚕驯化而来的，其驯化之初就已拥有一化、二化、多化的遗传背景，其后经几千年的人工饲养、选择，才分离演化成了不同系统化性的家蚕品种。此外，他们对中国野桑蚕DNA多态性进行研究，通过3个不同地区野桑蚕与2个品种的家蚕共20个个体的扩增结果和遗传距离的分析，证明了同一地区野桑蚕有丰富的DNA多态性；11个地区的不同野桑蚕扩增结果和遗传距离说

明，不同地区野桑蚕也有丰富的遗传多样性。由此可以说明，我国的野桑蚕是宝贵的基因库资源。通过DNA位数和遗传信息可靠性的关系研究，可以了解中国野桑蚕和家蚕的分子系统学关联性，表明家蚕和野桑蚕有较近的亲缘关系。

3. 家蚕与野桑蚕的分化时间

为了分析古代家蚕与野桑蚕的分化时间，科学家们利用了诞生于20世纪80年代后期的溯祖理论。在以往，对某个特定群体的发展趋势做比较准确预测的经典群体遗传学的研究方法主要是"前瞻性的"，这种研究方法不利于研究群体的历史。另外，经典群体遗传学在研究中把整个群体作为样本，以此考察群体中的所有个体。然而，现实情况往往是以从群体中抽取出来的样本为研究对象的。通常情况下，采样的样本空间远远小于群体中等位基因的总数目，因此，以抽取大量样本的方法进行研究并不能应对所面临的新情况。

自20世纪60年代末起，人们开始了对于各种演化力量对群体遗传结构中变异数量和类型影响的研究，并在此过程中了解它们在样本群体中的表现。人们面临的巨大挑战是如何在数量巨大的基因组数据中找出这种作用的蛛丝马迹。到20世纪80年代初期，英国数学家约翰·金曼首先提出了溯祖理论，使得这类问题的处理有了一种可行的探索方法。

溯祖理论实际上可以被看成是利用分析数学和统计学的理论来回溯序列之间的变异过程。它的主要特征表现在两个方面：首先，这是一个"回溯"理论，其目标并非是"前瞻性的"；其次，它研究的对象是群体中取出的样本，而不再是整个群体。这种"回溯"特性使溯祖理论在利用分子数据来处理群体的进化问题上有着独到之处。此外，这种方法可以让人们注意到很多以前一直被忽略的信息。这些信息过去由于数据处理方法的精度不够，而一直没有被发现并加以利用。溯祖理论的发展和广泛应用，让人们能够注意到这些细节，并用此方法解决了很多以前一直悬而未决的问题。比如，在分子水平上看到了自然选择力量的存在，还有大量的负选择的存在的实例。在这个水平上，也有机会看到那些经过漫长的选择过程而保留下来的有利突变。溯祖理论经过十几年的发展日趋完善，已成为研究群体遗传及分子演化的有力工具。由于理论本身的数学分析具有严密性，因此，其对于基因组数据结构的精细处理，有着传统的遗传学理论无可比拟的优越性。

杨绍宇、张泽等关注基因组流变与野生亲缘关系的家蚕的驯化史，他们采用溯祖理论的分析方法，通过建立多种进化情景模型来探讨家蚕的群体历史模式，使用来自29个核基因组的DNA序列数据，发现了在各种模型中的瓶颈模型的基因组流变是蚕驯化的最可能的情况。据此，他们估算家蚕与野桑蚕的起始分化时间大约距今7 500年，家蚕驯化完成的时间大约距今4 000年，家蚕经历驯化的时间大约距今3 000年。通过研究估计的家蚕驯化时间，与考古学的证据以及根据古籍记载推测的结果几乎一致。使用聚结模拟分析的方法还发现，在蚕驯化过程中发生了双向基因流动，即家蚕在其瓶颈效应期与野桑蚕存在渐渗杂交事件。

这里所说的遗传学上的瓶颈效应，是指大量的个体或物种被杀死或被限制繁殖的进化事件。由于环境的激烈变化，群体中的个体数急剧减少，甚至面临灭绝，此时群体的等位基因频率发生急剧改变，这类似于群体通过瓶颈时堵死通道的现象，这种由于群体数量的急剧变化而对遗传基因组成所造成的影响称为"瓶颈效应"。

这项研究指出，家蚕在其瓶颈效应期与野桑蚕之间的渐渗杂交的方向为不对称双向交互迁移，多数基因倾向于从家蚕群体迁入野桑蚕群体，并且具有较高的迁移频率，野桑蚕群体则相对较少迁移至家蚕群体，并且迁移频率相对较低，渐渗杂交事件不存在于家蚕的瓶颈结束期。家蚕在其驯化的某一时间段内可能与野桑蚕发生过群体竞争事件。

多年来，众多学者利用随机扩增多态性DNA（RAPD）标记、扩增片段长度多态性（AFLP）标记、简单序列重复（SSR）标记及线粒体DNA（mtDNA）标记等多种分子标记技术进行了广泛的探索，积累了丰富的数据资料，加深和丰富了人们对家蚕遗传多样性及其起源分化的认识。但是迄今为止，关于家蚕起源与分化演变经过的研究依然没有一个较为一致的结论。

（四）家蚕的关键进化

无论是"一化性一中心说""多化性多中心说"，还是其他学说，其实都有一个关键的问题没有回答，即野桑蚕进化成家蚕，其关键是什么？

比较家蚕和野桑蚕，可以发现，它们在生物学性状上有很多的不同，比如卵的孵化整齐度不同、幼虫体色不同、发育时间不同、茧色茧丝不同、成虫飞翔能力不同（家蚕蛾不会飞，而野桑蚕蛾具有飞翔能力）等。

那么，哪一项生物学性状是家蚕和野桑蚕的关键区别呢？其实，家蚕和野桑蚕最大的不同，就是家蚕是在室内由人工饲养的，而野桑蚕是生活在野外的；家蚕是群体生活的，而野桑蚕自蚁蚕孵化后就开始单独生活了。

研究人员曾对在自然条件下和在室内环境中饲养的野桑蚕进行比较，发现两者在其生长过程中个体的损失率都非常大。自然条件下孵化的野桑蚕蚁蚕，最后化蛾成虫的存活率仅为5%~10%。这说明野桑蚕的自然淘汰率极高。其原因除体质弱、抵抗力差、易得各种疾病外，也有天敌如蚂蚁，以及不利气候等因素的影响。但是，由于野桑蚕是单独生活的，所以不容易发生相互抓伤等群体性损伤。在室内饲养的野桑蚕，从孵化成蚁蚕至最后化蛾成虫，成活率在5%以下。在很多情况下，甚至全部死亡。其主要原因是，野桑蚕群体生活在较小的空间，相互之间容易抓伤，从而引发病毒感染和细菌感染等。这说明野桑蚕不适应家养环境的主要原因，是群体生活增加了引发病毒和细菌感染的几率，这在一些大规模饲养的动物中是普遍存在的。

而家蚕之所以能够适应室内饲养，是因为自身免疫力的提高，这使家蚕在群体生活中引发病毒和细菌感染的几率远小于野桑蚕。由于家蚕没有后天免疫，所以可以认为，家蚕进化的关键是其先天免疫力因突变而获得了极大提高，从而有了群体生活的重要保障。

多酚氧化酶（Polyphenol Oxidase，PPO），一般以无活性的酚氧化酶原的形式存在于昆虫的血液和体壁内。PPO作为一种重要的先天免疫蛋白，参与调节昆虫的众多生理活动，如免疫防御、伤口愈合、表皮硬化和黑化、卵壳鞣化等。图2.2所示是家蚕（菁松、黑缟、大造）、野桑蚕血淋巴和表皮中酚氧化酶活性比较的实验结果，从图中可以看到，无论血淋巴还是表皮，五龄期野桑蚕中的多酚氧化酶（PPO）活性均低于家蚕，尤其是血淋巴差异更显著。在血淋巴中，五龄初期，酶活性最高的菁松是野桑蚕的62倍；五龄末期，菁松酶活性是野桑蚕的14倍。在表皮中，五龄初期，酶活性最高的大造是野桑蚕的3倍；五龄末期，大造酶活性是野桑蚕的1.5倍。以上实验证明，家蚕的先天免疫力比野桑蚕高得多，因而在群体生活中发生抓伤后，家蚕的伤口能迅速愈合，而野桑蚕则愈合较慢，甚至不能愈合。显然，从先天免疫的角度去研究家蚕的进化，应该是一个极其重要的方向。

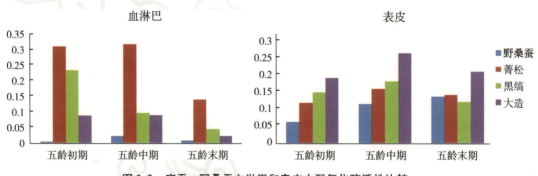

图2.2 家蚕、野桑蚕血淋巴和表皮中酚氧化酶活性比较

在动物饲养中，因大规模饲养而发生的群体性疾病非常普遍。现代科学技术条件下，对于这种群体性疾病，人们可以通过大量使用化学药物或者抗生素来进行防治。然而，我们的祖先并没有这个条件，因此，提高免疫力的唯一可能，是在家蚕进化的过程中发生了关键的基因突变，这一突变极大地提高了家蚕的先天免疫力，使群体饲养成为可能。

生物的基因突变普遍存在不定向性和低频性，其是有害的还是有利的，取决于是否适应环境。而像先天免疫力极大提高，从而使家蚕得以适应群体饲养这样的重要基因突变，在自然环境条件下，其发生的可能性是极小的。因此，家蚕先天免疫力的提高，也就是家蚕所发生的关键基因突变，只能被理解为野桑蚕在逐渐移入室内人工饲养的驯化过程中，体内对于新的生存环境条件产生了一种积极响应。这种响应使得蚕体能够在家养环境中有效地抗御损伤，使伤口迅速愈合，导致野桑蚕最终得以驯化成为适宜于群体饲养的家蚕。关于这一点，虽然仍需要进一步的论证与确认，但这正是从先天免疫的角度去研究家蚕进化的重要价值之一。

二、其他绢丝昆虫

自然界能吐丝、作茧的昆虫有400~500种，但真正进入商业性生产的仅10种左右，而能抽丝作纺织原料的只有蚕类，以及数种被称为野蚕的种类。一般野生的蚕，总称为野蚕，它和家蚕一样能够吐丝，所吐的丝称为野蚕丝。家蚕是只吃桑叶的狭食性昆虫，而有些野蚕则是广食性的，可以吃多种植物的叶子。柞蚕在我国东北为中心的山野地区古来就有饲养，在作为织物原丝使用的野蚕丝中，柞蚕丝生产量最大。除此之外，还有蓖麻蚕丝、天蚕丝、木薯蚕丝、樟蚕丝等。野蚕的发祥地据传是喜马拉雅山脉地带，除了生长在我国之外，还分布于东南亚、印度、日本。现存的天蚕也有在喜马拉雅山脉发现的记录（1912年）。与家蚕丝一样，野蚕丝的主要成分是丝素和丝胶，但是，柞蚕在吐丝时，会排出不溶性单宁，固着在丝胶中而使其丝条蒙上了一层褐色，因此缫丝、精练、染色都比较困难。为了解决这个问题，人们在对野蚕丝进行精练时，开发了酶助剂技术。

野蚕丝纤维有一个共同的特点，就是纤维横截面为扁平多棱三角形，并呈尖锐的角状，如同钻石的结构，其侧面比较宽长，可以显眼地反射光线，做成织物后具有较强的规则性折光，犹如宝石光。有些野蚕丝上的丝胶只要用肥皂类的溶液处理就可以被溶解；如果精练时未损伤丝素纤维，就会有独特的丝光和与家蚕丝不一样的手感。

在各种野蚕丝中，除了蓖麻蚕丝不能缫成长丝而只能做绢纺丝之外，其他野蚕丝都同时具备纤维长丝和绢纺短丝的结构特征。如我国山东利用柞蚕丝织造成的山东绸，又称竹节绸，富有自然朴素的手感，这是与家蚕丝不一样的织物，近现代以来大多被用来制作晚礼服以及西装、绅士服等。

下面以柞蚕为中心介绍主要的几种野蚕丝。

（一）柞蚕

柞蚕，是以柞树叶为食料的吐丝结茧昆虫。鳞翅目，大蚕蛾科，学名 *Antheraea pernyi*。原产地中国，古称春蚕、槲蚕。柞蚕生长发育的温度为8℃~30℃，发育适温为11℃~25℃，最适宜的生长环境温度为22℃~24℃。它分布在中国国内10多个省区，以辽宁、河南、山东为主。其在朝鲜、韩国、俄罗斯、乌克兰、印度和日本等国亦有少量分布。

柞蚕及柞蚕丝是我国特有的天然珍贵资源。我国有着悠久的柞蚕放养历史，史籍中有关柞蚕的记载，最早见于西晋时期崔豹所撰《古今注》，其中记载"元帝永光四年，东莱郡东牟山有野蚕为茧，茧生蛾，蛾生卵，卵着石，收得万余石，民以为丝絮。""东莱"指今山东半岛，说明西汉时古人不仅认识了柞蚕的生长规律，而且已经学会利用其蚕茧制成丝絮以保暖的技法。根据这一记载，从以茧作絮开始，我国柞蚕业至少已经有两千多年的历史。这样看来，我国古人发现并利用柞栎等树上柞蚕所结的茧来使用，应该在两千多年以前。战国时的《尚书·禹贡》记载了当时诸侯统一后所提出的赋税方案："海岱惟青州……莱夷作牧。厥篚檿丝……"称渤海和泰山之间的青州一带可以放牧。进贡物品就是筐装的柞蚕丝。可见，那时候柞蚕丝已经成为支撑社稷民生的产品之一。在古代，柞蚕也被称为野蚕，后来又称山蚕。用柞蚕丝织成的绸被称为山茧绸、茧绸、毛绸、土绸。柞蚕的称谓，始见于晋代郭义恭的《广志》，其中记载："柞蚕食柞叶，民以作绵"。除了上述史料外，1956年和1993年在河南、2001年在贵州分别发现的野生柞蚕，也是柞蚕起源于中国的实物证据。1956年，在河南省嵩县发现了野生柞蚕（简称野柞蚕）种群。该县地属暖温带气候。野柞蚕种群属于青黄蚕系统，一化性，为野生型的自然种群。以蛹滞育，春季不羽化，7月才开始羽化，且分散时间较长。交配性能差，不受精卵率高达61%。滞育期19～20个月，少数长达30个月，出现隔年羽化的现象。其滞育解除的条件不是低温，可能与光照有关。1993年，在河南新县发现野柞蚕种群。该地区处于亚热带边缘地区。野柞蚕群体间有一化和二化两种化性，85%的个体蛹期不滞育，表现二化性，但其蛹期较长，恰好可度过当地的炎夏高温季节。15%的个体滞育，表现一化性。2001年，在贵州发现了野柞蚕种群。属青黄蚕，茧柄较饲养柞蚕长，茧层厚，蚕蛾飞舞能力强，但交配能力差，其化性与一化性柞蚕不同，2月份与一化性柞蚕一起加温也不出蛾，到5月前后才开始陆续出蛾，直到11月，与一化性柞蚕有交配季节的隔离。上述野柞蚕群体的化性表现，说明柞蚕的化性受遗传与生态条件所支配，同时也说明了我国柞蚕的原始群体中有一化性和二化性两种类型。依此推测，放养柞蚕可能起源于一化性和二化性两种化性均有的混合群体。迄今所发现的野柞蚕种群均属于青黄蚕，而发现它们的地区所分布的品种多为黄蚕品种，说明驯化之初饲养的柞蚕可能是青黄蚕，而现在的青黄蚕、黄蚕、蓝蚕、白蚕等各种体色品种是驯化之后人工选择的结果。

这些野柞蚕的发现，不仅在柞蚕育种方面增添了新的试验材料，而且对深入研究物种起源与分化等理论问题也有重要意义。根据很多文献记载，放养柞蚕起源于山东鲁中南地区，但该地区野柞蚕的生物学特性是否与上述野柞蚕的特性相同，或者不同，仍然是一个需要研究的有价值的课题。

公元3世纪，古人已经从用柞蚕茧制作丝绵发展到抽丝、捻线和织绸了。宋、元期间，柞蚕业进入发展时期，山民们为了能多采柞蚕茧，往往对野生的柞蚕进行简单、粗放的管理和保护。明代中期以后，柞蚕业发生了一个巨大变革，即由采集利用野生蚕茧，逐渐过渡到放养生产柞蚕。柞蚕人工放养，开始只在山东一地，直到明末清初，放养柞蚕才得到广泛传播。根据史料记载，河南与山东相邻，清乾隆以前，放养柞蚕已由民间传入；陕西的柞蚕，在康熙三十七年（1698年）由山东诸城人刘榕任宁羌州（今陕西省宁强县）知州时，从山东招募养蚕、织绸能手传入；贵州的柞蚕由山东历城人陈玉玺于清乾隆三年（1738年）任遵义府知府时，使人从山东引种试养成功。四川的柞蚕则是清乾隆五年（1740年）由山东胶州人王隽任大邑知县时，从山东取种数万枚分给当地农户饲养而引入的。辽宁的柞蚕业在乾隆年间由横渡渤海的山东移民传入。此外，河北、云南、安徽、浙江、湖北、内蒙古等各地的柞蚕，也大都是在清乾隆、嘉庆年间相继传入的。因此，清以后在官方的倡导支持下，柞蚕业进入了传播的盛行时期。柞蚕放养方法在18世纪后期传到朝鲜和日本，1927年又传到苏联及其他一些国家，曾一度成为世界性的产业。由于其发源地在中国山东，故世界各地又将中国柞丝绸称为唐绸、山东绸等。长期以来中国一直是世界上柞蚕丝生产最多的国家。

近代以来，我国以东北地区为中心的柞蚕丝工业也非常兴盛。其实，早期东北并没有柞蚕丝业，随着清代山东移民的到来，柞蚕放养、制丝技术等才逐渐传到东北。

柞蚕以壳斗科栎属植物如尖柞、蒙古柞、槲等的叶片为饲料，也能取食蒿柳、山定子、栗、枫、梨、苹果等植物的叶子。柞蚕是完全变态昆虫，一生要经过卵、幼虫、蛹、成虫4个形态和生理功能完全不同的发育阶段。柞蚕有4次眠和蜕皮，从孵化到五龄老熟结茧需要50天左右。春蚕一生食叶30～35克，秋蚕一生食叶50～58克。其中，大蚕食叶占总食叶量的80%以上。春蚕体重14克左右，秋蚕体重21克左右。柞蚕生长至五龄成熟期时，体重比蚁蚕约增加2 000～3 000倍。柞蚕仅幼虫期取食，以蛹越冬。一头雌蛾产卵约200～400粒，每克重约100～120粒。柞蚕卵一般在室内加温孵化，幼虫则可在人工管护下放养于野外柞树上，任其自行觅食生长、吐丝结茧。

柞蚕五龄老熟后吐丝结茧，称柞蚕茧，在蚕业上供缫制柞蚕丝用。柞蚕蛹可供食用，残渣可作鱼、畜、禽的饲料。柞蚕茧呈椭圆形，雌茧和秋茧稍大。春茧淡褐色，秋茧深褐色。柞蚕茧主要由茧蒂、茧衣、茧层、蛹体、蜕皮（蛹的外壳）组成。茧层约占鲜茧重量的8%～12%，因受排出的消化管内容物浸润而变硬，使得茧丝的离解比较困难。一枚柞蚕茧的茧丝重量平均为0.4～0.5克；柞蚕茧的茧丝长度平均为700～800米；茧丝的平均纤度为5.6旦尼尔。柞蚕丝有良好的强伸度，在天然纤维中，其强度仅次于麻，伸长率仅次于羊毛，耐磨牢度很高。

柞蚕结茧时吐出的柞蚕丝，可以织造柞丝织物，在产业上也有重要用途。柞蚕丝由两根平行的扁平单丝及其周围包覆的丝胶构成，芯部的单丝称为丝素。丝素白色半透明，有光泽，约占柞丝总量的85%；丝胶为淡褐色，约占柞丝总量的13%；此外还有灰分、色素等，约占柞丝总量的2%。缫丝时，要把若干个柞蚕茧的茧丝抽出并合成为柞蚕丝。柞蚕丝手感柔软有弹性，耐热性良好，耐湿性也很强，其绝缘、强伸度、抗脆化、耐酸、耐碱等性能均优于桑蚕丝。但是，其织物的缩水率较大，而且柞蚕生丝不易染色。

图2.3 柞蚕（左：柞蚕幼虫，右：柞蚕茧）

柞蚕茧除了可用于缫丝之外，蚕蛹可食用，其蛹与蛾均是化工、医药、食品工业的原料。柞蚕卵是进行生物防治赤眼蜂的良好中间寄主。图2.3所示为现在生产上常见的柞蚕幼虫及茧。

（二）蓖麻蚕

蓖麻蚕，是以蓖麻叶为食料、吐丝结茧的经济昆虫。鳞翅目，大蚕蛾科，学名 *Philosamia cynthia ricini*。蓖麻蚕原产于印度东北部的阿萨姆邦，是野外生长的野蚕，除食蓖麻叶外，也食木薯叶、鹤木叶、臭椿叶和山乌桕叶，是一种适应性很强的多食性蚕。从18世纪开始，蓖麻蚕从印度传出，被中国、美国、斯里兰卡、马耳他、意大利、菲律宾、埃及、日本、朝鲜等国先后引种饲养。蓖麻蚕一个世代要经过卵、幼虫、蛹、成虫四个发育阶段。它最适宜在气候炎热、潮湿多雨的夏季生长。一般是在野外生长，由人工放养，也有在室内由人工饲养的。

蓖麻蚕所结的茧两端尖细、中部膨大，形如枣核。其腰幅两侧阔狭不相等，也有的呈不规则的三角形。蓖麻蚕茧衣又厚又多，约占茧层量的1/3。其茧层松软，缺少弹性，厚薄松紧差异较大；外层松似棉花，与茧衣无明显的界线，中层次之，内层紧密，手捏有回弹声。茧层较薄，且有明显的分层，多为层茧。外层缩皱略模糊，中层明显，内层平坦。茧的厚薄也不一致，中部最厚，尾部次之，头部最薄且疏松有一个出蛾小孔。在鲜茧重量中，茧衣约占3.6%，茧层约占10%，蛹体约占86.5%。蓖麻蚕的蚕茧呈洁白色，但光泽不如桑蚕茧明亮。蓖麻蚕丝的断面形状与桑蚕丝类似，但比桑蚕丝更扁。其含丝胶量约为7%～12%，丝素约为85%～92%，杂质约为1.5%～4.0%。其茧丝的纤度为1.5～3.0旦尼尔，强度比桑蚕丝低，断裂伸长率及耐酸性与桑蚕丝相接近，耐碱性略强于桑蚕丝。蓖麻蚕茧不能缫丝，只能作绢纺原料，用于纺制蓖麻绢丝；也有将它与桑蚕废丝、柞废丝、苎麻、化纤等混纺，制成蓖麻混纺绢丝。

（三）天蚕

天蚕，是以壳斗科柞属植物的叶子，如辽东柞、蒙古柞、拴皮柞、尖柞、橡木、柏、杨梅等为食料的吐丝结茧的经济昆虫。与家蚕只吃桑叶的狭食性不同，这是一种广食性昆虫。鳞翅目，大蚕蛾科，又名山蚕，学名 *Antheraea yamamai*。天蚕幼虫体呈绿色，多瘤状突起，被覆刚毛，适于生长在气候较温暖而半湿润的地区，但也能适应寒冷气候，能在北纬44度以北的寒冷地带自然生息。它主要分布于中国、朝鲜、韩国、日本等国。天蚕是一化性完全变态昆虫。

天蚕幼虫一旦成熟，蚕体就会呈现出亮丽的绿光，故被誉为"绿色钻石"。天蚕茧为绿色，能缫丝，茧丝中丝胶含量比桑蚕丝和柞蚕丝多，约为30%，丝素含量约为70%。天蚕茧丝的平均纤度为6.05～7.3旦尼尔，但粗细差异较大，强伸度优于桑蚕丝和柞蚕丝。天蚕茧的丝长为90～600米，出丝率为50%～60%，1 000枚茧产生的丝量约为250克。天蚕丝的纤维横截面呈扁平多棱三角形，如同钻石的结构，具有较强的折光性。天蚕丝丝质优雅、轻柔，享有"钻石纤维"的美称，是一种珍贵的蚕丝资源。但是，随其食用的植物种类的不同，日照程度不一样时，身体的色调会有所不同，这是由于其丝胶包含黄酮系色素的原因。黄酮系色素是一种水溶性以及日光照射下易变的色素,在缫丝过程中,不宜完全脱落,但经过精练,可与丝素一起去除干净。因此,要在织物上保留住天蚕丝的天然绿色是不容易的,但经过精练后现出的奶油色光泽则使其呈现出独特的魅力。用天蚕丝织成的丝绸艳丽、美观,是高级的丝织品。

(四) 樟蚕

樟蚕又称枫蚕,鳞翅目,大蚕蛾科,学名 *Eriogyna pyretorum*,是一种野生蚕。樟蚕为一化性,完全变态,以蛹越冬。樟蚕食叶的植物种类很多,主要有樟树、枫树、柜柳、野蔷薇、沙梨、番石榴、紫壳木、柯树等。其中,食樟树叶者,丝质最优;食枫树叶者丝质较差。樟蚕在中国、印度、缅甸、越南等国均有分布;在中国多见于广东、广西、福建、台湾、江西、湖南等地。

樟蚕卵为椭圆形,呈乳白而带微蓝色,孵化时呈浅灰黑色。卵产下后,在20℃约经20天孵化。其幼虫有8个龄期,全龄约80天。一龄幼虫体黑色,头部及上颚黑色并具有光泽,头上丛生长而细的白毛,各环节的背面及体侧着生很多圆柱形的瘤状突起。其瘤状突起在胸部各节计8个,腹部第一至第八节各6个,第九节4个,末节仅2个,各突起上均着生数根细毛。二龄起,体转青色,头部仍为黑色而有光泽,背线、亚背线、气门上线及气门下线均为深蓝色,突起上生有硬刺。三龄时,体色较前龄浅,具有稀少的小黑点。七龄时,蚕体背面变黄色,腹面青色。八龄时,瘤状突起上的硬刺均集团向上,柔软而有光泽,且失去分泌毒汁刺人的能力。老熟时,全体略透明,呈浅青色,体长 74~92 毫米,体重雌蚕约16克,雄蚕约10克。

樟蚕丝的利用和制丝方法是我国发明的。目前,世界上只有我国生产樟蚕丝。制丝在熟蚕下爬时,将熟蚕收集起来,先在水中浸12小时,取出浸死的熟蚕,在第二至第三腹足间用手将腹面的体壁撕破,取出2条丝腺,浸入醋酸中。一般用冰醋酸浸 5~7 分钟,也可用食醋,无须稀释。丝腺经醋酸浸过后即可拉丝,一般可拉200厘米左右。拉长的丝腺经水漂洗后,光滑透明,坚韧耐水,在水中透明无影。每1 000条蚕可制丝500克。其丝可制成蚕肠线(伤口缝线)和优质钓鱼丝。

第二节 家 蚕

家蚕在中国被驯化后,随即向世界各地传播。它们在不同的气候环境和人工选择作用下分别向不同方向演化,最终形成了具有不同地域特色的地方品种乃至品系。

所谓品种,是指经过多代群体内的随机交配而在一定环境下保持相对稳定的生物学及综合经济性状的群体,同一品种由于在不同地区选择上的差异及其本身不断产生的细微变异,又形成性状大同小异的品系。

一、家蚕形态

家蚕是完全变态昆虫,一生要经过卵、幼虫、蛹、成虫四个形态上和生理机能上完全不同的发育阶段,最终才完成一个世代。图2.4所示为家蚕在四个发育阶段的形态。家蚕滞育发生在卵期,在自然条件下,一化性卵在产下几天后,胚胎发育到一定程度,便进入滞育期,以后即使在适宜的温度条件下也不会孵化,而必须到翌春,滞育才能解除,故一年中只能饲育一次蚕。多化性蚕无滞育期,当完成一个世代以后便产下非滞育性卵,胚胎继续发育,在适宜的温度条件下,10日后即可孵化,一年中可以养蚕多次。二化性则不同,在自然条件下,第一个世代后产下非滞育性卵,第二个世代后产下滞育性卵,一年中可以养蚕两次。

图2.4 家蚕的发育阶段

蚕要经过卵、幼虫、蛹、成虫（蛾）四个不同发育阶段。

卵：椭圆形略扁平，长1.1～1.5毫米，宽1.0～1.2毫米，厚0.5～0.6毫米，一端稍钝，另一端稍尖，尖端有卵孔，为受精孔道。卵粒大小因蚕的品种、饲养条件及蛹期温度而异。卵的粒重一般为500～600微克。刚产下时呈淡黄色，表面隆起，后因卵内水分蒸发和营养物质被消耗，卵面中央出现凹陷，称卵涡。正常卵的卵涡呈椭圆形，死的卵涡呈三角形。卵壳表面有凹凸不平呈多角形的卵纹，还有无数针状呼吸气孔。卵的内容物有卵黄膜、浆膜、卵黄和胚胎等。卵黄膜紧贴在卵壳下面，是一层非细胞的透明薄膜；浆膜在其内侧，是一层大而扁平的多角形细胞；卵黄是胚胎发育的营养源；胚胎在卵黄中偏于卵的一方，头向卵孔一端，不断摄取养分而逐渐发育。

蚕卵分滞育性卵（越年卵）和非滞育性卵（不越年卵）两种。非滞育性卵产下后，胚胎不断发育，约经10日，即形成蚁蚕孵化；滞育性卵胚胎发育至一定程度即进入滞育期，经冬季低温，解除滞育后，到翌年春暖时才孵化。蚕卵是否滞育取决于蛹期雌蛹的咽下神经节能否分泌滞育激素；心侧体激素对滞育也有辅助作用。滞育性卵在进入滞育期时，浆膜细胞内会形成并沉积色素粒，呈黑褐色；非滞育性卵浆膜细胞内不形成色素，仍为淡黄色。

蚕卵孵化温度一般在20℃～30℃，最适宜的温度为22℃～25.5℃。孵化需9～11天；经过催青的，需2～9天。春天，自然温度达12℃以上时，经过22～27天也可能孵化。滞育卵解除滞育需30～100天，滞育期适宜温度为25℃～30℃，30℃以上会对孵化率有影响。催青时，温度不能超过35℃，孵化前几天要保持一定的湿度。卵产下3小时内温度不宜超过30℃，否则会影响受精率。卵产下1天内，如果温度过高，如超过30℃，易转化成非滞育卵。蚁蚕出壳时间一般为上午5时～10时。

幼虫：长圆筒形，由头、胸、腹三部分构成。头部外包灰褐色骨质头壳，胸部3个环节各有1对胸足；腹部10个环节有4对腹足和1对尾足，第八腹节背面中央有1个尾角，第一胸节和第一至第八腹节体侧各有1对气门。刚孵化的幼虫遍体着生黑褐色刚毛，体躯细小似蚂蚁，称蚁蚕。蚁蚕借摄食桑叶而迅速长大，体色逐渐转成青白。其体壁的表皮要发生多次脱换，这种现象被称为蜕皮，是蚕体内咽侧体分泌的保幼激素与前胸腺分泌的蜕皮激素共同作用的结果。蜕皮前，幼虫停止食桑，吐丝于蚕座上，用腹足和尾足固定蚕体，静止不动，进入休眠状态。眠是分龄的界线，每眠一次增加一龄。体重和体积随龄期增进而显著增大。蜕皮次数的特性称为眠性，受遗传控制，但生活条件的影响也能使眠性发生变化。桑蚕的眠性有三眠、四眠、五眠等；生产上常见的蚕品种是四眠五龄蚕。幼虫生长到五龄2～3日时，可按特征鉴别雌雄。雌蚕在第八和第九腹节的腹面各有1对乳白色圆点，称石渡氏腺；雄蚕在第九腹节的腹面前缘中央有一乳白色囊状体，称赫氏腺。五龄后一天到第二天体长迅速增加，4天后，体长达6～8厘米，以后不再增长。五龄生长至体重最大时，约比蚁蚕的体重增加1万倍。一般雌蚕比雄蚕体大。此后，逐渐减少食桑量以至停食。至前半身透明时，称熟蚕，即开始吐丝结茧。结茧过程约2～3日。幼虫期的长短因蚕品种和饲育条件而异。自孵化至吐丝结茧，一般春蚕在24℃～25℃条件下为24～26日，夏、秋蚕在26℃～28℃条件下为21～23日。

蛹：熟蚕吐丝毕，体躯缩小略呈纺锤形，静止不动，称潜蛹（预蛹）。潜蛹是真皮层与旧幼虫表皮分离并形成蛹表皮的时期，约需2日。化蛹蜕皮是蜕皮激素作用的结果。刚蜕皮的蛹呈纺锤形，乳白色，后转为深褐色。蛹体分头、胸、腹三部分。雌蛹腹部大而末端钝圆，第八腹节的腹面正中线上有1条纵线；雄蛹腹部小而末端尖，第九腹节的腹面中央有1个褐色小点。一般蛹的体重为1.5～2.5克。蛹期蚕体内剧烈地进行着幼虫组织器官的破坏，成虫组织器官的发生、形成，以及生殖细胞的发育、成熟等生理过程。化蛹后，约14日完成成虫发育。这时，由脑神经分泌细胞合成并贮存在咽侧体内的羽化激素因光的刺激而分泌至血液中，约40分钟后蛹便羽化了。

化蛹的适宜温度是22.8℃～26.7℃，最好控制在23.9℃～24.4℃之间，一般不宜超过28℃。化蛹需1～2天，蛹期为15～18天。若结茧之后剖开茧，化蛹就需要10～11天，这是因为化蛹过程失去保护层的缘故。如果化蛹第二日高温达28℃，24小时保护，易产非滞育卵。

成虫（蛾）：羽化后的成虫，吐出碱性肠液，以湿润和松解头端茧层，并用胸足拨开茧丝，从茧内钻出。翅初柔软折叠，随蛾体干燥而展开。全身被覆白色鳞片，头部两侧有1对复眼和1对具触觉和嗅觉的双栉状触角，口器已退化。胸部前、中、后3个胸节的腹面各有1对胸足，中胸和后胸背面各有1对翅。腹部雌蛾为7节，雄蛾为8节。雄蛾的外生殖器由幼虫的第九、第十腹节变成，雌蛾的外生殖器由幼虫的第八、第九、第十腹节变成。交配时，雌蛾伸出产卵器，由诱惑腺释放出性信息激素（桑蚕醇和桑蚕醛）引诱雄蛾，交配1.5～2小时即可产出受精卵。一头雌蛾约产卵400～700粒，其中绝大多数在羽化当日产下，至第3日结束。成虫不摄食，交配产卵后约经10日即自然死亡。

二、家蚕幼虫的体色和斑纹

昆虫是地球上最为繁盛的动物群体，其种类超过100万种，分布遍及世界各个角落。各种昆虫在演化过程中发展了多种适应环境的特征，包括形成各种体色和斑纹。绚丽的斑纹和体色不仅是生物多样性的体现，而且对于昆虫本身具有重要的生物学意义。例如，昆虫的拟态色，即是模拟周边的环境以对自身加以保护，警戒色则是以绚丽明亮的色彩来警告捕食者有毒或不可食。昆虫体表不同的着色模式还具有寻求配偶、调节体温、增强免疫、抵抗紫外线等生理功能。家蚕作为中国重要的农业经济昆虫，具有5 000年以上的驯养历史，其进化演变过程中的着色形态及其机制长期受到关注。近百年来，经典遗传学研究中家蚕已经积累了超过200余个与着色相关的突变体，是昆虫着色研究的重要实验材料。家蚕着色贯穿于生长发育的各个时期，在卵期、幼虫期、蛹（茧）期和成虫期均有各具特色的着色模式。家蚕卵着色、幼虫体着色和茧着色等都是极富特色的研究内容。但是，昆虫着色究竟是如何发生和分化的，其遗传机制是什么，一直没有被阐明，因而受到很多研究者的关注。进入21世纪以来，结合家蚕的经典遗传连锁图谱、家蚕基因组数据，运用高通量测序手段、定位克隆策略等分离鉴定家蚕着色相关突变体的关键基因，是探索着色模式形成的分子基础的主体。这已在分子水平解析了家蚕30余种着色相关突变的产生机制，显著推动了对家蚕着色机制的研究，对于丰富昆虫着色相关理论和基础知识具有重要的意义。

1. 体色

家蚕幼虫的体色取决于体壁中色素的种类、含量及比例。构成家蚕体色的色素主要有以下两类：一类是存在于外表皮中的黑色素，它是酪氨酸代谢物；另一类是眼色素、喋啶色素和尿酸、核黄素等，存在于家蚕的真皮中。其中，体壁的白色与不透明性是由于真皮中的尿酸与白喋啶引起的。

家蚕体壁的底色是由存在于真皮中的眼黄素和墨喋啶的含量及比例不同而形成的。一般情况下，中系品种这两种色素含量较低，体底色浅白；而欧系品种与日系品种，这两种色素尤其是眼黄素含量较高，故体底色淡黄或淡红；也有的品种其底色呈绿色、红色、黄色、紫色等，但极少见。

2. 斑纹

家蚕幼虫体壁上的斑纹由表皮和部分上皮细胞中形成的色素构成。有的幼虫无斑纹，称姬蚕或素蚕；有斑纹的蚕，俗称形蚕或花蚕。蚕的斑纹因品种不同或生存环境不同而表现出多样性，即使同一斑纹类型，也可因环境条件，尤其是温度、湿度的影响而使斑纹出现浓淡差别。最常见的家蚕斑纹分布有两种形式，如图2.5所示。白蚕（素蚕）无斑纹；花蚕（普通斑）为幼虫标准型，即第二环节左右侧背线上有一对黑褐色的眼状纹，第五环节左右侧背线上有一对半月纹，第八环节的同部位有星状纹。这些斑纹的形状、大小和浓淡，因品种不同而有较大差异，以眼状纹最稳定，半月纹次之，星状纹最不稳定，往往只有一点痕迹。

白蚕(素蚕)

花蚕(普通斑)

图2.5 家蚕常见斑纹

图2.6 家蚕体色和斑纹的变化

3. 其他斑纹

经过长期的遗传变异，家蚕出现了很多的斑纹变化、体壁突起等，体色和斑纹成为家蚕重要的遗传标记资源。家蚕常见的主要体色和斑纹如图2.6所示。

三、家蚕幼虫的生长发育

家蚕在各个发育阶段，形态结构和生理功能都有显著的差别。家蚕卵是胚胎发生、发育形成幼虫的阶段，有滞育性卵和非滞育性卵之分。滞育性卵在滞育期间无形态变化，也不存在器官发育和组织分化，然而其生理代谢过程仍在进行。刚从蚕卵中孵化的幼虫，形似蚂蚁，故称蚁蚕。蚁蚕以桑叶为食，不断生长发育，体色逐渐由黑褐色变成青白色。蚁蚕食桑经过一定阶段后，自然地脱去旧皮，换上新皮。在此期间，幼虫不食不动，称为蚕做眠。家蚕在幼虫生长阶段需要经历若干次这样的蜕皮过程，才能继续生长，最终吐丝结茧。以下为家蚕在生长发育过程中的一些主要特征。

（一）家蚕的龄期

蚕的幼虫从孵化到结茧一般要经过4次就眠蜕皮，每两次就眠蜕皮间经过的时间称为龄期，幼虫一般要经过四眠五龄。一至三龄叫小蚕（稚蚕），四至五龄叫大蚕（壮蚕）。在适温条件下，一般一龄3～4天，二龄3天左右，三龄3～4天，四龄4～5天，五龄8～9天，全龄要经过21～25天。

（二）家蚕的眠性

眠性通常指在正常生存条件下，家蚕幼虫期间蜕皮的次数。眠性是家蚕的一种遗传性状，除受遗传基因控制外,还会受外界环境条件的影响。在生理上调控家蚕眠性及其变化,主要通过脑激素、保幼激素和蜕皮激素这几种激素分泌来实现。这是一种关系到家蚕茧产量和质量的重要生理现象。

家蚕在幼虫期间的蜕皮次数有3、4、5次之分。在幼虫期间蜕3次皮的,称三眠蚕;在幼虫期间蜕4次皮的,称四眠蚕;在幼虫期间蜕5次皮的,称五眠蚕。用人工方法也可诱导六眠蚕发生。极端情况下也发现有眠1次、2次、6次,甚至不眠就能化蛹的蚕品种。图2.7所示为常见的三眠蚕、四眠蚕品种。

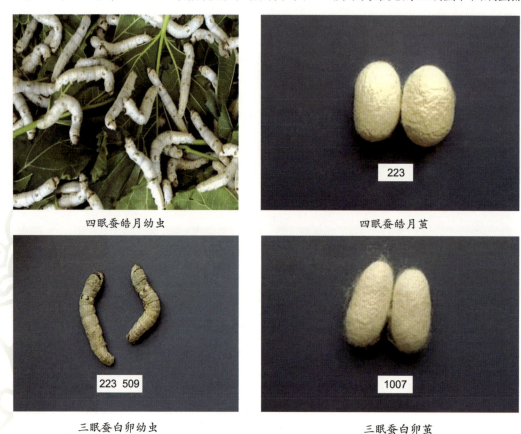

四眠蚕皓月幼虫　　　　　　四眠蚕皓月茧

三眠蚕白卵幼虫　　　　　　三眠蚕白卵茧

图2.7　三眠蚕和四眠蚕(中国农科院蚕业研究所赵国栋提供)

眠性虽然是由遗传性决定的,但也有一些品种的遗传性不稳定,会因外界条件的变化而发生变化,这种现象被称为眠性变化。引起眠性变化的环境条件,主要是催青和饲养中的温度、湿度、光线及饲养的营养条件。蚕的眠性不同,其幼虫期的长短、经济性状等也存在差异。家蚕的全茧量、茧层量等一般随着眠数的增加而增加,但食桑量也相应增多。一般眠数多的蚕品种,幼虫期经过长,食桑多,蚕茧大,丝量多,茧丝纤度粗;相反,眠数少的蚕品种,幼虫期经过短,食桑少,蚕茧小,丝量少,茧丝纤度细。

我国蚕业生产上常用的家蚕品种均为四眠性品种,为了保持和发挥蚕品种的固有特质与性状,在养蚕过程中往往需要采取一系列技术措施来防止和减少蚕眠性的变化。这些技术措施包括:调整催青环境以及稚蚕饲养环境的温度、湿度、光照;注意收蚁时间,防止蚁蚕饥饿;注意稚蚕阶段供给营养充实的适熟桑叶;等等。在特定状况和需求下,除直接饲养三眠蚕外,通过以四眠蚕诱导三眠化,也是一种有意义的尝试,如长期以来为了开发蚕丝新品种,采取了各种诱导蚕眠性变化的措施。以下是在这方面的一些探索:

其一,用抗保幼激素处理四眠蚕,使其转变为三眠蚕,以生产细纤度茧丝。三眠蚕茧丝不仅纤度细,而且解舒率及生丝净度高,强力、伸力和抱合力均好,茧丝长度可达1 600米;三眠蚕茧丝可缫制出比四眠蚕茧生丝品位更高的生丝。细纤度茧丝在制作丝袜等超薄型丝织物及医疗用缝合线、包芯复合丝等新产品时都有独特的用途。

其二，给四眠蚕在5龄后期添加超剂量保幼激素，诱导其转变为五眠蚕，以生产粗纤度茧丝。粗纤度茧丝在开发制作西服、大衣、外套等要求形态保持性能好的丝绸制品中具有较高的应用价值。

其三，用抗保幼激素处理四眠蚕，使其转变为三眠蚕制种。三眠蚕克蚁用桑量较四眠蚕减少32%～44%，蚕蛾产卵率较高，因此单位桑叶的采种量较四眠蚕的采种量可提高14%～31%。从蚕种生产角度考虑，原蚕三眠化不仅可以提高生存率，有利于难饲养品种的保存，而且三眠蚕制种可以缩短全龄经过，节省劳动力与用桑量，有利于提高单位用桑产卵量。同时，分批次采用三眠蚕制种可以有效地错开种茧期和采种期的用工高峰，提高了劳动生产率。

（三）家蚕的化性

家蚕在长期的进化过程中形成了与自然环境条件相适应的生活习性。为了使自身的生活周期与取得食物的季节变化相一致，为了能够度过严冬低温和为下一阶段的发育做好新陈代谢的生理准备，家蚕在卵期即进入滞育期，就是卵期中胚胎发育前期即呈现细胞分裂、分化、生长暂时停顿的滞育状态。家蚕在发生滞育以前，往往有一个或几个不滞育的世代；在自然条件下，一年内发生一个或者一个以上世代数的特性称为化性。不同地区气温年周期性变化规律，是家蚕化性类型形成的主要原因，湿度、光照等为辅助条件。有休眠期各类化性的家蚕，生长发育过程中的休眠现象是在每年气温周期性变化的生存条件下形成的。通常我们所说的化性，是指家蚕在自然条件下一年中所发生的世代数。如：

① 在一年中只发生一代就产下滞育性卵者，称一化性。
② 在一年中发生二代，第一代产不越年卵、第二代产滞育性卵者，称二化性。
③ 在一年中发生三代或三代以上，仅在最后一代产下滞育性卵者，称有滞育多化性。
④ 在一年中发生四代以上，最后一代也不产滞育性卵者，称无滞育多化性。

化性是家蚕的一个重要性状，不同化性的家蚕品种，在发育过程、体质、茧量和丝质等方面均存在差异，蚕生理上也表现出不同的特性。一般而言，一化性种生长日数长，食桑多，体质较弱，尤其在高温条件下难养，但是蚕体和茧型大、丝量多、丝质好。二化性种比一化性种体质强健，发育整齐，幼虫期经过短，但茧量与丝质稍差。在长期的生产过程中，人们培育的蚕品种多是导入了一化性种的优良茧丝性能，并经过改良而育成体质强健的二化性品种。多化性品种蚕的幼虫期经过极短，体质极强，体型小且食桑少，但茧形小，茧量少，丝质差。一般而言，从体质方面来看，化性次数越多，体质越强；从经济性状方面来看，化性次数越多，丝质越差。

在实际生产中，人们希望的蚕品种要体质强健、好养，又能获得较高产量，即希望所养的品种既具备多化性品种体质强健的优点，又具备一化性品种经济性状优良的优点。为此，人们在长期的养蚕实践中学会了调控家蚕化性的方法与技术。如人们很早就注意到一化性种的茧形大、丝量多、丝质好，故在养蚕生产中根据二化性种化性不稳定的特性，采取高温、光照、多湿催青，稚蚕期高温明亮、壮蚕期与蛹期低温暗保护，人为地使得二化性种的蚕卵产生一化性蚕，从而达到了提高蚕茧产量与茧丝质量的目的。

四、蚕茧

吐丝和结茧是桑蚕适应环境的一种本能。茧丝一般无色透明，但也有结黄茧、红茧或绿茧等的蚕品种。自从蚕茧被用作优质纺织原料后，随着人们对蚕丝需求的日益增加，蚕茧总体上越来越大，从生物学角度来说，已越来越接近家蚕作为生物体能够生产丝物质的极限了。

家蚕结茧要经历以下过程：熟蚕上簇后，先吐丝做成松乱的茧衣；然后，头胸部开始有规则地摆动，吐出呈S形或∞形的丝圈，15～25个丝圈组成1个茧片层；蚕经过不断更换位置，形成许多重叠的茧片层，由丝胶黏着，构成丝缕间具有许多微小孔隙的茧层。由外及里完成茧层后，蚕体显著缩小，摆动变得缓慢，吐丝失去规律性，最后在茧层内腔形成松乱的极薄丝层，称蛹衬，即完成吐丝结茧过程。

在生产上，大多使用白茧。有色茧的色素，可经脱胶精练除去。茧层结构主要取决于结茧时的环境。过湿时，茧层紧硬，茧表皱纹粗大明显；过干时，茧层松软，茧表皱纹少或不明显。前者缫丝时茧丝易切断，后者则易使丝状成畸形，影响丝质。

（一）蚕茧的大小与形态

蚕茧长约 3～4 厘米，直径 1.7～2.1 厘米，表面白色，有不规则皱纹，并有附着的蚕丝，呈绒毛状。其内壁的丝纹很有规律。质轻而韧，不易撕破。未经羽化的蚕茧，内有黄棕色的蚕蛹以及蚕成蛹前脱下的淡棕色、皱缩的蚕皮。茧形一般是由蚕品种的特性决定的，常见的有长椭圆形、椭圆束腰形、球形或纺锤形等，其中部有时稍缢缩。

（二）蚕茧的颜色

蚕茧的颜色因品种而异，有白色、黄色、淡绿色、纱青色、肉色、粉红色、橙黄色、金黄色等各种颜色，在自然选择过程中可以起到保护色的作用。古籍中很早就有关于茧色的记载，如《天工开物》中记载："凡茧色惟黄、白二种。川、陕、晋、豫有黄无白，嘉、湖有白无黄。若将白雄配黄雌，则其嗣变成褐茧。黄丝以猪胰漂洗，亦成白色，但终不可染漂白、桃红二色。"其中称，家蚕茧色只有黄、白两种，川、陕、晋、豫有黄茧而无白茧品种，嘉、湖则有白茧而无黄茧品种。如果使白茧雄蚕交配黄茧雌蚕，则其后代变成褐茧。黄色的蚕茧丝如以猪胰漂洗，则变成白色蚕丝，但若用染漂的方法，就很难得到白、桃红这两种颜色的茧丝的。由此可知，古人很早就已了解到蚕品种杂交对丝色的影响；同时，他们也已经注意到用生物酶（猪胰）处理，可以使得茧丝的颜色发生改变的现象了。

各种绢丝昆虫由于食物的差别，从食物中获得的色素也不同。昆虫吐丝主要是为了保护对敌害、病害和不良环境抵抗能力很差的蛹。这种生态意义上的需要，使伪装效果更好、与生活环境更加一致的茧色品种得以保存下来，所以不同的绢丝昆虫吐出的丝的颜色多种多样，其中，绝大部分种类的色素与丝物质结合牢固，缫丝后不会褪色，产品经水洗甚至日晒也不会褪色。桑蚕以外能够作为彩色茧丝资源的绢丝昆虫主要有：野桑蚕，黄色、白色等；柞蚕，褐色；天蚕，黄色、绿色；蓖麻蚕，白色、淡黄色；塔色蚕，即印度柞蚕，黄绿色、褐色；琥珀蚕，即姆珈蚕，金黄色、黄褐色；栗蚕，褐色；大乌桕蚕，紫褐色；樗蚕，紫褐色；芒果蚕，金黄色；透目天蚕，黄色、绿色；樟蚕，黑褐色；柳蚕，褐色；安娜妃，褐色。据统计，能够吐丝结茧的绢丝昆虫有 20 多种，所吐的丝五颜六色，色彩自然，色调柔和，有一些还是染色工艺难以模拟的色彩。

构成茧色的色素主要有两类：

第一类是类胡萝卜素，包括叶黄素、胡萝卜素和堇菜黄质三类，能溶于乙醚。叶黄素和胡萝卜素都存在于桑叶中，其比例为 2∶1，在茧丝色素中的比例是 40～70∶1。堇菜黄质在茧丝中的含量极少。图 2.8 所示分别为天然有色茧和人工有色茧。

天然有色茧　　　　　　　　　　　人工有色茧

图 2.8　家蚕茧色

第二类是黄酮类色素，这是一群天然色素的总称，种类很多。

不同的茧色是由上述两类色素以不同的含量比例搭配而成的，由此产生了许多色相和浓淡的差异。根据茧层中色素的种类和含量，可将茧色分为以下四类：

① 大部分为类胡萝卜素，仅含少量黄酮类色素，如欧洲系统的有色茧品种。

② 两类色素各占一半，如中系、日系和部分欧系的有色茧品种。

③ 绝大部分为黄酮类色素，如热带系统的有色茧品种。

④ 两类色素的比例介于三者之间。

蚕吐出彩色蚕丝的遗传受主基因控制，它使得彩色茧品种的特性相对固定，这对于育种和生产是十分有利的。由于桑蚕家养形成的习性，桑蚕彩色茧品种的饲养不会产生异交混杂问题，也不会产生生态威胁。一般情况下，桑蚕彩色茧单茧小，但全龄期短，食桑量少，桑田单位蚕茧产量高。此外，彩色茧桑蚕品种体质强健，有明显的生产优势。

图2.9　家蚕品种与茧形茧色（中国农科院蚕业研究所赵国栋提供）

蚕丝是天然纤维中的珍品，也是发展天然彩色织物的极好原料。我国作为蚕丝的发源地以及世界上最大的蚕丝生产国，发展天然彩色蚕丝生产对于形成新的蚕丝连带效应，带动农业、纺织业、服装业发展是有利的。进入21世纪以后，我国各蚕桑生产地以及蚕业研究单位等相继进行了以彩色蚕丝生产为目标的彩色桑蚕品种的培育研发。

（三）双宫茧

双宫茧一般是指茧内有两枚蚕蛹的茧，有时，有两枚以上蚕蛹的茧也称双宫茧，或同宫茧，如图2.10所示。双宫茧是两条以上家蚕吐丝在一起形成的蚕茧，形状比一条家蚕做的蚕茧要大，切割后可以看到两枚蚕蛹，因其吐丝时相互缠绕，不是一根丝到底，故这样的双宫茧茧丝不像一条蚕吐的丝那样紧实，它无法缫丝做成质地优良的真丝织物。有关这点，古人很早就已了解，北魏末年，在《齐民要术》中记载有"同蚕茧，或二蚕三蚕共为一茧"，这即是关于双宫茧或多宫茧的记载。明代《天工开物》中

图 2.10 双宫茧

也有"凡取丝必用圆正独蚕茧，则绪不乱。若双茧并四五蚕共为茧，择去取绵用。或以为丝则粗甚"的记载，称凡用于缫丝的蚕茧，必须是形状圆整的独蚕茧，缫丝才能够绪丝不乱。如果是双蚕或者四五蚕共一个蚕茧的双宫茧或同宫茧，则必须选择出来制作丝绵。如果一定要用来缫丝的话，所缫成的生丝难免质量粗糙。因此，古代缫丝时要将选出来的双宫茧或同宫茧作为绢纺或拉丝绵的原料。后面我们将说到，双宫茧虽不能缫丝，但却是做绢纺、丝绵和蚕丝被的最好原料，其重要的特征之一，就是双宫茧加工成的丝绵更为蓬松。

第三节 中国家蚕品种

家蚕在古代中国被驯化后，伴随着人类的活动与交流，向世界各地传播，在各地不同气候环境和人工选择的作用影响下，分别向不同方向演化，形成了不同的地理特征品种。一般情况下，基于形态学特征的传统分类法，我们把家蚕分为四大系统，即中国系统、日本系统、欧洲系统和热带系统；此外，还区分为八种生态类型，即中系一化、中系二化、中系多化、日系一化、日系二化、欧系一化、欧系二化和热带多化。除了根据家蚕的形态特征分类之外，还可以按照化性、眠性、蚕体斑纹等进行分类。家蚕种类繁多，是我国生物资源中的一块瑰宝。近代以后，由于家蚕品种改良的需要，各地种质资源的交流渗透频繁发生，使得本已复杂的家蚕种质资源的遗传背景更加复杂。

一、家蚕地方品种的形成

从野生桑蚕被驯化之日起，蚕种制作就是繁殖后代、扩大再生产的必要手段。几千年来，人们逐步选择丝量多、生命力旺盛、抗病能力强的个体留种，不断改善家蚕的生物学特性，提高其经济性状。由于长期的地理隔离，加上自然选择、中性变异（对生存既无益又无害的变异性状，是自然选择在种群水平的表现）的影响，家蚕在历代的个体生产和分别选育过程中形成了许多性状各异的地方品种。此后，因地区间相互引种，并进行品种间杂交，家蚕性状又出现种种变异，从而形成了愈来愈多性状特殊和能满足人们要求的品种，如高产、稳产、粗纤度、超细纤度等特殊形状品种，提高了蚕茧产量、茧丝质量和经济效益。对家蚕地方品种多样性及其遗传结构的认识，不仅有助于我们正确理解家蚕的起源分化，而且直接关系到家蚕新品种培育过程中对育种材料亲缘关系的判定及杂交亲本的选择，对于育种成败、杂种优势的发挥、品种鉴定、资源开发乃至蚕丝产业的发展都将产生深远影响。

这里列举一些我国在进入21世纪前后开发的特殊性状家蚕品种的例子。

（1）形态形状差异品种

家蚕的体色、卵色、茧色等作为研究遗传规律的特殊性状，一直受到科学家们的关注，如特殊斑纹及体色品种、限性斑纹品种、茧色品种、卵色差异品种等，对于指导育种都是十分有利的。

（2）抗脓核病品种

在夏季等高温季节，防治蚕病是家蚕生产中最为突出的问题。防治蚕病最为经济有效的方法就是选育优良的抗病蚕品种。科学家们研究发现，家蚕对脓核病的特异抵抗性受到一对隐性基因的强力控制，因此，将抗病基因直接导入优良的品种，从而获得了茧质优良且能抗脓核病的蚕品种。

（3）解舒优良品种

家蚕原料茧的解舒率，长期以来一直备受关注。原料茧口解舒的好坏，直接影响缫丝效率、出丝率和丝质，是评估蚕品种的重要指标。虽然蚕品种的解舒率受到环境因素影响较大，但育种专家的经验告诉我们，从杂种优势上看，解舒率这一性状的特征还是明显的。如亲本双方解舒好的，则一代杂种解舒也好；亲本只有一方解舒好的，则一代杂种解舒就不一定好。

（4）特殊纤度品种

随着人们消费需求的提高，丝绸新产品开发迫切要求培育出新的纤度特殊蚕品种，如特细纤度蚕品种、特粗纤度蚕品种等。我国科学家的研究告诉我们，茧丝纤度这一性状遗传到子代时，部分地是由性染色体上的基因控制的，并且家蚕纤度的杂交种优势率，即杂交种纤度性状的平均值与双亲同性状平均值的比值可达到5.8%～14.5%。这对于开发蚕茧特殊纤度品种是十分有利的特性。

（5）微茸和含胶率品种

要织造出高品位的丝绸，就需要有微茸少的蚕丝品种；蚕丝的丝胶含量少，表示蚕丝精练时的练减率低，出丝率相对比较高。这是评价优良原料茧十分重要的两项指标。虽然目前对于蚕种微茸和蚕丝含胶率的遗传规律和杂种优势尚缺乏有力的实验证实，但是一般认为，亲本优良的杂交一代总是偏好的。

二、有关古代蚕品种的认识

在我国古代典籍中可以查阅到三眠蚕的记载，主要是一化性；北方地区有一化、二化（原蚕）和多化性蚕。西汉焦延寿的《焦氏易林》中有"秋蚕不成，冬种不生"的记载。《齐民要术》中有"三卧一生蚕（一化三眠蚕）、四卧再生蚕（二化四眠蚕）"的记载，其中依不同体色、斑纹和用途记载了"白头蚕、颉石蚕、楚蚕、黑蚕、儿蚕、灰儿蚕、秋母蚕、秋中蚕、老秋儿蚕、秋末老獬儿蚕、绵儿蚕、同蚕茧，或二蚕三蚕共为一茧"等，都是当时不同的蚕品种。《永嘉郡记》中记载："永嘉有八辈蚕：蚖珍蚕（三月绩）、柘蚕（四月初绩）、蚖蚕（四月末绩）、爱珍（五月绩）、爱蚕（六月末绩）、寒珍（七月末绩）、四出蚕（九月初绩）、寒蚕（十月绩）……"这是当时永嘉郡蚕种的记录。《齐民要术》中还有"日南蚕八熟"的记载，说明当时已经知道南方饲养多化性蚕。唐朝以后，南、北方均有多化性蚕饲养，如青州有"蚕至岁四熟"。

由古籍记载可以知道，在我国古代，蚕品种主要是依据蚕和茧的某一性状来命名的，如白茧种、黄茧种、头蚕种、二蚕种等；也有泛指各地生产的蚕种，如余杭种、嘉定种等，其实一个名称包括多种杂合个体，以及多个杂合群体。

古人对于留种蚕茧的选择十分讲究。有关蚕的选种，在北魏《齐民要术》中才明确地提出了选取种茧，元代《农桑辑要》中又进一步提出了选蛾、选卵，后代的蚕书还有要选蚕的。《齐民要术》中有"收取种茧，必取居簇中者。近上则丝薄，近地则子不生也"的记载，称苗种用的茧，一定要选择位置在蚕簇中部的。靠近上面的，将来蚕茧丝条纤细；靠近地面的，所产的卵不化生。《务本新书》是一本已经失传的农书，元代《农桑辑要》首引其所载材料，主要反映黄河流域的农业技术。其中记载："养蚕之法，茧种为先。今时摘茧，一概并堆箔上，或因缫丝不及，有蛾出者，便就出种。罨压、熏蒸，因热而生，决无完好。其母病，则子病，诚由此也。今后茧种，开簇时须择近上向阳，或在苫草上者，此乃强良好茧。"文中强调，养蚕的方法，以选取茧种为首要。人们将摘下来的蚕茧，一概堆放在箔上，往往还没有等到缫丝，有的茧已经出蛾，便将这样的蚕蛾用来下种。这些因为掩压、熏蒸、受热而生出的蚕蛾，绝没有不带病的。病蛾所产的子将来必会生病，这是很自然的事情。因而，倡导选取茧种，在开簇的时候，应择取靠近蚕簇上部向阳的蚕茧，或者苫草上的茧，这些都是强健的好茧。

古人还注意到了留种时雌、雄蚕的数量比例，并且有了丰富的选择雌、雄蚕的经验。《农桑要旨》中记载："茧必雌雄相半，簇中在上者多雄；下者，多雌。陈志弘云：雄茧尖细、紧小，雌者圆慢、厚大。另摘出。于透风凉房内净箔上，一一单排。日数既足，其蛾自生，免熏罨、钻延之苦，此诚胎教之最先。"即是说，选取种茧应使雌茧和雄茧各占一半。在簇上部的多为雄茧，在簇下部的多为雌茧。陈志弘说：雄茧形状尖细，茧丝紧实，茧较小；雌茧形状圆粗，茧丝厚实，茧较大。另外摘下，放在通风凉房中的干净箔上，一个一个地排列成整齐的单层。日数足后，蚕蛾自然会化生出来，且可免受热蒸、掩压、钻延的苦难。这对于保持幼蚕先天壮健至关重要。这种区分蚕种雌雄技术的细心精巧，说明了古人对育种技术的重视以及其中经验智慧的积淀。

古人还特别留心不宜留种的蚕茧。《农桑要旨》记载："若有拳翅、秃眉、焦脚、焦尾、熏黄、赤肚、无毛、黑纹、黑身、黑头、先出、末后生者，拣出不用。止留完全肥好者，匀稀布于连上。择高明凉处，置箔铺连。箔下地须洒扫洁净。蚕连厚纸为上，薄纸不禁浸浴。"就是说，蚕蛾中如果有拳翅、秃眉、焦脚、焦尾、熏黄、赤肚、无毛、黑纹、黑身、黑头、最先出的、末后生的，一概拣出不用。对于选出留种的蚕茧，要注意放置环境，肥而好的种茧，要均匀、稀疏地布放在蚕连上面。选择较高且明亮通风的地方，安置蚕箔，铺放蚕连。箔下地面必须洒水，扫除干净。作蚕连用的纸，以厚纸为最好，因为薄纸经受不住浸种、浴种。

对于留种的蚕茧所出的蛾，古人也不是全都使用，而是再度加以区分。《农桑要旨》记载了选择蚕茧留种的方法："取簇中腰东南，明净厚实茧。蛾：第一日出者，名'苗蛾'，不可用。屋中置柴草，上放不用蛾。次日以后出者，可用。每一日所出，为一等辈。各于连上写记，后来下蚁时各为一等辈。二日相次为一辈犹可，次三日者则不可，为将来成蚕，眠起不能齐，极为患害。另作一辈养则可。末后出者，名'末蛾'，亦不可用。"这里说到，要摘取蚕簇中腰部分，朝向东南，明亮、洁净、厚实的蚕茧。对于出蛾：第一天出的蚕蛾叫"苗蛾"，不可用。于屋中放置柴草，将不用的蛾放在上面。第二天以后出的蛾可以用，凡同一日生出的蛾，作为一等种。分别在蚕连上做记录，日后下蚁时各为一等种。将两天先后相邻的蚕作为一批还可以，如将三天相邻的蚕作为一批就不可以了，因为这样做会使将来生出的蚕，眠起先后不齐，极为有害。只有另行分开作为一批饲养才可以。末后出的蛾，叫作"末蛾"，也不能用。

为了使蚕蛾交配和留种顺利进行，需要细致操作。对此，古籍中也留下了详细的记录："铺连于槌箔上，雄雌相配。当日可提掇连三五次，去其尿也。至未时后，款摘去雄蛾，放在'苗蛾'一处，将母蛾于连上匀布。稀稠得所。所生子如环成堆者，其蛾与子皆不用。其余者，生子数足，更当就连上，令覆养三五日。不覆养，则气不足。然后将母蛾亦置在雄蛾、苗蛾、末蛾处，十八日后，埋之。"即将蚕连铺在蚕槌上面的箔上，让雌蛾和雄蛾交配。当天可将蚕连提掀三五次，抖去尿液。到午后未时，便可轻轻地将雄蛾摘掉，同苗蛾放在一起。将母蛾均匀地放置在连上，稀稠要适中。有的蚕蛾所下的卵子呈环形成堆状，这样的蛾与子皆不用。其余的蛾产卵完毕，还应让蚕蛾在连上继续孵养蚕子三五天。蚕子不经过母蛾的孵养，便精气不足。然后，将母蛾同雄蛾、苗蛾、末蛾放置在一处，过18天后再掩埋掉。

家蚕留种及处理极为重要，又需要十分细致，我国古人早就很了解这一点。《士农必用》上说："蚕事之本，惟在谨于谋始，使不为后日之患也。眠起不齐，由于变生之不一；变生不一，由于收种之不得其法。故曰：'惟在谨于谋始。'"说的是，养蚕一事的根本，全在于从一开始就谨慎从事，使得不至于日后为患。蚕的眠起时间不能整齐划一，是因为蚁蚕化生时间不一致；蚁蚕化生时间不一致，是因为收取蚕种不得法。所以说"要从一开始就谨慎从事"。

19世纪以前，我国对家蚕还只按茧形、茧色、化性、眠性、体色等性状的不同而予以不同的名称，近代以后，由于各地区在长期的良种繁育过程中选育出了具有特殊性状的类型，故而家蚕又有了多种命名。如1887年日本从我国引进的蚕品种中就有辑里种（产于浙江吴兴）、绍兴种（浙东蚕品种的总名）、无锡种（产于江苏无锡）等。

三、近代以来生产用家蚕及品种的变迁

至近代，随着科学技术尤其是生物技术的发展，家蚕在品种改良方面有了极大的进步。其中最重要的是两个方面：一是对中国几千年来形成的地方品种进行了整理；二是一代杂交种技术的推广和应用。

（一）一代杂交种技术及其应用

我国蚕业界发现杂交优势的现象是比较早的。明代宋应星《天工开物》"乃服"篇中记载："今寒家有将早雄配晚雌者，幻出嘉种，一异也。"称当时的贫苦人家有用雄性早蚕（一化性种）蛾与雌性晚蚕（二化性种）蛾交配而培育出良种的，这很不寻常。《天工开物》中还记载："凡茧色惟黄、白两种。川、陕、晋、豫有黄无白，嘉、湖有白无黄。若将白雄配黄雌，则其嗣变成褐茧。"当时，蚕农对只有黄、白两色的蚕种，即川、陕、晋、豫一带的黄茧，与嘉、湖一带的白茧，进行了白雄配黄雌的杂交，结果其后代结出了褐茧。

在幅员广大、地域气候殊别的环境中，我国古人通过长期的养蚕实践，选育成了许多不同的家蚕品种，如就化性来说，有一化性蚕、二化性蚕和多化性蚕。至明代，嘉、湖地区养蚕生产中最常饲育的有一化性蚕和二化性蚕。现代养蚕学家对家蚕化性的遗传研究已经告诉我们，一化性蚕与二化性蚕杂交后，第一代杂交种的化性是与亲代雌性的化性一致的。如果亲代雌性是一化的，那么第一代杂交种也是一化的；如果亲代雌性是二化的，那么杂交种就是二化的。就是说，一化性（雌）×二化性（雄）→一化性；一化性（雄）×二化性（雌）→二化性。

《天工开物》中所说的"早雄配晚雌"，就是将一化性的雄蚕蛾与二化性的第一代雌蚕蛾杂交。《天工开物》明确指出了杂交双方的雌、雄关系，这也说明古人已经注意到了杂交遗传性状受到亲代雌性或雄性影响的事实。根据杂交的遗传规律可知，上述的"早雄配晚雌"所产生的"嘉种"乃是二化性的。这一特点，使得人们可以依此方法获得二化性的夏蚕种，并应用于生产。这是因为二化性晚种蚕一般体质强健、能耐高温，具有适于夏季高温环境中饲育的优良性状，虽然其茧量或丝质都较一化性的早种蚕弱，但是，由于一化性早种蚕体质弱，抗高温能力差，所以自然条件下，早种蚕不能在夏季传种。古人通过"早雄配晚雌"杂交，恰好综合了双亲优良的性状。明代，嘉、湖地区的蚕农在长期实践中看到了这样的杂交优势，所以称之为"嘉种"，即早雄（一化性）×晚雌（二化性）→嘉种（二化性）。

明代，嘉、湖地区的蚕农开创了家蚕人工杂交育种的先例。《天工开物》这部书在国内外受到普遍关注。在日本，它成为德川时代日本养蚕人家普遍阅读的书籍。19世纪中叶，《天工开物》中有关养蚕的文字，也被法国汉学家译成法文介绍到欧洲。日本养蚕学家于18世纪下半叶才开始从事家蚕的人工杂交工作。最初，他们也是用一化性春蚕种和二化性春蚕种进行杂交来制取杂交品种的，据推测，这可能也是受了《天工开物》记载的影响。在20世纪初，由外山龟太郎为首的养蚕学家通过科学实验确认了家蚕一代杂交品种的优良品性，使得养蚕农家广泛接受了一代杂交品种。据日本蚕种培育著名学者田岛弥太郎说："当时，不同品种蚕的交配可以获得更为优良的品种这一点，已经为一部分蚕种制造人所认识。"在这里，古代中国关于蚕品种杂交记载的影响，确实是不可忽略的。

但是，我国古代的杂交技术却未被养蚕农家所接受与采用，所以，他们在生产上一直采用混合选种的办法。有关每个世代的留种，《齐民要术》称："收取种茧，必须居簇中者。"其中只是强调要选择位置在蚕簇中间的蚕茧留种，以保持稳定的种性。这样的品种在一定程度上还是混杂体，由于品种内的个体不很纯一，所以，即便经多次近亲交配，其次代还是能维持较强的活力，甚至有些地区观察到，群体内保持混杂（如蚕体斑纹或茧色），其产生的后代"可免除一切病害，饲养容易"。近代以后，我国才真正开始采用杂交育种新法。

蚕种是最早利用杂交优势培育的品种。家蚕一代杂交种比两亲原种的适应性广、生命力强、茧丝量多、一致性好。一代杂交种这种显著优于两亲原种的现象，叫作杂种优势。在国外先进科学技术的影响下，我国于1898年开始采用杂交育种法。当时，在杭州的蚕学馆首先用"轰青"与"诸桂"杂交培育成了青桂品种，并获得推广。青桂种的卵呈藤紫色，卵壳白色，体色青白，普通斑深浓，茧形椭圆，茧白色，茧层率16%～20%，茧丝长619米。

1925年，江苏省女子蚕业学校从日本购进"诸桂"和"赤熟"蚕种，制成"诸桂"与"赤熟"的杂交种，于1926年得到推广。这是生产上正式推广改良杂交种的开端。1926年至1927年间，浙江省立蚕业学校和原蚕种场等开始大量制造中、日一代杂交种，1927年后推广到浙江省的各个县、市。至1933

年起，禁止制造原种供生产应用，规定必须生产杂交种，并指定杂交组合形式。

在这一节最后，我们对于把古代中国关于蚕品种杂交的记载传到其他国家的《天工开物》再做一些补充说明。明末清初，《天工开物》传入日本，被大量刊印，成为被广泛阅读的书籍。日本学者引用《天工开物》中的技术资料，在推动日本近代农业发展中发挥了作用。日本科技史学家薮内清教授曾指出："整个德川时代读过这部书的人是很多的，特别是关于技术方面，它成为一般学者们的优秀参考书。"进入19世纪之后，《天工开物》又流入欧洲，由法兰西学院著名汉学家儒莲翻译成法文，刊登在科学杂志上，后又陆续被英国、德国的报刊转载。英国生物学家达尔文读过儒莲的译作之后，也称赞《天工开物》是一本科技"权威著作"，并把中国古代养蚕技术收入自己的著作，作为论证人工选择和人工变异的例证之一。英国学者李约瑟则将宋应星与18世纪法国启蒙运动的领袖之一、主编《科学、美术与工艺百科全书》的狄德罗相比，称其为"中国的狄德罗"。

（二）家蚕品种的变化

中华人民共和国成立后，全国家蚕品种变化的特点大致有以下几个方面。

第一，改良品种代替了地方品种。在这方面，成效最明显的是广东省，因为广东省在中华人民共和国建立前推广的主要是地方品种。根据广东省唯一的繁殖家蚕原原母种和原原种的机关——蚕业技术推广中心的报道，在1963年以前，当地基本上是以多化性原种为当家蚕品种的，1963年以后才开始生产二化性原种。1966年至1970年，广东省育成了适合本省生产的二化性原种（东34×苏12），次年在省内全面推广，获得好成绩，成为广东省的当家蚕品种，从此代替了几十年来沿用的多化性蚕品种，实现了省内全年二化蚕的白茧化。1986年至1992年，广东省又育成了新的二化性原种（粤蚕321），以其优良的饲育性能，高产、优质、易繁的特点，成为新的当家品种之一，在南方各省获得了广泛应用。

第二，多丝量品种代替了一般品种。中华人民共和国成立初期的一些品种，比如华八×瀛翰、华九×瀛翰等杂交组合，茧层率为19%～20%，茧层量在0.4克以内，茧丝长700～800米左右。而现在生产上的推广品种，茧层率已达23%～24%，茧层量为0.45～0.5克，茧丝长1 280～1 290米左右。

第三，抗热品种代替一般品种。中华人民共和国成立初期，主要蚕区全年只养春、秋两期蚕，并且秋期饲养规模较小，蚕品种对增产的重要性并未引起足够的重视。自从注意到适时利用桑叶，开展全年多次养蚕以提高一亩桑园的产茧量后，蚕品种的作用得到了显现。这使得夏秋蚕品种的选育和推广，成为科研和生产上的中心议题。各研究机构相继采用以多化性品种和二化性品种固定杂交、在高温多湿环境下培育的育种方法，选出了不少抗高温品种和杂交组合，对保证夏秋蚕的稳产、高产和提高茧质起到了重要的作用。

第四，特殊性状品种的育成。为了方便在良种繁育时对幼虫进行雌雄鉴别，中国农业科学院蚕业研究所应用限性遗传原理育成了镇3改、镇4改、苏卵6、苏卵7等品种，西南农学院育成了褐圆限性斑纹品种，华南农学院育成了东34限性黄茧品种。这里所说的限性遗传是指生物性染色体上的基因只在一种性别中表达，而在另一种性别中完全不表达的特性。利用限性遗传，即通过性染色体上某些性状的基因只局限于雄性或雌性上表现的特点，通过控制这些性状的基因，就可以在不同性别的幼虫身上显示出特有的性状，从而使得人们较容易地区分雌雄幼虫。

四、家蚕品种及开发技术发展新趋势

进入21世纪后，我国在家蚕品种的开发，以及蚕品种相关技术的开发与应用方面获得了长足的发展，呈现出许多新趋势。

（一）专用家蚕品种

1. 中细纤度专用品种

苏秀×春丰，茧丝长1 525米，解舒丝长1 186米，解舒率77.78%，茧丝纤度2.646分特，洁净

93.94分。此新品种具有茧丝纤度细、茧丝长、茧丝纤度综合均方差小的特色，适合缫制细纤度高品位生丝。2010年4月，该品种通过江苏省蚕品种审定委员会审定，成为华东地区优质原料茧生产的实用家蚕品种。

2. 细纤度三眠蚕

三眠蚕也是一种能提供超细纤度蚕丝的专用家蚕品种。三眠蚕丝纤度细、丝质优，可缫高品位生丝。利用三眠蚕茧丝纤度细的特点服务于生产多元化生丝，受到我国蚕业工作者的关注。

20世纪80年代，人们借助金鹿三眠素人工诱导手段获得了三眠蚕；90年代，又利用遗传三眠蚕选育出了三眠蚕品种SG；随后，相继育成三眠蚕原种"853白"和"543B"，以及三眠蚕四元杂交种"三·龙×汇·源"。这些表明选育应用三眠蚕品种在我国已有一定的经验和基础。与四眠蚕相比，三眠蚕具有发育快、龄期经过短、就眠次数少等特点。比如，用眠性稳定而经济性状较差的三眠蚕品种与综合经济性状优良的四眠蚕品种作亲本杂交，育成了经济性状优良、眠性稳定的三眠蚕实用品种"853白""543B"。经配合力测定，选配出的"853白×543B"杂交组合，强健好养、眠性稳定（三眠率达到98%～99%）、全龄经过短，茧丝纤度1.87～2.2分特、茧丝长900～1 100米、解舒率75%～90%、洁净94～96分、生丝强力37～38克/分特，符合缫制细纤度高品位生丝原料茧的要求。

3. 专养雄蚕品种

与雌蚕相比，雄蚕具有叶丝转代率高、丝质优等特点，故生产上人们一直希望能单独饲养雄蚕。虽然家蚕的伴性基因很多，比如斑纹、体色、卵色等都具有伴性遗传的特点，但均没能在生产上得以应用。

在生产上应用的雄蚕专养技术，是利用基因工程技术，将家蚕平衡致死基因转入蚕体内，使蚕蛾阶段所产的蚕卵中，雌蚕卵胚胎只能发育到一定阶段，随后就不再发育而自然死亡，而雄蚕卵却能健康地完成全部过程的胚胎发育，这样我们就可以制取单纯的雄蚕蚕种（蚕卵），实现雄蚕专养了。据此，浙江省农业科学院蚕桑研究所育成了第一个夏秋用雄蚕品种"秋华×平30"，茧丝纤度2.589分特、茧丝长1 252米、解舒丝长926米、洁净96分，符合缫制细纤度高品位生丝原料茧的要求。

（二）家蚕作为营养和保健品

1. 家蚕幼虫的食用

中国自古就有食用家蚕幼虫的习俗，《食用本草》《本草纲目拾遗》《物理小识》中都有食家蚕幼虫的记载。此外，《神农本草经》《本草纲目》《本草纲目拾遗》中也有将家蚕幼虫作为药用的记载。在家蚕幼虫蛋白中，氨基酸种类齐全，其中，必需氨基酸占总氨基酸的含量为48.3%，氨基酸评分为81.1；其限制性氨基酸为蛋氨酸+胱氨酸（第一限制性氨基酸）和色氨酸（第二限制性氨基酸），是一种值得开发利用的蛋白资源。

蚕粉就是蚕体脱水干燥后制成的粉末。临床研究表明，蚕粉具有良好的降低血糖的作用。由于蚕粉对于人体内糖分解酶的活化具有较强的抑制作用，可以有效阻碍糖分解为人体易于吸收的单糖，从而降低血糖值，所以适合糖尿病患者长期服用。此外，蚕粉还能降低血脂与胆固醇，对心血管疾病具有一定的治疗作用。由于蚕粉是一种纯天然产品，无毒无害，既有营养价值，又能治病保健，因而具有广阔的生产前景。

2. 蚕蛹的食用

蚕吐丝结茧后经过4天左右，就会变成蛹。蚕蛹体形似纺锤，分头、胸、腹3个体段。其头部很小，长有复眼和触角；胸部长有胸足和翅；鼓鼓的腹部长有9个体节。蚕刚化蛹时，体色淡黄，蛹体嫩软，然后渐次变成黄色、黄褐色或褐色，蛹皮变硬。约经过12～15天，蛹体再次变软，蛹皮发皱并呈土褐色时，就要化蛾了。

蚕蛹含有丰富的蛋白质，其蛋白质由18种氨基酸组成，其中，人体（或其他脊椎动物）必不可少而机体内又不能合成，或合成速度不能满足需要的8种必需氨基酸，在其总氨基酸中的含量达到42%左右。蚕蛹中还有丰富的脂肪酸、多种维生素、麦角甾醇以及钙、磷、铁等矿物质。蚕蛹入馔在我国有悠久的历史，有资料记载，蚕蛹蒸煮入宴已有1 400多年的历史了。

在药用方面，中医认为，蚕蛹性平味甘，具有祛风、健脾、止消渴、镇惊安神、益精助阳等功效。唐代孙思邈著《备急千金要方》，称其"主益精气，强男子阳道……甚治泄精"。《本草纲目》记载："为末饮服，治小儿疳瘦，长肌，退热，除蛔虫；煎汁饮，止消渴。"清代汪绂著《医林纂要》，言其"和脾胃，祛风湿，长阳气"。现代的药理研究表明，蚕蛹对机体内的糖和脂肪的代谢能起到一定的调整作用。此外，蚕蛹中含有一种广谱免疫物质，对癌症有疗效。

3. 家蚕蛹虫草

图2.11　家蚕蛹虫草

蛹虫草为子囊菌亚门、麦角菌目、麦角菌科、虫草属的模式种，学名为 *Cordyceps militaris*，又名北冬虫夏草、北虫草等（图2.11）。1950年，德国科学家坝宁安观察到被蛹虫草寄生的昆虫组织不易腐烂，进而从中分离出一种抗菌性物质，命名为虫草素。蛹虫草由子座（草部分）与菌核（虫的尸体部分）两部分组成复合体。子座单个或数个一起从寄生蛹体的头部或节部长出，颜色为橘黄色或橘红色，全长2～8厘米；蛹体颜色为紫色，长约1.5～2厘米。冬季幼虫蛰居土里，菌类寄生其中，吸取营养，幼虫体内充满菌丝而死。到了夏季，自幼虫尸体之上生出幼苗，形似草，夏至前后采集而得。中医认为，虫草入肺肾二经，既能补肺阴，又能补肾阳，主治肾虚、阳痿遗精、腰膝酸痛、劳咳痰血等，是一种能同时平衡、调节阴阳的中药。

家蚕蛹虫草是将野生天然蛹虫草菌株孢子接种到蚕蛹上，通过人工培育而成的虫菌结合体。分析检测结果表明，家蚕蛹虫草所含虫草素、虫草酸、超氧化物歧化酶（SOD，别名肝蛋白，具有特殊的生理活性，是生物体内清除自由基的重要物质）等超过天然冬虫夏草、北虫草和柞蚕虫草，是一种真正能与野生冬虫夏草相媲美的虫草。

4. 蚕蛾的开发利用

蚕蛾由蚕蛹蜕皮羽化而成，是家蚕变态发育的成虫（蛾）阶段，具有发达的生殖器官，是交配产卵的生殖阶段。蚕蛾不从外界取食，却能繁衍后代，说明蚕蛾的营养成分丰富，结构合理，且含有多种生物活性物质。梁代陶弘景的《名医别录》中记载："原蚕蛾，有小毒。主益精气，强阴道，交接不倦，亦止精。"这是迄今原蚕蛾入药的最早记载。这里所说的原蚕蛾，又名晚蚕蛾，是蚕蛾的雄性昆虫。明代李时珍的《本草纲目》中记载："雄原蚕蛾，壮阳事，止泄精、尿血，暖水脏，治暴风、金疮、汤火疮，灭瘢痕。"书中并记有原蚕蛾治疗阳痿、遗精白浊、小儿口疮的方法。蚕蛾的药用价值在历代医书中多有记载。古代医学典籍中关注的雄蚕蛾在近代以后也被证明含有丰富的营养与生理活性物质，这些成分具有降血糖、抗衰老、护肝、防治白内障、抗疲劳、增强免疫力和雄性激素等功效，可用于药品、保健与特色食品的开发。如广东省农业科学院蚕业研究所用雄蚕蛾提取物与其他中药材制成了具有抗疲劳、降低血清尿素氮等功效的胶囊类产品。另据研究，雌蚕蛾还具有显著的药理作用，尤其是对内分泌失调引起的妇科病有作用，对妇女更年期疾病有显著疗效。

（三）家蚕生物反应器

家蚕生物反应器，是指将特定基因重新整合进昆虫杆状病毒，然后导入家蚕体内，由家蚕对这一特定基因进行转录和翻译，生成对人类有用的生物活性物质，如生物药品、生物疫苗、保健食品等，再通过一些特殊的处理加工技术，如超低温冷冻、低温干燥、高速离心等，将生物活性成分萃取出来，并制成相关剂型，从而满足人类治疗、预防疾病和保健的需求。进入21世纪，我国科学家对家蚕杆状病毒表达系统、规模化生产工艺、高纯度产品的制备技术、产品质控、系统安全性评价、制造和质检标准的制定以及口服蛋白质功能等关键技术均进行了深入的研究，并取得了诸多研究成果。

家蚕生物反应器这一技术的发现，昭示了家蚕生物体生命过程中潜在极高的科学技术开发价值。在这里，简要介绍一下家蚕表达体系，或家蚕生物反应器的原理、发现经过及其应用价值。

在诸多蚕病中，有一种最古老的病毒性蚕病，俗称"脓病"，在蚕的各个龄期和发育阶段都有可能发生。如不眠蚕在其催眠期间，蚕群体大部分快入眠时，核型多角体病蚕体壁张紧发亮，呈乳白色，行动活泼，因而不能入眠，最终至体皮破裂，流脓而死。

家蚕核型多角体病毒是脓病的病原。这种病毒的存在形式为整齐的六角形十八面体，称多角体，病毒粒子大小为 330×80 纳米（nm）。家蚕核型多角体病毒及该病毒包涵体是在寄主细胞核内增殖和形成的，因而受感染的细胞核便发生一系列的病变，引起多角体的不断增多，使细胞核逐渐膨胀，致使细胞膨大破裂，这样多角体病毒及细胞碎片就游离于血液中。

家蚕核型多角体病毒基因组是超螺旋的闭环双链 DNA，主要编码 100 余种结构蛋白和非结构蛋白。其中的多角体蛋白基因不是病毒复制的必需基因，在感染晚期进行高效表达；其编码的多角体蛋白只起到包埋病毒粒子的作用，与病毒粒子的形成没有直接的关系。科学家们注意到，多角体蛋白基因即使部分或全部被其他外源基因取代，在感染晚期仍能高效表达，且不影响家蚕核型多角体病毒形成有感染性的病毒粒子。根据这一特性，如果将外源基因通过基因操作的手段替换家蚕核型多角体病毒基因中的多角体蛋白基因，就可以使重组家蚕核型多角体病毒在蚕体细胞内大量表达外源蛋白。这里说的外源基因，如果正是我们所需要获得的某些蛋白质的基因，那么用这样一种方法就可以在蚕体细胞内大量表达外源蛋白。这样，蚕体就无异于一个家蚕生物反应器，或者说蛋白质制作工厂，可以为人们生产所需要的某些特殊蛋白质。由于蛋白质的工业化生产，特别是一些具有多种功能的活性蛋白质（如干扰素、人疫苗、药用蛋白等）的生产，是一件极为复杂而又困难的工作，所以利用蚕体这个生物蛋白质工厂，就可以获得以往无法实现的某些特殊蛋白质。

科学家最初利用重组家蚕核型多角体病毒在蚕体细胞内大量表达的外源蛋白，是人的 α-干扰素（IFN，这是一种可望作为免疫毒素的一部分用于治疗癌症的蛋白质），表达的产物不仅具有生理活性，而且每 1 毫升血淋巴表达量达 100 μg，比其他真核生物表达系统的最高表达量要高出千倍以上。这一发现揭示了家蚕核型多角体病毒表达载体系统极大的潜在优势，因此引起了人们对家蚕生物反应器系统的强烈兴趣。

中科院上海生物化学与细胞研究所在昆虫（家蚕）杆状病毒系统和高效表达载体等上游工作方面已经形成了很强的优势。浙江理工大学在家蚕生物反应器生产基因工程口服药物及产业化和家蚕蛋白功能组学研究上也积累了许多工作基础，其"家蚕'生物反应器'生产生物制品的方法"获得了 2004 年国家技术发明二等奖。进入 21 世纪以后，家蚕生物反应器生物制药上游和下游产业化技术得到了长足的发展，我国科学家们构建了新型家蚕杆状病毒表达系统，高效表达了 60 余种医用蛋白质。这些工作进一步彰显了有几千年历史的蚕桑资源对于人类进步与科学事业的贡献。

（四）家蚕与基础科学研究

20 世纪初，家蚕已成为著名的模式生物。2002 年，国际无脊椎动物协会将家蚕确定为鳞翅目模式昆虫。作为鳞翅目昆虫的典型代表和理想的生物学模型，家蚕对动物科学的发展起到了巨大的推动作用。不仅如此，家蚕还作为基础研究实验材料，成了遗传学、分子生物学、细胞生物学等生物学科主要研究领域的重要研究对象。

进入 21 世纪不久，科学界就传出了一条我国家蚕基础科学研究中令世界瞩目的消息。2003 年 11 月 15 日，中国科学院和重庆市政府联合通过记者会向世界发布消息：中国科学家成功绘制完成了家蚕基因组框架图。这是我国生物科学家取得的又一项里程碑式的科学成就，是人类踏进 21 世纪大门之际，我国科学家继参与人类基因组 1% 测序工作、完成水稻基因组工作框架图和精细图之后，向世界贡献的第三大基因研究成果。

在向仲怀院士的领衔下，我国科学家仅用了 3 个月时间，就完成了从家蚕基因组文库构建到测序和组装框架图的所有工作，所绘制完成的家蚕基因组框架图由覆盖 6 倍家蚕基因组的 550 万个测序反应构成，覆盖了家蚕基因组95%的区域。这是迄今为止我国科学家利用霰弹法测序完成的最大生物物种基因组，共注释获得了16 948个完整基因，7 285个基因片段。根据生物信息学的分析推断，家蚕约有20 000个基因，其中约6 000个基因为新发现。同时，课题组在家蚕基因组结构特征，基因的组织、进化，比较基因组学方面也获得了一批具有重要价值的理论成果。

作为蚕桑大国，我国有2 000多万户蚕农。蚕桑丝绸不仅是农村经济的重要支柱和农民收入的重要来源，更是重要的出口创汇产业。而且，在生物科学、动物科学以及生命科学研究中，家蚕还是特有的珍贵生物资源。在这样的背景下，我国科学家绘制完成家蚕基因组框架图有着极为深刻的科学理论价值，对于推动蚕业技术进步具有重要意义。首先，对阐明家蚕生物学的遗传基础，进一步认识与蚕丝产量、质量密切相关的分子机制，具有重要的意义。这将使得应用现代科技手段改造传统蚕丝产业，开发新的高技术产业成为可能。其次，农业和森林害虫的50%属鳞翅目昆虫，而家蚕则是鳞翅目昆虫的典型代表，是农林害虫防治研究不可替代的生物模型。因此，这一成果将从根本上推动害虫防治的基础研究工作。此外，家蚕是我国不可多得的具有广泛用途的独特生物资源，利用家蚕独特的蛋白质转化功能就能为研制新的基因药物，生产某些诸如蜘蛛丝等特殊材料寻找到新的途径。同时，通过对家蚕基因的系统研究，还将为传统的生物仿生开辟新的思路和途径，为从生物的机械模仿转变到生物功能和生物过程模拟仿生打下坚实的科学基础。

家蚕基因组框架图的绘制完成，确立了我国在这一领域的领先地位，以及在重要生物物种基因研究中的整体优势，使我国在鳞翅目昆虫基因组研究的国际合作与竞争中处于有利地位。在课题组进行家蚕基因组框架图的绘制研究过程中，建成了全球遗传资源最丰富的家蚕基因库。这一工作的进展，将使得具有5 000年以上的我国蚕桑技艺在现代发展中达到最新的高度，这也是当代蚕桑学科学家们给时代留下的珍贵科学遗产。

因为对蚕丝的利用，野桑蚕从室外移入室内，并进化成为家蚕，成为中国重要的特种经济动物。经过5 000多年的历程，家蚕在不同的地区，因应不同的需求，在古今养蚕农家的精心培育下，形成了多种多样的地方品种。

在古代，由于生产力水平低下，民间交流沟通渠道不畅，无法实现物种基因资源的广泛通融，因而形成了丰富多彩的地方品种，比如不同的眠性、不同的化性及多种多样的茧形、茧色等。

近代以来，随着遗传育种技术和现代生物技术的发展，在工业化进程的背景下，出现了一代杂交种技术的广泛应用，蚕茧生产量及产丝质量大大提高。

进入新世纪以后，随着现代生物技术的快速发展，以及人们对丝绸产品多样化需求的增加，家蚕的品种和应用又发生了令人瞩目的变化。

在这里特别值得注意的是，进入21世纪以后，支撑着我国这个有2 000多万户蚕农的蚕桑大国的技术与科学背景，在现代科学技术发展的激烈竞争中，已经呈现出根本的改观。伴随着我国在世界上首先完成家蚕基因组框架图的绘制以及与此相关领域的科学研究与技术开发的迅速进展，具有5 000年以上历史的蚕桑技艺发展到了一个最新高度，这也是我国蚕桑学科学家们对世界、对时代做出的极为珍贵的科学贡献。

本章参考文献

1. 向仲怀，等. 蚕丝生物学 [M]. 北京：中国林业出版社，2005.
2. 蒋猷龙. 家蚕的起源和分化 [M]. 南京：江苏科学技术出版社，1982.
3. 夏庆友，向仲怀. 蚕的基因组 [M]. 北京：科学出版社，2013.
4. 汪子春，程宝绰. 中国古代生物学 [M]. 北京：商务印书馆，1997.
5. 中国农业科学院蚕业研究所. 中国家蚕品种志 [M]. 北京：农业出版社，1987.
6. 小林勝利，鳥山国士. シルケの話 [M]. 东京：技报堂出版，1993.

7. 蒲生卓磨, 大塚雍雄. 血液蛋白质和蚕品种的系统发生学研究 [J]. 蚕丝试验场报告, 1980 (1): 15-50.

8. 段佑云. 家蚕起源于黄河中游中华民族发祥地 [J]. 蚕业科学, 1983, 9 (1): 50-56.

9. 夏庆友, 周泽扬, 鲁成, 等. 家蚕不同地理品种分子系统学研究 [J]. 昆虫学报, 1998, 41 (1): 32-40.

10. 鲁成, 余红仕, 向仲怀. 中国野桑蚕和家蚕的分子系统学研究 [J]. 中国农业科学, 2002, 35 (1): 94-101.

11. 余红仕, 鲁成, 周泽扬, 等. 中国野桑蚕 DNA 多态性研究初报 [J]. 蚕业科学, 2000, 26 (2): 94-98.

12. 张烈, 钱敏, 代方银, 等. 家蚕高密度 AFLP 连锁图谱的构建 [J]. 昆虫学报, 2008, 51 (3): 246-257.

13. 徐世清, 王建南, 陈息林, 等. 天然彩色茧丝资源及其开发利用 [J]. 丝绸, 2003 (1): 42-46.

14. 刘淑青, 陈克平. 部分家蚕品种资源 [J]. 江苏蚕业, 1987 (3): 12-14.

15. 何斯美, 贺一原, 吴阳春, 等. 细纤度三眠蚕品种 853 白、543B 的育成与推广 [J]. 蚕业科学, 2003, 29 (1): 38-42.

16. 柳新菊, 何克荣, 祝新荣, 等. 性连锁平衡致死雄蚕品种培育的实践与追求 [J]. 蚕桑通报, 2007, 38 (2): 6-8.

17. 王艳辉, 陈亚, 绍禹, 等. 蚕蛾的应用研究进展 [J]. 中国蚕业, 2008 (4): 14-15, 20.

18. 杨瑞丽, 金勇丰, 吴玉澄, 等. 利用家蚕生物反应器生产有用蛋白的研究 [J]. 浙江大学学报 (农业与生命科学版), 2001, 27 (2): 173-178.

19. 黄平. 家蚕新品种云夏1×云夏2的选育 [D]. 重庆: 西南农业大学, 2004.

20. 刘彦群. 柞蚕种质资源的分子统计学研究 [D]. 重庆: 西南农业大学, 2003.

21. 田岛弥太郎. 蚕的品种育成 [M]. 东京: 株式会社サイエンスハウス发行, 1993.

22. 吉武成美. 关于家蚕的起源与分化的研究导言 [M]. 东京: 东京大学农学部蚕学研究室发行, 1988.

23. 吉武成美. 从各种酶型看家蚕和野桑蚕的血缘关系 [J]. 日本遗传杂志, 1966: 259-267.

24. Yang SY, et al. Demographic history and gene flow during silkworm domestication [J]. *BMC Evolutionary Biology*, 2014 (14): 185.

第三章

古今养蚕技术

　　栽桑养蚕是我国古代劳动人民创造的重要技艺，栽桑养蚕之法相传源于黄帝的妻子嫘祖。在数千年的实践中，中国人积累了丰富的养蚕经验。

　　商周时期，蚕开始在室内饲养。至战国时期，养蚕已有专用蚕室。公元3世纪后期，出现了小蚕恒温饲养，说明当时对于蚕的生长与温度之间的关系已有一定的认识。秦、汉时期，人们已知道适当的高温和饱食有利于蚕的生长和发育，可以缩短蚕龄。所以，历代都很注意控制养蚕环境中的湿度、温度。

　　在长期的养蚕实践中，古人积累了丰富的防治蚕病的经验。2 000多年前，人们就已经知道要用清水浴洗卵面，后来进一步发展到用朱砂溶液、盐水、石灰水以及其他具有消毒效果的药物来浴洗卵面。到清代，人们更加注意选蚕，认为只有"蚕无病，种方无病"。通过种种细致入微的观察比较，淘汰体弱有病蚕种，保证新一代蚕的体质，并注意防止微粒子病原体通过胚种传染给后代。

　　除了饲育春蚕以外，古人很早就知道饲养夏蚕、秋蚕以及一年养多批蚕。据南朝宋郑辑之的《永嘉郡记》记载，公元4世纪时，永嘉（现在温州）地方，一年可养八批蚕。实现一年养多批蚕，这也是我国古人了不起的创造。此外，早在明代，在制备夏蚕种的生产中，古人就发现了家蚕的杂种优势。宋应星的《天工开物》中就有世界上最早的关于家蚕杂种优势利用的记载。

　　对于上述各个方面的内容，历代农书、蚕书还分别根据各地的经验进行了详细汇总。中国古代技术史籍中留下了大量记述栽桑养蚕的技术。汉、唐时期涉及蚕业的著作，如《蚕法》《蚕书》《种树藏果相蚕》《蚕经》《蚕织法》等，数量相当多，可惜这些古籍都已经失传了。但是，汉代以来仍然留下了大量有关蚕桑的古籍，如《氾胜之书》《齐民要术》《秦观蚕书》《豳风广义》《广蚕桑说》《蚕桑辑要》《野蚕录》《樗茧谱》等，元代的《农桑辑要》、明代的《农政全书》等则是对于古代养蚕技艺具有代表性的总结。古代养蚕技术历经几千年的积累与传承，成为现代蚕桑业产业技术的基础。

第一节　从古籍中解读古代养蚕技术

在古籍中，像记载养蚕技术一样详尽记载的农业技术并不多见。在这一部分，我们将通过古籍，介绍古人养蚕的饲育管理方法，从中解读古代养蚕的技艺精华，以及其中所体现的养蚕人的聪明才智。

一、开始养蚕之前的准备

古人对待养蚕农事是谨慎细致、一丝不苟的。养蚕前一年，准备工作就已经开始，其中包括食用的桑叶、取暖的燃料、蚕蔟的制作、养蚕的器具、蚕房等。

首先，年前就要准备次年用的桑叶。《务本新书》上说："秋深，桑叶未黄，多广收拾；曝干，捣碎，于无烟火处收顿。春蚕大眠后用。"即从前一年的深秋开始，在桑叶未黄之前，就要大量地收摘；收摘来的桑叶要晒干捣碎，放置于无烟火的地方，留待来年春蚕大眠后使用。

如何摘取桑叶与存留呢？《士农必用》曰："桑欲落时，将叶。未欲落将，伤来年桑眼；已落者，短津味，泥封收囤。至腊月内，捣磨成面。腊月内制者，能消蚕热病。"到了桑树将落叶时，要用手轻轻顺着枝条把桑叶将下来。为何只摘取将要落下的桑叶呢？因为尚未落叶的枝条，摘取时如果不当心，就容易伤到明年的桑芽；而已经落下的桑叶，缺少汁水，已不利于喂食，故只摘落叶前的桑叶。摘下的叶子，要马上装入瓮器内，用泥封口，收藏起来。这些桑叶留到腊月时，捣磨成粉末状。为何要到腊月才做此处理呢？因为腊月期间制成的桑叶粉末，给家蚕食用能够防止蚕热病。

接着，要准备拌桑叶食饵，《务本新书》曰："腊八日，新水浸绿豆，每箔约半升。薄摊晒干。又净淘白米，每箔约半升。控干。以上二物，背阴处收顿。"这里说到了腊八日，用净水浸泡绿豆，每箔蚕约用半升。然后薄摊晒干。此外，又要淘净白米，同样每箔蚕约用半升，晾干。然后将此二物在阴凉处收藏起来，以备蚕大眠起时用来拌桑叶饲蚕。

关于收集取暖用牛粪的技术，《务本新书》曰："冬月，宜收牛粪堆聚。（春月旋拾，恐临时阙少。）春暖，踏成墼子，晒干，苫起。烧时，香气宜蚕。"即到了冬天，可以收集牛粪堆积起来。如果春天才开始收集牛粪，恐临时收集不到很多。春暖时节，将牛粪踏成块状并晒干，用茅草席盖起保存。燃烧干牛粪块时，其香气适宜于养蚕。可见，农家收集牛粪，首先想到的是为蚕取暖。

关于制作蚕蔟，《务本新书》曰："腊月刈茅草，作蚕蔟，则宜蚕。"《士农必用》曰："收黄蒿、豆秸、桑梢。其余梢，干劲不臭气者，亦可。"《士农必用》曰："修治苫荐，谷草黄野草皆可。（但必令紧密。一头截齐，一头留梢者为苫；两头齐截者，为荐也。《野语》云：苫用茅草，上簇轻快，又不蒸热。）"这里《务本新书》说，为了准备春天用的蚕蔟，年前在腊月就要割茅草作蚕蔟。《士农必用》说，收集黄蒿（一年生草本，植株有浓烈的香气）枝叶、豆秸或细桑枝叶，其他植物枝干结实、无异味的也可以用。《士农必用》还说，制作苫荐供做蚕蔟，谷草、黄野草都可以，但必须使得蚕蔟紧密。这时一端截齐，另一端留梢的蚕蔟称为"苫"；两端齐截的蚕蔟则称为"荐"。《野语》说：使用茅草的苫，蚕儿容易上簇，又不闷热。

养蚕用具及养蚕人忙时的食物也要准备好。《士农必用》上说："蚕具及缫丝器皿，务要宽广。（槌、箔、椽、切刀、镰、斧、轩、釜等。热丝则釜宜大，冷丝则釜宜小，盆欲大。其灶，临时治之。）春磨米面。（蚕忙时，不及也。）"即养蚕用具及缫丝器具要尽量宽阔一些，包括槌、箔、椽条（放置蚕蔟的架子用）、切刀、镰刀、斧头、搬运的车、缫丝锅等。热盆缫丝则缫丝锅宜大；冷盆缫丝则缫丝锅可以小些，缫丝盆可以大些。缫丝用的灶，可以临时砌成。此外，要春磨好人吃的米面，因为养蚕大忙时再准备就来不及了。

关于购买蚕具的地方，古籍中也有记载。明代黄省曾《蚕经》曰："切桑之刀，宜阔而利。其方筐之制，纵八尺，广六尺。其圆箔之造，在盘门张公桥，价以十五文。有火箱，蚕自蚁而三眠也，用之。"说的是：切桑用的刀，宜阔而锋利。装桑叶的方筐，其尺寸为长八尺、宽六尺。养蚕使用的圆箔，在盘门张公桥有卖，价格是十五文。此外还有取暖用的火盆，养蚕时，自蚁蚕至三眠时都须使用。这里说的盘门，应该是苏州的盘门。

对于养蚕用的房子，古人更注意细心准备。《齐民要术》上说："修屋，欲四面开窗，纸糊，为篱。（崔寔曰：二月清明。治蚕屋，涂隙穴。）收拾火气。蚕小时，将牛粪墼子，烧令无烟，移入龛内顿放。如无壁龛等，只于槌箔四面，约量顿火。（近两眠则止。）若寒热不均，后必眠起不齐。又今时蚕屋内，素无御寒熟火，只是旋烧柴薪，烟气笼熏太甚，蚕蕴毒，多成黑蔫。"这里说到，养蚕用的房屋，要四面开窗。窗户用纸糊，房屋用竹子、树枝等编成围墙隔篱。崔寔注称：二月清明时修造养蚕屋，填涂墙的隙穴。要注意管理屋内取暖火气。蚕小时，用干牛粪块在屋外面燃烧，烧至无烟时，再移入壁炉内安放。如屋中无壁炉，可以在架蚕箔的木柱四周酌情安放火炉。到近两眠时可不用。如冷暖不均，日后将引起蚕儿眠起不齐。那个时候，养蚕屋内往往不放置御寒用的无烟炭火，只是每隔一定时间加柴燃烧，这样烟气笼熏太甚，蚕蕴成体毒，往后会发黑。对养蚕用房子的修正与布置，以及取暖火候的控制管理，《士农必用》中还有更详尽的解说，特别强调蚕小喜暖，怕烟，故不可用生火（有烟之火）取暖。书中还记载："牛粪熏屋，大宜蚕也。（蚕喜牛粪，牛喜蚕沙。）糊窗。窗上故纸，却用净白纸替换。……不使热气出去。"称用牛粪熏屋，非常适宜家蚕；蚕喜牛粪，牛则喜蚕粪。蚕屋糊窗，窗上的旧纸需要用白纸替换，并注意不让热气出去。可见，古人对于幼蚕的护理是十分精心细致的。

对于养蚕的环境，古人也极为注意，大多根据蚕蚁的生理特性精心营造。《士农必用》曰："上下二箔上，皆铺切碎秆草。中一箔，用切碎捣软秆草为蓐，铺按平匀；仍须四边留箔楂五七寸。揉净纸，粘成一段，可所铺蓐大，铺于中箔蓐上。"元代《农桑要旨》还称："底箔，须铺二领。蚕蚁生后，每日日高，卷出一领，晒至日斜，复布于生蚕箔底，明日又将底箔撤出，晒曝如前。番覆铺藉，使受自然阳和之气。停眠起食，然后撤去。"《士农必用》说，在上下两层蚕箔上，都要铺切碎的稻草禾秆。中间一层蚕箔，则用切碎并捣软的秆草为蓐，铺放平整均匀；此外，还要在蚕箔四边留有箔边，宽五寸到七寸，揉软净纸粘成长条，以加大中层蚕箔蓐。《农桑要旨》还特别提出，底层蚕箔必须铺两层。蚕蚁生出以后，每日太阳升起时，卷出一层，拿去晒至太阳下山，再放回到蚕箔的下面，第二天再将底下的蚕箔抽出，同样曝晒如前日。如此反复铺箔，使蚕能够接受自然日照的阳气。停眠起食时，再将蚕箔撤去。

开始养蚕之前，对于蚕种的准备，古人向来十分重视。前一年留下来的蚕卵，必须进行浴蚕，人工淘汰低劣蚕种（图3.1）。浴蚕的做法，不同的地方各不相同。《天工开物》记载："凡蚕用浴法，惟嘉、湖两郡。湖多用天露、石灰，嘉多用盐卤水。每蚕纸一张，用盐仓走出卤水二升，参水浸于盂内，纸浮其面（石灰仿此）。"对蚕种采用浸浴方法的只有嘉兴、湖州一带。其中，湖州多采用天露浴法和石灰浴法，嘉兴则多采用盐水或卤水浴法。浴蚕时，用从盐缸流出来的卤水约2升，掺水倒在一个盆盂内，使蚕纸浮在水面上浸浴（石灰浴也类似）。浴蚕从年末就要开始，"逢腊月十二即浸浴，至二十四，计十二日，周即漉起，用微火烘干。从此珍重箱匣中，半点风湿不受，直待清明抱产"。即每年从腊月十二开始浸浴，到腊月二十四结束，共12天。然后把蚕纸捞起，用微火将水分烘干。所得蚕种要珍重地保存在箱匣里，使其

图3.1 浴蚕时用人工淘汰低劣蚕种

完全隔绝风寒湿气，直到清明节时再取出进行孵化。采用露天浴法进行浴蚕的，"时日相同"，具体做法是："以篾盘盛纸，摊开屋上，四隅小石镇压。任从霜雪、风雨、雷电，满十二日方收。珍重待时如前法。"即将蚕纸置于竹篾盘中，摊放在屋顶上，将蚕纸的四角用小石块压住，任凭蚕卵经受霜雪、风雨、雷电，12天后再收起，用前述相同方法珍藏起来待时启用。经过浴蚕后，孱弱的蚕种会死掉，养蚕开始以后就不会浪费桑叶，而存活下来的蚕儿体壮健康，吐丝更多。古代浴蚕只进行一次，对于一年孵化饲养两次的晚蚕则不需要浴种。

二、蚕种催青

蚕种催青旨在使蚕卵健康饱满、孵化匀齐。《士农必用》上说："蚕事之本，惟在谨于谋始，使不为后日之患也。"这里所说的"谨于谋始"，是指从蚕种催青开始，就要谨慎从事。

古人养蚕时，对于前一年收留下来的蚕种，首先要进行催青处理。有关催青的技艺，《务本新书》上说："清明，将瓮中所顿蚕连，迁于避风温室，酌中处悬挂。太高伤风，太下伤土。谷雨日，将连取出，通见风日。那表为里：左卷者却右卷，右卷者却左卷。每日交换卷那。卷罢依前收顿。比及蚕生，均得温和风日，生发匀齐。《要旨》云：清明后种初变红和肥满，再变尖圆微低，如春柳色，再变蚁，周盘其中，如远山色。此必收之种也。若顶平焦干，及苍、黄、赤色，便不可养。此不收之种也。"文中记述道：清明时节，要把瓮内放置的蚕连（蚕种纸，古时用大纸使蛾生卵后，用线缀成一串，故称蚕连）取出，转移到背风的暖房中，悬挂在屋中间。此时要注意，挂得过高会受风寒，挂得过低会受地面湿气。谷雨时，把蚕连取出，挂到通风日照的地方。蚕连原表面转过来作里面：原来向左卷的，转向右卷；原来向右卷的，转向左卷。每天交换转向。结束以后仍旧收起。当蚕子出蚁时，因蚕子均匀地受到过风吹日照，孵化将会均匀齐整。《农桑要旨》还说：清明过后，蚕种最初变红色，且肥大饱满；然后两端变尖圆，当中如春柳青色；再后变成蚕蚁，爬满蚕纸，颜色如远山灰色。这样的蚕种一定会有好收成。如果蚕子顶部扁平焦枯，并呈苍黄赤色，便不可养，因为这是不会有好收成的蚕种。

古籍的记载告诉人们，健康的蚕卵出蚁，需要有适合蚕子发育的良好环境，而要出蚁齐整，就需要有特别的技巧。

养蚕最重要的技艺之一，是使蚕出蚁齐、眠起齐。开始养蚕时，首先要使得蚕卵出蚁能够整齐一律，古人对于催青蚕卵总结出丰富的经验。《士农必用》曰："蚕子变色，惟在迟速由己，不致损伤、自变。视桑叶之生，以定变子之日；须治之三日，以色齐为准。农语云：'蚕欲三齐'，子齐、蚁齐、蚕齐是也。其法：桑叶已生，自辰、巳间，于风日中，将瓮中连取出，舒卷提掇。舒时连背向日，晒至温，不可热！凡一舒一卷时，将元卷向外者，却卷向里；元向里者，却卷向外。横者竖卷，竖者横卷。以至两头卷来，中间相合。舒卷无度数，但要第一日，十分中变灰色者，变至三分，收了；次二日，变至七分，收了。此二日收了后，必须用纸密糊封了，如法还瓮内收藏。至第三日，于午时后，出连舒卷提掇，展连，手提之，凡半日，十数遍，须要变至十分。第三次，必须至午时后出连者，恐第一次先变者先生蚁也。蚁生在巳、午时之前，过午时便不生。"这就是说，蚕卵在催青过程中，颜色变化有快有慢，不要破坏其自身的正常变化。应依照桑叶的生长状况确定收蚁的日子。要经过三天的调治，使蚕子全变灰色为宜。农语说：养蚕要三齐，即下子齐、出蚁齐、蚕眠起齐。这正是其中之一。为此，具体做法是：当桑叶生长出来，从上午7时到11时之间，将瓮中蚕连取出，在日照通风处，用手舒展卷着的蚕连。舒展时，要使蚕连背面向着太阳，晒到温即可，切不能晒到灼热。这时操作要讲究技术，每次展开和卷起时，应将原来向外卷的变为向里卷，原来向里卷的则变为向外卷，原来横卷的改作竖卷，原来竖卷的改作横卷，还可以从两头卷到中间并合。将蚕连展开卷起没有固定次数，但要求第一天有十分之三的蚕子变为灰色才可收起。第二天变色的蚕子要达到十分之七才可收起。第二天将蚕连收起后，用纸糊封好，依旧放回瓮中贮存。等到第三天中午过后，再将蚕连取出并舒展开，用手提起来，在半天的时间里反复舒展卷起十多次，必须使全部蚕子变为灰色。第三次出连，之所以要等到午时过后，是因为担心第一次先变灰色的蚕子先化蚁。蚕子化蚁的时间一般是在午时以前，午时过后便不会生蚁。

经过催青之后，想让蚕卵出蚁整齐，还需要一番特别的技术处理。对此，《士农必用》曰："生蚁，惟在凉暖知时，开措得法，使之莫有先后也。生蚁不齐，则其蚕眠起至老，俱不能齐也。其法：变灰色已全，以两连相合，铺于一净箔上。紧卷了两头，绳束，卓立于无烟净凉房内。第三日晚，取出展箔，蚁不出为上。若有先出者，鸡翎扫去不用，名'行马蚁'，留则蚕不齐。每三连虚卷为一卷，放在新暖蚕屋内。槌匣下，隔箔上。候东方白，将连于院内一箔上单铺；如有露，于凉房中或棚下。待半顿饭时，移连入蚕房，就地一箔上单铺。少间，黑蚁齐生，并无一先一后者。和蚁秤连，记写分两。"古籍告诉人们，蚕卵出蚁的关键是掌握冷暖温度调节，催青及时，抑发得法，使生蚁时间不至于先后不一。如果生蚁时间不齐，蚕从眠起到老就都不能整齐划一。这里的技巧是：蚕卵全部变为灰色时，将两张蚕连合在一起，铺在一张干净空箔上，紧卷之后，两头用绳子扎好，竖立在干净的无烟气凉房中。等到第三天晚间，将箔取出打开，若没有蚕蚁生出为最好；若有先生出来的蚕蚁，要以鸡翎毛扫去不用，称为"行马蚁"。如将这种蚁留下，蚕的节律便会不整齐。然后，将每三张蚕连轻轻地虚卷成为一卷，放到新的温暖蚕室中，放置于蚕架四周之下、底箔之上。等候东方发白，将蚕连拿到院子里，在一茧箔上单张铺开；如有露水，可在凉爽的屋中或棚架下面铺放。大约半顿饭时间后，便将蚕连移进蚕室，在地面底箔上，单张铺开。不一会儿，黑色的蚕蚁便会同时化生，没有先后不整齐的。将蚁蚕连同蚕连一起过秤，然后记录分量。

三、蚁蚕的饲育管理

蚁蚕的健康关系到蚕在整个生命过程中能否健康地发育和生长。古人对于涉及蚁蚕的每一件事都特别留心。这些方面，在古籍中有很多论述。《齐民要术》称："蚕初生，用荻扫则伤蚕。"即刚生下来的蚁蚕，如用荻叶收扫，便会使其受伤。有关给蚁蚕饲喂桑叶，《博闻录》曰："用地桑叶细切如丝发，掺净纸上，却以蚕种覆于上，其子闻香自下。切不可以鹅翎扫拨。"即要求把地桑叶切成头发丝一般粗细，在净纸上掺散均匀，然后将蚕种纸覆盖在上面，蚁蚕闻到桑的香味，就会自动地下到桑叶上。切不可以用鹅毛翎去扫拨。由此可见，蚕农是通过诱导将蚁蚕从蚕连转移出来的。以往，转移蚁蚕并不使用诱导的办法，而是如《务本新书》所说："农家下蚁，多用桃杖翻连敲打，蚁下之后，却扫聚，以纸包裹；秤见分两，布在箔上。"即以往农家转移蚁蚕的方法，往往是用桃木棒将蚕连翻转过来敲打，再把敲打落下的蚁蚕，扫成堆用纸包好，称分量，散布在箔上。其结果是，"已后，节节病生，多因此弊"，即以后，蚕蚁连连生病，这正是处理不当造成的弊端。

因此《务本新书》提出："今后，比及蚁生，当匀铺蓐草。蓐宜捣软。煻火内烧枣一二枚。先将蚕连秤见分两，次将细叶掺在蓐上，续将蚕连翻搭叶上。蚁要匀稀，连必频移。生尽之后，再称空连，便知蚕蚁分两。依此生蚕，百无一损。今时谓如下蚁三两，往往止布一席；重叠密压，不无损伤。今后，下蚁三两，决合匀布一箔。若分两多少，验此差分。又慎莫贪多，谓如己力止合放蚁三两，因为贪多便放四两，以致桑叶、房屋、椽箔、人力、柴薪，俱各不给，因而两失。"这一提议称，从今以后，到蚁蚕快要生出的时候，应当在箔上均匀地铺上蓐草，蓐草要舂捣柔软。在盛放熟火的火煻中烧熏红枣一二颗。转移蚕蚁前，预先将蚕连称分量，然后将切细的桑叶匀撒在蓐草上，接着把蚕连翻过来搭盖在细叶上。为使蚁蚕稀稠均匀，应当频频地移动蚕连。等到蚁蚕全部落下，再称量空连，便可知下蚁的分量了。照此办法接收蚁蚕，可做到百无一损。当时，人们往往下三两蚁蚕，就转移到一张席子上，因为蚁蚕堆积重压，难免受到损伤。以后，对于三两蚁蚕，可以均匀地布满一张蚕箔。若下蚁的分量不同，都可照此标准调节。此外，养蚕切莫贪图量大，如自己的力量只能养三两，因为贪多而养蚁四两，其结果便会造成桑叶、蚕室、蚕椽、蚕箔、人力、柴薪等都不够用，以致两方失利。

蚁蚕生出以后，饲育管理是最为严格与细致的工作。在这一时期，为了营造蚁蚕安静的生活环境，人们不惜使其他日常生活和生产活动让路。在这方面，《士农必用》曰："下蚁惟在详款稀匀，使不致惊伤而稠叠。是时蚕母沐浴，净衣入蚕屋。蚕屋内焚香。又将院内鸡犬孳畜，逐向远处，恐惊新蚁也。蚁生既齐，取新叶，用快利刀切极细，须下蚁时旋切，则叶查上有津。若钝刀预切下，则查干无津。用筛子筛于中箔蓐纸上，务要匀薄。须用筛子能匀，不匀则食偏。筛用竹编，苇子亦可，秫黍秸亦可。如小碗大。筛底方眼，可穿过一小指也。将连合于叶上，蚁自缘叶上。或多时不下连，及缘上连背，翻过又不下者，并连弃了，此残病蚁也。一箔蓐上，下蚁三两。蚕至老，可分三十箔。每蚁一钱，可老蚕一箔也。系长一丈阔七尺之箔，如箔小，可减蚁。下蚁多，则蚕稠，为后患也。养蚕过三十箔者，可更加下蚁箔。养蚕少者，用筐可也，蓐如前法。"这里说到，收蚁一事，全在细心周到，要将蚁蚕安放稀稠均匀，且不可使蚁蚕受惊吓损伤和重叠挤压。蚕妇应沐浴净身，更换衣服，才入蚕室。蚕屋内焚香，院中鸡狗骡马，都要驱到远处，以免惊吓到新生蚁蚕。蚁蚕一经生齐，即时取出新桑叶，用锋利的快刀切至极细。桑叶要即用即切，这样碎叶上才有津液；若用钝刀预先切好，碎叶上便无津液。用筛子将切过的碎叶筛在蚕箔的蓐纸上，务必要筛薄均匀。必须用筛子，才能将桑叶散布均匀。如叶子散布不匀，蚁蚕吃的多少就不均。筛子用竹子或用苇子编，也可用秫黍秸编。筛子像小碗一般大小，筛底方孔可穿过小指。将蚕连覆盖在细叶上，蚕蚁自然会爬到叶上；如果有的蚁蚕很长时间仍不下连，甚至爬到蚕连背面，可将连翻转过来，如果仍然不下连，便和连纸一起丢弃不要。这些都是发育缺残的病蚁。一领箔蓐上面如果下蚁三两，则到老蚕期，便可分为30箔。每一钱重蚁蚕，到老蚕期便可长成一箔。这里箔是指一丈长七尺阔的箔，如果箔较此要小，则还可减少下蚁量；下蚁太多，蚕长大后会太稠，以后会有麻烦。养蚕的数量超过30箔时，可以另外增加收蚁箔；养蚕少的，便可将蚁下在筐内，铺垫蚕蓐的方法，同前所述。

关于初生蚁蚕用的茧箔，《齐民要术》还强调曰："初生，……比至再眠，常须三箔：中箔上安蚕，上下空置。下箔障土气，上箔防尘埃。"即初生蚁蚕，较之进入眠期阶段的大蚕，通常要三箔：中箔上安置蚕，上下箔空放置，其中下箔阻障土气，上箔防止尘埃。

从这里可以看到古人对于蚁蚕的细心照顾，也表明古人已经极为详尽地掌握了蚁蚕生长发育的规律。从他们通过计算蚁蚕重量，并据此准备蚕箔的做法，也可想象，古人已经在精心地探索科学管理养蚕过程了。

有关喂食桑叶，从蚁蚕到熟蚕，古人都总结了十分丰富的经验。对于蚁蚕，《务本新书》曰："初饲蚁法：宜旋切细叶，微筛，不住频饲。一时辰约饲四顿，一昼夜通饲四十九顿，或三十六顿。懒者颇疑繁冗。予曰：新蚁，只食桑叶脂脉；若顿数不多，譬如寸乳婴儿，小时失乳，后必羸弱病生。蚁初生，须隔夜采东南枝肥叶，瓮中另顿，旋取切细。"《士农必用》中要求蚕房"宜极暖宜暗"："大凡：初蚁宜暗，眠宜暗，将眠及眠起宜微明，向食宜明。"《务本新书》中记载的初饲蚁法称：采下桑叶，很快就要切碎，用微孔筛子撒喂，频繁饲食。一小时约饲4次，一昼夜总共饲49次，或36次。懒惰的人会觉得繁冗过头。作者以为，由于新蚁只食桑叶脂脉，如果饲食次数不多，就如初生婴儿，小时失乳，后必瘦弱易病。蚁蚕初生，必须前夜采东南向枝条的肥满桑叶，在瓮中存放，并且很快就取出切细。《士农必用》还要求，蚕房宜温暖且无光。称大凡初蚁宜暗，入眠宜暗，将眠及眠起时微亮，开始吃桑叶时宜明亮。为了使桑叶适合蚁蚕食用，古人的细致入微处处可见，《齐民要术》曰："小时，采桑，著怀中令暖，然后切之。蚕小不用见露气，得人体则众恶除。每饲蚕，卷窗帏，饲讫还下。蚕见明则食，食多则生长。"称蚁蚕小时，采回桑叶，将其放入怀中，使其暖和，然后才切桑喂食。这是因为蚕小不宜接触桑叶上的水露气，得人体温则可以除去祸患。每次饲喂蚁蚕时，要卷起窗户草帘，饲食完毕，再落下草帘。因为蚕见光则食，食多则可生长。

此外，蚁蚕时期温度、湿度的管理也十分重要，古代蚕农对此要求也十分严格。《士农必用》曰："加减冷暖。蚕成蚁时，宜极暖，是时天气尚寒。大眠后宜凉，是时天气已暄。又风雨阴晴之不测，朝暮昼夜之不同，一或失宜，蚕病即生。惟蚕屋得法，则可以应。蚕屋之制，周置卷窗，中伏熟火。谓如蚕欲暖，而天气寒，闭苫窗拨火，则外寒不入，和气内生。若遇大寒，屡拨熟火，不能胜其寒，则外烧粪墼（绝烟），置屋中四隅，和气自然熏蒸。寒退则去余火。"文中详细地叙述了控制温度及调节蚕室冷暖的道理和方法。称蚕成蚁初时，室内最好十分温暖，因为当时天气还比较寒冷。大眠过后，室温应调节到较为凉快，因为这时天气已经温暖。如果因为风雨阴晴不可预测，早晚昼夜温差变化，冷暖一旦失宜，蚕病即有可能发生。蚕农只有掌握规律，才能应对自如。养蚕的规矩是，蚕室四周置卷帘窗，室内放置无烟炭火。如蚕需要温暖，而天气又寒冷，就要关窗遮帘并调节火势，使得外寒不能入室，室内自然就暖了。若遇大寒，不断拨动炭火仍不能抵御寒冷，就要在外面烧好粪块，无烟之后，放置到室内四角，使暖气自然熏蒸蚕室。寒气过后，就退去余火。

四、大蚕的饲育管理

经过蚁蚕阶段之后，蚕饲育管理的目标就变成保证蚕快速健康生长，从而获得更多的蚕丝收成了。这依然需要一些特别的管理技巧，以便让蚕儿生活节律一致、眠起整齐。

《士农必用》上说："蚕欲凉，而天气暄，闭火而卷苫窗，则火气内息，而凉气外入。若遇大热，尽卷苫窗，不能解其热，则去其窗纸，上卷照窗，下开风眼。窗外榾下，洒泼新水，凉气自然透达。热退，则糊补其窗，闭塞风眼。使其蚕自初及终，不知有寒热之苦；病少茧成，一室之功也。然寒不可骤加暖热，当渐渐益火。寒而骤热，则生黄软等疾。热不可骤加风凉，当渐渐开窗。热而骤风凉，则变僵。此又不可不知也。又正热猛著寒，便禁口不食。即用鏊子盛无烟熟牛粪火用杈托火鏊，于箔下往来，辟去寒气，蚕自食叶。"这是说，如果蚕要凉快，而天气温暖时，就要熄火并卷起窗户遮帘，则室内火气熄灭，室外凉气得以入内。若遇炎热时期，卷起窗户遮帘仍不能解除热气，就要去掉窗纸，上面打开光照用的窗户，下面窗户也打开通风，在窗外以及蚕房蚕箔下方，洒泼凉水，凉气自然通透到达。但热气退下后，就要糊贴窗户，关闭风口，使得蚕自始至终，不受寒暑之苦；使蚕无病而蚕茧丰收，全在这蚕室管理之功。当然，寒冷时不可骤然升温，需要渐渐加热。如果寒冷时骤然加热，则蚕容易生黄软等疾病。降温也不可骤然而行，应当渐渐开窗。如果暑热而骤然降温，则蚕体易变僵硬。这是必须知道的。在最热时猛然降温，蚕就会禁口不食桑叶，这时即用鏊子（古时烙饼用的铁制平板锅）盛无烟熟牛粪火，以杈托火鏊，往返置于箔下，即可辟去寒气，蚕自会食叶。

古人在长期的蚕桑生产过程中，深入地了解掌握了蚕的生活习性，因而十分重视养蚕期间给桑饲养技术，并总结了许多包括夜饲及蚕眠起之间给桑等的珍贵技艺。《务本新书》上说："蚕必昼夜饲。若顿数多者，蚕必疾老，少者迟老。（二十五日老，一箔可得丝二十五两；二十八日老，得丝二十两。若月余或四十日老，一箔只得丝十余两。）饲蚕者，慎勿贪眠，以懒为累。每饲蚕后，再宜绕箔看一遍，饲蚕叶要均匀。若值阴雨天寒，比及饲蚕，先用干桑柴或去叶秆草一把，点火绕箔照过，逼出寒湿之气，然后饲之，则蚕不生病。一眠，候十分眠，才可住食；至十分起，方可投食。若八九分起，便投叶饲之，直到老，决都不齐，又多损失。停眠至大眠，蚕欲向眠，时见黄光，便住食抬解。直候起齐慢饲。叶宜薄掺，厚则多伤慢食之病。盖因生蚕得食力，须勤饲。最忌露水湿叶，并雨湿叶；饲之，则多生病。"

这里的记载说到，蚕必须昼夜喂给桑叶。喂食次数太多，蚕必衰老加快；喂食次数少则可以延迟衰老。如果蚕二十五日老熟，一蚕箔可得丝二十五两；而如果二十八日老熟，只可得丝二十两。若一个多月或至四十日老熟，一箔只得丝十余两。养蚕人要小心，切勿贪眠，否则会因懒惰累及养蚕。每次喂桑叶后，要再次检查是否有桑叶覆盖不匀而露出白色的蚕箔，喂桑叶务必要均匀。如果正值阴雨天寒，此时喂桑叶，要先用干桑柴或无叶秆草一束，点火后环绕蚕箔照过一遍，驱走寒湿之气，然后才开始喂食，这样蚕就不会生病。一眠时，要在所有的蚕都入眠后，才可以停止喂食；蚕醒起时，也要全都醒起，才可以开始投食。若只有八九分醒起便投桑叶喂食，那么这一批蚕一直到老，生长都会参差不齐，又将引起诸多损失。从停眠至大眠（四眠），蚕开始入眠，此时可见蚕体呈黄光（《蚕经》有说，蚕有三光：白光向食，青光厚饲、皮皱为饥，黄光以渐住食），便逐渐停止喂食。一直到蚕起齐为止都要慢慢饲食。此期间宜少量加叶，加叶太多则易使蚕慢食习性受损。因为健康蚕食欲旺盛，必须勤喂。最忌讳的是露水湿叶，或淋雨湿叶；以之来喂蚕，往往生病。

为了使蚕眠起齐整，古人还使用一种"抽饲断眠法"的技术。《韩氏直说》上说："抽饲断眠法：蚕向眠时，量黄白分数，抽减所饲之叶。渐次细切，薄掺，频饲。如十分中，有三分黄光者，即十分中减叶三分；比寻常，稍宜细切薄掺，顿数亦宜稍频。如十分中，有五分黄光，即减五分，比先次，又细切薄掺，其顿数亦宜加频。如十分中，有八分黄光，即减去八分；比先次切令极细，掺令极薄；其顿，亦令极频。候十分黄光，不问阴晴，早夜急须抬过。预备箔藦，可无失误。抬过时住食，起齐时投食。此为抽饲断眠之法，谓抽减眠蚕之叶，不致覆压；专饲未眠之蚕，使之速眠。不惟眠起得齐，且无叶罨燠热之病。前人谓'学取抽饲断眠法，年年岁计得丝蚕'，不可不知也。"

按照《韩氏直说》的介绍，抽饲断眠法就是这样一种方法：当蚕将要入眠时，根据蚕体呈黄或呈白的蚕数比例，减少喂食的桑叶量。桑叶渐次细切，少量散布，多次喂给。如十分之三为黄光时，喂给的桑叶也减少十分之三；比平常切细且少量散布，顿数亦最好稍微频繁。如十分之五为黄光时，则桑叶也减五分，桑叶较之上次切得更细，散布更薄，但喂食顿数亦可稍加频繁。如十分之八为黄光时，就要减少八分桑叶；比前次切得更细，散布更薄；喂食顿数更加频繁。直到全部都变黄光时，不论天气阴晴或早夜，马上调换蚕箔，以便清扫废渣蚕粪。这时，要预备好箔藦，不可有所失误。调换蚕箔时，停止喂食。蚕眠起齐时开始投食。这就是所谓的"抽饲断眠之法"。据称，抽减眠蚕之叶，使桑叶不至于覆压在下面，这是专为饲养未眠之蚕的，可使之更快入眠。此法不仅是为了眠起齐整，而且可防止因桑叶掩盖引起闷热致病。前人所谓"学取抽饲断眠法，年年岁计得丝蚕"，这是不可不知道的。

《务本新书》还强调："抬蚕要众手疾抬。若箕内堆聚多时，蚕身有汗，后必病损，渐渐随抬减耗。"即调换蚕箔要多人快移。若蚕在箕箔内堆聚时间长，蚕身有汗，以后就会致病，逐渐在换蚕箔过程中损耗。

此外，《士农必用》还说："分抬之便，惟在频款稀匀，使不致先湿损伤也。蚕滋多必须分之；沙燠厚，必须抬之。失分则不胜稠叠；失抬则不胜蒸湿。故宜频。蚕者，柔软之物，不禁触弄。小而分之，犹能爱护；大而抬之，莫能顾惜也。未免久堆乱积，远掷高抛；生病损伤，实由于此。故宜安款而稀匀。或有不齐，频饲以督其后者，使之相及，而各取其齐也。"这里告诉人们，分蚕箔置换的目的在于频繁调宽空间，使蚕不致因湿气而损伤。蚕长大了就必须分开；蚕沙热厚，必须迁走。蚕不分开就越发稠叠；蚕箔不调换则不胜湿热。因此，应该频繁置换。蚕是身体柔软之物，经不起触碰。小蚕分开到不同蚕箔，尚能细致爱护；大蚕要换箔迁移，虽难也只能如此。此时难免久堆乱积，不留心时蚕体被远掷高抛，生病损伤，原因就在这里。因此，务必要使蚕儿处于宽松空间。如发生生长不整齐的情况，就要频繁加桑叶，督促生长较慢的蚕，使其赶上去，而与其他蚕相齐。

虽然是在技术落后的古代，但是，养蚕农家讲究要根据蚕的生活习性合理地饲育管理，以达到蚕生长与眠起齐整的目的，所采取的许多做法，在今天看来也是很有科学道理的。

五、蚕的眠起管理

过了蚁蚕期后，蚕要经历4次眠起，古称头眠、抬头眠、抬停眠、大眠，这一过程的顺利进行，对于蚕的健康生长，特别是同一批蚕眠起的整齐划一是至关重要的。能否让蚕整齐地眠起，并确保大眠后的饲食质量，将直接关系到这一批蚕能否获得更好的茧和更多的丝。所以，古代蚕农对于蚕的眠起管理是极为重视与细心备至的（图3.2）。

《士农必用》曰："擘黑法：第三日，巳午时间，于别槌上，安三箔。如前初安槌法。微带燠薄揭蚁，款手擘如小棋子大，布于中箔，可盈满。不留植也。可渐渐加叶饲。早晴，可卷东窗苫，使受东照。及当日背风窗。自此后，常宜如此。天阴早暮且不宜；至夜则闭。凡迎风窗苫，及西照窗苫，不可开，蚕畏风也。后皆仿此。虽大眠后喜凉，亦可以避其猛风也。渐渐变色，随色加减食。至纯黄，则不饲。是谓头眠，不以早晚抬过。"这里说的"擘黑法"，即分开蚁蚕的方法。文中说到，蚁蚕出生后第三天的中午时分，要在另外的蚕架上放置三块蚕箔，放置方法和第一次放置时相同。在室内保持温暖的情况下，轻轻揭开蚁蚕的纸连，用手将纸连撕开，至小棋子大小，放置于三张蚕箔的中层一块上，将其布满，不留空余。然后可以逐渐加叶饲喂。早上天气晴好时，可以卷起东面窗户的草帘（使蚕受到东照），以及正对太阳的背风窗。此后每天都可以这样，但天阴时早晚不必这样。迎风窗的草帘以及西晒

的草帘，就不可打开，因为蚕怕风。以后也是如此。虽然大眠过后蚕喜凉，但也要注意避猛风。此后，

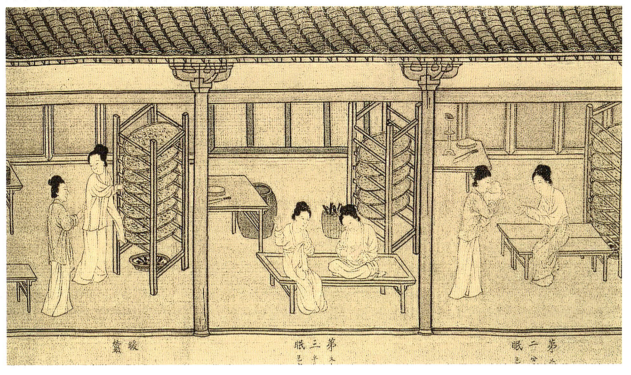

图 3.2 古代蚕农对蚕的眠起管理

蚁蚕渐渐变色，要随颜色变化来调节喂食桑叶的量。至蚕体变为纯黄色，就不再饲食。这时开始进入头眠，不要再早晚时间更换蚕箔了。

关于抬头眠，《士农必用》曰："抬头眠：（蚕眠：结嘴不食，皮肤退换，蚕之一大变也。）别槌上布四箔。（上下隔尘润，中二箔安蚕。用蓐如前。）薄带沙燠，揭蚕分如大棋子大，布满中二箔。（沙燠厚，则蒸蚕生病。）一复时可六顿。次日可渐渐加叶，可开卷窗一半。初向黄时，宜极暖；眠定宜暖，起齐，宜微暖。抬头眠饲食：（正食时抬，名抬饲食。）分如小钱大，布满三箔。（辨色加减食）。"这里说到，蚕眠时闭嘴不食，皮肤开始退换，这是蚕的一大变化。这时，要在另外的蚕架上再放置四张蚕箔，上下两张是为了隔绝灰尘与水汽，当中二箔安置蚕。用蓐铺垫，与过去一样。这时，要连带蚕粪一起，将蚕纸撕开，如大棋子一般大，布满中间二箔。这时要注意，蚕沙太厚的话，则容易热，蒸得蚕生病。一昼夜可喂食六次。次日可渐渐增加桑叶，开卷帘窗到一半。蚕要变黄色时，室温要极暖；入眠安定以后也要保暖。至蚕全都起齐时，微暖即可。抬头眠时的饲食：在食叶时换箔，称为抬饲食。可将桑叶分成小钱大小，布满三个蚕箔。根据蚕体的颜色调整喂食量。

关于抬停眠，《士农必用》曰："抬停眠：分如小钱微大，布满六箔。起齐，头食宜薄；一复时可四顿。次日可渐加叶。（辨色加减。）或全开卷窗。（惟避当风窗。）初向黄时宜暖，眠定宜微暖，起齐宜温。抬停眠饲食。（如前法。）蚕可拨可掺，不须分揭，可布满十二箔。（然不可高抛远置，恐损蚕身。辨色加减食）。"这里说到，抬停眠阶段，要将桑叶分得比小钱微大，布满六箔。蚕完全醒起之后，第一次喂食可以给少量桑叶；一昼夜喂食四次。次日可渐渐增加桑叶，并根据蚕体的颜色确定桑叶的多少。一般可以全开卷帘窗，但要避开对风窗户。蚕开始变黄时，室温宜暖；蚕眠定时，室温宜微暖；蚕起齐时，保持温暖即可。抬停眠时的饲食与抬头眠一样即可。这时，蚕可拨动可握持，无须分开蚕纸搬移，可以布满十二个蚕箔。但是，不能高抛远处，以免损伤蚕的身体。喂食时，要注意根据蚕的体色增减食量。

最后是大眠起后的管理，《务本新书》曰："大眠起，燠宜频除，蚕宜频饲。或西南风起，将门窗帘荐放下，此际不宜抬解。箔上布蚕，须相去一指，布蚕一个，取腊月所藏绿豆，水浸微生芽，晒干，磨

作细面。（腊月所藏白米，蒸熟作粉，亦可。）第四顿投食，拌叶匀饲；解蚕热毒，丝多易缲，坚韧有色。（如叶少，去秋所收桑叶，再捣为末。水洒新叶，微湿，掺末拌匀，接阙饲蚕，比食豆面，系本食之物。又莴苣亦可接。）蚕屋南檐外，先所架立搭棚檩柱，此时搭盖。"这里说到，大眠起来后，热气应频繁消除，蚕应频繁饲喂。遇到西南风起时，应将门帘、窗帘草席放下，此时不宜抬蚕换箔。在箔上排布蚕时，约间隔一个指头的宽度放置一条蚕。这时，要取出腊月时所收藏的绿豆，用水浸至微微生芽时，晒干磨成细面。或者用腊月时所收藏的白米蒸熟后磨成粉也可以。第四次投食时，用这些豆粉或米粉拌叶均匀饲喂；这样，可以解除蚕的热毒，得丝量更多，且蚕茧易于缲丝，丝条坚韧有色。如果桑叶不足的话，可以用上一年秋天所收存的桑叶，再捣碎为粉末状，用水洒新叶，使新叶微湿，然后掺旧桑叶粉末拌匀，于缺少桑叶时段喂蚕。与喂食豆面粉末相比，这毕竟是本来应给蚕的喂食之物。此外，用莴苣叶亦可接济桑叶不足。此时在蚕屋南面的屋檐下，原先所架立的搭棚檩柱，要搭盖起来，以备做簇。

关于大眠起后的饲养，《士农必用》曰："蚕欲老，饲之宜细薄，宜频。养老如养小，亦如人老，多食则伤。若不如此，则食叶不净，其叶蒸湿。带叶入簇，所结茧亦湿润，如浸盐水，此名簇汁茧，难抽缲。宜微暖。如人老，不禁寒凉；然亦可相度当时天气凉暖消息斟酌。大意比大眠后未老时，宜微暖也。依按其法，蚕自蚁至老，不过二十四五日。过此，日数愈多，桑愈费，而丝愈少也。"这是说，蚕将要老时，饲喂桑叶宜细宜薄，宜频繁多餐。养老蚕和养小蚕同样的。这和人老一样，多食则伤身体。若不是这样，则桑叶吃不完，这时使得桑叶蒸湿，带叶到簇上，所结茧亦湿润，如浸了盐水一般，这种茧称为"簇汁茧"，缲丝时丝条不容易离解。蚕房内宜微微温暖，这就像人老时一样不禁寒凉，但是也可以根据当时天气凉暖的情况来斟酌保暖。基本上比大眠后未老时稍加微暖即可。按照这一方法，蚕自蚁开始至老熟，不会超过二十四五日。如果超过这一时间，日数越多，桑叶耗费得越多，而吐出的丝量则越少。

此外，《韩氏直说》补充曰："蚕自大眠后，十五六顿即老。得丝多少，全在此数日。叶足则丝多，不足则丝少。见有老者，依抽饲断眠法饲之。候十蚕九老，方可就箔上拨蚕入簇。如是则无簇汗蒸热之患，茧必早作，而多丝。"这里说的是，蚕自从大眠起后，经十五六顿喂食即老熟了。得丝量的多少，全取决于这几天的喂食。桑叶充足则丝量多，不足则丝量少。也有老年人用抽饲断眠法饲喂的，目的是等到十蚕九老，再从箔上拨蚕入簇。这样就不会出现上簇汗蒸闷热的问题，蚕茧一定可以很快结成，并且丝量大。关于蚕老熟（又称老足）移入簇的时机，《天工开物》特别强调："凡蚕食叶足候，只争时刻。……老足者，喉下两胸通明。捉时嫩一分则丝少；过老一分又吐去丝，茧壳必薄。捉者眼法高，一只不差方妙。"（图3.3）这是说，当蚕吃足桑叶自然成熟时，要抓紧时间捉蚕结茧。老熟蚕的胸部透明。如果捉蚕时嫩一分，吐丝就会少些；如果捉蚕时过老一分，则因已吐掉一部分丝，茧壳必然较薄。捉蚕的人要有鉴别蚕成熟程度的眼光，一条蚕都不错过才算高手。

由上可知，古人对于蚕的眠起管理，依然是注重不同蚕龄用不同的饲喂方法，农谚称："养蚕无巧，食少便老。"即养蚕无轻巧之法，喂到食足，便自然老熟，

图 3.3　注重捉蚕结茧的时机

这是极有道理的。

六、蚕的上簇管理

蚕上簇管理，自古以来南北方有所不同，明代徐光启的《农政全书》上说："南方例皆屋簇，北方例皆外簇。然南簇在屋，以其蚕少易办，多则不任；北方蚕多露簇，率多损压壅闷。南北簇法，俱未得中。今有善蚕者一说：南北之间，蚕少，疏开窗户，屋簇之则可；蚕多，选于院内，构长脊草厦，内制蚕簇，周以木架，平铺蒿梢，布蚕于上，用席箔围护，自无蚕病，实良策也。"这里说到，南方通常都在屋内上簇，北方则往往在室外上簇。但是，南方在室内上簇的做法，当所饲养的蚕较少时是容易办到的，蚕多时就不能胜任了；北方蚕多，采用露天上簇，但容易拥堵挤压蚕茧。对于南北的上簇方法，尚不能一律评说。有经验的养蚕人认为：南方与北方都一样，蚕少时，少开窗户，在屋中上簇即可；蚕多时，可选择在院子内做簇的办法，扎草束做成茅草屋，内置蚕簇，周围用木架，平铺蒿草梢，将蚕置放其上，用草席围起来，这样就不会招致蚕病，也是一个良策。

关于簇的构造，《桑蚕直说》上说："簇以稻草为之。杀疏之必洁，则不牵丝。乃握而束之，厚藉以所杀疏之草壳，可以御地湿，可以承坠蚕。乃以握许登之，勿覆以纸。至次日，少以稻秆糁焉，以属其作缀之未成者。勿用菜箕。善绊扰而薄茧。七日而摘，半月而蛾生。凡蚕色之青也，为老之候。其在簇而有雷，则以退纸覆之，以护其畏。"这里是说，蚕簇可用稻草做成。稻草必须清理整洁，才不牵扯丝条。操作时，用手握住稻草束，将其扎紧，厚厚地铺垫清理整洁的草壳，这样既可以抵御地面潮湿，也可以承载簇上坠落的蚕。用手握蚕上簇，不要用纸覆盖。到第二天，稍微用带有稻穗头的稻秆，帮助那些没有能够靠茧丝连缀成网状的蚕。注意，此时不要用菜箕，容易妨碍结茧而使得茧丝层薄。七日即可摘茧，半个月而化蛾。凡蚕色呈青色的，是老蚕的征候。当蚕在簇上遇到打雷，则以纸片覆盖，以避免其畏惧。

图3.4 取茧须用大盘摊开

《天工开物》上说：蚕上簇之后，"凡茧造三日，则下箔而取之……去浮之后，其茧必用大盘摊开架上，以听治丝、扩绵。若用厨箱掩盖，则涡郁而丝绪断绝矣"（图3.4）。即蚕上簇结茧三天之后，就可落下蚕箔取茧。将蚕茧剥掉浮丝以后，必须用大盘摊开置放在架子上，以备缫丝或扩丝绵用。如果用橱箱掩盖起来，就会因湿气郁结、疏解不良而造成断丝。

古人对蚕上簇管理的细心周到，依然是令人感慨的。

七、古代养蚕技艺精要

有关养蚕技艺，我国古人曾从各个不同的角度进行过精要的概括描述。下面是古籍中总结的一些最重要的技术。

《务本新书》曰："蚕有十体：寒热饥饱稀密眠起紧慢。"这是养蚕技术最基本的十个关键字。寒热，指对蚕生活环境的温度调节；饥饱，指营养供给充足与否；稀密，是对蚕短期内迅速变大过程中活动空间的调节；眠起，是对蚕特有的入眠与醒起状态和时期的管理；紧慢，指对饲养时各种不同阶段节奏快慢的控制。"蚕有十体"，恰好总结了养蚕过程所必须构建的基本格局与规则。《蚕经》曰："蚕有三光：

白光向食，青光厚饲、皮皱为饥，黄光以渐住食。"这里的"三光"总结了蚕生长过程中身体色光变化所反映的生理状态。身体呈现"白光"，表示蚕体需要补充营养，蚕开始食叶；"青光"表示蚕体饥饿，需要加量饲喂桑叶，如果体皮发皱，更表示蚕处于营养不良状态，此时除了加量供给桑叶外，还需要调节环境温度、湿度及室内气味等，以增进蚕的食欲；"黄光"表示蚕体营养充足，满足完成一个周期生长的需要，可以逐渐减少食量，让其渐入休眠状态。这是古人在长期的养蚕生产过程中，亲临现场以及细致观察总结出来的规律，反映了蚕体内蛋白质代谢过程在表皮上的变化，是很有科学道理的。

《韩氏直说》曰："蚕有八宜：方眠食宜暗；眠起以后宜明。蚕小并向眠时，宜暖宜暗；蚕大并起时，宜明宜凉。向食时，宜有风（避迎风窗，开下风窗），宜加叶紧饲；新起时怕风，宜薄叶慢饲。蚕之所宜，不可不知。反此者，为其大逆，必不成矣。"这里的"八宜"，是古人根据蚕的生活习性特征对饲育方法进行调节后总结出的规律。该规律称，蚕开始入眠前，饲食时，室内宜暗；眠起以后，蚕房宜明亮。蚕小且逐渐入眠时，蚕房要温暖且暗而无光；蚕大并眠醒时，蚕房要明亮且凉爽。开始食桑叶时，宜有风，但要避免直接面向风窗，应开下方的风窗，这时可以多加桑叶，加紧饲喂；刚刚眠起时，蚕怕风吹，应该少量撒布桑叶，缓慢饲食。这些都是适宜于蚕的生活习性的做法，蚕农应该了解。如果不了解，违背这些规律，就会招致损失。

《蚕经》曰："蚕有三稀：下蚁，上箔，入簇。"这是为了使蚕在整个生长过程中得到充足的生长发育空间，这个过程的关键阶段，就是下蚁时期、上箔阶段、入簇时期。在这些关键的阶段，特别需要为蚕提供宽裕的生长环境。

《蚕经》曰："蚕有五广：一、人；二、桑；三、屋；四、箔；五、簇。"即养蚕要有足够的人力、丰足的桑叶、宽敞的蚕房、宽阔的蚕箔、宽广的蚕簇。这也是强调，养蚕要有宽裕的人力、物力，并为蚕提供良好的生长活动空间。

在几千年的生产实践中，古人通过观察，总结出了很多家蚕的基本生物学性状与生活特性，其中，有一些以现代科学的观点来看仍然是正确的。但同时也应指出，由于古代缺乏科学知识，生产技术又较落后，当很多养蚕过程中的现象无法理解与解释时，人们只能向神灵寻求答案，因而也产生了很多违背科学的迷信。

第二节 古代蚕种生产技术及技巧

育成优良的家蚕品种，是获得高品质蚕丝纤维的根本与基础，为此，古人在长期的养蚕实践中不断探索优化家蚕遗传品性的技术，实现了家蚕几千年来的健康进化。

一、基本的选种技艺

1 400多年前，蚕农就开始了优选蚕种的工作。北魏的《齐民要术》是较早提出选种准则的古籍，其中记载："收取种茧，必取居簇中者。近上则丝薄，近地则子不生也。"即收取种茧要看蚕上簇的位置，靠上方的蚕吐丝量较少，靠近地面的蚕则不生子。因此，古人挑选位居簇中间的蚕作为留种对象。这是一种很有意思，也很体现技巧的选择方法。从统计角度说，爬到草束丛最高处的蚕生命力旺盛，但蚕体分量较轻，意味着其绢丝腺相对也较轻，吐丝量就较少；而落在草束丛低处的蚕则生命力较弱，体弱就容易得病，是"蚕不生子"的潜在原因；只有位居簇中间的蚕，不仅生命力强，而且绢丝腺也比较重，正是人们希望留存下来的优良蚕种。古人在选种时对于好蚕的认知有两重意义：一是可以淘汰体弱有病的蚕种；二是可以获得更多的蚕丝。这不仅有利于淘汰体弱有病的蚕种，而且有利于将体质类似的蚕归类群集，统一饲养，使之同步成长，这也有助于将来获得更多高品质的蚕丝。

现在，人们选留蚕种一般要考虑选蚕、选茧、选蛾和选卵4个因素。《齐民要术》中所谓"居簇中者"的选种方法，虽然只是从生命力强、体量较大的角度选蚕，但其实也已经包含了选茧（蚕体量大）、选蛾（蚕体量大、生命力强）和选卵（蚕生命力强）的相关要素了，这在生产检测技术落后的古代，不失为一种明智的选择。至宋末，人们又进一步从茧的质量、成茧时间和位置、蛾出茧的时间、蛾的健康状态，以及卵的健康状态等各个角度来选取种茧、种蛾和种卵。到清代，人们更注意到了选蚕，知道只有"蚕无病，种方无病"。

随着历史进程的推进与技术的进步，人们已掌握了更多新的选种方法，以及与此相关的蚕生命力特征检测技术，但是万变不离其宗，各种检测目标的综合指向，依然是蚕的生命力强弱与茧丝量的多少。所以，如果说1 400年前古人提出的是一个综合目标的话，那么，后来各种方法只是综合目标的分解而已，从这里，我们也可以领悟到古人发明创造的蚕茧选种技术体现了非凡的智慧。

强化选种措施，对于传承几千年的家蚕品种不断向健康、抗病力强、多丝量的优良品种进化是不可缺少的推进力。

二、化性、眠性及四眠蚕的饲养

古人很早就已了解蚕的化性，《周礼·马质》载"禁原蚕者"，即政府明令禁养二化性蚕，说明当时饲养的主要为一化性蚕。这里所谓"原蚕"，见郑玄注："原，再也。"《淮南子·泰族》又有"原蚕一岁再收"的记载，即一年中蚕两次吐丝结茧。原蚕就是一年中第二次孵化所养的蚕，即二化性蚕。古代为什么要"禁原蚕"？其原因有各种说法，清代何琇《樵香小记·原蚕》称："原蚕丝恶，恐妨民用，此亦一理。"即一年中蚕第二次吐的丝质量低劣，不合用度，所以禁止。也有说法是，一年只养蚕一茬，以免桑叶采伐过度而伤害桑树。这些在技术落后的古代社会都是不无道理的。另外，还有一些传说的原因，如《搜神记》载："辰，为马星。"而《蚕书》曰："月当大火，则浴其种。"这里"大火，谓之大辰"（《释天》），故按照《蚕书》所说，月亮到马星时可以浴蚕种，这是因为"蚕与马同气"。《周礼》注云："物莫能两大，禁原蚕者，为其伤马也。"即按"同气之物莫能两大"之理，蚕若丰收，则马必受损，故"禁原蚕者"，专门写在马政条令里。《续资治通鉴》亦有"请禁原蚕以利国马"之说。这些只是传说的理由，并非古代"一年只养一茬"的客观依据。有这些传说，表明古人早已将蚕神化为天地之间的"圣物"了。而这样一种"蚕神崇拜"在我国古代也确实影响过蚕桑生产技术的演变进程。

从西周到春秋，主要养一化性蚕（春蚕），而禁养夏蚕（原蚕）。战国、秦、汉时期，养蚕与周代相类似，北方山东饲养的是三眠蚕。战国以后，人们对蚕的习性认识进一步加深。北方地区有一化性、二化性（原蚕）和多化性蚕，可连续孵化至秋末。

汉初，人们已大量饲养二化性蚕。汉代焦赣所著的《易林》中有"秋蚕不成，冬蚕不生"的记载。可见，当时人们不仅饲养夏蚕，而且还饲养秋蚕和冬蚕。据资料推算，在公元前110年时，产茧量曾达50万担，其中二化性茧的比例较大，以至二化蚕粪成了重要的肥源。我国现存最早的一部农书、西汉末期氾胜之所著的《氾胜之书》中有"三月耕良田十亩，……用蚕矢二百石"的记载，即当时十亩耕田下种前，竟要用贮藏的干蚕粪二百石。

隋、唐时期，多化性蚕已经比较多见，但饲养偏重于长江流域，如《隋书》上说："江湖之南，一年蚕四五熟。"《新唐书·地理志》也记载："苏州吴郡，雄。土贡：丝葛，丝绵，八蚕丝……"《唐书·尹思贞传》则说："天宝中，益州（今四川一带古地名）献三熟蚕。"

宋、元时期，虽然我国北方主要还是饲育一化性的三眠蚕，但在南方，蚕农已经主要饲养一化性或二化性的四眠蚕了。三眠蚕抗病能力比四眠蚕强，容易饲养。但是从蚕丝生产的角度看，四眠蚕的茧丝比三眠蚕优良。经过长期培育，我国南方江浙地区终于饲育成了四眠蚕，并且在此基础上又培育出许多优良品种。较难饲养的四眠蚕的饲育成功和推广普及，是养蚕生产上的一大进步。

明代对蚕种选择和品种改良都很重视，浴种用天露法，或利用石灰水、盐卤水等浴种法留取好种，淘汰低劣蚕卵。同时，蚕农还采用隔离淘汰等措施，防止蚕脓病、软化病、白僵病等的传染蔓延。这个时期，育蚕技术已有较完整的体系。

到了清代，各地都重视制种，并形成了适合当地生态条件的地方蚕品种，其中浙江湖州一带的优良品种最为著名，湖州因此成了现代蚕种的生产基地。1898年，杭州创办蚕学馆，教授国外育种技术和理论，用新法选育成了一批新品种，并用杂交方法育成了中国最早的改良蚕品种。广东蚕种为二化性及多化性，每年可养七八造。江南蚕种蚕体与茧型较一般品种大。四川和山东的一化性黄茧品种，在国内也占有较大比重。

三、蚕种的人工孵化及低温制取生种

蚕种不能在自然温度下长期保存并随时孵化，故要长时间保存好蚕种，就必须进行一些特殊的处理。一般情况下，一化性或二化性第二代蚕蛾产下的蚕卵在24℃常温下保护一定时间后就会进入滞育状态。蚕卵进入滞育期后，必须经过长时间低温保护才能孵化，这种卵为越年蚕卵。人为地对越年蚕卵予以物理或化学刺激，使之孵化的处理方法，称为"人工孵化法"。经人工处理孵化的蚕种，称为"人工孵化种"。19世纪末，广东蚕农用温汤浸种，这是蚕种人工孵化的开端。此后，国外陆续开展了对各种物理的、化学的人工孵化法的研究。近代以后，人们对产下约20小时的蚕卵采取即时盐酸孵化法孵化，或人为地预先对蚕卵进行冷藏保护，然后再进行人工孵化，以便需要的时候再开始养蚕。人工孵化种是夏、秋两季普遍采用的蚕种，具有体质强、孵化齐一、丝质较好等优点，并且能够根据需要随时供应。但是如上所述，蚕种的人工孵化是进入近代以后的事情了。

在人工孵化法发明以前，人们为了能在一年里多批养蚕，就只能饲养天然的多化性家蚕。但是，多化性家蚕所出产的茧丝，无论数量还是质量，都远不如二化性蚕。为此，1600多年前，古人发明了低温催青制取生种的方法。该方法是利用低温抑制二化性蚕的蚕卵，使它延期孵化。这样，就可以在一年里连续不断孵化几代二化性蚕，从而实现了一年中多批次饲养良种蚕的梦想。人工低温制取生种，是我国古代养蚕技术上的又一项重要创造，充分体现了我国古人的聪明才智。

三国时期，吴国永嘉（今浙江省温州市永嘉县）地方培育了一种蚕，一年之内可出茧8次，也就是一年可以八熟，被称为"八辈之蚕"。这一蚕种之所以一年能养蚕8批，就是采取低温催青二化性蚕实现的。据永嘉太守谢灵运的《永嘉郡记》记载："永嘉有八辈蚕：蚖珍蚕三月绩，柘蚕四月绩，蚖蚕四月末绩，爱珍五月绩，爱蚕六月末绩，寒珍七月末绩，四出蚕九月初绩，寒蚕十月绩。凡蚕再熟者，前辈皆谓之珍。"唐朝诗人李贺的《南园》十三首之其二有："宫北田塍晓气酣，黄桑饮露窣宫帘。长腰健妇偷攀折，将喂吴王八茧蚕。"这里说到的"吴王八茧蚕"就是吴国的八辈蚕。贾思勰的《齐民要术》对八辈蚕也有记载，称永嘉一年养8次蚕，夏天为了延缓蚁蚕出壳时间，还科学地将部分蚕卵放在冷水中，以抑制发育。这就是1500年前传承下来的永嘉养蚕习俗。上述《永嘉郡记》记载的八辈蚕的名称分别为：蚖珍蚕，柘蚕，蚖蚕，爱珍，爱蚕，寒珍，四出蚕，寒蚕。凡是蚕二化品种，其母系名都称为"珍"。

关于八辈蚕之间的关系，以及低温制取生种技术，我们这里进行一些说明。《永嘉郡记》中说到，作为种蚕，饲育"珍"蚕的比较少。而称为"爱蚕"者，就是原来的蚖蚕种；蚖珍蚕三月结茧，出蛾后取蚕卵，经七八日便卵裂生出蚕，大量孵养，得到的就是蚖蚕。要制作名为"爱"的蚕种，就选蚖珍蚕之卵，藏在罂（汉代盛贮器，可用来汲水或盛粮）内，最多时可装十张蚕纸，覆盖器口，放置于地面上坑泉冷水中，以冷气改变其发育趋势。经过三十七日，然后卵裂生出蚕，少量孵养，所得的蚕种称为"爱珍"，亦称"爱子"。饲养"爱珍"蚕至结茧、出蛾后产生卵。卵七日又裂生出蚕，可大量饲育，这样的蚕就是"爱蚕"。寒珍、四出蚕、寒蚕的制种与孵化技术规则同上述关系。照此规则（图3.5），每一代蚕卵可以有两种处理：一种是生卵七八日后孵化出新蚕；另一种是将蚕卵放在冷水中抑制发育，使得延迟至三十七日后化出新蚕。在技术上，保存蚕卵于坑泉冷水中时，应该使得水平面与种卵放置的高低一致。若外面水太高，蚕卵受凉太甚，可能造成卵死，孵不出蚕；若外面水低于种卵放置的位置，则冷气不足，就不能改变其发育趋势，不到三十七日就会生出蚕。这时候虽然出蚕，应是"不成功"的。

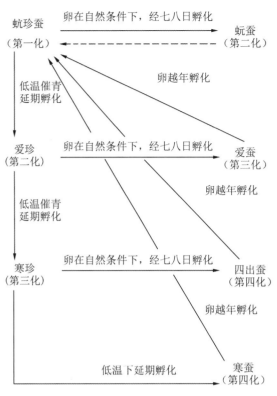

图 3.5 永嘉八辈蚕关系示意图

"不成功"的蚕茧称为"徒绩成茧"。这样的茧出蛾所生的卵，七日不能够再裂生出蚕，而要到次年才能出蚕。

四、发现杂种优势

明代，蚕农在制备夏季蚕种的过程中发现了家蚕的杂种优势。《天工开物》曰："凡蚕有早、晚二种。晚种每年先早种五六日出，结茧亦在先，其茧较轻三分之一。"这里所谓"早、晚二种"蚕，早蚕为一年孵化一次，即一化性种；晚蚕则一年孵化两次，为二化性种。当早蚕结茧时，晚蚕已出蛾生卵，这样一年中便可再次饲养。但是，二化性蚕的茧较小，只有一化性蚕茧的三分之一大小。《天工开物》中还有一条重要的记载："今寒家有将早雄配晚雌者，幻出嘉种，一异也。"称有的贫苦人家用雄性早蚕蛾与雌性晚蚕蛾相互交配，如此培育优良品种，是很不寻常的。《天工开物》中所说的"早种""晚种"就是一化性蚕、二化性蚕。所谓"早雄配晚雌"，就是让一化性的雄蚕与二化性的雌蚕杂交，这表明，当时人们已知道用一化性、二化性的蚕蛾进行杂交而育成体强丝多的新蚕了。现代家蚕杂交实验证明，"早雄配晚雌"所产生的杂种是二化性的，因此可以作为夏蚕种继续在夏季饲养。《天工开物》中"早雄配晚雌"产生优良杂种的记载，是世界上关于家蚕杂种优势利用的最早记载。

以人工低温制取生种，以及用一、二化性蚕蛾杂交培育优良品种的技术，成了后世很多重要技术的早期铺垫与扎实基础，它们代代相传，指导着养蚕技术在科学、合理的方向上不断优化。19 世纪初，日本开始广泛推广"家蚕一代杂交技术"，得到了近代生物科学理论的支持，引发了养蚕产业一次整体性的进步。

第三节　家蚕生长发育与饲养环境条件的关系

在家蚕饲养过程中，环境对于蚕的健康生长、整齐眠起、防病抗病，以及上簇结茧、茧丝产量等都有直接的影响。自古以来，我国蚕农就十分重视营造良好的饲养环境，并注意根据蚕的生理特点、生活习性、生长阶段等，采取严格的技术保障措施，防止不良干预，以满足蚕生长发育的需要。

一、家蚕生长发育的环境管理

前面已经提到，蚕农对蚕生活环境的管理，是极为严格与细致入微的。为了营造适宜蚕生活的环境，人们甚至严苛地改变自己的活动规律，以让路于养蚕，如蚁蚕时期，蚕妇须沐浴净身、更换衣服后才进入蚕室，以防污秽杂菌等伤害到蚕的健康；院中的鸡、狗、骡、马要驱赶到远处，以防嘈杂声音惊吓到蚕，以致影响蚕的生长；等等。这其中不少规诫与禁忌，在缺乏了解自然的古代社会，是基于对蚕事神圣化的信仰。带有宗教式的虔诚，不一定很有道理，但它也反映了古人祈盼桑蚕健康生长的虔诚之心。

《礼记·祭义》中还记载，养蚕时节，"卜三宫之夫人世妇之吉者，使入蚕于蚕室，奉种浴于川"。即每到养蚕季节，要通过占卜挑选三宫夫人世妇中的善美吉祥者，使之进入蚕室养蚕，并奉持蚕种到河边浴种。《周礼》称，世妇掌祭祀、宾客、丧纪之事。只有这样一些贵妇人中的善美吉祥者，才能参与养蚕时节最重要的浴种仪式，可见当时对于养蚕所给予的最高礼仪。由此可以知道古代对养蚕过程的尊崇，以及宫廷中对于家蚕饲育环境管理的苛严。

二、家蚕生长发育的温度管理

远在秦、汉时期，人们就知道适当的高温和饱食有利于蚕的生长发育，可以缩短蚕龄；反之就不利于蚕的生长发育，会延长蚕龄。

历代蚕农都非常重视控制蚕的生活环境。《齐民要术》记载：二月清明时，修造养蚕屋，填涂墙的隙穴。蚕屋要四面开窗，并且以纸糊窗户，房屋外要隔篱围墙。此时，尤其要注意管理屋内取暖的火气。蚕小时还要燃烧干牛粪，待无烟之后移入屋内取暖，并要在架蚕箔的木柱四周安放火炉，加温来调节蚕室温度，因为"火若在一处，则冷热不均"，此时要有"数人候看，热则去火"。在蚕儿两眠以前，都要这样取暖保温，如果冷暖不均，日后可能引起蚕眠起不齐。幼蚕时，蚕室要暖和；大蚕至大眠之后，就必须凉爽。《务本新书》说："风雨昼夜总须以身体测度凉暖。"即养蚕人要以自己的身体做基准来调节蚕室的温度，"若自己觉寒，其蚕必寒，便添火；若自觉热，其蚕必热，约量去火"。一般情况下，人体的舒适环境温度与蚕所需的生活温度大致相近，所以根据人体的冷热感觉来调节蚕室温度，基本上是合理的。这是古人管理饲养环境的一种很智慧的办法。王祯《农书》中对幼蚕期蚕室生火、体测冷热、一眠后卷窗帘通风、夏日门口置水瓮生凉气等，也都有详细记载。

三、家蚕生长发育的营养管理

古时，蚕农为了取得新鲜的桑叶，大多在清晨露水未干时摘桑，待叶面水分干燥后即行喂饲。《礼记·祭义》所载"桑于公桑，风戾以食之"，就是关于桑农采摘桑叶后，经风吹干，再喂食的记载。《分门琐碎录校注》是一部湮没已久的古农书，大约成书于南宋绍兴年间（1131—1162年），其中记载："鸡脚桑叶华而薄，得茧薄而丝少，白桑叶大如掌而厚，得茧厚而坚，然每倍常。"即是说用叶子厚而大的白桑叶喂蚕，所得的蚕茧往往比通常大一倍。这说明在当时人们已经认识到不同桑树品种与茧丝质量的关系。

宋代秦观的《蚕书》详细记载了蚕不同发育阶段的给桑次数和切叶的大小。元代《士农必用》特别提出饲养方法，称采下桑叶后，很快就要切碎并用微孔筛子细撒，频繁饲食。一昼夜要饲食桑叶49次，或36次之多。古人注意到，采桑时间与桑叶含水量多少直接相关。为了喂食营养丰富的桑叶，蚕农细致到切桑叶时要注意减少津液黏在切口，强调切碎桑叶后迅速喂食。对于蚁蚕，一旦出齐，就要用锋利快刀切新桑叶至极细，且即切即喂，这样蚁蚕才能吃到有津液的桑叶；为了使桑叶均匀撒布到茧箔上，还提倡用筛子撒喂的方法。

宋、元以后，对于蚕食性的研究特别深入。《农桑辑要》记载："蚁生既齐，取新叶用快利刀切极细……用筛子筛于中箔蓐纸上，务要匀薄。"《务本新书》则说道："蚕必昼夜饲，若顿数多者，蚕必疾老，少者迟老。"此即传统的多回薄饲法，以便蚕能及时摄取必要的营养。《便民图纂·桑蚕类·论饲养》中说："蚕必昼夜饲，顿数多则易老，少则迟老。初饲蚁，宜旋切细叶，食尽即饲，不拘顿数。头眠起，昼夜可饲六顿，次日渐加。停眠起，散叶宜薄，昼夜可饲三顿，次日加至七八顿。每饲必匀，叶薄处再掺。停眠至大眠，若见黄光，便拾起住食。候起齐，慢饲叶，宜薄掺。蚕白光，多是困饿，宜细之，猛则多伤。如蚕青光，正是蚕得食力，急须勤饲。"类似的饲蚕方法在古籍中不胜枚举，是历代传承下来的卓有成效的饲喂方法。这也是我国在家蚕的营养管理方面的珍贵经验。

为了使蚕群发育齐一，古人也注意采用营养调节的方法。《士农必用》载："或有不齐，频饲以督其后者，使之相及，而各取其齐也。"这里是说，当蚕生长出现大小不整齐的情况时，要加快桑叶喂食的速度，以督促生长较慢的蚕，使其追赶上去，而与其他蚕一致。此时，蚕农已掌握了根据蚕的体态色光来确定食欲强弱的特性。《蚕经》上说："白光向食，青光厚饲、皮皱为饥，黄光以渐住食。"这是蚕体内蛋白质代谢过程在表皮上的反映。掌握了蚕身体色光变化的规律，就可以据此调节喂食桑叶的时机和食量了。

5龄期是蚕的成丝时期，饱食极为重要。《农桑辑要》说："大眠起后，食叶愈速，上叶宜愈勤，食尽即上。能一昼夜食叶十余次，则五昼夜即老矣。"即蚕四眠起后，食叶加快，这时就要勤快喂食，一经吃光就要加新叶。一昼夜给桑叶十多次，则五天以后蚕就老熟了。清代以后，人们更了解到大眠后食桑多少与吐丝多少有直接的关系，沈清渠《广蚕桑说》载：蚕"此时多食一口叶，则上山后多吐一口丝"。

在缺少桑叶的情况下，古人还创造了添食营养的方法。《分门琐碎录》记载："以甘草水洒于桑叶，次米粉掺之，候干令食，谓云斋蚕，可以度一日夜。憔慎人惊，成茧必厚而坚。"称以甘草水洒在桑叶上，然后用米粉一起掺拌，待干燥即可喂食，称为云斋蚕，喂一次可以度过一个昼夜，蚕食欲极佳，令人吃惊。这样喂养得到的蚕茧必然厚实。宋、元时期，人们还总结了用桑叶粉、米粉、绿豆粉等作为辅食添加营养的方法。

四、家蚕疾病的防治

蚕病的发生直接影响蚕桑事业，所以一直受到蚕农的高度重视。早在春秋时期，齐国丞相管仲就曾宣布，凡能防治桑蚕病害者，给以重奖。在漫长的养蚕历史中，人们认识到，异常生态条件会引发蚕病，因此，致力于精细饲养、严管饲养环境等，以此来预防和避免蚕病的发生。这是十分直观的防止蚕病的方法，也是符合现代生态学的防治法。至15世纪，即明代以后，人们对微生物感染导致的蚕病有了较多了解，遂开始用老碱和石灰来对蚕具消毒，并注意淘汰病蚕。《务本新书》中说："养蚕之法，茧种为先。……其母病，则子病，诚由此也。"由此可知，古人已经认识到"其母病，则子病"的规律。因此，历代蚕农都十分注意选用健康的蛾留种。

对于预防与治疗蚕病，历代都有一些措施，以下一一介绍。

（一）养蚕前的防疫准备

东汉崔寔在《四民月令》中说："清明节，令蚕妾治蚕室，涂隙穴，具槌持箔笼。"这是说，清明节养蚕前，就要让蚕妇们修整和打扫蚕室、蚕具，在蚕室涂抹墙壁，堵住缝隙和墙洞，安装好蚕箔笼架。古代还发明了以烟熏对蚕室消毒的方法。这些养蚕前的卫生消毒工作，对预防与消除病害虫害，是十分关键的。

对于种茧，《齐民要术》记载，要选择好的茧盐腌贮藏，以防治蚕病。宋、元时期，对于贮茧，除盐渍之外，又出现了日晒和笼蒸的方法。

（二）浴种与预防蚕病

早在两千多年前，人们就已经知道用清水浴洗卵面，保护蚕种。早期浴种主要在川中进行。至宋代出现了朱砂温水浴种的方法。南宋陈旉《农书》记载："至春，候其欲生未生之间，细研朱砂调温水浴之。"即到了春天，在蚕卵即将出生的时候，要细细磨研朱砂，调温水浴洗蚕卵，进行消毒。该书中还探讨了蚕生僵病与湿热风冷的关系。元代，利用低温选优汰劣，称"天浴"。明代出现了天露、石灰水、盐水浴种等方法，也使用其他具有消毒效果的药物来对卵面消毒。

这种在临近蚕卵孵化时进行的浴种，对于预防蚕病十分重要。因为有许多病菌，如微粒子病原虫和脓病毒，都是经过食道传染的。蚁蚕孵化的时候，都要咬去一部分卵壳，才能出壳。如果卵面上带有病菌，蚁蚕咬壳的时候就容易感染。通过浴种，卵面消毒干净了，蚁蚕孵出以后，就不会有病菌侵袭。

（三）饲养过程的蚕病防治

在整个饲养过程中，要及时清除蚕沙（蚕粪），不断对蚕具进行消毒。《农桑要旨》说到清除蚕沙时，为了便于清洁蚕座，"底箔须铺二领，蚕蚁生后，每日日高，卷出一领，晒至日斜，复布于蚕箔底，明日又将底箔撤出，晒曝如前"。即底层蚕箔必须铺两层。蚁蚕生出以后，每日日出时，卷出一层晒至太阳下山，再放回到蚕箔下面，第二天再将底下的蚕箔抽出，同样曝晒如前日。如此反复铺箔，蚕箔就能够受到日光消毒。利用日光消毒蚕具，是古人采用的一个经济实用的方法。

（四）药物防治蚕病

古代利用药物防治蚕病，主要包括药物添食和药物烟熏两种方法。药物添食防治蚕病至少已有八百多年的历史了，如元代《士农必用》有记载称：以快要落叶的桑叶，"捣磨成面""能消蚕热病"。明代的《养余月令》和清代的《养蚕秘诀》等书还记载了用"甘草水""大蒜汁""烧酒"等喷在桑叶上喂蚕的方法，以此来防治各种蚕病。后来，很多农书还记载了针对不同症状提出的不同治病药方。

（五）对家蚕重要病害的认识

对于养蚕过程中发生的蚕病及其防治，古代农书中有过很多记载。晋代对于蚕的微粒子病和软化病已经有所认识，时称"黑瘦"和"伪蚕"。明代以来，对蚕的某些传染性蚕病，如脓病、软化病和僵病等，也有了一定的认识，并且开始采取淘汰或隔离的措施，以此防止蚕病的蔓延。

家蚕脓病：这是一种因家蚕核型多角体病毒寄生繁殖于血液及体腔各组织的细胞核内而引发的蚕病，是养蚕过程中最常见和危害最严重的一类蚕病。家蚕患病后期常流出脓汁，内含大量的多角体病毒，俗称脓病。

软化病：这是一种因家蚕软化病毒引发的蚕病。家蚕软化病毒是一种没有包涵体的昆虫病毒，病毒粒子为球形，直径为30纳米左右，是单链的核糖核酸（RNA）。该病蔓延迅速，往往会造成较大的经济损失。

僵病：这是一种最常见的真菌寄生性蚕病，又称"白僵病"。由白僵菌经表皮侵入蚕体引发疾病。因病蚕尸体干枯硬化并被覆白色分生孢子而得名。白僵菌在生长过程中能分泌毒素，这种毒素属环状多肽类化合物，其中白僵菌素Ⅱ对蚕的毒性较大，具有与阳离子结合的作用，可导致蚕迅速死亡。白僵菌对蚕的致病力最强，病势也最急。白僵病主要是经体壁接触传染，其次是创伤传染。覆盖于白僵病蚕体上的分生孢子，极易脱落，且质轻量多，可随风飞散。白僵病分布很广，特别是在温暖潮湿的地区，发生很普遍，无论春季还是夏、秋各蚕期，都可能引起病害。

蝇蛆病：这是一种因蚕蛆蝇寄生而引发的蚕病。蝇，古称"蠁虫"。两千多年前，《尔雅》中就有"国貉虫蠁"的记载，晋代郭璞《尔雅注》中说："今呼蛹虫为蠁。"蛹虫的意思是，该虫主要寄生在蛹身上。南宋末年，陆佃所著《埤雅》中清楚地描述了这种寄生现象。他说："蠁，旧说蝇，于蚕身乳子，既茧化而成蛆，俗呼蠁子。入土为蝇。"这里说，蠁把卵产在蚕身上，待蚕结茧化蛹时，它已化为蝇蛆。明代人谭贞默通过亲自观察，进一步证实，前人的记载完全正确。他指出，蚕蛆蝇多发生于二蚕，二蚕有十分之七被寄生。在古代，蚕蛆蝇为害主要是在夏蚕，所以随着夏蚕饲养比例的上升，蝇蛆病的问题也就更加引起人们的注意了。

人们虽然很早就发现了蝇蛆病，但在宋代以前的农桑著作中，却很少有关于防治蚕蛆蝇的记载。宋代以后则记载屡见不鲜。元初，司农司所编写的《农桑辑要》一书多次提到养夏蚕和防蝇的问题。它在"夏秋蚕法"条下引《士农必用》说："今时养热蚕，以纸糊窗，以避飞蝇，遮尽往来风气，……或用荻帘，当窗系定，遮蔽飞蝇。"在王祯《农书》中，也有类似的记述："又有夏蚕、秋蚕，夏蚕自蚁至老俱宜凉，惟忌蝇虫。"这说明在古代人们为了养好夏蚕、秋蚕，就已经十分注意防蝇事。

近代赵敬如撰写的《蚕桑说》对多化性蚕蛆蝇及其危害有很详细的描述。书中记载："又有一种大麻蝇，虽不食蚕，为害最甚。此麻蝇与寻常麻蝇不同，身翅白色，遍体黑毛，两翅阔张，颇形凶恶之状。其性颇灵，其飞甚疾。每至飞摇不定，不轻栖止，见影即飞，甚不易捉获。其来时在蚕略栖即下一白卵，形细如虮。二日，下卵之处变黑色，其蛆已入蚕身，在皮内丝料处，专食蚕肉。六七日，蛆老，口有两黑牙，钳手微痛。蚕因不伤丝料，仍可作茧。蛆老借两黑牙啮茧而出，成小孔，即蛀茧也。蛀茧丝不堪缫。蛆出一日，成红壳之蛹。十二三日，破壳而出仍为白色大麻蝇。幸而二三眠天气尚凉，此蝇不多。天暖蝇多，无术可驱。大眠初起受蛆，便不及作茧而死。故夏蚕不避此蝇，蚕无遗种。"《蚕桑说》中对蚕蛆蝇的形态、生活习性及其危害的细致观察和描述，可能是受到西方现代科学方法的影响。

第四节 蚕神崇拜、生产习俗与养蚕禁忌

自古以来，栽桑养蚕就不仅仅是古人赖以生存的谋生手段。蚕丝在原始时代被不经意发现，一进入人们的生活，便以其无可比拟的华丽外观和优雅品性而受到极大关注，从普通农家到达官贵人，人们对这种神奇美丽的蚕丝纤维怀着一种神圣的尊敬与崇拜，这成了自古以来蚕神崇拜的根基。每年自上而下的蚕神祭祀活动中充斥着对蚕神的敬畏，蚕与神的联袂最终成了影响人们文化生活各个范畴的不可缺少的要素。蚕儿的生命循环现象更引发了古人对大自然、天与地、生与死等自然现象的遐想与思索。这些由蚕桑衍生出来的与蚕神崇拜、蚕桑养护、丝绸崇尚相关联的文化要素，构成了中华文明中独具特色的部分。

一、蚕神崇拜

在科学不发达的古代，人们大多把丰收的希望寄托于神灵保佑。据史书记载，早在3 000多年前的周代，蚕就已经被神化，称"先蚕"，即传说中的始教民育蚕之神。相传，周制王后享先蚕，即周王后把祭祀珍品献给先蚕。以后，历代封建王朝都由皇后主祭先蚕。但是，对于作为蚕桑之神的先蚕，其姓名、来历有不同的说法。据《后汉书·礼仪志上》"祠先蚕"中，刘昭注引《汉旧仪》称："春桑生而皇后亲桑于苑中，蚕室养蚕，千薄以上，祠以中牢羊豕，祭蚕神曰菀窳妇人、寓氏公主，凡二神。"书中称，东汉时，在春桑生长的时节，皇后亲自在宫廷中主持祭祀先蚕的仪式，并在宫廷中的蚕室养蚕，宫廷养蚕数量达蚕箔千张以上；祭祀时，以中牢的规格，即羊、猪各一头作为供品，所祭祀的蚕神，即先蚕，为"菀窳妇人、寓氏公主"二神。元代王祯《农书》卷一又有："若夫汉祭菀窳妇人、寓氏公主，蜀有蚕女马头娘，又有谓三姑为蚕母者，此皆后世之溢典也。"称东汉时，祭祀菀窳妇人、寓氏公主，而蜀地则祭祀蚕女马头娘，并称有谓三姑为蚕母者，这都是后世所虚造的典故。南北朝北周时，又改祭祀神话中的黄帝元妃西陵氏（嫘祖）。以后，历代皆以西陵氏为蚕神，中国民间蚕农也以嫘祖为蚕神，年年供奉祭祀。

古时，朝廷对祭祀蚕神十分重视，各朝皇宫内都设有先蚕坛，供皇后祭祀蚕神、举行"先蚕礼"使用。"先蚕礼"是古代由皇后主持的最高国家祭典，由皇后亲自祭祀或遣人祭祀蚕神；祭祀仪式在每年季春（阴历三月）的吉巳日，即开始养蚕之前隆重举行。祭祀仪式沿袭古代的传统，以牛、羊作为供品，在祭祀先蚕的同时，还举行躬桑、献茧、缫丝等礼仪活动，表示当年的蚕事开始了。

自古以来，凡蚕桑生产盛行的地区都有供奉蚕神的习俗。江南地区以养蚕为主要副业，很多地方都可以见到供奉先蚕的祀堂庙宇。如盛泽镇建有先蚕祠（图3.6），震泽镇建有蚕王殿。一般乡镇的寺庙中，在偏殿或旁座大多塑有蚕神像，如浙江湖州东岳宫曾

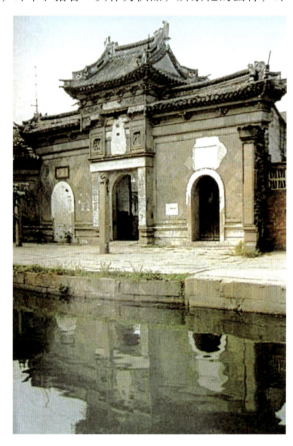

图3.6 盛泽镇的先蚕祠

有蚕神庙，奉祀嫘祖，香火极盛。在北方蚕区，不少地方也建有蚕姑祠庙。祠内修有戏楼，每年三月初三蚕神生日时要给蚕神唱三天大戏。北方地区的关帝庙及汤帝庙内往往同时供奉蚕神嫘祖娘娘。一般村头巷尾的小土地堂中也立有蚕神像。此外，一些富有蚕户还在家屋墙壁上砌神龛，自供蚕神像。近代以后，每到养蚕季节，各地方的烟杂店、香烛店、南货店大多备有"神码"，在吴江当地称"码张"，供蚕农"请"（买）回去贴在蚕室里供奉。这是一张印在红纸上的木刻蚕神像。

在不同地区，蚕神的名称与形象各不相同，除嫘祖外，根据当地的风俗，祭祀所崇拜的蚕神，有"蚕花娘娘""蚕三姑""蚕花五圣""青衣神""蚕王菩萨""蚕花菩萨"等。如苏州吴江盛泽镇的先蚕祠塑有轩辕、神农、西陵氏（嫘祖）三尊泥金神像，震泽镇的蚕王殿里有盘膝端坐、两手合捧一盘茧子的五花蚕神，震泽丝业公会门楼上的神龛里则供奉着嫘祖像。在靠近浙江边界的铜罗及桃源一带，蚕神骑于马上，手捧一盘茧子，称为马鸣王菩萨（又作马明王）或马头娘。在古代，蚕神的神圣地位，是各地蚕农一致认同的，人们借祭祀表达对来年养蚕丰收的美好企盼，由此还衍生出许多民间风俗。

与朝廷中皇后主持的祭祀活动相对应，每年蚕事之前，一般养蚕农家要备香烛前往蚕神祠庙，顶礼膜拜，祈祷蚕神保佑获得丰收。古时，凡孵蚁、蚕眠、出火、上簇等，每一阶段人们都要在家祭祀一番。近代，祭祠习俗逐渐简化，一般在清明前后蚁蚕孵出的那一天，将供品和蚁蚕同时上桌供奉，称为"祭蚕神"。下一次供奉则是在采茧或缫丝完毕以后，届时，要将供品及茧子（或生丝）同时列于神像前，称为"谢蚕神"。在养蚕过程中，如果遇到蚕病，还须临时数次叩拜，农家甚至有找算命先生求签问卜的。根据占卜提示的方向，需要前往"送更饭"；更饭要用枯荷叶包上咸鸭蛋一枚（对剖为二）、小鱼一尾、米饭少许。蚕乡妇女，无论长幼，在养蚕季节里，都要用红色彩纸做成花朵，插在发髻上，称为"戴蚕花"，表示对蚕神的虔敬。在庙会上，还有用绒及绢做成的精致蚕花出售。此外，道光《震泽镇志》中还有已婚妇女在蚕月里独宿净身的记载。

蚕乡有各种祭祀活动，如江南一带的"轧蚕花"就是很隆重的蚕神祭祀活动。海盐地方史志记载：明、清时，大年三十必祭祀蚕神。此时，人们扎蚕花灯、点蚕花灯、求丰收。大年初一，扫地时要将大年三十点过的蚕花灯上的蚕花宝气从外向里扫。

几千年来，年复一年的养蚕作业，还使得蚕乡农民的衣、食、住、行与红、白喜事等各种习俗中渗透进了蚕桑生产和蚕神崇拜的思想，形成了独特的民俗。此外，蚕桑习俗也与其他文化相融合，形成了大量与桑、蚕、丝相关的文化符号，构成了蚕桑习俗的丰富内涵。由蚕而起、为蚕而祭的蚕谣、蚕谚、蚕事、蚕忌和蚕戏等已深深融入百姓的日常生活。一些蚕桑习俗甚至经历几千年一直延续至今。

旧时男女定亲时，女方常送一张蚕种或几条蚕作为信物，称为"送蚕花"；男方母亲则须身着红色丝绵棉袄去"接蚕花"。有的地区在女儿出嫁时有用小桑树陪嫁的习惯，嫁妆中往往还包含蚕火（蚕室照明用的灯架子）、发篓（采桑用的小竹篓）等桑蚕用具。嘉兴一带蚕乡的新娘子嫁到婆家第一年，要独立养好一张蚕种的蚕，以接受考验，称为"看花蚕"。此外，青年男女新婚时，会有女家邻居送来白米，然后再向女家讨蚕花蜡烛的习俗。这时，女家要将男家事先送来的蜡烛分送邻居，或任由邻居动手"抢"。邻居回家即点燃蜡烛，认为是一种祥瑞，可保蚕花兴旺。在一些蚕乡，新娘进男家门时，要向众人撒一些钱币，称"撒蚕花铜钿"，《撒蚕花》民歌中唱道："今年要交蚕花运，蚕花茂盛廿四分，茧子堆来碰屋顶。"旧俗还流行用红色彩纸扎"蚕花"，成为蚕乡女子的时尚。

旧时，在海宁的丧葬习俗中，死者入殓时，亲属按长幼亲疏，每两人要用手扯一张薄薄的丝绵，盖在死者身上。丝绵盖得越厚越体面，有保护死者遗体之意，也包含了请死者保佑蚕花丰收的祈求。

民间各具特色的蚕神供奉及祭祀活动，同样显示出蚕神在古代社会中的神圣地位，以及蚕桑业在经济发展中不可替代的作用。其实，蚕事对中国古代社会的影响，还可以从历代的行政区划中看到。在很多地方，以桑命名乡村、以桑命名山川沟壑，可谓不计其数。

蚕农对蚕神给予最高期望，就是希望蚕神保佑桑蚕生产平安顺畅、获得丰收。由于涉及周而复始的饲育周期，涉及蚕儿群集的生命过程，涉及自然环境对于养蚕过程的影响等，在技术落后的古代，人们除了诚惶诚恐、精心细致地照料和护理养蚕过程的每一个细节之外，只能将希望寄托于蚕神保佑了。

二、养蚕习俗

养蚕是一项十分艰辛的生产劳动,由于蚕儿天生娇嫩,因此,在养蚕时必须细致入微,不能有半点马虎。

几千年来,蚕农们在养蚕过程中形成了一系列独特的生产习俗。如浴种前,必须在一个特定的日子祭祀蚕神。

养蚕伊始,江南一带要停止一切交谊活动,家家闭户,不相往来。乾隆《震泽县志》称,三四月为蚕月,"禁喧闹,忌亲朋来往"。同治《盛湖志》记述:"是月,乡村各家闭户,官府停征收,里闾往来庆吊皆罢,谓之'蚕关门'。"

蚕过三眠,俗称"出火"(气温转暖,蚕体长大,蚕室内撤去火盆)。此时,收成已大致定局,家家都要做茧圆。茧圆用糯米粉捏成,长圆形,实心无馅,蒸熟食用。茧圆状如蚕茧,寓意收成到手。人们往往要用茧圆供奉蚕神。

初上簇时,邻里亲戚间恢复串门,彼此评看结茧情况,互相馈赠,其中咸鲞及水糕(方形米粉糕,中央置糖或肉馅)为必备之物。从鲞(xiǎng)的谐音引申出来,意为"有想头",期望来年再丰收;水糕的谐音"丝高",意为生丝高产。

在蚕月大忙季节,蚕桑产区的寺庙要敲"蚕花鼓",每晚黄昏时分,由老和尚执槌,鼓声时缓时急,时轻时重,鼓点的节奏听来隐似"蚕花念四(八)分"。更深人静,鼓声对在蚕室里操劳的人们有提神作用。

大眠至上簇时分,游民、乞丐用稻草扎成马鸣王菩萨,外面用红布包裹并缝好,挨家挨户乞讨,口唱莲花落:"马鸣王菩萨上门来,一家两家三家来,家家人家大发财。小茧采来像鸭蛋,大茧采来像鹅蛋……"采茧以后,养蚕全过程结束,蚕家门户洞开,称为"蚕开门"。此时,新丝即将上市,"活来钿进账"指日可待,蚕家喜悦之情溢于言表。村坊之间喧闹恢复如常,蚕户多办酒宴以庆贺。康熙《吴江县志》载:"采茧为落山矣,乃具醴牲飨神,速亲宾以宴之,名'落山酒'。"

到了岁末,吴江蚕桑产区震泽及黎里一带有照田蚕的习俗,以此祈祷来年稻米蚕茧丰收。乾隆《震泽县志》记述,旧历十二月二十五日在"田间缚篙簌于长竿,擎而烛之,以祈丝谷,名照田蚕"。与"谢蚕神"并存的是"怯蚕祟"。古时,蚕农认为蚕亭失利是鬼怪作祟所致,故而想尽一切办法驱赶危害蚕儿的邪神恶煞,使之逢凶化吉,遇难呈祥。如在门前地面上用石灰水画出弓和箭驱鬼,或在门框上方悬镜反照,或张贴门神守护蚕室,等等。

在江浙交界地区,清明日有吃螺蛳的习惯,相传蚕病称"青娘",躲藏在螺蛳壳内,吃掉螺蛳肉,把空壳抛上屋面,"青娘"无处藏匿,也就无从作祟了。与往日相异的是,这一天吃螺蛳是不用嘴吸的,而要用针挑出,称为"挑青"。

在吴江震泽一带桑蚕食叶盛期,本地桑叶不敷时,常从桑叶行里购买来自东山与乌镇的桑叶。外来桑叶进屋前,蚕农要先用桃枝拍打,所谓用桃木驱邪,赶掉野鬼。有些蚕户则将桃树嫩枝弯成小圆圈放在蚕匾内压邪。

我国北方也有很多与养蚕生产相关联的习俗。山东的沂蒙地区不是桑蚕集中产区,但依然对种桑养蚕抱有毕恭毕敬的崇敬心态。如养蚕讲究人品,因为桑蚕是宝物,须心地善良、勤奋忠诚、性格柔和、爱蚕如宝的人才有资格饲养。在养蚕过程中,蚕农要做到衣着整齐;除手脸外,不露肌肤;不涂脂粉,不用烟酒,不食五辛(葱、韭、薤、蒜、椒);不狂语,讳脏话。

很多流传下来的习俗,以及关于"谢蚕神"和"怯蚕祟"的做法,在古代是为了维护桑蚕的健康生长,争取蚕茧丰收。这些原始意识不可避免地夹杂着非科学的成分,但其中也包含了很多有利的和必要的措施。如"蚕关门",就在客观上防止了病菌的侵袭,减少了蚕病的发生与蔓延。这些都是蚕农在长期实践中总结出来的经验。

养蚕习俗是几千年来蚕农们在养蚕过程中形成的,有的保留至今。这些风俗是古代蚕农养蚕生活的真实写照，也从一个侧面反映了古代的社会经济与文化风貌。

三、养蚕禁忌

在古代，由于人们对种桑养蚕过程中的很多自然现象、自然规律缺乏了解，因此产生了许多禁忌，如在养蚕前，要打扫蚕房，清洗蚕匾，张贴用红纸剪成的猫、虎形剪纸等，以驱避一切有害于蚕的病毒和虫兽等；在蚕室的门上，要贴上写有"育蚕""蚕月知礼"等字的红纸，谢绝邻里之间相互来往；等等。

古籍中也总结了很多古代养蚕的禁忌。如《务本新书》中记载蚕儿"忌食湿叶，忌食热叶"，告诫蚕农，既不可饲喂潮湿的桑叶，亦不可饲喂热桑叶。此外，蚕初生时，忌屋内扫尘；忌煎鱼肉；不得将烟火纸燃于蚕房内并吹灭；忌在侧近舂捣；忌敲击门窗槌箔以及有声之物；忌蚕房内哭泣叫唤；忌秽语淫词；夜间，不可使灯火的光突然照射蚕屋窗孔；未满月产妇，不宜作蚕妇；蚕妇不可频繁更换不同颜色的衣服，要注意洗手保持洁净；忌醉酒之人用桑叶饲蚕、抬蚕换箔、梳理蚕位；蚕从出生至老熟，大忌烟熏；不可将刀放于灶上、箔上；灶前，忌用热汤水泼洒灰火；忌产妇入家；忌烧皮毛乱发；忌酒、醋、五辛、鱼、麝香等物；忌生人闯入蚕室，防野鬼带入；忌在居屋四周锄草，以防惊动土神；忌拍蚕箔，以防财气被拍光。此外，蚕箔忌正对太阳的迎风窗；忌斜阳西照蚕室；忌温热时猛风暴寒；忌凉寒中陡然过热；忌不洁净人入蚕屋；蚕屋忌靠近臭秽；等等。这些禁忌有符合科学道理的部分，也有不少缺乏科学依据。其实，苛严的禁忌，与神圣化的蚕神崇拜密切相关，昭示了蚕农诚惶诚恐的心态，也反映了农家对于养蚕事业兴旺和蚕茧丰收所寄予的极高期望。

除了上述养蚕过程中的禁忌外，各地方在养蚕期间的语言表达也有诸多忌讳。如嘉、湖及江南一带忌说"死"字，见到死蚕只能悄悄拣出，不能言传；忌说"亮"字，避亮蚕之讳；忌说"酱"或生姜，避僵蚕之讳；忌说豌豆，避完结之嫌；忌直呼酱油，改称"赤辣子"，以免遭遇"酱油病"（蚕受细菌感染腐败，体液呈赤褐色）危害；忌直呼豆腐，改称"白玉"；等等。

与忌讳相对的是讨口彩，如在堂屋、蚕室到处悬挂长条红纸，纸上用毛笔书写"蚕花念四分"（或"蚕花念八分"）。乾隆《震泽县志》记载："每出火蚕一斤。收茧十斤，为十分，过则得利，不及则失利。"念四分及八分，寓意多收茧、多出丝。有的地方甚至连出恭也雅称为"睁一睁"，因为吴语中"睁"与"长"同音，寓意蚕体长一长。

养蚕是古代劳动人民创造的重要技艺，在数千年的实践中，古人积累了丰富的经验。养蚕技术的进步充分反映了劳动人民认识家蚕这一生物体及其生命过程的不断进步。古人在家蚕生长发育、营养饲育、病理生理等方面的认识，以及蚕种技术、养蚕布局、蚕病防治等方面的进步，使我国古代的养蚕生产在明、清时期达到了顶峰。

第五节　养蚕布局及蚕丝业中心的南移

我国蚕桑业主要分布于黄河、长江两大流域。秦、汉以来，黄河流域一直是蚕桑业的中心，但两宋之际，发生了一次大规模的空间转移，北宋时，南盛北衰初见端倪，至南宋，长江流域，特别是江南地区已超越黄河流域，成为蚕桑业的中心。明、清以降直至近代，长江流域在国内蚕桑业中的地位已遥遥领先。蚕业中心的南移是由多种因素促成的，包括自然、经济、政治等诸多方面，在这里，我们将从棉花的推广和养蚕技术的进步两个方面来探讨。

一、棉花的推广

在我国历史上，最早用于纺织的原料是葛、麻、蚕丝和羊毛，而棉花用于纺织，时间最晚，却发展最迅速。棉花种植最早出现在公元前5000年至前4000年的印度河流域。至少在2 000年以前，我国广西、云南、新疆等地已采用棉纤维作纺织原料。在棉花传入以前，我国人民的衣被主要是麻、葛和蚕丝制作的。宋、元时期，棉花传播到长江、黄河流域的广大地区。元代官修的《农桑辑要》记载："苎麻本南方之物，木棉亦西域所产。近岁以来，苎麻艺于河南，木棉种于陕右，滋茂繁盛，与本土无异。二方之民，深荷其利。"王祯《农书》亦称：木棉"其种本南海诸国所产，后福建诸县皆有，近江东、陕右亦多种，滋茂繁盛，与本土无异"。从这两条记载可以看出，宋、元时期棉花已通过南北两条途径迅速传入中原地区。至元代，我国农业发展中出现了一个重大的变化，就是棉花栽培面积迅速扩大，并超过桑、麻成了人民衣被的主要原料，蚕丝和麻、葛则逐渐被棉花所替代。棉花之所以能够替代蚕丝，是因为棉花的生产过程比蚕丝简单，单位面积产量也较高。王祯《农书》中说到，由于棉花"比之桑蚕，无采养之劳，有必收之效；埒之枲苎，免绩缉之工，得御寒之益，可谓不麻而布，不茧而絮，……此最省便"。正因如此，棉花得到了比桑、麻更快的发展。另外，在具有悠久历史的纺纱技术的支持下，将棉花纺成细纱用于织造，具备了比较成熟的技术，因此棉布比丝织品有了更成熟的技术支持。

元代以后，种植棉花的区域越来越广，被棉布、棉花所取代的丝织品和丝绵也越来越多，社会上对丝茧的需求大大减少，使得蚕桑生产逐渐趋于衰落。一般地区农村中家家户户养蚕缫丝也风景不再了。

二、从三眠蚕到四眠蚕

宋、元时期，北方养的都是三眠蚕，南方养的则一般是四眠蚕。三眠蚕抗病能力比四眠蚕强，而且比四眠蚕容易饲养。但四眠蚕的茧丝比三眠蚕优良。明代徐光启的《农政全书》上记载了蚕的龄期因地区而不同的现象，称"北蚕多是三眠，南蚕俱是四眠。日见老者，量分数减饲；候十蚕九老，方可入簇。值雨则坏茧。南方例皆屋簇，北方例皆外簇。然南簇在屋，以其蚕少易办，多则不任。北方蚕多露簇，率多损压壅阏"。这是说，北方蚕多为三眠，南方蚕则都是四眠。当有蚕老熟时，按照老熟蚕的比例逐渐减少饲喂的桑叶量，待到十蚕中九蚕老熟，才让蚕入簇。遇到下雨时茧容易坏。按照南方的做法都是在屋内上簇，北方惯例则是在屋外上簇。南方在屋内上簇，蚕少可以做到，蚕多时则不可胜任。北方蚕多在屋外露天上簇，损耗比例较大，常有蚕体相压阻滞生长的情况。由此可见，北方的三眠蚕可以在屋外上簇，而南方的四眠蚕须在屋内上簇，表明三眠蚕较之四眠蚕有较强的环境适应能力。我们知道，四眠蚕比三眠蚕体大、茧量多、丝质佳，但四眠蚕比三眠蚕难养且易得传染病，长江流域的蚕农能够饲养丝茧质地较优但比较难养的四眠蚕，这也说明长江流域的养蚕技术比北方更为成熟。当然，我们也应该看到优质的湖桑以及优良的自然条件使得南方饲养四眠蚕具有更大的优势。其结果是南方的优良养蚕技术有力地支持了南方蚕丝业的发展。

三、江南地区蚕桑技术的优势

楼璹的《耕织图》反映了南宋时期江南育蚕的全过程，以及缫丝织造的先进技术，其工艺之完善，设备之进步，说明我国古代蚕桑丝绸生产技术已基本定型，元、明、清三代并无大变。王祯《农书》卷二十"农器图谱"也记载有南北方不同的育蚕方法及工具，大多南方优于北方，如用"蚕网"抬蚕，"比之手替，省力过倍，南蚕多用此法，北方蚕小时，亦宜用之"；又如，用以遍布桑叶的"蚕杓"，"此南俗蚕法，北方箔簇颇大，臂指盘有不能周遍，亦宜假此，以便其事，幸毋忽诸"；再如"蚕簇"，"南方蚕簇，止就屋内蚕盘上，布短草簇之，人既省力，蚕亦无损"。

可见，南宋以后江南地区蚕桑业十分兴盛，不仅意味着宋代以来南方（江南）蚕茧产量多于北方，即使在生产技术方面也显示出"青出于蓝而胜于蓝"的优势。蚕业中心的南移，这显然也是一个十分重要的技术背景。

四、生产规模的扩大和集约化生产

从宋代开始，植桑业、育蚕业、丝织业逐渐分离，这是商品经济发展的表现。明、清时期，南方出现了许多育蚕专业户，明代徐光启的《农政全书》称："看缫丝之人，南浔为善，以日计，每日庸金四分。"同时，江南地区出现了许多以蚕桑、丝织业为主的市镇，如苏州的震泽镇、盛泽镇，湖州的南浔镇、菱湖镇、双林镇，嘉兴的王店镇、王江泾镇，桐乡的濮院镇，等等。

生产规模的扩大、生产技术的提高、集约化生产、专业化生产，蚕桑丝绸生产过程中各要素均集中于太湖流域地区，极大地提高了蚕桑丝绸的产量和效率，因此从明、清时起，太湖流域的蚕桑丝绸业便在一个良性的轨道上运行着，而其他地方的蚕桑业生产再也难以影响其在国内蚕桑业前沿的地位了。

以上主要是从棉花的推广和养蚕技术进步两个方面来探讨古代蚕丝业中心转移的原因。最后还需要提到的是，关于两宋以后黄河流域蚕桑业的衰落，邹逸麟从更为宽泛的角度进行过研究，认为两宋以后黄河流域蚕桑业状态是无法与江南地区蚕桑业竞争的。他提出宋、元以后黄河流域蚕桑业的衰落原因，归纳起来主要有四点：

① 初期是异族契丹、女真入侵时的人为破坏。根据史籍记载当时南侵的契丹行军"沿途民屋、园圃、桑柘，必夷伐焚荡"（《辽史·兵卫志上》），女真入居黄河流域时，"不自耕耘，乃伐桑枣为薪爨之"（《金史·食货志上》），桑树被大规模砍伐，祸及北方蚕桑业的生存。

② 后期是由于棉花种植业的形成和发展。

③ 西北陆上丝绸之路的阻断和东南海上丝绸之路的开辟。

④ 南方蚕桑、丝绸技术的提高，商品化、专业化的发展，对国内外市场的占领，使得黄河流域蚕桑业无法与之竞争，逐渐趋于衰落。

此外，靖康战祸，使得北方人口大量南移，蚕桑丝织技术也随之南移，大大地加强了南方丝织业的技术力量等。

因此，黄河流域蚕桑业逐渐衰落，一蹶不振。

本章参考文献

1. 邹树文. 中国昆虫学史[M]. 北京：科学出版社，1981.
2. 费孝通. 江村经济：中国农民的生活[M]. 北京：商务印书馆，2001.
3. 邹逸麟. 有关我国历史上蚕桑业的几个历史地理问题[M]//复旦大学中文系. 选堂文史论苑. 上海：上海古籍出版社，1994.
4. 赵丰.《蚕织图》的版本及所见南宋蚕织技术[J]. 农业考古，1986（1）：345-359.
5. 周匡明，陈锡潮，徐近智. 方格蔟的渊源考：兼论我国蔟具的历史演变[J]. 农业考古，1985（2）：337-345，365.
6. 蒋猷龙. 数千年来我国桑蚕在家养下的演变[J]. 昆虫学报，1977，20（3）：345-351.
7. 汪子春. 我国古代养蚕技术上的一项重要发明：人工低温催青制取生种[J]. 昆虫学报，1979，22（1）：53-60.
8. 司伟. 吴江的风俗与养蚕业[J]. 苏州大学学报（工科版），2002，22（3）：134-135.

第四章

古今的丝

蚕儿吐出来的一根蚕丝，10 000米长度约3克重。吐丝完成后，一枚小小的蚕茧上可卷取1 000米左右的蚕丝，其纤细程度让人叹为观止，所以《说文解字》中把最小的长度单位"忽"注释为蚕吐出的一根蚕丝的粗细。我们已经知道，蚕儿吐出的蚕丝是由两根丝素纤维被丝胶包裹黏合而成的，而这两根丝素又分别由2 000根原纤维聚集构成，每根原纤维又是由更细的微原纤维聚集而成的。蚕丝正是因为这样一种无限可分的纤细纤维的集合，才拥有了种种不可思议的性质。真丝纤维神秘性能的主要来源之一就是这样一种细微结构。几千年来，由于蚕丝结构这样复杂而精巧的内蕴，以及由此产生的一般纤维材料无法企及的精美丝绸，使得蚕丝纤维在纤维世界始终独占鳌头，即使在科学技术高度发达的时期也始终被美誉为"纤维皇后"。

一根蚕丝引申出的蚕桑丝绸技艺成了中华民族贡献于世界文明和社会进步的伟大发明。这一发明不仅引发了蚕桑丝绸的应用及其生产技术的不断改良与逐步完善，孕育了在漫长的社会进程中不断升华的蚕桑丝绸技艺，同时其影响与作用还渗透到中华文明的每一个范畴，包括政治、经济、军事、思想、文化、艺术、礼仪等。在现代社会生活的各个领域，几乎都可以找到古代蚕桑丝绸文明留下来的痕迹；而人们在追寻种种现代文化现象的源头时也可以发现许多与蚕桑丝绸相关联的技艺与人文现象。中国古代社会固然有像火药、指南针、印刷术和造纸那样关乎世界文明进步及科学技术发展的发明，但是，像蚕桑丝绸一样影响波及社会各个领域并融入中华民族思想文化结构中的发明创造，可以说是独树一帜、无可比拟的。在讨论中国古今蚕桑丝绸技艺相关问题的时候，我们首先要关注蚕丝是如何被发现和利用的。

在这一章中，我们将基于迄今为止掌握的史料、出土文物及其研究成果，从进一步探源蚕丝的发明出发，阐析古代社会中蚕丝的地位，进而探索蚕丝是如何渗入古代社会生活并成为中华文明组成部分的；在这些探索的基础上，整理反映丝绸技艺精华的生丝的多彩品种及其特性，揭示古代缫丝技艺的演变过程；最后展示这一古代发明在现代社会的传承与发展。

第一节 生丝的发明

当探索蚕丝发明的经过时,我们发现,通过出土文物和文字记载所留下来的历史线索和资料都是十分有限的。这一伟大发明的历史至今扑朔迷离,充满了神秘的色彩,保留着大量的谜团等待现代人去破解。唯其如此,对中国古代蚕丝技艺精华凝练过程的梳理与展示,才更具有深刻的历史价值。

我们注意到,蚕桑丝绸的发明必须经过两个重要的过程。第一个过程是发现与获得蚕丝纤维材料。蚕丝自然是从野外生长的蚕茧中来的,古人怎么发现蚕茧可以抽出一根丝来作为织制材料的,这应该是一个有意思的过程。但是,因为没有一个流传下来可以清晰地解释这个过程的故事和确切的证据,后人只能根据一些民间传说,并将之加工成为种种充满猜想而又不很确切的神话故事。第二个过程是学会用蚕茧抽出来的纤细丝条织造成一块块绸布。将丝织成绸,尽管早已是一个耳熟能详的事实和一项广为人知的技术,但是,如果我们认为原始社会并没有任何神明引导的话,那么,古人如何产生并且进入用纤细的丝条编织成赖以遮身蔽体的服饰材料的思维与实践进程,同样是一个无法简单回答的问题。这里面同样也包含有很多没有解释清楚和无法确证的故事。

我们不妨从对这两个过程迄今所了解的信息来推断和梳理一下蚕桑丝绸的发明经过。

一、山西西阴村新石器时代遗址中的半个蚕茧

首先讨论蚕桑丝绸发明的第一个过程,即发现与获得蚕丝的过程。说到蚕丝的发现,人们最先关注的,是蚕茧究竟在什么时候开始被我们祖先利用的。有关这点,各方面说得最多的,就是一个新石器时代关于蚕茧的考古发现。1926年,清华大学考古学家李济博士等人在山西西阴村发掘新石器时代仰韶文化遗址时,获得了一批石器、骨器、陶片和贝壳,经科学考证,判断为公元前3200年至前2900年间新石器时代的器物。这一次考古的研究成果《西阴村史前的遗存》发表于1927年出版的"清华学校研究院丛书"。李济博士在该著述中有关蚕茧发现的记载是这样的:"最有趣的发现是一个半割的、丝似的半个茧壳。用显微镜考察,这茧壳已经腐坏了一半,但是仍旧发光。那割的部分是极平直。清华学校生物学教授刘崇乐先生替我看过好几次,他说,他虽不敢断定这就是蚕茧,然而也没有找出什么必不是蚕茧的证据。与那西阴村现在所养的蚕茧比较,比那最小的还小一点。这茧埋藏的位置差不多在坑的底下,它不会是后来的侵入,因为那一方的土色没有受扰的痕迹,也不会是野虫偶尔吐的,因为它是经过人工的割裂。"据说这枚半割的蚕茧,是一名考古队员从一堆残陶片和泥土中发现的,只是一枚花生壳似的黑褐色小块,经过现场辨认,判断为一枚切掉了一半的蚕茧壳。这枚茧壳长约1.36厘米,宽约1.04厘米,切口呈现被锐利的刀刃切去状。这引起了当时主持发掘的李济博士的关注。可惜现场再没有发现第二枚类似的蚕茧。后经刘崇乐的初步研究,推断为桑蚕茧。1928年,美国史密森研究院对该茧壳进行了详细的研究,经鉴定,确认为蚕茧。

这样一个世界上最古老的蚕茧的孤证(图4.1),引起了中外考古学界长期的争论。

德国学者迪特·库恩提出,这是家蚕的茧,根据测定,这枚古老蚕茧的年代属于仰韶文化时期,约公

图4.1 一个最古老的蚕茧孤证

元前 2200 年至前 1700 年。1968 年，日本学者布目顺郎从台北故宫博物院得到了这枚蚕茧切片的照片，对此蚕茧进行了复原研究，测得原茧长 1.52 厘米，茧幅为 0.71 厘米，茧壳被割去的部分约占全茧的 17%。据此推断，这是一种被称为桑蟥茧的野蚕茧。美国学者波登海默认为，蚕茧只切一个小口，是为了将蚕蛹作为食品而不使其受损伤，留下的茧壳用于抽丝或纺丝。日本学者池田宪司经过多次考察后，认为这是一种进化不完全、蚕形较小的家蚕茧。

考古学家夏鼐对这枚著名的半割蚕茧持否定态度。他对测定的年代表示怀疑，认为蚕茧是后世混入的。根据经验，他认为在中国北部黄土地带的新石器时代遗址的文化层中不大可能找到保存得如此完好的蚕茧；此外，新石器时代也不会有那样锋利的刃器，可以把蚕茧的边沿切得那样平直。

布目顺郎对此提出了不同意见，他认为使用燧石薄片是可以把蚕茧切成那个样子的；另外，他还认为，像这枚蚕茧那样的有机物质埋藏在降雨量很少的地区（西阴村的年降雨量约为 500 毫米），保存 4 000 年至 4 500 年，虽然令人惊奇，但也并非不可能。

这样一枚引起考古学家长期争议，同时又引发人们很多遐想的蚕茧，从它的发现开始就受到了各方面的关注。这枚蚕茧最初由清华大学考古陈列室保存，后随李济博士的工作变动而移交至中央研究院，之后又归中央博物院保管，目前珍藏在台北故宫博物院。

由上述争议可以看到，这样一枚惊动世界的蚕茧，在它的确切身世尚存疑团的同时，确实还藏着许多难解之谜。在人们普遍传说的夏朝王都、蚕神嫘祖的故乡夏县西阴村，发现了一枚史前的蚕茧，当然是一件惊奇与幸运的事；然而在这个几亩地大的史前遗址中，一面是装满了九辆大车的石器、骨器、陶片和贝壳等考古资料，一面却又找不到其他任何类似的蚕茧壳了。遗憾之余，自然更令人感到不可思议。

李济博士当时就认为，夏县丝织业的历史非常悠久，可以把这枚蚕茧当作一种"文化遗留"看待。虽然留有很多争议，但是，迄今对这枚蚕茧的分析与测定得到的信息表明，这枚蚕茧不失为我国远古时期就已进行蚕桑丝绸生产的见证。

夏鼐在对西阴村出土的蚕茧提出上述质疑以后，迪特·库恩则对蚕茧出土的现实可能性表示了理解，他说："如果在公元前 3000 年中国的北部或南部都不养蚕的话，那又怎么能解释商代的相当发达的丝织技术呢？据我看来，即使没有发掘出钱山漾的丝织残片和西阴村的蚕茧，也可以肯定：在商代以前中国的北部和南部一定已经养蚕了。"

西阴村的半个蚕茧告诉我们，在新石器时代，古人已经学会了利用蚕茧。一开始，人们可能只是为了吃蚕蛹，但后来至少在商代已经出现了比较成熟的丝织技术，说明古人最终学会了利用蚕茧上的丝条。这样，探明从蚕茧壳上抽出一根细长的蚕丝的中间过程，就成为不可回避的问题了。

二、从蚕茧中获得织造纤维材料

有关古人对野外生长的蚕和它们吐丝之后化身的蚕蛹的最初利用，比较容易接受的观点是波登海默的说法，即主要是为了将蚕蛹作为维持生命的食物。按照韩非子《五蠹》的说法，"上古之世，人民少而禽兽众"，故首先学会"构木为巢以避群害"，以解决安全生活的问题。接下来就是获取食物的问题了。据传，在四五十万年前的北京猿人活动时期，我们的祖先就发现了火的功能，并掌握了利用这种自然力的初步技术。在旧石器时代晚期，人们可能已经学会了人工取火的方法，这使得食物的来源大大丰富了。不会伤害人类且比较容易大量获得的蚕和蚕蛹，在当时成为人们的食物十分自然。其实，直至今日，蚕蛹仍然是我国和世界上其他一些国家与民族餐桌上的美食。要将蚕蛹作为食物，就要把蚕茧切开，取出蚕蛹。这一行为是怎么与将茧壳用于抽丝或纺丝的技艺联系起来的呢？我们并不知道。

关于我国最早利用蚕丝的时间，有种种不同的说法，有说伏羲氏（图 4.2）"化蚕桑为穗帛"，有说帝喾时由少女"化而为蚕"，与此相关联的有很多马头娘（又称"蚕马"）的故事，主要都是关于马皮卷少女化蚕的神话。在古今史书中流传最广的传说，是黄帝正妃嫘祖始创种桑养蚕，并教化于民。此说较早见于南宋罗泌的《路史·后记五》，其中称黄帝"元妃西陵氏，曰嫘祖。以其始蚕，故又祀先蚕"。

图 4.2 伏羲氏

又见《隋书》："西陵氏之女嫘祖为帝元妃，始教民育蚕，治丝茧以供衣服，而天下无皴瘃之患，后世祀为先蚕。"历史上还有传说黄帝本人是养蚕的发明人，并让妻子嫘祖教会人民养蚕。公元前300年，战国时代的《礼记》中载有《昔者先王未有宫室》一文，其中讲到古人的进化过程时说："昔者先王未有宫室，冬则尽营窟，夏则居橧巢。未有火化，食草木之实，鸟兽之肉，饮其血，茹其毛。未有麻丝，衣其羽皮。后圣有作，然后修火之利……治其麻丝，以为布帛。以养生送死，以事鬼神上帝。皆从其塑。"称古时人们脱离原始生活，靠的是"后圣有作"，即后来出现了圣人。人们学会了用火，学会了制麻和制丝，并做成布帛，用以养生、送葬，并祭祀鬼神上帝。后世一切文明都是从这个时候开始的。又《礼记·礼运》中称："昔者衣羽皮，后圣治其麻丝以为布帛。"同样从"昔者衣羽皮"经过"后圣"，就到了"治其麻丝以为布帛"。

这些最古老的文字记载告诉我们，远古时代"未有麻丝"，"然后……治其麻丝，以为布帛"，其间的变化是如何发生的，由于没有文字记载，只能留下一段"失语"的历史。后世聪明的历史学者以"后圣有作"一语填补了历史的空白，于是又引出许多"后圣"的猜想与传说。这些猜想与传说最终只是把蚕丝的发明和利用归到神化了的黄帝、嫘祖或圣人头上，而回避了古人怎样发现和学会利用蚕丝的经过，依然回答不了人们是怎样开始将蚕茧用于抽丝或纺丝的这一问题。

为了找到答案，人们只能借助于最一般的生活经验，进行推测与想象。人们猜想，最初发现蚕茧可以抽丝，会有种种可能。由于蚕蛹被食用时，先要剥去茧衣，再咬破茧壳，或用当时简单的刃具剖开蚕茧。在进行这些操作时，人们就会注意到，蚕茧是由一些细丝黏合而成的。而如果将蚕茧放入口中咀嚼一些时间的话，茧壳经过唾液浸润，丝胶膨润后，就可以离解出长长的丝絮；或者，当人们用水浸泡蚕茧时，也偶尔会拉出一根长丝。从生活里这样一些不经意的细节中，人们发现了缠在蚕茧上的茧丝是可以剥离抽取出来的。当人们已经学会将细长或短小纤维并合或捻绞起来使其成为一根稍粗的绳条或纺线，并将其用于结绳、编网乃至制织时，很容易就意识到从蚕茧上抽出的丝条的价值，于是就会尝试着从蚕茧离解出一根丝条来。一开始，人们从蚕茧上得到的可能并不是按顺序离解开的一根单丝，而是杂乱的丝絮或断头丝，但利用当时已经掌握的搓绳捻线方法，就可以得到一根细长的捻线丝。在此过程中，人们终于意识到，可以尝试将蚕儿吐出的丝条循序抽取出单根长丝来使用。在当时的条件下，为了得到一根可以方便使用的丝条，人们会设想各种办法，如将蚕茧在热水中浸泡，或煮至表面的丝胶软化、丝条之间的胶着被离解，然后从一枚蚕茧上抽出一根单独的丝条，并将它卷取起来备用。这样一个过程经过很长时间的磨炼与改进，最终凝练成为一项有一定操作程序且各程序有特定做法的技术，这就是最早的缫丝技术。

这样的故事，怎么说也只是一种推测，虽然很自然，也很有道理，但是由于先人们没有给我们留下任何确切的文字或者实物证据，我们也只能将它作为一种推想而已。另外，我们也应该注意到，发现蚕丝和利用蚕丝的过程虽然缺乏史料或出土文物证据，但这本身也反映了一种史实，也是一种古人传递下来的重要的信息，因为从这样的信息中至少我们可以做出以下判断。

首先，蚕丝发明缺乏详细过程信息的事实告诉我们，在历史资料、史实记录与保存手段十分缺乏的原始时期，发现蚕丝和利用蚕丝的漫长过程，只是日常生活和生产过程中一些平凡、细小的事件，还远远算不上是重大事件。人们在长期的生产过程中，随着社会进步、人口增长，虽然记事、计数手段自然产生，在文字出现以前也出现过如结绳记事、刻木记事（图4.3）以及后来的甲骨文等，但这些简单的方法只能记录一些社会生活中亟须记录的或被认为是特别重大的事件，而其他大多数事情或事件只能依靠口授言传的方法世代相传。因此，只有特别重大的事件才能被记录下来传至后世，为人所知。这样，关于发现蚕丝和利用蚕丝的过程及其细节，在当时的条件下，难以留下它的原貌记录也就不难理解了。但是，我们也注意到，这样一个极为缺乏记事手段的时期，其实也正是我国古人创造中国的象形文字的时期，所以，我们除了从最终的蚕茧缫丝技术进化结果来推测这个进程外，还可以从中国古代文字这种活化石的形成过程去寻找蚕桑丝绸发明的更多线索。从另一方面看，缫丝技术发明之前的技术进步过程，没有留下清晰的文字记载的事实，恰恰说明了缫丝技术发明之前的技术进步过程必然是处在象形文字尚没有发明或者发明之初的阶段。所以，公元前300年以前的文字记载所说的"后圣有作，然后修火之利……治其麻丝，以为布帛"，以及后来缫丝技艺被详细记载的文字资料，还有古人创造的文字本身所融入的大量缫丝技术要素等现象，给我们提供的重要信息是，我国古人创造出中国象形文字的时期，应该也正是古人发明创造蚕茧缫丝技术的时期。

(a) 结绳记事　　　　　　　　　(b) 刻木记事

图4.3　上古时期中国及秘鲁印第安人使用的结绳及刻木的记事方法

其次，当蚕丝的抽取及利用技术经过长期的积累、改进与总结，成为一种具有相对确定的程序，并具备了比较程式化的操作之后，就会由当时一些先知先觉的领袖人物，如《礼记》记载的"昔者先王"等，进行汇总整理，使之成为可供传授于人的完整方法，随之由他们教化于民。这应该就是黄帝、嫘祖"始教民育蚕，治丝茧以供衣服"的历史背景。也就是说，在缺乏文字记录手段的时代，蚕丝的发现和利用，由他们进行了总结与推广，最终成了一项世代传承的技术。当然，他们的这一努力也是重要的，它使养蚕缫丝技术被总结整理成了可以流传下来的技术形态与模式，并最终成了中华民族贡献于世界文明进步的重大发明。由于历史舞台上的主角是黄帝、嫘祖，而育蚕治丝涉及国土的强盛、社稷民生的发达，于是，这一发现就成了关乎国计民生的大事件。

发现蚕丝和利用蚕丝的详细过程没有详细记载的事实告诉我们，这一过程是一个漫长的技术发现与积累的涓流过程。我们除了从最终的蚕桑缫丝技术进化结果来推测这个进程外，在古代文字这种活化石的形成过程中寻找更多线索，也将是一个可行的路子。

三、蚕丝发明在纺织技术进化过程中的定位

蚕桑丝绸发明的第二个过程，就是用从蚕茧抽出来的纤细丝条织造绸布的过程。如前所述，当人们学会用细长或短小的纤维并合或捻绞起来成为一根稍粗的绳条或纺线，并将其用于结绳、编网、制织时，从蚕茧上抽取丝条的价值，就很快地被充分领悟了，古人开始摸索从蚕茧中离解出单根长丝的技术，并将其用作纺织的原料。这就是说，古人学会结绳、编网、制织技术，应该是在发现蚕丝并将其用于丝绸织造之前。可以这样设想，如果古人不是在长期的生产、生活中掌握了使用细长绳索、纤维条来编织布片状材料的技术，并发明了相应的制作工具器件的话，那么，将纤细的蚕丝用于织造原料显然是无法想象的。这个看法，与我国考古学界的认识是一致的。

我们不妨探索一下古人从利用细长绳索和细小纤维到发明蚕丝纺织的过程。

原始人类为了生存，首先要获得食物，然后就是要在各种不利的生存条件下保护自身，包括在寒冷环境中维持体温、躲开野兽侵害、驱避虫蛇骚扰等。因此，在远古时代，各种绳索与纤维的利用首先是为了满足人类最基本的生存需求。

《易·系辞》记载，伏羲氏时，人们就已经"作结绳而为网罟，以佃以渔"。当时，伏羲氏教民结绳为网，用来捕鱼打猎。这个传说足以说明在早期利用绳索在人类进化中具有重要地位。由此也可知，"作结绳而为网罟，以佃以渔"的原始时代远远早于人们利用蚕茧来缫丝的时代。

图 4.4　许家窑旧石器时代遗址中发现的石球

在历史上，许多民族的纺织技术，都是在有了弓箭而尚未具备制陶技术的时候出现的。在探索纺织技术的渊源时，绳索的早期利用是一个重要的线索。大约在 10 万年前的旧石器时代中期，我们的祖先由于狩猎和采集活动的需要，学会了制作简单的初具雏形的绳索和网具。绳索与网具的使用，与纺织技术的发明有着密切的关系，可以说这是引导人类进入纺织殿堂的敲门砖。最初，绳索与网具仅用于狩猎时捆绑打击动物的石球或绳兜。20 世纪 70 年代，在许家窑旧石器时代遗址中发掘出了 1 500 多件石球（图 4.4），最大的重 1 284 克，最小的只有 112 克。经考古学家研究，认为这都是供人们狩猎时"投石索"使用的。石球在使用时，要用棍棒或绳兜联结投掷，所使用的就是用植物纤维或用兽皮条编结而成的绳索和网兜。它们将石球包裹起来，并留下一段长长的链绳。使用时，就像现代体育项目中的链球一样，利用投掷出去的冲击力，击中动物的腿部，使其失去奔跑能力，然后再将其捕获。

上述狩猎方法中的绳索或网兜的制作，前者需要有搓绳技术，而搓绳技术的延伸就是后来纺织工程中的丝条加捻技术。此外，为了用植物长纤维制作所需长度的绳索，还要将树皮、麻条一类的原始纤维条块敲打松解，使其软化并离解开来成为尽可能细的纤维条，再进一步将这些纤维条并合、搓捻和续接在一起，使之成为可供利用的绳索。这一过程正是纺丝技术的雏形。网兜制作，则需要将绳条以特定的方法编结成具有特定结构与紧密程度的编结物，而这就是早期编织技术的雏形，也正是纺织技术进化的前期发展阶段。织造技术出现以后，先人们发明的织物中就有类似编织成网兜的罗织物。事实上，"罗"的旧字"羅"就是指捕鸟的网；在甲骨文中，"羅"字形如网中有隹，表示以网捕鸟。而网是用细绳编结而成的；因此，罗织物可以看成是编织与织造互相演化关系的一个证据。

史书资料和出土文物都已经佐证，自旧石器时代起，人们生活中已经可以看到很多以绳索编结的物品。前述《易·系辞》记载了传说中的伏羲氏"作结绳而为网罟，以佃以渔"的故事；《文子·精诚篇》也有伏羲氏"之王天下也，枕石寝绳"的记载，显示伏羲氏睡的就是用绳结成的网床。1973 年开始发掘的浙江河姆渡 6 000 多年前的民居遗址中，出土了一些带芯的植物茎皮碾成的线和一段草绳，其使用搓合的方法制成，是我国已发现的最古老的绳子（图 4.5）。河姆渡遗址还出土了目前所知最早的以植物为原料的编织物——芦苇席残片，纹样为席纹。另外，在新石器时代的半坡遗址中出土的陶器底部发现有使用较粗纱线做成的编织物印痕（图 4.6），有蓝纹、叶脉纹、方格纹和回纹等。从出土的编织印痕和实物的精细程度看，我国新石器时代的编织技术已经完全摆脱了原始的粗疏状态，原料已从树皮、芦苇、竹片发展到麻类植物纤维和柔软的蚕丝，编织纹已从平纹发展到芦席纹、回纹等，更加复杂多样，显示了相当高超的编织技术。现在比较一致的看法是，夏代以前的纺织技术是经过了很长的历史过程，从编结、编织逐步演进而形成的。这就是说，织造技术最初是从制作渔猎用的编结技术和竹木条编织席垫的技术进化而来的。

图4.5　河姆渡遗址出土的植物茎皮草绳

图4.6　半坡遗址出土的陶器底部的编织物印痕

从这样的绳索使用到网具制作中，我们可以注意到，有关编结、编织的早期纺织技术的发生和演变过程，是一个与蚕丝的发现及应用相互独立的过程。在蚕丝发明以前，人们就已经开始使用各种植物纤维制作纤细的绳索和纤维条，并以编结网具类物件来满足生产和生活的需要了。正是有了这个过程，人们才发现并逐渐学会了利用蚕丝，推动了养蚕缫丝技术的发明与进步，最终为纺织纤维材料的拓展贡献了一种高贵丝条。这一发明还推动了织造技术的改进，以及丝织机械的发明、进化，将纺织技术的演化推进了一大步。

有关从绳索使用到结绳、编结、编织，以至织造的演化过程，孤立地看起来是十分自然的。人们为什么会走上用纤细的丝条织成布以作为遮身蔽体材料的道路，似乎可以理解。但是，如果考虑到遮身蔽体的材料的选择，那么纺织显然并不是唯一的路径。大自然中存在着很多现成的片状、薄块状以及具有柔软性能的材料，如兽皮、树叶、芦苇、草条、树枝等。把这些材料连缀在一起，似乎更容易得到大块面的且具柔软性的护身服饰材料。如人类早期为了御寒，使用只需简单处理过的兽皮即可；为了防止鸟、兽、蛇、虫的侵害，还可以把树叶、树皮缀在一起，包裹身体，或用茅草集束，做成蓑衣遮挡。这些都是使身体得到有效保护的办法。可是，这些保护身体的方法有着很明显的缺点，如形态不易控制、缺乏稳定性、缺乏舒适性、不耐用等。虽然自然界中可利用的块状或片状材料很多，但是为了获得形态可控、易于连缀加工、穿着舒适的遮身蔽体物，块、片状材料并不一定是最有利的。因此，最终成为人类服饰主流材料的，并不是这些容易得到的、可以现成利用的片状或块状材料。人类在保护身体的服饰制作材料的选择上，实际是走了一条否定之否定的路径。即为了获得便于加工使用的服饰用薄片或块状材料，古人最终选择的方法是，不直接利用这些大自然创造的块状、片状材料，而是将这些块状、片状材料的形态归零，敲打离解成为各种材料共同的基本结构——细小的纤维。这是第一次否定，即推翻原始材料的自然联结的结构形态。然后，将得到的细小的纤维进行重新组合，搓捻成为绳索长条后，采用编结、编织、交织及黏合等种种方法，实现第二次否定，把纤细的基本纤维长条重新制作成为轻薄的片状材料。经过这样一个否定之否定的过程，原有的片状材料又再度复归成为新的薄片状材料。其结果是，新的薄片状材料在外观形态、物理性能、穿着触感、加工性能等方面都脱胎换骨、焕然一新，加上材料选择的多种可能，最终人们获得了加工制作服饰材料的无穷可能性。

因此，服饰材料制作选择什么样的道路，实际上是人类进化历史上的一场大博弈，这场博弈的结果是，人们放弃了对自然界中现成片状、块状材料的利用，同时也摆脱了这些现成材料利用上的局限性，实现了从各种块状、片材料到纤维材料再到新型轻薄材料的改造，拓开了纺织技术广阔的天地。看似人们走了一条弯曲的路，不可思议地直接利用或再生成了一些纤细的丝条，把它们编织或者交织成柔软的布块，用它们来制作服饰和各种生活、生产资料，而实际上，正是这样的思维转换结果，造就了流传几千年却经久不衰，并且越来越多样化、越来越充实丰富的纺织系统与技术，使得现代人类有了今天这样一个丰富多彩的服饰世界。

四、新石器时代遗址中的葛布残片

现在我们已经知道，纺织技术的发明和应用是一个独立于蚕丝发明的过程。近期的研究报告表明，人类最早的衣物很可能出现在7万年前，而最早使用纤维织造纺织品的时间可能要追溯到3万年前。蚕丝的发明则应该是一个后来的、伴生于纺织技术演化过程，并带动了纺织技术发展的重大事件。另外，我们也已经知道，纺织技术是在很长的历史过程中，从编结、编织以至织造的进程中形成的。

亚麻纺织品是迄今世界上发现的最古老的纺织品，其历史可以追溯到数万年以前。人类将野生亚麻用于纺织的最早证据来源于格鲁吉亚共和国，在一个36 000年前的旧石器时代晚期的名为厥兹瓦纳山洞（Dzudzuana Cave）中发现了经过纺纱、染色、打结的野生亚麻纤维。亚麻最早被培育种植是在新月沃土（Fertile Crescent）地区。人们从叙利亚的古代村落遗址拉玛德（Tell Ramad）获得了9 000年前古人培育变大的亚麻油籽的证据。此外，在瑞士的湖上住宅基地发现了秸秆、种子、纤维、纱线及各类面料的碎片，其年代可追溯到大约公元前8000年。据报道，在5 000年前（公元前3000年），这种亚麻作物已经得到了稳定的利用，所涉及的地方包括瑞士和德国。而在我国，还有印度，种植栽培亚麻也至少在5 000年前（公元前3000年）。

图4.7 古埃及时代壁画中的纺锤纺线图

从出土文物以及洞窟壁画所提供的信息可知，人类至少在1万年前就已经知道用短纤维捻合起来做成丝条的纺纱技术了。图4.7所示是古埃及时期人们用纺锤纺线的壁画。图4.8所示为当时使用的经线两端固定的织机。古埃及时期的织物以羊毛或亚麻为原料，这种原料就是使用这样的织机织造而成的。亚麻是人类早期使用的主要纺织原料，有强度高和柔软的特性，古埃及时期就已用来制作绳索和衣服。据传，用亚麻和彩色绣花布做成的衣服在当时受到法老和上层社会的特别青睐。此外，亚麻布还被用来制作木乃伊的裹尸布。

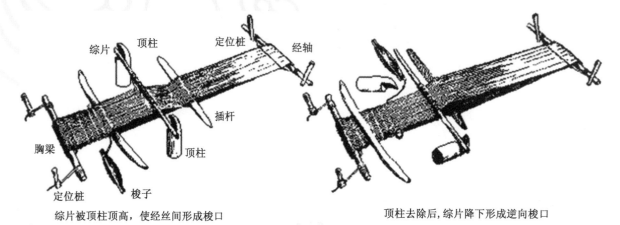

综片被顶柱顶高，使经丝间形成梭口　　　　　　顶柱去除后，综片降下形成逆向梭口

图4.8 人类早期使用的经线两端固定的织机

因此，迄今为止发现的考古证据说明，世界上亚麻纤维的利用至少开始于36 000年以前，亚麻纺织品也已经有上万年的历史了。那么，有关纺织技术发明与应用的经过，出土文物和古籍资料又提供了哪些信息呢？

考古资料显示，我国古人在公元前4000年前，也就是距今6 000年以前的新石器时代，就已经开始使用一种藤本植物——葛藤和大麻的纤维织制布料了。我国现已发现的最早的纺织物就是以葛为原料的布片。1972年，江苏苏州草鞋山新石器时代遗址中出土了3块纬线起花的罗纹葛布残片（图4.9）。根据对残片的测定分析，织物使用的双股纱线的直径（投影）为0.45～0.9毫米，捻向为S捻；经密为10根/厘米，地部纬密为13～14根/厘米，罗纹部分大约26～28根/厘米，其织造技术已相当成熟。这一证据显示，在距今6 000～7 000年的新石器时代，苏州唯亭境内草鞋山一带已有原始居民从事葛布纺织物生产了。据《越绝书》记载，春秋末期，越王勾践"使越女织治葛布，献于吴王夫差"。周朝时，在中央设有"掌葛"官职，专门负责征收和掌管葛、麻类纺织原材料，并有了"山农"之葛（织葛布）和"泽农"之葛（供食用）的区分。葛布纺织的传统一直延续到近代。明、清至民国时期，农村家庭大多纺织葛布等土布，部分家庭还有木制纺纱机和织布机，人们以木制织布机织布，手工缝制衣服及被、帐等。绸缎比较贵重，一般百姓穿不起，而只能穿葛布、麻布、棉布等土布，这些就是以葛、麻、棉的纤维织成的粗布。清末至民国，葛、麻纤维才逐步退出衣料的范畴。

图4.9　草鞋山遗址出土的葛布及其组织复原图

除了葛藤以外，我国古人在新石器时代就已经开始使用苎麻作为纺织原料。上述河姆渡遗址中出土的绳索即为苎麻编成的；浙江湖州钱山漾出土了公元前2700年前的苎麻布残片；后来，福建武夷山岩棺出土了几块商代苎麻布和大麻布；河北藁城又出土了商代大麻布残片；湖南长沙马王堆汉墓中也有精细的苎麻布；等等。这些出土实物都证明，我国早在四五千年前已开始利用苎麻作为纺织原料织造布料了，可见当时纺织技术已经比较成熟。

最早记录我国古人利用葛藤作为原料进行纺织加工的古籍是《诗经·周南·葛覃》，其中记载："葛之覃兮，施于中谷，维叶莫莫。是刈是濩，为絺为綌，服之无斁。"这不仅描绘了葛的形态，而且说明了葛的使用方法，即把葛刈（割）回来用濩（煮）的办法进行脱胶，最后把得到的葛纤维按粗细不同，加工成絺或綌。对大麻和苎麻的脱胶方法，在《诗经·国风·陈风》里也有记载："东门之池，可以沤麻……东门之池，可以沤纻。"这说的就是大麻和苎麻采用池水沤渍的办法进行脱胶。农村中这种沤渍脱胶方法至今仍在使用。此外，关于大麻、苎麻的处理技术，如沤麻时间、沤渍水量水质、石灰水煮脱胶、半浸半晒脱胶等，都有详细的记载。

这些信息告诉我们，至少在6 000～7 000年前的新石器时代，我国已有葛、麻纺织品了。以葛、麻作为纺织原料时，需要将采集到的葛、麻植物茎条离解成细小的纤维条，并将它们重新合并、捻搓为绳索或细小的纤维条，这样才能作为编织或纺织的材料。在这一点上，其与以生丝作为织造原料的前处理程序是迥然不同的。因此，我国古人对葛、麻纤维材料的应用，以及相关纺织方法与器具的发明、使用，确实应该早于并且独立于蚕丝的发明与应用。

五、从已出土的纺织器件看纺织技术的进化

1933年至1934年,考古学家在北京人遗址上方靠近山顶的洞穴中发掘了山顶洞人的居住遗址。根据科学的考察与推测,山顶洞人的体躯特征和现代人没有明显区别,是原始的黄种人;他们生活在距今30 000年前,生活方式比"北京人"又大大前进了一步。在他们生活起居的山顶洞穴里,发现了一枚尾部穿孔的骨针,距今约30 000年。这枚骨针的长度约8.2厘米,最粗部分的直径约为3.1～3.3毫米。骨针针身圆滑,尖端锐利,残留的针孔直径约为1毫米。图4.10(a)所示即为中国国家博物馆收藏的山顶洞人骨针的复制品。这个发现显示,远在旧石器时代晚期,我们的祖先已经创造出了缝纫工具,其型制合理,做工精细。这枚骨针虽不能与现代的缝针相比,但是足以证明,山顶洞人已学会了缝制兽皮衣服。在周口店发掘的第四地点,还发现了用火的遗迹,把人类用火的历史提前了几十万年。遗址中有5个灰烬层、3处灰堆遗存以及大量的烧骨,灰烬层最厚处可达6米。这些遗迹表明,山顶洞人已经懂得用火以及能够捕食大型动物,而且学会了保存火种。而捕食大型动物与绳索以及网兜石球的利用是分不开的。

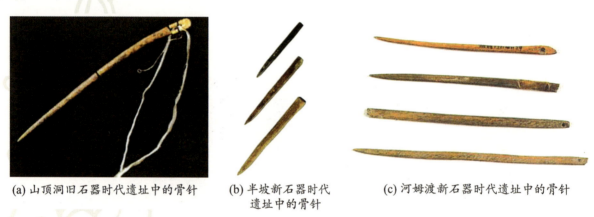

(a) 山顶洞旧石器时代遗址中的骨针　　(b) 半坡新石器时代遗址中的骨针　　(c) 河姆渡新石器时代遗址中的骨针

图4.10　古代遗址中的骨针

在山顶洞发现的骨针,是迄今发现的最早的纺织器具。后来的古代遗址发掘显示,到新石器时代,人们就已经广泛使用各种骨针了。如在半坡遗址,出土的骨针[图4.10(b)]多达281枚。其针身长短不一,最长的超过16厘米,最细的直径不到2毫米,截面为圆形或椭圆形,制作十分精巧,针面光滑圆润,针孔约为0.5毫米。河姆渡遗址第一期发掘出土的骨针共15枚[图4.10(c)],是用兽骨裁成细条磨制而成,长的15.7厘米,直径0.4厘米;还有12枚用鸟类肢骨做成的管状针,中空,一端磨成锋,尾端穿孔;此外,还有各种大小不同的骨匕。这些工具坚硬光滑,便于穿织时打紧纬纱。骨针及相关器具的发明与使用,表明早在6 000～7 000年前,人们就学会了利用以骨针为主的工具进行缝纫、编织。事实上,骨针是后来织布机中引纬器的前身,因此我们可以将其视为最原始的织具。骨针的使用在伴随古人制作各种缝织线材的同时,让他们逐渐学会了引线,而这是纺织工艺的一项重要进展。把纬线穿于针孔之中,一次性地将纬线穿过经线,就省去了逐根穿引的烦琐。图4.11(a)所示为《中国纺织科学技术史》中提供的骨针引纬示意图。根据推测,古代的编织技术大致分为两种:一种是"平铺式编织",即先把线绳水平铺开,一端固定,使用骨针,在并排的经线中一根根地穿织。另一种是"吊挂式编织",即把准备好的纱线垂吊在转动的圆木上,纱线下端一律系以石制或陶制的重锤,使纱线绷紧。织造时,甩动相邻或有固定间隔的重锤,使纱线相互纠缠形成绞结,逐根编织。使用这种方法,可以编织出许多不同纹路的带状织物。图4.11(b)所示为英国艾伦博物馆收藏的"吊挂式编织"示意图。从这样的编织方法进而发展出原始腰机应该是比较自然的。因此,骨针引纬的技术可以说是后来的腰机以及相应的织造技术产生的最直接先导。

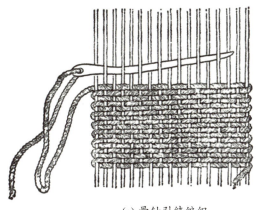 

(a) 骨针引纬编织　　　　　　　(b) 吊挂式编织

图 4.11　古代的编织技术

为了获得供骨针使用的线材，捻线、纺线技术也在不断提高。我国新石器时代的遗址中，出现了大量的纺轮一类原始纺丝捻线器具［图 4.12（a）］。纺轮多为陶制，也有石制的，圆形，中央有孔，用以安插小棍。使用时，棍子上端连接麻、棉等纤维，通过转动纺锤，把纤维捻成线。如在距今 8 000 多年前的河北磁山遗址中发现了纺轮，山东滕州北辛文化，陕西半坡遗址、姜寨遗址等处，也都有纺轮、纺砖的出土。此外，浙江河姆渡遗址、浙江钱山漾遗址、江西贵溪春秋战国墓群中还出土了后来的腰机零件，如打纬刀、分经棍、综杆、卷布轴等［图 4.12（b）］。作为纺织产品，草鞋山遗址和钱山漾遗址出土的新石器时代的葛布、麻布等纺织品残片，则更是不可多得的珍贵文物。

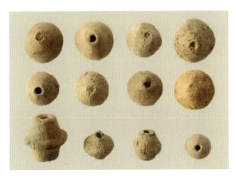 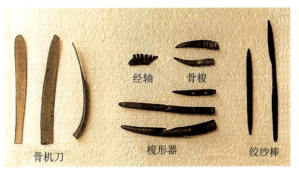

(a) 海南桥山新石器时代遗址出土的纺轮　　(b) 河姆渡新石器时代遗址出土的纺织器具

图 4.12　古代遗址出土的纺织器件

根据河姆渡遗址出土的纺织工具，以及草鞋山遗址、钱山漾遗址出土的织物来推断，大约进入新石器时代不久，古人就创造出了我国最早的纺纱工具——纺坠和踞织机（又称"腰机"）。据推测，那时候人们能够织造麻、葛和毛织物，主要依靠的就是席地而坐的腰机，利用这样的器具和一些天然纤维，才织造出真正意义上的纺织品。上海纺织科学研究所对草鞋山出土的葛布进行分析与复原研究后指出，葛布可能是在原始腰机上采用骨针系上纬纱用穿引的织法织成的。但是，这种葛布织造方法，并不是引通纬，而像是编织和腰机织造相结合的织造方法。据传，唐代大诗人李白的老师赵蕤所题《嫘祖圣地》碑文中也称嫘祖"首创种桑养蚕之法，抽丝编绢之术"。可见，早期古人所抽的蚕丝只是用于"编绢"，即编结丝绢，这还不是后来的"织绢"。

史籍资料显示，在新石器时代晚期，人们已开始将编结技术用于制作衣服了。《淮南子·氾论训》称："伯余之初作衣也，緂麻索缕，手经指挂，其成犹网罗。后世为之机杼胜复，以便其用，而民得以掩形御寒。"这里，伯余即"轩辕臣"，是黄帝臣下。其最初制作衣裳时，是将麻以水浸渍以后分拆为丝缕，再将丝缕并捻成索，然后用手穿插于挂在指间的麻索上编结起来，再结成网。这说明当时已经用麻来制作衣料了。又有《淮南子·齐俗训》记载，进入新石器时代的后半期，上古之世神农氏"身自耕，妻亲织",表明由于氏族制度的进一步发展,以及生产技术的进一步提高,男耕女织分工已自然出现。分工得以实现,显示供妇女织布用的器械和方法已经基本成熟。

原始腰机是斜织机(竖机)出现之前的一种比较简单的织布工具,主要由经轴、分经杆、布轴、幅撑、打纬刀、投纬器、背带和提综杆等部件组成。这种腰机已经实现了经丝上下开启织口、左右穿引纬纱、前后打紧纬纱这三项经、纬丝交织的主要运动,因而已经具备了最基本的织造功能,是织造技术的一大进步。战国至西汉时期,我国内地已经普遍使用有机架的斜织机,腰机逐渐成为历史。但在一些边远地区,如云南的滇人墓葬中出土了大量的纺织工具和青铜器件,说明西汉时期,滇人仍在使用腰机织布。尤其是一些少数民族,如彝族、独龙族、佤族等直到近代仍然在使用腰机。

关于腰机的形态,除了根据河姆渡等古代遗址出土的纺织工具进行推测以外,其他一些出土文物中也有比较形象的表现。如云南晋宁石寨山遗址出土的距今2 000多年的纺织贮贝器盖上铸造了一组女奴隶在奴隶主的监视下席地而织的形象。模型显示的足蹬式腰机没有机架,卷布轴的一端系于腰间,双足蹬住另一端的经轴并张紧织物,用分经棍将经纱按奇数和偶数分成两层,用提综杆提起经纱形成梭口,以骨针引纬、打纬刀打纬。

我国古代的纺织发明,从编织到原始腰机的使用实现了一次重大的飞跃。虽然原始腰机整体上十分简单,但其结构已经具备了后来织机上的关键器具:提综杆、分经棍和打纬刀。从织造原理上考察,原始腰机也完整地实现了上下开启织口、左右穿引纬纱、前后打紧纬纱三大主要运动,因此可以说是现代织机的一个雏形。从此,织机进入机架结构阶段,进一步解决了卷取和送经运动的问题,并出现了包括提综模式的变化,实现了织花等发展,但是就其织造的基本原理而言,已经是万变不离其宗了。

六、蚕丝的发现与丝绸织造技术的进化

图4.13 钱山漾遗址发现的绸片、丝带、丝线等丝麻织物残片

20世纪30年代,浙江考古学者慎微之发现了位于湖州市城南潞村的钱山漾遗址,这是人类丝绸文明发展史上的重要古文化遗址。1956年和1958年,对该遗址进行了两次发掘,2005年和2008年又进行了第三、第四次发掘。该遗址于1958年发掘时,考古人员在第22号探沟内的一个竹筐里发现了丝织物残片,包括绸片、丝带、丝线等一批尚未碳化的丝麻织物(图4.13)。通过碳-14(C-14)方法测定,其文化层年代为公元前2750±100年,属于良渚文化时期,是当时世界上已发现的最早的家蚕丝织品。其中有一块丝织物残片(图4.14)是用家蚕丝织成的平纹组织,长2.4厘米、宽1.0厘米,经、纬线的密度都是48根/厘米,经丝和纬丝的粗细相同,捻向为Z捻。另一块丝织物残片的经线密度为72根/厘米,纬线密度为64根/厘米,经、纬丝捻向均为S捻。两块丝织物残片的年代较之甲骨文出现的殷商时代要早千年以上。据报道,绸片出土时呈黄褐色,绸面丝缕平整,丝条依然有光泽。研究表明,该丝绸残片所用的丝条,是截面积约为40平方微米的细丝,全部出自家蚕茧

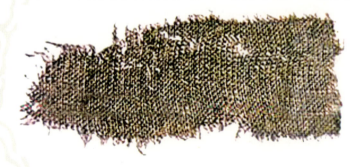

图4.14 钱山漾遗址出土的家蚕丝织物残片

丝;丝带则使用捻丝再并捻成丝辫连接而成贯穿在平纹组织中的细长带子;而平纹织物则是用经过精练得到的生丝制织而成的。这说明,在近5 000年前,我们的祖先就已经掌握了将生丝或坯绸上的丝胶练去,获得如珍珠一般色泽的丝织物的技术。蚕所吐出的茧丝是两根光滑而有光泽的丝素,由丝胶黏合成

为一根茧丝。以上丝绸残片正是由这样的多根茧丝制作而成的。此外，出土丝织物除了上述所说的捻度很低的经、纬丝之外，有一些织物经丝与纬丝都未经加捻。这就是说，当时的缫丝过程是不经加捻而只依靠丝胶本身的黏着力使丝条抱合，由此获得作为经丝用的茧丝长丝。将直径不到10微米的极为纤细而易于切断的茧丝离解出来并合得到粗细比较匀整的经丝，这在缺乏工具的时代，是一个难以掌握的操作。该出土情况反映了令人惊叹的事实。在遗址中，同时出土的麻布片、麻绳等纺织品，说明当时太湖流域丝麻织品和养蚕、桑苎种植已经相当发达。钱山漾遗址的发掘成果表明，中华民族远在新石器时代就已掌握了养蚕缫丝和织丝技术。

值得注意的是，这些蚕丝织物的年代比甲骨文出现的殷商时代还要早千年以上。事实上，不论是甲骨文的演化，还是蚕桑丝绸技术的发展，都需要很漫长的历史积累。到新石器时代，蚕丝生产技术已趋稳定，此时，我国的象形文字正在从结绳、刻石、刻木的简单记号逐步规范化为一些象形符号，并逐渐以比较稳定的形式固化下来。这一过程中的蚕丝技术形态，提供了早期的象形符号，并逐渐演变成为后来的中国文字。这正是我国的象形文字中融入大量蚕丝绸元素的背景。

如前所述，在进入新石器时代以后不久，古人就创造出了我国最早的原始织具"腰机"。并且，据上海纺织科学研究所对草鞋山出土的6 000～7 000年前的葛布的研究结果显示，葛布可能是在原始的腰机上采用骨针系上纬纱以穿引的织法织成的。这种葛布织法的特点，不是引通纬，而像是采用了编织和腰机织造技术结合的方式。根据良渚文化遗址钱山漾出土的距今5 000年前的丝织物和仰韶文化遗址青台村出土的距今5 500年前的丝麻织物残片，我们可以推测其织造时所使用的应为腰机，而后者的罗组织织造方法有可能是与草鞋山葛布类似的以骨针系上纬纱穿引的织法。

30000年前，山顶洞人学会了制作和使用骨针。此后又经历了不断的进化，古人为了利用采集到的植物纤维，如葛藤、麻秆之类，学会了搓捻绳索与细小的线条，并借助骨针用搓捻过的细小线条缝缀兽皮，编织或交织块状材料，随后又发明了原始的腰机。在这个过程中，古人发现了细长的蚕丝，并创造了获得这些蚕丝的方法。开始时，人们从食蛹余下的蚕茧壳，或从野地里得到的蛾口茧中获得断续而紊乱的短系，并利用已经掌握的搓线或捻线技术，将其加工成可供编织或织造的长丝。在长期利用蚕茧的过程中，人们终于发现，只要将蚕茧上的胶着物在高温水中软化，就可以获得一根完整的长丝。这个发现促使古人进一步创造出了获取一根完整长丝的方法——缫丝。此后，与缫丝相关的一些技术，包括从蚕茧上寻找丝头、软化蚕茧、离解丝条、卷取生丝等，不断地被发明，并不断得到完善，人们就得到了一种其他植物纤维和动物纤维无法比拟的珍贵纺织材料——蚕丝。这样一个发明蚕丝的过程，应该是在古人发明骨针，并逐渐学会利用绳索线条进行编结及纺织的过程之后产生的。

直到新石器时代，随着腰机的发明与应用，蚕丝也和其他纺织纤维材料一样，成了腰机织造使用的丝条，融入纺织机发展与进化的过程，并且由于蚕丝纺织原料的加入，使得织布机实现了对于生丝原料利用这一新的发展方向的改造。加上与其他以短纤维纺丝前道工序迥然不同的茧丝长丝缫取工程，形成了一个我国特有的蚕茧缫丝—生丝织造的纺织系统。从史籍资料可以推知，这一系统的完成至少在公元前5000年以前。战国时的古籍《尚书·禹贡》记载，禹平水土之后，"桑土既蚕，是降丘宅土"，其利渐广，九州所贡之物，多有"篚织文，贡添丝"，说明我国历史上最早有文字记载的夏朝，约4 000～5 000年前，大禹治水之后，桑土养蚕，人们从山丘上搬下来住在平地上，越有利于生活，九州各方所进贡的物品中，多为丝绸。《左传》也记载："禹会诸侯于涂山，执玉帛者万国，巴蜀往矣。"称大禹在涂山会见诸侯时，携带珠宝丝绸进见者不计其数。这些关于丝绸的最早的文字记载说明，到了新石器时代，蚕丝缫丝技术和丝绸织造技术已经相当成熟。这也意味着，我国古人发明蚕丝的过程应该是在上万年以前。

因此我们推测，中国古人大概在经历上万年的探索与创造之后，才完成了蚕桑丝绸的发明与应用这样一个对于后世、对于世界的伟大贡献。

第二节 古代蚕丝的地位

时至今日，蚕桑丝绸对于大多数人而言早已耳熟能详，成了现代生活中的日用品，但是，在刀耕火种、茹毛饮血的远古时代，它却是一种神圣的存在。那个时期，衣、食、住、行一切都是原始的、粗糙的、无修饰的。即使皇帝也是住房简陋，吃粗粮、喝菜羹，冬着鹿皮袍，夏穿葛布衣。在那样的时代，当人们发现了光洁华丽的蚕丝，并学会了将其织造出绚丽多彩的织物时，总难免欣喜若狂，无不顶礼膜拜，视若上天的恩赐。

在原始时代，古人为什么能够创造出至今仍令人惊奇不已的丝绸精品和织造技艺呢？我们认为，自古以来蚕丝的神圣与尊贵地位，正是促使蚕丝绸技艺发展创新、精益求精、不断升华的真实背景。

一、蚕丝发明与蚕神崇拜

在古代，司事蚕桑都是皇室亲躬启示带动黎民的至高无上的礼仪。成书于商代或商周之际的《夏小正》中就有"三月摄桑……妾子始蚕，执养宫事"的记载。商代，宫中设有"女蚕"的女官，专门掌管蚕桑生产。到了周代，桑树普遍种植在山地、阪地、宅地以及成片的桑园和桑田内。这在《诗经》的鄘、卫、郑、魏、唐、秦、曹、豳诸风及大雅、小雅、周颂、鲁颂中都能读到。与此相应，华夏礼制中由周开始的一个重要组成部分就是"天子亲耕、皇后亲蚕"，这是属于吉、凶、军、宾、嘉五礼中的吉礼，主要指祭祀天神、地祇、人鬼等的礼仪活动。人们对于蚕神的祭礼非常隆重，一般要用三对雌、雄羊或者三头牛作牺牲，有时还用羌（奴隶）作为贡品。《礼记》有"天子亲耕于南郊，以供斋盛"，仲春"后率内外命妇始蚕于北郊"的记载。文献显示，自周开始就确立了"天子亲耕、皇后亲蚕"祭祀形式，每年夏历春二月时，由王后带领命妇祭祀先蚕，以示劝勉蚕桑。与此同时，还要到王家的公桑蚕室去浴洗蚕种，清洁蚕卵。三月初一开始养蚕，对采摘的桑叶要用水清洗干净，风干后才拿去喂蚕。周代，官府对蚕桑生产已经形成了自上而下的管理制度，在天官下设有"典妇功""典丝""典枲""染人"等职官，在地官下设有"掌葛""掌染草"等职官，以管理纺织原料、染料及练、漂、染色、服装制作等业务。这样一套礼制及蚕桑管理体制，在后来被历代朝廷始终沿袭，为此，在京城及各地都建造了先蚕坛，用以祭祀。汉以后，形成了一种国家礼仪。每年春季必择吉日行"籍田礼"和"亲蚕礼"，皇帝、皇后亲自体验农耕蚕桑劳作，祈求先农先蚕保佑五谷丰收、蚕事兴盛，躬示百姓男耕女织。这样的祭祀活动在近三千年的封建王朝更迭中，一直延续至明、清。据传，明太祖就位后不久皇后就亲率内外命妇"蚕于北郊"。明迁都北京以后，嘉靖九年（1530年）1月在安定门建先蚕坛，并举行了亲蚕礼。嘉靖皇帝表示："朕惟农桑重务，欲于宫前建土谷坛，宫后为蚕坛。"次年10月，又改迁先蚕坛于北京西苑（图4.15）。清朝乾隆七年（1742年），仿古制在北海公园再建先蚕坛。至乾隆九年（1744年）朝廷举行了第一次亲蚕礼仪，孝贤皇后亲临典礼，祭祀先蚕、躬亲采桑；至茧成之日，再度亲至先蚕坛，行献茧缫丝礼。皇后亲蚕礼仪当日，仪驾是凤舆，衣着是明黄纱云龙女朝袍，这时的仪驾与朝袍只有皇后大婚和亲蚕时才可见到，足见皇后亲蚕礼的规制之高。后乾隆皇帝命宫廷画家郎世宁绘制《孝贤皇后亲蚕图》（图4.16）流传于世，显示了清廷"亲蚕礼"的宏大气势。据史料统计，自乾隆七年（1742年）至宣统三年（1911年）的170年间，皇后亲祭先蚕达59次，其余为嫔妃等代祭。民国以后，天子亲耕、皇后亲蚕的礼仪才被废黜。但是在民间，蚕区的很多地方依然保留了祭祀先蚕或蚕神的风俗。亲蚕礼不仅盛行于中国，而且也被传播到海外，日本皇室自明治维新以后直到现代，每年都要举行皇后亲蚕祭祀仪式，并且在皇室公桑蚕室内一直进行养蚕育茧及相关的生产和研究活动。

图 4.15　北京的先蚕坛

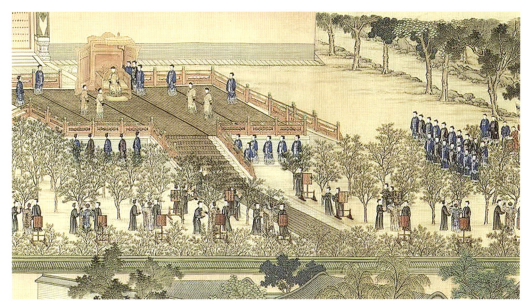

图 4.16　《孝贤皇后亲蚕图》局部（台北故宫博物院藏）

在古代中国，不仅有皇后亲自主持祭祀先蚕的礼仪活动，而且皇室还在日常生活中积极从事栽桑养蚕活动。美国学者凯特莱指出，根据甲骨文所提供的信息可以推测，商代国王可能拥有特定的种植园和专营栽桑养蚕的皇室司事。事实上，《礼记·祭义》就有记载称："古者天子诸侯，必有公桑蚕室，近川而为之，筑宫仞有三尺，棘墙而外闭之。"可见蚕事之重大，要治理天下、安抚百姓，这是不可不为的宫廷活动。

那么，为何在古代蚕桑茧丝会被顶礼膜拜到如此地步呢？

古人对蚕神的崇拜，不能脱离使之得以产生的现实基础。自古以来，蚕桑与农耕就是社会赖以生存与发展的最主要生产活动。《尚书》中记载："桑土既蚕，于是民得下丘居土。"说明能够种植桑树的土地上，既得桑，又可以养蚕，这就使得先民得以走出深山老林，在宜桑之土上定居下来。事实上，蚕桑与农耕一样，都是先民脱离刀耕火种生活的重要基础。这在历史上是一个重大事件。人们诚惶诚恐地敬重改变其生活的这些"神灵"。然而，蚕桑发现与发明的时期，是一个缺乏完整记事体系与记事方法的时代，对于已经发生的事情，人们尚缺乏准确的记录方法，而只能依靠言传口授的方式来描绘这些事情。这显然不可能准确反映历史的真实，也不可能如实地传承和保留信息。在人类尚处于未开化阶段时，人们对于自然界以及相关现象是愚昧无知的，当对于口授言传中内容无法理解时，就只能凭借对于天地和自然的敬畏来加以描绘了。于是，对于蚕桑的崇敬与膜拜，就成了非常自然的行为。

二、甲骨文中记载的古代蚕丝绸

甲骨文，即甲骨卜辞，是中国商朝晚期王室用于占卜记事而在龟甲或兽骨上契刻的文字，是我国已知最早的成体系的象形文字。光绪二十五年（1899年），金石学家王懿荣在来自河南安阳的甲骨上首先注意到了镌刻着的古文，并推定为殷商遗物，故古龟甲刻辞之重见于世，自此而始。而安阳城西北的小屯村，是商晚期国都遗址"殷墟"的所在地。此后一百多年，经考古发掘及其他途径出土甲骨超过10万块。年代从商晚期（约前1300年）一直延续到春秋。

语言学家的研究表明，大量出土的曾在商代（前1800—前1200年）广泛使用的甲骨文，应该已经经历了数万年以上的不断演进。因此，甲骨文较之其他记录符号，是一种发展得比较成熟的文字系统。迄今已知甲骨文大约有4 672个单字，但是已经被解读的只是其中的一小部分。

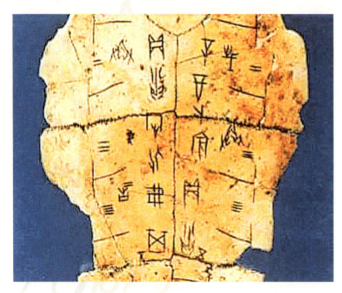

图4.17 殷墟出土的甲骨文

那么，甲骨文是做何用的呢？《礼记·表记》载："殷人尊神，率民以事神，先鬼而后礼。"可见，殷商时期，君王在处理大小事务之前，都要用甲骨进行占卜，祈问鬼神。为此，常命巫师在龟甲兽骨上钻洞烧灼，形成裂痕。巫师根据裂痕分辨神谕，事后将所问之事的占卜结果契刻于甲骨上，这样的文字记录被称为"卜辞"，也就是甲骨文。如图4.17所示即商代晚期殷墟出土的甲骨文，所用材料为牛骨，背面有凿、灼痕，正面刻贞人（贞人是商朝官职名称，为卜问命龟之人，职务为占卜与刻辞）斥的占卜记录。显然，甲骨文的出现，是为了将占卜之事镌刻于甲骨，记录保存下来。

借助甲骨文在文字发生过程中的重要性，我们也可以透过这一过程，从其记录的与蚕桑丝绸有关的文字，了解蚕丝发明在古代社会生活中的地位。《甲骨文编》新版正编收单字1 723个，附录收单字2 949个，总共4 672字。据专家辨认，目前能认识的文字约为700字（一说为900字）。其中有关纺织的文字为91个，而有关桑、蚕、茧、丝的字为153个。从这些数字及比例中可以窥见，蚕桑丝绸在古代文字乃至古代生活中的权重与分量。

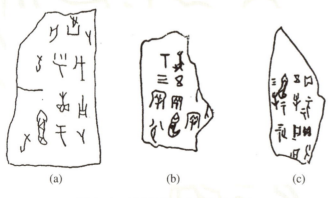

图4.18 刻有蚕桑内容的卜辞甲骨

在甲骨文中，关于蚕桑的内容也非常丰富。商代的甲骨文卜辞常有关于蚕桑的记载，蚕纹是当时青铜器纹样重要的装饰题材，而玉蚕则常被用作殉葬品。图4.18所示是卜辞中关于蚕丝的一些例子，其中（a）上的卜辞为："戊子卜，乎省于蚕。"卜辞记录了戊子时的占卜内容，呼人省察蚕事。卜辞告诉人们，神提醒要省察蚕事，以避灾祸。旧时，养蚕农家十分恐惧各种蚕病、虫害，因为一旦受其危害，将损及农家辛劳整年的收获，故祈祷神灵保佑是生活中的大事。殷商后期的武丁时期"乎省于蚕"的卜辞出现过9次，由此甲骨文就可以证明王室对养蚕很重视。另一段很重要而且比较完整的卜辞（b）是祖庚、祖甲时的卜辞，其中记述："大，×示五宰，蚕示三宰，八月。"卜辞中贞人问神，祭祀祖宗（这里，大为贞人名，×示表示祖宗）用五宰，祭祀蚕神用三宰，可否？时间为八月。

卜辞显示，这是一次十分隆重的祭祀仪式，祭祀蚕神与祭祀祖宗并列。这里，宰为一组用于祭祀动物的合称。卜辞（c）上则为："贞元示五牛，蚕示三牛，十三月。"卜问祭祀蚕神用三牛，可否？时间为十三月（元示为商代的第九任部族首领上甲微的神化称呼）。类似的甲骨文卜辞还有很多。由此可以想象，在殷商时代，古人对蚕神是无比敬重的，由此也可以推知，当时蚕桑丝绸在社会生活中有着十分重要的地位。

如果蚕桑丝绸仅仅只是一种为了满足百姓最基本生活需要的存在，那么在远古生产技术落后的时代，在古人为谋求生存而不得不耗费极大体能与精力的时候，要生产我们在出土文物中所见到的那样绚丽多彩、精美绝伦的丝绸，似乎是难以想象的。然而，正如我们在甲骨文中所看到的，蚕桑丝绸自古以来就拥有神圣而尊贵的地位，对它的崇拜是与侍奉祖宗、祭祀神灵联系在一起的，由此也使得蚕桑丝绸脱颖而出，鹤立于其他纤维之上，这也是其获得了"纤维皇后"称号的重要背景。

三、蚕桑丝绸在古代社会生活中的地位

栽桑养蚕使人类获得了大自然赋予的蚕丝纤维，并且借助缫丝织绸技术，实现了用奢华服饰装扮自身的梦想。自远古时代起，丝绸就是神圣、尊贵、富有、奢华的代名词。毫无疑问，正是依靠社会最基层的平民百姓，蚕丝绸才得以光耀天下，但是丝绸的消费与使用，却只属于贵族阶层。考古资料以及史书记载都说明，自古以来，丝绸的使用就有明确的用度等级区分。

首先，丝绸最为神圣的使用，是作为玉帛祭品祭祀神灵祖宗。祭祀是华夏礼典的重要内容，其对象分为三类：天神、地祇、人鬼。天神称祀，地祇称祭，宗庙称享。古代中国有"神不歆非类，民不祀非族"之说，即神不享受异族祭品，百姓不祭祀他族宗神。祭祀有严格的等级分类，天子祭天神、地祇；诸侯、大夫祭山川；士庶则祭祖先和灶神。古来从事蚕丝生产的地方，都有将蚕神与祖宗神灵同等祭祀的传统。祭祀神灵时，要献上祭品，祭品中少不了玉帛。《左传》载："牺牲玉帛，弗敢加也，必以信。"说祭祀的牛、羊、玉、帛，不敢虚报，必对神守信。《墨子·尚同》云："其事鬼神也，圭璧币帛，不敢不中度量。"即祭祀鬼神时所用的驱邪幡、币帛等都须严格按照尺寸来制作。帛是丝织物的总称，战国以前锦、绣、绫、罗、绢、绨、绮、缣、绅等由蚕丝织成的丝织品都称为帛。在中国古代，它曾长期作为实物货币使用。帛也是贵族们常用的服饰面料，而普通人仅能以葛、麻为衣。《左传》记述，"卫文公大布之衣，大帛之冠"，称卫文公也不过穿着麻制粗布的衣服，而仅以帛作冠。西汉初年，刘邦为了抑商倡农，曾经下令"贾人毋得衣锦、绣、绮、縠、绨、纻、罽"，不许商人穿高贵的丝毛织物，其中除锦、绣、绮外，縠（hú）也是丝织品，罽（jì）则是用毛做成的毡子。这说明帛在古代是极为珍贵的。正因为玉帛的稀罕贵重，古人在祭祀时，才以玉帛为祭品。

其次，丝绸作为一种虔诚恭敬的圣灵贡品，在殉葬的时候用来包裹尸体。我国已发现的最早的丝织品实物就出自河南荥阳青台村仰韶文化遗址的瓮棺葬之中，为公元前3500年左右的丝麻织物残片。这块织物残片就是用于包裹儿童尸体的。使用丝帛包裹尸体送葬的习俗，在史籍上多有记载。《礼记》载："治其麻丝，以为布帛，以养生送死，以事鬼神上帝。"即治麻丝为布为帛，布以养生，帛以送葬。在《礼记》所述的时代，麻布和丝帛的功用就有明确区分，麻布用于生前服饰，而丝帛则主要用于裹尸。在裹尸时，还须根据逝者的身份而采用不同的丝帛。《礼记·丧服大记》记载，敛尸之制，先以衾覆，"君锦衾，大夫缟衾，士缁衾"，即君王、大夫与士在入殓时，需要分别使用锦、缟、缁这3种不同档次的丝织物。"非列采不入，缔绤纻不入"，即非锦绣丝绸或正式服装不能用于丧葬，缔绤纻之类的麻布衣服也不能用于丧葬。在湖北江陵马山一号楚墓出土的公元前400年前后的文物中，有丝织裹尸衣15件，丝衾（被子）4床，均为绣、锦、罗、纱、绢、绦等质地精良的丝绸，由此可知，楚墓葬俗与《礼记·丧服大记》的礼制基本一致。很有意思的是，古埃及制作木乃伊时也是使用当时最高贵的纺织纤维亚麻布，那时候，亚麻布被视为光彩和纯洁的象征。看来，送葬时包裹好尸体，将死者送往神鬼的世界时，人们都是诚惶诚恐、恭恭敬敬的。在使用人间最好的包裹材料这一点上，不论中外都是一样的。

再次，在皇室宫廷中，丝绸作为社稷丰盛富足的标志，又常常被用作国库积存、国交礼品、封臣奖

赏。德国海德堡大学的库恩在一篇研究我国商代丝织物工厂的论文中认为，为了保持商代的社会安定，丝绸在经济上是至关重要的。贵族阶层往往把丝作为一项重要的"开支"。当时，丝织物作为国王或王后的馈赠，被赐予那些对王朝有功的贵族。商代则经常在封地、授勋或其他具有重要意义的大典中赐赠丝帛。库恩还指出，在商代，丝绸已经成为王室所专有的物品。各地诸侯进贡来的丝帛，首先由王室成员进行分配，王室又把丝线、丝绸服装、丝绸被褥、丝绸蚊帐及其他丝绸织物分给他们的家族。

最后，古代中国曾长期将丝绸作为实物货币使用。随着丝织技术的提高和丝绸产量的大幅度增加，丝绸产品除了能满足贵族的日常需要外，还有大量剩余，这就有了将其作为商品进入市场流通的条件。在古代中国，缣帛都曾长期被当作实物货币流通。在周代，丝的价格很高，五个奴隶只能换一匹马或一束丝。据推测，商代丝的价格应该更高。《管子》中记有商代用丝绸换谷子的历史，其中说，商朝初年，名相伊尹奉殷王之命去攻打夏桀，他得知桀王荒淫无道，所养乐伎三万人，均穿着丝绸衣服，使得丝绸消耗量极大。于是，他就用亳（bó）这个地方生产的丝绸和刺绣品换回大量谷物。这个记载说明商初已将丝织品作为实物货币用于交换了。因为王朝征收的赋税大多数是粮食、布匹一类的实物，故支出也往往使用实物。如西汉官员的俸禄即是以粮食单位的"石"来表示的。汉、唐以后，实行"多元货币政策"（钱帛平行本位），即以钱币为主，辅以金、银、绢、帛、粮食，同时通行。汉代曾试图废钱币而只用谷帛。唐代，又把通宝钱与绢帛作为法定货币并行流通，实行"绢值与钱值并重"。所谓绢值，就是用布帛绢缣，按法定规格要求，以匹为单位来衡量商品的价值。开元年间，朝廷多次下令钱帛兼用，违者论罪。还说布帛是本，钱刀是末。凡交易量在1 000钱以上者应钱帛兼用，严禁只收钱。初唐时，绢价一匹200钱；开元（713—741年）中，官定绢价为550钱一匹，成为市价标准。安史之乱时，绢价一匹万钱，大历七年（772年）降到4 000文，中唐后期跌至800文。至中唐时期，已形成了钱、银、绢三元化币制。由此可见，当时钱价浮动的剧烈，以及实物货币的保值效用。由于丝织物的昂贵价值，一般平民生活中均无缘于丝绸衣着，只有上了年纪以后，有条件的人家养老才逐渐多用丝衣。《孟子·梁惠王上》曰："五亩之宅，树之以桑，五十者可以衣帛矣。"这也显示了中华民族自古以来敬老的传统。

在古代中国，平民阶层虽然终年栽桑养蚕、缫丝织帛，但"遍身罗绮者，不是养蚕人"。尽管如此，自古以来，养蚕农家借助栽桑养蚕收获了成就与欢愉，以桑园、蚕房作为媒介，记录下他们的至亲至情和男欢女爱。在我国第一部诗歌总集《诗经》中，反映青年男女桑园情爱的作品俯拾即是，如《小雅·隰桑》唱道："隰桑有阿，其叶有难。既见君子，其乐如何！隰桑有阿，其叶有沃。既见君子，云何不乐！隰桑有阿，其叶有幽。既见君子，德音孔胶。心乎爱矣，遐不谓矣？中心藏之，何日忘之！"翻译成现代文就是："洼地桑婀娜，叶茂掩枝芽。既见过君子，其乐如开花！洼地桑婀娜，柔叶舞婆娑。既见过君子，如何不芳华！洼地桑婀娜，浓叶绿黝丫。既见过君子，深情语难罢。心爱之所系，欲言却无话！我心藏深爱，何日能忘怀？"诗中，少女、君子如胶似漆，其挚爱深情被描写得无比细腻动人，而这样的至亲至爱正是依托于桑园沃土的宽大怀抱。缫丝织绸人家还借助缫丝织绸时其乐融融的繁忙与快慰，以缫机和织坊为精神寄托，激发出许多旷世流传的千古名句。如苏轼的《浣溪沙》中有"簌簌衣巾落枣花，村南村北响缫车"，写出了缫丝时节农家欢快的生活节奏；又有"麻叶层层苘叶光，谁家煮茧一村香？隔篱娇语络丝娘"，将缫丝村姑在缭绕煮茧香雾中的浪漫形象写得跃然眼前；"乌鸢翔舞赛神村，道逢醉叟卧黄昏"，更描画出了缫丝季节农家繁忙之中洋溢着的喜悦心情，这些都成了反映古代养蚕缫丝田园风光的经典名句。

自古以来，文人墨客也给我们留下了许多反映养蚕缫丝艰辛劳作的作品。唐代诗人白居易的《缭绫》就是"念女工之劳"的作品，它通过描述缭绫的生产和使用实况，表达了对丝织女辛苦劳作的同情，揭示了宫廷生活的穷奢极欲。其中有"织者何人衣者谁？越溪寒女汉宫姬"的叹息；有"昭阳舞人恩正深，春衣一对值千金。汗沾粉污不再着，曳土踏泥无惜心"的愤慨；有"丝细缲多女手疼，扎扎千声不盈尺。昭阳殿里歌舞人，若见织时应也惜"的同情。同为唐代诗人的王建在《织锦曲》中也有对织女的描写："一梭声尽重一梭，玉腕不停罗袖卷。窗中夜久睡髻偏，横钗欲堕垂著肩。合衣卧时参没后，停灯起在鸡鸣前。"这些千古名句，通过对织女生产制作丝绸的艰辛和宫廷中奢华消费的对比，将古代社会中丝绸的社会地位，以及由丝绸所维系的人际关系做了惟妙惟肖的注解。

中国古代丝绸的技术精华正是依托于这样的人际关系，在艰辛制作与奢华消耗中不断地发展、更新与升华。

第三节　生丝与古代社会文明

蚕桑丝绸对于世界文明和社会进步的影响渗透在社会生活的各个方面，包括政治、经济、军事、民俗、思想、哲学、文化、艺术、礼仪等，是任何其他发明都无法比拟的。不可否认，在现代社会生活中，几乎所有领域都可以找到蚕桑丝绸文明残留下来的痕迹，或者当我们追寻种种现代文明现象的源头时，都可以寻根至与蚕桑丝绸相关的人文现象。

丝绸文化要素的无处不在，都可以由我们在几千年的古国文明，在衣、食、住、行，在社会结构，在语言文字中深刻感受到。如果要问，在这样一个文明古国里，有什么样的文明与文化要素能够像蚕桑丝绸一样深入社会生活的每一个细胞？那么，答案只能是否定的！这样一份厚重的文化遗产在中国社会文化历史中已经深深地镌刻下来，无法磨灭。在这一节中，我们将讨论古代华夏社会文明中蚕桑丝绸灵魂存在的社会价值。

一、蚕丝发明与象形文字发明同步进行

我国的汉字是象形文字，其中许多与蚕桑丝绸相关。在《说文解字》中，绞丝旁的汉字有152个，与蚕桑丝绸有关的文字更是不计其数。那么，是什么样的历史契机，使得我国的汉字与蚕桑丝绸之间产生了如此密切的关系呢？

国内外学者对于丝绸文字与中华文化之间的关系曾有过很多研究，但是有关中国古代文字发明过程中，为什么会嵌入那么多丝绸文字的问题却较少受到关注。我国古代的伟大发明有很多，比如全世界所公认的火药、指南针、印刷术、造纸术四大发明，但是，像蚕桑丝绸一样进入象形文字系统的发明却没有，这又是为什么呢？

如前所述，发现和利用蚕丝的详细过程由于缺乏记事手段，使我们甚至连其究竟是从何时开始的都无法得到确证。然而，这一无法确认的结果又帮助我们确认了一个事实，即象形文字的出现不会早于蚕丝的发明。值得庆幸的是，蚕丝的发明使人类获得了一种前所未有的珍贵纤维材料，并留下了绚丽多彩的丝绸，其存在与发展，活化了古代社会生活，与象形文字的演变进程产生了积极的互动。蚕桑丝绸技术的发明与利用过程，正处于中国古代象形文字的创造过程，这就使得蚕桑缫丝技术进化的踪迹以及许多技艺要素被凝聚固化到了象形文字的形成过程中。

那么，蚕桑缫丝的发明进化过程，与象形文字的创造进化过程，是否同步呢？有关这点，大体可以考虑以下三种相互关系：① 蚕桑缫丝发明晚于象形文字发明；② 蚕桑缫丝发明早于象形文字发明；③ 蚕桑缫丝发明同步于象形文字发明。其中③是我们的观点。为了论证它是真实的，我们需要阐明①与②是不可能的。

首先，假定蚕桑缫丝的发明晚于象形文字的发明，也就是说在古人发现蚕桑丝绸的时候，已经有了成熟的文字。但事实上，由于记事手段缺乏，我们甚至连蚕丝究竟何时发明的都无法得到确证。这恰好说明象形文字的出现不应早于蚕桑缫丝发明。否则，蚕丝发明的过程就应具备完整的文字资料。并且，由于已成熟的文字系统只是一种记录工具，它产生时既然还没有发明蚕桑丝绸，文字本身就不会留下任何蚕桑丝绸的印记，也没有可能与蚕丝发明之间发生相互作用。然而，历史留给我们的象形文字与蚕丝发明之间又显示了密切的关系。虽然关于蚕丝的发明过程缺乏完整的记录资料，但借助于象形文字中出

现的大量蚕桑丝绸技术形态的要素，可帮助后人在一定程度上了解蚕丝技术发明过程的信息。这也告诉我们，古人因为缺乏成熟的文字记录手段，才不得不在发明蚕桑缫丝技术的同时，不断创造蚕丝文字，以弥补当用文字的匮乏。而与此相对，中国古代其他发明与文字的关系又如何呢？我们不妨以中国古代社会的四大发明——火药、指南针、印刷术和造纸术作为例子。这些发明都出现于文字发明之后。

四大发明中较早的发明是造纸。《后汉书·蔡伦传》明确地记载："自古书契多编以竹简，其用缣帛者谓之为纸。缣贵而简重，并不便于人，伦乃造意，用树肤、麻头及敝布、鱼网为纸。元兴元年（105年）奏上之，帝善其能，自是莫不从用焉。故天下咸称'蔡侯纸'。"蔡伦纸为世人所认知，是在东晋，此时已经有了比较成熟的文字记录方法，所以当时，包括蔡伦发明蔡伦纸时所用的字"帋"以及代用的"纸"字，都是已经有了明确定义的文字。如王隐《晋书》："古之以缣帛，依书长短，随事裁绢，枚数重沓，即名幡纸。"刘熙《释名》解释"纸"的来源："纸，砥也，谓平滑如砥石也。"此外《说文》又解："纸，丝滓也。"且又有东汉末年服虔的《通俗文》称"方絮曰纸"，段玉裁认为絮是短蚕丝。就是说和帝元兴以后，蔡伦以麻头、敝布等制成"帋"，故该字从"布"与"纸"字同音。这里不论"纸"还是"帋"，都是借助了既有的、与丝帛有关联的字。这就是说，因为已经有了较为完善的象形文字记录系统，东汉时蔡伦的"发明"才得到了比较准确的历史记录。实际上，唐、宋时期就有人认为蔡伦以前已有"纸"，如唐代张怀瓘的《书断》说："汉兴有纸代简，至和帝时蔡伦工为之。"南宋陈槱的《负暄野录》有"盖纸旧亦有之，特蔡伦善造尔，非创也"。另外，毛晃、史祖绳等人也有"纸不自蔡伦始"之语。他们的理由依据，是蔡伦以前书志中已有"纸"字。所以，虽然后世称蔡伦发明了"纸"，但事实是东汉时，蔡伦改进了造纸术。从历史上的文字记载来看，这桩公案的结果是清楚的。虽然是很远古的历史，但是由于蔡伦的"发明"在文字发明之后，这使后人得到了比较准确的信息。

其余三项发明中，活字印刷为北宋毕昇发明。在此之前，刻板印刷术的前身是公元前流行的印章捺印和5世纪出现的碑石拓印等。造纸和制墨等生产技术出现以后才开始有刻板印刷术，大约隋、唐时我国已有刻板印刷品。北宋毕昇发明活字印刷术，前提就是有成熟的文字系统。据沈括的《梦溪笔谈》称，毕昇在宋代庆历年间，发明了在胶泥片上刻字，一字一印，用火烧硬后，便成了活字。可惜历史上活字印刷术在中国几乎没有被采用过。从宋朝一直到明、清，大量采用的还是雕版印刷。

关于指南针，《古矿录》记载，其前身司南最早出现于战国时期的磁山一带。战国时期的《韩非子》中也有关于司南的记载："先王立司南以端朝夕。"东汉王充的《论衡》记述了司南的具体形制："司南之杓，投之于地，其柢指南。"后来又发明了指南针，北宋朱彧所著《坪洲可谈》最早记载了航海中使用指南针的情况："舟师识地理，夜则观星，昼则观日，阴晦观指南针。"正是借助已经发明的文字，我们才得以了解指南针的出现与被使用的过程。

火药是我国古代炼丹家发明的。据传，从战国至汉初，帝王贵族们沉迷于长生不老的幻想，驱使方术家炼"仙丹"，在炼制过程中逐渐发现了火药的配方。北宋《太平御览》引《范子叶然》的记载有称春秋时代"硝石出陇道"；南朝梁陶弘景《名医别录》有"扑硝生益州，……色青白者佳"，"硝石生益州及武都"之类的记载。这里的硝石是炼丹及制作火药时使用的主要材料。唐末五代时期，《真元妙道要略》炼丹书有"以硫磺、雄黄合硝石并蜜烧之，焰起烧手面及烬屋舍者"的记载。宋初文言小说总集《太平广记》记载杜春子拜访炼丹老者时，看见炼丹炉内"紫烟穿屋上"，随后烧毁房屋的故事。隋代，已有了硝石、硫磺和木炭三元体系火药。唐代道士清虚子的《太上圣祖金丹秘诀》记载了用硝石、硫磺和马兜铃烧成的黑炭炼制火药的配方。这是人类历史上第一张有明确纪年的火药配方，也是最早的黑色火药配方。至宋、元时期，火药在军事上被广泛使用。由于有了文字，古代火药的发明过程也被记载下来了。

这些历史上的重大发明，借助于既有的文字系统，对于其来龙去脉都记录得比较清楚。

正因为这些发明都是在文字发明之后，所以能够充分地受惠于完整的文字记录成果。但是，它们已经无法像蚕桑丝绸那样凝结到文字系统当中，成为文字的一部分，并进而融入中华民族的思想文化板块结构中了。这是四大发明与蚕丝发明的又一个重要区别。尽管这些发明的要素可以成为语言的一部分，在中国语言文字库中可以增加新的专业词汇，但是，它们已经无法影响与改变中国象形文字本身的形态与内涵了。因此，我国古代的四大发明，都是在象形文字的发明之后，而不同于蚕丝的发明。根据以上讨论可以得知，有关蚕丝的发明，第一个假设是不成立的。

关于第二个假设，即假定蚕桑丝绸的发明早于象形文字的发明，那么情况又如何呢？在这种情况下，由于蚕丝发明过程中尚没有形成成熟的文字系统，虽然人们已经有了语言，却也不能将语言用文字的形式记录下来。蚕丝发明过程中的一些信息，只能通过言传口授的方法传播，或依靠这些信息在语言系统中的滞留得到一定程度的记忆。我们设想，如果在蚕桑缫丝技术发明的上万年或者更长时间内，文字系统还没有发明出来的话，文字的发明应该是不依赖于蚕丝生产而独立地发生、发展的。如果是这样，那么象形文字系统中融入大量的蚕丝文字也就不是必需的了。而事实上，象形文字系统中融入了大量的蚕丝文字，这表明象形文字的发明不应该是独立于蚕丝发明而发生的。就像现在，虽然有了文字，但是发生在文字发明以前的事件，不但没有任何文字记录，而且也不可能有任何与之相关的信息。比如，最近一次冰河时期大约发生在距今10万年前，结束于1万年前，差不多是山顶洞人时期。可是，我们至今除在山顶洞人遗址中发现了火堆外，并没有得到过任何关于冰河时期的信息。冰河时期存在的证据，是人们对过去几十万年的冰核钻孔取样，以及更早形成的海底沉积物钻孔取样后才获得的。后来发明的文字系统中完全没有留下冰河存在的痕迹，这个事件表明，文字的发明完全是独立于冰河时期的后世发生的。从这一历史事件与文字记载历史的关系可以推断，如果蚕桑丝绸发明早于象形文字发明的话，那么蚕丝要素自然就不能深刻地影响以至介入后来的文字发明中，就像远古时期发生的冰河事件等不可能深刻影响到其后的象形文字发明及其形态一样。这样看来，第二个假设也不是真的。

既然第一个和第二个假设都存在与实际情况不一致的矛盾，那么，结论只能是第三种情况，即蚕桑缫丝技术的发明同步于象形文字的发明，两个过程在时间上相互重叠。甲骨文出现的年代，距今约为3 500年（公元前1500年）。在此之前已出现的一些生涩的象形记号和表达告诉我们，甲骨文出现前一个相当长的时期，人们迫切需要一种记事的方法来记录重要的事情或事件，但是，人们尚没有成熟的文字记录系统，因而处于摸索阶段。这一探索过程应该经历了相当长的时期。而我们所了解的先人发明蚕丝的时间，至少是在5 000～7 000年以前，这个发明也应该经历了相当长的过程。从我们现在已知的这些信息也可以推知，象形文字发明的历史进程与蚕桑丝绸发明的历史进程很大程度上是重叠在一起的，这也就是蚕桑缫丝发明同步于象形文字发明的史实背景。在这里应该说明的是，蚕桑缫丝发明同步于象形文字发明这一观点并不排除在象形文字发明的过程中可能出现过其他技术的发明与发展，它们也有可能在象形文字中留下种种痕迹，如金字偏旁文字，铜、银、铁、锡、镁、锄、铸、锻、锐、钝等，可以反映出在文字发明进程中，冶炼技术的发明及其应用。

蚕丝发明与象形文字发明的历史性邂逅是偶然的吗？我们认为，如果说蚕丝发明具有历史的偶然性，那么，象形文字的发明相随而至，可能就不是偶然发生的了。为了说明这一点，我们有必要对象形文字的发明机遇问题进行一些思考与讨论。

实际上，象形文字的发明并非古代中国所独有，世界上其他国家与地区，在进入文明社会之前，也不乏探索与采用象形文字的例子。比如，在世界上最古老的文字系统中，古埃及的圣书字和美洲的玛雅文字都利用过象形文字标记法。为什么人类在探索记事方式的早期阶段会选择象形文字呢？这是因为在没有共同认知的抽象文字记号的情况下，象形表示是一种无须教授也能够比较易于共同理解与认知的记号法。虽然如此，但历史事实告诉我们，并非所有的早期象形文字都能够最终发展成为一个成熟的文字系统。因为，任何一种文字系统的发明与发生，都必须满足一些基本的条件。

首先，象形文字的利用，由于生产与生活的需要，在开始时必然会产生很多不同的记号方法，因此对于特定对象在人们获得一种认同的象形记号之前，会留下各种不同的象形记号。这一点不论我国的象形文字，还是古埃及的象形文字，都是同样的，它表明了使用文字记事的迫切需求及其探索过程。这也是文字发明早期进程中的一个主要特征。其次，在象形文字发明过程中，需要有各种依托环境，即象形记号首先会发生在生活或生产活动中最需要标记的某些环境中，这就是文字发生的依托环境。在文字发明过程中，可以有很多不同的依托环境，但是即便如此，这些依托环境也不可能覆盖人们社会生活的所有记号范畴。在这样一些典型的环境中，首先是以直接与生活或生产相关联的要素为对象进行记号化，这是象形文字发明过程的又一个特征。古埃及也出现过象形文字（图4.19），现在保留下来的古埃及象形文字虽然还没有完全被解读，但古埃及人认为他们的文字是月神、计算与学问之神特造的，因此既不知道谁是象形文字的创造者，也不知道象形文字是如何创造出来的。历史记录显示，古埃及象形文字是重要的宗教经文的书写文字。因此可以推定，古埃及文字重要的依托环境之一是宗教与僧侣。这样，古埃及象形文字中较多地出现"太阳""神""国王""秃鹫""男人""女人"一类与宗教相关的象形文字就不难理解了。再次，我们注意到文字发明过程是一个渐进的积累过程。如上所述，文字的发明首先发生在一些依托环境中，而依托环境总是不可能覆盖人们社会生活所有需要记号的范畴。因此，在文字记号发明的积累过程中，开始记号的数量总是比较少的。在这样的情况下，用已知的、易于接受的记号来代表新的、不宜用象形记号表示的对象，用最初的依托环境下生成的记号来表示其他的环境、语境需要的记号，成为象形文字系统扩展的一种主要方式，语言学中称之为"假借"。这也是一字多义及各种同音字产生的机制，它是文字发明过程中扩展文字覆盖范围所必需的方法之一。此外，象形文字系统还可以用"组合字体"方式进行扩展，该方式由两个或者两个以上最初发明的、最简单的、不可切分的象形文字组合起来成为新的文字。在汉字系统中，独体字是以笔画为直接单位构成的汉字，它是一个囫囵的整体，切分不开；若将两个或两个以上的单个字组合起来，就可以得到新的汉字，这样的汉字称为"合体字"。这样利用独体字组合的方法又可以把文字系统的覆盖面大大扩展。此外，当象形字系统扩展到相当广泛的范围以后，为了进一步扩展，凡是人们需要通过发声表示的文字，都可以在已有的系统中找到，这样形成的文字即"形声字"。一个成熟的系统中必然会大量地出现"形声字"。通过上述种种方法，就可以使得既有的文字不断扩展，以至覆盖所有需求的范畴。这是文字系统形成过程所必须具备的又一个重要特征。

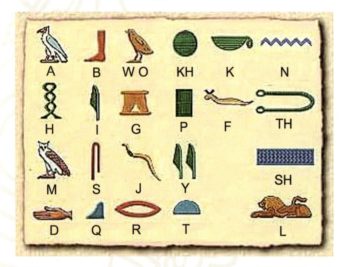 

图4.19 古埃及的象形文字

显然，象形文字要最终发展成为一个成熟的文字系统，就必须满足上述三个基本条件。简而言之，第一是具备生成的需求基础；第二是具备生成的依托环境；第三是能够不断扩展，以至覆盖所有需求的范畴。

根据这些文字发明过程需要满足的条件，古埃及的象形文字，虽然具备了生成的需求基础，以及主要的依托环境，但由于这种象形文字最终没有找到一条扩展自身，以及覆盖其他需求范畴的道路，即不能满足第三个条件，因而直接转向了采用拼音表示语言的方法。

只有满足了三个条件的文字发明过程，才能够最终创建成为一个具有完备功能的文字系统。甲骨文之所以能够发展成为成熟的汉字系统，正是因为以甲骨文为载体的象形文字的发明满足了这样三个条件。当然，这里所说的需求基础、典型依托环境并不是单一的，而完全可以来自人们社会生活中最迫切需求的多方面要素：如蚕丝关系到衣生活；农耕关系到食生活；炼金术与生产工具有关，还与古人追求长生不老的原生期望有关；此外，占卜求神反映了古人的精神生活与寄托；等等。这些领域事实上都成了初始象形文字发源的典型依托环境。在这里，我们将根据文献资料，从我国古代蚕桑丝绸的发明过程和象形文字的发明过程之间的关系来探讨相关的象形文字发明阶段的特征。

第一，是在蚕丝发明过程中对于文字记号的需求。当蚕丝及其应用技术发明出来，并成为一定范围内人们的共同行为时，特别是当人们谋求更好的蚕丝产品的质量时，这些活动对于记号的需求是不言而喻的。此外，为了蚕丝生产顺利与丰收，每年在各种对上天与神灵的祭祀活动中，记号也成了传达人们期待与意愿所不可缺少的工具。这些都成为蚕丝生产对文字记号的需求基础。基于这样的需求基础，在甲骨文中可以看到同一对象多种记号的特点。这一特点显示了在没有统一记号的时代可能出现的情况，同时也反映出生成新记号的多样需求，以及对新记号生成的探索。作为甲骨文中常见到的这种现象的例子，图4.20表示了"蚕、桑、丝、衣"四个象形字的一字多形的现象，反映了这些与蚕丝绸有关的象形文字的发明与探索进程。这些象形字的共同特点是，它们虽然有不同的写法，但象形的对象都比较易于理解。这使得早期的象形文字在后来必须经历一个凝练与统一的过程。

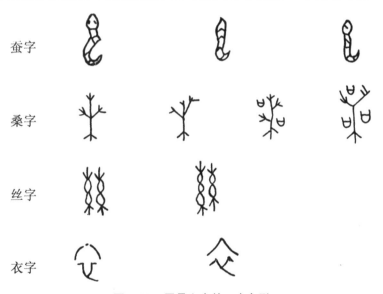

图 4.20　甲骨文中的一字多形

第二，是象形文字的发明需要有典型的依托环境。从上面的讨论已经知道，古人发明象形文字的过程，也正是人们发现蚕丝之后发明缫丝生产技术的过程。此外，根据前一节我们已经知道，蚕丝的发明与应用，在我国古代具有特殊地位，它既与神明鬼魅的世界相连，又有对帝王贵族奢华需求的贡献，更是蚕农织女维持生计的手段。因此，蚕桑丝绸发明是一个与社稷民生密切相关的生产过程。由于其涉及社会各阶层的生活，是古代最大规模生产的奢侈产品之一，故其生产、收获、贡献等过程都有记事的必要性，从而使其成为一种推动象形文字发明的重要动力。这意味着，蚕桑丝绸成了甲骨文发明的重要依托环境之一，生活在这一环境中的古人在不经意地创造甲骨文的过程中，将蚕桑丝绸生产、生活环境中的关键要素作为对象进行记号化，结果就使得蚕桑丝绸要素被广泛地导入了甲骨文中。如前所述，在迄今已被解读的约700个甲骨文字中，与桑、蚕、茧、丝相关的文字多达153个，而与纺织有关的文字为91个。并且，这些与蚕桑丝绸有关的文字在甲骨文中还反复地出现。图4.21所示为甲骨文中出现频率较高的蚕桑丝绸文字，分别为"丝""桑""经""蚕""帛""系"。这显示了蚕桑丝绸生产确实已成为甲骨文字发明的重要依托环境。当然，这并不排斥在古代象形文字发明过程中还有许多其他的依托环境，形成了各种不同范畴的象形文字。

第三,是能够不断扩展,以至覆盖所有需求的范畴。有关这点,我们不妨看看甲骨文中一字多义及各种同音字出现的情况。图4.21中的"经"字,其产生从形态上可以看得很清楚,所表示的是腰机上织造时所用的纵向绷紧的经丝,偏旁表示了所使用的原料是茧丝缫成的生丝。关于这一点,与人们"认为商代使用卧式织机的想法正好符合"。这是一个从织绸技术形态上生成的象形字,同时也是一个经丝象形文字与所使用的原料"丝"的象形文字的合体字。这样发明出来的"经"字,后来成了人们生活中使用频率极高的字,如"经济""经商""经书""经过""经纪""经常""经管""经费"等。这些用法中,有一些是从织造过程中经丝的使用衍生出来的,用这样的方法可以衍生出很多新的用语,如"经过""经常";但也有很多是根据"经"字的含义多次引申或采用比喻引申等得到的,与织造的经丝并没有直接关系,如"经济""经书""经商""经管"等,都是采用了在织机上布置安排经、纬丝的交错重叠之管理手段的含义,表示为组织、管理、处理的意思。这样的用法自古以来就有,如《诗经·大雅·灵台》中有"经始灵台,经之营之";《史记·秦始皇本纪》中有"经理宇内";等等。又如图4.21中的"系"字,其象形字的形态是一只手把绞在一起的茧丝捻合起来,即将很多茧丝用手系结在一起,使之成为一根生丝。这是十分形象的缫丝时整理茧丝绪头的动作摹写,是一个从缫丝技术形态上所生成的象形字。后来,取其系结或联系等含义,统一写为"系"字。由这一个缫丝动作同样衍生出很多在现代汉语中使用频率极高的用语,如"系统""系列""系数""关系""系谱"等。虽然在"系"字后来的用法中或多或少与该字产生时的内涵有关联,但是与象形文字的本义形态已经没有多少关系了。

图4.21　甲骨文中出现频率较高的蚕桑丝绸文字

综上所述,蚕丝的发明与汉字始祖甲骨文的发明,在历史阶段上恰恰有一个同步进行的契机,使得蚕丝发明进程为甲骨文字的发明与发生提供了典型的依托环境。在很长的历史进程中,初期的甲骨文字获得了充分的凝练整理过程,并借助蚕丝发明在社稷民生中的重要地位,使得基于蚕桑丝绸的文字获得了坚实的根基,为汉文字的扩展及衍生做出了其他依托环境所难以比拟的特殊贡献。从这里也可以看到,在古代历史进程中,蚕丝发明与象形文字发明的邂逅确实不是简单的偶然事件,而应该解读成一种由于两者相互依存、相互推动而导致的历史结果。因此,汉字系统最终成为一个具备完整功能的文字系统,其间蚕桑丝绸发明所起的作用是不可低估的。

二、蚕丝元素融入中国社会文化板块之中

由于蚕丝的发明与中国象形文字的发明处于同一个历史时期,使得蚕丝元素有机会在古人初创语言并致力于用记号把这些语言标记下来的阶段,进入最早的象形文字结构当中。正是由于这一机遇,使得中华社会文明中通过甲骨文这一象形文字进化而来的汉字系统与蚕桑丝绸文化融合在一起,成了不可分离的结合体。那么,这种融合是如何深刻地影响我国现代社会生活的呢?这是一个与中国古代社会进化发展密切相关,与中华文明文化结构的形成密切相关的极为重要的问题。20世纪80年代,日本学者屿昭典就对丝绸文字与古代中国文化、古代诗词中显示的蚕桑丝绸和社会生活的密切关联等进行了深入的研究,并发表过许多著述。我国学者任克后来也曾就丝绸文字在政治、经济、科技、医学、文艺、民俗等领域的融入问题进行过深入的研究。李建华则对丝绸文字以及蚕丝绸元素中反映的中华文化及民俗问题进行了广泛的探索。

如前所述,象形文字发明的一个重要的依托环境是蚕桑丝绸,所以,象形文字中大量地使用了蚕丝生产中的要素作为其基本结构的成分。在这样的意义上,我国的象形文字正如活化石一样,凝固着

文字发明当初蚕桑丝绸的大量信息。发掘与揭示这些活化石中隐含着的信息，不仅可以获得考古发掘不能够得到的关于古代蚕丝技术发明的深入线索，而且可以从这些活化石几千年演变的过程中，了解中华文明发展与演变的脉络，了解今天对每一个中国人来说已经耳熟能详的汉字所蕴含着的深厚的历史积淀，以及人文的或技术的信息，并且，通过它们看到一幅古代社会、生产、人际关系的风俗图画。

作为例子，我们不妨分析一些在现代社会中使用频繁而又具有代表性的汉字。

比如，"组织"这一汉字，它源自丝绸织造中经、纬丝交错变化而形成的织物结构单元。不同的织物结构单元制成的织物，称为不同的组织，如图4.22所示就是织物组织的三种基本结构。在经、纬丝交错时，纵横方向上交织点均为一上一下的，称为平纹组织，典型织物为绢；在纵横方向上交织点均为一上多（图中为两）下，使得交织点排列成斜线的，称为斜纹组织，典型织物为绫；相邻经线（或纬线）上的经、纬交错点数相同但是不相连续的，称为缎纹组织，根据交错点数的变化，可以得到各种不同的缎织物。"组织"这样一个出自丝织物织造的专业技术用语，伴随着我国古人织造技术的进步，应该很早就出现在人们交流的语言当中了，但是这个用语在史籍中较早见到，则是在汉代，如高诱在注《吕氏春秋》时，有"夫组织之匠，成文于手"的记载。在这里，"文"是指织物组织的纹样，即织物的纹样是通过设计组织结构而织成的。欧阳修诗中也有"又如古衣裳，组织烂成文"；《辽史·仪卫志二》记载："太祖仲父述澜……始置城邑，为树艺、桑麻、组织之教。"这些记述都是在织物组织或织造设计的本意上使用了"组织"这个用语。但是后来，根据织物组织设计的匠心精致之意，又将"组织"的用法扩展至诗文的遣词用句中，如南朝刘勰《文心雕龙·原道》中有"雕琢情性，组织辞令"；唐代孟郊《出东门》诗曰："一生自组织，千首大雅言。"此外，取织物组织设计的安排调度之意，又将它用来表示行动之前的计划筹措，如元代姜个翁《霓裳中序第一·春晚旅寓》词曰："园林罢组织，树树东风翠云滴。"清代丘逢甲《梦中》诗曰："奔驰日月无停轨，组织河山未就功。"到了近代，随着各种类型的群集，如团体、机构、设施等的出现，需要一种将这些群集抽象表述的用语时，人们又联想到了"组织"这样一个织物基本结构的功能单元集合，于是又用它来表示具有特定形态与功能的单元的结合体，如医学生物学中的细胞组织、肌肉组织。此外，因为织物基本功能单元——组织的集合体具有丰富多样性，纹织物常常被按照它的组织名称来表示，如称缎组织、绫组织等，又使得"组织"被应用于那些按照一定目的、由特定的个体结合而成的集合体，如群众组织，党派组织等；并常常被用于这样的集合体的构建过程，如说"组织群众""组织队伍"等。这样，由丝织物及其技艺中的一个技术用语，通过其内涵的演绎充实及其外延的扩展，最终形成了一个在各不同领域得到认同的流通用语。试想，在中国象形文字的发明过程中如果不是邂逅了蚕丝绸的发明，我们没有获得这样一个为各领域所了解与娴熟运用的词语，情况又会是怎样的呢？显然，有关"组织"这一用语，在没有丝绸生产背景的语言系统中翻译时，我们就只能根据它所表达的内容，选择对象系统中被详细定义的相关用语。因为在各种语言系统中，不可能有像"组织"一样从丝绸织造

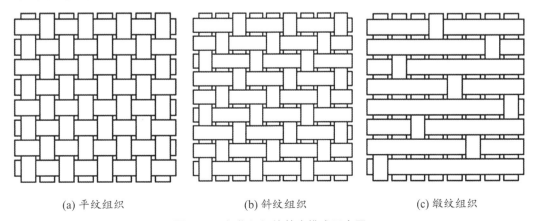

(a) 平纹组织　　　　　　(b) 斜纹组织　　　　　　(c) 缎纹组织

图4.22　织物组织的基本模式示意图

中抽象出来而又跨越语义环境共同使用的单词。如在英语语言系统中，表示组织团体、组织机构时只能使用专门用语"organization"，而不能混用表示生物组织的"tissue"来替代。当然，更不能想象使用来自织物组织的用语"weave"或"fabric texture"来代替上述单词中的任意一个。因此，只有中国的象形文字和蚕丝要素的结合，才产生了"组织"这样一个形象而又有丝织技术内涵的、专业而又跨越专业界限的、智慧的用语。这样一类用语在汉字语言系统中可以说比比皆是。这样的拓展型蚕丝技艺用语的使用，可以说是汉语言文字系统的一个重要特点。

图4.23　"亂"的甲骨文

再来看另一个使用很多的"乱"字。它的繁体字为"亂"，根据张舜徽《说文解字约注》："亂当为𤔔，即理丝也。"而徐灏又称"𤔔"字的古文，即是图4.23所示的象形字。在这个象形字中，上部为"爪"字，下部为"手"字，中间部分表示一个卷取生丝的丝筳（古代络丝的器具）。其形为缫丝女的两手把持着丝筳，表示两手治乱丝之意。这个象形字告诉我们，古文字中"乱"的本义是治丝，即治理、管理缫丝中的丝条之意。这一点也是许多文字学家的意见。如杨树达《积微居小学述林》解释这一古字说："人以一手持丝，又一手持互以收之，丝易乱，以互收之，则有条不紊，故字训治训理也。"这里的"互"是古代缫丝时用来卷取丝条的器具；"训治"解释为"治"之意。又徐灏在《说文解字注笺》中说："丝乱而以手治之，有乱义，亦有治义，自其体言则乱也，言其用则治也。故乱亦训治。"古代，有的词和现代意义相反，需要用反义词解释词义，在训诂学（我国传统研究古书中词义的学问）中称为反训。"乱"解释为治，就是一个反训的典型例子。以"乱"为"治"的用法，在古籍中并不少见，《尚书·泰誓》中"予有乱臣十人，同心同德"是常被引用的例子，用现在的话说就是："我治理之臣虽只有十人，但同心同德。"按照徐灏的解释就是，丝乱而以手治理它，有乱义，亦有治义；"乱"字其本源为乱，也可用其治乱之义，所以"乱"也解释为"治"。尽管"乱"的反训问题上仍然有一些议论，但是无论是用其乱之义，还是用其治之义，该古字是源自缫丝时治丝操作这一点是十分明确的，即其源起于缫丝女用双手理顺并维护丝条之间的关系与顺序之义，训治训理；反之，则打破有序状态引起紊乱，训无规。以后，从这样的本义出发，人们又将"乱"字广泛应用于很多不同场合，表达各种不同含义。但是在现代汉语中，"乱"字训治训理的用法实际上已经消失。在这里，如果不讨论其反训的话，"乱"字的表达就只是时间、空间上的无序及其引起的紊乱、混乱。从缫丝时丝绪在空间上的"凌乱"状态扩展开去，社会秩序、人文关系、既有传统、思维方式等的失序或失态，都可以用"乱"字表示。这样一种扩展，充分显示了中国古人的智慧。这是其他语言系统中难以直接找到对等用语来翻译的。例如，在中文与英文翻译对照中，中文说"桌子上很乱"时，其中"乱"字说的是杂乱，英文可以用"a mess"；中文说"丝绞很乱"时，"乱"字说的是紊乱、凌乱，英文则应用"disorder"；中文说"乱点菜"时，"乱"字说的是随便、随意，英文则需要用"random"。中文中仅一个丝条紊乱的"乱"字，就把所有无序而失态的情况都说明白了。这可以说也是蚕丝文字的利用所产生的特有效应与魅力吧。又如，我们常说的"天下大乱""天下大治"这样一些关乎治国家、理天下的表述，使用了缫丝时丝条的紊乱与梳理作为底蕴，其语义表达不但十分清晰，而且极为形象。综上所说，简单的一个"乱"字，就使我们看到了蚕丝文字的巨大寓意容量和蚕丝世界的深厚内涵。

最后，再来考察一下"统"和"纪"这两个字。它们也是现代汉语中使用极为频繁的字，如"统一""传统""系统"，以及"纪律""纪实""纪纲"等。这两个字都是绞丝旁，说明它们都是源自蚕丝技艺。《淮南子·泰族训》有："茧之性为丝，然非得工女煮以热汤而抽其统纪，则不能成丝。"这是"统纪"这一用语源自缫丝的很好注解。在这里，"统"是指将茧丝聚集并抱合在一起，成为一根生丝，即其造字本义是将茧丝集束在一起。《说文解字》中"统"的注解为：统，纪也。而"纪"在《说文解字》中的注解为：纪，丝别也。即"纪"是使丝条区分开来。因此，"以热汤而抽其统纪"是表示在热汤中，抽出茧丝集束为生丝，并要使得生丝区分开来，否则是不能成为织造用的丝条的。"统"

字的右侧为"充"，在古字中表示充盈、充满的意思，用"糸"+"充"来表示茧丝系结、集束在一起。"纪"字的右侧为"己"，在甲骨文及金文中其形状就如一条缠绕捆扎用的绳子（图 4.24）。在结绳记事的时代，人们用丝线或绳子打结做记号，故这个字的造字本义，就是在绳子上系圈、打结，用以计数和记事，标明物品的归属等；由结绳的蕴意拓展开来，就是用结绳一类方法将丝条或其他物品区分开来。那么，"糸"+"己"就表示用绳子将丝条系结、集束在一起。在将丝条系结、集束在一起的意义上，"纪"与"统"的含义是一样的，因此《说文解字》中也用"纪"来解释"统"，但是前者强调用绳子等物来捆扎区分的寓意。

图 4.24　古文字中的"己"

此外在古文中，"纪"字也有直接用其本义的，即以结绳做记号加以甄别管理的含义。如《墨子·尚同上》有"譬若丝缕之有纪，罔罟之有纲"；《礼记·礼器》中有"众之纪也"；等等。后来，人们将由结绳做记号的语义引申开来，凡记载、记事、记录及相关的应用，都用"纪"，如《左传·桓公二年》有"夫德，俭而有度，登降有数。文、物以纪之，声、明以发之，以临照百官"；《论衡·须颂》有"司马子长纪黄帝以至孝武"。这些都是用其记载、记录的意思。进一步，再把结绳记号的目的，如甄别、约束、管理的含义引申开来，"纪"字的使用范围就更加扩大了，如"政纪""纪律""经纪"等，其在现代用语中都是使用频度极高的。在古籍中也有，如《诗经·大雅·棫朴》中有"纲纪四方"；《礼记·乐记》中有"故乐者，天地之命，中和之纪，人情之所不能免也"；《白虎通义》中有"三纲六纪。纪者，理也"；《韩非子·主道》中有"道者，万物之始，是非之纪也"。它们都是约束、管理之意。

类似"统"字的使用，自古以来，直接用茧丝集束起来的本义，还生成了很多用语，如"统一""统合""统率"等。在古籍中，用其本义的如《玉篇·糸部》中"统，總也"即是。除此之外，在各种引申应用中，用集束茧丝之相互关联的含义，表示传承下去的体系时，称"传统""血统""系统"等，如在《公羊传·隐公元年》中有"大一统也"之说，《荀子·解蔽》中有"求其统类"等。又有用强调集束茧丝之行为的含义，表示召集、集合、汇总以及总体管控的意思时，称"统治""统领""统帅"等。如古籍《列子·天瑞》中的"昔者，圣人因阴阳以统天地"，即为此意。再者，用集束茧丝之全面性、总体性的含义，又可引申出"统计""统率""统购""统销"等用语。在古籍中如《汉书·儿宽传》有"统楫群元"，所用即是此意。

从缫丝中的"抽丝而统纪"这一古代技艺中，生成了这么多直到现代依然广泛使用着的用语，这是任何其他领域发生或发明的用语中所没有的。

通过以上的例子，我们可以感受到蚕丝要素对象形文字，乃至对我国几千年文明、文化演变进化的影响程度。同时，也可以理解蚕丝发明与中国象形文字的共生，这确实是中国象形文字的一大特征；进而，以这种共生关系为基础，对于经过几千年锤炼进化演变而成的中华文化与蚕桑丝绸文化的渊源关系也就不难理解了。正是在这个意义上，我们使用了"蚕丝元素融入中国社会文化板块"这样一个表达。

三、蚕丝文字与中华文化

"蚕丝元素融入中国社会文化板块"是一个需要就中国社会文化各个领域进行深入论证的大命题，鉴于其涵盖面过于宽泛，我们只能通过一些典型领域，来了解其存在，以及其作为文化底蕴的作用。

先来看看似乎离开蚕丝绸比较远的基础学科——数学与蚕丝之间有什么渊源关系。《九章算术》是东汉初年的一部数学经典，是中国古代算经十书中最重要的一种。该书总结了战国、秦、汉时期的数学成就。全书采用问题集的形式，收集了 246 个与生产、生活实践相关联的应用问题，其中有大量的买卖丝、练丝、染丝、织绸等方面的算题，这反映了丝绸生产在古代社会生活中的重要地位。我们注意到，在东汉时，人们已经能够用完整的汉语文字表达种种数学的思维与方法了，包括对某些比较复杂的数学问题的描述与求解，说明古人已经完成文字系统的发明，并已能满足各种领域的文字表达需要。在这里，我们关心的是，这些用来表达数学问题的专业用语中，如果考虑到象形文字发明与蚕桑丝绸的共生关系,那么,它们也应该是这种共生关系的衍生物。事实怎样呢?对此,如关注一些有代表性的数学用语,探索它们发生发明的缘起,也许可以找到答案。

数学中最常用的"率"字,其甲骨文字如图4.25所示,是由"水"字当中夹一个"糸"字构成,形态如一缕丝条牵拖在水中。在缫丝中,一缕丝条在缫丝汤水中牵拖时,可以带动一堆茧子在水中移动,这是缫丝时移动茧子或者整理丝绪的一项基本操作。因此,关于"率"的造字本义,应该是缫丝中的丝条牵拉茧子,而不是"用纤绳在河岸拉船"。但后来的古籍,如《诗经·大雅·绵》中的"率西水浒,至于岐下"之说,就是"用纤绳在河岸拉船"的用法,这应该只是"率"字造字本义的引申使用吧。金文中将两边的水改为两点;到了篆体,又在上方增加了一个"十"字,在下方增加了一个"手"字,强调用手牵引丝缕。虽然《说文解字》有注解说:"率,捕鸟毕也。像丝网,上下其杆柄也。"但是,从"率"字的本义及后来的用法来看,这个注解的说法亦似不妥。因为如果说是捕鸟的网,又是丝网,再加上两头有杆柄,那么,古人用这样的捕鸟网如何捕捉鸟禽?即便可以理解,那么强调以丝为网似乎也是不合逻辑的。因为古人最初用搓绳结网捕鸟的时代,还没有发明蚕丝,在蚕丝发明与甲骨文共生的时代,不是从蚕茧缫丝中产生"率"的文字,而是先表示古人捕鸟的网,这是无法理解的。这且不说,这样捕鸟的本义与后来引申为"带领""引领"的含义更是难以联系起来的。而如果根据上述的"缫丝中的丝条牵拉茧子"的本义,引申出主要表义为"带领""引领"及至"榜样""楷模"的话,这就与本义一脉相承了。如《左传·宣公十二年》中的"率师以来,惟敌是求",《荀子·富国》中的"将率不能,则兵弱",都是这样的用意。又从"榜样""楷模"的含义,进一步引申为"基准""规格""律令"的语义时,这样一个"率"字就成了数学用语中两数"比值"之意。因而所谓"比率",就是以某一个数作为基准进行比较的结果,即比于"基准"的结果。所谓"效率",就是以工作的效果与基准进行比较的结果,即"效果"与"基准"之比值。三国时期魏国数学家刘徽的《九章算术注》中有"凡数相与者谓之率"之说,也就是在这一意义上解释"率"。不过在数学上用这个"率"的发音时,假借了"律"字的发音,而这也是基准的意思。

率 ＝ 水 ＋ 糸　　　　　率 ＝ 十 ＋ 金文"率" ＋ 手
　　(a) 甲骨文　　　　　　　　　　　(b) 篆字

图 4.25　"率"的古文

另外一个数学中常见的字是"系"。在数学中,由已经获得的定理进行的推论又称为"系"。其用法始于明末意大利传教士利玛窦与数学家徐光启共同翻译的欧几里得《几何原本》。探查一下"系"字的出典,首先可以看到,在甲骨文中已经有了"系"字,那是一个如图4.26所示的象形字。该象形字显示,在两根丝上面是一个"爪"字,两根丝的丝头是连在一起的,表示一只手系结了两根丝条。在缫丝操作中,用手将丝条并合在一起或将丝条系结在一起,都是极重要的操作。将这一操作用象形字标记下来,对于解说缫丝的技艺是不可缺少的。因此"系"字的本义就应该是用手将丝条系结在一起。后来的篆文将上面的"爪"的象形字简化为一撇,将两根丝简化为一根丝,就生成了沿用至今的"系"字。《说文解字》的注解是:"系,繋也。"又有"繋,约束也"。根据这样的本义,"系"可表示为系绊、系带、系丝等形式。由此扩展又生成了"关联""联结"之意。在《广雅》有注解为:"系,连也。"东汉班固的《汉书·李广苏建传》中有"足有系帛书";《史记·屈原贾生列传》中又有"系心怀王"的表达,均为此义。此外,根据几根丝条并合成为一统的含义,又引申表示由独立元素联结而成为一组关联整体,也称为"系统",又如"系列""系统""系谱""系数"等。《新唐书》中有"桑道茂者,寒人,失其系望"的用法,说的是深谙桑道之术者,身份卑微,无望进入系谱之中。根据丝条系结关系的引申表示，徐光启在翻译《几何原本》时，遇到英文的定理推论"corollary"时，就机智地将这一词翻译为"系"，十分形象地表达了原文的词义。《几何原本》翻译完成以后，利玛窦评论说：中文当中并不缺乏成语和词汇来恰当地表述我们所有的学科术语。由此也可以看到，蚕桑丝绸的发明对汉字系统的贡献，特别是在国际交流的语言表达中所发挥的作用确实是可圈可点的。蚕丝技艺融入文字系统，使得一直以其科学文化在世界上处于领先地位而自傲的欧洲传教士，领悟到了中国文字所蕴含的中国式思维的宽广和深邃。

图 4.26 "系"的古文

我们再来看看蚕丝文字与传统医学之间的联系。中医诊病，除了靠望、闻、问之外，最重要的就是把脉，又称为"切脉"，是中医用手按病人的动脉，然后根据脉象，了解疾病内症及其变化的诊断方法。切脉诊病，在我国具有悠久的历史，司马迁《史记》中就记载了医家诊脉治病的情况。1973年湖南长沙马王堆西汉古墓中出土的简帛医书，也记载有脉法的内容。晋朝时，产生了第一部脉学专著《脉经》。传统中医共解说了29种常见的异常脉象，其中有5种是与"丝"有关系的，包括弦脉、细脉、紧脉、结脉、缓脉。其中，弦脉的"弦"在古字篆体中，由"弓"与"系"组成（图4.27），会意为依靠弓绷紧的丝条。《说文解字》注解为："弦，弓弦也。从弓，象丝轸之形。凡弦之属皆从弦。"称本义为弓弦，但凡是弓弦的品类都称为"弦"。这样张紧在琴瑟上的丝条也称为"弦"。中医中的弦脉取其义，该脉象急促，脉搏挺直，按切时，有如触感于绷紧的琴弦上一样，由此而得名。细脉的"细"在古字篆体中，由"糸"与"囟"组成，后"囟"被简化为"田"，本义为丝线团（图4.28）。《说文解字》注解为："细，微也。"这里已经由其本义引申为细微之义。朱骏声的《说文通训定声》称："细者，丝之微也。"古代蚕吐出的丝条是极细微的，因而丝被作为细小、细微的代名词。在脉象中，脉搏细微，软弱少力，按脉手指感之如丝时，称为"细脉"。此外，紧脉的"紧"源于缠丝。《说文解字》注解为："紧，缠丝急也。"即卷取丝条时，速度很快而使得丝条呈紧缠状态。由这样的丝条紧缠的状态引申说明脉象，也是十分形象的。紧脉的特征如《脉经》所说"如切绳状"；《诊家正眼》解说为："紧脉有力，左右弹指，如绞转索，如切紧绳。"所以，《素问》说："脉短实而数，有似切绳，名曰紧也。"再有，结脉的"结"源于丝条的缔结。《说文解字》注解为："结，缔也。""缔，皆不解也。"由丝条缔结引申出与结相关联的一系列用法，包括"联结""结合""缔结""结构""结果""结束"等。"结脉"的脉象取其"结节""凝结"的含义。《难经》解为："结者，脉来去时一止，无常数，名曰结也。"《脉经》称："结脉来时缓，时一止复来。"即结脉的特征是脉搏跳动有间歇，而该间歇时长不规则，表现出一种"结而受阻"的症候。因此，"结脉"的症状与"结"的本义是相通的。缓脉的"缓"本义为衣带、丝带的解扣解结，缠约之宽裕，在中医脉象描述中引申为"宽缓"之义。缓脉的特征表现为弛缓无力（类似迟

图 4.27 "弦"的篆字　　　　　　　　　图 4.28 "细"的篆字

脉)。《脉经》称:"缓,脉去来亦迟,小快于迟。"又有称:"一息四至,来去怠缓,往来舒缓。"这样的缓脉一般为病脉。此外,缓脉也有用来表征健康人脉搏的(称平脉)。

由上可知,借助于蚕丝文字,中医在表征病症的切脉时得到了一些形象而又精致的脉象描述。

我们还可以看看蚕丝与音乐艺术的关系。人类究竟是从什么时候开始制作音乐的,现在已无从知晓。根据古籍记载,远古时代,我们的先人就已经开始品味来自大自然和劳动生产中的各种原始音源的节奏、旋律,并学会了创作音乐。清代农桑学家杨双山的《豳风广义》记载:"自伏羲氏采峄山之茧,抽丝为弦,以定音律,而天下化。"唐代司马承祯的《素琴传》更记载了古人制作音乐的趣旨:"昔伏羲氏之王天下也,以谐八音,皆相假合,思一器而备于律吕者,编斫众木,得于梧桐,制为雅器,体名曰'琴'。琴者禁也。以禁邪僻之情,而存雅正之志,修身理性,返其天真。"由这里也可以看到,我们祖先在几千年前的愚蒙时代,就已经了解到音乐陶冶情操、静心怡情的天然属性,并致力于提倡高雅音乐的崇高志向。清代吴乘权的《纲鉴易知录》记载,伏羲氏"斫桐为琴,绳丝为弦,弦二十有七……绠桑为三十六弦之瑟"。我们的先人不仅提倡以乐理修身养性,而且身体力行,制作发明了以梧桐木为琴体,以蚕丝为弦的乐器,并在那个时代创出了雅乐之音。

音乐的"乐"的繁体为"樂",在甲骨文中"樂"的字形如图4.29所示,上方为"丝"的象形字,表示丝弦的琴瑟,下方为"木"的象形字,表示架子或琴枕。金文承续甲骨文字形,在上方增加了"白"字,表示"说唱"之义。甲骨文中的信息告诉我们,至商代,我国不仅有了利用蚕丝为弦的乐器,而且创造了以丝弦乐器为本义的甲骨文"樂"字,除引申表示开心、愉悦之外,也代表乐器乃至音乐,显示了琴、瑟等弦乐乐器的重要地位,也证实了蚕丝在音乐艺术中的深刻融入。由此可见,我国最古老的音乐,最古老的琴、瑟,最古老的音乐文字,都是和蚕桑茧丝相关联而逐渐生成的。

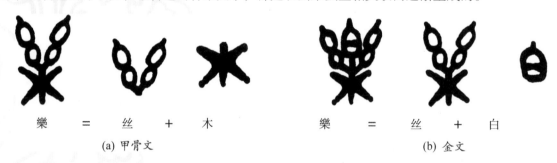

图4.29 "樂"的古文

此外,关于古代音乐,一直以来就有"八音"之说。所谓八音,《尚书·虞书》中有"四海遏密八音"之说;唐代陆德明《经典释文》解释说:"八音谓,金,钟也;石,磬也;丝,琴瑟也;竹,簧笛也;匏,笙也;土,埙也;革,鼓也;木,柷敔也。"其中的丝,指的就是以蚕丝为弦的琴、瑟等乐器。北宋陈旸在《乐书》里解说丝音时说:"丝声纤微,夏至之音也,莫尚于琴瑟。"由于蚕丝的优良物理性能,用其作弦所发出的音色俱称上乘,故历史上的古琴多用蚕丝制弦,并曾成为弦乐器的主流。只是到了近代,由于制弦之法失传,以及其他代用丝弦开发等原因,丝弦才渐渐式微,然而其他的代用丝弦,也都以模仿天然蚕丝音色为目标,并且依然有其音色不如蚕丝好的评价。

蚕丝文化不仅在自然科学、生物医学、人文艺术等领域有着深刻的融入与影响,而且在古代政治、经济、军事等领域也处处可见其影子。

在古代,封建帝王的诏书称为"丝言""丝纶"或"纶綍"。"丝言"的典故源出于《礼记·缁衣》:"子曰:王言如丝,其出如纶。王言如纶,其出如綍。故大人不倡游言。"郑玄注:"言言出弥大也。"孔颖达注称:"王言初出,微细如丝,及其出行于外,言更渐大,如似纶也。"关于丝、纶、綍的含义,《集韵·有韵》解释:"丝十为纶","綍,大索"。就是说"纶"粗于"丝",而"綍"极粗于"纶"。"丝"在这里表示细微之义。上述《礼记·缁衣》中孔子说,君王所说的话像丝那么细,传出去后就像纶那么粗;君王所说的话像纶那么细,那么,传出去后就像绳索那么粗大。比喻帝王细微之言,也能产生重大的社会影响。此后，由于称帝王之言为"丝言"，遂用作诏书的代称。南朝宋鲍照《河清颂》有"订谟布简，丝言盈室"，意为宏谋大计其公示称"简"，君王丝言可充盈厅堂；南朝梁刘勰的《文心雕龙·诏策》中有"皇王施令，寅严宗诰。我有丝言，兆民尹好"，这是称"帝王施令，恭敬庄重，依仗王言，万民皆福"的赞词。在这里，值得关注的问题是，纤细微小的蚕丝，竟登入了皇宫诏书文字的大雅之殿，可见蚕丝在古代朝野心目当中的分量。

在古代的经济生活中，蚕桑、丝绸是与社稷民生息息相关的内容。首先提出的是"经济"中的"经"这个字。如前所述，这是来源于丝绸织造时在织机上布置安排经、纬丝的交错重叠之管理手段的含义，表示组织、管理、处理的意思。《诗经·大雅·灵台》有"经始灵台，经之营之"，《史记·秦始皇本纪》有"经理宇内"等，都是这一用法。虽然在近代，日本首先使用"经济"一词来表示英文中的"economy"，这是因为古汉语中"经济"有"经世济民""治国平天下"这样更广泛意义上的组织管理的含义。当它被用来表述"economy"以后，则意义变得狭窄了，被界定为主要用于财务经营、财政措施等有价值的用语。"经济"成为一个最流行的现代用语之一，固然与经济在现代社会中的角色作用有关，但我们也不应该忘记古代蚕丝文化给我们留下的珍贵的文字遗产，它使得现代汉语获得了一个恰当表述"economy"的用语，为蚕丝文字在现代世界留下了不可磨灭的印记。

蚕丝文化在经济生活中的作用是很多的，包括在古代的度量衡制度中，利用蚕丝的粗细作为计量单位。《孙子算经》中有："蚕所吐丝为忽，十忽为秒，十秒为毫，十毫为厘，十厘为分。"明代李时珍注陶弘景《别录》又记有："蚕初吐丝曰忽，十忽曰丝，十丝曰厘。"到了清代，定度量衡单位制时，把"丝"作为长度和衡重的小数单位。清代度制为：一丈十尺，一尺十寸，一寸十分，一分十厘，一厘十毫，一毫十丝，一丝十忽，一忽十微。清代衡制为：一斤十六两，一两十钱，一钱十分，一分十厘，一厘十毫，一毫十丝，一丝十忽，一忽十微。在这里，长度一丝相当于 3.33 微米，约为一根头发直径的 1/20；重量一丝相当于 0.5 毫克。直到民国时期，度量衡制中仍保留着重量单位"丝"，规定一公丝等于 0.001 克。中华人民共和国成立以后，废除了重量单位的公丝和丝，而规定了长度制的"丝米"单位，定义一丝米等于 1/10 毫米。1984 年以后"丝米"的使用才被取消。现代社会中，尽管"丝"作为长度和衡重单位已经使用得比较少了，但是，正如人们常说"丝毫不差""丝丝入扣"等一样，其"十分细微"的含义在中国语言和中华文化中早已被深深植入了。

此外，作为古代重要的交流物品，丝帛还曾经长期作为实物货币来使用。"蚕丝"在古代也被用来泛指赋税，这是因为敛赋如抽丝于茧，故有此比喻。《国语·晋语九》中有："赵简子使尹铎为晋阳。请曰：'以为茧丝乎？抑为保障乎？'"韦昭注："茧丝，赋税；保障，蔽扞也。"

最后，简要讨论一下军事用语中与蚕丝有关的几个例子。军队的"编制"，在英文中为"category"，表示等级、分类。翻译成汉语后，使用的是"编制"。这里的"编"字，在甲骨文中就已经出现，其造字本义为：用丝条将竹简穿联成简册典籍。《说文解字》注解为："编，次简也，从系，扁声。"即用丝条将竹简排序。军队的分类、分级使用"编制"一语，语义形象且清晰。类似的还有术语"编装"，是编制与装备的缩略语。军队常用的"给养"的"给"字，源自缫丝时对绪丝补充茧子。《说文解字》注解为："给，相足也。从系，合声。"即补充使足数，用以说明军队的粮草或后勤补充是十分贴切的。空战术语中有"缠斗"一词，表示空中格斗，英文为"dogfight"，又有狗打架之义。"缠"字来源于丝条的纠缠，用来表达"dogfight"的译义，这应该是在英文本身也难得的形象描写吧。

综上所述，中华文明的一大特点就是蚕丝要素深深地融入了社会文化板块之中。在蚕丝文化支撑下，古代的中国思想文化独树一帜，其影响波及整个世界，并与西洋文明形成对比。

第四节 古今生丝的品种

在几千年的时代进程中，用纤细的蚕丝织制成布帛的奇妙创想，不仅使人们的衣生活有了锦上添花的丰富资材，而且蚕丝锦帛这样华丽轻薄的软质面料，还为人们创造现代生活和产业需求带来了无穷的资源。长期以来，一代又一代的中华丝绸人怀着对于蚕丝纤维的种种梦想，致力于蚕丝产品的开发与创造，造就了一个丰富多彩的蚕丝品种世界。只有深入蚕丝品种的世界，我们才能知道古人创造蚕丝技艺的良苦用心，才可以理解蚕丝技艺丰富的内蕴。

一、古代的生丝

（一）火丝

宋以后，缫丝方法比较明显地分为"热釜法"和"冷盆法"两种。用"热釜法"缫得的丝，又称火丝（图4.30），主要指在缫丝盆中采用较高汤温而缫得的生丝。由于采用高温缫丝汤缫丝，故缫丝时丝条卷取的速度可以很快。

宋代，主要是北方地区采用"热釜法"缫丝。元朝以后，南北缫丝技术实现了融合。到明朝，北方缫车与南方冷盆相结合，成为后代缫丝技术的主要形制。

"热釜法"缫丝的长处是煮茧缫丝的效率较高。王祯《农书》称："凡多茧者，宜用此釜，以趋速效。"但是，由于每次投入盆中的茧量大，缫丝速度较快，缫丝时不易控制粗细，因此，缫出的丝质量不如冷盆丝。用"热釜法"缫丝时，煮茧与缫丝共用一锅，直接安放在灶上，《豳风广义》称："锅上横安丝车一个""釜要大，……釜上大盆甑接口，添水至甑中八分满。甑中用一板栏断，可容二人对缫也。……水须热，宜旋旋下茧"。《天工开物》称："锅前极沸汤，丝粗细视投茧多少。"缫制较粗的生丝时，多下茧，锅宜热；缫制较细的生丝时，少下茧，锅宜

图4.30 火丝缫丝

温。缫丝时，必须频频用筷子拨动茧堆，以防止快速卷取的丝条紊乱。

"热釜法"煮茧，采用温度很高的沸汤。煮缫时，投入茧量的多少，既要依据丝条粗细，又要注意茧子煮熟的状况。若茧子"多下，则煮不及，煮损"。此外，下茧量多少，还要根据生丝的用途而定，"凡绫罗丝一起投茧二十枚，包头丝只投十余枚"，即厚重织物用丝应多下茧，而薄型织物用丝则少下茧。

（二）水丝

用"冷盆法"缫得的丝，又称水丝，是指缫丝盆内的汤温比较低的条件下缫得的生丝（图4.31）。冷盆所缫之丝，属于上好的丝，其丝条光艳华丽、坚韧柔软，可用于织造最上等的锦绣纱罗。

在宋代，南、北方缫丝方法有所区别，北方缫车车架较低，机件较完整，丝的导程较短。在缫丝方法上，南方用冷盆，缫制水丝；北方用热釜，缫制火丝。冷盆速度虽慢，但丝条质量很高。《豳风广义》记载："冷盆丝为上，火丝次之。……精明光彩，坚韧有色。丝中上品，锦绣纱罗之所出也。""冷盆法"

缫出的丝虽名为水丝，但是在缫丝时也是在热盆中煮茧，丝绪索出时，将黄丝乱茸除去，得到一根清丝，送入温水中，几根并合缫成生丝。由于缫丝的温水盆里水温较低，所以称为冷盆缫丝。冷盆缫丝可防止出现煮茧太熟、丝胶过度溶解、丝纤维软弱无力等问题。其所缫的生丝洁净光莹，"比热釜有精神，而又坚韧"。

（三）湖丝

湖州因位于太湖之滨而得名。隋、唐时，湖州地方蚕丝绸已经有"安吉丝""武康绵""湖绸"等称谓，说明湖州地区自隋、唐起就已经是蚕丝绸的重要产区。"湖丝"之称谓，始见于南宋嘉泰年间（1201—1204年），此后一直沿用至今。至明代中叶，"湖丝"在国内声名鹊起。明朝时，南浔阁老、吏部尚书朱国祯、礼部尚书温体仁两位相国都曾将自己家乡所产的湖丝推荐给当朝皇上。

图4.31 水丝缫丝

朱国祯在天启二年（1622年）所著的《涌幢小品》中说："湖丝唯七里尤佳，较常价每两必多一分。苏人入手即识，用织缎，紫光可鉴。其地去余镇（浙江湖州南浔）仅七里，故以名。"明万历（1573—1619年）后期，湖丝中七里村人所缫的生丝深得好评，被称为"七里丝"，逐渐在国内市场出名。"七里丝"的价格较之一般丝价高出很多，茧丝大贾皆贩运于此地，贸易于江南及川广地区。图4.32所示为清末民初的缫丝机以及所缫的生丝。长期以来，因为湖丝产量高、质量好，故销路甚广，特别是近代以后，远销日本、南洋等地。每当蚕丝上市，四方富商大贾都云集湖州购买湖丝。1851年春天，商人徐荣村（图4.33）获悉英国将要在伦敦举办第一届万国博览会，便将自己经营的12捆"荣记湖丝"打包运往伦敦参展。半年后这一湖丝精品力压群芳，一举荣获金、银大奖，英国女王维多利亚还亲自为该湖丝精品颁赠了有"小天使"画像的证书，开创了中国产品获世界大奖之先河。

(a) 湖丝缫丝机

(b) 清末民初的湖丝

图4.32 缫丝机与湖丝（浙江南浔辑里湖丝馆藏）

旧时，湖丝主要指中国明清时期浙江湖州府出产的蚕丝。"湖丝"之称，起始于南宋嘉泰年间有关"湖丝遍天下"的记载。湖丝有头蚕、二蚕之分，质量以头蚕为上。其细而白者，称为合罗，专供皇帝织造御服所用；稍粗者，称为串五；又粗者，称为肥光。与白厂丝一样，湖丝有各种粗细不同的规格。

图 4.33　徐荣村的"荣记湖丝"获伦敦首届万国博览会金、银大奖
[取自收藏于上海图书馆的《北岭徐氏宗谱》(清光绪十年)]

(四) 辑里湖丝

湖州"七里丝"的名称直到清康熙乙丑年 (1685 年) 前后仍保持着原名。雍正初年，古书上才有了"辑里湖丝，擅名江浙也"的记载。由此可以推断，"七里"被雅化为"辑里"的时期，当为康熙 (1661—1722 年) 后期。因"七"与"辑"发音相近，而"辑"又有缫织之意，故而得此雅名，"七里村"也因此改称为"辑里村"。

辑里湖丝又称为"辑里丝"，自元朝末年起，七里村就已全村栽桑养蚕，精心缫制湖丝，并积累了精湛的缫丝技术，使得七里丝成了湖丝中质量最佳的生丝名牌。七里丝在缫丝工艺上注重"细"和"匀"，缫丝工具使用当时最先进的三绪脚踏丝车，所缫的丝"富于拉力、丝身柔润、色泽洁白"，比土丝多挂两枚铜钿而不断。七里村独特的缫丝工艺因此被逐渐推广到杭、嘉、湖、苏各地。到明朝时，七里村生产的湖丝因为具备"细、圆、匀、坚、白、净、柔、韧"八大特点而远近闻名。此后，清政府于苏州、杭州设织造局，便于南浔镇上专设了收购生丝的"京庄"。各地送来的生丝，质量上乘者也统称为"辑里丝"。因此，辑里丝以南浔辑里村生产的生丝为代表，成为上等湖丝的代表。

辑里湖丝曾多次在世界博览会上获得殊荣。1904 年，在圣路易斯世博会上获一等奖；1905 年，在比利时列日世博会上获甲等最高奖；1911 年，在都灵市博会上获一等奖；1915 年，在巴拿马世博会上获金奖；1926 年，在费城世博会上获多项甲等大奖；1930 年，在比利时世博会上荣获金奖；等等。由于辑里湖丝在世界上名声大噪，它也成了世界各国了解中国丝绸的一扇窗户。此后，这一地方生产的生丝均泛称"江南上等土丝"，以至于广东土丝也要冠"辑里丝"之名。清皇室规定，凡皇帝、后妃所穿袍服都必须用辑里丝精织而成 (图 4.34)。目前，南浔辑里湖丝馆仍保存着两绞清末民初没有售出的辑里湖丝，其质地鲜艳如初。

辑里湖丝的独特缫丝工艺，被推广到杭、嘉、湖、苏各地后，土丝质量不断提高，形成了超脱于其他品牌生丝的质量优势。近代以后，由于引进了先进的织造技术，辑里湖丝改变了原先单一的品种状况。目前，辑里湖丝品牌与白厂丝一样，拥有各种粗细不同的规格，主要是 A3、A4 级白厂丝。

图 4.34　用辑里湖丝制作的龙袍（浙江南浔辑里湖丝馆藏）

二、现代的生丝产品

（一）生丝

生丝一般指用家蚕茧缫制而成的天然蚕丝蛋白纤维，是生产丝绸的原材料（图 4.35），也是真丝纤维的商品名。中国生丝有悠久的历史，其产量在很长时期内占据世界首位。

图 4.35　生丝

我国各地桑蚕茧缫丝厂均有生丝生产。在缫丝生产中，生丝是由数根茧丝（如 5～8 根）并合卷曲同时加捻而成的。缫丝时，要先将蚕茧煮熟，使丝胶膨润，进而将若干个茧子的丝绪并合在一起，依靠丝胶的黏合以及加捻作用形成一根丝条，并卷取到丝筴上。缫丝中，对于并合丝条的粗细，通过缫丝茧粒数来控制或通过纤度粗细来控制（分别称定粒缫丝和定纤缫丝），使生丝丝条的粗细均匀一致。生丝质地柔软滑爽，手感丰满，柔韧舒适，且富有弹性，光泽高雅，吸湿透气性良好。因是天然蛋白纤维，其对人体无刺激性，自古以来就是最受欢迎的高贵纺织纤维材料。利用生丝，可以织造组织结构不同的各类丝织品，除了用作服饰材料外，也用于工艺品、装饰品等，展示了生丝材料的广泛适应性。生丝的外观一般为象牙白色、淡黄色，亦有淡绿色等。生丝还具有很高的强度、优良的绝缘性以及良好的热性能。近年来，生丝及由生丝制备的丝素材料、丝胶材料，在产业材料、医用材料以及国防材料等领域都开拓出了各种新的重要用途。

近代以后，生丝的生产工艺流程是：混茧→剥茧→选茧→煮茧→缫丝→复摇→整理→打包→成件。我国生丝产品的主要规格是按照丝条的粗细进行区分的，而丝条的粗细则是按照一定的丝条重量来表示的。很长时期以来，当生丝以 9 000 米丝长的重量为 1 克时，丝条的粗细规定为 1 旦（旦尼尔，denier）。现在，为了适应 10 进位制标准化的趋势，当生丝以 10 000 米丝长的重量为 1 克时，丝条的粗细规定为 1 分特（特克斯，tex）。我国生丝的标准规格主要为 69 旦（76.6 分特）及以下，主要的生丝产品规格为

20~22旦（22~24分特）、27~29旦（30~32分特）、40~44旦（44~48分特）。很久以来，我国的生丝出口须根据生丝检验的国家标准实施强制性质量检验。根据产品的纤度偏差、匀度、类节等项目的检验结果可区分为6A，5A，……A，B，C八个以上的等级，以6A级最优，随着等级的降低，生丝的各项指标要求也降低。生丝成品的卷装形式，分为绞装丝和筒装丝。进入21世纪以后，我国的生丝检验国家标准"生丝"（2008年开始）及"生丝检验方法"（2002年开始）已由强制性质量检验改为推荐性质量检验。

图4.36 立缫机

（二）桑蚕丝

桑蚕丝，指由桑蚕茧缫制得到的长丝，是以原料茧之丝名称呼的生丝，多用在日常生活和学术用语中。详见"生丝"条目。

（三）定粒生丝

定粒生丝，是指用定粒缫丝法缫成的生丝。定粒缫丝使用的缫丝机为立缫机（图4.36）。一般在用立缫机缫丝时，缫丝工每人管理20个缫丝的绪头，每个绪头由若干枚煮熟的茧子同时抽取茧丝并捻成一根生丝，卷取到卷丝框（称筴子）上。生丝在卷绕到小筴之前，须经过烘干处理。在这20个绪头的缫丝台面上分别配置有缫丝槽、索绪锅、理绪锅等，缫丝工在这些装置上进行索理绪、接绪、处理故障等操作。缫丝时，主要靠手工操作。由于在立缫机上，采用保持各绪下茧粒数一定的方法获得平均粗细一定的生丝，所以这种缫丝方法被称为"定粒缫丝法"。缫丝工通过对绪下茧丝的粗细搭配，使得丝条保持均匀一致。

2000年前，我国桑蚕茧缫丝厂均有定粒生丝生产。低速立缫机以50米/分的速度进行沉缫缫丝。定粒缫丝法的缫丝速度只有自动缫丝法的1/4~1/5。定粒缫丝需要用沉缫煮茧方法，使得缫丝时能够清楚地辨认出缫丝茧与落绪茧。缫丝时，始终保持绪下茧粒数一定。为了得到粗细均匀的生丝，对原料茧有较高的要求，如要求茧丝纤度是生丝纤度的整数分之一，茧丝纤度开差宜小，解舒丝长宜长。此方法生产效率较低，但生丝质量很好。由于缫丝速度慢，故缫成的生丝手感柔软，丝色柔和。在定粒缫丝时代，我国的定粒缫丝曾在很长一段时间受到国内外生丝用户的极好评价。

20世纪80年代以前，我国的缫丝生产以立缫机生产的定粒生丝为主；90年代以后，立缫机的占有率快速下降。2010年以后，定粒生丝已几乎消失。在定粒生丝为主的时代，生丝产品的主要规格为69旦及以下的生丝。

（四）定纤生丝

定纤生丝，就是用定纤自动缫丝机（图4.37）缫成的生丝。定纤自动缫丝机是在立缫机的基本机构上经整体自动化再设计及再构造后形成的，立缫机上基本的操作工序如索理绪、添绪、拾落绪茧和蛹衬等，在自动缫丝机上均由机械替代。自动缫丝机缫丝过程中，丝条粗细的控制是依靠纤度感知器，以及自动给茧及添绪装置进行的，当缫丝中绪丝的粗细下降到感知器预先设定的感知纤

图4.37 定纤自动缫丝机

度时，自动给茧或添绪装置就会自动地添加上一枚有绪茧，使生丝纤度恢复到细限纤度以上。这样的纤度控制方法被称为定纤式，这样的缫丝方法被称为定纤缫丝法，缫得的生丝称为定纤生丝。我国生产的自动缫丝机，通常以组为单位，每组400绪，每20绪为一台。一组自动缫丝机的两端各设一套索理绪机。煮熟茧和落绪茧经索理绪而得到有绪茧后，送入循环移动过来的给茧机，由给茧机送到各绪头添绪。自动缫丝机缫丝速度较立缫机有大幅度提高，丝条卷取线的速度一般可达150米/分以上。因此，生丝是在较高的缫丝张力条件下缫成的，容易形成手感不如立缫生丝柔软的情况，这也是自动缫丝机的主要弱点之一。由于自动缫丝机上每个缫丝工看台数高达100～150绪，因此生产效率很高，每个缫丝工8小时的缫丝产量可达15千克以上。1990年，自动缫丝机在我国引入市场机制后，仅短短五年的时间，普及率已由不足20%一举达到95%以上。此后，随着技术的不断进步，2010年以后自动缫丝机基本上取代了立缫机。

由于定纤缫丝法的原理是基于在生丝纤度变细的方向上设置一细限纤度，即当生丝纤度下降到这一纤度值时，不管绪下粒数多少，都添上一枚茧子。因此，在这种缫丝方法中，生丝纤度下限由细限纤度所控制，上限则由接绪茧丝纤度所制约，这样就防止了生丝纤度的大幅度变化，使丝条的粗细得以保持在一定范围之内。纤度控制所利用的纤度感知器，由两片保持细小间隙的玻璃片构成，依靠丝条通过两玻璃片之间隙时的摩擦力感知纤度。当丝条变细时，摩擦力变小而发出要求添加茧子的信号。自动缫丝机一般由这样的纤度控制系统及正绪茧补给系统两大系统构成。由于缫丝速度较快，要求缫丝机有较强的接绪能力。自动缫丝机上缫丝工看台能力较大，缫成的定纤生丝纤度的偏差就比较小。

1961年，无锡第一纺织机械厂利用改进的杠杆式隔距纤度感知器，仿造生产了第一台D-101定纤自动缫丝机。早期自动缫丝机的生产效率比立缫机提高1.5倍以上，每组（400绪）只要6～8人管理，而同样规模的立缫机则需要20人管理。20世纪60年代以后，我国生产的自动缫丝机的型式与型号不断更新。浙江的自动缫丝机系列包括飞宇2000型、D301B型、D301A型、ZFD521型等；江苏的自动缫丝机系列包括D101B型、FD501型、SD508型等；四川的自动缫丝机主要型号为CZD301D型。这些缫丝机主要采用移动给茧、固定添绪方式，纤度感知器为隔距式纤度感知器，缫丝速度及缫丝效率都得到了大幅度提高。

定粒生丝与定纤生丝共同使用一个生丝检验标准，因此生丝规格也是一样的。进入自动缫丝机时代以后，生丝的卷装方式有所改变，如筒装生丝增加，绞装生丝相对减少。自动缫丝机缫制的生丝，其主要规格为69旦（76.6分特）及以下的生丝，主要的生丝产品规格为20～22旦（22～24分特）、27～29旦（30～32分特）、40～44旦（44～48分特）。生丝等级分为6A，5A，……A，B，C八个等级，近年来，国际、国内新制定的生丝检验标准中呈现出生丝质量等级尽可能减少的趋势。

（五）白厂丝

近代以后，出现了利用缫丝机械进行集约化生产的工厂。与传统的一家一户式的土丝生产相对应，缫丝工厂以机械生产方式用桑蚕茧缫制得到的生丝，即白厂丝。"厂丝"或"白厂丝"（图4.38）是商品名"生丝"的另一名称，常用于江浙一带丝厂中。具体内容参照"生丝""土丝"条目。

（六）绞装丝

绞装为生丝成品的卷装形式之一。将复摇大篾上脱下来的丝片扭转若干次后固定成型，以该方式卷装出厂的生丝，称为绞装丝（图4.39）。缫丝过程中得到的小篾丝片，经复摇成为大篾丝片后，经

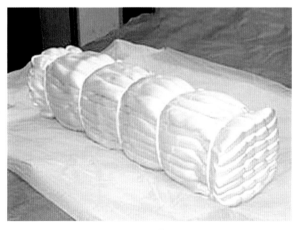

图4.38　白厂丝

过编丝（保持丝片形状不紊乱）和留绪（将丝片面头与丝片底头接在一起），然后打绞成有一定规格的丝绞。一般绞装丝的绞转数根据绞装大小而定，大绞丝重量约为130克，绞转数为2.5～3转；长绞丝重量约为180克，绞转数为3～3.5转。经过绞装的丝绞按大绞丝16绞、重量约2千克，长绞丝28绞、重量约5千克，捆扎成包，最后以60千克左右的丝量成件或成箱出厂。

小绞丝

大绞丝

长绞丝

图4.39 绞装丝　　　　　　　　　　　　　图4.40 筒装丝

（七）筒装丝

筒装，为生丝成品的卷装形式之一。缫丝过程中得到的小䇲丝片在复摇工序中就直接卷绕成筒，以此卷装形式出厂的生丝，称为筒装丝（图4.40）。其成筒工艺有干返成筒和湿返成筒两种。干返成筒时，将已经干燥处理的小䇲丝片在一定条件下进行含水率平衡后直接卷绕成筒，成筒时无须再行干燥。湿返成筒时，将缫丝车间落下的小䇲丝片，经真空吸湿以后直接卷绕成筒，丝条在卷绕过程中进行干燥。成筒后的生丝重量约为500克，60个筒子成箱，每箱约30千克重。

图4.41 熟丝织物

（八）熟丝

生丝通过精练脱胶后称熟丝，我国各地桑蚕茧缫丝厂均有生产。生丝原料需要经过精练、染色后才能成为供织造用的熟丝。熟丝常用于织缎、织锦等一些多色提花的熟丝织物（图4.41），也可用于织素色的熟丝织物。熟丝织物织成后无须再精练、染色，经整理后即为成品。真丝绸和柞丝绸都是长丝织物，通常可分成生丝织物和熟丝织物两种，分别为未经精练的生丝和精练后的生丝所织成的织物。熟丝织物比生丝织物在织造技术及质量控制方面要求更高。比如，塔夫绸是一种以平纹组织制织的熟织高档丝织品，经丝采用复捻熟丝，纬丝采用并合单捻熟丝，以平纹组织为地，组织密度大，是真丝绸织物中密度最高的品种。用熟丝织成的塔夫绸，可分为素塔夫、花塔夫、方格塔夫、闪色塔夫和紫云塔夫等许多种。其特点是绸面光洁平滑、挺括美观、光泽优雅，组织紧密，手感舒适，但折皱后易产生永久性折痕。因此，它们不宜折叠和重压，一般采用卷筒式包装。花塔夫绸是塔夫绸中的提花织物，地纹用平纹，花纹是八枚缎组织。其经线密度很高，使花纹突出光亮、质地坚牢、轻薄挺括、色彩鲜艳、光泽柔和。提花纹样一般偏中型、大型，花派流畅、大方为主，宜做服装、伞面及鸭绒被套等。

三、各种野蚕丝

野蚕丝，是利用野蚕茧缫制加工得到的生丝（图4.42），是真丝的一种。野蚕丝有天蚕丝、樟蚕丝、柞蚕丝等。由于野蚕物种稀少，所以野蚕丝尤显尊贵。科学研究证实，野蚕丝内含多种氨基酸，是纯天然野生蛋白质纤维。利用野蚕丝制作的产品包括野蚕丝毯（以柞蚕丝为原料），野蚕丝被（由柞蚕长丝构成），野蚕丝床单（采用柞蚕丝原料），野蚕丝凉席（采用柞蚕丝原料和棉、麻交织而成），野蚕丝内衣、内裤（以柞蚕丝与其他长丝纤维为原料），野蚕丝缎条被套（采用柞蚕丝、桑蚕丝交织），等等。

图 4.42　野蚕茧与野蚕丝

（一）天蚕丝

天蚕丝，是以天蚕茧做原料缫制而成的蚕丝长纤维（图 4.43），是一种无须染色自身就具有天然绿色或黄绿色的野蚕丝。天蚕丝的丝条闪亮有光泽，手感柔软，茧丝上无类节，呈现出独特的优雅。由于天蚕丝不必染色即可织成艳丽华贵的丝织物，因而在各类蚕丝中经济价值最高，被誉为蚕丝中的"绿色宝石"。天蚕丝经济价值极高，价格一般比桑蚕丝高出 30 倍，比柞蚕丝高出 50 倍。在国际市场上，每千克天蚕丝的售价最高可达 3 000～5 000 美元。天蚕丝纤度比桑蚕丝稍粗，与柞蚕丝差不多。由于产量极低，仅于桑蚕丝织品中加入一部分，以作为点缀。

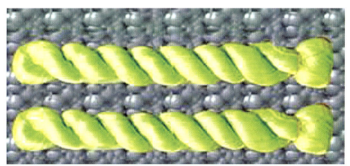

图 4.43　天蚕与天蚕丝

天蚕主要产于中国、日本、朝鲜等国以及俄罗斯的乌苏里等地区。年产量只有数十千克，这成为其身价百倍的原因所在。在我国，天蚕主要分布在黑龙江省，在长江以南直至亚热带地区的广东、广西、台湾等省区也有少量分布。

天蚕丝长为 90～600 米，出丝率为 50%～60%，平均细度为 5.5～6.6 分特（dtex），但粗细差异较大。1 000 枚茧产丝量约为 250 克。强力为 31.2 厘牛/特（cN/tex）（3.53 克力/旦），伸长率在 40% 左右。河南省商城县境内曾发现一种名叫龙载的天蚕，吐彩丝，有绿、黄、白、红、褐 5 种颜色，为多层结彩，纤维细度为 1.39 特（tex）（12.04 旦），干断裂伸长率达 45% 左右。天蚕丝的单丝截面是不规则的扁平形，也有椭圆形及其他不规则形状。不同断面形状的单丝纤维组合在一起，使天蚕丝在光照条件下反射光线强烈，光泽优雅，别具特色。由于组成单丝纤维的微细纤维的聚集状态是疏松的，形成了许多平行于纤维轴的微细长形空孔以及相当数量的缝隙，因此天蚕丝纤维的蓬松性、柔软性较好，具有优良的吸湿、排湿性能。同时，由于构成天蚕丝微细纤维的结晶结构与桑蚕丝不同，故其耐化学性也优于桑蚕丝。天蚕丝强伸力明显高于桑蚕丝及柞蚕丝，其丝织物坚牢、不皱。此外，天蚕丝的交织性能良好，在桑蚕丝或其他天然纤维中织入部分天蚕丝，即成为高档丝织物。利用天蚕丝优良的丝纤维特性和高雅、柔和的特点，可制成高档华贵的织物面料、刺绣用线以及各类饰品。

（二）樟蚕丝

樟蚕是吐丝结茧的经济昆虫之一（图4.44）。樟蚕食叶的植物种类很多，主要有樟树、枫树、柜柳、野蔷薇、沙梨、番石榴、紫壳木及柯树等，食樟树叶者丝质最优，食枫树叶者丝质较差。樟蚕丝是以樟蚕茧做原料缫制而成的蚕丝长纤维。

樟蚕属鳞翅目，大蚕蛾科，又称天蚕、枫蚕、渔丝蚕等，主要分布在中国、越南、缅甸、印度、马来西亚等国。樟蚕在中国的主要产地是广东、广西、江西、湖南、福建、浙江、台湾等省区。产量最多的是海南省，其次是广西、江西、湖南。樟蚕丝的利用和缫丝方法为中国所发明，世界上只有中国生产樟蚕丝。樟蚕丝坚韧耐水，置于水中透明无

图4.44 樟蚕

影，尤其适合制作钓鱼丝。由30头樟蚕的绢丝腺加工并结得到的每条樟蚕丝可承重50千克左右。古时，人们将樟蚕丝用醋浸泡后拉丝制作弓弦，强度极大。它还可作为医用伤口缝合线。此外，樟蚕丝的头尾部分，可制作牙刷和各种刷子。各种蚕丝的缫制过程，以樟蚕丝最为复杂。当樟蚕成熟时，将大、中、小蚕分别以30头为一组，手工在蚕腹中取出丝腺。30头蚕的丝腺60条为1结，在稀酸液中拉丝、浸水、阴干、锤丝，最终才成为樟蚕丝。

（三）蓖麻蚕丝

蓖麻蚕是大蚕蛾科樗蚕的一个亚种（图4.45），原产于印度，1938年前后被引入中国台湾高雄地区，1940年后又被引入中国东北、华东、华南等地，是野生的重要蚕种之一。蓖麻蚕属节肢动物门、昆虫纲、鳞翅目、天蚕蛾科，原是野外生长的野蚕，主要食蓖麻叶，也食木薯叶、鹤木叶、臭椿叶、马桑和山乌桕叶，是适应性很强的多食性蚕。其蚕和蚕茧分别按所食叶类命名，如蓖麻蚕、蓖麻蚕茧，木薯蚕、木薯蚕茧，等。

图4.45 蓖麻蚕和木薯蚕

1950年，中国引进了一批蓖麻蚕种开始试养。1956年起，在广东、广西、安徽和山东等省区相继发展，以广西产量最高，年产量约200吨。用蓖麻蚕丝生产的绢丝产品，在国际市场上甚为畅销。

蓖麻蚕茧，因茧衣较厚，茧层松软，一般不能缫丝，但可作为绢纺原料，纺制蓖麻绢丝；也有与桑蚕废丝、柞废丝、苎麻、化纤等混纺的蓖麻混纺绢丝。蓖麻蚕茧经精练后，成为绢纺的优良工业原料。其丝的性质基本与家蚕相似，且弹性好，经梳理后可得到1～4级的长纤维60.9%，短纤维35.3%，损耗仅3.8%。蓖麻蚕所结之茧，两端尖细，形如枣核，尾部封闭，头部有一出蛾小孔。其鲜茧重量中茧

衣约占3.6%，茧层约占10%，蛹体约占86.5%。茧丝断面形状类似桑蚕茧丝，但比桑蚕茧丝更为扁平。蓖麻蚕茧的茧丝纤度约为1.5～3.0旦，强度比桑蚕丝低，绢纺精梳条束纤维平均强度约为26.5厘牛/特（cN/tex）（3.0克力/旦），断裂伸长率与桑蚕丝接近，耐酸性也与桑蚕丝相近，而耐碱性略强于桑蚕丝。

（五）柞蚕丝

柞蚕生长在野外，以食柞树叶为生，饱经风雨，不惧严寒，具有极强的生存适应能力。柞蚕茧个大结实，粗犷有力。

柞蚕丝是以柞蚕茧为原料缫制而成的天然蛋白纤维长丝（图4.46），我国辽宁、山东、河南、黑龙江等省均有生产。柞蚕丝比桑蚕丝粗，扁圆形，呈淡黄色。在显微镜下观察，每根柞蚕丝都是由两根扁平的单丝纤维并列结合而成的。两根扁平纤维又由若干纤维束组成，纤维束内部有许多空隙，形成多孔性纤维，能吸收紫外线，抗日晒，不易脆化。柞蚕丝和生丝一样，是由数根茧丝相互并合，以丝胶黏合而成的。由于柞蚕茧丝扁平，加上缫丝过程中的张力、摩擦力较大，所以柞蚕丝大多呈扁平带状。如35旦柞蚕丝横截面的长径为100～150微米，短径为40～60微米。柞蚕丝丝素的含量高达85%左右，色素与丝素结合牢固，在漂白中不易除去。柞蚕丝的强伸力较大，在干燥及湿润状态下，强力范围为33.4～34.8厘牛/特（cN/tex）（3.78～3.94克力/旦），伸长率为27.75%～51.0%，比桑蚕丝、羊毛等天然纤维的强伸力更大。柞蚕丝湿润干燥后还有卷曲性，成波浪形，精练也不消失，用作短纤维能使纤维络合，可混纺交织。柞蚕丝耐热性能、绝缘性能很好，干燥时抗电压高达7～8千伏，此外，它还具有较强的耐酸碱性。柞蚕丝外观光洁柔软、富有弹性，品质划分为4A、3A、2A、A、B、C、D共7个等级以及等外级。分级评定是以肉眼外观检验和机械物理性能检验共14个项目的成绩来确定的。

柞蚕　　　　　　　　　　柞蚕茧　　　　　　　　　　柞蚕丝

图4.46　柞蚕与柞蚕丝

柞蚕丝因其良好的理化性能，被广泛应用于人们的日常生活、外贸出口以及工业、国防等方面。但是，柞蚕丝及其织物存在局部着水干燥后形成水渍印，以及使用起毛和日久泛黄的先天性缺陷，以致影响到产品质量和穿着的美观。

柞蚕丝按煮漂茧所使化学药剂的不同，可分为药水丝和灰丝两种。按缫丝方法的不同，可分为水缫丝和干缫丝。按纤度粗细的不同，分为规格丝、疙瘩丝和特种工艺丝。规格丝是指定粒茧6～7粒、纤度33/38旦（35旦）的丝，是柞蚕茧制丝的传统产品；疙瘩丝的纤度为70～300旦；特种工艺丝的纤度为300～2 300旦，一般用手工纺制，风格特殊。依使用原料茧品质的不同，分为秋茧水缫丝、秋茧药水丝、春蛾口茧药水丝或灰丝、秋蛾口茧药水丝或灰丝、黑斑茧（内斑茧和外斑茧）药水丝或灰丝、薄茧药水丝或灰丝。机制和手工制的各种柞丝，多用于织制绸面粗犷、富丽、挺括，具有自然疙瘩花纹的柞丝绸。这种绸在国际上也享有盛名，产地主要在中国辽宁、山东、河南、黑龙江等省，又被称为"山东绸"。柞蚕丝的条份规格一般为35旦。

（六）柞水丝

柞水丝，是柞蚕丝的品种之一（图4.47），按水缫丝方法缫丝得到，中国辽宁、山东、河南、黑龙

图 4.47　柞水丝

江等省均有生产。柞水丝的缫丝工艺和桑蚕茧立缫工艺基本相同，是将柞蚕茧经漂解煮茧处理后，不去水分，在水缫机（立缫机）上的温水锅内缫制而成的。其丝色为淡黄色，丝素含量为 93%～94%，胶杂质为 6%～7%。柞水丝的规格主要为 33/38 旦，依使用原料茧的品质，主要有秋茧水缫丝等。

（七）柞干丝

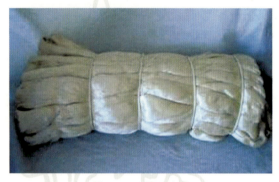

图 4.48　柞干丝

柞干丝，是柞蚕丝的品种之一（图 4.48），按干缫丝方法缫丝得到，中国辽宁、山东、河南、黑龙江等省均有生产。干缫是使经煮茧、漂茧后的茧脱除部分水分，在茧呈现湿润状态时将其置于干缫机的台面上进行缫丝。其丝素含量为 88%～89%，胶杂质为 11%～12%。柞干丝规格主要为 33/38 旦。后面介绍的药水丝和灰丝均为用干缫丝方法缫成的产品。

（八）药水丝

药水丝是柞蚕丝的品种之一（图 4.49），按干缫丝方法缫丝得到。产地主要在中国辽宁、山东、河南、黑龙江等省。药水丝是柞茧用过氧化钠或硼酸钠漂解后缫制而成，丝色呈淡黄色。其丝素含量为 88%～89%，胶杂质为 11%～12%。药水丝规格主要有 50/70 旦、80/90 旦等。根据原料茧品质的不同，有秋茧药水丝、春蛾口茧药水丝、秋蛾口茧药水丝、黑斑茧（内斑茧和外斑茧）药水丝、薄茧药水丝等。

（九）灰丝

灰丝是柞蚕丝的品种之一（图 4.50），按干缫丝方法缫丝得到。产地为中国辽宁、山东、河南、黑龙江等省。灰丝是柞茧以碱性物质漂茧，或用氢氧化钠煮练处理后缫制而成的。丝色呈灰褐色，品质

图 4.49　药水丝

图 4.50　灰丝

不如柞水丝和药水丝好。其丝素含量为88%～89%，胶杂质为11%～12%。灰丝规格主要为85/90旦。根据原料间品质的不同，有春蛾口茧灰丝、秋蛾口茧灰丝、黑斑茧（内斑茧和外斑茧）灰丝、薄茧灰丝等。

四、花色丝

（一）弹力真丝

真丝纤维制品具有柔软舒适的手感，柔和的光泽，优良的吸湿、透湿、透气性能，但也存在易皱、易变形的缺陷，制约了产品的进一步开发。为了满足日益增长的高档化丝绸需求，克服真丝制品的缺陷，很长一段时间，研究人员通过对真丝制品进行盐缩、树脂整理、假捻变形加工等方法来使真丝获得一定的弹力性，以期改善真丝性能。弹力真丝这些方面的研究，除了使用传统的改性技术以外，还可以将普通桑蚕丝通过特殊的物理加工和分纤膨化处理相结合，加工成具有高弹性、高膨体性和柔软性的全真丝差别化纤维材料，桑蚕弹力真丝的弹性伸长率可以达到400%以上，膨松度为2 000克/立方厘米以上。进入21世纪后，桑蚕弹力真丝、柞蚕弹力真丝，以及相关的真丝织物与二次用品，已经市场化。

（二）捻线丝

加工丝线，又叫捻线丝（图4.51），是将白厂丝或双宫丝经过络、并、捻等道工序后生产出来用以织绸的深加工产品。加工丝按照其织绸的用途又分为经线丝和纬线丝。我国古人很早就学会了捻线技术。1955年，陕西西安半坡遗址出土了直径6厘米的纺轮，中间有一个圆孔，是陶制品。它是我国古代发明的最早的捻线工具，即在纺轮中间的小孔中插一个杆，利用纺轮的旋转把纤维拧在一起，并用同样的方法把单股的纤维合成多股的更结实的"线"。捻线丝在中国桑蚕茧生产地均有生产。

图4.51 捻线丝

通用的捻线丝的加工方法与纺纱相同，其并合的丝条通过环锭钢丝圈旋转引入，锭子筒管卷绕速度比钢丝圈快，丝条被加捻制成细捻线丝。经过加捻的丝线结构紧密、强力高，适用于制线以及机织、针织等各种产品。此外，加捻丝还要求毛羽少，织物外观良好。高档服装的面料，要求轻薄柔软、有滑糯感、悬垂性和透气性好等特点，这些对纺纱技术提出了更高的要求。根据产品的用途特征可以设计并生产出各种规格的捻线丝。

（三）土丝、农工丝

桑蚕茧用手工缫出的丝叫土丝，主要是指一家一户利用传统器械土法生产的丝（图4.52）。以人工工艺（手工为主）缫制的丝，也称农工丝。江浙一带有生产土丝的传统，清代前期达到鼎盛。古时，土丝是织锦中用作纬丝的好材料。

土丝在中国江浙、安徽、山东等地均有生产。旧时，缫制土丝主要采用一种木制的脚踏缫丝车。脚踏缫丝车一般由两人共同操作，一人脚踏传动板，手持竹丝掌捞起茧子上的丝头绕在轴头上；另一人则专门从事准备蚕茧、添茧入锅、烧炉加水等辅助工作。缫丝时，大多将鲜茧直接投入高温汤锅中，边煮茧、边缫丝。缫制土丝对水的要

图4.52 土丝缫丝

求很高，民间认为"水重则丝韧"，水好丝也好。在缫丝时，缫工们还十分讲究"出水干"，即要求刚刚缫出的丝能迅速干燥，为此，往往会在出丝的通路上放一盆白炭火，依靠掌握炭火的火候及脚踏丝车的速度来达到"出水干"。由于两头都用水，故对烧火用的柴也有很多的讲究，史书上留下了"栗柴最佳，桑柴次之，切不可烧香樟"的记载。过去生产的土丝，丝的重量是以"两"为单位来进行计算的，一般十两为一车，四车为一把，出售时以"把"计算。缫粗丝时，一天能够缫出一车，而细丝则一天半或两天才能缫成一车。目前，我国市场上的优质土丝即农工丝，其规格主要为50/70旦，少量为100/120旦。

图4.53 双宫茧

（四）双宫丝

双宫丝，是以桑蚕双宫茧（图4.53）为原料缫制的丝，也有在双宫茧中掺入一定比例的上茧或次茧混合缫制的。双宫茧是由两条蚕共同吐丝结成的茧。中国自20世纪40年代开始生产双宫丝，是世界上生产双宫丝的主要国家。中国的双宫丝产量最多，并具有类节多而分布均匀、强力好、富有光泽等特点，主要用于织双宫绸。

中国江浙沿海一带，以及安徽、四川等地有双宫丝生产。双宫丝的特征是丝条粗而类节多。其丝干韧性强，在生产过程中自然形成一些疙瘩与粗细变化的条分。由于这些特点，用双宫丝织造而成的绸，即双宫绸，其表面有闪光和疙瘩的特殊风格，故也称疙瘩绸。双宫绸具有粗犷豪放、贴近自然的独特风格，经染色、印花后可制成外套、头巾、领带以及室内装饰品。在中国，双宫丝还用于织制地毯。双宫丝缫制方法和生丝缫制方法基本相同，工艺流程是：混茧→剥茧→选茧→煮茧→缫丝→小筵丝片脱水→复摇→编丝→烘丝片→搓筵角（把丝片筵角部位搓松）→接剥（整理丝片，接断头，剥去特殊疵点和杂物）→绞丝→打包→成件。其与生丝缫制工艺条件不尽相同的地方，主要是煮茧应掌握适煮偏浮。缫丝时，纤度粗细凭手感目测，发现丝条或粗或细时，可随时增减茧粒数，丝鞘长3～5厘米，缫丝汤温94℃～96℃，用竹筷添绪缫制双宫丝。中国一般采用每台8绪立缫机；日本有的工厂采用自动缫丝机。双宫丝的规格有：39旦及以下，40、80、120、160、200旦及以上，常用的是120～160旦。

（五）绢纺丝

绢纺是把养蚕、制丝、丝织中产生的疵茧、废丝加工成纱线的纺纱工艺过程。根据原料和成品性质，绢纺有绢丝纺（图4.54）和䌷丝纺两大类，产品包括绢丝和䌷丝。

中国浙江、上海、江苏、安徽、山东、广西、广东、河南、四川、湖南等地均有绢纺丝生产。

天然丝纤维细长、柔软、富有光泽、吸湿性好，可以纺制高支绢丝，织造轻薄的绢纺绸，是高级服饰用料；也可与化学纤维、生丝或毛纱等交织成外观优雅、穿着舒适的织物；用绢丝也可以织造针织物，以及缝纫丝线、刺绣丝线等。在古代，人们只用一些简单的工具，将茧壳和缫丝下脚茧煮练并手工纺成丝线。17世纪中叶起，纺丝才开始逐渐采用半机械的方法。18世纪，发明了腐化练丝法，对原料进行脱胶，推进了绢纺业的发展。19世纪50年代，发明了圆形梳绵机（简称圆梳机），形成了比较完整的绢纺机械。由于传统绢纺生产的工艺工序比较繁复，手工操作较多，20世纪60年代起又引进了毛纺式罗拉梳理机和精梳机代替圆梳工艺。

绢丝纺织，指将绢纺原料经化学和机械加

图4.54 绢纺丝

工纺成绢丝的过程。用作绢纺原料的桑蚕茧有疵茧、长吐、滞头和茧衣，柞蚕茧有柞丝挽手、扣和油烂茧，蓖麻蚕茧有剪口茧和蛾口茧。绢丝纺工艺依顺序可分为精练、制绵和纺纱三个阶段。纺制绢丝的支数根据绢纺原料品种而所有不同。桑蚕丝细度较高，精练后的单丝一般为0.9～1.5旦，色泽白净，可纺高支（160～270公支）、中支（100～160公支）和其他支数的绢丝。柞蚕丝细度较低，精练后的单丝一般为2～2.5旦，色泽略黄，能纺制中低支（68～120公支）绢丝。蓖麻蚕丝的细度略低于桑蚕丝，一般单丝在1.5旦左右，可纺中低支（70～160公支）绢丝。

（六）紬丝

紬丝与绢纺丝一样，是由养蚕、制丝、丝织中产生的疵茧、废丝加工而成的纱线（图4.55）。直至近代，新疆地区依然进行着一种被称为"艾德莱斯绸"的传统丝绸生产。据传说，艾德莱斯绸产生于元末明初，是和田、喀什的一些工匠在学习中亚地区的染织法时从丝绸之路传播到自己家乡的。艾特莱斯绸完全采用蚕丝生产，不添加任何辅助纺织原料，并采用天然植物染料染色，其织造使用的丝条就是将蚕茧煮沸抽丝后直接捻并而成的织造用丝（图4.56）。这是一种介于缫丝与紬丝之间的纺织技术。近代以后，开始采用机械加工的手段制作绵绸纺丝。在机械绢纺工程中，紬丝纺主要是指把末道圆梳机落绵或精梳机落绵加工成紬丝的过程。

图4.55　紬丝

图4.56　艾特莱斯绸使用的丝条为直接捻并煮熟茧丝而成

中国浙江、上海、江苏、安徽、山东、广西、广东、河南、四川、湖南、新疆等地均有紬丝生产。紬丝织物大多以平纹织成，是手感柔软、条干均匀、表面有粗节的厚实丝织物。经整理后，可克服因紬丝条干不匀而引起的绸面不平整的缺点，使其具有呢的风格。用紬丝制成的绵绸表面多绵粒，光泽柔和，质地坚韧，富有弹性，悬垂性好，透气性强，是一类别具风格的服饰用料，适于制作各种男女服装和装饰用品。由于紬丝是由末道圆梳机落绵或精梳机落绵加工而成的，而这些落绵的纤维长度较短，整齐度较差，含绵粒杂质较多，因而只能采用粗梳系统纺制成质地疏松、支数较低（10～30公支）的纱。

（七）包芯丝

包芯丝是一种新型复合纤维，一般指以特殊的加工工艺在缫丝过程中或缫丝过程后，以蚕丝包覆其他纤维，特别是化学纤维而得到的纺织用长丝。

包芯丝产地主要是江浙等部分蚕丝生产地区。包芯丝兼有两种纤维之长处，既能保持真丝的风格、手感、光泽等，又能吸收其他纤维的优良特性来弥补真丝性能上的弱点。如涤纶纤维具有挺括、耐磨以及洗涤性能良好等特点。蚕丝包芯丝既可做梭织物，又可做针织物，面料适合于做春、夏、秋、冬各类时装。锦纶—蚕丝包芯丝可做弹力裤，拥有化学纤维所没有的亲肤性与舒适感（图4.57）。

包芯丝的主要品种包括丝绵、丝毛、丝涤、丝锦等，根据条份规格（包括其他品种）可以生产蚕丝包芯丝及其捻线丝、筒装丝等。

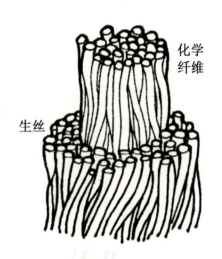
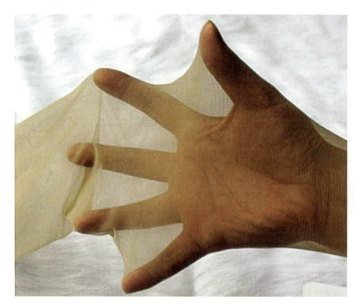

图4.57　包芯丝及其应用

（八）丝绵

用下脚茧和茧壳表面的浮丝为原料，经过精练，溶去丝胶，扯松纤维即成为丝绵。丝绵因保暖性好，常作衣絮和被絮之用。近代以来，用碳酸氢钠（小苏打）或碱液煮茧，然后把茧层拉伸扩展成为棉絮状，可用以制作丝绵被或䌷丝纺。中国各蚕丝生产地区都有丝绵生产。

生产丝绵被的原料一般选用优质双宫茧或下脚茧，要求丝质细腻、均匀、洁白、有韧性。制作丝绵被时，首先将蚕茧用人力拉伸扩展开来。扩展蚕茧薄片时，每一片蚕茧均由四人同时均匀发力；各层蚕丝之间以井字铺叠。被芯阡陌纵横层层固定，有不起团、不变形之特点，消除了蚕丝被在使用过程中胎体位移而造成厚薄不匀的情况。丝绵被胎耐久不变形，而且柔软、暖和、轻盈、透气，具有舒适感和蓬松感。加工丝绵被是按斤两来计算的，一般可以根据需要生产各种不同厚薄与分量的丝绵被。

（九）长吐

桑蚕茧在缫丝过程中经索绪、理绪取下一些乱丝头，用这种乱丝头加工成的绢纺原料称为长吐。长吐按加工方法不同分为手工长吐和机刮长吐。20世纪60年代中期，机刮长吐已逐步取代手工长吐。中国各蚕丝生产地区都有长吐生产。

制作长吐的基本工艺是：理丝头→刮制→漂洗→脱水→干燥→整理。首先，将丝头理齐拉伸成束，头尾分清，放入刮吐机内刮理。刮吐机是利用装有楠竹刮吐板的两个滚筒向相反方向旋转，刮去蛹衬和汤茧，把丝条刮松理齐。刮制好的长吐挂在洗涤机上，在温水池中反复洗涤，水温保持40℃，直到洗净。洗净的长吐放入脱水机中，脱除水分，晾晒或烘干。晾晒干燥的长吐色白松软，光泽良好。干燥的长吐经过检查，拣去残存的蛹衬、汤茧和杂质，除去结块硬条，即可分级包装。长吐产品为条线整齐、头尾清楚的束状产品（图4.58），每束长1米以上，重500～1 000克，公定回潮率为12%。

图4.58　长吐

（十）滞头（俗称汰头）

滞头，俗称汰头。缫丝后落下的蛹衬分离出蚕蛹后得到的蛹衣（蚕丝汰片），经加工可制成滞头，这是缫丝厂的副产品之一（图4.59）。中国国内各蚕丝生产地区都有滞头供应。

滞头要求白而匀净，无杂质，触感柔软。蛹衬加工前要使丝胶膨润，蛹衬松软，然后轧去蚕蛹。滞头加工过程要经过碱浸、轧蛹、脱脂、漂洗、脱水等工序，然后装袋成件。滞头主要用作绢纺原料。处理好的滞头结成块状装袋，每块重量一般不超过300克。滞头的练减率要求为20%～25%，含水率不超过7%。

图4.59 蚕丝汰头

第五节 现代生丝的新形态

我国古人最早发现及利用的蚕丝以及随之发明的蚕丝生产技艺，历经几千年，在各种纤维及纤维生产技术不断出现与更新的竞争潮流中，经受住了考验，并不断满足人们的服饰审美与应用观念，在每一次较量中不断更新与发展，在历史与时代的磨砺中，始终保持了"纤维皇后"的荣誉与光辉。近一百年来，在化学纤维被发明及其产品问世以后，蚕丝及其技艺经历了一场新的、严峻的博弈。结果是，蚕桑丝绸依然堂而皇之地稳居现代社会生活与现代技术体系中。

一、人造丝与化学纤维的梦想和实现

这一场关系到蚕丝生存的历史博弈起因于人类关于人造蚕丝的梦想。

自古以来，人类就有模仿蚕吐丝的梦想。自从中国丝绸通过丝绸之路由中亚传到欧洲以后，丝绸织物就以其精致华丽而深受欧洲贵族青睐。但是，将东方的丝绸长途贩运到欧洲价格十分昂贵，这使得欧洲人萌发了发明蚕丝替代产品的梦想，并为此进行了坚持不懈的探索。

1664年，英国博物学家、发明家罗伯特在 *Micrographia* 一书中提出了发明如蚕丝一样的人造纤维的构想，但是，由于当时尚无法了解蚕丝的基本结构，使得这一构想直至两百多年以后才成为现实。19世纪，有机化学迅速发展，合成染料出现，使得纤维素（棉）研究广泛开展起来。这一时期，科学家们还阐明了硝化棉的性质，发明了赛璐珞。以这些研究为契机，人造丝研究得到迅速发展。19世纪30年代，法国化学家罗曼比较了桑叶与蚕丝的化学结构，发现两者都含有碳、氢、氧三种元素，而蚕丝还含有氮元素。据此，他推断氮元素是形成蚕丝及其性能的关键要素。根据这一结论，1846年德国人休伯恩用硝酸处理木纤维素制成了硝化纤维素；瑞士科学家乔治·安德玛斯进行了制造人造丝的最初研究与试验。安德玛斯提出，用硝酸处理桑树枝的韧皮纤维。在实验过程中，他将桑树枝的韧皮溶解于含氮的浓硝酸（HNO_3）和过硝酸（HNO_4）的混合溶液中，得到一种黏稠的液体，再将这种液体装入针筒，模仿蚕吐丝的过程，通过空心的钢针嘴将液体从针孔挤出并拉延获得丝条。1855年，安德玛斯人工抽丝成功，并获得了专利。但是，当时制得的纤维短而脆弱，还没有具备织造用纤维丝的实用价值。

1862年，法国人欧扎纳提出了用喷丝头纺丝的设想。1883年，英国人斯文发明了用硝化纤维素的醋酸溶液纺丝，再经碳化生产白炽灯丝的方法。该方法在伦敦博览会上首次被推介，并获得了专利。斯文将这种丝称为"人造丝"，认为可以用于纺织。1884年，著名细菌学家巴斯德的学生、法国化学家夏唐纳特取得了用硝酸纤维素制造化学纤维的最著名的专利。夏唐纳特是一名摄影爱好者，他在冲洗照片时发现，用硝化棉制成的照相底片溶解在酒精和乙醚的混合液中会形成黏稠液体，于是就将这种洗照片的黏液装进针筒，并挤压出来得到了一根丝条。进一步，他又将硝化纤维素放在酒精和乙醚里溶解，制成一种黏稠的、被称为火棉胶的液体。他把这种液体从直径 1 毫米的小孔中挤压出来，当酒精和乙醚挥发之后，就凝固成了细长而美丽的丝条，这就是最早的人造丝。这样得到的人造丝具有很高的强度。夏唐纳特的发明在 1889 年伦敦国际博览会上展出后，受到了广泛的好评。然而，那时的人们还不知道，硝化纤维素是一种易燃物质。而关于这一点，夏唐纳特也疏忽了。一次，一位妇人穿着人造丝纺制的美丽服装出席宴会，正当博得全场赞赏时，与会者吸烟的火星溅到了她的身上，瞬间，衣服燃起火来。在场的人们尚未来得及采取营救措施，那位妇人全身已被烈火吞噬，悲惨地死去了。这一幕使夏唐纳特备受打击。但是他没有放弃，而是继续深入研究，终于从硝化纤维素中识别出了易燃物质硝酸成分，并成功地将硝化棉中的硝酸成分去除，制成了安全的"人造丝"。1891 年，夏唐纳特在法国贝桑松建起了人造丝工厂，开始进行硝酯纤维（硝酸纤维素纤维）工业化生产，这标志着世界化学纤维工业的开始。但是，夏唐纳特的产品价格较贵，销路一直不好。

1890 年，德国化学家许瓦茨发现药棉经铜氨液氨化后会形成黏稠液体，此后，德国化学家布伦内和弗雷梅利用在铜氨溶液中溶解纤维素的方法，制成了铜氨人造丝，并获得了发明专利。用铜氨法生产人造丝要比用硝化纤维素法生产人造丝成本低很多，但是制作原料——优质棉依然无法满足批量生产需要。于是人们把视线转向了最容易获得的木材原料。

为了寻找溶解木材的理想溶剂，英国化学家克鲁斯和贝文整整花了三年时间。1891 年，他们将木材纤维素用强碱和二硫化碳溶解后，终于制成了易溶于水的黏稠物质"黏胶"。然而，用这种方法制出的人造丝始终带有水而不凝固。为此，两位科学家又利用旋转箱，在离心力作用下边脱水边纺丝，终于获得了黏胶人造丝。至今，黏胶法仍是应用最广的生产人造纤维的方法之一。黏胶人造丝既安全又便宜，在各类纤维中产量仅次于棉花。

1865 年，德国人秀吉贝尔发明了醋酸纤维素制造法，这也是生产人造丝原料的一种方法。20 世纪 20 年代，化学家们又开始研究用溶解后可通过喷丝头的其他物质制造人工合成纤维。最初的合成纤维生产，是 1932 年由美国杜邦（DuPont）公司开始的，1935 年，卡罗瑟斯博士率领的研究小组发明了合成纤维尼龙。1938 年，杜邦公司的尼龙上市，其广告语称："比蜘蛛丝还要细，比钢铁丝还要强！"当时，生产尼龙的原料是氢、氨、硝酸及苯酚，制成的纤维大部分用来织制袜子和内衣裤。

此后，科学家们又陆续试制出了多种合成纤维，包括现在广泛使用的塑料、涤纶、特利纶等。1941 年英国人首先取得了聚酯纤维的专利，1955 年英国帝国化学工业（ICI）公司正式开始生产聚酯纤维；1942 年日本发明了丙烯腈纤维；1942 年美国率先试产丙烯腈纤维，1950 年正式开始用干式纺丝法进行丙烯腈纤维的工业化生产。各种合成纤维的涌现，带来了服装面料的大变革。

就这样，人类从梦想模仿蚕吐丝，到期望人工制作出性能可以与蚕丝纤维相媲美的纤维丝，到效仿学习蚕吐丝的技巧，终于创造了一个化学纤维的庞大世界。化学纤维技术的发展形成了一个改变世界的技术体系，它不仅改善了人类的生活内容和生活质量，而且丰富了现代科学技术的内涵，大大扩展了科技开发的领域，这不能不说是在蚕丝的启发下引导出的又一伟大变革。

这场变革是如何影响我们这个世界的呢？只要看一看化学纤维发明以来在全球范围内产量的变化就可以明白。1920 年，化学纤维、人造纤维进入产业化不久，全球生产总量为 3 万吨。进入 19 世纪 40～50 年代合成纤维创新与快速成长期后，生产总量达到了 336.2 万吨。然后，又经过 50 年的发展，至 2005 年，全球化纤、人造丝、合成纤维的生产总量已飙升至 7 580 万吨，增长了 20 倍以上。按照全球人口数 65 亿计算，人均年消费的化学纤维总量达到了 11.66 千克。2007 年，在一些发达国家，人均年纤维消费量约为 15 千克，可以想象，化学纤维在全世界服饰及相关领域已占据相当重要的地位。

然而，我们不可忘记，在纤维技术发展史中，正是蚕儿吐丝的精巧操作，才把人们带进了人造丝发明的梦境追逐之中，而这也正是化学纤维技术发展的原点。成熟的蚕儿吐出体内绢丝腺中的黏稠液体，在空气中凝固成丝的过程，成为化学纤维生产过程的基本模式。正是对于人造蚕丝纤维的憧憬，促成了一代又一代化学纤维的发明，引发了合成高分子技术的发展和人造纤维技术时代的到来。

但是很显然，人造丝、合成纤维技术及产品的发明与规模化生产，除补充了天然纤维供应量的不足之外，对于蚕丝的生产及消费也形成了一种极大的威胁。为了应对昂贵的东方丝绸，并因此以模仿蚕儿吐丝技巧作为原点的化学纤维，从其发明出来的第一天起，就使天然蚕丝纤维陷入了与化学纤维的世纪博弈之中。

二、蚕丝等天然纤维的丽质天成

化学纤维技术的高度发展，对以蚕丝为代表的天然纤维构成了严峻的挑战。那么，天然纤维会因此而轻易地为人类所遗忘和摒弃吗？大自然带来的植物纤维棉、麻和动物纤维丝、毛，作为人类服饰、布艺家纺的四大天然纤维，在人类社会发展史上的应用至少已有几千年了。至20世纪80年代，天然纤维还一直独占高档服装面料市场。但是，自80年代起，随着科学技术的高度发展，信息产业、材料技术、生命科学技术、系统工程技术不断取得新进展，这些科技发展的成果激励了化学纤维产业，特别是合成纤维产业的巨大进步。各种化学纤维在性能以及功能方面的开发呈现出蓬勃创新的态势。织物在其热、湿性能，舒适性，手感，光泽和外观等方面的改进，使得其地位不断提升，应用领域不断扩展。由于一些化纤仿棉、仿丝、仿毛产品在外观及服用性能上与天然纤维织物逐渐接近，而且某些特殊性能更优于天然纤维，因此受到了广大消费者的钟爱。80年代以后，各种化学纤维产量迅速增长，致使天然纤维的比重有所下降，但是，在高档服装面料市场上天然纤维依然占据着一半以上的比重。

那么，为什么蚕丝以及各种天然纤维在化学纤维迅速发展的强大攻势下依然能够保持定力，并能在博弈中坚强地生存下来呢？

显然，天然纤维丽质天成的优良性能，是大自然赋予它们的强劲竞争力。在动物纤维中，一般棉花、羊毛这些短纤维是由细胞变化而来的，而长纤维则是由昆虫体内形成的绢丝液挤压出吐丝口而形成的。如蚕丝是由在绢丝腺中形成的黏稠液体经吐丝口吐出而成；有的昆虫在足趾关节上有分泌绢丝的细胞存在，必要时会分泌绢丝；有的昆虫则在体内形成绢丝。

蚕丝来自蚕体内的一对绢丝腺［图4.60（a）］，该腺体在结构上区分为不同功能的前部丝腺、中部丝腺、后部丝腺三个部分。如图4.60（a）所示，在长度约20～25厘米的后部丝腺A中，以甘氨酸、丙氨酸、丝氨酸为主的20多种氨基酸按照DNA的信息表达后，被合成并结合成为细长的丝素分子，由腺细胞在内膜细微的间隙中向腔体分泌出约15%的水溶液，储存在腺体内。中部丝腺B是腺体中最粗的部分，由后部丝腺送过来的液状绢丝，在这里被称为"丝胶"，以丝氨酸、苏氨酸、天冬氨酸、甘氨酸为主的蛋白质所包覆。丝素分子在逐渐形成有利于纤维化形态的过程中，液状绢丝的浓度达到30%左右时，丝素大分子的聚合性能最好，被认为达到了成熟的程度，故中部丝腺相当于化学纤维生产中的纺丝

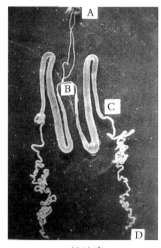
(a) 绢丝腺

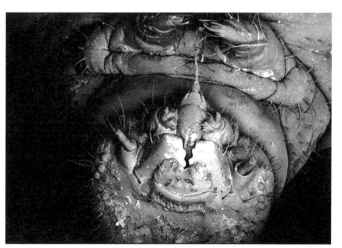
(b) 吐丝蚕的头部

图4.60　蚕的绢丝腺和吐丝

原液罐。前部丝腺 C 由一对逐渐变细的毛细管组成，毛细管在吐丝口附近合并为一根以后，经过压丝部与吐丝口连接。吐丝时，液状绢丝通过前部丝腺，水分被进一步去除，丝素大分子在周围丝胶的保护下，经过压丝部时其折叠部分逐渐被拉直并在机械力作用下凝固，丝素大分子链之间依靠氢键作用聚集成为不溶解于水的极细纤维素，在丝胶的包覆下来到吐丝口，这时蚕儿头部作 S 形或 ∞ 形运动，将液状绢丝黏附到附近的可支托物，包括禾秆、树枝、树叶等上面，构建茧层支架，然后逐层吐丝构成蚕茧［图 4.60（b）］。压丝部与吐丝口在化学纤维生产工程中相当于拉伸滚筒与喷丝口的作用。正是这样的蚕吐丝的精巧过程，使人类学到了化学纤维的制作技巧。

动物吐丝固然是一种神奇的生命现象，然而最令人惊奇的是，动物纺丝的高效率、低能耗。其在常温、常压以水为溶剂的条件下，将现代化学纤维生产工程中的纤维复合、液晶、卷缩、多孔、相变、离子控制、分段拉伸等多种纺丝方法巧妙地结合为一体的技术奥秘，人类至今未能完全了解。

除了蚕丝，其他天然纤维，包括蜘蛛丝、羊毛、棉纤维等同样具有许多奇妙的特性。例如蜘蛛丝，40 000 千米的长度重量只有 340 克。更有趣的是，蜘蛛可以在身体的不同部位吐出多种不同的丝，其吐丝的部位是腹部腹面上的若干不同位置的丝疣。其中，结成蜘蛛网的纵丝部分，丝条断裂功是钢铁纤维的 5～10 倍，碳纤维的 3～5 倍；同时纵丝具有奇异的伸缩性，伸长率高达 50%；在蜘蛛吐出的横丝上有一种富有黏着性的小球，当蜘蛛网松弛时，这种小球具有自动卷取收紧功能，可以修复蜘蛛网的松弛状态。此外，棉纤维具有吸湿透气性及柔软保暖性；麻纤维具有吸湿、透气、散热性能。这些都是化学纤维难以比拟的。

天然纤维特别是蚕丝纤维有许多与生俱来的特性，使之成为与人类肌肤亲和性优良的服饰材料。

从材料的结构来看，一般金属材料的结构，可以比喻为由一个电子的海洋与其中的许多原子海岛共同构成。在电场中，电子可以自由移动，故金属材料具有导电、传热、反光、吸收光能而不透明等性能。与金属材料相比，天然纤维其细微结构由共价键结合的大分子构成，电子不能自由移动，故导电、传热性能差，光反射率低，不吸收可见光。天然纤维受到光照时会散射光线，使得纤维丝的色泽十分优雅。

天然纤维与化学纤维相比，其结构上又具有鲜明的特色。如植物性纤维棉、麻的分子链以羟基为主；动物性纤维蚕丝、羊毛的分子链则以胺基为主，依靠氢键形成稳定的晶体、非晶体混合体。蚕丝、羊毛分子链中平均两个碳原子有一个胺基结合，在高温下不软化、不溶解。与此相对，在合成纤维材料结构上，分子间作用力较弱，如尼龙分子链中平均 6 个碳原子才有一个胺基结合，在高温下，热运动活泼，会使材料软化溶解。

由天然纤维组成的纤维集合体，也就是由其织造而成的织物，又形成了一些新的优良性能。如温暖感。织物的温暖感依存于纤维间空气的量，一般织物中，空隙率（含气率）为 40%～90%。人的手接触织物时，与毛羽或突出部分接触面积为视觉面积的万分之一以下，使接触部与织物之间保持有空气层，因而触感温暖。再如过滤吸附功能，当织物中纤维的空间填充率一定时，纤维越纤细，滤过性能就越强，吸附能力就越大。此外，还有透气、透湿与疏水功能，纤维集合体与水鸟羽毛的疏水原理相同，极细纤维的高密度织物有良好的疏水性，并能透气、透湿。天然纤维的吸湿性与纤维中亲水基团的多少以及表面形态有关。即使是吸湿性不良的纤维，在纤维中微孔极多时也可以大量吸湿。

虽然人类已经从蚕儿吐丝中学会了制作化学纤维的技术，但是这还只是一种比较粗糙的模仿，大自然制作蚕丝的真正奥秘人类还没有完全了解。

正是因为天然纤维与化学纤维以及其他人造纤维材料之间还存在着种种差异，使得人们在对服饰材料的官能感觉上更亲和天然纤维，特别是亲和蚕丝纤维。因此，人造丝与化学纤维发明一个世纪以来，虽然流传过大量的化学纤维将要取代天然纤维的传闻，但是人类亲和自然的本性，仍使得天然纤维在人类社会生活中始终占有重要的地位。

三、人类仿真丝与仿生纤维的努力

化学纤维在结构性能上与天然纤维之间存在着无法逾越的差异，为此，科学家们多年来锲而不舍地致力于缩小化学纤维与天然纤维之间的差距。与此同时，科学家们还不懈地从大自然中学习，使化学纤维在某些特性方面超越天然纤维，在此基础上各种仿生纤维及织物产品被不断地开发出来。另外，天然纤维，包括蚕丝纤维，虽然具备很多优良的特性，但是依然避免不了一些不如人意的地方，比如蚕丝纤维的黄变问题，缩水、起皱问题等，这长期以来引起人们的注意，并吸引了大量研究人员去探索解决这些问题的办法。

（一）透湿防水纤维、吸水纤维

纤维的吸湿性，是指纤维能够吸收空气中的水蒸气即气态水的能力；吸水性是指纤维吸收液态水的能力。吸湿性是由纤维中的亲水基团的多少决定的，蚕丝等蛋白纤维中的氨基酸链、纤维素纤维中的羟基都具有亲水性，因此天然纤维以及人造丝都有良好的吸湿性。而一般的合成纤维中亲水基团很少甚至没有亲水基团，这是因为，如果合成亲水基团多的高分子，其强度特别是湿强度就会显著下降，因此合成纤维的吸湿性一般很差，由这种纤维做成的衣服湿强度低且易变形。在一般的湿润空气中，涤纶、腈纶的吸水性约为2%～3%，最多达到5%；天然棉纤维可以达到11%，蚕丝纤维为12%，羊毛可达到13%～16%。但是，即使吸湿性不良的合成纤维，只要纤维表面、纤维内部、纤维之间有大量的空隙，也是可能有很高吸水性的（图4.61）。因此，近几十年来人们就致力于仿照棉纤维、蚕丝纤维，利用合成纤维的异型、中空、多穴等形态变化，在多湿环境中由毛细现象吸取大量的水分。现在，经过特殊设计加工的吸湿涤纶和腈纶，吸水率高达12%～13%，某些特殊纤维甚至可以达到19%。

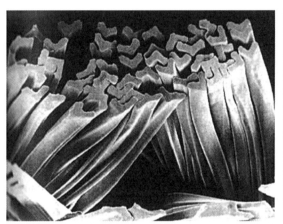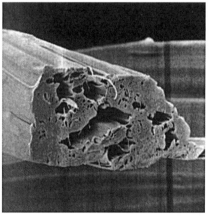

图4.61 合成纤维表面、纤维内部、纤维之间可以有大量的空隙

（二）透湿防水材料

仿照荷叶表面的疏水性，利用超级细纤维的极细毛绒的疏水效果，对纤维材料进行疏水处理，可以获得具有透湿防水效果的服饰材料。荷叶表面结构如图4.62（a）和图4.62（b）所示，其表面有无数细微的凸起，并且这些凸起的表面附着有一层蜡状的物质。一般最细的雾雨粒子直径约为100微米。根据荷叶表面的结构，可以利用超级细纤维织成表面布满直径小于100微米凹凸坑的织物［图4.62（c）］，经过疏水处理后，该织物可成为防水材料。由于凹凸的间隙中有空气，受到雨淋时，雨点不能侵入织物的内部。另外，由皮肤蒸发的水蒸气及二氧化碳分子直径约为雾雨粒子直径的十万分之一，因此可以从织物内部通过织物间隙微孔向外部穿行。目前，这样的透湿防水仿生纤维材料已经被开发出来了。

 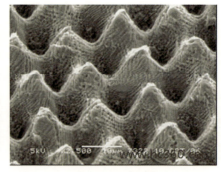 

(a) 荷叶　　　　　　　　　(b) 荷叶表面结构　　　　　　　(c) 仿荷叶结构织物

图4.62　荷叶表面的疏水性及利用超级细纤维获得的透湿防水服饰材料

（三）轻薄保暖的材料

水貂皮毛，是由一些极细的纤维在体表构成的复杂络合形态，这种结构可使其中的空气处于被封闭状态，因此具有很好的保温性能。仿照水貂皮毛的结构，如果用极细的纤维织成布满极为细小空隙的布，就可以获得轻薄而保暖性能良好的织物。这时，由于间隙中的空气被与皮肤接触的部位所加热，而在纤细的纤维中又不易扩散出去，就会形成一个空气的保温层。由于空气的热传导性能只有金属的千分之一，因此用这种方法获得的保温层有良好的保温性能。如果再进一步考虑利用一些能够将体表的散热反射回去，或更有效地吸收太阳热量的纤维材料，那么就可以获得更好的轻薄保温材料。

（四）触感舒适的纤维

在人类皮肤的皮下组织中，有大量敏感地感觉接触、压迫等的感觉神经。桃皮、麂皮表面纤细柔软的毛，与皮肤接触时，有极为舒适的触感。这是纤细柔软的纤维接触皮肤时可以产生的特有的快感。为此，要制成触感舒适的纤维，就要开发十分纤细的纤维材料。根据报道，现在已经开发出的超级细纤维仅4克重，长度就可以从地球延伸到月球。月球和地球之间的平均距离约为38万千米，相当于地球周长的10倍。依靠超级细纤维获得的触感舒适的仿麂皮织物，称麂皮绒或桃皮绒，其超级细纤维的纤度约为0.1～0.01旦。图4.63所示为天然麂皮与人工麂皮的截面电镜照片。

(a) 天然麂皮的截面　　　　　　　　　(b) 人造麂皮的截面

图4.63　天然麂皮与人造麂皮

（五）仿自然发色纤维

亚马孙河流域生息着的摩尔佛大蝴蝶呈钴蓝色的通透艳丽的色彩。从其翅膀的显微照片上可以看到，其上的鳞片附有许多高度约为2微米的小壁，小壁之间的间隔为0.2微米，间隔与可视光线（0.4～0.7微米）的波长同数量级。在可视光照射下，经复杂的反射、折射、散射，可以产生干涉而形成神奇的金属色。此原理已用于开发金属色合成纤维（图4.64）。

(a) 摩尔佛蝶的鳞片

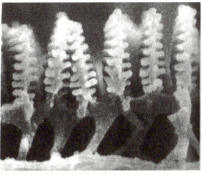
(b) 鳞片的截面

(c) 摩尔佛蝶

(d) 自然发色织物

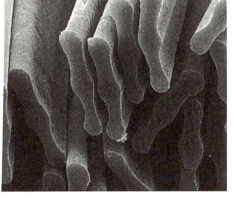
(e) 自然发色合成纤维的截面

图 4.64　仿自然发色纤维材料

（六）模拟蚕丝光泽发色的纤维

金甲虫的硬壳翅膀随着视线方向的不同会呈现不同的色光。在显微镜下，可以看到其硬壳翅膀表面层是由约为 0.17 微米厚度的许多薄层重叠而成的（图 4.65）。照射其上的光线经各层反射后会相互干涉，在不同角度上呈现出各种艳丽的色彩。蚕丝珍珠光泽的发色原理与此相同。根据这一原理，将厚度为 30～200 微米的光干涉发色性的层积薄胶片切成细丝状，用来织成织物，就可以得到具有金甲虫硬壳翅膀一样漂亮的色彩。

(a) 金甲虫翅膀切口纤维照片

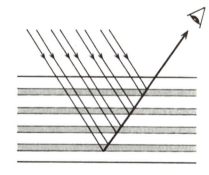
(b) 多重薄膜构造光干涉发色原理

图 4.65　金甲虫翅膀发色

为了获得更多性能良好的纤维材料，人类从发明纤维素开始，进行了一百多年的努力。向大自然学习，使人类找到了开发各种特色纤维的正确途径，并开发出了无数新产品。

真丝织物优雅的珍珠光泽、柔和飘逸的手感、舒适自然的风格，使得蚕丝自古以来作为珍贵的服饰材料而享有"纤维皇后"的美誉。一百多年以来，当人们学会了仿照蚕吐丝制作人造丝、化学纤维以及合成纤维后，就注意到，尽管人们想方设法使人工制成的纤维更像蚕丝，可总也不能完全协调地获得蚕丝般的优良性能。通常的情况是，当人们在某些方面终于使得化学纤维有了与蚕丝相似的特性时，却很快又发现在其他一些方面距离蚕丝的特性更远了，比如色调与光泽的协调、柔软与挺括的协调、外观与舒适性的协调等，人们总是难以像蚕宝宝吐出来的丝条一样，两全其美地拥有各个方面的完善。化学纤维织物可以光泽明亮、鲜艳绚丽，但是触觉手感却有失柔和舒适；仿真丝织物虽然手感柔和，但绸面暗淡、没有珍珠光泽；等等。现在，化学纤维、合成纤维的生产技术迅速发展，各种性能的锦纶、涤纶、黏胶纤维的超细丝和异型丝产品，可制成仿真丝绸，几乎可以假乱真。一块衣料或一件服装，要判定其是真丝绸还是化学纤维时，往往需要由有经验的技术人员全面判定材料的综合特性，然后才能对它们加以区别。这样的事实告诉我们，尽管人类已经掌握了高水平的仿真丝技术，但是真丝与化学纤维之间依然存在着不可忽视的差异，而这些差异往往是决定一种纤维材料的真丝拟似水平最微妙也是最关键的特性，也是纤维材料性能要追及蚕丝纤维的最困难点。

特别是人们意识到了，我们连蚕儿吐丝的谜团至今依然没有解开。一条蚕儿在一生20多天的时间里食下约20克的桑叶，经过4次脱皮，在5龄的最后两天两夜中，吐出长度为1 500米以上，约0.5克重的蚕丝，约占其所消化桑叶蛋白质的67%～70%。这个在常温、常压、以水为溶剂的条件下实现的蛋白质纤维的纺丝过程，人类至今没有学会。在这样的背景下要得到完全的仿真丝，要用化学纤维来取代真丝，自然就显得为时过早了。

已故的日本信州大学近田淳雄教授在1986年访问苏州丝绸工学院时说过这样的话："人类为仿真丝的梦想奋斗了几十年，但是至今仿真丝与蚕丝之间差异的最后界限始终没有能够突破。在这一过程中人们认识到，在我们迄今对于蚕丝本质的理解和认识水平上，尚不足以使我们在技术上跨越这最后的一小步差异。"20世纪80年代以后，对于合成纤维仿真丝开发领域的研发，以及对于全面仿真丝纤维技术的追求已经开始降温。有关合成纤维，科学家们认识到，在天然纤维形成机制尚没有完全搞清楚的情况下，与其再继续投入巨额的研究经费去追求完全的仿真丝，不如将研究经费用于改进仿真丝的某些性能使之更加优化后加以有效地利用，这将会更有意义。在这里我们注意到，仿真丝技术的求解，归根结底与天然纤维来源于有生命的活细胞有关，而从现代科学技术状态上考虑，人类要揭示生命的秘密还有很长的路要走。

前面我们说过，由化学纤维发明而引起的其与蚕丝纤维的历史性博弈起因在于蚕丝。也可以说蚕丝的发明不但给人类提供了精致优雅、无与伦比的"纤维皇后"，蚕丝的启示还引导人类进入了一个以全新的化学方法合成纤维的世界，极大地丰富了人类的服饰生活与社会生活的各个范畴。另外，我们也注意到，在人类追求仿真丝的过程中，至少在现阶段可以说，化学纤维仿真丝研发不得不暂时进入一个休整时期，究其根源也是在于蚕丝，在于蚕丝结构形成的秘密至今没有被我们所破解。

四、蚕丝不只是"纤维皇后"

长期以来蚕丝主要被广泛应用于服饰领域，近代以后，其作为外科手术缝线也广为人知。20世纪80年代以后，蚕丝蛋白及纤维的各种新用途得到进一步开发，呈现出方兴未艾的发展态势。

（一）用蚕丝蛋白做化妆品

蚕丝对于人类是一种易于利用又极为安全的天然材料，但是长期以来蚕丝的这一特性并没有得到很好的开发与利用。直至20世纪80年代，人们才开始关注这方面的问题，于是，根据蚕丝对人体皮肤的亲和性，开发出了一系列的化妆品，包括底霜、口红、洗面奶、洗头膏、护发素、化妆水等。

蚕丝蛋白由多种氨基酸组成，其中包括能够吸收紫外线的氨基酸，因此蚕丝蛋白化妆品具有防止紫外线刺激皮肤的功能。进一步的研究还显示，蚕丝蛋白除了具有优良的保湿性外，其丝素蛋白中的丝素肽具有增大皮肤中胶原酶量的功能，这些胶原酶具有促进皮肤纤维芽细胞增殖的作用。在皮肤组织中，当胶原蛋白的代谢下降时，细胞的活力也会随之下降，这样的恶性循环与细胞老化直接相关。胶原酶对胶原蛋白的分解作用，可以加快胶原蛋白的代谢，因此具有防止皮肤老化的效果。目前，用蚕丝蛋白开发的丝素肽蛋白化妆品已经进入应用领域。

（二）用蚕丝蛋白诊病

如前所述，生丝可以用作手术缝合线，各种动物实验和临床试验的结果都显示，丝素蛋白无毒、无刺激，具有良好的生物相容性，这成为其向生物医学领域拓展应用的基础。一般地，在十分温和的条件下，可以将一些具有一定功能的酶等物质用蚕丝蛋白包裹起来。如将葡萄糖氧化酶这样一种对葡萄糖能有选择地发生反应的物质，在蚕丝蛋白的胶体溶液中或丝素膜中封闭起来，使之与氧电极结合，借此可以获得一种测定葡萄糖浓度的方法。当医学诊断糖尿病时，需要对病人的血液、尿液进行不间断的监控，对此，用蚕丝蛋白胶体或膜包覆葡萄糖氧化酶就是一种可行的办法。根据这一原理可以开发出测定葡萄糖的传感器。另外，根据生物医学领域的需要，利用蚕丝蛋白可以开发各种医学治疗用生物蛋白膜，以此作为细胞培养基，应用于隐形眼镜、抗凝血材料及透析膜、药物控制释放载体等。例如，将抗原或抗体在丝素膜内固定起来，可以制作免疫传感器用的膜；利用丝素膜良好的生物相容性以及其在含水状态下氧透过性很高的特性，可以开发出柔性隐形眼镜；用丝素粉末固定药苯丙氨酸氨解旋酶，可以进一步稳定药效，提高对先天性代谢异常疾病和苯酮尿症的治疗效果。将抗血液凝固作用的肝素固定于丝素膜上，可以获得肝素的缓释效果；将免疫球蛋白与具有结合活性的蛋白质A固定在蚕丝丝素膜上可以进行免疫复合体的去除，提高癌症和艾滋病的治疗效果；等等。可见，只要人们将蚕丝丝素蛋白质的特性充分地利用起来，就一定可以为人类的健康及健康保护做出新的更多的贡献。

（三）医用生物材料

蚕丝蛋白无细胞毒性、致敏性、刺激性及遗传毒性，具有良好的生物相容性，利用蚕丝蛋白材料，已经研发出用丝素制成的多孔素蛋白膜。这种丝素膜以家蚕丝为原料，可用碳酸钠（$NaCO_3$）溶液去除丝胶，得到精练蚕丝，如再用氯化钙（$CaCl_2$）、乙醇（C_2H_6O）和水（H_2O）三元溶剂进行透析、过滤、浓缩后就可得到丝素溶液，冷冻后，用冷冻干燥机真空干燥，就可得到表面光滑、形态良好的多孔丝素膜。在扫描电子显微镜下观察，可以看到膜内部是多孔结构，孔的形状不规则，内部孔与孔之间相互贯通，若去除上下表层，则孔上下贯通。实验研究结果表明，丝素溶液浓度越大，冷冻温度越低，则经真空干燥后所得到的多孔丝素膜横截面的孔径和孔隙率越小，孔密度越大。当冷冻温度高于$-20℃$时，温度的高低变化对多孔丝素膜横截面的孔结构参数的影响就更显著。

进一步，如果将这样得到的丝蛋白膜作为人工皮肤的真皮层，在其表面再贴上一层采用等离子处理法制得的聚氨酯—丝素蛋白接枝膜作为表皮层，真皮层多孔丝素膜就能引导新生血管生长，诱导真皮组织再生，而在真皮再生过程中多孔丝素膜会被逐步降解，成为真皮再生的支架和真皮的永久性替代物；表皮层为真皮的再生营造出良好的保护性环境。待真皮再生完成后，揭去表皮层。对于深度烧伤创面修复，只须在新生真皮表面移植自体刃厚皮，即可使深度烧伤部位得到修复。用蚕丝丝素蛋白制成的真皮层能保证再生后真皮的形态和功能良好，避免产生疤痕；由于丝素蛋白人工皮肤具有表皮层，所以可在真皮层充分血管化后移植自体刃厚皮，保证表皮成活。

世界上每年因烧伤需要进行手术治疗的病例不计其数，传统的治疗深Ⅱ度和Ⅲ度烧伤的主要手段仍是移植自体皮，但突出的问题是受皮区易于疤痕增生，影响外观和功能；并且，大面积烧伤时供皮区不足，因此丝素蛋白人工皮肤的特殊性能，很好地解决了手术治疗上存在的问题，在创伤修复方面，应用前景十分广阔。

另外，器官衰竭和组织缺损是威胁人类健康的严重问题。对此类患者的常规治疗方法是进行组织或器官移植，但是，由于供体极为有限，因此医疗行业迫切需要能治疗、置换坏损组织、器官或增进其功能的生物材料与组织工程材料，包括人工皮肤在内，利用蚕丝蛋白作为基材成分的人工骨、人工肌肉等的开发研究，已经引起关注并吸引了众多的研究人员。丝素蛋白医用生物材料有力地扩展并推动了生物材料和组织工程材料技术领域的发展，这已经成为蚕丝蛋白在高技术时代一项令人瞩目的应用。

(四) 食用蚕丝蛋白

为什么要开发蚕丝蛋白食品呢？这里面有一些小故事。经济发达的日本，曾经是一个依靠养蚕缫丝技术支撑了现代化经济起飞的国家。长期以来，作为一个缺乏自然资源、以农业为主导产业的岛国，明治维新以后，日本为了成为一个工业化国家，践行了一条特殊的道路，这就是通过蚕丝业换取外汇来获得基础建设所需要的资金。从明治时代开始经过大正时代直到昭和时代，日本的经济发展依靠养蚕缫丝积累了资金。当时，全日本有数百万的农家从事栽桑养蚕，用得到的茧子缫制成生丝出口海外，换取大量外汇；再从海外购买矿石、废铁、石油以及羊毛、棉花等资源，在日本国内加工成工业产品继续出口到国外。在几十年时间里，日本经济得到了迅速的发展。直到现代，很多重要的大公司都是依靠养蚕缫丝业或者与养蚕缫丝相关的金融流通业得到发展的。长期以来，日本国内和服是必须要用丝绸制作的传统服装，对蚕丝的需求量很大，也强有力地支持了蚕丝业的发展。但是，自从美国杜邦公司的尼龙发明后，随之而来的化学纤维工业的高度发展，使蚕丝业受到巨大打击。青年人的服饰以至传统的和服市场都逐渐为化学纤维所占领。过去，日本蚕丝消费市场70%以上是和服面料，在那样的时代，和服是非丝绸不上市的商品。但是，化学纤维发明与发展起来以后，丝绸几乎失去了这一市场的大部分。在曾经因为和服面料的缩缅绸生产而荣耀的主要产地京都丹后地区，就曾经发生过将每月过剩生产的3吨生丝烧毁的事件。离开了和服面料领域，日本的蚕丝就失去了宽阔应用的市场。在这样的背景下，为了将这些过剩的蚕丝与丝绸资源利用起来，日本学者开始考虑研究蚕丝及绢制品的新用途。当时，研究人员决定将库存的丝绸切成碎片，把其中的混杂物质除去并经过一系列的处理以后做成以丝素蛋白为主要成分的食物用原料。

这样的研究拓开了丝蛋白作为食品的新的尝试之路。研究人员同时还通过动物实验进一步确认了蚕丝蛋白粉末的易消化性，以及抑制胆固醇、降低血糖、促进酒精等醇类的代谢等方面的功效。20世纪80年代以后在日本京都，利用蚕丝粉末作为添加成分做成的饴糖、点心、粥粉、面条、豆腐等都已经上市。特别是饴糖等受到了顾客的好评。

由古代中国发明的蚕丝及其蛋白质材料以此为契机开启了向食用材料应用进发的大门。目前，丝素蛋白虽未进入我国的"新资源食品"目录，但是这一领域的很多研究成果已经显示，这一进展在不远的将来可望实现。

五、从根源上探索蚕丝的本质

蚕丝纤维有着其他纤维不可比拟的优良性能，但是依然避免不了存在一些不如人意的地方。如蚕丝蛋白纤维易于变黄、缩水、起皱等问题，长期以来一直受到人们的关注。人们曾经努力通过各种物理的、化学的方法，企图改善蚕丝的这些缺点。尽管在近几十年中世界上很多国家投入过大量的资金和研究力量，但至今仍没有找到真正解决问题的方法。随着生命科学技术及材料科学技术的发展，人们逐渐意识到，如果不破解蚕丝结构形成的秘密，真丝各种不如人意的缺陷的根本改善是难以尽如人意的。

近20年来，科学家们将研究视线指向了从细胞及分子水平上探索蚕丝结构形成的机制。中国科学家首先成功绘制出了家蚕基因组框架图。他们完成了从家蚕基因组文库构建到测序和组装框架图的所有工作，所绘制的家蚕基因组框架图由覆盖6倍家蚕基因组的550万个测序反应构成，覆盖了家蚕基因组95%的区域。这是一项里程碑式的科学成就。

借助生命科学发展在DNA结构解明等方面的巨大进展，科学家们试图阐明蚕的生命过程中蚕丝蛋白形成的机制，寻求获得更具优良理化性能纤维的思路与方法。

首先，是探索蚕丝蛋白质在体内合成的过程及其机制。蚕在生命过程中，要经历"快速生长"和"休眠"的周期性变化。在营茧阶段，大量的蚕丝蛋白质——丝胶和丝素迅速合成，表明蚕体具有一个高效率和精细调控兼备的基因发现系统。特别是蛋白质合成的分子机制的阐明，在理论上和应用上都极为重要。

蚕儿体内绢丝蛋白的合成反应，是细胞内称为核糖体的小颗粒在各种因子精细的相互作用下所进行的一系列反应。但是，至今我们并不了解从核糖体合成绢丝蛋白的详细反应过程。在医学上，人们曾利用抗生素来抑制细菌的核糖体功能，使得细菌因内部的蛋白质合成失效而被杀死，从而达到了治疗疾病的目的。对此，三位英、美科学家构筑了三维模型来显示不同的抗生素是如何抑制核糖体功能的，这些模型已被用于研发新的抗生素，并因此获得了2009年诺贝尔奖。

科学研究的结果表明，探索并分析影响核糖体进行绢丝蛋白质合成的特异蛋白质成分，是有可能阐明蚕体内高效率合成绢丝蛋白质机制的重要研究方向。

此外，在探索蚕丝蛋白质形成机制的同时，人们还期望通过对蚕吐丝过程的改造，获得各种具有不同特性的动物蛋白纤维。

蜘蛛是一种利用丝蛋白纤维的昆虫，蜘蛛丝作为一种高功能性的生物纤维而受到人们的关注。蜘蛛牵引丝的断裂功是钢铁纤维的5～10倍，是碳纤维的3～5倍；从理论上讲，这意味着直径0.5毫米的蜘蛛丝可以吊起体重60 kg的成人；一根铅笔粗细的蜘蛛丝则可以拉住螺旋桨式飞机，使之停下。就是说，蜘蛛牵引丝具有与制造防弹服的芳纶纤维相匹敌的拉伸强度，其值高达4×10^9牛/平方毫米（N/mm^2）。但是，芳纶的断裂伸长率只有5%，而蜘蛛牵引丝的断裂伸长率高达35%。因此，蜘蛛牵引丝被称为生物钢铁，是制作防弹服的最佳纤维材料。蜘蛛可以吐出不同粗细与特性的丝，包括牵引丝、纵丝、横丝等。由于蜘蛛会吃掉旧的蜘蛛丝，将它们分解为氨基酸，再在新的蜘蛛丝生成中被利用，所以蜘蛛丝天然可再生。蜘蛛有这样一些特殊的功能，但是蜘蛛丝并没有得到很好的利用。其原因在于，蜘蛛是一种肉食昆虫，只吃活饵，因此会自相残杀、互相吞噬，使得蜘蛛不能群居与共同饲养。此外，每只蜘蛛的吐丝量不如蚕的吐丝量，吐丝的种类亦难以人为控制。有鉴于此，人们产生了利用蚕儿吐蜘蛛丝的梦想。

自20世纪60年代开始，科学家们就开始了利用别种生物生产蜘蛛牵引丝的研究，80年代以后，基因重组技术的应用，使得这一领域的研究备受关注。人们已经认识到，一切生物都是基于基因中所载入的信息来进行生命活动的。最初，人们利用酵母、土豆、烟草以及哺乳动物细胞进行蜘蛛牵引丝的合成，后来，科学家们又在乳清蛋白的启动子后部插入牵引丝的基因，利用山羊奶分泌出牵引丝蛋白质。人们曾期望通过其他生物大量生产液状牵引丝，再借助喷丝方法人为地将它加工成工业化的蜘蛛牵引丝。但是，若利用化学纤维的喷丝方法，就免不了采用高温、高压以及一些化学溶剂，这与蚕或蜘蛛只依靠牵伸力将体内的液状丝蛋白质挤出体外时，液状丝就能简单地不可逆地转换成不溶性固体丝条是完全不一样的。科学家们就设想利用蚕体生成并吐出蜘蛛牵引丝，这将是避免化学处理又节约能量的最好方法。

蚕儿一生吐丝约0.5克，具有高效率的蚕丝生产能力。蚕经过人类长期的驯养，适于大规模群居饲育，蚕蛾虽然有翅膀却不能飞走，这些都是作为转基因生物利用的优良性能。蚕丝和蜘蛛丝都是由丝素蛋白质纤维组成的，如果能够利用基因重组技术，将蚕体内合成丝素的基因用蜘蛛丝的基因进行置换，那么经过基因重组的蚕就应该能够在体内绢丝腺中积蓄起液状蜘蛛丝，当丝吐出来时，人们就可以获得全新的蚕吐蜘蛛丝了。

向蚕体内导入外来基因的方法主要有：① 将克隆的外来基因直接注射进蚕卵或卵核；② 利用经过导入外来基因DNA的重组病毒，将外来基因DNA转入5龄幼虫的生殖细胞核中。方法①要将蜘蛛丝的基因注射进带有硬壳的蚕卵，并要将外来基因的DNA送到目的基因的特定部位，这是十分困难的。因此，这一方法对于有目的地置换丝素基因的研究目标来说是不适宜的。利用病毒感染的方法②转染生殖细胞，也并不能像人们所期望的那样简单地就可以将大量的DNA转入目标部位。实验研究显示，转运载体存在于体内很多部位，包括在脑细胞、神经细胞、脂肪组织细胞、中肠细胞、绢丝腺细胞、生殖巢细胞中都可以检测到，而进入生殖巢细胞的载体量却格外少。这显示，目前人们努力所能达到的状态与获得蚕吐蜘蛛丝的目标之间还有很远的距离。

因此，在真正揭开与生命现象相关的种种谜团之前，要阐明蚕丝蛋白构造机理并利用该机理改善蚕丝纤维的特性，获得更高性能的蚕丝，我们还会遇到很多意想不到的困难。

但是，人类迄今所进行的探索与努力并不是没有意义的，从我国古人发现和利用蚕丝开始，几千年来，蚕丝就以其高雅奢华的形态、独特超群的特性吸引了世人的目光。为实现蚕丝人工生成的目标，现代研究力量在蚕丝及其周边领域集结，一步步探索着在生命载体中蚕丝的神秘形成机制。这些努力必将把我们带上破解蚕丝蛋白纤维结构形成之谜的道路。

本章参考文献

1. 李济. 西阴村史前的遗存［M］. 北京：清华学校研究院，1927.
2. 王谟. 汉唐地理书钞［M］. 北京：中华书局，1961.
3. 陈维稷. 中国纺织科学技术史（古代部分）［M］. 北京：科学出版社，1984.
4. 浙江省文物考古研究所. 河姆渡：新石器时代遗址考古发掘报告［M］. 北京：文物出版社，2003.
5. 西安半坡博物馆. 西安半坡［M］. 北京：文物出版社，1982.
6. 董绍鹏，刘文丰. 北京先蚕坛［M］. 北京：学苑出版社，2014.
7. 刘鹗. 铁云藏龟［M］. 上海：上海蟫隐庐石印，1931.
8. 孙海波. 甲骨文编［M］. 北京：中华书局，1965.
9. 中国社会科学院考古研究所. 甲骨文编［M］. 北京：中华书局，1965.
10. 千家驹，郭彦岗. 中国货币演变史［M］. 上海：上海人民出版社，2005.
11. 郭沫若. 中国史稿（第1卷）［M］. 北京：人民出版社，1976.
12. 周国兴，张兴永. 元谋人：云南元谋古人类古文化图文集［M］. 昆明：云南人民出版社，1984.
13. 李建华. 柔软的力量：字说丝绸［M］. 上海：上海文化出版社，2012.
14. 利玛窦，金尼阁. 利玛窦中国札记［M］. 何高济，王遵仲，李申，译. 北京：中华书局，2010.
15. 潘祖仁. 高分子化学［M］. 北京：化学工业出版社，1986.
16. 罗伯特·虎克. 显微制图［M］. 伦敦：皇家社会印刷，1664.
17. 日本高分子学会. 高分子科学的基础［M］. 东京：东京化学同人出版社，1978.
18. 丝绸科学研究会. 丝绸的科学［M］. 东京：朝仓书店出版，1994.
19. 布目顺郎. 关于山西省西阴村出土的仰韶时期的茧壳［J］. 日本蚕丝学杂志，1968，37（3）：187-194.
20. 池田宪司. 一粒茧的魅力：中国西阴村出土茧参观记［J］. 季刊中国［日］，1987（10）：49-55.
21. 夏鼐. 我国古代蚕、桑、丝、绸的历史［J］. 考古，1972（2）：12-27.
22. 卫斯. 中国丝织技术起始时代初探：兼论中国养蚕起始时代问题［J］. 中国农史，1993，12（2）：86-92.
23. 贾兰坡，卫奇，李超荣. 许家窑旧石器时代文化遗址1976年发掘报告［J］. 古脊椎动物与古人类，1979，17（4）：277-293，347-350.
24. 浙江省文物管理委员会，浙江省博物馆. 河姆渡遗址第一期发掘报告［J］. 考古学报，1978（1）：39-94，140-155.
25. 浙江省文物管理委员会. 吴兴钱山漾遗址第一、二次发掘报告［J］. 考古学报，1960（2）：73-91，149-158.
26. 徐辉，区秋明，李茂松，等. 对钱山漾出土丝织品的验证［J］. 丝绸，1981（2）：43-45.
27. 任克. 从《说文解字》研究有关纺织学的若干问题［J］. 苏州丝绸工学院学报，1991，11（2）：67-75.
28. 任克. 从《说文解字》研究有关纺织学的问题（三）［J］. 苏州丝绸工学院学报，1993，13

(3): 77-85.

29. 任克. 丝绸业与中国古代自然科学关系撷零[J]. 苏州丝绸工学院学报, 1997, 17(3): 77-82.

30. 嶋崎昭典. 真綿の文化誌[M]. 长野: サイエンスハウス(株), 1992.

31. 篠原昭, 嶋崎昭典, 白倫. 絹の文化誌[M]. 长野: 信濃毎日新聞社, 1992.

32. 嶋崎昭典. 糸の町岡谷[M]. 长野: みやび企画, 2011.

33. 小林勝利, 鳥山国士. シルクの話[M]. 东京: 技報堂出版, 1993.

34. F. S. Bodenheimer. *Insects as Human Food*[M]. London: Springer Science + Business Media Dordrecht, 1951.

35. Barber E. *Prehistoric Textiles: the Development of Cloth in the Neolithic and Bronze Ages with Special Reference to the Aegean*[M]. Princeton: Princeton University Press, 1991.

36. Cullis C. *Oilseeds*[M]. Berlin, Springer, 2007.

37. Antonio Loprieno. *Ancient Egyptian: a Linguistic Introduction*[M]. Cambridge: Cambridge University Press, 1995.

38. S. C. Kundu, et al. *Silk Biomaterials for Tissue Engineering and Regenerative Medicine*[M]. Cambridge: Woodhead Publishing, 2014.

39. Balter, M. Clothes make the (hu) man[J]. *Science*, 2009, 325(5946): 1329.

40. Kvavadze E, et al. 30,000-year-old wild flax fibers[J]. *Science*. 2009, 325(5946): 1359.

41. Yong Bi Fu. Genetic evidence for early flax domestication with capsular dehiscence[J]. *Genetic Resources and Crop Evolution*, 2011, 58(8): 1119-1128.

42. Sindya N. Bhanoo. Silk production takes a walk on the wild side[N]. *The New York Times*, May 20, 2011.

第五章

古今的缫丝技艺

第四章讨论蚕丝发明过程时已经说过，古代发现蚕丝和利用蚕丝的详细过程未留信息的事实告诉我们，这一过程是一个漫长的技术发现与积累的涓流过程，而且正处于创造中国象形文字的过程。但是，根据后来的文字记载及出土文物资料可以知道，古人对从蚕茧上抽取丝条的使用价值的认识，是在古人已经学会用细长纤维结绳、编网、编织以至制织过程之后。在这些先行技艺的启示下，古人逐渐摸索出了从蚕茧离解出单根长丝的技术。这样的技术就称为缫丝技术。古代原始的缫丝操作是依靠手工进行的，最初所采用的缫丝器具也只是简单的陶器（甗）和木框（壬），用甗烧水煮茧，用竹签挑出丝绪，用壬卷取丝条。就是从这样的技术形态出发，经过手摇缫车、脚踏缫车等技术的进步，维系了4 000年以上的中国古代缫丝生产技艺的历史。直至1909年我国从日本引进并试制成功机械动力缫丝机——立缫车，我国的缫丝生产才开始步入近现代生产形态。从这一时期到现在也只有100多年的历史。4 000年与100年相比较，不可谓不长，由此我们可以悟知在刀耕火种的原始时代发明蚕桑丝绸的艰难与我国古人的明智与聪慧，以及在几千年的历史中构筑完整的缫丝技术体系的曲折与人的坚韧刚毅。有了这4 000年以上的艰难历史，才坚实地昭示了中国对蚕桑丝绸技艺发明的专有权利以及为世人所公认的知识所有权，这是中华民族为世界各民族贡献的一份珍贵的非物质文化遗产与技术、技艺遗产，同时也奠定了近现代丝绸工程技术发展的基础。从这个意义上来说，近现代丝绸科学技术及工程技术的发展，真正是一项站在发明缫丝的历史巨人肩膀上的进步。

这一章中将讨论我国古人怎样缫丝，当时所发明的缫丝技术是如何传承延续到今天，并在现代社会发展演变的。

第一节 缫丝器具的发明

早在原始社会，先民们就已发现了蚕丝并试图驯化桑蚕，但缫丝发明始于何时，至今仍无确切的答案，总之，据推测较五千年左右的历史还要久远。从考古发掘和甲骨文等文献可以得知，在商代，养蚕缫丝已相当发达。而事实上，在商朝之后的第一个封建朝代西周（前1046—前771年）时，我国已经有性能简单的机械缫丝车了。

一、我国早期的缫丝器具

西周的《礼记·祭义》记载有古代缫丝的方法："及良日，夫人缫，三盆手。遂布于三宫夫人、世妇之吉者，使缫。"郑玄注："三盆手者，三淹也。凡缫，每淹大总而手振之，以出绪也。"据此可知，缫丝时为了使茧层丝胶充分软和溶解，须多次将大把茧子按入热水中，即三淹；而每次淹茧时要不停地用手晃动，以使茧子绪头离解。这里的记述反映了早期煮茧和索绪技术的样貌。

蚕儿结茧后，由于茧丝之间有丝胶互相粘连，很难直接将茧丝从蚕茧上抽出来。而如果将蚕茧放到热水中煮一定时间，就能比较顺利地将茧丝从蚕茧上抽出来了。生活实践启发人们学会了抽取茧丝的工艺，这个过程概称"缫丝"。最原始的缫丝方法，就是将蚕茧浸在热盆汤中，用手抽丝，卷绕于丝筐上。盆、筐就是最原始的缫丝器具。

1979年，江西贵溪崖墓出土了一批距今约3 000年的纺织工具，其中有两件"工"字形的绕丝器如图5.1所示，即缫丝用工形器，古代称"笸"，其中左边的是用绳扎成的竹制工形器，右边的是木制工形器。若把缫丝用工形器的上档转向，使之与下档成直角，就成了工形器的改良型，其构造如图5.2所示。通过这样的改进，笸器上下档成90度，可使卷取过程中丝条不易松弛脱落；而当丝条卷取满档以后，使上档转90度与下档平行，则整个丝把卷绕状态有所松动而易于脱下。这虽然只是小小的改进，但从中可以看到古人的智慧。这种原始缫丝器，目前已绝迹，但苏北宝应、高邮等地仍在使用，名为"线框子"。这种笸器大多为木制，亦有竹制者。其大致尺寸为，上下两根横档均长17厘米，成擀面杖形，中粗而两端细，中径约2.5厘米，端径为1.8厘米。中柱中径为3厘米，端径为2.5厘米，装上横档后全器高35厘米。

《说文解字·竹部》记载："笸，可以收绳也。从竹象形，中象人手所推握也。互，笸或省。"《玉篇·竹部》中说："笸，可以收绳也。"《广韵·暮韵》中说："笸，所以收丝。"颜注《急就篇》："麻丝曰绳，然则绳即麻线。笸可收绳，故有'线框子'之名。可以收丝，故为工形器之代用品。笸器即为手摇或脚踏缫丝机之前身。"由此可知，笸即原始缫丝工具。

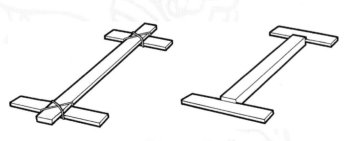

图5.1 缫丝用工形器（笸）

图5.2 改良型工形器

从5 000多年前最原始的缫丝器具，发展到距今约3 000年的纺织工具——"工"字形绕丝器，标志着缫丝工艺经过古人两千多年的不断探索，其复摇技术已开始向实用化迈进了，这是极不容易的，充分彰显了我国古人的聪明才智，也给今人留下了一笔重要的文化遗产。

二、关于商代的缫丝工艺与器具

有关商代缫丝的具体工艺过程，虽然尚无文献可考，但从古代与丝绸有关的象形文字中，可得到很多相关信息。例如，前面讨论过的"乱"和"治"字，在容庚《金文编》中，"乱"与图4.23所示的甲骨文"乱"字相类似，像是以手理丝至"H"形的收丝器具上。"H"转90度即为"工"。甲骨文中"工"可释为"壬"，也就是缫丝时用于收丝的器具。在古文中，"乱"字有时训为"治"，《尚书·顾命》有"其能而乱四方"，《尚书·周官》有"乱尔有政"，此处"乱"即治理之义。"乱"训为"治"的起源，也就是将蚕茧中交错重叠的茧丝，通过缫治形成头绪清楚、顺理有序的长丝。

在商代的缫丝工具中已发现有壬茧甗，其上有铭文"壬茧"两字。"壬"其实就是一种六角形轮，应为丝筬的象形字。甗是一种蒸器，下为三足，上呈锅形，中间有带孔的隔层。使用时，在三足下烧火加热，在足袋中盛水，带孔隔层就如同蒸架，上面可以蒸物。甗正是当时用于缫丝的锅，其中煮茧的水可以一直满至上面的锅，中间的隔层正好可以将茧子挡在上面而不至于沉到足袋里，甗上安放木架，木架上可以同时抽两绪丝，然后将抽出的丝卷绕于丝筬上，其结构如图5.3所示。

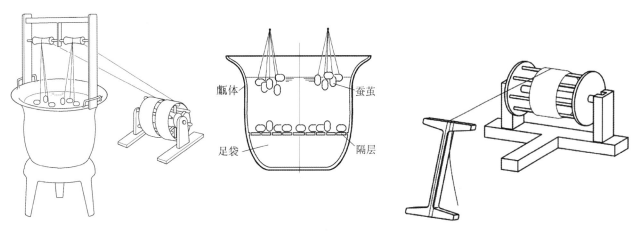

图5.3　商代缫丝工具复原图　　　　　　　　图5.4　甘肃民间缫丝工具示意图

其实，类似的缫丝工具民间现在还可以看到，其形制应与商代缫丝器具基本一致。如甘肃武都柏林乡石桥村保存有一种极为简易的缫丝工具（图5.4），湖南湘西土家族苗族自治州发现的缫丝工具（图5.5），它们都与商代的缫丝器具非常相似。当时的缫丝器具主要由两大部分组成：一是手握的绕丝工具，二是装在简易"T"形架上的鼓轮和水锅，相互配合即可进行缫丝生产。两者的"T"形架和鼓轮的构造也基本相同，由七八根细竹子或细木棍围成一个直径约10厘米的圆柱，便是鼓轮型缫丝筬子。鼓轮型筬子中间有轴，搁于"T"形架上，"T"形架则平稳地放在缫丝水锅上。两者的绕丝工具小有区别，甘肃武都的为"工"字形，湘西的则为"X"形，但用途和使用方法是一致的，都是用手握住绕丝具的中间，把丝绕到两端的平行直木上。在实际缫丝过程中，一束茧丝首先要经过"T"形架上小鼓轮中间的微凹处，起到初步的集绪作用后，再卷取到筬子上。当卷取的丝达到一定量时，再将筬子取下，然后将筬子上的丝重新卷绕到"工"字形的绕丝器上。

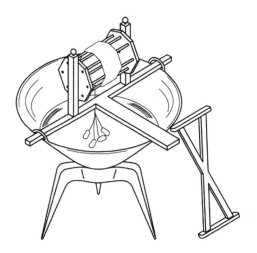

图5.5　湖南湘西土家族苗族自治州发现的缫丝工具示意图

从古代与丝绸有关的象形文字、已出土的商代青铜甗和现代民间发现的类似的缫丝工具，可以推测商代的缫丝器具和工艺过程：其缫丝器具为甗，甗上安放"T"形架，架上有鼓轮，相当于缫丝筅子，甗则相当于缫丝的锅，还有"工"字形的绕丝器，甗和缫丝筅子互相配合便可进行缫丝；其工艺过程应是在甗里煮茧，煮茧后用手理出绪头，再卷取到筅子上，最后卷到"工"字形的绕丝器上。由此可知，在3 000多年前的商代，就有了虽然简陋却很完整的一套缫丝器具和包含前瞻性复摇技术在内的缫丝工艺。正是因为我国古人的勤劳与智慧，才使得我国在很长的历史时期成了缫丝技艺的发源地。

第二节　古代缫丝器具与技艺的演变

古代的缫丝器具大体上经历了三个阶段：① 原始缫丝工具阶段；② 手摇缫丝车阶段；③ 脚踏缫丝车阶段。我们将根据文献资料，对这些阶段中缫丝器具的进化和演变做一些讨论。

一、古代缫丝器具的进化脉络

前面提到，最原始的缫丝器具是盆、筐，筐即筥，或称线框子，直到商代才开始有了一套比较完整的缫丝器具：江西贵溪崖墓出土了两件商代工字形的绕丝器和中原出土了壬茧甗。甗正是当时用于缫丝的锅。根据以后陆续的考古发现，商代青铜甗曾在我国多地有出土。图5.6所示为现存的一些早期缫丝器具。其中（a）为河南安阳市博物馆收藏的商代青铜甗，（b）为西安大唐西市博物馆收藏的商代兽面纹青铜甗，（c）为长江流域的江西新干大洋洲出土的商代兽面纹鹿耳四足青铜甗，（d）为湖北襄阳市博物馆收藏的商代兽面纹青铜甗。此外，类似的出土缫丝锅还有浙江海盐的青铜甗（出土时已经残缺）以及内蒙古赤峰市克什克腾旗出土的商代青铜甗，等等。

(a)　　　　　　　　　(b)　　　　　　　　　(c)　　　　　　　　　(d)

图5.6　商代青铜甗

以安阳市博物馆收藏的青铜甗为例，其通高37厘米，口径26厘米，甗部腹围72厘米，鬲高16.5厘米。甗原是古代蒸煮食物的容器，既可用于缫丝，也可用作炊具。中原一带的河南、陕西，长江中下游的湖北、江西、浙江等地出土的青铜甗应该都是用来缫丝的。而内蒙古赤峰地处北方，气候寒冷，不宜栽桑养蚕，文物专家考证后认为，该处出土的青铜甗是草原举行祭祖仪式时使用的礼器。

除了上述的考古发现外，这里特别要指出的，是20世纪50年代后期、80年代后期分别发掘的浙江钱山漾遗址和四川广汉三星堆祭祀坑。从这些遗址中发现的纺织器具、绢片、捻丝线以及蚕神模型，都为我们探索古代缫丝技术的发展脉络提供了珍贵的资料。

钱山漾遗址位于浙江省湖州市城南7 000米的潞村古村落（现属吴兴区），距今4 700多年，属钱山漾文化。1956年3月和1958年3月，浙江省文物管理委员会对遗址进行了两次发掘，出土了大量陶质的鼎、罐、壶、盆、钵等器皿，以及纺轮、网坠等纺织工具残件。在出土物中，还有石质刀、斧、锛、犁等生产工具和稻谷、蚕豆、甜瓜、毛桃、花生等植物种子，说明当时湖州的农业生产已具有相当水平。而遗址中出土的残绢片和丝、麻织品是我国迄今发现的年代最早的丝、麻织品。由于这些发现，湖州被称为"世界丝绸之源"。

三星堆位于四川广汉，1986年，这里发现了两个商代大型祭祀坑，其年代约在商末周初，被认为是蜀人祭祀天地所用。祭祀坑中有上千件稀世之宝，其赫然显世使三星堆文明在世界考古学上被誉为"世界第九大奇迹"。国外媒体广泛认为，这是世界上最引人注目的考古发现，比著名的中国兵马俑更加非同凡响。

在三星堆遗址中，出土了大青铜人面具20余件。一次性出土如此多的铜人面具，在我国考古发现中尚属首次。其中有一件纵目面具如图5.7所示，高64.5厘米，宽138厘米，眼球呈柱状，外凸达16厘米，神异的相貌好似俗称的"千里眼""顺风耳"。这些文物被收藏于三星堆博物馆。纵目面具的造像依据与古史所记述的蚕丛和烛龙的形象有关。考古专家指出，古籍《华阳国志》记载"蜀侯蚕丛其目纵"。三星堆遗址中这种外凸的眼睛正是对"纵目"的直观表现。经研究，考古专家普遍认为这些面具尊造像表现的是蜀族始祖，即第一代蜀王蚕丛（前800—前730年）的形象。那么，蚕丛"纵目"又由何起源呢？对此专家们认为，这个青铜纵目面具，就是蚕神的形象，是对古代蜀人养蚕发展经济和提供生活来源的形象化解读。

图5.7　青铜戴冠纵目面具

综合上述考古发现，如果从最早于4 700年前丝织物的出土地点浙江湖州开始算起，那么，到了同时期的我国第一个有直接的文字记载的王朝商代（约前1600—前1046年），具有缫丝技术的地域在这一时期既有中原一带，又有长江中下游地区，还有地处西南、长江上游的四川，说明普及的地域面相当广泛。至于各地的技术是如何交流、传播与普及的，则尚无法考证，但可以肯定的是，商代的缫丝器具比起盆、筐这种最原始的缫丝器具，已经有了很大的进步。这个时期已经出现了如图5.3、图5.4、图5.5所示的那种在青铜甗上安放"T"形木架，在木架上缫丝的一套完整的缫丝器具。其后经历了周、秦、汉、两晋、南北朝到隋、唐这样将近两千年的历史传承，缫丝器具出现了长足的进步，有了手摇缫丝机，在工艺技术方面也有许多改良，同时，这些技术的变化也反映到社会生活以及诗歌等文化领域。到了宋、元、明、清时期，出现了脚踏缫丝机，缫丝效率大为提高，之后不断完善，再加上工艺上的创新改进，使得缫制的生丝质量大大提高，出现了精品生丝。这些进步往往还表现在有关缫丝技艺与民间生活关联的文化作品中，如诗歌、绘画，其中最突出的就是南宋画家楼璹所作的《耕织图》。

根据古代留下的文字记载资料，我们可以对古代的缫丝器具及技艺的演变进程进行一些比较具体的梳理。

二、从《耕织图》看古代缫丝技艺

现在保留下来的反映我国古代缫丝技术的资料中，形象、系统、详尽地介绍缫丝技艺诸多细节的，是南宋画家楼璹所作的《耕织图》。该图始作于南宋绍兴年间（1131—1162年）。作品得到了历代帝王的推崇和嘉许。宋高宗时期，楼璹任於潜（今浙江省临安区）县令，对农耕蚕织之劳苦深为体察，由于深谙耕织技艺之珍贵，他绘制了《耕织图》45 幅，包括耕图 21 幅、织图 24 幅，来描绘农桑生产的各个环节。南宋嘉定三年（1210 年），楼璹之孙楼洪、楼深等以石刻将其传于后世，嘉熙元年（1237 年）有汪纲木刻复制本。宋以后，关于《耕织图》的记载已不多见，较著名的有南宋刘松年编绘的《耕织图》和元代程棨的《耕织图》。明代初年编纂的《永乐大典》曾收《耕织图》，但已失传。明朝天顺六年（1462 年）有仿宋刻之摹本，虽失传，但日本延宝四年（1676 年）京都狩野永纳曾据此版翻刻，今均以狩野永纳本《耕织图》作楼璹本《耕织图》之代表。清康熙二十八年（1689 年）康熙帝南巡时，江南士子进献藏书中有"宋公重加考订，诸梓以传"的《耕织图》。康熙帝感慨于织女之寒、农夫之苦，传命内廷供奉焦秉贞在楼绘基础上，重新绘制，计有耕图和织图各 23 幅，并每幅制诗一章。该本《耕织图》初印于康熙三十五年（1696 年）。焦绘《耕织图》令康熙皇帝龙颜大悦，在序首钤盖了"佩文斋"朱印，又命著名木刻家朱圭、梅裕凤镌版印制，颁赐臣工。后来又出现了很多不同版本，木刻本、绘本、石刻本、墨本、石印本均行于世。雍正登基后，以康熙年间刻版印制的《耕织图》为蓝本，由宫廷画师精心绘制而成《雍正御制耕织图》，该版本每幅画上都有雍正的亲笔题诗，并盖有"雍亲王宝"和"破尘居士"两方印章。后来雍正、乾隆两朝都曾几度摹绘、刊行焦绘《耕织图》。北京故宫博物院、台北故宫博物院以及各地博物馆，甚至世界上一些国家的图书馆、博物馆等都收藏有各个朝代不同版本的《耕织图》。清乾隆三十四年（1769 年），据元代程棨摹本刻石图存于圆明园贵织山堂，石置多稼轩。1860 年，圆明园遭英法联军焚掠，程棨本《耕织图》不知所终，刻石被毁；直至 1960 年，残存刻石终归中国历史博物馆收藏，仅存 23 石，相当于原 45 石之一半。《耕织图》的绘制到清朝达到鼎盛，其中《雍正御制耕织图》最为精美独特，北京故宫博物院收藏的高精仿制品，原藏于紫禁城武英殿，深藏故宫三百年从未公开展示，被视为镇馆之宝，已被列为国家一级文物。

《耕织图》是我国古代为劝课农桑采用绘图的形式翔实记录耕作与蚕织的系列图谱，它形象生动、细腻传神地描绘了耕作与蚕织的场景和详细的劳作过程，在普及耕作知识、传授蚕丝技艺、促进社会发展中发挥过巨大作用，其本身也是极其珍贵的艺术瑰宝，已成为后人研究宋代农业生产技术最为系统形象的资料。《耕织图》中描绘栽桑、养蚕、缫丝的章节包括采桑、养蚕、上簇、炙箔、下簇、择茧、窖茧、缫丝等，涵盖了养蚕、缫丝、织造的全过程，是今人了解古代养蚕缫丝生产技艺的一份不可多得的珍贵遗产。稍后的《蚕织图》长卷，为南宋高宗初年翰林图画院根据《耕织图》所作的摹本。《耕织图》中每一幅图后均附诗一首。清以后，《耕织图》经历代皇帝亲临指导修改，更成了广泛流传于民间的农耕纺织技艺的风情画卷。经过皇帝御笔的润色订正，各种农耕纺织技艺更为通俗易解，而且以文字形式呈现，读起来朗朗上口。如康熙版《耕织图》中的练丝图配诗曰："烟流矮屋青，水汲前溪洁；掉车若卷风，映釜如翻雪。丝头入手长，左右旋转忙；轧轧听交响，行人闻茧香。"到了雍正版《耕织图》，其中的练丝图配诗更改为："烟分比屋青，水汲溪更洁；鸣车若卷风，映釜如翻雪。丝头入手长，观动缫丝娘；轧轧呈交响，人行于路香。"

在《耕织图》中，各种配诗除了作为民间口头文学用以反映社会生活风俗画卷以外，也是世代传播缫丝技艺的通俗教科书。在这里，我们选取不同时代与版本的《耕织图》中描写缫丝的图与诗，从中来解读古代的缫丝技艺及其演变。

首先来看北京故宫博物院收藏的《雍正御制耕织图》，其中反映古代缫丝技术主体的"练丝图"（图 5.8），其配诗为："连村煮茧香，解事谁家孃；盈盈意媚灶，拍拍手探汤。上盆颜色好，转轴头绪长；晚来得少休，女伴语隔墙。"图中描绘了农家缫丝时节的生活景象，围绕着农家主妇煮茧缫丝的劳碌操作，将其乐融融的家庭温馨与缫丝季节的欢欣快慰，表现得淋漓尽致。

从画面上可以看到，宋代的缫丝还是煮茧、缫丝同时进行的，煮茧、缫丝共用的一口大锅中浮满了茧子。图中的缫丝车与图 5.3 所示的商代缫丝器具相似，可以同时缫两个绪丝，缫好的丝条通过上方集绪与导向用的竹针眼及鼓轮（古称"响绪"或"星丁头""锁星"——以竹棍做成如香筒样）后，在后面的丝框上卷绕成丝片。在图中还可以看到卷绕丝片时使用的摇丝车手柄，说明当时使用的是手摇缫丝车。图中缫丝手柄并没有人在摇动，看起来应该是缫丝人根据茧丝离解的进度，适时地摇动手柄使丝框

图 5.8 《雍正御制耕织图》中的练丝图

旋转。从该诗画的描述中可以知道，村里到处可闻到煮茧缫丝的香气，年轻女子在灶前续柴烧火，使得茧丝从茧层离解出来。茧子煮到一定程度，缫丝人会拍拍手探测汤的温度。为什么要拍拍手探汤呢？我们推想，如果汤温很低就可以直接探手试汤温，而温度很高时就不可以直接探手到汤中，而只能采用拍拍手探汤温这样的快速试探方法。诗中细致入微的描写说明，此时缫丝汤的温度较高。根据人们的经验，可以知道汤温应在60℃～80℃左右，这时探汤温，才会有拍拍手这样的本能动作。频频拍手可以借风速降低手表面的温度，以很快的速度探手确实可以感知高热的汤温。据此也可以知道，当时采用的是高温热汤煮缫技术。这时候，茧腔内空气容易膨胀，使得茧子易于浮在汤面上，正因如此，才可以看见锅中热汤面上浮满茧子。配诗中还说到"上盆颜色好"，表示人们已经懂得根据热汤的颜色与浓度来判断丝色质量的优劣，而察看与调节热汤的颜色与浓度，即使在今天的缫丝工程中也属于重要的缫丝管理内容。在锅旁，另一名女子手持待添加的茧子。家庭主妇脚下放着茧子，身后桶里也有茧子，说明为了保持缫丝连续进行，需要准备很多茧子，以确保缫丝中原料的供给。由图中可以看出，早期缫丝生产虽然在一个农村家庭的简单院落里，但是已经涵盖了完善的缫丝技术的所有基本要素，包括煮茧、缫丝、给茧、导丝、卷取、汤温调节等。

图5.9是收藏于美国华盛顿弗利尔美术馆的《耕织图》中的缫丝图。图中显示，在家中缫丝只需要两人，其中缫丝者为男子，女子则为辅助缫丝工，负责送茧以及烧火等辅助工作。丝框的右端可以看到摇动丝框的手柄，看似正使用手摇缫丝车。但是，图中女子在送茧，男子在忙碌地缫丝，却没有人摇动丝框。我们注意到，地上有一根竹竿以及与摇动丝框的手柄相连的一根绳子，这是图5.8中所没有的。根据《耕织图》其他版本及相关资料可以推想，地上的竹竿应该是一根由缫丝者用脚踏方式进行驱动以及控制丝框转动的器具。而与摇动丝框的手柄相连的绳子和竹竿的另外一端相连，缫丝者通过脚踏摆动竹竿，一踏一放的动作，使得丝框的手柄反复地受到一个往下拉的作用力，加上丝框自身

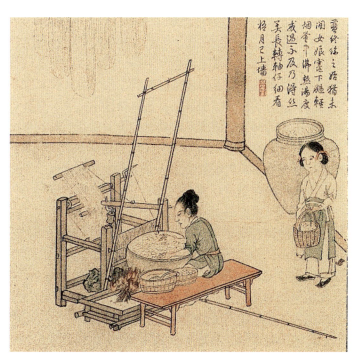

图 5.9 《耕织图》中的缫丝图（美国华盛顿弗利尔美术馆藏）

的转动惯性，就可以使得手柄持续地转动，从而带动丝框旋转。从缫丝装置的形态看，这仍然是一架普通的手摇式缫丝车，但是，由于巧妙地增加了一根竹竿和一根绳子，就可以通过缫丝者脚踏竹竿的运动来带动丝框旋转，使得缫丝者可以腾出双手专心地从事煮茧缫丝操作。这意味着，在这个时期，缫丝车处于手摇与脚踏兼用的时期，当有较多的人手时，可以采用手摇缫丝；或者由缫丝者间歇式地摇动手柄带动丝框转动。缫丝操作繁忙时，则只要一个人就可以煮茧缫丝，同时还自己脚踏带动缫丝车卷取丝条。关于手摇缫丝车向脚踏缫丝车过渡的时期与契机问题，该《耕织图》的描绘，恰好给了我们一个很好的解答。这时候，煮茧与缫丝同在一个锅中进行，缫丝者一边煮茧，一边缫丝，但图中缫丝机只有一个绪头。缫成的生丝依靠一个简单的络交装置，使得丝条卷取位置不断变化而卷绕成一个宽幅的丝片。显然，这样的宽幅丝片是有利于生丝干燥的。推动络绞杆摆动的动力，也可能是依靠缫丝者脚带动下方的竹竿推动机架右方的竖轴而产生的。从图中还可以看到，缫成的生丝在穿过络绞杆的小环以前，还绕过了高处的竹子横杆，使得经过这样长丝道过程的丝条到达丝框时基本已干燥，与此同时，煮茧缫丝锅炉灶的热气也有助于丝条干燥。除此之外还可以看到，缫丝机上方悬挂着许多缫丝结束后须继续晾干的丝片。显然，这一缫丝机较之前面的缫丝机，在自然干燥利用方面有了很大进步。图中还可以看到缫丝机边上的屋角有一个大瓮，应该是一个用盐保存蚕茧用的容器。

图 5.10　《蚕织图》（传南宋梁楷本）中的缫丝图（美国克利夫兰博物馆藏）

图 5.10 为美国克利夫兰博物馆藏《蚕织图》（传南宋梁楷本）中的缫丝图。图中的缫丝装置与图 5.9 中的类似。但是较之图 5.9，缫丝器具等又有了一些不同的地方。与图 5.9 相类似，这里也是男子负责煮茧缫丝，女子负责辅助作业。在《蚕织图》中，缫丝者利用竹签之类的器件进行索绪、理绪，而在同一个锅中进行 2 个绪头的缫丝，经过集绪导向后卷到丝框上。值得注意的是，与图 5.9 相类似，图中缫丝者右脚下面也有一根竹竿，虽然看不见竹竿另一端的样子，但是可以推知这是脚踏驱动手柄转动的器具。在此图中可以看到，缫丝时丝框的驱动是依靠缫丝者脚下一根长竹竿，该长竹竿一头固定于其身后的支点，另一个支点是将竹子捆绑于其坐凳的凳脚上，离地约半尺高。当缫丝者脚踏竹竿第二支点前方时，竹竿另一端就会被压下地面；脚踏放松时，竹竿端点就回归上位。这根竹竿的端点结有一根绳子，绳子另一端为一个套挂到手摇缫丝车手柄上的钩子。图中将这个钩子套挂在手柄上的样子清楚地画出来了。缫丝的时候，只要用脚有规律地对竹竿踩踏与放开，就能通过绳钩带动手柄上下运动，从而使丝框旋转。由于绳索作用是柔性牵引力，故一旦丝框转动起来，绳钩带动手柄就可以容易地越过绳索与手柄摇杆刚好在同一直线时的死点，使得绕丝框能够一直保持连续转动的状态。图 5.11 是这一机构的结构示意图。这样一种利用柔性连杆的曲柄连杆装置，现在已经不多见了。但是，这确实是一种最简单而巧妙地以手摇缫丝车改进成的脚踏缫丝车装置，在古代缺乏材料与加工技术的条件下，人们能够利用得到的简单材料，设想出这样的脚踏式

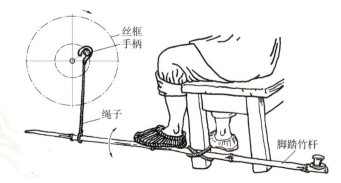

图 5.11　早期脚踏缫丝机所用柔性连杆的曲柄连杆装置示意图

动力传动装置，不能不令我们感到惊奇与敬佩。这样的过渡不改变手摇缫丝车的结构，必要时可以作为手摇缫丝车来使用，故在当时的条件下，这不愧是一种巧妙的革新。此外，在图 5.10 中也可以看到与图 5.9 中类似的络绞装置与导丝机构，但是看不到长长的导丝路径了，缫成的丝条在不高处的导轮"响绪"处转向来到络绞杆上的小丝环而被导向大丝框卷绕成型；代替自然干燥作用的长丝道的，是大丝框后面不远处放置着的一盆用于烘干丝条的炭火。在图 5.10 中，还可以看到与图 5.9 同样的情形，即缫丝机旁边有一个用盐保存蚕茧的大瓮。

为了进一步了解在手摇缫丝车改进成脚踏缫丝车的过程中古人的各种尝试与努力，我们再看看黑龙江省博物馆收藏的南宋《蚕织图》中的生缫图（图 5.12）。南宋《蚕织图》是黑龙江省博物馆的镇馆之宝，描绘了我国古代种桑、养蚕、织布等与蚕织相关的劳作过程。该图全长 1100 厘米，画心横 27.5 厘米、纵 518 厘米，跋纵 460 厘米。画首画尾钤有"乾隆御览之宝""嘉庆御览之宝""宣统御览之宝"等御览鉴玺。该图描绘了南宋初年浙东一带蚕织户由"腊月浴蚕"开始到"织锦下机"为止的桑蚕丝织过程，共 24 幅图画，无题诗，但每幅画面下均配有宋高宗的吴皇后用小楷题写的说明文字。其中生缫图绘出了当时已经使用的脚踏缫车，使我们能够更形象地了解当时缫丝机的状况。图中，缫车结构与图 5.10 所示的差异不大。可以看到缫丝锅上竖着的竹竿，挑出一横杆，横杆上安有两个锁星，显示这是一个两绪的缫丝装置。缫丝女子脚下踏着竹竿，可以看到，其两只脚似在操控竹竿，竹竿的一端结有一根绳子，绳子连接着丝框的手柄。驱动手柄旋转可以带动丝框卷取生丝。这样的脚踏式驱动结

图 5.12　南宋《蚕织图》中的生缫图
（黑龙江省博物馆藏）

构，与图 5.9、图 5.10 的脚踏缫丝车是类似的，但是，只有这一张图才让我们看到了脚踏缫丝的真实样子。图中画出了缫丝者脚踏竹竿并通过软绳带动手柄的部分，使得我们对图 5.9、图 5.10 的讨论中关于脚踏缫丝机构的推断得到确认。

通过南宋楼璹所作《耕织图》以及后来不同时代的各种版本，我们可以对古代缫丝器具与技艺的典型发展演变过程有一个形象而翔实的了解。它们虽然只是简单的家庭作坊式的缫丝风景描画，但图中已经将古代缫丝技艺，以及缫丝工程所必备的技术要素都完整地表现出来了。同时，《耕织图》真正画出了古代缫丝车从最原始的手摇过渡到脚踏的模式；古人的思路与所采取的方法的机缘，都可以从图中得到了解。这些对于研究我国古代缫丝技艺的进化历史是极有意义的。

三、古代缫丝器具的演变

缫丝技术在春秋、战国时期已达到很高的水平，秦、汉时又有所发展。进入隋、唐、五代后，农家的缫丝生活多见于文字记载，由此可以比较具体地了解当时的缫丝技术。根据存留的史籍，唐代以前的史书中，尚未见有缫车的名称。至唐代才有"缫车""掉丝（缫丝）"等文句频频出现在诗句中。唐代经济繁荣，使得蚕桑缫丝事业得到快速发展，兴旺的养蚕缫丝风景成了当时经济繁荣发达的标志。养蚕缫丝农家聚集的大城小镇，街头巷尾每到收茧缫丝季节，就会呈现出一番特有的繁华热闹的风景。在唐诗中有很多缫丝时节乡村风情的描写。如唐代诗人李郢的《浙河馆·一作暮春山行田家歇马》中有"雨湿菰蒲斜日明，茅厨煮茧掉车声"；王建的《田家行》有"五月虽热麦风清，檐头索索缫车鸣"；诗鬼李贺的《南园十三首》有"竹里缫丝挑网车，青蝉独噪日光斜"；此外，李贺在《感讽五首》中，描写了"狞色虬紫须"的"骑马县官"到乡村催税收，越妇巧妙应对："桑牙今尚小。会待春日晏，丝车方掷掉。"告诉县官要到春末缫丝车才开始转动，现在催缴税还太早。可见，缫丝车的转动已成为维系农

家生存的重要部分。

从以上诗句可知,唐代已普遍使用缫丝车。这种缫丝车是脚踏还是手摇尚无从严格界定,一般认为是手摇缫丝车,而不是脚踏缫丝车。缫丝车靠偏心横动导丝杆进行交叉卷绕,使丝绞分层。可以肯定的是,唐代缫丝车与宋代缫丝车已相去不远。它已有完整的集绪和捻鞘机构,"索索缫车"正是由于安装了起导丝作用的"响绪"才会发出的声音;再说,其承担响绪的横杆下有丝线穿过,正像一杆挑起的罗网,故被称为"挑网车"。

自宋代起,出现了一些介绍缫织生产器具的描绘准确的图像和记载详尽的著作,如北宋秦观的《蚕书》用了大量篇幅描述当时的缫丝车,《耕织图》中更是形象地描绘了缫丝车的构造。由此可以推断,在宋朝,脚踏缫丝车已基本定型。脚踏缫丝车是在手摇缫丝车的基础上发展起来的,它的出现标志着古代手工缫丝器具的一次进步。

宋朝的脚踏缫丝车可分为三大部分:机架部分、集绪与捻鞘部分、卷绕部分及其他。机架部分主要是一个立体的框架,以承载大丝籰和其他部分。较重要的是后两个部分。集绪部分包括钱眼(集绪器)、锁星(鼓轮,即响绪)等,卷绕部分是脚踏缫丝车上最复杂的部分,包括络绞装置、丝籰及传动结构等。秦观《蚕书》中虽未提及脚踏传动装置,但在《耕织图》和传为梁楷本的《蚕织图》(《耕织图》的彩色摹本)中对此都有十分清楚的描绘,说明这是由一踏脚杆与一曲柄连杆机构相连而成的。这种缫丝机械是以脚踏为动力,通过连杆装置,驱动绕丝框回转,同时也带动络绞装置,使丝片良好成形。

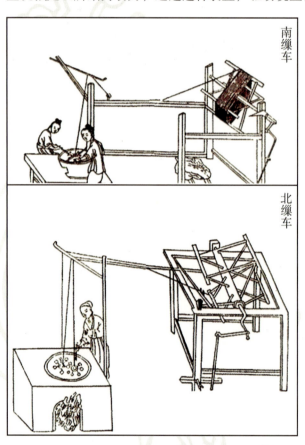

图5.13 王祯《农书》中的南缫车和北缫车

在宋代,缫丝工具南北尚有所区别。元朝大一统,促进了南北交流。图5.13为王祯《农书》中绘制的缫车图,当时分为南、北两大类。从缫丝车的形制来看,北缫车车架较低,机件比较完整,丝的导程较短,常是几绪同缫。但是,南、北缫车的原理却是基本相同的。

元代《士农必用》中记载的缫丝车称轩车:"床高与盆齐,轴长二尺,中径四寸,两头三寸(用榆槐木)。四角或六角,臂通长一尺五寸(六角不如四角,轩角少,则丝易解。臂者,辐条也。或双辐,或单辐,双辐者稳),须脚踏。"称缫丝车的架子与缫丝盆齐高,卷取丝的丝框轴长二尺,中径四寸,用榆槐木制成。丝框一般有四角或六角两种,丝框长一尺五寸。古代认为,六角框不如四角框,轩角少的丝容易解脱下来。这里所说的臂,是指卷取丝的辐条。有双辐或单辐之分,双辐条卷取较稳,这种缫丝车需要脚踏带动丝框旋转。书中还说:"缫车竹筒子宜细,细似织绢穗筒子,铁条子串筒,两桩子亦须铁也。"称缫丝车上导丝用的竹筒子应细一些,类似织绸时悬挂绷紧丝条重物用的导向筒子一样;筒子以铁棒穿过,铁棒两端的座也是铁制的。由此也可以知道,缫丝车是铁木结构的装置,这在当时堪称最上乘的器械了。

事实上,南、北缫丝技术的最大区别是热釜和冷盆。这不仅体现在工艺上,而且还体现在盆、釜、灶及烟囱的设置上。热釜似乎较为简单,只是一灶、一釜和大盆甑,甑中盛水,并用板拦断,这样可容两人对缫。而冷盆的工具较多,主要包括盆、釜、灶等。其中的盆就是缫丝盆,又称串盆,这是冷盆缫丝特有的专用锅。这个锅盆比较大,口径在二尺五寸以上,古人为了实现冷盆缫丝,需要将锅盆先进行一番有利于保持汤温的处理。首先将盆翻转过来，用强黏泥将盆底和四周围一起糊到盆的边沿，泥的厚度要有四指，快到盆沿时，泥渐渐地薄一些，然后放在太阳下面晒干，这样就可得到"串盆"。釜其实是用于煮茧的，釜一般较小，口径在一尺以下。灶的制作比较复杂，先是一小灶，内可生火，上搁小釜，煮茧用。小灶边是一圆台，小灶的火可与圆台相通，因此可加热串盆。缫丝用的锅盆，正是为了有利于在不很高的恒温下缫丝，避免了直火烧锅的做法，使得直火首先加热煮茧用的釜，然后利用余下的火焰与烟气加热缫丝锅，所以称其为"串盆"。圆台的另一边是烟囱，称为卧突。冷盆缫丝器具布局正如《士农必用》中所说的："灶口向南，突口向北是也。缫盆居中，火冲盆底与盆下台。烟焰绕盆过，烟出卧突中，故得盆水常温又匀也。又得烟火与缫盆相远，其缫丝人不为烟火所逼，故得安详也。"这就是冷盆，所以，冷盆亦是常温缫丝的方法。

明代缫丝的技术承继宋、元以来的发展，使用脚踏缫丝车。这种缫车的基本装置包括加热的火炉、烧水煮茧的热锅、集丝的竹针眼、导引丝缕的星丁头、勾挂丝缕的送丝竿、绕集丝缕的丝架，还有带动丝架绕转的脚踏板连杆。

明代科学家宋应星编写了《天工开物》，初刊于1637年。它是世界上第一部记录农业和手工业生产技术的百科全书，也是世界上第一部百科类图书，曾流传于日本及欧洲各国，引起了极大反响，被誉为"百科全书之祖"。《天工开物》也是中国古代第一部综合性的科学技术著作。它按生产部门的区别，编列为18卷，第一卷讲农业耕种、农具及灌溉机械的用法；第二卷涉及服装，讲养蚕、缫丝、种棉、植麻的方法和纺织技术，养蚕、缫丝的章目中有取茧、择茧、治丝等和缫丝有关的内容，图5.14所示即为《天工开物》中记载的缫丝车，这是脚踏缫丝车。

根据《天工开物》中关于"治丝"的记载以及附图，我们可以得到明代以前典型的缫丝车形态结构的详细说明。在《天工开物》"治丝"一节中记载："凡治丝先制丝车，其尺寸、器具开载后图。"治丝即缫丝，要缫丝就要先做缫丝车，书中给出了制作缫丝车的结构及尺寸，表明当时已经将千百年来积累下来的成熟的制作缫丝车技术的详细信息记载下来了。从图5.14中可以看到缫丝车的形态结构。从书中关于缫丝技艺的描写中可以了解到缫丝车的各个器具及其作用。如"锅煎极沸汤"中所说的"锅"，即煮茧缫丝共用的大锅，从图中可以看到，煮茧锅就置于缫丝车边上，缫丝者坐在锅边，一面在锅里煮茧、索理丝绪，一面脚踏踏板带动丝车旋转缫丝。"以竹签拨动水面，丝绪自见"，表明索理丝绪的主要器具是一根竹签。理出的丝绪用竹签"提绪入手，引入竹针眼"。在这里，竹针眼是竹片上汇集茧丝绪的小孔，即今天缫丝机上的集绪器。经过集绪器的生丝"先绕星丁头，然后由送丝竿勾挂，以登大关车"。星丁头是在竹针眼上方起到导引丝缕作用的小竹筒，即现在的鼓轮；送丝竿为勾挂丝缕的移丝杆；大关车是卷绕丝条的大丝框。送丝竿依靠脚踏丝框转动的动力，通过连杆装置带动进行往复平移，导引丝条卷绕上丝框时不在同一位置重复卷绕。在缫丝时，丝条经过较长的丝路才卷取到丝框上，这是为了有利于丝条干燥。这时候的缫丝车，其丝道上尚没有丝鞘装置。

根据《天工开物》的说明，"川蜀丝车制稍异，其法架横锅上，引四五绪而上，两人对寻锅中绪，然终不若湖制之尽善也"。由此可知，上述的缫丝车与川蜀的缫丝车结构稍有不同。川蜀缫丝车的集绪器安装在一个木头支架上，该支架横架在锅上，两人面对面坐在锅旁索理绪头，一次可以同时缫制四五个绪头的丝卷，并绕上丝框。《天工开

图5.14　宋应星《天工开物》中的缫丝车

物》评价这种方法终究不如湖州制作的缫丝车完善。

明代以后，缫丝车上最为突出的改良是利用了络绞（络交）装置。随着缫丝车上生丝卷绕量的增加，若是没有络绞装置，生丝自集绪器卷绕到丝籰时始终在一个位置上做卷绕运动，而如果无法改变丝籰上的卷绕位置，卷取的丝条之间就会产生粘连，给后道工序带来很大困难。采用络绞装置的作用就是使生丝的卷绕位置在一定的范围内来回摆动，使得卷成的丝条形成一个丝片。在脚踏缫丝车上，络绞装置与传动装置相连，这时的络绞装置与后世已完全一致。

图5.15　清代辑里湖丝缫丝车

清代，缫丝车基本上沿袭了元、明以来的缫丝车式样，当时最出名的丝是辑里湖丝，缫制辑里湖丝的缫丝车如图5.15所示。它由机架部分、集绪和捻鞘部分、络绞和卷绕部分组成。集绪和捻鞘均在一木制框架上完成，其主要部件是集绪器和鼓轮。集绪器根据所用材料的不同而分别称为钱眼、竹针眼或丝眼等，丝眼由一根铜丝或铁丝做成，将铜丝或铁丝一端锤扁打孔，使其孔圆滑不至于损伤生丝，或只将一端绕成一圆即可。其作用主要是为了集合丝绪，同时有防止类节、减少水分、固定丝鞘位置等的作用。

综上所述，古代缫丝器具自从脱离最早的手工卷取丝条方式之后，经历了从手摇缫丝车到脚踏缫丝车的演变过程，其缫丝过程中的集绪、捻鞘、丝条导向、络绞、丝条干燥、传动动力等相关装置都逐步健全起来，基本上形成了向近代缫丝机械发展的完整基础。

四、古代缫丝技艺的进化

随着古代缫丝器具的演变，缫丝技艺也在不断进步。缫丝技艺在春秋战国和秦、汉时期已达到比较高的水平，当时人们已经知道在缫丝前先对蚕茧进行分类选择，这直接关系到缫丝的质量，汉代仍然保留了这种做法。东汉思想家王充曾亲自养蚕缫丝，他在《论衡》中提出，选茧留种时，要根据"虫（蚕）茧重厚，称其出丝，孰为多者"，表明当时他已认识到选择茧层厚的蚕茧留种有利于提高出丝率和丝质，说明了蚕茧分类选择对提高丝的产量、质量的重要性。《论衡》中还记述了当时条件下选茧缫丝的经验。将蚕茧进行分类，这就是现代缫丝工艺中的选茧工序。

秦、汉时，沸水煮茧缫丝的工艺已相当普及。《淮南子》中记载："茧之性为丝，然非得工女煮以热汤而抽其统纪，则不能成丝。"《春秋繁露·实性》中也有类似的记载："茧待缫以涫汤而后能为丝。"即缫丝时，要用沸水煮茧，使茧丝上的丝胶迅速膨润软化。丝胶溶解，茧层舒解，丝绪就可以分离退绕，集合成丝了。上述记载表明，古人很早就已经掌握了利用沸水煮茧缫丝的技艺。

魏、晋、南北朝时，茧处理主要有日曝法和盐渍法两种。北魏贾思勰在《齐民要术》中已认识到日曝法的缺点："日曝死者（茧蛹），虽白而薄脆。"因此，当时多用盐渍法，"用盐杀茧，易缫而丝肕"。南北朝名医、博物学家陶弘景记载："东海盐官（今浙江海宁盐官）盐，白草粒细……而藏茧必用盐官者。"这说明当时用盐渍法贮茧时对盐的白度和粒子大小有较高的要求。

唐代，国内丝绸贸易相当发达，史料中多能见到各种各样"鬻缯者"的记载。"鬻缯者"指的是古代卖丝绸的商人，他们的足迹遍及全国各地。当时，他们与国外的丝绸贸易也有一定的规模，如与吐蕃之间的丝绸贸易；从中亚到欧洲的丝绸之路，早在西汉时已经开通，通过丝绸之路，中国的丝绸逐渐传入欧洲。到了唐朝，丝绸之路也将丝绸生产技术传播到国外。公元7世纪时，东起日本，西至欧洲，西南到印度，均有丝绸生产，地域分布之广，远远超过公元前后的两汉时期，基本奠定了今日蚕丝产区的格局。唐代是一个丝绸生产的高峰期，产品所体现的技术也达到了前所未有的水平。但今天我们只能从出土的丝织品中了解丝绸织工技艺之精巧，却无法找到记载较为详细的技术专著。据《新唐书·艺文志》记载，唐代亦曾有过佚名的丝绸技术专著——《蚕经》，一种一卷，一种二卷，但后世均不传。倒是唐代的文人墨客在他们的文学作品中保存了一些资料，由此可以窥见唐代丝绸技术体系的概貌，而对于像缫丝技艺这样具体的技艺内容则依然缺乏详细的资料。

宋代，贮茧仍采用盐渍法，从图5.16所示的"盐茧瓮藏"，可知盐渍法是当时贮茧的主要技术措施。画面上有三口大瓮，两口已经用泥封好，一口敞开着等待装茧放盐，画中三男子，一人在桌前收茧，一人在称茧，一人在和泥，远处桌上有装盐的碗。这一贮茧技术，在我国最早见于北魏贾思勰所著的《齐民要术》，明代徐光启《农政全书》中的《蚕书》记载："凡渍茧，列埋大瓮地上，瓮中先铺竹，次以大桐叶覆之，乃铺茧一重，以十斤为率，掺盐二两，上又以桐叶平铺。以此重重隔之，以至满瓮，然后密盖，以泥封之。"这样可使蚕丝明亮柔韧。图中虽只画了三人操作，却把瓮藏方法表现得十分明了。

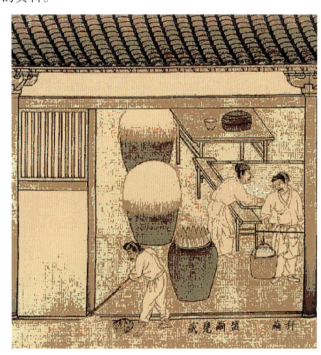

图5.16 《蚕织图》中的盐茧瓮藏图（黑龙江省博物馆藏）

宋代的缫丝工艺采用边煮茧边缫丝的方法，煮、缫不分锅，在缫丝前，先将已经煮熟的茧子用索绪器具（如竹片、竹签等）进行手工索绪和理绪，然后将理出的绪丝穿过集绪用的竹针眼，再卷绕到丝框上，并用炭火加热，使丝框上的丝片干燥，做到"出水干"，表示缫出来的生丝应该尽快使其干燥。在图5.10《蚕织图》中的缫丝车后面利用炭火加热丝片，而图5.9《耕织图》和图5.8《雍正御制耕织图》中的缫丝车后面都没有炭火加热，但是，前面有煮茧缫丝用的炉灶热气，此外，采用很长的丝路可使丝条更快地干燥。因此，古人很早就注意到了，要采取各种方法来使缫丝过程中的丝条尽快干燥。

再从缫丝方法来看，宋代已有生缫和熟缫两种工艺。生缫指不经盐、晒等贮茧工序而立即缫丝；熟缫正好相反，是在贮茧之后再进行缫丝。

缫丝时，有两个工艺参数非常重要，一是水温，二是湿度。古人对用水十分重视，对缫出的丝则用火加热烘干，以利于后道工序和丝色的鲜洁。对于缫汤温度的要求，秦观《蚕书》云："常令煮茧之鼎，汤如蟹眼。"即控制温度在80℃左右。缫丝的同时用火烘干，有利于提高丝的质量。缫丝时，要注意控制好煮茧缫丝锅的火候与下茧量，正如《豳风广义》中记载的："时看丝窠，频以箸拨上头，斟酌下茧，定住火候，勿使忽粗忽细，以致丝不堪用。"就是说要经常注意察看缫丝中的茧窠，频繁地以竹签拨动其上的丝条，根据情况酌量加茧，同时要保持火候稳定。火候变化，会使缫成的丝条质量不良。

另外，古人很早就注意到可以通过调整煮茧缫丝汤的浓度来保持生丝的颜色与良好光泽。缫丝的同时必须用火烘干，这在南宋陈旉《农书》中有记载："频频换水；即丝明快，随以火焙干，即不黯斁而色鲜洁也。"这一工艺在宋应星《天工开物》中称为"出水干"，有利于提高缫丝的质量。《广蚕桑说辑补》记载："丝贵亮又贵白，总要换汤得法。如勤换汤，则丝白而不光；少换汤则丝光而不白，须适中。"明、清以后的资料显示，古人很早就已知道水质对生丝质量的影响了。

到了元代，对鲜茧杀蛹干燥的处理方法有三种，即日晒、盐渍、笼蒸。笼蒸法是在元朝才出现的，《韩氏直说》认为"笼蒸最好"。《农桑辑要》和王祯《农书》对其做了介绍和推广，其基本方法为："用笼三扇，以软草扎圈加于釜口，以笼两扇坐于其上，笼内匀铺茧厚三指许。"如图5.17所示。"频于茧上以手背试之，如手不禁热，可取去底扇，续添一扇在上，如此登倒上下，故必用笼也。"在蒸完之

151

图 5.17 王祯《农书》中的茧笼图

后，于蚕房搥箔上，"从头合笼内茧在上，用手拨动。如箔上茧满，打起更摊一箔。候冷定，上用细柳梢微覆了，其茧只于当日都要蒸尽，如蒸不尽，来日必定蛾出"。蒸茧时，还要注意蒸茧工艺与茧质的关系，这说明当时对蒸茧与缫丝的关系已经考虑得非常具体了。

元代，缫丝工艺根据水温分成热釜和冷盆两种，这也是南、北缫丝技术的最大区别。热釜缫丝时，煮茧与缫丝共用一锅，直接安放在灶上，锅上横置丝车一架。据明初《农桑辑要》记载，热釜缫丝的"釜要大，……釜上大盆甑接口，添水至甑中八分满。甑中用一板拦断，可容二人对缫也。……水须热，宜旋旋下茧"。根据该书记载可以知道，古代热釜缫丝时，直接在煮茧的热釜中同时进行索理绪和缫丝操作，可缫单绪粗丝，也可缫双绪丝。热釜缫丝往往用较大的釜，置于灶上，釜上有大盆甑接口，添水至甑中八分满。甑中用一板拦断时，可容二人对面缫丝。如果缫丝茧不多，也可用一小甑缫丝。由于缫丝时汤温很高，动作不及时的话丝胶就会很快化解，因此必须留心适量下茧入锅。下茧太多则来不及缫丝，容易煮坏茧子。这种方法缫出来的生丝质量往往不如冷盆所缫者洁净光莹。古人已经知道采用这种方法来缫制次茧，缫出的丝，质量也比较粗劣。

冷盆缫丝的最大特点是，煮茧与缫丝分开进行。这是古人在长期的实践中总结出来的一种缫制高质量生丝的重要技艺，后来成了缫丝技术中煮茧与缫丝工序分别发展的基础。为了进行冷盆缫丝，需要准备一个煮茧用的热釜和一个缫丝用的冷盆。煮茧的热釜安放在灶上，可以用柴火直烧，做煮熟蚕茧用。一般热釜较小，因釜小而下茧少，可以细心煮匀蚕茧。另外，将缫丝用的冷盆放置于热釜的近旁，不烧直火，依靠热釜的烟火通过来加热汤温，用于缫丝，故冷盆又名"串盆"。冷盆缫丝的水温较低一些，可能与现在缫汤水温相近。缫丝时，将热釜中的煮熟茧移入水温略低的"冷盆"中。冷盆上安一架丝车。靠盆边又立一木棍，以挂清丝头。缫盆边上安置绕丝框。

热釜和冷盆各有特点，用在不同要求的缫丝中，其结果是：热釜可以缫粗丝单缴者（缴的原义是打在缫丝车鼓轮上的丝鞘，这里表示缫丝绪头数的计数单位），双缴者亦可；冷盆可缫全缴细丝，中等茧可缫下缴。《豳风广义》称冷盆缫丝"所缫者洁净光莹"，"比热釜所缫有精神，又坚韧"。因此，从工艺上说，冷盆速度虽慢，但缫得的生丝质量更高。南、北缫丝分别采用热釜和冷盆这两种不同的方法时，如《农书·农器图谱集之十六》所说的，"南州夸冷盆，冷盆细缴何轻匀；北俗尚热釜，热釜丝圆尽多绪"。

可以说，经元代南、北技术的交融、互补，缫丝工艺既涵盖了南、北地区的特点，又有所创新、发展。到明代时已基本是由北缫车和冷盆相结合，这成了后代缫丝技术的主流。

明代缫丝技术在宋代基础上有所发展。对于明代的缫丝技艺，宋应星的《天工开物》有十分详细的描述。

《天工开物》对取茧、择茧、治丝，即采茧、选茧、缫丝等做了比较系统的说明。

关于取茧，即采茧，记载有："凡茧造三日，则下箔而取之。其壳外浮丝一名丝匡者，湖郡老妇贱价买去（每斤百文），用铜钱坠打成线，织成湖绸。去浮之后，其茧必用大盘摊开架上，以听治丝、扩绵。若用厨箱掩盖，则浥郁而丝绪断绝矣。"这里说到，在蚕儿上簇 3 天后将茧采下，其外壳有浮丝，即茧衣，湖郡一带的老妇用低价买去，用铜钱坠打后纺成丝线，织成湖绸。采下的蚕茧除去外层的茧衣后，摊在大盘上，供缫丝或扩绵用。若用厨箱等盖住，则因不透风，茧质受影响，缫丝时丝绪易断。

关于择茧即选茧，记载有："凡取丝必用圆正独蚕茧，则绪不乱。若双茧并四五蚕共为茧，择去取绵用。或以为丝则粗甚。"即择茧时，要将双宫茧、多宫茧等剔除，用圆正的上茧缫丝。如用双宫茧或四五个蚕的多宫茧来缫丝，则缫得的丝质地很差。

关于治丝，也就是缫丝的技艺，《天工开物》中有较为详细的描写。其中称："凡治丝……锅煎极沸汤，丝粗细视投茧多寡，穷日之力一人可取三十两。若包头丝，则只取二十两，以其苗长也。凡绫罗丝，一起投茧二十枚，包头丝只投十余枚。凡茧滚沸时，以竹签拨动水面，丝绪自见。提绪入手，引入竹针眼，先绕星丁头（以竹棍做成，如香筒样），然后由送丝竿勾挂，以登大关车。断绝之时，寻绪丢上，不必绕接。其丝排匀不堆积者，全在送丝竿与磨木之上。"其中指出，缫丝时，煮缫锅中的水要烧至大沸腾。往锅中投入茧子时，要注意投茧量，投入茧量的多少要根据缫制的丝的粗细而定，缫粗丝多投，缫细丝少投。按照当时的技术，一人一天最多可缫 30 两生丝。若缫包头丝（用作头巾等的一种比较细的丝），则最多可缫 20 两生丝，这是因为，这时使用的茧丝比较细。在缫制织绫罗用的丝（粗细约为 50 旦尼尔的较粗丝）时，每次要在煮缫锅中投进 20 枚蚕茧；缫制织造头巾等用的包头丝（粗细约为 30 旦尼尔的较细丝）时，只须在煮缫锅中投入十几枚蚕茧。缫丝时，索理绪主要是以一根竹签作为工具。当煮蚕茧的水滚沸时，用竹签拨动水面，丝头自然就会出现。将丝头提在手中，穿过竹针眼，先绕过星丁头（用竹棍做成，如香筒的形状），然后挂在送丝竿上，再连接到大关车上。遇到断丝的时候，只要找一枚有绪茧子将丝头搭上去即可，不必与原来的丝条打结。为了使得卷绕的丝条在大关车上排列均匀而不至堆积在一起，关键要靠送丝竿和脚踏摇柄相互配合，使得丝条一面水平移动，一面卷取上大关车。这里值得注意的有两点：一是古代缫丝车的能力。根据上述一人一天最多可缫 30 两生丝，按照明朝的度量衡，1 斤为 597 克，1 两为 37 克，即一天最多可缫 1 120 克生丝。即使是缫包头丝用的生丝，一天也可缫 750 克。这样的缫丝能力较之近代以来的座缫机的缫丝能力（按 8 小时计算，约 500～1 000 克）甚至还要高一些，已接近立缫机的缫丝能力了。据推测，古籍上所说一天的缫丝时间应该在 8 小时以上。《天工开物》所记载的这一缫丝能力，确实是一个与自动缫丝机出现以前的缫丝能力相差无几的水平。二是关于缫丝中茧丝断头接续的技术。文中显示，古人很早就已经知道一旦缫丝中一条茧丝切断，无须人工"绕接"，而只需"寻绪丢上"即可。这是利用了纤细的蚕丝易于缠绕到丝绪上的特征，确实是很巧妙而又高效率的"续丝"操作。

关于缫丝用的柴火，也有严格的要求，文中称"凡供治丝薪，取极燥无烟湿者，则宝色不损。丝美之法有六字：一曰'出口干'，即结茧时用炭火烘。一曰'出水干'，则治丝登车时，用炭火四五两盆盛，去车关五寸许，运转如风转时，转转火意照干，是日出水干也（若晴光又风色，则不用火）"。为了提高生丝质量，当时的做法是以炭火烘干出水的生丝，让缫出的丝快速干燥，这样绕在丝架上成绞后，丝缕就不会粘连在一起；以炭火烘干还可使丝的表面形态更为自然，丝的光泽更好，这就是和结茧之时炭火烘的"出口干"并称为"丝美之法"的炭火烘丝"出水干"技术。烘丝十分讲究燃料的选择，只有选用干燥不会生烟的木柴，才不致影响丝的色泽，用盆盛四五两的炭火，放在距离丝架（大关车）上距离丝条五寸远的地方，丝框转动生风，烘干丝缕并卷绕在架上。这些记录都表明，古人对于用火加热、烘干缫出的丝，已经有了十分深刻的了解。

关于热釜缫丝的技术，徐光启《农政全书》也有热釜"水须热，宜旋旋下茧缫之，多下，则缫丝不及，煮损"的描述。

此外，从清代的文献中可以看到，古人对于煮茧缫丝用水很有讲究。清代沈公练《广蚕桑说辑补》记载："缫丝之水，择溪涧之极清者取之，勿取井水。""用井水而丝不亮者，其水必带鹹味，或黯浊不清故也。"由于井水的硬度高，用来煮茧缫丝时会导致生丝色泽不良，故古人推崇使用流水、泉水。清代吴玉树的《东林山志》记载有"山水不如河水，止水不如流水"，"汲龙上泾水沦之，以其水清，丝帛特肥白也"；清嘉庆时高铨《吴兴蚕书》根据清代以后久负盛名的辑里湖丝的技艺，总结道："缫丝用水需'清'，清则丝洁白；河水性软，成丝柔顺；山水性硬，成丝刚健；流水性动，成丝光润而鲜；止水性静，成丝肥泽而绿。"

几千年来，古代缫丝技艺积累了不少珍贵的经验，从形制上看似乎一直变化不大，但是经历了上千年的积累与锤炼，其特有的精工与智慧，可谓细致入微。唯其如此，才在历史上留下了许许多多令现代人惊叹不已的丝绸精品。也唯其如此，经历了千年以上的积淀，才打下了后人发明创造现代丝绸技术体系的坚实基础。

第三节　近代以来缫丝机与缫丝技术的变化及发展

一、我国缫丝技术的发展历程

我国的手工缫丝器具历代均有所改进，但各地呈现差异，有南、北之分。清末民初，手工缫丝业以江、浙一带最为发达，原因之一就是当地的缫丝器具较为先进。手工缫丝器具造价较低，一般农村木工均能打造，江、浙养蚕农户大多拥有一架以上，甚为普及。清末，丝车制造技术精良，苏南、浙北出现了一种式样基本一致的木制脚踏缫丝机，此车在机架、集绪、捻鞘和卷绕部分都做了较大改进，最关键之处在于曲柄连杆结构的运用，即在丝车丝䇲曲柄处使连杆与踏脚板相连，用脚踩踏脚板带动连杆一端上下运动，与曲柄连接的另一端转化为圆周运动，利用丝䇲回转所产生的惯性，带动整台缫车运动。据此，一人手足并用，即可完成索绪、添绪和回转丝䇲的操作，同时能将三个绪头一次卷绕成三绞丝，大大提高了缫丝的效率。1872年，陈启元在广东省南海县简村创办了中国第一家缫丝厂。1897年，杭州知府林启在杭州开办"蚕学馆"，培养蚕学人才，为发展中国近代丝绸业做出了贡献。

我国近代缫丝工业是从引进西方和日本的近代技术与设备开始的，其发展的基本轨迹是从座缫到立缫，座缫又是从意大利式的大筶直缫发展到日本式的小筶复摇。

日本发明立缫机是在1904年，但直至20世纪20年代才发展为多绪缫丝机。其出现四五年后，中国引进日本技术并试制成功。该机器前台的上部为筶台，缫丝工站立操作，故又叫立缫机或立缫车。其缫速约为每分钟60～80米，缫丝锅与流台合为一体。在缫丝锅以外，设有索绪部、理绪部、置茧处、屑茧处等，索绪部附设自动索绪装置，有给水、给气（蒸汽）装置，可调节水温。

立缫机实现了煮茧和缫丝的分工，解舒率有所提高，不仅降低了原料消耗及成本，也使生产效率显著提高。使用立缫机缫丝，可以一人看一台，无须洗盆工，产品质量亦佳，因而国内缫丝业界普遍看好这种缫丝机。

引进和制造立缫机的成功，标志着我国缫丝行业已经开始从传统的缫丝方法中走出来，进入了近代的工业化、机械化缫丝生产阶段。20世纪30年代前后，江、浙、沪、粤缫丝工业发达地区开始逐步淘汰座缫机，但抗日战争的爆发延缓了座缫机向立缫机过渡这一进程。至1949年，全国缫丝工业中立缫机的使用比例尚不足一半。

自成功制造立缫机后，缫丝的配套设备也获得了相应的发展，如当时与多绪立缫机配套引进的就有日本长工式和千叶式两种煮茧机。两者结构、原理基础相似。1925年，浙江第一丝织厂首家引进了千叶式煮茧机。该煮茧机为铁木结构，分蒸汽和渗透两部分，用高温煮茧，茧笼为鼠笼式，可以自动循环回转。国内机械行业仿制成功后，逐渐在缫丝行业中大面积推广。

在蚕茧烘干方面，原来均以土灶烘茧，效率及质量都不高。1920年，杭州一公司率先引进日本烘茧机。1928年，无锡工艺铁工厂仿制成功"带川三光火热式"烘茧机，俗称机灶，效率与质量大为提高。至20世纪20年代末，江浙一带的茧行纷纷以机灶代替土灶烘茧。此时，手摇剥茧机也已发展为电动剥茧机。

1949年后，古老的中国丝绸业进入了一个崭新的历史时期。丝绸生产从中华人民共和国成立初期采用半机械、半手工的生产方式，逐步转变为机械化、自动化的生产方式。

为了提高缫丝效率，我国从 20 世纪 50 年代起就十分重视自动缫丝机的研制。1958 年，上海第二纺织机械厂根据日本战后开发的多摩 10 型自动缫丝机，成功研制了我国第一台 D101 型定粒式自动缫丝机。但是，该机采用摆动体落茧感知的定粒式纤度感知器和移动给茧、移动添绪方式的给茧机，产量只比立缫机提高了 50%，缫折却比立缫大，中试后没有投入批量生产。

1963 年，无锡纺织科学技术研究所与苏州丝绸工学院等单位联合研制出了隔距式长杠杆全回转连续感知定纤感知器，成为我国独创。

1963 年，日本工业展览会在上海展出 SRE 型定纤式自动缫丝机，结束后样机留在中国。中央轻工业厅决定，由浙江省组织仿造。1965 年 6 月，以杭州纺织机械厂为主的试制小组成功仿照研制了 ZD647 型定纤式自动缫丝机一组（400 绪），并通过了中央轻工业厅的鉴定。该机采用短杠杆型隔距式感知器和移动给茧、移动添绪方式的给茧机，先后共生产了 23 组。

1965 年，无锡第二纺织机械厂、无锡纺织科学技术研究所和苏州丝绸工学院等单位合作，在 D101 型定粒式自动缫丝机的基础上研制出了 D101 型定纤式自动缫丝机，但因"文革"，直至 1973 年 6 月才通过江苏省轻工业厅的鉴定。该机采用了江苏独创的长杠杆纤度感知器和移动给茧、移动添绪方式的给茧机。D101 型定纤式自动缫丝机在 20 世纪 60 年代以后曾成为国内缫丝机的主打型号。

1972 年 1 月，杭州纺织机械厂、杭州新华丝厂、浙江省轻工业科学研究院和原杭州工业学校在 ZD647 型自动缫丝机的基础上研制出了 ZD721 型定纤式自动缫丝机。该机采用长杠杆纤度感知器，采纳日本日产公司 HR-1 机型的固定式添绪机构，又借鉴 1962 年研制成功的张力式自动缫丝机的双斗移动式给茧机，研制出双爪移动式给茧机，形成了移动给茧、固定添绪、定点补给正绪茧的方式，共推广应用了 65 组。

1975 年至 1978 年，浙江省自动缫丝机试验研究小组在江苏、辽宁、四川和广东等地相关单位的配合下，在 ZD721 型定纤式自动缫丝机的基础上进行了 10 余项重大改进，研制出了 D301 型定纤式自动缫丝机。该机采纳 HR-2 机型的周转轮系平板凸轮络交系统、丝条故障检测和防止切断装置、圆栅形分离机及偏心盘理绪机构等，改进了给茧机的捞茧离合器，并增大了绪间距，共生产了 100 多组。

至 1985 年，我国自动缫丝机的推广利用率仍为 11.5%。当时参加制订"七五"国家重点科技项目"75-46-2 缫丝新技术课题计划"的专家组提出，我国研制新型自动缫丝机应根据国内原料茧的性能情况，以减少生丝二度变化，提高生丝伸长度和索理绪机的自动化程度等为主攻目标。为此，江苏、浙江、四川三省各自组织了研发攻关队伍，经过两年多时间的努力，江苏研制出了 FD501 型样机、浙江研制出了 D301A 型样机、四川研制出了 CD-1 型样机。1988 年 11 月，纺织工业部丝绸管理局在杭州对三种样机进行了计分式鉴定，结果分别为 109.697 分、98.254 分和 95.49 分。鉴定认为：三种样机基本上都达到了研制要求，都可以批量生产。但是，会后只有 D301A 型自动缫丝机由杭州纺织机械总厂投入了批量生产，其余两种机型均未正式投产。

1989 年，由杭州纺织机械总厂、浙江丝绸工学院、浙江丝绸科学研究院、杭州丝绸印染联合厂、杭州新华丝厂协作研制的 D301A 型自动缫丝机投入了批量生产。该机采用短杠杆矩形间隙式纤度感知器，探索周期三档可调，机身主动箱为全封闭式齿轮箱，结束了自动缫丝机一直采用皮带传动的历史，同时，还采用了凹弧形工程塑料小筶、锯齿片粗理机构和偏心盘精理机构，索理绪锅大型化。该机 1991 年获纺织工业部科技进步二等奖，1992 年获国家科技进步二等奖，1993 年获第五届中国新技术新产品博览会金奖，一度成为自动缫丝行业的主流机型。

1993 年 5 月，苏州丝绸工学院和苏州市丝绸机械厂联合研制的 SFD507 型定纤式自动缫丝机通过了中国丝绸工业总公司的中试鉴定。该机采用长杠杆纤度感知器，机电一体化探索添绪机构，固定给茧、固定添绪、移动补给正绪茧的方式，同时采用 D101 型定纤式自动缫丝机的车头。其机车身短，非常适合当时立缫厂的技改。1999 年和 2000 年，改进型的定纤式自动缫丝机 SFD507A 型和 SFD507B 型先后推出，在江苏、四川等国内蚕丝主要生产地的缫丝厂中也得到了相当规模的推广使用。

1995 年 10 月，四川省丝绸机械厂与南充嘉丽华丝绸集团公司研制的 CZD301A 型定纤式自动缫丝机通过了中国丝绸工业总公司的鉴定。该机是在1974年由四川研制的CKD-1型的基础上参照D301A型研制成功的。此后，还推出了CZD301B型。

1996年12月，杭州纺织机械总厂研制的D301B型自动缫丝机通过了浙江省科委的鉴定，该机是吸收了HR-3型机的一些特点后改进而成的。

2000年1月，杭州纺织机械有限公司研制的FY2000型自动缫丝机通过了浙江省科委的科技成果鉴定，该机在D301B型自动缫丝机的基础上率先采用了变频技术与可编程控制技术，并采用了新型两棱体精理机构、自动探量等装置。

2001年，杭州纺织机械有限公司研制的FY2000EX型自动缫丝机通过了浙江省经济贸易委员会的鉴定。该机在FY2000型自动缫丝机的基础上采用可编程控制器和人机界面触摸屏等控制技术，实现了恒线速缫丝。它还采用一体式感知器座，增设了接绪器给水装置。此后，2001年11月，金鹰纺织机械有限公司研制成功了D301JY型自动缫丝机；2002年，杭州纺织机械有限公司研发了D302型特纤丝自动缫丝机等。

2004年12月，杭州纺织机械有限公司研制的FY2000型新时代自动缫丝机通过了浙江省经济贸易委员会的鉴定。该机在FY2000EX型自动缫丝机的基础上实现了探索周期无级可调，给茧机采用双电机独立驱动和复合式精理机构，索绪体传动二档可调，并采用可控间歇式加茧装置等。该机2005年11月荣获中国纺织工业协会科学技术进步二等奖。

2008年10月，杭州纺织机械有限公司研制的FY2008型自动缫丝机通过了杭州市经济委员会的鉴定。该机在FY2000型新时代自动缫丝机的基础上采用了可编程控制器和人机界面等先进控制技术，基本实现了车头无人化，大幅度降低了特大故障的发生概率，增加了缫丝工的看台能力，从内涵到外形都展现了与现代科学技术同步发展的态势。

从自动缫丝机几十年的发展历程可以注意到，日本缫丝行业在自动缫丝实用化后，仅仅五年时间，自动缫丝机的普及率就一气飙升至95%，取代了昔日立缫机的地位。而我国，1950年中后期已有自己的自动缫丝机，但是，在长达40年的时间里，其普及率始终没有超过15%。除此之外，还有一些有意思的现象，比如说，在几十年的缫丝技术发展过程中，我国的生丝纤度偏差总是在1～1.2旦徘徊，出丝率则总是在12%以下难以提高。这三方面的技术难题直到20世纪90年代仍没有得到根本的改观。

20世纪90年代以后，国家实施改革开放战略，随着市场经济机制的导入，在科学技术迅速发展的带动下，短短五年左右的时间，三个技术难题就奇迹般被突破了。根据我国进出口商品检验局的统计，90年代以前，我国自动缫丝机的普及率长期停留在15%以下，到1995年虽达到了21%，却依然是立缫机当家。但是到2000年，我国自动缫丝机的普及率已上升至83.78%，完全扭转了立缫机当家的状态。这其中，山东省自动缫丝机比率达到97.41%，浙江省也高达97.40%，在这些省份，立缫机已经基本上看不到踪迹了。此后五年间，我国的原料茧利用效率和生丝质量大幅度提高，生丝纤度偏差突破了1旦的最低线，5A级、6A级生丝的生产能力在各地纷纷涌现。出丝率也终于从12%以下上升到13%以上，很多地区与工厂的出丝率甚至达到了16%～18%的国际前沿水平。1970年以后，中国的生丝产量以及在国际生丝贸易市场上的占有率已分别达到60%和80%以上，重新占据了世界丝绸的领先地位。进入21世纪后的15年，我国生丝产量已接近15万吨。

在新的时代，中华儿女秉持着坚韧不拔、自强不息的精神，执世界桑蚕丝绸发展之牛耳，在缫丝行业的技术改造中，持续创造新的奇迹。

日本是最早研制出自动缫丝机的国家，但进入20世纪80年代后，日本制丝业逐渐萎缩，自动缫丝机也因生产成本过高，逐步退出了市场。而我国自主设计、制造的自动缫丝机，性能优越、质量可靠、性价比高，力争到了很大的发展空间。进入21世纪以后，我国的缫丝企业，只要充分利用好国内优质原料茧，用自动缫丝机缫制5A级、6A级的高档生丝，在技术上已不存在问题。在这样的基础上，中国产自动缫丝机除供给国内使用外，还出口到了东南亚、中东等有蚕桑的国家。在很长一段时间内，纺织机械行业中自动缫丝机成了我国唯一能达到国际先进水平并出口国外的纺织机械。

在20世纪70年代末到80年代初，国家科委曾组织有关专家进行技术攻关，研制成功一种混、剥、选、煮、缫连续化的自动化生产设备，并在杭州塘栖新华丝织厂形成了我国第一条缫丝连续化的自动化生产线。这套连续化设备按垂直分层流动的工艺流程布局，安装于一幢五层楼房中。其底层为自动混茧、气流输送设备及缫丝设备；二楼是自动煮茧及煮熟茧管道输送设备；三楼为上车茧自动集装、输送设备及上车茧库；四楼为选茧设备；五楼为自动剥茧、光茧自动输送及分配装置。缫丝过程从五楼开始，生丝产品在一楼缫丝车间完成。整套设备应用真空、气力、水力、光电、自动控制、程序控制、自动计量、数字显示等技术，减少了原料茧搬运、装袋等中间过程，充分利用建筑空间，缩短各道工序间的输送距离，提高了劳动生产率与企业管理的效率。

在此期间，煮茧技术与设备也有了长足进步，如蒸汽煮茧，以浙江省研制的单蒸汽式煮茧机为例，其分为渗透部、蒸煮部、煮熟调整部及保护部四个部分。蒸汽热能使茧层及其空隙间所含有的水分温度迅速提高，使丝胶软和膨化，达到了内外层煮熟程度均匀一致的目的。随着生产的发展，各地研制出了各种适合我国原料茧性能的煮茧机，有热汤吐水型、单蒸浸渍型、真空渗透型、V型煮茧机等。近年来，又发展出微机自动监控型煮茧机。

经过近现代以来的发展，特别是20世纪60年代借助引进技术，成功研发国产自动缫丝机以后，至90年代，我国已形成完整的自动缫丝机械生产体系，保证了缫丝生产规模的不断扩大，满足了国内外的消费需求。

现代缫丝工艺工程，包含了鲜茧干燥→贮存→混茧→剥茧→选茧→煮茧→缫丝（索理绪→添绪→接绪→卷绕→烘干）→复摇→整理等一系列工序。该工艺过程又区分为缫丝前准备工程、缫丝工程、复摇整理工程三个部分。以下将分别加以阐述。

二、缫丝前准备工程

缫丝前准备工程按照鲜茧的干燥和贮存，混茧、剥茧和选茧，煮茧，煮茧助剂四个部分进行叙述。

（一）鲜茧的干燥和贮存

1. 鲜茧的干燥

一般品种的家蚕，其成长发育要经过四次脱皮，才进入5龄。5龄蚕继续食桑6～8日后成为熟蚕，开始吐丝结茧。熟蚕结茧完成后，在茧内蜕皮化蛹，然后化成蛾咬穿茧壳钻出。蛹期和化蛾时间约13～14日。因为被蛾咬穿的蚕茧不能再用来缫丝，因此鲜茧如果无法及时缫丝，就必须及时杀蛹。

对蚕茧进行杀蛹处理，在早期，古人采用的方法就是把蚕茧放在阳光下曝晒，这就是日曝法。此法最简单易行，但缺点也很明显，就是对茧质和丝质都有不良的影响。魏、晋、南北朝时，出现了盐渍法，即"用盐杀茧"，它克服了日曝法的缺点。上述两种方法对鲜茧进行处理，都可以杀蛹，以便鲜茧存放更长的时间（多则十来天），然后再进行缫丝。唐、宋以后，杀蛹已几乎不再使用日曝法，而是独用盐渍法。元代以后，又有了笼蒸法，就是将蚕茧置于蒸笼内蒸杀蚕蛹的一种方法。上述三种鲜茧处理方法中以笼蒸法最好。

在古代，由于每家养蚕的数量有限，因此，既可以用鲜茧缫丝，也可以采用上述方法对鲜茧进行处理后再适时缫丝。到了近代，随着缫丝工业机械化的发展，要求供缫丝用的原料茧必须达到一定数量，才能保证缫丝生产的正常运转。但是，以传统的日晒、盐渍、笼蒸等方法处理过的鲜茧，只能做短期贮存，并不能使蚕茧长期（数月至一年）贮存；并且，这些方法难以对大批量的蚕茧进行处理。为此，就必须要有与缫丝工业化生产相适应的蚕茧处理方法，以便及时并大批量地进行杀蛹及干燥。由于在大批量处理鲜茧时，免不了要对鲜茧、半干茧等进行暂存与堆放，其间往往会落下蝇蛆，这也是必须在杀蛹过程中杀死的。所以，鲜茧干燥的目的是烘杀蚕蛹和寄生的蝇蛆，同时去除适量的水分，以防止出蛆、出蛾和霉烂变质，使它们更便于贮藏。在缫丝工程中，杀蛹、干燥的处理工序即是烘茧，是缫丝生产前的一道重要工序。

(1) 鲜茧干燥过程

鲜茧干燥是将鲜茧置于烘茧设备，即干燥室内进行加热干燥的过程。鲜茧在整个干燥过程中，就其水分蒸发的快慢来说，可分为预热、等速干燥和减速干燥三个阶段。在预热阶段，将鲜茧放进干燥室后，温度逐渐升高，茧层水分开始蒸发，同时热量透过茧层进入茧腔，烘死鲜蛹，破坏蛹体表面蜡质层。这一阶段主要是为干燥处理做准备。

在预热阶段，鲜蛹已被烘死，蛹体内的水分蒸发与扩散进入活跃期，由于茧层与蛹体温度差较大，使得水分蒸发率能够保持一定，因此，这个阶段被称为"等速干燥阶段"。

蚕茧含水率降低后，蒸发作用由蛹体表面深入蛹体内部。蛹体内部的水分逐渐向表面扩散，在茧腔内汽化，并通过茧层向外扩散。这一阶段的水分蒸发率随时间而逐渐减小，被称为"减速干燥阶段"。

(2) 鲜茧干燥的主要工艺因素

确定鲜茧干燥的工艺条件，需要从提高蚕茧的干燥速度和保持茧质两方面来考虑。影响鲜茧干燥的主要工艺因素有温度、湿度、风速和铺茧量等。

在等速干燥阶段，烘茧温度高可提高干燥效率、缩短干燥时间，且丝胶适当变性，可减少丝胶的溶解性，提高茧层在煮茧时的抗煮能力，减少缫丝时的丝条故障，也有利于提高出丝率。但是，烘茧温度过高，时间过长，茧丝变性程度也会剧烈，干茧解舒成绩会变差。一般在热风烘茧中，春茧的最高温度控制在120℃～127℃。

当烘茧温度和风速一定时，在等速干燥阶段，湿度对于干燥速度的影响较显著，即干燥介质中湿度大，干燥速度就减慢。在减速干燥阶段，湿度对于干燥速度的影响逐渐减小。另外，湿度的高低不仅会影响干燥速度，而且也会影响茧质。尤其在等速干燥阶段，高温、多湿，容易使丝胶分子大量吸水，造成干燥过程中反复多次吸湿、放湿，加剧丝胶变性，使茧丝间胶着力增大，解舒变劣。一般在等速干燥阶段，要求相对湿度保持在8%～12%。

烘茧时，若空气的温度、湿度保持一定，在自由含水率较高的等速干燥阶段，风速变化对干燥速度的影响比较显著；而进入减速干燥阶段后，风速对干燥速度的影响就逐渐减小了。提高风速虽能提高干燥速度，但风速过大，则热量未经充分利用即行排出，会损失热能，导致降低热能的利用率。

铺茧量就是蚕茧铺在茧格或茧网上的厚薄程度，铺茧量的多少，对于干燥的均匀程度和烘茧能力都有影响。铺茧过厚，中间的蚕茧散发水分较慢，会造成干燥不匀；铺茧量过少，虽然干燥容易，但也容易造成干燥不匀，还会降低烘茧能力，浪费燃料。适当的铺茧厚度，对鲜茧一般要求为2～2.5枚，对半干茧则要求为2.5～3.0枚。

(3) 鲜茧干燥设备

鲜茧干燥设备有多种形式，一般分为烘茧灶和烘茧机两大类。常用的烘茧灶有大型茧灶、风机茧灶、车子风扇灶等；烘茧机有汽热式烘茧机和热风式烘茧机等。在过去很长一段时间里，我国烘茧设备以烘茧灶为主。20世纪90年代以后，热风式烘茧机迅速普及，逐步淘汰了烘茧灶等其他干燥设备。以下对两种形式的鲜茧干燥设备加以说明。

第一种设备是车子风扇灶。其结构与组成如图5.18所示。图中（a）是车子风扇灶的剖面结构图；（b）是茧车。车子风扇灶主要由干燥室（为图中风扇轴前后两侧的封闭空间，图中未标出）、热源装置（炉子、导热管、热气调节闸门等）、茧车（烘茧时推入干燥室内）、换气装置（风扇、排气筒、排气筒调节闸门等）组成。

其中，干燥室是车子风扇灶中放置蚕茧并进行干燥的可封闭空间，位于图中风扇轴的左右两侧。各侧室内左右两边配置2辆或4辆茧车，茧车上搁置茧格（也称"茧箔"）。茧格用于铺放蚕茧，铺满茧后插入茧车。一辆茧车可插入9～11个茧格，各茧车放满茧格后推入干燥室待烘。

热源装置在干燥室底部，装有铸铁拱形长炉胆三节，外面用水泥围砌。炉子下面铺设梯形炉栅，煤块在炉栅上燃烧。前端设分热道，连接两侧地弄。地弄沿灶墙延伸至墙的后方，连接墙弄，并沿侧墙连接前端的烟囱，通出灶顶。炉壁设有直接放热口，其大小按热室结构而定。烟道气经钳形导热管

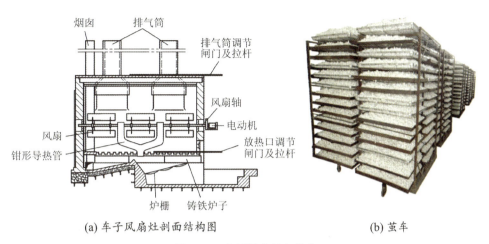

(a) 车子风扇灶剖面结构图　　　　(b) 茧车

图 5.18　车子风扇灶和茧车

导入烘茧室的中部，由放热孔散入烘茧室内。直接放热口装有带拉杆的放热口调节闸门，通出后墙，可以开启和关闭。

换气装置是为烘茧过程中冷热空气交换而设置的包括风扇、气筒、闸门等的一系列装置。空气经过炉栅进入灶内。灶内左右墙上部各设有排气口通出灶顶，并通过排气筒调节闸板连接排气筒，调节排放湿空气，促进蚕茧干燥。在干燥室的中间装有直立式或横卧式风扇，强制送风，以提高烘干能力和烘干均匀程度。

车子风扇灶属于材料静置型的干燥设备，即蚕茧在茧灶内是不动的。由于茧灶内各部分的温度、湿度有差异，因此也影响到蚕茧干燥的均匀性。为了解决这一问题，蚕茧输送型干燥设备、采用平行气流的汽热式多段循环烘茧机和热风式多段循环烘茧机先后问世。

第二种设备是热风式烘茧机。图 5.19 所示是一例典型的热风式烘茧机。该烘茧机的干燥室为长 18 米、宽 4 米、高 3.4 米的长方体，室内纵长方向上两处设置有隔板，使室内划分为高温、中温、低温三区。干燥室的前后两端有运转茧网的大滚筒，蚕茧铺在茧网上，随茧网的运转而移动，到每层末端时，蚕茧从移层板顺次落入下层茧网上，最后被从最下层的茧网移至室外。

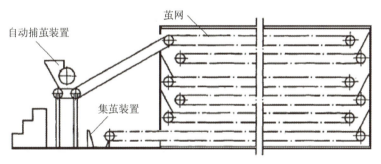 

图 5.19　热风式烘茧机

热风式烘茧机的主要特点是在干燥室外设有加热器，并用鼓风机通过导风管将热风送入干燥室内，利用对流热进行干燥。由于强制送热风干燥蚕茧，故烘茧速度快，烘茧能力强，一般 5 小时即可达到适干；并且热量大部分被循环利用，耗热量较少。同时，该机能够排除辐射热的影响，工艺条件能自动调节，故茧的干燥程度均匀，烘茧质量好，是比较理想的烘茧设备。进入 21 世纪后，热风式烘茧机已逐步取代了各种烘茧灶。

（4）鲜茧缫丝

前面提到，古代对部分鲜茧是可以不经烘茧、贮茧处理而直接缫丝的，即采取所谓鲜茧缫丝的方法。到了近代，随着缫丝工业机械化的发展，人们开始利用规模生产型的烘茧设备来满足缫丝工厂的要求，同时也使得鲜茧缫丝不再有必要。但进入21世纪后，随着经济的发展，在蚕丝业从东部地区向西部地区转移的过程中，部分地区的烘茧、贮茧处理设施与能力出现了滞后于蚕丝业发展的情况，于是人们又重新拾起了鲜茧缫丝的方法。这些地区主要集中在南部省份的蚕茧产区，如广西、云南、川南等地。所采用的方法是在鲜茧收购后，手工剥去茧衣，并剔除下脚茧，然后按时间先后，将其放入框内，置于冷藏室，使温度保持在0℃~5℃之间。

其实，冷藏蚕茧过去就有，是用低温冷冻杀蛹后再将蚕茧冷藏。在-10℃下经6小时，-12℃下经4小时，-15℃下经2小时，0℃~2℃下经30日，即可冻死蚕蛹。用2℃~4℃冷藏，可以抑制蚕蛹发育，20日后蚕蛹即会完全失掉发蛾能力。蚕茧经冷冻杀蛹后长期贮藏，一般只需要0℃左右的温度，也有用4℃~5℃的。这样的蚕茧在5℃以下、湿度80%以内，可以不受霉变损害。

需要用冷藏的蚕茧缫丝时，可从冷库中取出，进行90℃热水的真空渗透，然后再缫丝。

鲜茧缫丝的出现主要基于以下几个方面的原因：一是原料茧生产迅速发展及市场化对降低缫丝生产成本的要求。在南部省份的蚕茧产区，一年中有7个月可以有蚕茧出售，养蚕采用小蚕共育方式，使用的是多化性品种，一年孵化8次，养蚕时间大大缩短，有些蚕农一年可以卖出12批鲜茧。如何及时处理大量的蚕茧，就是必须考虑的问题。为此，茧站的鲜茧收购时间就拉长；同时也满足了缫丝工厂鲜茧的需求。二是冷藏技术的普及，使鲜茧的蚕蛹在冷库内推迟了出蛾，但鲜茧冷藏时间一般不宜超过15天。三是为了提高经济效益，降低缫丝生产成本。从经济效益方面分析，鲜茧缫丝所以能够降低成本，是因为相对于干茧缫丝来说，有着三个方面的长处：首先是鲜茧缫丝的解舒率高，缫折低。其次从能耗的角度考虑，因为省去了耗电耗能很高的烘茧工序，煮茧也只要真空渗透，缫丝车间索理绪汤温可以降低，鲜茧缫丝能耗就可以大幅度降低；即使考虑冷藏所需的电能消耗，总能耗也少得多。最后是鲜茧缫丝得到的蚕蛹，比烘茧后经缫丝得到的蚕蛹价格高得多。这是因为鲜茧缫丝的蚕蛹营养价值更高，口感更好，更受国内外市场的欢迎。

总的来说，鲜茧缫出的生丝等级为3A~4A级。与干茧缫丝相比，桑蚕鲜茧除了上述长处之外，对于提高运转率、车速、台时产量，减少纤度均方差等也是有利的。但是，鲜茧缫出的生丝在清洁、洁净方面往往较差，从而导致生丝的综合等级较低，一般不适用于高等级生丝缫制。要获得高品位的生丝，往往还是需要干茧缫丝。近年来，在南部省份的蚕茧产区，采用鲜茧缫丝的比例较高，据粗略估算，鲜茧缫丝的产量可达到当地生丝产量的30%左右。

2. 茧的贮存

前面提到，宋代就已有生缫和熟缫两种工艺。生缫指未经蒸、盐、晒等贮茧工序就进行缫丝；而熟缫正好相反，是在贮茧之后再进行缫丝。但当时的贮茧时间很短，少则几天，多则十多天，因此对贮茧没有特别的要求。

到了近代，由于机械缫丝业的发展，对烘茧后的干茧需求量大为增加，贮茧的时间必须相应延长，茧的贮存期从数十天到几个月不等。这样，对贮茧就有了一定的要求。

贮茧的目的是为了保全茧质，使蚕茧在缫丝时茧质不要受到损害。由于蚕茧富有吸湿性，如果贮存方法不妥，就会引起丝质严重变性、霉变；此外，茧丝作为蛋白质很容易受到虫蛀鼠咬。因此，为了保护茧质，有利于缫丝，蚕茧必须得到合理贮藏和保管，做到尽量减少贮存期间的丝质变性，防止霉变和虫、鼠等损害。

茧库的温、湿度管理是贮茧中保全茧质的重要环节，是茧库管理的主要任务。在蚕茧贮藏期间，茧库内必须保持一定的温、湿度范围，尽可能做到少受外界气温和环境干湿条件的影响。

（二）混茧、剥茧和选茧

1. 混茧

混茧的目的是扩大茧批，平衡茧质，稳定生产，缫制质量均衡的批量生丝。在古代，由于养蚕、缫丝的规模很小，并不需要混合不同来源的蚕茧进行缫丝。进入近代，随着机械缫丝业的发展，广东、上海、江苏、浙江等地都办起了缫丝工厂。工厂要进行规模化的缫丝生产，就必须有大批量的原料茧。因此，混茧的需求是在缫丝工厂投入运营以后才出现的。

混茧时，必须注意各庄口茧的匀度、丝色、纤度偏差、清洁、洁净等指标，根据茧质调查的结果，尽可能选择茧质相近的庄口茧。

混茧方法有毛茧混茧和光茧混茧两种。毛茧混茧对茧层的损伤较小，但比较难以混匀；光茧混茧容易混匀，但对茧层损伤较大。在生产实践中，缫丝企业大多采用光茧混茧。

在毛茧混茧时，一般使用两级伞形毛茧混茧机，如图5.20所示。该机在一根垂直的立轴上，装有两个称为混茧伞的伞形圆盘。电动机通过平皮带，使横轴转动。横轴再通过一对伞齿轮带动主轴，使其以一定的转速同向旋转。茧子通过落茧斗进入直径为1米的第一级混茧伞后，随着混茧伞以140转/分的速度转动，在离心力作用下向四周散开；然后，茧子通过罩壳被导入直径为1.5米的第二级混茧伞面上，同样靠离心力的作用均匀地散落到混茧机的周围地面上，这样就达到了混茧的目的。毛茧混茧机有三个储茧箱，可将混茧庄口的茧子，根据茧量按一定比例贮放在箱内，再使茧落到混茧传送带上，完成混茧。毛茧混茧机的生产能力可以达到每台时1 500千克。

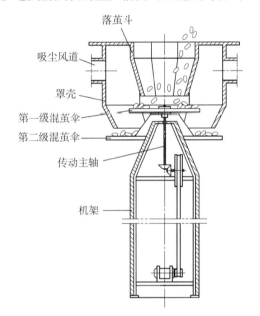

图5.20 毛茧混茧机结构示意图

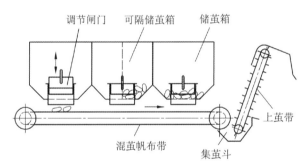

图5.21 SWD 211型光茧混茧机结构示意图

对光茧进行混茧的装置是光茧混茧机，其结构如图5.21所示。光茧混茧机的生产能力可达到每台时540～600千克。

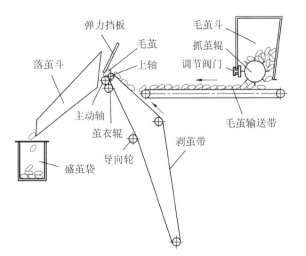

图5.22 剥茧机结构示意图

2. 剥茧

（1）剥茧的目的和要求

蚕儿营茧时，首先沿簇具框架（方格簇或其他簇具）吐出一缕缕散乱丝团，这就是茧衣。由于茧衣的茧丝脆弱、纤细（纤度不足1旦）、丝缕结构紊乱无规律，因此不能用来缫丝。原料茧如预先不剥去茧衣，将会增加选茧、自动加茧、煮茧、缫丝的困难，因此必须在选茧前剥去茧衣，才能使各道工序正常运行，有利于提高生丝质量。在古代，由于茧量少，主要是手工剥去茧衣。20世纪初缫丝工厂出现后，开始使用手摇剥茧机，以后又发展为电动剥茧机。

（2）剥茧设备

目前，国内的剥茧设备有多种型号，图5.22所示是一例剥茧机结构示意图。剥茧机工作时，当带有茧衣的毛茧送入毛茧斗后，渐次从毛茧斗落下，被毛茧输送带送到剥茧带，在剥茧带导引下进入剥茧口，即被弹力挡板挡住不能再前进，此时茧衣很快被上轴和主轴形成的夹持口夹住，并在主轴转动过程中黏附在剥茧带上被连续剥取，直至剥光并被其他待剥茧挤压，冲开弹力挡板，进入落茧斗并装入茧袋中。

3. 选茧

选茧，就是缫丝前先对蚕茧进行分类选择，这直接关系到缫丝的质量。

由于蚕儿本身体质和结茧时的环境不同，加上受烘茧、运输等因素的影响，运到厂里的原料茧，即使是同一庄口出品，也存在茧型大小、茧层厚薄、色泽等方面的差异，因此必须按不同工艺要求进行选茧分类。与此同时，原料茧中往往还混有不能缫丝的下茧，必须予以剔除。因此，为了缫制高质量的生丝，一般需要对原料茧进行精选，即在上车茧中严格按茧型大小、茧层厚薄和茧的色泽进行甄别。

由于选茧主要靠人工识别后剔除下茧，故生产效率较低。20世纪七八十年代，有研究人员尝试用X射线等光学办法来识别蚕茧中的内印茧、黄斑茧等下茧，经过一段时间的探索，虽然对下茧识别的准确率可以达到要求，但其过程必须一枚一枚茧子进行识别，效率低下，无法满足生产需要，故未能进入实用化阶段。

选茧设备一般采用传送带，靠人工选茧。

（三）煮茧

早期缫丝是煮、缫不分家的，边煮边缫。明代，北缫车与冷盆相结合，一度成为缫丝的主流。冷盆缫丝已经表现出煮、缫分家的特点，这时，人们已经了解到，要得到粗细均匀、质量优良的生丝，就必须将煮茧和缫丝分开。到了近代，缫丝工业开始引进西方技术与设备，日本式立缫车就是一种专门使用已经煮熟的蚕茧进行缫丝的机器。它采用分台缫丝的方法，每台由一个工人管理，只负责对煮熟的茧子索理绪，然后投入缫丝，卷取丝条的小筼丝片缫至一定丝量后落下，再通过复摇扬返成大筼丝片。这样的专用缫丝机必须与另外设置的煮茧机与扬返车（复摇机）配套使用，实行煮、缫、复摇分业。使用煮茧机后，茧的内外层能均匀煮熟，提高了丝的质量和缫丝效率，并且也降低了消耗，改善了生产环境。总之，煮茧机的出现使得煮、缫分业，对缫丝业进步来说具有里程碑式的意义。

1. 煮茧的目的和要求

煮茧是将茧置于水中，利用水热或助剂的作用，经一定时间处理后，使茧丝外围的丝胶适当膨润溶解，减弱丝胶粒子间的结合，降低其胶着力，改善胶着不匀，使缫丝时茧丝能按胶着点连续不断地顺次离解，并集束抱合成生丝。一句话，煮茧的目的就是要使蚕茧均衡地被煮熟。

煮茧需要达到一系列缫丝工程的要求，如要求缫丝中索理绪效率高，茧的解舒良好，落绪茧少；煮熟程度适当、均匀，以减少颣节；提高净度，增强抱合，使生丝的色泽、手触良好；减小缫折，特别是要减少煮茧、缫丝中的丝绪、汤茧（不能缫丝的茧，如穿头茧、薄头蚕、浮茧等）、蛹衣量和丝胶溶失量；煮熟茧的浮沉要适应缫丝的要求。

2. 煮茧工艺

煮茧工艺包括浸渍、渗透、蒸煮、调整等。

浸渍就是把茧浸入50℃～70℃的温水中，约2～4分钟，使水分渗润茧层，在茧层外面结一层水膜，以增强通水性能，提高抗煮能力。

煮茧中的渗透就是使得水或热汤进入茧腔。方法有温差渗透和减压渗透，原理基本相同，都是使茧腔外的压力大于茧腔内的压力，从而达到使温水渗入茧腔的目的。温差渗透包括高温渗透和低温渗透两个过程，即先将茧放入100℃高温渗透部，使茧腔内充满高温蒸汽，并把大部分空气排出；然后把茧移至约60℃的低温水中，由于水温迅速下降，茧腔内的高温蒸汽和残留空气遇冷后体积急剧收缩，使茧腔内压力骤然下降，温水渗入茧腔，达到茧层渗润的目的。减压渗透常用真空渗透装置，以达到茧层、茧腔吸水的目的。

经过渗透的茧子吸满了热汤之后，还需要对茧腔内的热汤通过一次排放和再吸收的过程，达到茧层均匀煮熟的效果。为此，要对茧子再进行一次高温蒸煮和低温调整的处理。高温蒸煮是在蒸汽压力 0.8～1.0 千克/厘米^2、温度 100℃的条件下，对已渗透的茧进行蒸煮，其主要作用是使茧腔内的蒸汽温度再次升高，体积增大，从而在透过茧层吐出热汤的同时煮熟茧层。在提高茧层中水的温度时，高热的水分子进入丝胶内部，致使丝胶膨润软化，体积增大，并在热汤中溶解一部分丝胶。

经过高温蒸煮后，茧腔通过吐水和茧层煮熟，茧层中的丝胶得到膨润软化，茧层煮熟程度可达到 60% 左右。这时，茧腔内热汤量已经再度减少。为了进一步使煮熟茧满足茧丝有序离解的要求，需要继续进行热汤的再吸收过程。调整就是将茧子再置入一个从高温到低温渐变的梯度热水区中，使茧腔在完成吐水之后再徐徐吸入水分的过程。这一过程中，茧层丝胶得到进一步膨润和适当的溶解，从而煮熟得更均匀，同时逐步降低温度。通过调节低温区的温度，可以控制茧腔徐徐吸水的分量，达到缫丝所需要的沉浮程度。

最后，经蒸煮调整的茧子在完成煮茧全过程以前，还需要在 60℃的低温水中处理 1～2 分钟，使外层丝胶稍稍凝固，保护茧层的煮熟状态，以利于缫丝。这一过程称为保护处理。

3. 煮茧设备

现代煮茧工程一般使用循环式煮茧机，其基本结构如图 5.23 所示。循环式煮茧机呈长条状连续加工形态，总长度为 15～20 米。这是一个环状结构双链条系统，其将 100 余对盛放茧子的茧笼串接起来，形成一个立式循环煮茧的加工装置。链条循环结构的上下区域分别称为上槽和下槽。在链条的带动下，所有茧笼经过上、下槽不同的区位时，接受在该区位中设置好的煮茧处理，按照上述的煮茧工艺要求完成煮茧过程。图中所示的上槽有加茧部、浸渍部和预热部，上槽至下槽间的茧笼转向部分为高温渗透部，下槽有低温渗透部、蒸煮部、调整部、保护部和出口部。煮熟的茧子在下槽右端出口部被从每个茧笼放出，进到移送过来的茧桶中，再送到缫丝机去缫丝。放空后的茧笼在链条带动下转回上槽加茧部加茧后又进入新一轮循环煮茧。

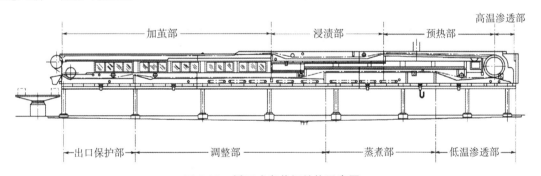

图 5.23 循环式煮茧机结构示意图

我国通常采用 104 双笼煮茧机，机长约 14 米，每单笼容纳茧量为 80～100 克，茧笼循环一周为 16 分钟左右。虽然煮茧机有多种机型，长期以来也一直进行着调整与改进，但煮茧原理大多基于上述工艺，在这样的循环中煮茧，各个加工区域的作用也大体相同。

除了循环式煮茧机外，还有真空渗透煮茧机。真空渗透煮茧机是茧在循环式煮茧机外完成渗透后加入循环式煮茧机进行煮茧的装置。其中省去了浸渍部、高温渗透部和低温渗透部，仅保留了蒸煮、调整、保护这三个部分。真空渗透煮茧机的结构如图 5.24 所示。其工艺流程为：真空渗透→蒸煮部→调整部→保护部。先将茧放入真空渗透桶内抽真空，同时通过吸水管吸入清水，此时茧腔内为负压状态；然后，打开放气阀，桶内气压升高，将清水压入茧腔。等茧子吸水后，经放茧斗将茧送入循环式煮茧机继续煮茧。由于煮茧机结构大大简化，煮茧效率得到提高。

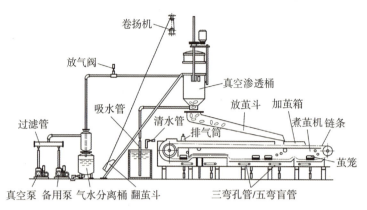

图5.24 真空渗透煮茧机结构示意图

20世纪80年代，日本研制成功V型煮茧机。90年代以后，作为重点科研项目，我国参考该机型研制了国产的V型煮茧机，并投入批量生产。2000年以后，国内纺织机械厂又开发、研制了国产化的飞宇201V型煮茧机。飞宇201V型煮茧机是集触蒸、煮茧于一体的V型煮茧机。其主要特征是采用计算机过程控制技术、实行人机对话的触摸屏操作、煮茧工艺参数可任意设定、加茧部位配置监控器、应用电磁阀自动控制温度等。在工艺上飞宇201V型煮茧机采用丝胶膨化与膨润相结合的技术，利用空压机加压及V型槽体水压差进行压力渗透，调整部采用V型结构充分拉开温差，使煮熟茧迅速降温，既保护外层又能充分煮透内层。由于工艺条件可以根据原料茧情况进行调整，因而具有良好的煮茧效果。飞宇201V型煮茧机的外形结构如图5.25所示。

图5.25 飞宇201V型煮茧机

此外，20世纪七八十年代，我国曾研制成功一种新的煮茧设备——圆盘煮茧机，图5.26所示为圆盘煮茧机的结构示意图。圆盘煮茧机的外观呈圆筒形，整个圆周均匀地排列着15个煮茧桶。煮茧时，15个煮茧桶绕主轴做圆周运动，自动完成加茧、密封、进汽、排汽、进水、排水、出茧等煮茧过程的全部动作。完成一次煮茧的时间约15～18分钟。经国内多个省的缫丝工厂的实践证明，这种煮茧机具有机械化程度高、用料省、体积小、劳动条件好、劳动强度低等特点。

圆盘煮茧机的15个煮茧桶在一次煮茧中要经过加茧、高温渗透、低温渗透、前煮、后煮、温水降温、注水冷却、出茧8个煮茧区，各个区的温度、压力是固定的，这就带来了一些问题，如煮熟部的调节余地少，调整部时长太短，对茧层较厚、组织较紧的原料茧不能适应，以致影响煮茧质量。另外，由于机械化程度高，使得机构较为复杂，对维修、保养要求也高。从总体上说，圆盘煮茧机的煮茧质量与循环式煮茧机相比，仍存在着较大的差距，这是最关键的问题。因此，该

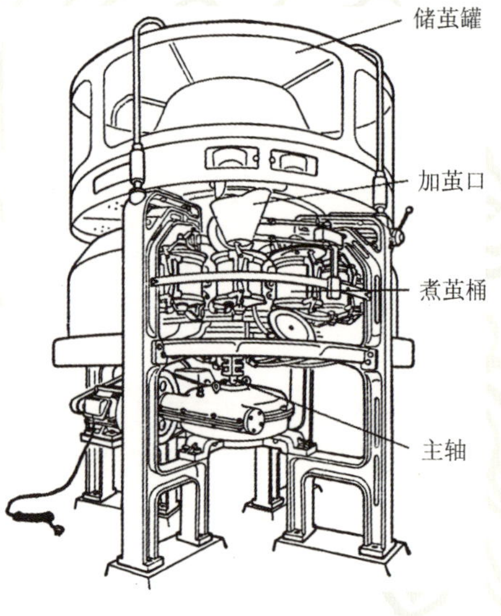

图5.26 圆盘煮茧机结构示意图

机种在90年代以后就逐步被循环式煮茧机所替代以致被淘汰。虽然圆盘煮茧机最终没有得到改进、完善及至完成实用化的进程，但是，我国缫丝工程技术人员在研究开发、设计制造过程中所显示出来的聪明才智与研究实力，在缫丝机发展史上留下了不可磨灭的记录。

（四）煮茧助剂

煮茧过程中，对水质的要求并不高，只要硬度不太高即可，所以一般情况下可以不加助剂。但是，对于某些具有特殊性能的原料茧，为了达到均一煮熟的目标，往往可以利用渗透剂、解舒剂和抑制剂三类煮茧助剂来辅助煮茧。

如某些茧层结构紧密、茧层厚的原料，由于茧层具有抗润性，往往使水难以从茧腔外渗透至茧层内。这时，如在低温水中加入少量渗透剂，就能使茧层渗润更均匀，煮熟亦均匀，从而达到提高解舒率、降低缫折的目的。

又如对于解舒不良的原料茧，可加解舒剂，以提高解舒率，同时降低缫折，对节能也有帮助。

此外，那些茧层组织松、解舒特别好的原料茧，往往是外层适煮时，中层、内层还不能满足要求；或者是满足了中层、内层要求，外层又处于过熟状态。对于这种原料茧，可以借抑制剂使外层丝胶适当凝固，以便提高茧外层的解舒抵抗，保证茧层各部分的煮熟均匀一致。

三、缫丝工程

缫丝需要在缫丝机或缫丝器具上进行。原始缫丝采用手工的办法，缫丝器具经历了从最原始的甌和壬，到手摇缫丝车，再到脚踏缫丝车的发展。这一以手工为主体的缫丝方法与缫丝器具，从有文字记载起，经历了4 000年以上的历史。与此相对应，采用机械动力的缫丝机在我国自1909年试制成功立缫机算起，到现在也只有100多年的历史。但是，凭借着古人在4 000年间艰辛创造的缫丝技艺，我国快步进入了近现代的缫丝技术时代。在这100多年间，作为丝绸科学与技术基本工程的缫丝工程，有了些什么样的新发展与变化呢？这一部分就将对这一问题进行讨论。

近代以来，由于有了更加严谨的科学技术基础作为参照，缫丝工程与技术都可以重新表述。例如缫丝，可以表述定义为，根据名义纤度要求，将茧丝从煮熟茧的茧层上离解出来抱合成生丝的过程。这里说的名义纤度，指的是缫成的一批生丝的平均粗细目标值。

（一）缫丝的工艺要求

首先是要求缫成生丝的平均纤度必须在名义纤度的规格范围之内，否则就是次品；其次是优质、低耗、高产。优质是要求生丝纤度偏差小，均匀度好，清洁、洁净分数高，抱合成绩好，有良好的丝色以及符合织造要求的强力、伸长、弹性等机械物理性能；低耗即是减少绪丝、蛹衬和丝胶溶失率，降低原料茧消耗率；高产是指台时产量高。此外要求有良好的缫丝生产环境及劳动条件，尽量降低工人劳动强度。

（二）缫丝机械种类

缫丝机械从历史发展的角度看，先后经历了手摇缫丝车、脚踏缫丝车、座缫机、立缫机和自动缫丝机五个主要的不同阶段。手摇缫丝车、脚踏缫丝车属于古代的缫丝器具，以下介绍的是近代、现代的缫丝机械。

1. 座缫机

座缫机的形态如图5.27所示。座缫机因缫丝工坐着操作而得名，分前台和籰台两部分。前台在缫丝工之前方，由流台、缫丝锅、索绪装置、挂鞘装置、给气装置等部分构成；籰台在缫丝工之后方，供悬挂卷取生丝的小籰之用，由缫籰、缫籰回转装置和停止装置、络交装置、干丝装置等部分构成。一般情况下，一名缫丝工管6绪，每分钟平均可以缫丝200米。当时意式、法式座缫机虽已采用蒸汽，但煮茧须人工洗盆，生产效率不高。再则丝束直接缫在大籰上，不经过复摇，由于凝胶作用，丝在籰角处易黏结，织造时容易拉断丝头，须预先加以整理才能上机，故不大受用户欢迎。日本对引进的意式直缫车进行了改造，制成再缫式。这种日本式小籰再缫式座缫机又被称为日本式缫车，它采用复摇式生产方式，

图5.27 座缫机

即用小筶缫丝,待缫至一定丝量后落下,再通过复摇,扬返成大筶丝片,从而消除了筶角处的丝胶黏结,织造时不仅可以减少断头,而且可与煮茧机和扬返车(复摇机)配套使用,实行煮、缫分业,取消了洗盆操作,并有自动索绪装置,因而受到丝织行业的欢迎。20世纪20年代后期,这种日本式缫车在我国逐渐得到推广。

1872年,座缫机最早出现在我国广东南海开设的座缫制丝工厂,其设备最初是从意大利、法国进口的大筶直缫,后来发展到日本式的小筶复摇,生产效率是脚踏缫丝车的10倍。至1949年,我国缫丝企业使用的缫丝机主要是老式的座缫机与立缫机,在全国范围内,共有座缫机16 985台、立缫机3 960台,座缫机的数量远远大于新式的立缫机。座缫是较落后的缫丝方法,机器结构简单,每人只能看管4~6绪,因此产量很低。由于汤温高(85℃)、汤色浓,所以缫成的生丝略带褐色。座缫机的筶速较快,每分钟达200转以上,所以生丝的抱合较好,但匀度和纤度偏差,成绩较差,难以缫制高品位生丝。而立缫机的生产效率和生丝质量要远高于座缫机,所以20世纪50年代以后座缫机就被立缫机取代了。

2. 立缫机

立缫机的形态如图5.28所示。立缫机主要由缫丝台面、索绪装置、接绪装置、鞘丝装置、络交机构、卷绕装置、停筶装置、干燥装置和传动机构组成,一般每台为20绪。缫丝台面上设有缫丝槽、索绪锅、有绪锅、理绪锅、蛹衬锅等,用以盛放缫丝用的无绪茧、有绪茧、正绪茧和缫剩下来的蛹衬等。台面一般用铸铁浇制,并设有加水、加温和排水装置。索理绪采用回转式或往复式索绪装置。理好的有绪茧丝通过接绪翼添附到缫制着的丝条上。丝条通过集绪器,绕经上、下鼓轮,形成丝鞘后卷取到筶子上。卷取丝条时,通过络交机构使丝条卷取成有一定宽度的小筶丝片,小筶边上装有蒸汽管烘干丝片。立缫机的机械特征是结构简单,运转故障少,便于看管和维修。1929年,在江苏、浙江两省设立了较座缫丝工厂先进的立缫丝工厂。几年后,立缫机得到广泛使用。但进入21世纪后,立缫机也被完全淘汰。

图5.28 立缫机

3. 自动缫丝机

20世纪五六十年代出现了自动缫丝机,我国使用的自动缫丝机主要是各种定纤式自动缫丝机。

自动缫丝机是在立缫机的基础上发展起来的,它和立缫机的缫丝步骤基本相同,大部分加工原理也无多大差别,部分装置亦大同小异。其最大差别在于立缫机上的一些手工操作如索理绪、添绪、拾落绪茧和蛹衬等,在自动缫丝机上均由机械代替。因此,自动缫丝机大大提高了劳动生产率,改善了劳动条件。随着自动缫丝机的不断改进,其所缫生丝的质量也大幅度提高。

自动缫丝机自从20世纪50年代前后发明以后,历经了种种变革与改进,产生过许多不同的模式与机型,在这里,我们根据自动缫丝机的主要特征、性能的差异来做一些说明。

自动缫丝机按感知形式的不同，可分为定粒式自动缫丝机和定纤式自动缫丝机。自动缫丝机最早由日本研制成功，早期的机型是多摩型定粒式自动缫丝机，后又出现了 HR 型、惠南型等定纤式自动缫丝机。1958 年我国研制的 D101 型自动缫丝机也是定粒式的，该机型在 70 年代末被淘汰。我国生产的定纤式自动缫丝机通常为每组 400 绪，每 20 绪为一台。每组两端各设一套索理绪机。

图 5.29　D301A 型自动缫丝机

很长一段时间，我国使用较多的自动缫丝机除 D301A 型（图 5.29）、D301B 型外，还有 FY2000 型自动缫丝机。FY2000 型自动缫丝机是由 D301A 型、D301B 型发展而来的，其特点是：由计算机集中自动控制，触摸屏参数设定，实现了自动缫丝机智能化管理；给茧机传动采用变频同步双驱动，传动简单，低噪、低耗、维修方便；探索周期自动无级设定，最大添绪能力达到移动给茧方式的最高纪录 543 次/（台·分）；缫丝线速度恒定，丝片内外层纤度均匀、张力一致；复合式精理机构理绪效果好、自动化程度高、劳动强度低。典型的自动缫丝机 D301B 型的结构如图 5.30 所示。

（三）缫丝的工艺过程及相关的设备

缫丝的工艺过程包括索绪、理绪、添绪、接绪（纤度感知、给茧）、卷绕、烘干等。以下按顺序介绍各工艺过程及相关的设备。

1. 索绪、理绪

从煮熟茧、无绪茧和落绪茧茧层表面引出绪丝称为索绪。由于茧层上的茧丝是相互胶着的，要从茧层表面引出绪丝，就必须给茧层表面的茧丝一个作用力，这一般是靠索绪帚摩擦茧层表面来完成的。对于索出丝头的茧子，还需要进行理绪。将茧层表面的杂乱绪丝除去，加工成一茧一丝的正绪茧，这个过程被称为理绪。为了除去杂乱绪丝，通过捏住丝头对杂乱绪丝卷绕、抖动，

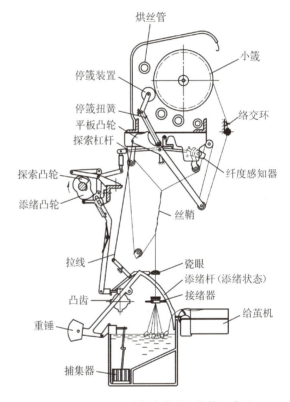

图 5.30　D301B 型自动缫丝机结构示意图

可以克服杂乱绪丝与茧层之间的胶着力，使之离解成为正绪茧，从而达到理绪的目的。

在我国秦、汉时期，沸水煮茧缫丝的工艺已相当普遍。缫丝时，用沸水煮茧，使茧层迅速膨润软化，丝胶溶解，再用竹签拨动水面，丝绪自见，提绪入手，丝绪就可以分离退绕，集合成丝。这就是当时的索理绪，在这里，竹签相当于现在的索绪帚，用手提拉丝绪相当于理绪。

进入现代以后，由于缫丝时需要大量的煮熟茧，并且在缫丝中会产生落绪茧、无绪茧，就要求在缫丝前必须将煮熟茧、无绪茧和落绪茧进行索绪和理绪，使其成为能够连续离解的一茧一丝的正绪茧。这就是索理绪工艺。

立缫机的索理绪在缫丝台面上进行，索绪一般使用简单的索绪装置，理绪完全靠手工操作。自动缫丝机的索绪由索绪机来完成；而理绪，日本的 HR3 型自动缫丝机基本是由理绪机完成的，我国早期的自动缫丝机一般还要由人工给予适当的辅助。

各种型号的自动缫丝机的索理绪机虽各有特点，但工艺过程基本上是一致的。图 5.31 所示为自动缫丝机的索理绪机构的外形与结构。在自动缫丝机上索理绪工程要完成三个工艺程序，即索绪、理绪和加茧

到给茧机。

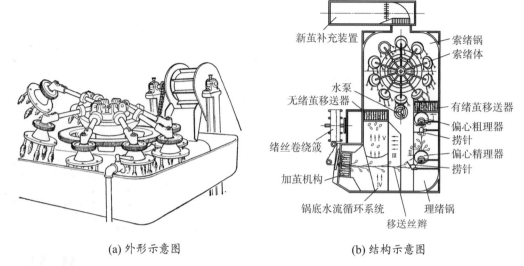

(a) 外形示意图　　　　(b) 结构示意图

图 5.31　自动缫丝机索理绪机

首先是索绪，需要索绪的茧子由新茧补充装置将从分离机送来的落绪茧，经无绪茧移送器送入索绪机。索绪机上的索绪装置有10个索绪体，索绪体上固定着索绪帚。索绪体靠自身往复摆动进行索绪，这是索绪体的主要运动。通过索绪体的运动与煮熟茧表面反复摩擦，使茧丝绪缠在索绪帚上被带出，随着索绪体运动得到牵拉；此时，所有索绪体要做前进运动，这时索绪体沿圆弧形索绪锅（槽）做回转运动；最后是交接运动，索绪体走完圆弧形索绪锅时，由提升凸轮抬起，停止摆动，经过索绪帚牵拉着的茧子经有绪茧移送器移入理绪部，并将索绪帚上的绪丝交给理绪机构。

接着，在理绪机上利用偏心粗理器和偏心精理器对有绪茧进行理绪。经过精理机构处理后，煮熟茧成为一茧一绪的正绪茧，交由牵拉丝辫牵引前往加茧部前，经过一个套在丝辫外的回转捞针时，捞针将捞取到的绪丝绕于丝辫上，并将丝辫与理绪机构之间的绪丝用电热丝烫断，正绪茧随着丝辫的牵引集中至加茧部，由加茧机构完成对给茧机的加茧。

2. 添绪和接绪

在缫丝过程中，由于自然落绪（落蛹衬或掐蛹衬）、中途落绪和茧丝从外、中层缫至内层时逐渐变细，就会使缫得的生丝的纤度变细。当变细到细限纤度及以下时，称为"落细"。缫丝中发生落细时，必须用正绪茧的绪丝补充上去，这就是添绪和接绪。将正绪茧送入缫丝槽，绪丝交给发生落细的绪头，称为"添绪"；将交给绪头的绪丝引入缫制着的绪丝群中，使它黏附上去，成为组成生丝的茧丝之一，称为"接绪"。添绪和接绪使落细部分不再延长，保证了生丝纤度达到规定的粗细。

从古代的手摇缫丝车、脚踏缫丝车，到近代的座缫机，再到现代乃至当代的立缫机，添绪均由人工完成，而在自动缫丝机上添绪则由机械来完成，即由给茧机完成。采用给茧机给茧添绪，能减轻工人的劳动强度，提高劳动生产率。接绪在立缫机出现以前均由人工完成，将绪丝黏附在缫制着的绪丝群中。立缫机出现以后，无论是立缫机，还是自动缫丝机，接绪均由接绪器来完成。

接绪器的结构如图 5.32 所示，由回转芯子（接绪翼芯）和回转翼（接绪翼）组成。回转翼套在回转芯子上，靠导轮带动回转带产生的摩擦传动而回转，添绪后绪丝碰到回转翼，随回转翼的回转而被卷绕并黏附在缫制的丝条中一起向上运动，而绪丝和回转翼的接触点与卷绕黏附点之间的茧丝，或者被拉断，或者也黏附到缫制的丝条中，从而完成接绪

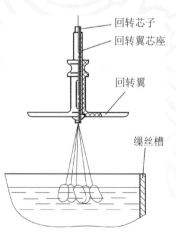

图 5.32　接绪器结构示意图

动作。

3. 纤度感知

如前所述，在自动缫丝机上添绪由机械来完成，即由给茧机完成，这在缫丝生产发展中是一项重要的变革。立缫机虽然已经使用动力，但动力的作用主要是卷取缫成的生丝，在立缫机挡车工的操作中，三分之二以上的时间花在添绪和等待添绪上，这也是立缫机生产效率低下的主要原因。要提高生产效率，关键要使添绪自动化。而自动缫丝机的一项重要进步就是实现了给茧、添绪的自动化。但是，要让给茧机进行给茧、添绪，首先要能判断到底是哪一绪的生丝纤度产生了落细而需要添绪。对立缫机来说，这一工作主要靠挡车工的眼睛，而在自动缫丝机中，则必须依靠纤度感知器。在纤度自动控制系统中，感知器是纤度测量元件和比较元件的统称，是缫丝纤度自动控制系统中的主要部件之一，与缫制的生丝质量有密切的关系，也是自动缫丝机中最具特色的元件。按检测量的不同，可分为定粒感知器和定纤感知器两种。

（1）定粒感知器

缫丝过程中要想使生丝纤度保持在一定的范围内，最直接、简便的方法，就是使各绪下茧的粒数相同并保持不变。而要想知道缫丝中绪下茧粒数究竟是多少，缺粒与否，可以采用机械式、光电式等各种不同的检测与执行机构。图 5.33 所示的定粒感知器是一例采用单纯机械手段检测与控制茧粒数的机构。这是早期多摩自动缫丝机中使用的装置。它采用简单的机械装置感知落茧的发生。这种感知器的纤度控制特征是模仿立缫机的操作，保持绪下茧的粒数不变。感知器装在缫丝槽内每一个缫丝绪头的下方，浸没在缫丝汤中。其主要结构是一个接纳并感知落绪茧的茧盒，以及发出添茧信号的机械传动系统。当某绪头掉了一枚茧时，就会落入茧盒受动板与加动体之间。加动体是一个不停地摆动探测落茧的机构，当有落茧使其摆动受阻时，就会挤压落茧推动受动板打开，并带动指示器向上翘，发出信号，使经过该绪头的给茧机添上一枚有绪茧，继而从受动板与加动体之间释放落茧，各机构随即复位。这样每落一茧，就正确地添加一有绪茧，使其定粒数保持不变，生丝纤度就保持在规定的范围内了。

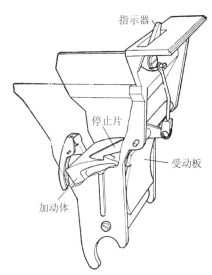

图 5.33 定粒感知器示意图

定粒感知器和给茧机的发明，为缫丝生产实现自动化提供了条件，在自动缫丝机中增加了一个关键的装置。定粒式自动缫丝机发明后，较之当时的立缫机，不仅生产效率大大提高，而且生丝质量也比较稳定，一般纤度偏差可控制在 2A～3A 级之间，这样生产管理就比较方便了。

但是，定粒感知器在工作原理上存在缺陷，一旦因某种原因产生增粒、缺粒，不能自行恢复到正常粒数，因而定粒正确性不高；加之，它不能自动进行配茧，难以将纤度控制在较小的范围内波动，所以要进一步提高生丝质量就有困难，其纤度偏差的成绩只能在 2A～3A 之间。使用这种定粒感知器的自动缫丝机，就难以缫制高品位的生丝。所以，从 20 世纪 60 年代开始，定粒感知器就逐步被定纤感知器取代了。

（2）定纤感知器

由于定粒感知器存在缺陷，为了改善纤度偏差的状况，就要求进一步改革定粒感知器或者改变感知器的感知检测量。选择的检测量，最好是直接和生丝纤度有密切关系的物理量。实际上，在自动缫丝机发明的早期，就曾经提出过多种定纤感知器。

为了选出感知器的检测量，首先要设法找出与生丝纤度有关系，并且便于测量的物理量。这些物理量可以从分析生丝性能中得到，如检测缫丝中生丝的张力或受力后产生的应变情况后，可以制成张力式感知器；利用生丝与空气的介电常数不同，可以制成电容式感知器；利用光电效应可以制成光电式感知器，其中的光电式感知器感知纤度的方式是，使生丝通过约 2～3 倍生丝直径的平行光照区域，再利用光电元件，把遮光量转变为电量，该电量的大小与生丝纤度相关，以此作为信号，即可感知纤度的变化。

但试验研究结果显示，张力式感知器在缫丝中增加了生丝的拉力，特别是缫丝速度提高后，将严重影响生丝的机械性能，因此这一感知器没有走到实用化阶段。电容式或光电式感知器在研究试验一段时间后，由于存在感知量的正确性、稳定性方面的许多技术问题，也使得其应用受到影响。

在自动缫丝机上广泛采用的是以摩擦力作为感知检测量的隔距式感知器，它由隔距轮和感应杠杆组成。当丝条通过隔距轮的隔距间隙时，由于丝条带有水分，它与隔距隙壁之间就会产生液体摩擦，摩擦力的大小变化主要与生丝直径有密切关系。缫丝时，是利用丝条通过缝隙时的摩擦力改变引起的感应杠杆平衡状态变化来感知纤度变化的。另外，感应杠杆平衡状态还会随着原料茧煮熟程度、缫丝汤温度、缫丝速度、垫片厚度、隔距轮转速以及丝胶溶失率、丝鞘作用强弱等因素的变化而变化。所以，选用摩擦力作为检测对象，上述诸因素的任何变动，对控制生丝平均纤度都是不利的。但是，人们可以了解和控制这些因素，采取一定的措施，使生丝平均纤度控制在允许范围内。

因此，在缫丝机上使用隔距式感知器时，先要控制其他的工艺因素不发生大的变动，然后才能正确地通过隔距式感知器控制生丝纤度的变化。生丝纤度粗，摩擦力大；生丝纤度细，摩擦力小。当生丝纤度细到一定值时，杠杆变位，发出要求添绪信号。添绪后，生丝纤度变粗，摩擦力增大到一定值，杠杆复位，添绪信号消失，从而起到了感知纤度的作用。

使得丝条通过感知器的摩擦力变化而引起感应杠杆失去平衡的生丝纤度称为细限纤度。我们把生丝纤度细到等于或小于细限纤度时能发出信号，要求给茧添绪的感知器，称为定纤感知器。定纤感知器的形式有许多种，根据感知杠杆的长短可分为长杠杆型感知器和短杠杆型感知器；根据感知动作的连续与否又分为间隙式感知器和连续式感知器。

目前使用最多的是间隙式、短杠杆型感知器。这种感知器的结构如图5.34所示。该感知器有左右两片隔距片，中间有隔距垫片，垫片的厚度根据缫制生丝规格的不同进行选择，隔距片上还有调节杆和细限感知杆，调节棒用于纤度集体调节，细限感知杆用于发出感知信号。缫丝时，当丝条进入隔距间隙时，就产生摩擦力。丝条粗，则摩擦力大，当其力矩大于感知器自身的重力矩与支点摩擦力矩之和时，细限感知杆上升到上位，这时通过该绪的给茧机不会给茧添绪；如丝条纤度小于细限纤度，产生的摩擦力矩小于重力矩与支点摩擦力矩之和时，则感知器不动，细限感知杆处于下位，发出要求添绪信号，通过探索机构，由给茧机完成给茧添绪。

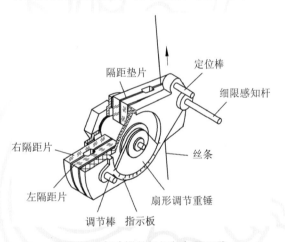

图5.34 自动缫丝机短杠杆隔距式
纤度感知器结构示意图

该感知器采用丝条间歇进入缝隙感知的模式，感知周期一般为2.66～3.5秒，丝条留在感知器缝隙内的时间为0.3秒。感知器的细限纤度控制值出厂之前需要由技术人员统一校验准确，在缫丝过程中必须进行定时检测，以使得各绪的细限纤度控制值保持一致。

4. 给茧、添绪

缫丝中，为了使生丝纤度控制在目标纤度范围内，需要感知器做出判断。当感知器发出要求添绪信号后，在自动缫丝机中，由给茧机完成给茧、添绪。

（1）给茧机的工艺要求

给茧机是自动控制系统中的执行元件，相当于立缫操作中挡车工的手。为了能够正确完成给茧、添绪操作，要求给茧机的给茧、添绪要及时、正确，减少屑丝量，防止产生无绪茧；此外，还要方便挡车工操作，便于做清洁工作，能适应索理绪机自动加茧的需要。

（2）给茧机形式

给茧、添绪有三种形式的给茧机：移动给茧、移动添绪式给茧机；固定式给茧机；固定添绪、移动给茧式给茧机。

目前，定纤式自动缫丝机分别采用的都是上述不同形式的给茧机。例如 D101 型、ZD647 型采用的是移动给茧、移动添绪式给茧机；FD501 型、EB 型采用的是固定式给茧机；D301A 型、D301B 型、日本的 HR-3 型采用的是固定添绪、移动给茧式给茧机。图 5.35 所示为早期在我国普遍使用的 D301 型自动缫丝机的给茧机。在缫丝过程中，给茧机下方的导轮带动给茧机环绕缫丝机的轨道运转，给茧机经过索理绪机时，加茧口根据给茧机茧盒内的茧量补充有绪茧，并将绪丝搭挂在绕丝杆上。然后，给茧机通过轨道运行经过每一个绪头。绪头需要添绪的信号通过给茧机的感受杆感知后，即时从给茧口添出一枚有绪茧。有绪茧在茧盒内由于振动板的微振动以及绕丝杆的牵引作用，会不断地向给茧口方向移动，以保证给茧口添绪的有效性。这种给茧机的移动速度为 9 米/分，给茧机间隔距离 0.4 米。

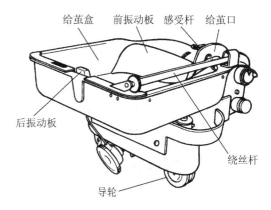

图 5.35　D301 型给茧机结构示意图

移动给茧、移动添绪式给茧机的机械结构复杂，维修保养不便；而且，其添绪能力较低，难以适应高速缫丝。这种给茧机曾经在一些缫丝机上应用过。

固定添绪、移动给茧式给茧机，添绪能力较强，其中经过多年应用与改进的 HR-3 型给茧机的结构比较简化；D301 型有两只捞茧爪，在移动过程中对每绪都能发出给茧动作。在实际生产中，应用范围比较广泛的大多是固定添绪、移动给茧式给茧机。

5. 集绪和捻鞘

隋、唐、五代以后，缫丝技术曾有过一个较快的发展时期。唐代，缫丝车相当普及，并已有完整的集绪和捻鞘机构，其上安装了起捻鞘作用的鼓轮。

集绪和捻鞘的作用主要是发散水分、增加抱合。茧丝经添绪后形成的丝条，不能直接卷绕到丝筐上，这是因为丝条中含有大量水分；茧丝之间抱合松散，裂丝很多，丝条横截面呈扁平形，容易影响匀度成绩；此外，由于原料茧本身的工艺性状及煮茧方法、索理绪、缫丝汤温度和浓度、添接绪等工艺条件的关系，丝条上不可避免地会出现各种类节（如环类、螺旋类、绵条类、小糠类等），给织造带来困难，因此必须去除或减少这些类节，以提高生丝质量。

这些问题在缫丝过程中是不能忽视的。在立缫机和自动缫丝机上，经添绪后形成的丝条，都是经过集绪器和丝鞘来解决这些问题的。

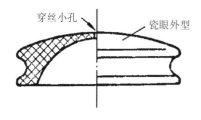

图 5.36　瓷眼结构示意图

集绪器又称瓷眼（图 5.36），呈圆形，其中心有一小孔，一般直径为生丝直径的 3 倍，如缫制 21 旦生丝的瓷眼孔径约为 200 微米。它的作用为集合绪丝、防止类节、减少丝条水分和固定丝鞘位置等。如果发生丝故障，常常需要挡车工穿瓷眼，这一操作比较费时，需要操作者有良好的视力。很长一段时期，人们曾设想过去掉瓷眼，或者用替代品，但效果大多不理想，所设想的替代技术亦未能推广。进入 21 世纪后，我国缫丝技术人员为解决这一难题，刻苦钻研代替挡车工穿瓷眼操作的技术与器件，研制成功了开口型集绪器，又称开口瓷眼。开口瓷眼的结构如图 5.37 所示。它由两片不锈钢片组成，一片固定在机架上，其上连接硬质钢材薄片，前端开一 V 形口，V 形口底部为一直径约 200 微米的半圆槽，供丝条放入。另一片与其铰链连接，前端丝眼开口压片用弹簧压紧，使其和 V 形口形成半圆孔。需要穿瓷眼时，挡车工只要扳开丝眼开口压片，使露出 V 形口，即可将丝条放入 V 形口根部，然后再放回开口压片，丝条即从半圆孔通过。用这样的集绪器，挡车工就不会再为穿瓷眼感到困难

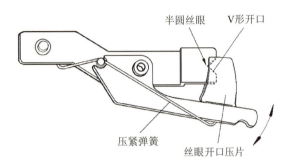

图5.37 开口瓷眼结构示意图

了。但是,使用开口瓷眼缫丝时,虽然V形口根部采用特殊的硬质钢材,若长时间缫丝,圆孔部位仍免不了因磨损而变形扩大,这对于缫制高等级生丝是不利的,故一般开口型集绪器多在缫3A～4A的生丝时使用,如要缫制高品位的生丝,则必须使用陶瓷的无开口圆孔瓷眼。

丝鞘(图5.38)装置设置于集绪器上方,是进入络交之前的一个利用丝条回绕方式对丝条进行散水和加捻的装置。由图中可见通过集绪器的丝条经过上鼓轮,绕回到下鼓轮,然后向上与集绪器出来的丝条相互捻绞,再通过定位鼓轮而进入感知器。丝鞘主要指丝条相互捻绞而起到作用的部分。一般丝鞘的长度为10厘米。虽然这是一个简单的结构,但是这一装置的丝鞘捻绞部分做得比较长,上下级定位鼓轮位置设定比较好的时候,依靠丝条自身的张力,可以使两根相互绞捻丝条之间的挤压力达到丝鞘张力的7～8倍,丝条环绕丝鞘中轴旋转的速度可达10^6转/分,这使得丝条上附着的水分在被挤压出来的同时,在离心力作用下迅速散发。由此可知丝鞘的设计很巧妙,机构很简单,却在散发丝条的水分、提高丝的质量方面可以发挥重要作用,这是其他装置无法比拟的。

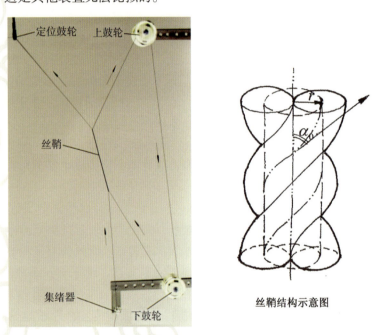

图5.38 丝鞘装置

6. 卷绕和干燥

茧层上的茧丝经离解、添绪、接绪、集绪和丝鞘作用后,丝条仍然含有较多的水分。为满足运输、退绕及其他工艺的要求,还需要适当烘干,并卷绕成一定的形式。

现代缫丝机用小筟来卷绕生丝,在卷绕过程中通过靠近小筟的烘丝管来烘干。

(1) 小筟

小筟是近代以后,在座缫、立缫的缫丝机中出现的,作为过渡的卷绕方式,它代替了原来直接把丝卷绕到用于织造的大筟上的做法,有利于提高丝片的质量。以往小筟材料有木制、铝制、塑料及铝木结构等几种。自动缫丝机小筟一般用铝或塑料制成,D301A型、D301B型、F501型和HR-3型小筟以塑料制成,一般为10个筟角,每只小筟卷绕生丝量可达400克。

(2) 络交机构

在宋代,缫丝车上就已经有络交机构,其作用是使卷绕于小筟上的丝条做轴向往复移动,形成网状丝片。络交与丝片成形及干燥质量的好坏，与丝片退解难易有密切的关系。自古以来人们对络交的重要性已经有所认识。

为了获得成形良好的丝片，络交机构应采用复式络交运动，轴向防叠周期应尽量长，以减少丝条重叠，形成清晰而稳定的网状丝片。此外，络交运动应平稳，冲击小，能适应高速缫丝；络交机构还要能方便地调节丝片的宽度。

络交机构一般由络交原器、络交连杆、络交杆和络交杆上的瓷座等组成。为了适应高速、大卷装的需要，络交原器的结构经历了不断的改进。

早期的络交原器有单偏心盘络交原器、心脏形络交原器、菱形络交原器、山道形络交原器、三齿轮络交原器、双偏心盘络交原器等。随着自动缫丝机的出现和筴速的不断提高，卷装容量也相应增大，这些都对络交原器提出了更高的要求，使络交原器不断得到改进。以上各种络交原器都因防叠周期不够长，络交运动不平稳，会产生冲击，因而逐渐被新的机构所取代。自动缫丝机上的络交原器应用范围比较广的一种形式是双圆柱凸轮和周转轮系平面凸轮络交原器，其主要特点是轴向防叠周期长，络交运动平稳。

一般的双圆柱凸轮络交原器能适应200转/分的缫丝速度，若再提高速度，就会产生猛烈的冲击和振动，不仅发出噪声，而且会缩短机构的寿命和影响生丝卷绕质量。为此，D301A型、D301B型和FD501型等自动缫丝机上采用了络交运动规律更为复杂的周转轮系平面凸轮络交原器。图5.39为D301型络交原器及周转轮系平面凸轮络交原器及络交机理示意图。从图中可以看到，络交原器的动力来源于一套蜗杆蜗轮和一套伞齿轮机构。这两个动力源分别驱动两个运动系统，第一个是由伞齿轮机构驱动周转轮系中的齿轮系统。通过该系统中微差齿轮组与行星轮系的作用，使得下方与行星齿轮相连接的络交杆产生一个摆动幅度周期性变化的络交运动，并且这一络交运动的重复周期可以设计得足够长，以防止丝条产生重叠。第二个是由蜗杆驱动蜗轮旋转带动与其同轴的偏心凸轮系统。偏心凸轮旋转使得与周转轮系固连的摆杆产生周期性的低速摆动，从而带动周转轮系整体以齿轮传动主轴为中心往返摆动，这样轮系下端铰接的络交连杆的络交运动中心就随之低速往返摆动，使得第一伞齿轮系统产生的络交运动重复周期变得更长。两个系统运动合成的结果，可以得到足够长的卷绕重复周期，从而满足丝条干燥与丝片成型需要。此外，由于这一系统采用了可以进行精密加工的齿轮传动系统，故可以满足自动缫丝机的高速运转而不产生一般络交机构不可避免的机械振动。这一机构当筴速高达300转/分时，运转仍然平稳，全组自动缫丝机无振动现象。所以，周转轮系平面凸轮络交原器曾经在很长一个时期内得到广泛的推广应用。

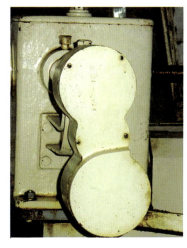 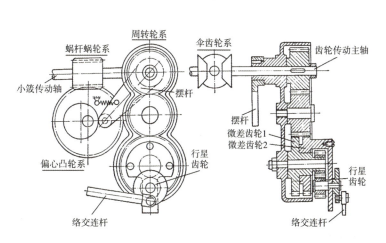

(a) 络交原器　　　　　　　　　　(b) 络交机理示意图

图5.39 D301型络交原器及周转轮系平面凸轮络交原器

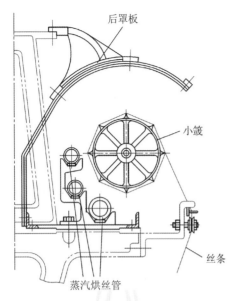

图5.40 丝片干燥装置示意图

（3）干燥装置

宋代，缫丝时必须用火烘干，这一工艺在宋应星的《天工开物》中被称为"出水干"，有利于提高缫丝的质量。到明代，以炭火烘干出水的生丝。这让缫出的丝能快速干燥，一方面绕在丝架上成绞后，丝缕不会粘连在一起，另一方面提高了丝的质量，使丝的光泽更好，这就是和"出口干"并称的"出水干"技术。"出水干"技术的提出，说明古人已经知道让缫出的生丝快速干燥的重要性。但在当时，"出水干"是将生丝从丝框上取下就成绞并送去织造，故对于丝片干燥要求更高。到了近代，缫丝工程导入了复摇的工序，缫丝机缫成的生丝需要先卷绕到小篊上，然后再将小篊丝卷绕到大篊上之后才成绞。虽然对于丝片干燥有不同的要求，但不管哪一种方法，都需要进行干燥，以便后道工序使用。

在缫丝中，丝条虽经集绪器和丝鞘除去了部分水分，但丝条回潮率仍达120%～160%左右。因此，丝条在卷绕时一定要进行干燥，以使生丝结构稳定下来，保持抱合良好的状态。小篊丝片干燥的给热方法，一般是以饱和蒸汽通入烘丝管，蒸汽在烘丝管内冷凝放出大量的热，通过管壁传导、辐射而加热缫丝车厢内的空气，热空气再通过对流将热量传给丝片，使丝片上的水分蒸发。图5.40显示了一例丝片干燥装置。

四、复摇整理工程

我国古代文献中未见有复摇技术的记载，但日本上垣守国（1761—1806年）编纂的《养蚕秘录》中则记载了在古代中国抽丝时先卷取到一个小丝框，然后再将丝转移到另一个大丝框的技术。可知，我国古代已经有复摇整理技艺。

（一）复摇的目的和要求

从缫丝车上落下的小篊丝，还要通过复摇整理加工，使得丝片成为便于移送或使用的形式，这样才能出厂供生丝贸易或丝织厂织造使用。复摇就是将小篊丝片返成大篊丝片或筒装生丝的生产过程。通过复摇整理的加工过程，还要进一步使得生丝的质量、外形、规格等满足各项工艺要求。比如，使丝片或筒装生丝符合特定的干燥程度和规格（包括回潮率、重量、丝片宽度或筒子直径等）；要尽量保持生丝的弹性、强力和伸长度，除去缫丝过程中遗留下来的部分缺点；使丝片有适当松软程度的篊角，络交花纹平整或筒子成型良好。在复摇时，还要注意减少回丝、坏筒（采用筒子复摇时），以提高生产效率。

（二）小篊丝片平衡

为了使得小篊丝片最后能够被整理成为外观质量及卷取形态良好的包装形态，需要对小篊的含水分状况、丝片的胶着状况进行一次以均匀适干为目的的调整处理。因为在缫丝过程中，卷绕在小篊上的生丝，虽经干燥，但落篊时往往留有一定量的水分，并且丝片不同部位含水量的分布大多不均匀，其状况直接影响到丝片的整形、手感、丝条切断等的整理结果。丝片平衡是针对缫丝车间落下的小篊丝片回潮率是否过高，及其各层生丝回潮率差异是否过大的情况提出来的处理方法。进行丝片平衡时，将小篊丝片放入温度为20℃～35℃、相对湿度为45%～55%的平衡室内，平衡时间15～60分钟。一般认为，当小篊丝片回潮率为25%～35%时，丝片稍经平衡就能进行给湿复摇。

（三）小篊丝片给湿

小篊丝片给湿是复摇前的准备工作。因为小篊丝片经过平衡后已适当干燥，丝条间有一定的胶着力，必须进行给湿，使丝条外围的丝胶适当柔和，以利于丝条的离解，减少复摇过程中的切断。进行丝片给湿时，要将小篊丝片浸在水中，借助若干次减压和恢复常压的作用而使丝片吸水。小篊丝片给湿要求吸湿充分而均匀，处理过程不伤丝，不使丝片塌边。

给湿时，可以借助化学助剂以促进水分渗透，同时为了使丝片手触柔软，丝身光洁挺括，防止丝片固着，减少复摇断头，提高生丝的强伸度，可以采用在真空给湿筒的清水中加入化学助剂的方法。当小䈕丝片浸入含有柔软剂的溶液中时，水分子会带同化学助剂一起渗入丝胶分子之间，促使丝胶膨润；再经复摇干燥，水分大部分挥发，丝胶分子间的结构就更为松散，且有油酸分子渗入，这样就达到了使生丝润滑、柔软而富有弹性的目的。

给湿中常用的化学助剂有柔软剂 HC、柔软剂 101、水化白油、太古油等。

（四）复摇机

复摇机的作用是把经过给湿的小䈕丝片离解出来重新卷绕到一个称为大䈕的绕丝器上，以便最后将丝片整理成为成品绞装丝。复摇机一般为铁木混制，主要由小䈕浸水装置、导丝圈、玻璃杆、络交装置、大䈕和干燥装置等组成。在复摇过程中，如果发现小䈕丝片已经干燥，就必须进行一次中间给湿，否则会造成丝片分层或增加切断。中间给湿一般使用小䈕浸水装置。浸水时，只要扳动升降杆，就能达到给湿的目的。导丝装置包括导丝圈和玻璃杆，另外，每台复摇机上装有单独的络交装置，以便发生切断时容易寻绪接结。复摇机的结构如图 5.41 所示。

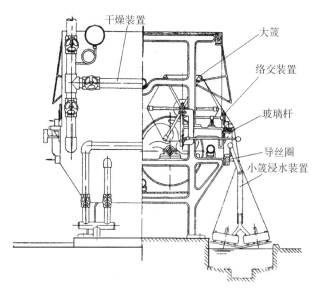

图 5.41 复摇机结构示意图

（五）复摇工艺管理

复摇工程中，需要对各种工程条件进行细致的管理，这些管理项目包括温、湿度，复摇张力，大䈕速度等。管理的目标是保证大䈕丝片有适当的回潮率，保证丝条的物理性能与形态指标的优异，以最终获得高质量的丝片。

温、湿度管理是复摇工作中的重要环节，它对大䈕丝片回潮率的高低起关键作用。大䈕丝片回潮率一般应保持在 7.5%～9% 的范围内，这样既能保持丝片整形正常，又能减少切断、硬䈕角等疵点。

复摇张力一般是指络交钩到大䈕间一段丝条上所受的张力，其大小对丝片整形和切断有所影响。复摇张力的平均值一般要控制在 20～30 毫牛（mN）左右。

大䈕速度是计算复摇产量的主要工艺指标。大䈕速度应根据复摇干燥能力、生丝纤度粗细、丝片给湿程度与前后工序的配合等加以调节。

除了上述将小䈕丝片返成大䈕丝片的复摇方式以外，还有一种成筒复摇方式。20世纪80年代，成筒复摇技术开始导入我国缫丝工业的最终产品成形工程。原因是在丝绸技术现代化以及丝织机械不断进步的背景下，长期沿用的绞装形式已经不能适应丝织工程多量卷装的要求。最初的改革是在经改装后的络丝机上，将缫成的小䈕丝片直接卷绕成筒装生丝。这项工艺曾在一些工厂试运行。对于缫丝厂来说，这样的筒装形式改革，可以减少缫丝厂编检、绞丝、运䈕等后道工序，并可以简化丝织厂络丝工序，节省劳动力。同时，它也可以改善复摇车间的劳动条件，减轻劳动强度、提高生产效率，还有利于生丝出口。最初，成筒工艺试验因成筒质量问题，未能实用化，但是，它作为缫丝厂卷装改革道路的前期铺垫，是很有意义的。

20世纪80年代初，上海的研究机关曾进行过缫丝成筒的试验，并制成样机，进行了一段时间的运行。该方案是不再设置复摇工程而直接在缫丝时进行干燥得到适干的筒装生丝。这一试图省去缫丝厂复摇、整理乃至丝织厂络丝工序的改进尝试，可以大大节约人工费用，降低成本。当时的试验设备是在对自动缫丝机进行改造的基础上制成的直缫缫丝机。该缫丝机不是将缫丝中经过丝鞘后的丝条直接卷绕到小䈕上，而是将其通过鼓轮导入一高温干燥室内，延长丝条的干燥时间，最后才将其卷绕到筒子上。缫丝机改造后，经过了试运行，后因筒装生丝质量问题未能实用化，但是这项改革同样留下了我国缫丝行业现代化进程中的一次有意义的探索记录。

通常情况下，织绸厂所需要的筒装生丝是在复摇工序中加工成型后获得的。

（六）整理

这是缫丝工程中生丝产品最后的加工工序。在这道工序中，先要对复摇好的大箴丝片进行大箴平衡，使丝片吸湿，让回潮率达到8%～9%；然后编丝；接着，将编好的丝片，从大箴上取下，逐条绞好，再将绞好的丝条，逐号称重，为计算缫折、产量提供数据；接着进行配色、打包和成件，配色一般是在室内利用北面天然光线进行肉眼检验，也有在灯光下配色的，配色后，即可打成小包。为了便于运输和贮藏，以免受潮、擦伤和虫蛀，根据不同绞装的要求，要将小包生丝再装入一定规格的箱包中，成件或成箱出厂。丝包成件或成箱有一定的规格，为简化内销生丝的包装手续，一般会把成件生丝改为装箱形式。

五、生丝检验

生丝是一种具有其他纤维无可比拟的优异内在质量以及服用性能的天然蛋白质纤维，自古以来，它就是一种高档的纺织原料。正因为如此，人们对于丝绸产品的质量，抱有很高的期望，以至对其质量提出了严苛的要求。为了保证丝绸产品的质量，并满足织造工程的要求，在贸易之前，对生丝必须进行品质检验。

我国古人发明的蚕丝技术2 000多年前就由丝绸之路传播到了中亚、欧洲地区。唐代以后，海上、陆上丝绸之路将丝绸传播到世界上100多个国家和地区。宋、元以后，丝绸产品及其影响几乎遍及地球上的所有国家与地区。20世纪20年代，在国际市场风行丝绸的热潮中，贸易双方为评价生丝质量纷争不断，为此，当时主要生丝消费国——美国的最大商会悬赏招标研究生丝质量评价办法和制定客观科学的检验标准。在这样的背景下产生了最早的生丝检验标准。该生丝检验标准将以往的器械检验项目——再缫、纤度、强度伸长等规范为统一标准，并制定了分级方法与标准，同时提出了200回纤度检验、抱合检验等新指标。1926年，日本提出了黑板检验方法，用以检验生丝匀度、清洁度、净度，并在此基础上制定了新的生丝检验分级标准。这一生丝检验分级标准对于当时世界上生丝生产国的生丝质量提出了更高的标准化要求。1932年，日、美生丝贸易中开始施行第三者强制生丝检验。这是生丝检验和贸易史上的一次重大变革。1935年，纽约商品交易所承认日本生丝检验标准，生丝检验标准开始走向国际化。此后，历经各生丝消费国和生产国之间反复折冲，1948年，在法国里昂召开了丝绸业的国际大会（后被称为第一次国际丝绸业大会），会议讨论了生丝检验分级方法的国际化问题，并决定成立国际丝绸业组织；次年在瑞士苏黎世成立了国际丝绸协会。1950年，在美国纽约召开第二届国际丝协大会，通过了第一个国际生丝检验分级标准。这一标准对生丝从重量到外观形态、内在质量的评价，确定了十多个检验指标，每个指标划分为近十个等级，使得生丝成了受到严格质量检验的特殊产品。这是任何其他纺织纤维所不能类比的。在生丝国际贸易近百年的历史中，在我国和一些生丝生产国，生丝被列为必须经过法定检验才能出口的产品。进入21世纪，各国虽然取消了生丝出口法定检验规定，但是，在纤维科学技术高度发展、各式纤维产品不断涌现的今天，蚕丝纤维产品依然在世界纺织纤维群中保持着佼佼者的地位，在现代纺织品贸易中备受关注。

我国早期的生丝评定标准及分级方法主要受国际生丝贸易有关规范的影响。最早的生丝检验所是1889年在广东成立的私立生丝检验所。1930年起，我国开始实施公量检验，1936年开始实施品质检验。1937年，上海商检局开始实行生丝品质分级。1949年中华人民共和国成立后，政府将生丝列入"现行实施检验商品种类表"，在全国各地设立了生丝检验机构，并分别在1956年、1980年、1986年、2002年和2008年进行了五次修订。1986年开始的新标准修订过程中，第一次根据我国自行研制的生丝检验分级理论制定了抽检方法及级距分布，并在将纤度偏差的计算方法由平均差改为均方差等方面，与国际标准实现了统一。生丝检验分级理论及分级方法自此成了我国各次标准修订所使用的基本方法。2002

年，根据缫丝设备与技术的进步，以及织造工艺技术和各种新产品开发、应用的需求，在标准适用范围、技术指标和生丝检验方法等方面进行了调整，将生丝纤度偏差检验样丝长度从 400 回改为 100 回，并开始在检验标准中标注旦尼尔数值的同时导入特克斯数值。2008 年颁布、2009 年开始实施的生丝检验标准规定，生丝检验由强制性改为推荐性，并调整生丝等级范围，取消了 A 以下的等级。这次修订为生丝电子检验的标准化进行了适宜的调整与准备。

由于传统生丝检验方法中感官影响强、重复性差、检验效率低、样丝损耗大等缺点日益彰显，进入 21 世纪后，由我国主持的以电子检验方法取代传统生丝检验方法的研究不断取得了进展。2000 年以来，我国开展了生丝电子检验抽样方法的研究，使得生丝电子检验相关理论的研究与技术开发取得了进展，有力地推进了生丝电子检验标准的实用化进程。作为这一领域工作的成果，2014 年，由我国主导制定的第一个丝绸国际标准《丝类 生丝疵点、条干电子检测试验方法》(ISO15625 Silk—Electronic Test Method for Defects and Evenness of Raw Silk) 由国际标准化组织 (International Organization for Standardization, ISO) 正式发布。该标准的发布实施，弥补了传统黑板检验方法的不足，为提升世界丝绸业生丝检测水平和效率，规范国际丝绸贸易提供了重要的参考。这一国际标准是我国丝绸行业为国际丝绸事业发展做出的一项重要贡献。随后，又经过几年的研究，由我国主导制定的第二个丝绸国际标准历经 ISO 组织成员国反复审查与投票后通过，ISO 于 2018 年正式发布了《丝类 蚕丝纱线纤度试验方法》(ISO 21046 Silk—Test Method for Determining the Size of Silk Yarns)。两个丝绸国际标准的发布，打破了长期以来中国作为世界上主要的丝绸生产国却在国际上没有自主研制的丝绸标准的局面，标志着我国的丝绸产业已经进入国际标准研发这个制高点并取得了话语权。

生丝检验的方法可分为外观检验和器械检验两类。外观检验是利用目力和手感来鉴定生丝外观的一般性状与整理状态；器械检验是通过各种检验仪器，确定生丝的各种外观及内在品质指标。

（一）外观检验

生丝外观质量不仅能反映生丝外形整齐美观的程度，而且其反映出来的各类疵点与织造工艺、原料消耗、生产成本、织物质量和使用价值都有密切关系。所以，贸易上对生丝外观质量十分重视，将其列为重要检验项目之一。生丝外观质量检验要求生丝色泽、手感整齐均一，疵点丝控制在一定范围内，整批生丝具备统一性。它与品质抽样检验互为补充，是整批丝质量评定的两大检验之一。

（二）品质检验

生丝品质检验的项目包括切断、匀度、清洁、洁净、纤度、强伸力、抱合和茸毛检验八项，须通过各种检验仪器测定，才能确定生丝的等级。

对 36.7 分特（dtex）（33 旦）及以下生丝的主要检验项目为纤度偏差、均匀二度变化、清洁及洁净四项；对 37.8 分特（dtex）（34 旦）及以上生丝的主要检验项目，除了上面四项外，还要加上纤度最大偏差，一共是五项。而切断、强伸力、抱合为辅助检验项目，茸毛检验为选择检验项目。在各次生丝检验标准的修订中，随着原料茧技术的发展以及生丝消费趋势的变化，生丝检验中各个不同质量指标的地位及重要程度也在不断变化与调整。

（三）生丝分级

生丝分级是按照统一标准规定的，经对生丝的主要检验项目、辅助检验项目及外观检验的各项结果综合评定后，用简明符号来表示的品质的优劣。由于生丝检验项目繁多，各检验项目所得的结果单位名称不一，所以不可能仅仅以合格或不合格的评语做简单的结论。为了全面反映生丝品质的优劣，采用综合指标的分级方法，可以起到合理表征一批生丝质量特征的作用。

生丝分级时，先按主要检验项目中的最低一项成绩确定基本等级。再依照辅助检验结果降级，即辅助检验项目中任何一项低于基本等级所属的附级允许范围者，应予降级，并按各项辅助检验成绩的附级低于基本等级所属附级的相差数降级。最后，依照外观检验结果降级，如外观检验超过"稍劣"范围或颜色极不整齐者，均降为级外品。

生丝标准的制定，对于促进生丝质量的提高具有重大意义。我国以及国际上的生丝生产国都曾经历过将生丝标准定为强制性国家标准、出口生丝必须按照生丝检验国家标准进行检验以后才能够出口的时期。但是，自从生丝检验标准产生以来，其主要检测指标都是由生丝消费国提出的。生丝标准的制定也主要以消费国为中心进行。我国过去的生丝标准及分级方法主要是根据国际丝协以及其他国家的标准改订而成的。20世纪80年代中期，我国学者开始了生丝抽样检验及分级理论研究，主要成果包括：① 提出了生丝定级信赖性的基准；② 提出了同规格生丝各不同等级正确定级率一致的原则，并给出了等级区间的划分方法；③ 给出了期望值、均方差、疵点出现率的正确定级率及分级方法；④ 提出了生丝检验等级重现性评估方法；⑤ 提出了分组抽样误差及等效样本容量等方面。这些都为生丝检验标准的制定提供了科学的方法及理论依据。该项研究成果被应用于1987年实施的新生丝检验国家标准中。这是第一个根据我国自行研究的生丝检验分级理论修订的生丝检验标准。该生丝检验标准颁布实施以后，我国生丝检验标准的定级信赖性得到提高，国际及国内生丝消费方面对生丝分级信赖性给予了好评。新标准在1989年获得国家技术监督局科技进步奖。这项理论受到国际丝协及生丝生产、消费国丝检领域的关注。此后，我国生丝检验标准的修订以及生丝电子检验抽样分级方法研究，都应用我国自己的生丝抽样检验分级理论。此外，生丝抽样检验分级理论还成了21世纪以后我国生丝电子检验标准的基础。

第四节　古代缫丝技艺集萃

古代缫丝技艺是在漫长的历史中发展形成的，这些技艺及相关的器具虽然带着初创时期的简单与粗犷，但是历史地看，它们凝聚了古人的智慧，对于推动缫丝业进步是不可缺少的，是具有重要价值的珍贵历史遗产。在这一节中，我们将从早期的缫丝技艺中撷取反映古人解决缫丝操作难题的典型技巧进行介绍。

一、索理绪技术

缫丝前，需要将杂乱无章的茧丝分理出乱丝与清丝，这就是索理绪。可以说，没有索理绪，就无法进行正常的缫丝。如何分理出乱丝与清丝呢？这项技术在一般人看来很不可思议，古代涉及缫丝的文献中也较少谈到索理绪。但是，出土文物给我们提供了有价值的信息。浙江钱三漾遗址出土的丝绸附近，曾发现用两根麻绳将草捆成类似现在索绪帚的物品，据推测，这就是当时用以寻索茧丝绪头的工具。《尔雅·释草》中有"棉马羊齿"的记载，郭璞注曰："草细叶，叶罗生而毛，有似羊齿。今江东呼为雁齿，缫者以取茧绪。"所指就是古代作为寻索茧丝绪头工具的野草。西周的《礼记·正义》中记载有古代缫丝的操作法："凡缫，每淹大总而手振之，以出绪也。"其中也说到了理绪。

今天，我们把从煮熟茧、无绪茧和落绪茧茧表面引出绪丝称为索绪。由于茧层上的茧丝是相互胶着的，要从茧层表面引出绪丝，就必须给茧层表面的茧丝一个作用力，而且该作用力要大于茧丝间的相互胶着力，采用的方法是用索绪帚摩擦茧层表面。

由此看来，利用索绪帚摩擦茧层表面来完成索绪的做法，自古就有了的。此外，我们从《蚕织图》中的缫丝图、王祯《农书》中的南缫车和北缫车以及《天工开物》中的缫丝车可以发现，缫丝者的手中都拿着像筷子一样的木棒或竹片，这些木棒或竹片相当于索绪帚，可以把绪丝从茧层的表面引出，起到索绪的作用。因为当时缫丝是煮、缫不分的，边煮边缫，缫丝汤温很高，不可能用手直接从茧层上引出绪丝。

古人很早就认识到，索绪用具不能太硬。太硬了，则容易擦伤茧层；也不能太软，太软了难以引出绪丝。新石器时代就已经出现的稻草芯制成的索绪帚，今天依然在最先进的自动缫丝机的索绪机构上使用着，这不能不说是令人惊奇的。

至于理绪，在古代记载里提到过"手振之"，就是用手提拉、抖动绪丝，理出正绪，这一方法一直沿用到20世纪的五六十年代，当时的立缫机由挡车工手工操作，以手的抖动，使杂乱绪丝离解。如此进行数次，即可得到正绪茧。

由此可知，今天的索理绪技术和古代的索理绪方法是一脉相承的。

二、接绪技术

将一根根茧丝集束起来时，添上一根茧丝而不需要接结的接绪技术，并不是有了立缫机、自动缫丝机以后才有的。接绪技术古已有之，《天工开物·乃服·治丝》有记载，索理出清丝头以后，"提绪入手，引入竹针眼，先绕星丁头（以竹棍做成，如香筒样），然后由送丝竿勾挂，以登大关车。断绝之时，寻绪丢上，不必绕接"。这里的竹针眼，就相当于现代缫丝机上的集绪器。

立缫机出现以前，接绪均由人工完成，即将绪丝黏附在缫制着的绪丝群中。立缫机出现以后，包括自动缫丝机，接绪均由接绪器来完成。其工作过程是，挡车工将一正绪茧的绪丝引入接绪器的回转翼处，绪丝随回转翼的回转而被卷绕并依靠丝胶黏附在缫制的丝条中一起向上运动，从而完成接绪。

人工接绪时，"寻绪丢上，不必绕接"，这在外人看来，是不可思议的。缫丝中断了一根绪丝，或缫完一枚茧的丝，需要再接上一根绪丝，但为什么可以不要绕接，也就是不要打结呢？这里最关键的因素是添上的茧丝可以依靠水分和丝胶的附着力黏附在缫制的丝条中。追溯到商代，从缫丝器具复原图就可推测，当时的缫丝者已经充分了解了在缫丝过程中将茧丝并合集束成生丝的机理，并知道该如何接绪，所使用的器具是原始的、简单的，但又是能满足需要且富于智慧与技巧的。

三、集绪和捻鞘技术

唐代已有相当普及的缫丝车。这种缫丝车几乎都是手摇缫丝车，有煮茧、缫丝锅、缫丝机架、集绪和捻鞘机构、手工卷绕机构等组成部分。其突出之处是有完整的集绪和捻鞘机构。《豳风广义》中记录了清代北方缫丝车上的丝道经由状况，其中可以看到关于丝鞘的最早记录。书中记载，缫丝时，"将丝老翁上清丝约十数根总为一处，穿过丝车下竹筒中扯起，从前面搭过辊轴，从轴下面掏来，于轴辊上栓一回，再从栓过中掏缴一回，不可栓成死过，须令扯之滑利活动。将丝挂在摇丝竿铜钩中，又将丝头栓在丝轩平桄上，此时搅动轩轮，丝车随之辊转，摇丝竿自然摆动，其丝均匀绷在轩上。一手搅轩，一手添续丝头，其快如风"。这里的竹筒，即是集绪器，辊轴相当于导向的鼓轮，摇丝竿即为现在的导丝杆。由十数根清丝集束在一起，穿过集绪器，向上到辊轴，在其上绕过一圈，然后使丝条与搭上辊轴的丝条绞捻一次后拉出挂到摇丝竿铜钩上，最后牵至丝框上卷取成丝片。通过丝条的绞捻，就可使散乱的丝条经绞捻而抱合成束。这样的丝条绞捻正是现代缫丝机上丝鞘的原型。

茧丝经添绪后形成的丝条，不能直接卷绕到丝筴上，这是因为丝条中含有大量水分，必须经过集绪和捻鞘机构，其主要作用就是增加抱合、发散水分。根据力学计算，丝条在丝鞘中单位长度所受的挤压力接近于丝鞘本身张力的7倍；此外，分析表明，丝鞘在缫丝速度为100米/分、缫制23.3分特（dtex）生丝（半径为34微米）等条件下，丝条绕丝鞘轴线转动的平均转速可高达10^6转/分。在这样高的转速下，附着于丝鞘表面上的水分，其离心力与重力的比值可达721，所以丝条上的水分会因高速转动产生的离心力而散发掉。考虑到古代的缫丝速度要比自动缫丝机低一些，估计为40米/分，则丝条绕丝鞘轴线转动的平均转速可达40 000转/分。这样高的平均转速即使用今天的机电装置也几乎不可能（我国的电源频率是50Hz，交流异步电机的最高转速略低于3 000转/分，经变速装置可将转速再改变）。但是，我国古人发明的捻鞘机构却巧妙而简单地获得了如此高速的丝条甩水速度与甩水效率，这真是一种非常智慧的技术。它至今仍没有被其他方法所取代，成为纺织行业中的一项珍贵历史遗产。

四、复摇技术

复摇，即缫丝时将丝条缫至小筬，再复摇至大筬，然后做成丝绞。复摇技术在我国古代文献中未见记载，但日本江户时代由上垣守国（1761—1806年）编纂的《养蚕秘录》中收录有"取丝法秘传"，其中介绍了中国古代的制丝技术，书中说："在古代中国，抽出的丝条卷取于约六寸四方的木框，然后将其转移至约一尺七八寸四方的木框以使其干燥……"可见，我国古代已有复摇整理的方法，且传到了日本。

从商代缫丝器具复原图以及现代民间留存的缫丝工具可以判断，筬子上的丝是难以直接整片取下来的，因为丝在卷绕到筬子上时有一定的张力，再加上经过干燥后会收缩，在筬子的筬角处产生压力，而一片丝有成千上万根，故丝片对筬角的压力是极大的，加上筬角的表面加工往往不会很光滑，所以丝片和筬角之间的摩擦力非常大。为此，古人发明了"工"字形绕丝器，成功解决了丝片脱下的问题。古代使用的"工"字形绕丝器之上档可以转向，使其与下档在成直角的状态时卷取丝条到绕丝器上，此时卷取周长最大；等将筬子上的丝卷取完时，再将上档转成与下档平行，"工"字形绕丝器的卷取周长达到最短。这与今天大筬上的一只伸缩筬脚有异曲同工之妙，通过上档转动90度，可以方便地使卷取到绕丝器上的丝片整片脱落下来。这样就可以打绞成为丝绞，然后交织造使用了。"工"字形绕丝器的出现，标志着复摇技术已向实用化迈出了第一步，这是智慧的一步，是我国古人留给我们的重要遗产。

复摇后，需要落丝并进行整理。《豳风广义》中记载："一轩上丝约有四五两便可卸。卸时将单辐扎绳解去，其桄自脱，徐徐取下，挂通风处晾干。每丝一轩用丝捻四条匀布拴之，不使散乱，轻轻拧成把子，包裹收藏。"由此可知，当时生丝后整理技术已经相当完备。

五、络交技术

宋代的缫丝车在唐代的基础上做了改进，已经有了络交机构，其作用是使卷绕于小筬上的丝条做轴向往复移动，形成网状丝片。它通过踏脚杆的上下往复运动，带动丝筬的回转运动和偏心盘的回转运动。改进后，其络交装置与传动装置相连，与后世的机构已完全一致。

据明代资料记载，丝条从集绪器出来到络交杆之间的丝条通道是：丝条经集绪器后往上再绕过一鼓轮，然后引至络交杆。鼓轮主要对丝条起导向作用。古代称鼓轮为锁星，秦观《蚕书》记载："（其）为三芦管，管长四寸。枢以圆木，建两竹夹鼎耳。缚枢于竹中。管之转以车，下直钱眼，谓之锁星。"即锁星为用芦管固定在钱眼上方小轴上的导向筒，亦即鼓轮。缫丝中，丝筬回转时，其随丝条带动而转动，因而不会损伤丝质。明代以前，缫丝车的丝道上无假捻处理装置，丝条直接经过鼓轮而转向，送往络交杆，然后卷取到丝筬上。清代以后，缫丝机上开始出现假捻处理装置。

其实，从商代缫丝器具复原图也可以看到，在络交机构出现之前，缫丝者就知道缫丝时丝条不能在小筬同一处重复卷绕，而要做轴向移动，使其在小筬上形成丝片；若在小筬的同一处卷绕，则丝条会重叠在一起，干燥后丝条之间因丝胶黏着就无法将丝从小筬上退解出来。所以，即使在脚踏缫丝车出现前，即没有络交机构时，缫丝者也会沿轴向用手工移动在小筬上的卷绕点，使丝条形成丝片。络交装置的出现，圆满地解决了丝片的成型问题。还需要强调的是，在脚踏缫丝车上将踏脚杆与一曲柄连杆机构相连，使络交装置与传动装置相连，这就为以后的缫丝机械化、自动化奠定了基础，这也是我国古人留下的珍贵技艺遗产。

六、追求缫丝效率的技术

在我国古代，缫丝的效率也备受人们重视。徐光启《农政全书》中记载："以一锅专煮汤，供丝头。釜二具，串盆二具，缫车二乘，五人共作一锅。二釜共一灶门，……二人直釜，专打丝头。二人直盆主缫，即五人一灶，可缫丝三十斤，胜于二人一车，一灶缫丝十斤也。是五人当六人之功，一灶当三缫之薪也。"此时，"二釜共一灶门"的缫丝锅釜排布法，涉及对缫丝人员的专业管理，由于各人职责分明，虽然相关人数多了，但缫丝效率却提高了，人均出丝率可以从5斤/日，提高到6斤/日。这对于节省燃料也十分有效。

为了提高缫丝效率，古人也努力改良缫丝机具。《耕织图》显示南宋时已经普遍使用脚踏缫丝车，这种缫丝车让缫丝者可以腾出双手来进行索绪、添绪等工作，是对缫丝技术的巨大贡献。它标志着缫丝机具已从第二代的手摇缫丝车，变成了第三代的脚踏缫丝车，这是缫丝技艺的一个重大进步。它大大地提高了生产效率，对于经济发展的意义是不言而喻的。

到了明代，脚踏缫丝车的技术已达到相当高的水平。《豳风广义》记载：在蚕茧量比较多时，为了提高缫丝效率，"茧多者作双头缫之更好，一轩可缫两轩之丝，只将轩桄造长一尺四五寸，能摆丝两行，摇丝竿上并锭两铜钩，相去三寸余。丝车亦并造二辊轴，相去三寸余，并上两条头，一人照看，拨掠缫如上法，功必倍之"。可见，古代在努力进行缫丝机具改良的同时，对缫丝者的人员管理方面也有深入研究，在提高缫丝效率上取得了明显的效果。

七、缫丝工艺的成就

我国古代除了在缫丝机具、缫丝技术上有出色的成就外，在缫丝工艺上也有不少成就。

魏、晋、南北朝时，茧处理有了盐浸法，它不仅可以推迟出蛾、延长缫丝的时间，而且可以提高缫丝的质量。这在今天也有一定的参考价值，因为我国南方不少地区还存在用鲜茧缫丝，面临如何推迟鲜茧出蛾的问题。

宋代出现了冷盆缫丝，将煮茧与缫丝分开进行，为以后煮茧机的出现奠定了工艺基础。当时还有"出水干"技术，这和今天小笸丝片的给热干燥方法是一样的，只是用过热蒸汽管代替了古代的炭火加热。

明清以后的资料显示，古人很早就已经了解制丝时水质对生丝质量的影响，以及如何从山水、井水、河水等用水中选择制丝用水。一般而言，井水的硬度高，用来煮茧缫丝时会使生丝色泽不良，故古人推崇使用流水、泉水。这些都是经过长期实践才总结出来的经验，它符合今天的制丝化学和制丝专业理论，对于提高生丝的质量有重要的意义。

八、古代缫丝技艺精品之谜

代代传承的丝绸珍品显示了古代缫丝中令人惊叹的精巧技艺。但是，这些技艺中有些奥秘至今仍然难以破解。如马王堆汉墓出土的丝绸文物就是一个例子。马王堆汉墓出土了大量丝织品，保存完好的有一百余件。一号汉墓出土的丝织刺绣品发掘出来时，依然保持着五彩斑斓的鲜艳色彩，其中一件素纱禅衣轻薄透明，素纱丝缕极细，仅重49克，摊开来的面积达2.6平方米，代表了西汉初养蚕、缫丝、织造工艺的最高水平。

素纱禅衣仅重49克，可以推算，其所用的丝是极细的，纤度估计只有10旦左右。不仅如此，还要匀度好、偏差小。即使缫丝技术发达的今天，要缫出这样纤细、均匀的生丝也是极其困难的。据说，为了仿制出这样的素纱禅衣，研究部门曾经过大量试验和反复失败，最终缫制出了这样纤细的丝条。距今两千多年前的西汉时期，缫丝机具尚没有手摇缫丝车，却能缫出如此超细的高品位生丝，究竟是原料茧特别优良，还是在工艺上有特别的诀窍，抑或已经有了缫制细旦生丝的缫丝器具及技术，而后失传而未能保留下来……所有这些都值得人们去思考。

在丝绸传世品中，具有代表性的珍品可推几百年来在行业内备受推崇的辑里丝。自明万历年（1573年）开始，辑里丝在国内已声名鹊起，在长达300多年的时间里，经过明、清两代皇室（共16代）的使用，盛名经久不衰，充分显示其质量的无可挑剔。如前所述，用来缫制辑里丝的缫丝机具是一种可缫三绪的脚踏缫丝车，它并没有什么特殊之处。那么，辑里丝为什么能长盛不衰呢？这一直是我国传统缫丝技艺中备受关注的问题。探讨辑里丝长盛不衰的原因，除去蚕种使用经过改良的品种，使蚕茧质量能得到保证这一因素以外，还有哪些因素在起作用呢？比如在缫丝工艺方面，辑里丝制作所特有的、至今仍具借鉴价值的技艺，依然是一个十分有意义的、值得现代人深思的课题。

第五节 古今的柞蚕茧缫丝技艺

根据考古资料，早在汉代，人们已开始采集柞蚕茧，用作丝絮（丝绵）。《晋书》上有"土人缲丝织之，名曰山绸"的记载，这里所说的缲丝应是指捻丝，因为书中提及捻线及纺丝，事前必先煮茧，方法是取柞柴灰浓汁烧滚，将茧子放入其中，待适当火候捞出，扒出蚕蛹，温水洗净，晒干收贮，供捻线或纺丝用。这种成丝法延续了一千多年。

最早记载以柞蚕茧缲丝的，是1837年郑珍的《樗茧谱》，其方法与家蚕茧缲丝相同。

19世纪中叶，山东兴起缲车缲丝，即水缲。最初用手摇缲丝车，须三人一车，即一人摇车，一人理丝，一人司火。19世纪末，山东牟平县一位木匠在烟台创制了一种脚踏车，此车以手理丝，以脚踏车，一人兼两人之事。这种脚踏车与家蚕缲丝车大同小异。清代末年，为了适应市场需要，水缲法逐渐兴盛。

一、柞蚕茧缲丝的工艺过程

柞蚕结茧与桑蚕结茧有所不同。柞蚕将结茧时，会在树枝上徘徊，寻觅适当的结茧位置。选定后，将体内的粪尿排出，然后开始吐丝，牵拢柞叶2～3片，结成可以隐蔽蚕体的茧衣。随后，蚕儿从茧端所留的空隙伸出，把丝缠在叶柄根部，制成长约33～66毫米的茧柄，以防柞叶凋落时茧子坠落。茧柄制成后，蚕体缩回茧衣内，再均匀而有规律地吐丝，结成茧的全形。柞蚕的吐丝形式，呈连续的e形或S形，这是因为，柞蚕吐丝时，其头部向上下做俯仰动作的缘故。一个柞蚕茧是由许多丝圈逐次铺叠而成的。结茧一般在三天内即可完成。柞蚕在结茧开始后20小时左右，由体内的消化管排出约2～5毫升的尿液。此液为尿酸石灰质，它浸湿全部茧层，把茧丝之间的空隙黏糊起来，经一昼夜后，茧层干固富有弹性，可保护柞蚕茧在野外经受风吹雨打。

从柞蚕茧的性状看，茧层表面也有缩皱，这是蚕儿所吐的丝逐渐干燥收缩的结果。与桑蚕茧相比，其缩皱数量多，纹路较为细密，因此，透水性差，解舒困难。

再从化学成分看，柞蚕茧丝素中含量较大的氨基酸，与桑蚕茧丝素相同，主要是乙氨酸、丙氨酸、丝氨酸和酪氨酸。柞蚕丝的丝胶为一种凝固蛋白质。这是一种胶质体，在冷水中不溶，但在热水中会溶解。柞蚕茧的茧丝中含有丝胶5.6%左右，而桑蚕茧的茧丝中丝胶含量为19%～28%，远高于柞蚕茧；而且，柞蚕茧茧丝的丝胶含有丹宁物质，在酸碱性溶液中溶解度较低，致使脱胶困难。

柞蚕茧的茧层结构及其化学成分与桑蚕茧有着显著的差异，其制丝工艺过程也和桑蚕茧有所不同。其中，差异最突出的就是解舒处理。桑蚕茧经过剥选后，只要用水和蒸汽经煮茧处理，即可缲丝；而柞蚕茧却不能，因为柞蚕茧的茧层透水性差，又含有尿酸石灰质和丹宁物质，所以选茧后必须采用解舒剂进行煮漂处理，而后经剥茧才能缲丝。

桑蚕茧的制丝工艺过程是：鲜茧干燥→贮存→混茧→剥茧→选茧→煮茧→缲丝→复摇→整理。

而柞蚕茧的制丝工艺过程是：鲜茧干燥→贮存→混茧→选茧→煮漂茧→剥茧→缲丝→复摇→整理。

由上可知，桑蚕茧在混茧后即可剥茧、选茧、煮茧，而柞蚕茧在混茧后要先选茧，再煮漂茧、剥茧，所以，煮漂茧工艺是柞蚕茧缲丝中最大的特点。

柞蚕茧的缲丝工艺过程有干缲和水缲两种：干缲法，是将经过煮漂处理后的茧，脱除其中的水分，使茧呈湿润状态，在干缲机的台面上进行缲制；水缲法，是把经过煮漂处理后的茧直接置于水缲机上的缲丝锅内进行缲制。

干缫法使用足踏木缫机,机身全部为木制,其左或右端设置缫筬一个,另一端为缫丝台面;外侧装有鞘丝架,鞘丝架上装有上、下鼓轮和集绪器。用脚踏动连杆,缫筬即转动卷取柞蚕丝。也有简易电缫机,它是干缫机的一种,其结构和足踏木缫机基本相同,只是用电力传动代替了木缫机的足踏传动。20世纪50年代木缫机就被逐步淘汰了。

水缫法使用水缫机(立缫机),设备比木缫机先进,工艺过程短,产量也高。

柞蚕茧的缫丝和桑蚕茧相同,必须根据工艺要求来确定茧的定粒数。一般缫制35旦的生丝应是7枚蚕茧(因柞蚕茧的茧丝纤度均在5旦左右)。

和桑蚕茧缫丝一样,柞蚕茧经水缫法缫丝后,再经复摇卷取成大筬丝片,丝片经干燥后,经过成品检验确定等级;然后分别进行整理包装,送到成品仓库,准备出厂。

二、混茧和选茧

(一)混茧

原料茧在投入生产时,首先要按照制丝工艺提出的各项要求,并考虑到茧质的特性,进行混茧。混茧后的各批原料茧,要求茧重、茧形、茧色、茧层厚薄均匀一致。其具体要求如下:

① 茧重:千枚茧重量差异不超过1%;一枚茧重量差异不超过10%;或一定茧量的茧粒数差异不超过0~5%。

② 茧色:淡色茧中含有浓色茧或浓色茧中含有淡色茧不超过2%。

③ 茧形:大型茧中含有小型茧不超过3%,中型茧中含有大型茧和小型茧均不超过2%,小型茧中含有大型茧和中型茧均不超过1%。

④ 茧层厚薄:每批次原料茧的茧层厚薄差异不超过1%。

混茧方法大多采用人工在茧库内或茧箔上进行。混茧后,必须进行检查。检查可按茧量、茧形、茧色、茧层厚薄等几项进行。

(二)选茧

选茧是为了合理地使用原料茧和缫制品质优良的生丝,因此,必须将下脚茧剔除。柞蚕茧选茧的方法是采用手触和目光来鉴别上车茧和下脚茧。选茧的设备,一般采用选茧台,其边缘都装有茧筛,以便在选茧的同时,除去混杂在柞蚕茧中的夹杂物。

三、煮漂茧

(一)煮漂茧的目的和要求

煮漂处理,是柞蚕茧缫丝生产中的重要过程之一,其目的在于除去茧层丝缕间的无机成分和部分丝胶,使丝缕容易离解以便于缫丝。

煮漂茧要求茧层内外煮漂均一,达到适当的解舒程度;色泽均一,漂白适当;节约用药,减少废品;缩短工艺时间,提高煮漂效能。

(二)各种解舒剂的性质和作用

柞蚕茧必须经过药品(解舒剂)处理,否则难以使丝缕离解,所以用药是影响煮漂茧质量的主要因素。用量失当时,容易增多茧的屑丝量,而相应地减少生丝量,并有使丝的质量恶化的可能,因此必须明了各种解舒剂的性质与作用,以便达到下列各项要求:使丝胶溶解;对丝胶溶解度加以抑制与调节;对茧层渗透和渗润;去除茧层一部分无机物;对茧丝色素有漂白作用。

广为采用的解舒剂有过硼酸钠、过氧化钠、氢氧化钠、碳酸钠、草酸、明矾、硅酸钠、肥皂等。

(三)煮漂茧时的浓度、温度和时间

柞蚕茧煮漂,是制丝过程中极为重要的一项内容。柞蚕茧经煮漂处理后,要达到渗透均一、解舒良好,才有利于缫丝的正常进行,其中的关键是必须正确掌握和运用煮漂茧中的三个要素,即从煮茧开始直到漂茧结束所经各道工序的定量、定温和定时。

1. 定量（包括药量、水量和茧量）

这是煮漂处理的关键之一。煮漂设备的容量在一般情况下是不大变动的，因而茧量在煮漂过程中就很少会有变化；茧的等级也早已有所规定，差异并不显著；通常变化的是溶液浓度的高低，这虽然决定于茧量与水量的比例，但是，在配置煮漂溶液时，最重要的还是所使用的各种解舒剂的性质。在使用一批解舒剂前，必须通过分析，查明各种解舒剂的纯度，只有这样，才能准确地规定解舒剂的用量和解舒处理的工艺条件，以及相应的操作方法。

2. 定温

在煮漂过程中，即使在煮漂设备操作方法、解舒剂以及煮漂溶液浓度相同的条件下，温度的不同也常常会造成煮漂不匀、解舒不良的情况发生，因此定温（包括水温、液温、室温、茧温和气温）也是决定煮漂质量好坏的关键之一。

温度愈高，解舒剂分解速度愈快，作用愈为剧烈；反之，温度愈低，解舒剂分解速度愈慢，作用愈为缓慢。要使药物能够均匀地渗入茧层，就必须使药物的渗透速度与药物的分解速度相适应。

3. 定时

在煮漂过程中，如果定量、定温掌握得较好，而定时不当，常常会导致茧内层渗透不良，解舒比外层差，或者内层解舒不好，而外层则过熟的情况发生，因而煮漂处理一般采用低温长时间逐渐升温的方法。20世纪70年代，煮漂已采用煮茧机和漂茧机，大大缩短了煮漂茧的工艺过程和工艺时间，劳动生产率有显著提高。只要掌握好定量、定温两个关键与定时密切配合的原则，在实际生产中不仅能保证煮茧质量，还可以大大缩短煮漂时间。

（四）煮漂工艺过程和设备

水缫煮漂茧可分为散煮和机煮两种。所谓散煮，是将茧放在一个煮茧桶内一桶一桶煮，属于静置式的煮茧方法；而机煮就是用煮茧机进行煮茧。

1. 散煮煮漂茧

散煮设备是一个煮茧桶和离心脱水机。煮茧桶的容量是每桶4 500～5 500枚（干茧茧层量为2 620～3 200克），桶的直径为1米，高1米，底部装有一根直接加热的蒸汽管。煮茧时以控制蒸汽阀的大小来提高和保持桶内煮液的温度，一般要在高温95℃～97℃时煮10分钟，使高温热汤渗透到茧层，然后在低温70℃～80℃时煮2分钟，反复3次，做低温渗透，最后在高温95℃～97℃时静煮4分钟，共20分钟即可完成。

水缫煮漂茧的特点在于采用多次茧腔吸水和吐水，以达到茧层渗润和丝胶软化膨润的目的。因此，煮熟程度较好，有利于漂茧过程的进行。但是，它仍属于静置式的煮茧方法，煮茧时，茧既不能移动，又不能自身变换位置，虽隔一定时间会经人工翻拌，但由于煮茧汤上、下层温度存在差异，煮熟作用不够完善。茧子煮熟后，需要冷却。冷却时，常采用的工艺条件为：茧量9 000～11 000枚（两桶的煮茧量），水量每次175～215千克，水温约14℃～18℃；第一次冷却时间为15分钟，温度（放水时平衡温度）为34℃～36℃；第二次冷却时间为25分钟，温度（放水时平衡温度）为18℃～20℃；茧温（茧腔内外温度及蛹体温度）为18℃～20℃。

紧接冷却后的一道工序是漂前脱水。其目的是促进茧层的渗透均一，并排除茧腔内所含的水分，从而减轻劳动强度。漂前脱水采用的设备是离心脱水机。

漂前脱水后进入漂茧，漂茧是整个煮漂过程中最为重要的一环。其目的是使茧经过这道工序的处理后，达到解舒良好，便于缫丝。处理时，将茧投入一定浓度和温度的漂液中，并给予适当翻拌、撒浇、放水等操作，以求在6～8小时内达到茧层各部渗透均匀、解舒良好。由于漂茧处理一般是在碱性溶液中进行的，因此必须注意防止茧层纤维遭受损伤。

漂茧设备，一般采用双层漂茧桶，如图5.42所示，其底部装有蒸汽管，利用蒸汽加热、保温，这样不但解决了操作人员高温操作时的环境条件问题，而且漂液温度容易升高，可以缩短漂茧时间和减少用药量，并保证漂茧桶各部分的温度均匀一致。

例如，茧量：每桶5 000枚；水量：50千克；药量：过硼酸钠700～800克、氢氧化钠20～25克、硅酸钠125～150克、肥皂65～75克；时间和温度：浸渍时间16分钟，温度21℃；第一次加温时间为18～22分钟，温度58℃～62℃；第二次加温时间为53～57分钟，温度68℃～72℃；漂茧总时间为86～94分钟；茧温：一般是25℃～70℃，最高不宜超过75℃。

在双层桶漂茧过程中，漂茧后并不进行脱水处理。

2. 机煮煮漂茧

柞蚕茧以机煮煮漂茧的主要设备是煮漂茧联合机，它是由煮茧机和漂茧机组成的。

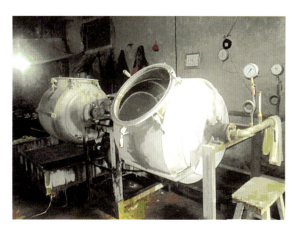

图5.42 散煮的煮漂茧设备

柞蚕煮茧机采用连续性生产的煮茧机，其形式大致与桑蚕茧的煮茧机相似，是由加茧部、准备部（浸渍部）、高温渗透部（第一蒸汽室、第一低温部）、低温渗透部（第二蒸汽室、第二低温部）、水煮部（含冷却部）等所组成的。机身长17.45米、宽1.23米，槽高1.01米，共100笼，每笼装茧为400～550枚。机煮过程完全是利用水和蒸汽的作用，一般可以不加任何药物。其各部的温度、时间与压力随原料茧的解舒难易程度来确定，一般第一蒸汽室、第二蒸汽室、水煮部的温度都是100℃，采用高温煮茧的时间要超过桑蚕茧。煮茧总时间一般控制在43～48分钟，总压力为1.02千克/厘米^2（10 000帕）。

柞蚕茧煮茧采用机煮后，不仅大大降低了劳动强度，改善了劳动条件，而且提高了煮茧的产量、质量和缫丝效能，降低了缫丝的成本。

和机煮相配合的漂茧机的主要处理程序为加茧加药程序和保温漂茧程序。漂茧机是一个长方形的水泥池，长12米、宽1.96米、高1.38米。机内共有密闭漂茧桶15个，由链条带动前进，自身做回转运动。池内贮水，水位的高度比桶面要高，水的温度由池内左右配置的有孔蒸汽管来加热，并能随着工艺条件的不同而进行调整。密闭漂茧桶是由不锈钢皮制成的圆形桶，能保证密闭程度。漂茧机除了上述装置以外，还设置有漂茧桶起动器和漂茧桶升降机等。煮后茧倒入漂茧桶时，注入预先配好的漂液（加茧加药程序），然后上盖放在适当的位置上，由链条上的起动器带入池内进行漂茧（保温漂茧程序）。当温度升高时，漂液的作用充分发挥，桶内压力增大，保证了茧层渗透的完善和漂解作用的良好。漂茧桶在运行中的自身回转，也能使茧均匀接触漂液，达到很好的效果。

例如，茧量：每桶4 000～5 500枚；水量：40～42千克；药量：过硼酸钠450克、硅酸钠150克、肥皂90克；温度：池中水温70℃；漂前液温28℃～32℃；漂后液温65℃～68℃；时间：漂茧总时间60～90分钟。

采用机漂，较手工操作生产效率约可提高2.7倍；由于机煮的茧层软化膨润程度较好，加上密闭漂茧桶内部的压力作用，促进了茧层渗透，故能减少漂茧用药量，提高漂茧的质量和丝的回收率。

四、剥茧和缫丝

（一）剥茧

柞蚕茧的茧层构造与桑蚕茧不同，其茧衣与茧柄相连，而茧柄的基部恰在茧的封口处，这是整个茧层上最疏松的部位，如果柞蚕茧在煮漂处理前先将茧衣剥去，则经煮漂处理后，必然形成破口茧，以致无法进行缫丝。此外，柞蚕茧在煮漂处理过程中不时受到机械的翻拌，若无茧衣保护，茧层上的丝纤维势必会受到损伤，从而导致废丝增多，降低回收率。因此，柞蚕茧的茧衣必须经过煮漂处理后才可剥去。剥茧不能采用一般的桑蚕茧剥茧机，通常只能采用手工的办法（图5.43）。

图5.43 缫丝前依靠手工剥茧

图5.44 水缫机（立缫机）

剥茧的目的是剥除茧衣和茧柄，以便缫丝。它要求剔除解舒不良的茧和由于选茧时疏忽而混入的各种下脚茧，以保证生丝的质量。

剥茧是将已漂好的茧子摊在剥茧台上，依次摊均匀，用手提理绪丝。在提理时，要防止过高，理清后即按每盒规定枚数放好，并剔除下脚茧。

（二）缫丝

柞蚕茧水缫法是把经过煮漂处理后的茧（并不脱水）放置于水缫机上的缫丝锅内进行缫制。

其水缫机的形式和构造，基本上与桑蚕茧的立缫机相仿，长度为1.83～2.3米，宽度为0.56～0.65米。柞蚕茧缫丝机的主要结构和桑蚕茧缫丝的立缫机相同（图5.44）。

以下为一例水缫机缫丝的工艺条件：

定粒数：7枚茧（缫制35旦生丝），双绪缫丝时以14枚茧为限；车速：45～65转/分；丝鞘的长度，以6.0～8.2厘米为宜；缫丝汤温保持在50℃左右，汤色保持淡茶色；看管绪数：9～18绪/人；车间温、湿度：温度为20℃～30℃，相对湿度为60%～70%。

五、复摇

水缫丝的干燥处理，是指将水缫机上所缫得的生丝，经过复摇，从原来卷取在筴周0.65米的小筴上以一定形式再卷取到筴周1.5米的大筴上去，在复摇的同时进行干燥处理。

（一）复摇机的形式和构造

复摇机为铁木混制，它由大筴、络交装置、大筴调速装置、停筴装置、干燥装置以及地轴、机架等组成。其各部分结构与桑蚕茧复摇机基本相同（图5.45）。

（二）小筴丝片给湿

水缫丝的小筴丝片，在缫丝中经过一定程度的烘干处理，丝条间有一定的胶着力，必须进行给湿，以利丝条的离解，减少复摇过程中的切断。

丝片给湿是将小筴连同筴串棒放入复摇浸丝槽，让丝片没入常温的水中，浸泡45分钟左右即

图5.45 复摇机

可。复摇浸丝槽如图5.46所示。

（三）**复摇的工艺条件**

复摇的工艺条件包括丝片宽度，复摇车厢温、湿度，复摇车间温、湿度，大篊回转速度，等等。以下为一例复摇的工艺条件：

① 丝片宽度随丝片重量不同而有所不同，当丝片重量为42～48克时，丝片宽度应为6厘米；丝片重量为64～70克时，丝片宽度应为7.2厘米。

② 复摇车厢内温度保持在37℃～42℃，相对湿度为40%～45%。

③ 复摇车间温度为21℃～28℃，相对湿度保持在60%～70%。

图5.46　复摇浸丝槽

④ 复摇时，小篊丝片的含水率保持在70%～75%（随小篊给湿方法的不同而略有不同）。

⑤ 大篊回转速度根据生丝目的纤度确定，如缫制35旦生丝，一般为130～150转/分。

由于柞蚕茧的生丝纤度粗，丝片含湿量多，因而较桑蚕丝的复摇干燥时间要长些，有时在复摇终了后，还会空转10～20分钟，使之达到适干的要求。

六、柞蚕丝的整理和检验

复摇结束后，要先将大篊从复摇机上拿下，然后对卷取在大篊上的丝片进行编丝。编好丝后，可以直接从大篊上取下丝片（图5.47）。

（一）**整理和包装**

柞蚕丝丝片从大篊上取下后，必须依据一定的标准，绞成丝绞，然后配色打包，这就是整理和包装。

整理和包装目前仍是手工操作，其所用器具也很简单，但有一定的技术标准。以下为一般采用的编丝和包装标准：

① 每包丝中的生丝绞数为60～80绞。

② 每包丝的质量为3 000克，上、下偏差不得超过50克。

③ 每件丝为20包。

④ 每件丝的大小包要配匀，色泽要一致，不得有污染丝、烟缕丝、夹杂丝等。一等品还不得有花色丝，二等品花色丝不得超过两绞。

整理主要是打绞（绞丝）、配色，包装（图5.48）指打包、称重、成件。

图5.47　编丝

图5.48　包装

（二）成品检验

水缫丝的成品检验是抽取样丝后，先进行重量检验和品质检验。

1. 重量检验

重量检验分净量和公量两种，其检验方法与桑蚕丝相同，但公量样丝每批只抽取四绞。

2. 品质检验

品质检验分外观检验和器械检验两种。外观评级分为良、普通、稍劣、劣和级外品，主要根据整理成形、色相光泽、手感、轻微疵点、一般疵点、主要疵点的个数来评定。

器械检验包括：切断检验、纤度检验、均匀检验、抱合检验、断裂强度和断裂伸长率检验等。

柞蚕水缫丝检验标准已经由国家质量监督检验检疫总局发布执行。

（三）柞蚕丝品质等级的确定

柞蚕水缫丝的品质，根据受验丝的外观质量和内在质量的综合成绩，并根据柞蚕水缫丝检验标准中的品质分级表来确定等级，有 4A、3A、2A、A、B、C 级和级外品。

本章参考文献

1. 朱新予. 中国丝绸史 [M]. 北京：纺织工业出版社，1992.
2. 赵丰. 中国丝绸通史 [M]. 苏州：苏州大学出版社，2005.
3. 苏州丝绸工学院，浙江丝绸工学院. 制丝学（上册）[M]. 北京：纺织工业出版社，1993.
4. 白伦，谢瑞娟，李明忠. 长丝工艺学 [M]. 上海：东华大学出版社，2011.
5. 钱小萍. 中国传统工艺全集：丝绸织染 [M]. 郑州：大象出版社，2005.
6. 苏州丝绸工业专科学校. 制丝学 [M]. 北京：纺织工业出版社，1959.
7. 徐作耀. 自动缫丝机发展史 [J]. 丝绸，1983（4）：22-24.
8. 徐作耀. 改革开放 30 年中国自动缫丝机研发的辉煌成就 [J]. 丝绸，2009（7）：1-5.
9. 张立东，聂昌虎，宋立高. 热风烘茧机烘茧应用试验初报 [J]. 四川蚕业，2001，29（1）：15-17.
10. 青学刚，赵明孔，李学齐，等. 四川南充自动循环热风烘茧机的研制与发展 [J]. 四川蚕业，2006，34（1）：59-61.
11. 白伦. 中国の蚕糸業現状 [J]. 长野：岡谷蚕糸博物館紀要，2001（6）：57-59.
12. 刘文全，周颖，费万春. 生糸電子検査国際標準の紹介 [J]. シルクレポート，东京：大日本蚕糸会编集，2015，43（7）：15-19.

第六章

绢纺与丝绵技艺

　　我国古人最初发现山野中的蚕茧具有利用价值，是因为蚕茧里面的蚕蛹可以食用。食用蚕蛹与从蚕茧中抽出茧丝、织造丝绸似乎是两个毫不相关的利用价值，古人如何将它们联系起来，创造出新的利用价值链呢？这个问题在第四章已经初步讨论过了。我们注意到，在这一漫长的历史过程中，两个利用价值环节的演变，并不是简单的突变过程。因为在这两个看似互不相关的利用价值之间，还有着第三种重要的利用价值存在，这就是从蚕茧中获取丝绵及其应用。虽然丝绵最终也可以捻成丝线后与缫丝得到的生丝一样用于织造，但在此前，蚕茧经历的加工处理过程则完全不同于缫丝工程。蚕茧在这一过程中不是有条不紊地被抽理出一根茧丝，而是将有序地黏结在一起的蚕丝打乱拉断成为无序且长短不一的短絮，即丝绵。我国古人是如何发现蚕茧加工为丝绵的应用价值的？这一发现与缫丝之间又有什么样的关系？这是我们讨论蚕茧丝绸技艺历史时不可回避的问题。特别值得关注的是，由于丝绵应用价值的发现，育成了另一个几千年来与人类社会进步同行，进入现代社会以后依然以其源自天然、亲和肌肤的特色，在纤维纺织领域大显身手的新兴传统产业，这就是本章将要叙述的绢纺与丝绵技艺及其产业。

　　在这一章中，我们将探源古代绢纺与丝绵技艺的历史，揭示绢纺与丝绵技术演变进程中的技艺精华，同时展示这一古代传统技艺在现代社会中的发展变化及其时代价值。通过这一章的讨论，我们将认识到绢纺与丝绵技艺的发明，是与蚕丝绸技术伴生的、促进人类社会文明及技术进步的又一重大贡献。

第一节　古代丝绵及捻线绸

为什么要把丝绵和绢纺捻线丝放在一起讨论呢？虽然历史存留下来的信息资料十分有限，但是，即使是从这些有限的资料中，我们依然可以注意到，丝绵及绢纺捻线丝在历史上就像一对孪生兄弟，在从古人学会食用蚕蛹到学会缫丝的历史进程中，它们与丝绸技艺的发明相伴生，最终成了纺织技术史上的一项重要发明。

一、古代丝绵的发明与制作技艺

在缫丝技术发明以前，古人学会了吃蚕蛹，开始时不论是囫囵吞枣地咀嚼整个蚕茧，以吸食蚕蛹的汁水，还是切开茧壳取出蚕蛹直接食用，他们都会很容易地注意到蚕茧上纤细的茧丝。咀嚼后剩下的蚕茧，由于黏结丝条的丝胶已经化解，茧壳就会像一个乱丝团。把它拉松以后，就变成了像棉花一样的乱絮。即使不用嘴嚼，而是将蚕茧剖切开来，取其中的蛹来食用，被舍弃的茧壳堆在一边，经日晒雨淋，上面的丝胶也会脱落或膨润化解，这时，废蚕茧也会慢慢变成一团乱絮。凌乱的丝絮经拉扯疏理，并清洗干净后，就可以成为防寒保暖的蚕丝绵絮。

在这样一个过程中，人们逐渐学会了将取食蚕蛹后剩下的蚕茧用一些特定的方法来处理，如通过人工，用水浸泡、蒸煮、发酵、捶轧、冲洗等，借此去除蚕茧中的大部分丝胶和缠附在蚕茧表面的蜡质、草屑等，使紧密黏附缠绕在蚕茧上的茧丝离解脱开，使蚕茧变得松散，再经过清洗，从而得到可以保暖的珍贵材料。

古人果真是在食用蚕蛹的过程中了解到丝绵的技术价值的吗？真这样的话，丝绵的发现与应用就应该在缫丝技术发明以前。

现在保存下来的古代文献资料中，并没有丝绵发现过程的详细记录。这是一个有意思的现象，与后来象形文字产生以后的缫丝、织造技术相比，要阐明这个问题，似乎困难得多。为此，我们只能对包括出土文物、古籍记载、民间流传等在内的各种零散信息进行收集、整理，再加以探索推测。日本学者嶋崎昭典曾对中国古代丝绵及绢纺做过深入的研究，著有《真绵的文化志》一书，其中对丝绵的发明与早期应用进行过探索。在这里，我们不妨据此进一步展开讨论。

先从古代信息的活化石——文字来探索古人发明和应用丝绵的过程。

在《说文解字》所记录的270个丝偏旁的文字中，可以检索到的与蚕丝绵絮有关联的文字，比我们预想的要多，如縣、絮、絣、綸、絇、紽、絁、紬、紟、絖、綿、縹、繒、纊、紙、絓等都属于此类。其中有代表性的如縣、絮、纊。

縣：联微也，即将细丝联在一起，也就是今天说的丝绵。

絮：弊绵也，指丝绵中的质次者。

纊：絮也。

此外，如"絣"，为古代氏族人用杂丝织成的布。《战国策》有"妻自组甲絣"，絣，绵也。"絖"，古代与"纊"同。"繒"在《说文解字》中解为帛，而《三苍》称杂帛曰繒，有繒絮、繒纊、繒帛等之称谓。"紬"，粗绪也，自蚕茧缫制得到白丝或织物，含绝紬（粗质丝织品）、绝繻（粗质彩帛）。如此等等。这些都是与丝绵有关的用语。

丝绵语汇丰富这个现象本身，就是丝绵在当时社会中被广为应用，与衣生活等密切相关的证据。就"縣"字而言，它是由"帛"与"系"两个字构成的会意文字，是由纤细的生丝联结成"帛"的含义，不过这里的"帛"应该不是指丝织物的"帛"，而只是指像"帛"一样由纤细的蚕丝连接而成的绵絮。

嶋崎昭典曾提出，"緜"字的发明是一个"谜"。他指出，用"帛"与"系"两个字构成丝绵的古体字是不可理解的，因为从技术发展的角度看，应该是由单纯的技术向复杂的技术发展与演变，即应该是先学会比较单纯的丝绵制造与使用，然后才向技术复杂的缫丝与织造发展。这样一来，前期较为单纯的丝绵技术，就不会有利用后期形成的技术为支撑的新字来会意表现。也就是说，在发明丝绵阶段，应该先造出与后来的缫丝织绸无关的代表丝绵的文字来才是自然的。而实际上，给人们留下的却是这样一个与缫丝技术有关的"丝"偏旁文字"緜"，故从文字发生的角度来说，似乎就产生了与上面所说的技术发展演变规律的矛盾。我们还可以注意到，不单是"緜"字，所有关于丝绵的上述文字，都与"緜"一样地存在着嶋崎昭典之"谜"，即这些与丝绵有关的文字，都存在着借用后来才出现的、以缫丝技术发明为背景的"丝"文字的现象。但是，如果根据本书第四章提出的中国象形文字发展阶段的意见，就可以解开这个谜团。根据第四章的讨论，图6.1表示了我国象形文字发明与丝绵及缫丝技术发明过程的关系。如前所述，中国象形文字是有特定的发展时期的，这个时期正是一个与蚕丝绸技术发展同步进行的阶段，因此象形文字中出现了大量的丝绸文字就变得十分自然。"緜"字是以缫丝技术出现以后的文字部首组成的，这就启发我们认识到，古人进入丝绵发明与应用的简单技艺时代时，应该还没有真正进入象形文字发明的阶段。因此在这一阶段，古人可能会因丝绵的技术发明与应用，先行发明出一些与其有关的语言或语音，以满足这一过程中交流的需要，而不会首先造出依附于后来丝绸技术的丝绵文字。此外，甲骨文中没有"緜""絮""纊"这些直接与丝绵有关的主要文字的事实，也佐证了这一个论断。在丝绵出现以后，古人又发明了蚕茧缫丝技术，到了这一时期，象形文字才开始进入实质性的发展阶段。这时，古人创造了诸多的丝绸文字，才有可能用后发展的丝绸文字来表示前一时期发明了技术而尚未得到文字形式表达的相关产品、物品与技艺。也就是说，"緜"字及丝绵文字，是属于以丝绸技艺为背景发明的象形文字在扩展与衍生阶段发明的新字形。这个现象发生的另一个背景是，由于那个时代蚕丝绸技术的普及大大地推动了以次茧、下脚茧、茧衣和缫丝剩下的绪丝（长吐）等的有效利用为目的而形成的丝绵和丝绵纺丝技术，使其产生了为更宽泛的社会人群所了解、所利用的各种丝绵和丝绵纺织产品，最终致使后来出现了许多与丝绵技术及丝绵纺丝技术相关的文字的发明。根据以上的分析可以推知，"緜"等丝绵文字的发明应该是借用了后来出现的与丝绸技术相关的象形文字才得以实现的。这样，嶋崎昭典之"谜"就得到了合理的解释。这个古文字谜团的破解，支持并帮助我们认识了"丝绵技术早于古人学会缫丝技术"的历史事实，打消了因为丝绵文字疑案而对这一论断产生的疑虑。

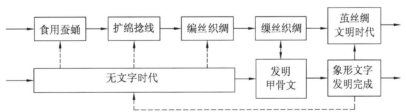

图6.1 嶋崎昭典之"谜"的解

根据上述丝绵文字发生与丝文字发生之间的关系，我们反过来可以更精确地界定最早的汉语象形文字——甲骨文发明的时期，它应该是在古人学会应用丝绵做冬衣夹絮等保暖材料，或学会搓捻丝线之后。而在缫丝技术发明的过程中，也就是说，早期甲骨文的发明应该是与古人利用蚕茧抽出茧丝的缫丝技术发明过程同步进行的。这是从丝绵古文字研究中得到的一个有意思的重要结果。

尽管古人最初发现与发明丝绵的过程，依然难以从史料文献、出土文物中得到精确解答，但是，伴随着蚕丝绸技术发展过程所发明的象形文字的出现，借助这样的机缘，关于古代生活中的丝绵以及丝绵制作技艺等，确实留下了许多珍贵的记录。

从古籍关于古代丝绵的记载中，我们可以得到许多丝绵制作技艺的信息。如《唐六典》卷三中对于唐朝制服中的冬衣，记载道："冬则袍加绵一十两，袄子八两，袴六两。"称唐人冬季穿的绵袍，加绵十两；袄子是冬季绵上衣，比袍略短，加绵八两；绵袴，也称复袴，加绵六两。唐代，棉花种植仅局限于新疆等少数地方，故所谓"绵衣""绵袍""绵袴"都是指丝绵服饰。白居易《新制布裘》诗曰："桂布白似雪，吴绵软如云。布重绵且厚，为裘有余温。朝拥坐至暮，夜覆眠达晨。谁知严冬月，支体暖如春。"诗中赞誉新做的绵袍，外罩用洁白的桂布，内絮为吴地的丝绵，即使严冬腊月，也温暖如春。丝绵广泛应用这一现象本身，就佐证了在遥远的唐代，人们就已经熟练地掌握了丝绵的制作技术。

关于古代的丝绵及其制作技术，唐初历史学家颜师有注："渍茧擘之，精者为绵，粗者为絮。今则谓新者为绵，故者为絮。"称制作丝绵时，用浸渍过的茧子擘开撑大，展开表面，平整均匀的加工成绵，表面粗乱的就作为次绵，称为絮；后人也称新做的丝绵为绵，旧绵为絮。这里说到，把煮过的蚕茧擘开撑大，这是制作丝绵的基本操作。

明朝宋应星的《天工开物》从时代来说虽然比较晚了，但这是一本详细记录我国古代科学技术的综合性著作，被认为是一部百科全书式的巨著。《天工开物》中关于丝绵制作技艺的记述，反映了远古以来的技术状况。

该书的"择茧"一节中记载了丝绵原料的来源。在古代，蚕茧送去缫丝以前，需要进行一次选茧。在选茧过程中要把不适宜缫丝的不良茧，又称下脚茧，挑选出来。"凡取丝必用圆正独蚕茧，则绪不乱。若双茧并四五蚕共为茧，择去取绵用。或以为丝则粗甚。"就是说，凡缫丝用的茧，必须选择茧形圆整端正的单宫茧，这样缫丝时丝绪就不会乱。如果是双宫茧或四五条蚕一起结的同宫茧，就应该被挑出来用作造丝绵。如果用来缫丝，就容易粗细不匀，丝质恶劣。

为了将下脚茧做成丝绵，还须下一番功夫。西汉史游撰写的《急就篇》中有将蚕茧做成丝绵的早期记载。根据其记载，首先要将下脚茧浸渍在热水或者灰汁中，待到茧层变软之后，用手将茧层撕裂，再反复地将茧层延展扩大，做成片状的丝绵。对于双宫茧一类丝质优良的茧子，一般拉出的丝绵可以纺成紬丝。而病蚕茧之类的不良茧，其拉伸成的丝绵粗杂质次，就只能用作绵絮了。西汉时期，也有将新的丝绵称为"緜"，而旧的、用过的丝绵称为"絮"的记录。

《天工开物》中还比较详细地说明了制作丝绵的技艺。在"乃服"一章中专列有"造绵"一节。关于丝绵做法的记录是这样的：

"凡双茧并缫丝锅底零余，并出种茧壳，皆绪断乱不可为丝，用以取绵。用稻灰水煮过（不宜石灰），倾入清水盆内。手大指去甲净尽，指头顶开四个，四四数足，用拳顶开又四四十六拳数，然后上小竹弓。此《庄子》所谓'洴澼绒'也。

"湖绵独白净清化者，总缘手法之妙。上弓之时，惟取快捷，带水扩开。若稍缓，水流去，则结块不尽解，而色不纯白矣。其治丝余者名锅底绵，装绵衣、衾内以御重寒，谓之'挟纩'。凡取绵人工，难于取丝八倍，竟日只得四两余。用此绵坠打线织湖绸者，价颇重。以绵线登花机者名曰花绵，价尤重。"

其中说到的小竹弓，是用来撑开延展蚕茧套的工具，是用竹子做成的弓形支架。《庄子》所谓"洴澼绒（píng pì kuàng）"是指在水中漂洗绵絮之意。此段文字翻译成现代文就是：双茧和缫丝后残留在锅底的无绪茧，以及出蛾后的茧壳，丝绪都已或断或乱，不能再用来缫丝，只能用来造丝绵。将这些造丝绵的茧子用稻灰水煮过（不宜用石灰，是因为石灰水碱性太强，会损害丝质）之后，倒在清水盆内浸渍。拉丝绵时，将两个大拇指的指甲剪干净，用大拇指顶开四个蚕茧，套在左手手指并拢的四个指头上作为一组，连续套入四个蚕茧后，取下，为一个小兜。做完四组，再用两手拳头把它们一组一组地撑开，使撑宽到一定大小，连拉四个小兜共十六个茧，然后套在小竹弓上撑开，这就是庄子所说的"洴澼绒"。唯有湖州的丝绵特别洁白、纯净，这是由于造丝绵的人手法非常巧妙。往竹弓上套时，必须动作敏捷，带水拉开。如果动作稍慢一点儿，水已流去，丝绵就会板结，不能完全均匀地拉开，颜色看起来也就不那么纯白了。那些缫丝后残留在锅底的无绪茧，称为"锅底绵"，把用它们拉成的丝绵装入绵衣、被子里用来抵御严寒，这种夹层丝绵就被称为"挟纩"。制作丝绵的工夫要比缫丝所花的工夫多八倍，每人劳动一整天也只能得到四两多丝绵。用这种绵坠打成线织成湖绸，价值很高。用这种绵线在花机上织出来的产品叫作"花绵"，价钱更贵。

图6.2描绘了古代传统的扩绵技术。《天工开物》称，学会拉丝绵的技术，要比学会缫丝困难八倍。实际制作时，需要极熟练的技术操作。当时一个人一天仅能拉丝绵4两，相当于现在的150克。我国古代的养蚕缫丝技术传到日本之后，丝绵技术也同时传了过去。日本代表性的养蚕著述《养蚕秘录》中，对比了养蚕、缫丝及丝绵技术的难度，称为了成为一名技术熟练的操作工所需要的实际学习时间，有"养蚕一生、缫丝三日、丝绵一年"之说。丝绵制作从配制灰汁，到煮茧，以及向各个方向均衡地扩茧，都需要在实际操作中反复练习才能真正悟到心得。

图6.2　传统的扩绵技术

现在看来，将一个茧壳用这样一种方法拉展成丝绵，确实是一个非同寻常的大胆尝试；没有这样的大胆想象，就不可能去探索拉绵工艺技术。而最终发明出这种扩展丝绵的方法，是出人意料的勤劳智慧的结晶。这种扩绵技术与方法，流传了几千年，直至今日，依然是一种珍贵的传统技艺。

二、古代丝绵的应用

在生产技术水平极为低下的远古时代，丝绵和丝绵纺织技术为何会有如此之高的社会价值以及社会关注程度呢？有那么多与丝绵及丝绵纺织技艺相关的文字出现，足以说明这些技艺在当时的社会需求度及其在古代生活中的权重。我们不妨从古籍文献资料来探索一下这个现象的背景。

在《说文解字》中，关于"纩"字的讲解为："纩，絮也，从丝广声。"《春秋传》曰"皆如挟纩"。这里说到的"皆如挟纩"是《春秋传》也即《春秋左氏传》中的故事。其中"挟纩"一词在明朝宋应星的《天工开物》中有注解："装绵衣、衾内以御重寒，谓之挟纩。"这是鲁、宣公十二年（前597年）前的记事，该记事称："冬，楚子伐萧……萧溃。申公巫臣曰：'师人多寒。'王巡三军，拊而勉之。三军之士，皆如挟纩。遂傅于萧。"用现在的话说就是：冬季，楚庄王攻打、包围了萧国。萧国崩溃，申公巫臣禀告称："军队里的人大多很冷，士气低落。"楚庄王巡视三军，手搭在受冻的士兵肩上，安抚慰勉他们，使得三军战士感到温暖，好像穿上填充了丝绵的衣服一样。军队士气大振，奋勇前进而逼近萧城。

图6.3　西汉印花敷彩纱丝绵袍

根据古籍记载可以知道，西汉时丝织业已很发达。织物生产中，一般以上等蚕茧用于纺织，以次等蚕茧制作丝绵保暖。从战国、两汉出土文物中大量的冬绵袍可以推知，当时丝绵在冬衣保暖上已得到广泛应用。例如，湖北省荆州市荆州区马山一号墓出土的战国时期的凤鸟花卉纹绣浅黄绢面绵袍、小菱形纹锦面绵袍、素丝绵袍，湖南省长沙市马王堆一号汉墓出土的罗地"信期绣"丝绵袍、朱红菱纹罗曲裾式丝绵袍、西汉印花敷彩纱丝绵袍、绢地"长寿绣"丝绵袍，等等。图6.3所示就是湖南省博物馆收藏的西汉印花敷彩纱丝绵袍。古代利用丝绵制作的绵袍工巧技精，就是在今天，也是令人咋舌的。

在两千多年前，古人就已经对丝绵保暖熟知如常了。这是古代社会普遍认知与广泛使用丝绵衣作为寒冬保暖方法的证据。

当然，这并不意味着"绵"就是大众可以着用的保暖服。正如《说文解字》中解释的，絮为弊绵，即丝绵中的质次者，而好的丝绵称为"绵"。在元代以前，中国还没有广泛种植棉花，一般庶民就只能穿着芦花作为保暖填充物的冬衣。《汉书·高帝纪》中说到的"絮三斤"，就是指没有棉花的时代，以絮纳入夹衣中，谓之装褚，絮绵服称为袍。因此，绵、絮、芦花，就是社会不同阶层之间等级分明的冬衣用原料。《天工开物》中说：古代社会中"凡衣衾挟纩御寒，百有之中止一人用茧绵，余皆枲著"。意即能够采用丝绵做成绵衣和绵被御寒的，在一百人中只有一人；余者都是着用"枲著"，即麻布衣服的。宋应星写此书是在明代，故这里所写的"枲著"，指那时已经广泛使用的棉花絮的棉衣。

我国古代的《孝子传》中有孝子闵损丧母后孝敬后母的故事。故事中说，损的父亲再娶后，后母生有两子，因妒忌损，对自己所生之子都使穿绵絮服，而损只能穿芦花絮服。但是，损并不怨恨后母，长大以后依然尽心孝养报答后母。从这个故事中我们可以看到，绵絮在不同身份的人群当中是被差别化使用的。

有关丝绵在古代社会生活中的记载，古籍中是很多的。从这些故事里也可以看到，丝绵作为服饰的材料，已经进入一般庶民生活，成了当时社会生活中一种耳熟能详而又不可缺少的生活资料。

丝绵除了用于制作防寒服外，还有其他各种用途。其中一个有代表性的用途，就是在蔡伦纸之前已经出现的丝绵纸。如前所述，蔡伦纸发明时，已经有"帋"字及代用的"纸"字，表明在此以前已有"纸"字所指之物。这是什么呢？王隐《晋书》称"古之以缣帛，……即名幡纸"。《说文》解："纸，丝滓也。"又有东汉末年服虔的《通俗文》称"芳絮曰纸"，段玉裁认为絮是短蚕丝。这就是说，蔡伦纸之前的"纸"正是丝绵的薄片，就是类似于今天无纺布的"纸片"。

这样的丝绵纸在古代的使用记录也可见诸很多文献。

唐代李商隐的《河阳诗》有："楚丝微觉竹枝高，半曲新辞写绵纸。"朱鹤龄注："楚丝，犹云楚弄。"说的就是在"绵纸"上写诗。后来也有解"绵纸"为一种用树木的韧皮纤维制成的纸，色白柔韧，纤维细长如绵。但是根据"绵纸"的源出，其与丝绵与绵絮纸的关系是不能够完全回避的。明代胡应麟的《少室山房笔丛·经籍会通四》中称："凡印书，永丰绵纸上，常山柬纸次之。"可见，丝绵纸在当时有广泛的应用。

宋代李昉等的《太平广记》记载有唐代宗大历年间（766—779年）长安的"常着纸衣"禅师的故事。当时，长安有一位名为简禅师的和尚，他常年不穿麻布、丝绸做成的衣服，而只简单地穿着用真丝屑、丝绵浸湿后做成的"丝衣"，苦行终日，被百姓称为"纸衣禅师"，备受尊重。

宋代以后，丝绵的服饰被称为"纸被"，得到了文人墨客的普通青睐。如刘子翚有过"吕居仁，受赠丝被而写诗答谢"的记载，又有陆游的"朱文，受纸被而答谢"等。

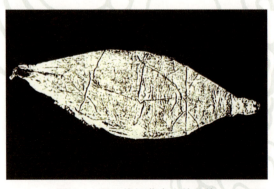

图6.4 马王堆汉墓出土的丝绵

1972年，长沙马王堆一号汉墓出土了一件丝绵的物品（图6.4）。据报道，这是一个橄榄形的丝绵纸状物，长度约为83厘米，最宽幅约为28厘米，厚度约为0.18～0.4厘米，是已出土的古代纸絮片的代表文物。1973年，新疆吐鲁番阿斯塔纳遗址又出土了唐代丝絮片做成的"纸冠"。

明、清以后，丝絮片还被用作一种称为"织纸"的工艺品材料。此外，《宋史》有关于北宋开宝七年（974年）开封府制作平面茧丝的记录。其做法是，将即将吐丝的蚕儿放置于平板上，使其直接吐丝敷缠在平板上而得到平面茧丝。崔应榴的《蚕事通纪》记载，景祐四年（1037年）河南制作了长两丈五尺（7.7米）、幅四尺（1.2米）的平面茧丝。又《西吴蚕略》中还有清代江南地方用平面茧丝做团扇的记录。

由此可知，古代丝绵除了作为绵衣保暖材料和绢纺丝之外，作为不织布，也已经很广泛地被使用了。据嶋崎昭典的《真绵的文化志》称，对蚕茧丝绵过敏的人，只要将丝绵反复日晒水洗，或将丝织物进行精练，就可以去掉过敏原，使用时不再产生过敏反应。

丝绵除了在一般庶民中有重要应用外，还有另外一项特别的功能，这就是战争时期制作丝绵铠甲。汉代在中国悠久的历史中，无论在国力还是文化方面，都处于比较充实的时期。但是，北方匈奴、南方蛮越的骚扰与侵袭，又常常使得国家难以安宁。据《汉书·匈奴传》记载，为了使北方平静下来，汉帝派遣官员给匈奴君王单于示好，赠送了包括绵絮、织锦等在内的大批礼物。本来绵絮是作为防寒衣料使用的，这对于北方民族来说，是比织锦还要珍贵的礼物。但是，匈奴人注意到丝绵不仅质轻保暖，而且在战场上可以有防箭防刀枪、保护身体不受伤害的作用，于是又将它用作战袍的材料。据传，这一用法曾经传到罗马。

唐宣宗大中年间（847—860年），河中（现山西省永济市）节度使徐商用丝绵做铠甲，强力的箭也无法穿透。明代《涌幢小品》记有用蚕茧丝绵做成铠甲的方法。据称，将蚕茧浸渍变软，然后用木槌捶打至像纸一样薄，将它们叠合成约3寸厚的丝绵垫，四周用钉子固定，做成士兵的丝绵铠甲，可以刀枪不入。如果将丝绵浸湿，将更加强韧，强力锐利的弓箭也无法射穿。因此，自古以来丝绵不仅是优良的以防寒为首的生活资财，同时还是极佳的防箭防刀枪用材料。

几千年来，丝绵能够始终伴随着中华民族并一起进入现代社会，正是因为自丝绵为古人发现、发明与应用以来，它就是一种如此贴近人们生活的，为人们所喜好，每每寒冬来临就不可离开的生活材料。而这一技艺作为珍贵的历史文化遗产留给人类的记忆及其对现代技术进步所做出的贡献，已经成为一座历史的丰碑。

三、古代捻线绸的技艺

在发明与应用丝绵的最初时代，古人还不会缫丝，但是，由于已经有了将各种其他植物纤维，如葛、麻等进行纺丝的技术，即在那时，古人已经会将细长丝并合或捻绞起来加工成为一根稍粗的丝条，并将其用于结绳、编网、编织等了，所以，一旦人们学会了将蚕茧细丝抽拉离解延展成为丝绵，那么，利用已经掌握的搓绳捻线方法将丝绵做成细长的捻线丝，似乎就是一件自然而然、水到渠成的事情了。人们将最好的蚕丝用于纺丝，而将不能纺丝的、质地比较差的部分加工成丝绵填充物用于保暖等其他用途。正是在这个意义上，我们说丝绵与纺丝就像一对孪生兄弟。

关于这一点，可以从一些古籍上看到相关的记录。

《天工开物》"乃服"篇的"取茧"一节中关于蚕儿吐完丝后的摘茧技术，有这样的记载："凡茧造三日，则下箔而取之。其壳外浮丝，一名丝匡者，湖郡老妇贱价买去（每斤百文），用铜钱坠打成线，织成湖绸。去浮之后，其茧必用大盘摊开架上，以听治丝、扩绵。若用厨箱掩盖，则浥郁而丝绪断绝矣。"这里，"去浮"是指除去浮丝；"治丝"即缫丝；"扩绵"指制作丝绵。用现在的话来说，取茧就是在蚕上簇结茧三天之后，拿下蚕箔进行收茧。蚕茧壳外面的浮丝又称"丝匡"（茧衣），湖州的老年妇女用很便宜的价钱买了回去（每斤约一百文钱），用铜钱坠子做纺锤，打成纺线，织成湖绸。剥掉浮丝以后的蚕茧，必须摊开在大盘里，放在架子上，准备缫丝或者造丝绵。如果用橱柜、箱子掩盖起来，就会因湿气郁结、疏解不良而造成断丝。这里虽然说的是收茧，但是有两处涉及纺丝与制作丝绵。一是说收茧以后剥下的茧衣，可以纺成丝线，织成上好的湖绸；而剥掉茧衣的蚕茧有两方面用途，即缫丝和制作丝绵。

《天工开物》在"择茧"和"造绵"中又说，"凡取丝必用圆正独蚕茧，则绪不乱。若双茧并四五蚕共为茧，择去取绵用。或以为丝则粗甚"，"凡双茧并缫丝锅底零余，并出种茧壳，皆绪断乱不可为丝，用以取绵"。即古人知道，缫丝用的茧必须选择茧形圆正的单宫茧，缫丝时丝绪才不会紊乱。如果是双宫茧或由四五条蚕共结的同宫茧，就应该挑出来造丝绵。如果用来缫丝，往往丝条粗细不匀。另外，在缫丝过程中，凡双宫茧及缫丝锅底的无绪茧或出蛾茧等，丝绪或断或乱，就不能再用来缫丝，只能用作造丝绵。

因此，部分蚕茧及茧衣用于做丝绵或纺丝线，这是从缫丝工序中分支出来的、不同于缫制长丝的两种另辟蹊径的用途。书中说到湖州的老年妇女用很便宜的价钱将茧衣买回去，用铜钱坠子做纺锤，打纺线，织成湖绸，其实就是绢纺加工。通常所谓绢纺，就是把养蚕、制丝、丝织中产生的疵茧、废丝加工成纱线的纺纱工艺过程，这样得到的加工纺丝，就称为"绢纺丝"，用绢纺丝织造的丝绸一般被称为"捻线绸"或"绵绸"，古时候包括了称为䌷、缯、绝等的织物。

有关"绵绸"，我们可以从古籍中查索到更早的记载。北宋司马光编撰的《资治通鉴》记载了自公元前403年东周到公元959年五代后周16个朝代的详细历史。其中，第173卷《陈宣帝太建九年》中有以䌷丝纺织制作"绵绸"服饰之说，称北周规制："庶人已上，唯听衣绸、绵绸、丝布、圆绫、纱、绢、绡、葛、布等九种，馀悉禁之。朝祭之服，不拘此制。"记载说到，北周下诏：平民百姓以上的人，可以穿用绸、绵绸、丝布、圆绫、纱、绢、绡、葛、布等九种材料制作的衣服，其余一概禁止。朝祭时的服装，不受此限制。后来，元代胡三省注："绵绸，纺绵为之。今淮人能织绵䌷，紧厚，耐久服。"这表明1 500多年以前古人就已经掌握了成熟的绵绸制作技术。古代"绵绸"亦写作"绵䌷"或"蚕绸""茧绸"，是指用家蚕残次茧丝或野蚕茧经过加工处理纺成丝所织的平纹绸。绵绸织物表面不光整，是一种手感柔软、条干均匀、表面有粗节的厚实坚牢的丝织物。根据记载，这样的绵绸汉代就已得到重视。南北朝以白绸作为馈赠礼品。唐、宋土贡有花绸、绵绸和平绸。明代以山西潞绸为最好。汉代桓宽的《盐铁论·散不足》记载："茧绸缣练者，婚姻之嘉饰也。"宋代周去非的《岭外代答·服用门·水绸》也记载："广西亦有桑蚕，但不多耳。得茧不能为丝，煮之以灰水中，引以成缕，以水织绸，其色虽暗而特宜于衣，在高州所产为佳。"清代叶梦珠的《阅世编·食货六》中说："山东茧绸，集蚕茧为之，出于山东椒树者为最佳，色苍黑而气带椒香，污秽著之，越岁自落，不必浣濯而洁，在前朝价与绒等，用亦如之。"

由上可知，古人很早就已经掌握了利用家蚕残次茧丝或野蚕茧丝纺织绸布的技术，这项技术经发展、演变就成了后来的绢纺技术。

古人发明丝绵之后，虽说有可能直接模仿葛、麻等植物纤维进行纺丝与织布，但是，我们并没有找到象形文字发明以前，或者说古人学会缫丝以前加工绢纺丝绸的资料或证据。而另外，我们也注意到，所有有关绢纺丝绸的文字，无不利用了绞丝偏旁。正如讨论丝绵发明时所说的，象形文字的发明是与古人学会利用蚕茧缫丝处于同一时期的，与"嶋崎之谜"一样，即丝绵文字"绵"并没有独有的形态，对于捻线丝与绸来说也完全是同样的。事实上，象形文字发明以前，即使古人已学会了加工捻线丝，以及将捻线丝织造成为捻线绸，也不可能留下独有的文字记录。后来有关捻线绸，包括"绵绸""绵䌷""蚕绸"或"茧绸"以及"䌷""缯""绝"等绢纺绸的文字，均是缫丝技术及丝织技术发明以后的古籍中所出现的，因此只能是借用了伴随着缫丝丝织技术而产生的茧丝偏旁文字。据此可以说，旧时绢纺技术所用的古字，应该都是后来追加补充而来的。这些绢纺文字与丝绵文字一样，与缫丝的古字"丝"的形态密切地联系在一起。在第四章中我们讨论过，古代用植物纤维或动物毛等短纤维纺成长纤维用于织布的技术发明，应该先于缫丝技术的发明。根据这一讨论的结果，我们推测，"绵绸""绵䌷"等古代绢纺技术可能也早于缫丝技术的发明。虽然这只是一个推测，但这是一个有意思的问题，需要我们进一步进行考古探索，并从古籍资料中发现确凿的证据。

古代绢纺丝或织物中，䌷是一种具有代表性的织物。《说文解字》中对其注解为"大丝缯，即左闵二传所谓大帛之冠"，指的是粗绸。故䌷布一般指上面所说到的粗丝织成的绸，如䌷缎。

在这里，对古代䌷的制作过程进行一些说明。

一般地，制作䌷丝的原料为丝绵或精练过的次级茧丝绵，将这些丝绵拉开蓬松地挂于竹制纺丝架，以手工纺丝可制成丝线。到了现代，用电动纺丝器直接纺成细丝，称为"䌷丝"，古称"绝"。"䌷丝"有轻微的捻度，丝质柔软。"䌷丝"织成之布称为"䌷织物"，具有特殊的质感。纺䌷丝丝绵，还可利用桑蚕茧以外的其他茧丝，包括柞䌷丝、蓖麻䌷丝、木薯䌷丝、混纺䌷丝等。由于䌷丝中短纤维整齐度差，纺成的丝条粗细变化较大，加之其上含类节、质粒较多，丝条手感柔软、丰满，表面形态别具一格。在日本有以结城绸、久米岛绸为代表的䌷织物，此外，还有减半精练仿苎麻布质感的"生䌷"。

关于"䌷丝"的加工制作方法，在《天工开物》中没有详细的记载。有意思的是，我们的邻国日本却在丝绵及䌷丝制作方面留下了数量较多的工艺技术的记录。

公元 4 世纪到 6 世纪，中国的文化与技术经过朝鲜半岛传入日本。到了公元 7 世纪，日本开始派遣遣唐使到中国学习，这时，中国的文化与技术开始通过遣唐使直接输入日本。据传，当时遣唐使的差旅费是用丝绵、丝绵织物支付的。因为，当时要渡过荒海才能留学，这是一种极具生命危险的出使，因此在出海之前就要发给差旅费。当时，大使的待遇为绝六十匹、绵百五十屯、布百五十匹，次一等级为该待遇的三分之二，等等。这里说的丝绵一屯在当时为六两重。此外，当时在家中织造丝绸，制作丝绵、丝䌷的女性，缴纳赋税可以直接用丝绸、丝绵的形式，由此可知，在古代日本，丝绵是十分珍贵的物品。近千年来，丝䌷、丝绵技艺在日本代代传承，不断发展。日本的结城䌷、上田䌷、大岛䌷、久米岛䌷等都已成为珍贵的历史文化遗产，得到了保护。在这样的背景下，日本在应用古代中国的蚕桑丝绸技术及其传承发展上，留下了很多珍贵的资料就不足为奇了。

根据记载，从江户时代到明治时代，即 17 世纪至 19 世纪，䌷丝制作加工作为家用产品，在日本已经十分流行。制作䌷丝主要有两种方法，即将蚕茧直接拉伸制作䌷丝和以丝绵纺丝制作䌷丝。1827 年，日本主要蚕丝产地信州的北泽始芳出版了一本《山蚕养法秘录》，其中较为详细地记录了用山蚕吐丝得到的茧子直接制作䌷丝的方法。后来，吉泽弥吾在《明治前日本的蚕丝业史集》中进行过介绍。其基本的操作程序为：

① 为了将出蛾茧拉松，要先将茧子置放于稻草灰汁中浸渍 3 日，直到浸渍水变成茶色。再用清水反复清洗，蚕茧的脱胶程度以蚕茧由原来的青绿色变为白色为宜。

② 从锅里取出浸渍茧后，拧干水。只有充分挤干水分，才能使蚕丝离解开来。

③ 左手持茧，在右边的膝盖上搓捻牵引延伸成为䌷丝。

用已经拉伸开来的丝绵纺成䌷丝的做法，1814 年成田重兵卫的《蚕饲绢筛大成》中有较详细的介绍。其中几个主要的操作步骤为：

① 将丝绵放入被称为"和尚头"的木桶中盖起来，从下方拉松丝绵。

② 将拉松后的丝绵牵引并缠附到一个称为"捻绵轴"的竹筒上。

③ 一面将丝绵从"捻绵轴"竹筒的一端牵引出来，成一根丝条，一面用指头加捻，并依靠调节牵引速度控制捻丝的粗细，将经过捻丝的丝条送入称为"苎桶"的容器中。这一操作需要熟练的技术，完成一次落桶，往往需要 7～10 天时间，得到的䌷丝长度可达 4 000～5 000 米。

④ 经过这样的捻丝后得到的䌷丝被卷取到一个称为"丝绞架"的大箖子上，然后再重新卷取到成为"繰丝箖"的小箖子上。

⑤ 最后将小箖子上的绵条再在纺丝机上像纺棉花一样进行加捻纺丝。

日本著名的结城䌷就是用这样的方法做成的。这样的纺丝程序与做法，与现代的䌷丝纺丝的方法已经没有什么两样了。

四、古代捻线绸的延伸与近代绢纺绸

古代的捻线绸技术，经延伸和扩展，到近现代形成了绢纺工业技术的基础。绢纺工程的加工对象是养蚕、制丝和丝织业中的疵茧和废丝。在发现蚕丝以来的漫长历史中，古人对于这些疵茧和废丝的利用价值进行了充分理解，并始终把它们作为一种贵重的纺织原料。茧丝具有良好的生物学、物理学性能，这是其他纤维材料所无法比拟的。而且，其本质上与肌肤的亲和性又带来多种保健功能，这使得它深受各阶层人们的喜爱，在任何时代都展示了宽阔的应用空间。

在古代，人们仅借助于一些原始的简单工具，就巧妙地将不适于缫丝的双宫茧、出蛾茧、茧衣和缫丝下脚茧、汰头等经灰汁煮练做成丝绵，并用手工纺成丝线，织成绢丝织物、䌷丝织物等各种丝绸。作为蚕茧长丝利用的延伸及补充，人们另辟蹊径地走出了一条利用蚕丝长丝及短丝纤维的宽阔道路，并获

得了区别于蚕茧缫丝长丝的独特风格与至臻至美的原生态风味，使得蚕桑丝绸更加魅力四射。以䌷丝为代表的捻线丝是蚕丝的交络构造，这一构造赋予䌷丝条丰满感、温暖感及柔软感，增大了䌷丝的强度，并使䌷丝具有了较好的自由伸缩长度。加之，䌷丝绢纺利用的是高档生丝生产所不宜使用的原料，其优良风格与风情特色的形成，恰恰是高档生丝所忌讳的丝条类节和粗细变化的巧妙利用结果。丝绵纺制的䌷丝织物与一般的丝绸之间，在原料使用和丝绸产品风格特征方面的完美互补，造就了一个更加绚丽多彩、丰满多姿的丝绸世界。

当古代中国丝绸通过陆上丝绸之路、海上丝绸之路以及通过朝鲜半岛扩散和遣唐使传播等途径传遍西洋、东洋，遍及世界各个角落时，丝绵䌷丝技术也随之传授给了不同肤色的国家与民族，受到了全球普遍的青睐。在此基础上，中国古人发明的蚕桑丝绸技术技艺，在世界各地获得了新的发展土壤，生根、开花、结果。近代绢纺丝绸技术的发展就是一个具有代表性的例子。

18世纪60年代，第一次工业革命从英国开始，飞梭、珍妮纺纱机、水力纺纱机与织布机等的发明，在纺织行业开创了以机器代替手工工具的新时代，推动了棉纺织技术的革新。以此为契机，以茧层与下脚茧等为原料的绢纺丝织业借助棉纺织机械化技术的成果，也成功地实现了初步的机械化生产。1827年前后，在英国中部和北部，开始出现绢纺丝生产的工厂群。

19世纪50年代以后，绢纺丝制作时，将精练过的团块状丝绵拉松扩展，利用大圆筒梳棉机的回转滚动力量，对丝绵进行梳理，使得丝绵变成长度约30厘米、各根茧丝整齐地平行排列的带状"展棉"。利用这样的丝绵带继续加工纺织用的丝绵条时，可以完全采用棉花纺织工程的技术与设备，所不同的仅仅是丝绵条上的纤维长度比棉花的纤维长度更长一些。自20世纪60年代起，绢纺行业中又导入了毛纺式罗拉梳理机和精梳机，使得绢纺工程现代化向前跨进了一大步。

近代绢纺业发展起来以后，绢纺丝在原料使用上已与丝绵和䌷丝纺织相同，其形成的纤维组织同样具有茧丝交络的短纤维结构特征，这与传统的䌷丝等古代捻线丝也是一致的。在这个意义上，近代的绢纺丝与绢纺绸，确实可以说是中国古代丝绵纺的捻线丝和䌷织物的现代延伸与发展。

第二节　古代蚕丝精练脱胶技艺

现在人们已经知道，蚕儿吐出的蚕丝是由两根丝素蛋白组成的单丝，其外层包裹着丝胶。丝素占蚕丝质量的70%～80%，丝胶占蚕丝质量的20%～30%。丝胶中还含有少量的色素、油脂、蜡质和无机盐等成分，其主要作用就是作为一种润滑剂和保护剂，使得蚕儿吐丝时能够顺利地挤压与拉延出茧丝来，同时又作为黏合剂，将两根单丝黏合在一起成为一根茧丝。丝素和丝胶都是蛋白质，但两者在化学组成和极性上是不同的。丝素含较多的非极性氨基酸，结晶度较高，性质稳定。丝胶分子由大量含亲水性基团的极性氨基酸组成，结晶度较丝素低，易溶于水、酸、碱、皂、洗涤剂等。因此在通常情况下，丝胶蛋白与丝素蛋白相比是一种比较不稳定的结构，遇热水特别是含酸、碱等药剂的热水容易溶解，而丝素却很难溶解。古人很早就发现了丝素与丝胶这样一种溶解性上的差异，并利用这一差异除去丝胶保留丝素。人们了解到，在进行蚕丝的脱胶处理时，只要用热水以及一些碱性药剂，就可以容易地溶解丝胶，获得以丝素纤维为主的丝条。

古人注意到，经拉松梳理与清洗干净的蚕丝，会变成光洁漂亮的丝条，既没有异味，也没有杂质，会显现出蚕丝特有的高雅纯洁的光色。作为直接与肌肤接触的服饰材料或防寒保暖材料，它的手感和形态又是其他纤维材料所不可比拟的。那么，古人在生产工具非常简陋落后的条件下，究竟是如何将包覆在丝素外层的丝胶去除的呢？

在长期的探索过程中，人们逐步发现了利用炭火灰汁等身边最容易获得的物质来使得丝胶脱落与溶解的方法。《周礼·考工记》中记载，当时所设"筐人"一职，主管"练丝"和"练帛"之事。书中记述"慌氏涑丝，以涗水沤其丝"，"涑帛，以栏为灰，渥淳其帛，实诸泽器，淫之以蜃"。涗水是加灰的温水；栏即楝木，俗称苦楝木，碱性，烧灰和水成浓浆，为渥淳；"蜃"即为蛎灰，亦为碱性。那时，古人将去除蚕茧和坯绸丝胶的办法称为"涑丝"和"涑帛"。研究表明，浙江钱三漾遗址出土的丝绸就是由经过精练得到的生丝织成的。这说明，在约5 000年前，我们的祖先就已经掌握了将生丝或坯绸上的丝胶练去的精练技术。在原始社会及不开化的时代，发现这样的茧丝脱胶与精练手段确实是十分智慧的。它打开了一扇使得茧丝作为人类贴身的保暖材料和奢华服饰材料的无限宽广的大门。

我国古代精练丝帛主要有三种方法：草木灰浸泡兼日晒法、木杵捶打法和猪胰煮练法。古代蚕丝精练技术最早的文字记载，应为成书于春秋战国之际的《周礼·考工记》，书中所载灰练和水练工艺，已达到相当高的水平。由最古老的脱胶方法如早期的灰练（如蜃灰）、水练法，秦、汉之际又发展为煮练、捣练这两种利用高温、敲击振动练漂的方法。此外，酶的应用在我国也具有悠久的历史，酶练是一种生物精练方法，该方法利用酶的作用使纺织纤维或材料达到脱胶去脂的目的。《诗经·陈风》中有"东门之池，可以沤麻"的记载，说明我国在3 000多年以前，已经发明了以微生物发酵进行麻纤维脱胶的沤渍脱胶法。魏、晋以后，酶练蚕丝工艺被发现。至迟在唐代，已有比较成熟的胰酶精练工艺，比国外早了1 200多年，并形成了碱剂初练和酶剂复练的工艺方法，该方法一直主导着我国古代丝绸精练技术的发展，沿用至后世，成了具有独特门类特征的传统工艺技术。

一、蚕丝脱胶技术的开发先于缫丝技术的发明

古代蚕丝脱胶技术的开发究竟是在缫丝技术发明之前，还是在缫丝技术发明之后呢？这个问题关系到脱胶技术开发的时代与技术背景，对于探索与阐明蚕丝脱胶技术发生与演变的经过是十分重要的。

首先，根据对"嶋崎之谜"的阐析我们已经知道，从技术发展的角度看，单纯的技术向复杂的技术发展与演变符合技术进步的规律，也就是说，比较单纯的丝绵制造与使用，应该先于技术复杂的缫丝与丝绸织造技术的发明。本章第一节从我国象形文字发明的进程已经说明，丝绸文字属于借用复杂技术时代所伴生的"丝"文字反映早期技术的结果，并没有否定丝绵技术早于缫丝技术发明的进程。

其次，根据古籍中记载的丝绵技术可以知道，脱胶是一项伴生于丝绵制作的技术。没有脱胶的过程，是不可能将蚕茧、下脚茧做成丝绵的。《急就篇》中关于从蚕茧做成丝绵的记载说到，先要将下脚茧浸渍在热水或者灰汁中，待到茧层变软之后，用手将茧层撕裂，再反复地将茧层延展扩大，做成片状的丝绵。《急就篇》是缫丝技术发明以后的著作，这里只说到了缫丝下脚茧制作丝绵的技术。但从中我们也可以领会到，古人直接用蚕茧拉丝绵时，首先要将蚕茧上的丝胶用热水或灰汁处理，使得丝胶软化及脱落，这样才能奏效。因此，脱胶技术的出现先于缫丝技术的发明这一点也是可以理解的。

此外，还可以通过与脱胶技术相关的象形文字的发明与应用，来进一步追索、佐证脱胶技术与缫丝技术的关系。根据上面的讨论，如果脱胶技术的开发是在缫丝技术发明之前的话，那么，在与缫丝技术发明进程几乎同步的象形文字发明之前，自然不会出现凝固了脱胶技术要素的象形文字。与蚕丝脱胶技术相关联的文字主要有"涑""练"两字，它们发音相同，意思都是把丝、帛煮脱胶后，使之柔软洁白。《说文解字》中以"涑缯"解说"练"。"涑"表示"涑治"，是以水煮处理之意，与"丝"并无关系；只是表示以水煮处理"丝""帛"或"缯"之后，产生了丝偏旁的"练"字。因此，表示脱胶的"涑"字虽然同样是在象形文字出现以后才发明的，但用了一个与"丝"无关的字形，这是很有意思的。如果脱胶是缫丝以后才发明的、依赖于缫丝的技术，那么表示脱胶的文字只要有"练"就可以了。而在丝文字以外以"涑"来解"练"，可以理解为在缫丝出现以前，人们就掌握了以水煮处理的技术，例如早期以水煮蚕茧来熟食蚕蛹等。这就是说，古人用水煮蚕茧，不仅获得了可以熟食的蚕茧，而且发现了经煮熟脱掉了部分丝胶的蚕茧可以被离解成蓬松洁净的丝团，这样的丝团晾干以后可以用作保暖的丝绵或纺丝原料。后来，人们还发现，如果去掉表面上那层乱丝，甚至可以渐次离解出一根完整的连续茧丝。这一发现恰恰成就了最早的缫丝技术。在这个过程中，练丝脱胶技术就像是缫丝技术的敲门砖一样，其发

生于缫丝之前就是理所当然的了。

实际上，缫丝过程中要将茧丝顺利地离解出来，也必须先将蚕茧通过煮茧这样的水热处理过程。这样的缫丝技术先导，应当不会是缫丝技术发明出来以后悟出的技艺。

古籍记载的练丝脱胶技术，基本上都是在缫丝技术出现以后。只有历经很远久的年代，当这项技术已变成一种成熟的技术时，才能够成为当时极为珍贵的文字记载资源。我国精练丝帛的历史很早，并且应该是在有文字记载的历史时期之前，有关这一点，在世界上也是有共同认知的。瑞典纺织史学者西尔凡在研究了远东博物馆保存的我国殷代青铜器上的丝绸残片后说："毫无疑问，中国人对丝的处理早在殷代就达到了很高的标准了。"西尔凡所说的丝处理，主要就是指精练丝的技艺。早期的蚕丝精练历史没有文字记载，也没有如缫丝一样在象形文字中留下踪迹，由此我们可以推知，蚕丝脱胶技术的出现早于缫丝技术的发明。

二、草木灰浸泡兼日晒法

我国早期的练丝脱胶技术，主要就是采用草木灰浸泡兼日晒。这是一种在日常生活中比较容易实施的脱胶方法。使用这种方法时，要把缫好的生丝或绸布放进楝木灰与蜃灰的温水中浸泡，然后取出在日光下暴晒，晒干后，再浸，这样连续数日反复进行。脱胶是利用水温和水中碱性物质（楝木灰、蜃灰）的脱胶作用化解丝条上的丝胶并去掉杂质。另外，在日晒过程中，依靠日光中的紫外线照射，对丝条起到漂白作用，使丝条产生独特的光泽和柔软的手感。这种练丝工艺历代都曾采用，沿用的时间最长，直到现代，大部分蚕丝的精练也还是以相同的原理，即使用碱性药剂进行处理的。

据古籍记载，夏至商代已开始练丝织帛，使用练熟的彩丝织造锦绮。周代，练丝技艺已出现了用蜃灰和水练丝脱胶的"幌氏工艺"。

《周礼·考工记》中的《幌氏·涷丝》记载有古代练丝的做法："涷丝，以说水沤其丝七日，去地尺暴之。昼暴诸日，夜宿诸井，七日七夜，是谓水涷。涷帛，以栏为灰，渥淳其帛，实诸泽器，淫之以蜃。清其灰而盝之，而挥之；而沃之，而盝之；而涂之，而宿之。明日，沃而盝之。昼暴诸日，夜宿诸井，七日七夜，是谓水涷。"对于生丝或茧丝，古人的做法是，将生丝或茧丝浸渍在蜃灰（牡蛎灰）一类碱性溶液中，进行七天的处理。白天置于离地面一尺高的地方进行日光暴晒，晚上置于井下阴凉的水中浸渍，七天七夜反复进行，直至获得脱去丝胶的茧丝或生丝。有关绢布的脱胶处理就比较繁杂，开始时，以楝木灰涂抹到绸布面上，再将绸布放到容器里，加水，使得灰水浸润，然后在容器中加入一定量的牡蛎壳灼烧后的壳灰，使灰汁浸透绸布。再将壳灰去除，滤过灰水，去掉灰砂。再重复浸泡、过滤过程。最后用楝木灰涂抹绸布一次，并放在灰水中浸泡一夜。次日再重复浸泡、过滤的过程，然后白天在日光下暴晒，晚上置放水井中浸渍，如此同样在七天七夜中反复进行，最终得到脱胶绸，也称为后练绸。这样的脱胶方法古时称为"水涷"。

到了春秋时期，练丝时先用贝壳类煅烧后的蜃灰，经水解作为碱性溶液，日夜浸润七日，古时称为"灰练"，然后再进行水练漂白。

古人就是用这样的"涷丝"和"涷帛"的工艺，去除了黏附在蚕丝丝素表面的丝胶和杂质，使粗糙僵硬的生丝或坯绸更加白净柔软，方便了染色，充分显示出蚕丝纤维特有的光泽、柔软滑爽的手感和优美的悬垂感。经过精练以后的丝织物，上染效果比生丝织成的丝织物要好很多。湖南长沙子弹库出土的楚国帛书等文物着色良好，说明战国时期的丝绸精练技术已经比较完备。

现在，人们理解这样的脱胶过程已经不是困难的事。绢纺原料包括废丝、疵茧等，以及绸帛上的茧丝纤维周围的丝胶，其中丝胶主要是由排列不整齐的非结晶性丝胶球蛋白组成的。丝胶对于化学药剂的敏感性比丝素高。化学脱胶的原理是利用丝胶和丝素对于碱类、无机酸等化学药剂稳定性的差异而去除丝胶，因为丝胶较易被水解生成易溶于水的化合物，经洗涤后可以从丝素纤维表面除去。草木灰中的主要成分是碳酸钾，其水溶液有较强的碱性，这本身就是一种很好的脱胶药剂。如果再把以碳酸钙为主要成分的蚌壳、牡蛎壳烧成灰（蜃灰）后得到的氧化钙溶于水中，与草木灰汁水一起作为浸渍液，就会得到碱性更强的氢氧化钾溶液，对于茧丝、生丝或绸布是一种十分有效的脱胶药剂。此外，这样得到的氢氧化钾水溶液还具有很好的清除油污能力。几千年前，在一个完全没有化学理论知识的混沌时代，古人竟摸索出了沿用至今依然不失其特色功能、在现代社会也不逊色于其他方法的脱胶技术路径，这不能不令我们啧啧称奇。

三、木杵捶打法

秦、汉时，丝绸精练在荒氏练丝技艺的基础上其脱胶方法又有了进一步的提高，这就是采用草木灰"煮练"与"砧杵捣练"相结合的方法。"砧杵捣练"的方法，又称"木杵捶打法"。这种方法在结合草木灰浸泡法同时使用时，先以草木灰汁浸渍生丝，再以木杵捶打。生丝经过灰汁浸泡，再以木杵打击后，不仅丝胶易于脱落，而且可以在一定程度上防止丝束紊乱，成丝的质量优于单纯的灰水练，其外观能显现珍珠般的光泽。

这个时期的精练材料除了原来使用的碱性草木灰、蜃灰之外，扩展到了15种物质，包括白石灰、皂荚等，很多新的精练材料，缩短了脱胶时间。所谓"煮练"，是指当时用草木灰汁液练丝时的温度已提高到沸点，这种工艺改变了先秦以前在常温下长时间浸泡的处理方法，加速了丝胶的溶解，提高了蚕丝精练的工效。

所谓"砧杵捣练"，即用木杵将浸练过的蚕丝捆扎后置于石砧上，反复捶打，古人亦称之为"槌丝"。汉代班婕妤有《捣素赋》，叙述了宫女们寒夜捣练的情景。透过赋中对宫女们砧杵捣练丝织物的描述，我们可以了解到，当时为了将织成的素绢进一步加工成手感舒适、色泽光鲜的制衣材料，需要将素绢用木棒反复捶打，直至整卷"霜帛"变得柔软，方可裁剪缝制。捶捣原理与现代丝绸工艺中的"掼经"，俗称为"甓丝光"的相同。因此，也可以说这就是现代的"掼经"技艺的缘起。汉代以后，还有将精练过的熟丝，用蚌壳刮磨形成蚕丝宝色的技艺。长沙马王堆汉墓出土的丝绸的均匀色光，可以说明当时精练工艺的水平。

"煮练"与"砧杵捣练"相结合的方法直至明、清时期仍在广泛应用。

隋、唐时期，官营练染作坊规模宏大。《唐六典》记载称，当时的练染作坊有六类，其中"白作"就是专业的捣练作坊。张萱的《捣练图》描写了当时的情景。美国波士顿博物馆现存一幅宋徽宗赵佶临摹的唐人张萱《捣练图》画卷。宋以前，捣练方式采用站立执杵，图中恰好画出了这样的捣练方式。图6.5为《捣练图》的局部，画中有一长方形石砧，上面放着用细绳捆扎的坯绸，旁边有四个妇女，其中两个妇女手持木杵，正在捣练，木杵是两头粗、中间细的圆木棒，木杵棒长约同人的高度。捣练的丝或绸经过浸练后用细绳系结，放置在槽形的石砧中，用木杵的粗端长时间上下捶打使之脱胶。这对妇女来说，是一件极其耗费体力、臂力的劳动，在图中可以看到，另外两个妇女也手持木杵似在等候，做交替捣练状。《捣练图》真实地再现了唐代妇女捣练丝帛的情景，以及捣练时所用工具的形制。

唐诗中有很多描绘捣练劳动场面的作品。韦庄的《捣练篇》中有："临风缥缈叠秋雪，月下丁冬捣寒玉。"王建的《捣衣曲》中描述道："妇姑相对神力生，双揎白腕调杵声。高楼敲玉节会成，家家不睡皆起听。秋天丁丁复冻冻，玉钗低昂衣带动。"这些作品除了反映盛唐时期蚕桑丝绸生产的兴盛之外，也真实地描写了捣练脱胶作业在绸缎生产中的重要地位。

宋以后，捣练方式逐渐有了改变，由站立执单杵发展为对坐持双杵。从王祯《农书》记载来看（图6.6），为了便于双手握持，杵长亦大大缩短，且一头细，一头粗，操作时双手各握一杵。浸渍过的丝绸放置在平石砧上，两人对坐在石砧两边用双手对其捶打脱胶。这样的劳作，既降低了劳动强度，又提高了捣练效率。这也是古代丝绸精练技术伴随时代发展的一个进步。

 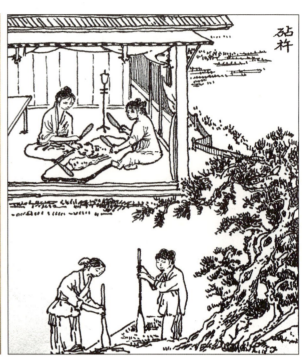

图6.5 张萱《捣练图》局部　　　　　　图6.6 王祯《农书》中的两种捣练方法

四、猪胰煮练法

魏、晋、南北朝时期，蚕丝精练工艺为碱性灰汁练和沸水煮练，并结合捣练进行。这个时期，人们已经发现并开始利用猪的内脏来对生丝进行脱胶处理，以便得到练去杂质的更好效果。其最早记载虽见于唐代陈藏器的著作《本草拾遗》，但所言比较简略。陈藏器认为成书于秦、汉时期的中药典籍《神农本草经》（原书已佚），遗逸尚多，故搜遗补缺，于唐开元二十七年（739年）编撰了《本草拾遗》。原书今已散佚，内容幸由宋代唐慎微的《证类本草》所收录，得以传世。《证类本草》又名《大观本草》，是宋代重要的医书，为明代李时珍编修《本草纲目》时的蓝本。

利用猪胰脂等来处理生丝精练效果的记载，还有明代宋应星的《天工开物》，该书"乃服"篇中有："凡帛织就犹是生丝，煮练方熟。练用稻稿灰入水煮。以猪胰脂陈宿一晚，入汤浣之，宝色烨然。或用乌梅者，宝色略减。凡早丝为经、晚丝为纬者，练熟之时每十两轻去三两。"这里提示，当时已经掌握了将碱剂初练和原始的酶剂复练结合使用的精练工艺。在精练时，先将生丝或绸帛进行灰练水煮，作为初步脱胶，并使得生丝丝胶充分膨润，然后用猪胰脂涂抹，放置一晚。这样精练过的蚕丝绸帛脱胶均匀、手感柔和。明、清以后，人们还学会了用硫黄熏白法进行漂白，并通过磨刮练熟的丝帛，使其形成独特的珍珠光泽与"宝色"。

猪胰脂就是猪的胰脏膏脂，含有大量由胰脏分泌出来的胰蛋白酶，是一种蛋白质水解酶。这种蛋白酶能选择性地水解如丝胶一类蛋白质中由赖氨酸或精氨酸的羧基所构成的肽链，即使得丝胶中肽键断裂而成为小分子，从而溶解于水。被胰蛋白酶水解以后的水溶性分子会很快脱离丝素纤维表面。因此，适当的胰蛋白酶可以促使丝胶迅速水解，但对丝素的影响却较小，不会损伤纤维。这样的水解过程在常温条件下就可以进行，具有较高的脱胶率。

关于利用猪胰制取精练药剂的方法，较详细的记述见于明代《多能鄙事》和《天工开物》。其做法是，将新鲜猪胰用清水漂洗干净，拌以碎丝线，用木槌捣烂，然后用水搅拌过滤，淘去杂质、油脂，做成团状，即可得到精练用的"胰子"（脂酶或胰酶），将其悬于不受阳光直接曝晒的阴凉处阴干和发酵。使用时，将球状胰脏团切片溶于含草木灰的沸水中，将待练的丝或绸帛投于其中沸煮。这是一种碱练与酶练结合的脱胶工艺。碱练的作用是可以较快速地将附在茧丝上的丝胶化解，使之脱落，有较高的脱胶效率。酶练具有减弱碱对丝素的影响，使脱胶均匀，并增加丝的光泽等的作用。可以用于精练的蛋白酶除了猪胰以外，在木瓜以及一些微生物中也可以获得。

由上可知，唐代蚕丝精练除了使用碱性草木灰外，已经有了比较成熟的利用猪胰等动植物蛋白酶脱胶的工艺，这创造了最早利用胰酶练丝的方法。欧洲国家直到1931年才开始利用胰酶练制丝织物。因此，利用动植物内的生物酶进行生丝脱胶，是我国古代丝绸精练技艺的一项发明。酶练技术也是我国蚕丝业在世界科学史上的重要贡献。

宋、元时，蚕丝精练除沿用猪胰蛋白酶方法脱胶、练白外，还使用瓜蒌、乌梅等含生物蛋白酶的材料，同时还利用具有增白作用的天然"白土"一类高岭土精练绸帛。元代基本上确立了初练用碱性草木灰，复练用蛋白酶的二次脱胶法的茧丝绸精练工序。

明、清以后，出现了许多总结历代蚕丝精练工艺的著述。人们对于古代创造的精练技术，更加注重合理配套与灵活运用。如明代《多能鄙事》"洗练篇"记载，丝绸精练分为两步进行：初练用草木灰汤，复练用猪胰汤或瓜蒌汤。清代《蚕桑萃编》中记载了半练法，也就是部分脱胶，以使丝质保持必要的强度。当时在选择练染用水方面也积累了丰富的经验，使练染后的生丝绸帛质量更加丰满完美。

上述三种方法正是化学精练法、物理脱胶法和生物化学精练法的早期雏形。纵观我国蚕丝精练加工技艺发展演变的历史，其中无不闪烁着古人的聪明和智慧之光。我们可以看到，在传统精练技艺的发明过程中，古人采用身边最容易获得的天然材料，使用最简单的手工操作方法，贴切地还原了蚕丝纤维材料高雅与精美的自然属性，使蚕丝固有的柔和手感、优雅光泽、特色丝鸣等的特性重新彰显出来，呈现给世人，呈现于历史。正是这样的本色技术发展的属性，使得古代的蚕丝精练技艺世代不衰，为现代蚕丝精练与加工，以及相关产业技术的发展奠定了坚实可靠的基础。

第三节　现代绢丝的精练和漂白

现代蚕丝精练工程的主要目的是脱去丝绵、生丝或丝织物上的丝胶和油脂，并去除黏附于丝条或织物之上的各种污染物和杂质，以获得洁净、疏松的丝绵、熟丝和脱胶织物，从而达成脱胶目的，并方便后道工序的加工。在绢纺工程中，精练是一个重要环节，其加工的主要对象是丝绵。

现代的蚕丝精练工程是古代精练脱胶技艺的延伸和发展，无论是对丝绵、生丝抑或丝织物，精练的主要目标都是同样的。因此，在这里我们讨论现代精练技术时，将以绢纺丝生产原料的丝绵精练脱胶作为主要对象，关注现代绢丝纺织原料精练处理过程中新的技术要点，及其随时代发展的演变与进步。如前所述，茧丝脱胶与精练技术的开发，打开了一扇使得茧丝作为人类珍贵保暖材料和特性化奢华服饰材料应用的大门；即使进入现代社会以后，在化学纤维技术高度发展，各种纤维加工、修饰以及改性技术不断产生、更新的时代，蚕丝依然作为"纤维皇后"在纤维世界中独领风骚。如何借助现代技术的力量，进一步发掘与彰显蚕丝纤维的天生丽质与骄人风骨，赋予蚕桑精练漂白这一蚕丝加工修饰工程以新的内涵，无疑具有重要的时代意义。

一、现代绢纺工程及原料蚕丝精练

茧丝内芯的丝素纤维外周包覆着一层丝胶，同时还带有一些其他杂质，包括蜡质、色素和灰分，在加工及搬运过程中往往会黏附上二次杂质。这些丝胶、杂质和色素会影响到蚕丝使用过程中优良性能的呈现，阻碍染色性能的发挥，损害到最终产品的质量，因此一般应该在原料准备阶段或加工过程中将其除去。脱胶及去除各种杂质的工艺过程一般称为精练；还原蚕丝的本色或去除色素的工艺过程则称为漂白。

一般制作绢纺丝的原料、丝绵原料以及各种真丝织物都须经过精练加工。每根茧丝上有丝胶包覆在丝素的外层，不仅对丝素起着保护作用，同时也将丝素黏着起来，使得丝条在加工过程中保持了良好的物理力学性能，得以成为便于后道工序利用的材料。因此对蚕丝进行精练加工时，需要根据茧丝的用途或加工方法采取不同的精练技术，或确定不同的脱胶目标。一般情况下，对使用生丝的丝织物要完全精练；对精练丝与生丝交织物既要防止精练丝的过度精练，又要注意使得生丝得到充分精练。绢纺丝是在绢丝制造过程中进行精练的，精练过后可以保留少量丝胶。

在脱胶过程中，如果脱胶过度，会损伤丝素；如果脱胶不够，则纤维间的胶着点松解不匀，不仅会影响精练丝的质量，而且会影响后道工序的加工质量。绢纺原料精练时，丝绵中丝胶残留量的多少，可以根据需要进行调整。一般在不影响梳纺顺利进行的前提下，残留丝胶含量可以控制在5%左右。此外，精练过后，丝绵中保留一定量的残油，可以有效防止纤维发脆、断裂，并且有利于增强纤维的抱合力。但是，如果残油含量太高，也容易引起丝纤维牵伸梳理困难，并影响成品绢丝的品质。一般情况下，丝绵残油的含量控制在0.5%左右时，有利于提高丝纤维品质和保障梳纺工程顺利进行。

绢纺加工工艺过程的设计，需要根据绢纺原料的形态特性进行。作为绢纺原料的缫丝废丝、长吐、蛹衬以及次茧内都含有较多的丝胶和不同数量的油脂、蜡质以及其他污物，难以直接进行原料茧丝的梳理等机械加工。为了使各种不同来源的绢纺原料顺利地加工成为绢纺丝，以满足织造工程的要求，通常绢纺工程需要按照以下三个阶段进行。

第一阶段是原料精练，其目的是去除大部分丝胶、油脂和污物，使丝纤维呈现出丝素固有的珍珠光泽，同时使丝纤维胶着点脱开，以便于以后的梳棉机械加工。这样得到的精练丝绵，称为精干绵。

第二阶段是制绵。精练过的蚕丝纤维依然很长，易于产生缠结，且由于含有蛹体、蛹屑和杂质等，其性状与棉纤维等其他纺织材料有很大的差异，因而不能采用一般的开清、梳理等机械加工。制绵工程就是先把精练后的精干绵通过特定的工具进行开松，清除部分杂质，再将纤维切断成适于纺纱的长度，然后进行细致的梳理，使精干绵中的缠结纤维得以充分疏解，使之成为单纤维状态构成的精绵片，然后用作纺纱工程的原料。

第三阶段是纺纱。先把经制绵工序加工得到的精绵片通过一系列并合梳理和牵伸制成绵条，再把绵条拉细纺成粗纱，最后纺制成绢纺丝。

经过这样一系列的纺纱系统纺制的绢纺丝，一般可以纺制高支数的捻丝，并且可以作为结构紧密、条干均匀、外观洁净、光泽自然的织造用丝。绢纺丝还可以与其他纺织材料混纺，制成高档面料和各种服饰产品的用丝。

在这样一个过程中，对于来源多样、形态复杂的绢纺原料，第一阶段的原料精练显然极为重要。

二、近现代以来的蚕丝精练方法

近现代蚕丝精练的方法继承了几千年积淀下来的技艺精华，博采众长，在精练效果、精练药剂以及对丝素材料的保护等方面都呈现出巨大的进步。以下对近现代以来采用的蚕丝精练方法做一些介绍。

1. 水萃取法

水萃取法精练蚕丝，是指通过高温、高压水处理脱去蚕丝表面丝胶的方法。蚕丝在水中精练时，丝胶由外到里逐步溶解。在常温下，丝胶蛋白的溶解作用大于水解作用，但是在高温条件下，丝胶蛋白的水解作用及溶解速度都加快了，因此可以缩短精练时间。缫丝时，茧丝在50℃～60℃的热水浴中大约只有1%～3%的丝胶溶于水中，但是若将蚕丝放进高温、高压的热水中，丝胶就会很快溶出。要完全去除丝胶，必须反复进行多次处理，以使得每一次处理时水溶液中的丝胶浓度降低。一般绢纺精练的方法，是在120℃的高压热水中进行4次，每次2小时。这种不用精练剂而采用高温、高压精练的方法，其优点是可以容易地在精练废液中回收蚕丝丝胶，并且回收技术比较简单，是获取纯净的精练蚕丝和丝胶蛋白原料的理想方法。经短时间的高温、高压精练再进行酶精练，丝绸手感柔软且不易泛黄。

2. 皂精练方法

肥皂是一种很好的表面活性剂，具有良好的润湿、渗透、乳化、增溶和分散等的洗涤作用，能将材料中的油脂和杂质洗去。同时，肥皂水解会生成游离碱，故可作为精练剂发挥作用。皂精练方法是以肥皂作为精练剂的脱胶方法。精练时，肥皂在浴液中水解为脂肪酸和碱；生成的脂肪酸再与肥皂结合，形成脂肪酸皂胶体，即酸性肥皂；生成的碱与丝胶产生化学反应，生成丝胶钠盐，此过程也称为丝胶膨化；膨化的丝胶与酸性肥皂以及未分解肥皂作用的结果，使得丝胶与蚕丝脱离，称为"解胶"。脱离到浴液中的丝胶一部分借助肥皂的乳化作用在水中分散，不会再被吸附到茧丝上，一部分在碱性浴液的作用下则会分解。这样的皂精练方法在茧丝加工中应用已有200多年的历史，它不断得到改进，已成为现代主要的蚕丝精练方法之一。常用的皂精练剂包括橄榄油皂、动物脂肪皂、椰子油皂、蓖麻油皂等。一般来说，脱胶用皂要求易溶于水，无色，其1%的水溶液在室温下不会胶凝，常用的马赛皂（橄榄油皂）及油酸皂效果较佳，精练的丝绸质量优良，光泽手感俱佳。此外，国内精选多种植物油，脱色精练后制成的练丝皂效果也很好，这种肥皂作用温和，渗透性强，不易造成精练过度及练斑；精练过的蚕丝膨松性、悬垂性、白度、光泽均获好评，而精练过的丝织物则不易折皱及擦伤。

皂精练方法也有弱点。由于浴液中肥皂很容易被蚕丝吸附，过后难以洗净，蚕丝上的残皂容易造成染斑、泛黄、脆化等缺点。此外，肥皂在硬水中使用时，其主要成分硬脂酸钠与硬水中的钙盐和镁盐容易发生反应，生成不溶性的硬脂酸钙或镁，致使一部分肥皂白白地被消耗掉，这会降低肥皂的脱胶能力。因此，皂精练法在硬水中使用时效率低、成本高。

3. 碱精练方法

蚕丝纤维是一种弱酸性物质。桑蚕丝素蛋白的等电点为2～3，丝胶蛋白的等电点为3.8～4.5，在偏离等电点的条件下，都有可能使得丝胶蛋白中的高分子结构受到破坏。丝胶的等电点偏酸性，在碱性环境中可以使丝胶偏离等电点，故碱剂作用会导致丝胶蛋白的肽键断裂，使其水解，从而有效地促进丝胶的膨润和溶解。碱精练蚕丝脱胶的反应是非专一性的，主要受到水解作用的氨基酸是半胱氨酸、丝氨酸、苏氨酸和精氨酸。精练时，将家蚕丝置于碱性溶液沸煮脱胶，经过一定时间后取出，换液后再重复该过程若干次，即可脱去大部分丝胶。蚕丝碱精练的脱胶温度一般控制在95℃～98℃，pH值在9.5～10.5。当溶液碱性加大到pH值10.5时，对蚕丝蛋白化学结构的破坏程度会增大。在蚕丝精练过程中，随着丝胶的水解，溶液中的氨基酸逐渐增加，pH值下降，脱胶速率降低，因此处理过程中必须不断加入碱剂或缓冲溶液，以维持脱胶液pH值的稳定。常用的碱剂包括氢氧化钠、碳酸钠钾、磷酸钠、碳酸氢钠、硼砂、氨水和弱酸盐等。

碱精练方法对丝胶的溶解作用强，可缩短脱胶时间，提高脱胶效率，化学药剂耗费少，蚕丝精练加工后的残留物容易清除。但是，碱精练处理容易损伤丝素蛋白，会使得丝织物的柔软性、白度、光泽和手感等变差。特别是高浓度碱液，或精练处理时间过长，容易损伤丝素纤维的结构，降低丝素纤维的强伸度。所以，蚕丝用碱精练方法脱胶，虽然速度较快，效率较高，但是在保护蚕丝性能这一点上不如皂精练，但如果在皂精练前先用碱进行初步的精练，就可以降低成本、缩短处理时间、提高脱胶效率，同时又可以有效地保护蚕丝的优良性能。此外，碱精练既可脱胶，又可除去蚕丝上的油脂。

4. 酸精练方法

如上所述，在偏离等电点的条件下，蚕丝上的丝胶蛋白大分子结构就有可能受到破坏，因此酸和碱都会造成丝胶蛋白水解。所以，除了碱性溶液可精练丝胶外，酸性溶液也能够使茧丝脱胶。用酸精练蚕丝时，丝胶蛋白在酸性溶液中，由于天门冬氨酸和谷氨酸形成的肽键被切断，故对丝胶蛋白具有水解作用。丝胶蛋白偏酸性，其等电点pH值为3.9，当用酸性溶剂脱胶时，脱胶液的pH值一般为1.8～2.5。酸精练工艺的温度为95℃～97℃，处理时间在30～50分钟之间。

1886年，用盐酸精练蚕丝的专利被报道，引起了有关研究者的注意。后来Gulrajani研究了用酸精练家蚕丝的工艺，发现利用酸性较强的无机酸（如硫酸和盐酸）精练可以达到除去丝胶的目的，但是丝胶的完全去除往往伴随着丝素纤维被破坏。

由于无机酸对丝素纤维的损害较大，故利用有机酸对蚕丝进行精练脱胶的方法引起了业界的关注。Gulrajani等研究了用于蚕丝精练的有机酸，分为乙酸类、二元有机酸类和羟基有机酸类。他指出，二元有机酸和羟基有机酸脱胶后，蚕丝的质量损失基本都维持在21%左右，说明这两类有机酸的酸性对蚕丝的质量损失没有太大影响。但是，用乙酸类脱胶时，蚕丝的质量损失会随酸性程度不同而有较大差异，酸性越弱，其质量损失越小。

用酸精练蚕丝的优势，是易于控制脱胶率，可以进行部分脱胶加工，以获得满足市场特殊需要的生丝，如三分练、五分练、七分练的生丝。在高压条件下，苹果酸、酒石酸、琥珀酸等有机酸的酸浴中，可以同时对蚕丝进行精练和染色，达到节能并提高染色牢度的效果。但是，酸精练蚕丝时不能去除蚕丝上的油脂等杂质；对精练加工设备要求高，会增加精练成本；精练后对蚕丝的色泽有一定影响，而且生产过程中有挥发性刺激气味，会造成人体皮肤、衣服和设备不同程度的损伤。此外，有机酸会被丝素纤维所吸附，极难除尽，严重影响蚕丝纤维的利用。

5. 有机胺精练方法

利用有机胺作为精练剂对蚕丝进行脱胶时，有机胺在水溶液中与水反应，反应产物电离会产生带正电荷的胺离子和带负电荷的氢氧根离子，蚕丝外层的丝胶蛋白在氢氧根离子的作用下，同时发生水解和溶解，促使其与丝素剥离。蚕丝的脱胶率一般随着处理温度升高而提高，而丝胶蛋白的分子质量则随着处理温度的升高而稍有下降。在高温、高压条件下用2.0摩尔/升（mol/L）尿素溶液对家蚕丝精练胶脱时，在120℃高温条件下处理10分钟，蚕丝脱胶率可以达到25%左右。采用尿素溶液精练脱胶获得的蚕丝外表色泽较白，尤其在高温处理条件下，精练后的蚕丝色泽为纯白色。

用有机胺精练蚕丝后，蚕丝的白度高、手感好，柔软且富有弹性，可以通过控制脱胶温度得到不同分子质量的丝胶蛋白。但是使用该方法时，有机胺的加入不利于直接从精练液中回收丝胶蛋白，精练所需要的高温、高压条件，对设备要求高，也增加了生产成本。

6. 生物酶精练

在现代社会，人们对环境保护的要求不断提高，开发清洁、节能的蚕丝精练工艺的技术改革和科学研究引起了关注。现代使用的生物酶制剂主要是蛋白酶类，具有无毒、作用条件温和、催化效率高、易降解、专一性强等优点，作为一种绿色环保的精练剂，它有着比其他化学精练剂应用于蚕丝精练加工更多的优势。

利用生物酶精练蚕丝时，蚕丝丝素纤维的性能不会受到损害，同时，还可能去除死茧造成的污垢。早期用于蚕丝脱胶的蛋白酶，除了来源于动物内脏的胰蛋白酶、胃蛋白酶之外，还有植物蛋白酶，如木瓜蛋白酶、菠萝蛋白酶，以及一些微生物蛋白酶，如蜡样芽孢杆菌、革兰阳性杆状细菌等。现在已经知道，古代使用的猪胰蛋白酶等对蚕丝精练的脱胶率是比较低的，后来使用的很多生物酶则更容易获得比较高的脱胶率，有的可以高达24%。其中，最适于蚕丝精练脱胶的蛋白酶为碱性蛋白酶，而酸性蛋白酶的脱胶效果最差。从精练后蚕丝的强度、手感和光泽等物理性能来看，也是碱性蛋白酶处理后的效果最好。用木瓜蛋白酶对家蚕丝进行精练脱胶，其脱胶率可达22%，与传统的碱精练法和皂精练法的脱胶率没有显著差异。此外，由于微生物酶来源广、种类多，且效果优于动物和植物蛋白酶，因此现代蚕丝的精练大多使用微生物来源的酶。

酶精练蚕丝具有专一性和高效性的长处，精练工艺条件更加自然温和，对环境污染较小；经酶脱胶后的蚕丝纤维表面光洁、透明，手感柔软，各种物理性能变化不大，且染色时上染率高；精练整体效果优于皂、碱精练方法。但是利用该方法时，适用于蚕丝精练的酶种类较少，酶作用的条件比较复杂，产酶菌培养成本高、耗时长都是不利的因素。

7. 复合精练方法

复合精练剂的开发，其目的是为了使得蚕丝精练过程除了脱胶之外，同时能去除多种杂质，并有效地保护丝素材料。复合精练剂按主要成分可分为以肥皂为主和以合成洗涤剂为主的复合精练剂。各种蚕丝复合精练剂多由表面活性剂、金属螯合剂、丝素保护剂和碱剂等组成。复合精练方法的优点是能快速脱除丝胶，又不损伤丝素纤维，工艺操作方便、快捷。但是，由于复合精练剂成分复杂，不利于丝胶蛋白的净化与回收。

除了上述以使用精练剂为主要特征的精练方法以外，从精练设备出发，还有一些诸如加压精练法、电化精练法、蒸热精练法、泡沫精练法等。此外，还有一些特色精练方法。如在采用蒸热精练法精练时，首先用硅酸钠溶液精练剂对蚕丝进行浸渍处理，使其充分膨润溶化；然后通过高温蒸热处理，使得丝胶脱落。该方法的长处是精练处理的生丝捻丝都不会发生丝条紊乱。这一方法20世纪60年代在日本被采用。泡沫精练法是由瑞士学者提出的方法，在欧洲、美国都取得了专利，并曾经在欧美有关国家被广泛利用。使用该方法，蚕丝先在浸透剂温水中浸渍，然后要在废丝浆、脂肪醇糊料、非离子表面活性剂、棉浆粕等混合的精练剂泡沫中处理，再在洗涤剂热水浴中喷射处理。这一方法的特点是精练剂可以反复少量补充、连续利用，可以节约药品，热效率高，有利于控制织物起毛等。

三、精练技术的改善与发展

优良的蚕丝精练加工技术，不仅要有效地脱去丝胶，而且要降低脱胶过程对丝素纤维的损伤，保护蚕丝的柔软性、优雅色光和手感等。近代以来，随着化学工程技术的进步，人们开发出了很多蚕丝化学精练的方法。这些方法大多能快速有效地练去丝素表面的丝胶，但是其中不少方法对丝素纤维有损伤，精练加工后的蚕丝手感和光泽相对劣化，有的还会对环境产生污染；此外，在资源有效利用、降低精练成本方面也往往缺乏优势。而且，以往的精练方法大多不注意从精练液中回收丝胶蛋白，以及精练剂的循环再生利用等。因此，在科学技术迅速发展的时代，新的精练技术的开发，除了需要有较高的精练效率之外，保护丝纤维的优良品质、保护环境、节约资源等也是必要的基本条件。此外，蚕丝精练方法还需要致力于在一些特殊的方向取得进展，如酶精练方法须进一步扩展应用领域，改善酶的生产工艺，丰富酶的品种，同时降低酶的生产应用成本，研发高效的蚕丝精练专用酶制剂。

注重精练脱胶前的预处理，可以增强酶精练效果，降低精练酶剂的利用成本。一般精练中的预处理，需要研究如何降低丝胶膨胀的处理温度，缩短处理时间以减小对丝素纤维的损伤，如采用超声波、含表面活性剂的沸水煮练处理等。此外，还可以引进一些特殊的方法进行预处理，如过酸膨化预处理方法。蚕丝在水中需要90℃才能达到膨润效果，而在酸性溶液中，只要70℃即可以达到。对于丝织物，还可以在精练前或精练后进行膨化处理。其中，练前膨化处理方法是将坯绸在真空室中减压两次，使织物充分吸水后用膨化剂溶液浸渍一定时间。练后处理是将练熟丝织物在温水中处理后，脱水，放入减压渗透机中，用膨化剂溶液渗透处理两次，堆置一定时间后水洗。

对于复合精练方法，需要开发高效、价廉、多功能的复合精练剂，同时具有渗透、缓冲、络合、脱胶功能（相当于肥皂型精练剂）和分散、净洗、抗再沉积功能（相当于合成洗涤剂型精练剂）的双组分精练剂。具有两种组分特点的精练剂是复合精练剂研发的重要方向。开发出满足平幅快速精练需要的精练剂更是一种新的需求。

此外，解决精练后处理工程中的资源回收与再利用问题也是一个迫切的要求。这需要研究在该过程中能够有效回收或除去已经膨胀和剥离的丝胶，以及除去蚕丝表面其他杂质的技术，如超声波条件下水洗，再脱水，最后烘干。同时，要考虑有利于回收精练液中有用药剂及其再生利用。

要研究多种方法相结合的精练工艺技术，比如超声波辅助，高温、高压水脱胶，酶精练方法等的结合，提高蚕丝精练的效率及改善精练丝的性能。同时，要进一步考虑在对蚕丝纤维及织物精练漂白等处理加工过程中，通过分子设计和结构设计等化学修饰工程，对蚕丝纤维进行改性加工等，赋予蚕丝纤维某些特殊性能。这也使得蚕丝精练技术的内涵得以丰富、扩展并具有更重要的作用。

四、蚕丝的漂白

蚕丝除了特别受到污染外，一般经过精练，就可以呈现象牙白的色泽，没有必要再进行漂白。但是，对于一些呈现黄色的蚕丝，如蚕丝丝素中的酪氨酸、色氨酸与氧化剂、大气紫外线作用，就容易生成有色物质，使蚕丝泛黄，而野蚕丝则天然地呈现黄绿色。为了获得纯白的颜色，就需要对它们进行漂白。另外，一般的丝织物中，特别是需要高亮度的白色织物，或者原白色不再加染色直接使用的厚型织物，以及精练困难的强捻织物等，都需要进行漂白。此外，蚕丝纤维或织物需要进一步染色的时候，应该在脱胶中或脱胶后进一步去除天然有色物质，以免影响染色，特别是浅色染色的效果，为此就需要进行漂白处理，以保证染色时得到的最后色光不致产生偏差。

蚕丝漂白一般不使用含氯的漂白剂。因为含氯的氧化剂与丝素作用，能使丝素发生氧化裂解，而且还会发生氯化作用，致使丝的肽键断裂，丝素聚合度下降，强伸度降低，以致失去使用价值。因此，蚕丝纤维多用过氧化氢、过氧化钠的氧化漂白法，以及使用亚硫酸氢盐和稀酸性硼酸钾溶液的还原漂白法，还有利用荧光剂的荧光漂白法等。这些方法各有不同的特征，主要应对不同的漂白要求。

在利用氧化漂白法进行漂白时，在同样浓度的漂白浴的条件下，浴液量越多，漂白效果越好。一般还原漂白法在需要强力漂白作用与精练剂同浴的情况下，或在精练后漂白以及只针对绢丝进行漂白等的情况下使用。另外，在精练的时候，也往往采用将亚硫酸氢盐漂白剂加入精练剂中，与精练同时进行的漂白方法。这样的方法称为漂白精练法，在薄型织物中用得比较多。对厚型织物电力纺、缩皱类织物进行精练时，在精练过程的中间插入漂白处理的方法也常常被采用。荧光漂白法是一种使得经过荧光剂漂白处理的蚕丝或织物，在受到太阳光线照射时，发出紫色或者青色的荧光的漂白方法。织物在荧光物质的水溶液中处理过后，短波长的入射光线中的一部分被变为可见光，使得全反射光强度加大，视觉上感到织物的白度增加了。因此，与以往的青光白度的漂白效果不同，这是一种谋求增加织物纯白度的方法。

第四节　捻丝的技艺

捻丝可以说是人类最早发明的纺织技艺，直到今天，它依然是纺织产业中最为重要的纤维材料加工手段。这样一种最古老又最现代的纺织技艺，是如何历经千年走进现代的呢？

一、古代捻丝技艺的进化

有关捻丝技术的起源，我们很难获得远古时代遗留下来的实物证据，但大量的出土石纺轮与骨针等实物，可以使我们推断出纺织技术的发明以及纺织纤维捻丝的制作应该发生在更早的时期。纺轮的发明使得捻线效率大大提高，标志着原始人在纺织技术上的一大进步。

古人为了通过渔猎获得维持生存的食物，学会了将植物茎秆搓成绳索，并以此作为渔猎的工具。我们可以推想，最初的绳索是由整根植物茎条等制成的。为了使这些茎条更加便于使用，古人逐渐学会了对它们进行初步的加工，如将植物茎秆劈开或茎皮分开，将茎皮劈细成为细丝缕，再将许多细丝缕搓合（集合）在一起，通过细丝条捻转产生的丝缕之间的摩擦力，将许多细丝捻合成为很长的绳索。为了增大绳索的强力，人们还学会了用几股绳索捻合成为更粗大的绳索。这样的绳索捻合技艺，后来成了纺织过程中重要的捻丝技术的基础。古人发现废弃蚕茧中的细丝并将它们梳理加工成丝绵以后，利用已经掌握的绳索捻合技艺，进而将它们捻绞成为长丝，用于编结或腰机织布等各种用途。这是一个水到渠成的自然过程，但这样的原始过程发生在没有文字记录的时代，故对于捻丝技术的本原，我们只能进行推断。支持这样推断的依据，包括后来有了文字以后关于古代绳索的记载，以及一些出土文物的证据，如已经出土的自旧石器时代开始的文物中的绳索编结的物品；《易·系辞》中伏羲氏"作结绳而为网罟，以佃以渔"，《文子·精诚篇》中伏羲氏"之王天下也，枕石寝绳"等的记载。

出土文物中能够证明古人已经学会纺织技艺的最主要物证，就是古代的捻线工具纺锤、纺坠、纺轮等。我国已发现的最早的纺轮出现在新石器时代的河北磁山文化遗址中，距今已有8 000多年的历史。此外，浙江河姆渡遗址、山东滕州北辛文化遗址、陕西半坡遗址等也都有大量石制或陶制纺轮出土。最初，古人用手搓捻绳索，纺锤的出现对于用手掌捻线来说是一次革命。纺锤被大量应用，说明当时已经对纱线有了大量的需求，也表明纺锤已成为早期人类主要的纺线工具。

从已出土的早期捻线纺织器具来看，纺锤有单面插杆和串心插杆两种形式。它们都是由纺轮和锤杆两部分组成的（图6.7）。锤杆一般用木、竹或骨制成。比较早的只是一根直杆，战国以后，出现了顶端增置铁制屈钩的锤杆。纺轮一般是用石片插杆纺锤或陶片经简单打磨而成。早期的纺轮其形式有扁圆形、鼓形、算珠形、梯形等，直径大多在五六厘米，重量在50～150克之间。随着纺织技术的发展，对纱线细度要求逐渐提高。稍晚的纺轮大多是用黏土专门烧制而成的，其结构趋于轻薄，形态呈中厚外薄的碟状，直径较小，重量约在15～60克之间，有的还有纹饰和彩绘。

(a)

(b)

图6.7 纺锤由纺轮和锤杆组成

其实，捻丝器的发明与利用，也是源自搓绳子的原始技艺。搓绳的操作，是将细小的短纤维线束如草缕或麻缕等在手掌的搓动下捻绞拧合成为绳子，捻线与搓绳的道理是一样的，只是捻线搓捻的纤维较细、数量较少而已。用手搓捻，在一定时间内对纤维束的捻转数较少，纱线捻成的效率不高。如果在被搓捻的纤维束的一端系上一个有适当重量的纺锤，使其悬垂着，并以一只手作用于纺锤的捻转，使之转动起来，那么转动惯量就会带动被搓捻的纤维束更快速地旋转，从而大大提高纱线捻绞的效率。纺锤上纺轮的大小和重量，要根据搓捻纱线的粗细而决定。捻绞较粗的纱线时，需要纺锤产生较大的转动惯量，故纺轮的直径和重量都需要大一些；而捻绞较细的纱线时，只需要直径和重量都较小的纺轮。随着时代的进步，人们对捻绞成的纱线的细度和质量提出了更高的要求，纺轮的大小和重量相对地都变小了。

古代纺锤的使用方法主要有掉锭法和转锭法两种。掉锭法所用的纺锤是单面插杆式的。纺纱时，先将要纺的散乱纤维放在高处或用左手握住，再从中抽捻出一段缠在锤杆上端，然后用右手拇指、食指捻动锤杆，使纺锤不停地在空中向左或向右旋转，同时不断地从手中释放纤维，使得纺锤一边转动，一边下坠。就这样，纤维在纺锤的旋转和下降过程中得到了牵伸和加捻，待加捻的丝条达到一定长度时，再把已捻过的纺线缠卷在锤杆上。如此反复进行，直到纱缠满锤杆为止。

转锭法所用的纺锤是串心插杆式［图6.7（a）］。因它的锤杆较之前者要长得多，故在使用时，纺锤不是悬吊在空中，而是将锤杆一端缠绕上捻丝头之后，另一端用右手掌压放在腿上，用手掌在腿上搓捻锤杆，使纺锤转动。此时，利用转动惯量，可以使纺锤更快地转动，以更高的效率捻绞线条。捻转好的纱线每隔一定时间卷取在缠绕着捻丝头的一端。这样的捻丝方法，至今在山西一些农村、云南白族、西藏藏族都还保留着。

此外，在我国一些地方还使用过图6.7（b）所示的一种纺锤。它使用一根十几厘米长的动物腿长骨，在长骨的中间部位垂直穿上一根顶部弯成钩的粗铁丝，或插上一根带叉枝的硬竹头，就像一个倒立的丁字形。使用这样的纺锤纺线时，先将要纺的散乱纤维抽捻出一段缠在铁丝钩（或硬竹头）上，然后左手捏住散乱纤维中抽捻出来的捻线头，提着钩上捻线的羊毛，右手拨动长骨纺锤，使纺锤旋转。依靠左手在上方不停地续毛、捻线，纱线也不断拉长，当纱线达到一定长度时，将捻过的纱线缠到纺锤上，然后再继续续毛、旋转、卷取这一过程。至今在贵州省的左家营仍有用这样的纺锤纺羊毛线的地方。

古人发明的纺锤，其结构看起来很简单，但它巧妙地利用纺锤自身重量和旋转时产生的惯性力作用，使乱麻似的纤维被牵伸加捻，绞合成纱线。这一捻丝技艺凝聚了古人的聪明与智慧，他们通过灵巧的双手和小小的纺锤，完成了现代纺纱工艺仍然沿用着的五大运动：喂给、牵伸、加捻、卷取、成形。现代纺纱机虽然已经广泛利用复杂的机械传动机构和电气控制，但是不管是喷气、气流还是环锭纺纱，捻丝纺纱原理依然与我们祖先在8 000年前就已发现与应用的捻丝技艺一致。

二、捻丝技艺的延伸与发展

利用纺锤捻丝的技艺是依靠手指捻动锤杆提供纺锤旋转动力，捻动的间歇性会导致纺锤旋转速度不均匀并产生运动间歇，这造成捻成的纱线粗细不均匀和纺纱效率低下。要改善这些缺陷，提高纺纱的质量和效率，就必须给纺锤提供连续、均匀、稳定的旋转动力。为此，我国古人在纺织工程关键技艺改革的历史上，再次做出了重大的贡献。

这一新的改善，就是手摇式纺车的发明。手摇式纺车按照手动纺锤捻绞纱线的原理，通过一个卷绕捻丝的锭子、一个简单的绳轮传动机构实现了捻丝过程的连续、均匀、稳定，这是一个革新纺纱机构（图6.8）。据陈维稷的《中国纺织科学技术史（古代部分）》推测，我国最早的手摇式纺车大约出现在商代。支持这一推测的根据，除了商代已经出现了强捻丝的证据之外，1973年在藁城商代遗址中出土的一个手摇式纺车上的锭盘，也帮助我们断定当时已经开始利用纺车一类的加捻机械。此外，1978年发掘的湖北随县春秋末或战国初的曾侯墓中，也发现了用来缚住棺木、不依靠捻绳机械难以捻绞成的多股合成大绳，这表明战国时期已经普遍使用捻绞绳子的机械了。这个时期捻绞丝线的器械被称为"轩"，东汉的《说文解字》称："轩，纺车也。"应该就是手摇式纺车。当时的纺车也有称"纬车"和"繀车"的。关于这一点，文献记载最早见于西汉扬雄（前53—18年）的《方言》，在《方言》第五中有"繀车，赵魏之间谓之辘轳车，东齐海岱之间谓之道轨"的记载。《说文解字》有解："繀，著丝于夫筟（纱管）车也。"不同地方也有叫"道轨"的。单锭纺车最早的图像见于山东临沂金雀山西汉帛画和汉画像石（图6.9），也就是说至少在战国时期（前475—前221年）民间已经使用这种生产工具了。现在已发现的有关纺织的画像石不下8块，其中刻有纺车图的共4块。如1956年江苏铜山洪楼出土的汉代画像石上面刻有古人正在纺丝、织绸和调丝操作的图像，展现了汉代生机勃勃的纺织生产活动情景。从画像石上所画纺车的形状看，汉代纺车和明代《天工开物》上的纺车类

图6.8 手摇式纺车

图6.9 古代纺车

似。这种纺车的结构虽然比较简单，但是纺纱效率已经比纺轮时代提高了几十倍。这种纺车，还可以加捻、并合不同规格的丝条或弦线，且粗细比较均匀。1972年，长沙马王堆汉墓出土了名为"汉瑟"的乐器；它的弦是用16根单丝合股加捻而成的，每一根都纺得非常均匀，能发出协调的音律。据推测，这种乐器就是用纺车加工的。由此可以看出，纺车在汉代已经成为普遍的纺纱工具，这也意味着，纺车的出现应该比这一时期更早。

早期手摇纺车由木架、锭子、绳轮和手柄四个部分组成。纺车的绳轮是一个直径比卷绕纺线锭子的直径大几十倍的、由人手摇动手柄使其旋转的动力带轮，通过套在其上的传动绳带与纱锭轴连接，带动纱锭旋转。纺丝时，只要轻轻地摇动手柄使得绳轮旋转，就可以通过绳带传动，以几十倍的传动比带动纱锭高速而均匀、稳定地转动。文献资料显示，我国在商代就已经普遍使用辘轳，早期的纺车机构也是辘轳的一种演变。也有学者认为，汉代的纺车主要靠人手拨动绳轮；五代时，出现了立式手摇曲柄纺车；至南宋，手摇纺车的各种类型才基本完善。不过依然可以说，我国古代纺车的发明也是后来在机械传动中广泛使用的皮带传动机构最早期的应用。汉唐以来，我国绚丽的丝绸，通过"丝绸之路"向西方传播，为世界各个国家和各民族所了解，并获得了高度称誉。在当年丝绸之路的古道上，至今仍然可以发现当时的锦、罗、绫、绮等高水平丝织品。而当时能够生产出这样的丝织品，其最重要的基础就是纺车的发明与使用。

纺车的使用大大提高了捻线的效率和质量，并可以根据织物的要求，纺制粗细不同的纱线。随着时代的进步及技术的发展，纺车及其技艺也不断演变进化。纺车从最初的手拨绳轮变为手摇式，捻丝锭子数由单锭改为多锭，而后手摇式曲柄纺车改为脚踏式纺车，最后又演变为大纺车，可以依靠水力等自然力作为动力。这一系列的演变，主要是在机械结构上的变革，改革的目标在于提高捻丝的效率和质量，以适应古代纺织业不断增大的需求。在这个意义上说，脚踏式纺车是我国古代纺织机械史上的又一项重要发明。

从考古发掘资料来看，江苏泗洪出土的东汉画像石是我国最早刻有脚踏式纺车的图像。但是，现存历史文献中，最早出现脚踏式纺车图像的是东晋名画家顾恺之为汉代刘向的《列女传·鲁寡陶婴》作的配图。后来，元代王祯的《农书》上也出现了三锭脚踏式棉纺车和三锭、五锭脚踏式麻纺车，证明脚踏纺车从东晋以后一直都在使用。

脚踏式纺车由捻丝机构和脚踏驱动机构组成，捻丝机构与手摇式纺车相似，脚踏驱动机构由踏杆、曲柄、与曲柄连接的凸钉等机件组成，踏杆与凸钉连接驱动曲柄带动绳轮和锭子转动，完成加捻牵伸动作（图6.10）。在脚踏式纺车上，人们可以腾出双手控制喂给丝条的均匀性、保持牵伸丝条的稳定等操作。它大大提高了捻丝的质量和捻丝效率。在手摇纺车时代，每人每天工作12小时仅能纺纱2.5两（10两制），使用脚踏式纺车以后，纺丝量可达5～6两。宋代以后，在复锭脚踏式纺车的基础上又出现了"大纺车"和"多锭纺纱车"，每台纺车的纺锭增加到32枚以上，纺丝效率达到了古代纺丝技艺的顶峰。

图6.10　脚踏式纺车

元代出现了五锭脚踏式麻纺车,每昼夜能纺麻线2斤。此外,根据对我国机械技术史资料的考证,从机械结构上看,能够将脚踏的往复运动转变为绳轮圆周运动的连杆曲柄机构,首先就是从脚踏式纺车开始的。

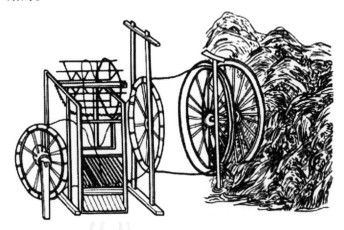

图6.11　王祯《农书》中的大纺车

北宋出现的大纺车(图6.11),是在各种纺车基础上逐步发展而成的丝麻纤维捻线车。到了元初,大纺车已经被广泛应用于苎麻与蚕丝等纤维的并丝及加捻丝条。由于这种纺车比其他纺车锭子多,车体大,故在王祯的《农书》中称其为"大纺车"。早期的大纺车依靠人力摇动,由于可装载几十个锭子,因此使用起来极为耗费人力。后来,经改进,以畜力或自然力,如水力、风力等来驱动纺车。

大纺车由加捻卷绕装置、传动机构和原动机构三部分组成。加捻卷绕装置由车架、锭子、导纱棒和纱框组成,丝条由快速旋转的锭子完成加捻以后,经过导纱棒卷绕到纱框上。传动机构包括两个部分,一是传动锭子,二是传动纱框,带动完成加捻和卷绕丝条的任务。原动机构是一个和手摇式纺车绳轮相似的大圆轮,轮轴装有曲柄,须专人用双手来摇动。南宋后期出现了以水为动力驱动的水转大纺车,至元代盛行于中原地区,主要用于加工麻纱和蚕丝,是当时世界上先进的纺织机械。水转大纺车的原动机构是一个直径很大的水轮,水流冲击水轮上的辐板,带动大纺车运行。大纺车上锭子数多达几十枚,加捻和卷绕同时进行。这时期的水转大纺车,已经具备了近代纺纱机械的基本形态,一昼夜可纺纱100多斤。大纺车一直沿袭使用到近代。其加捻纤维的技艺方法,和其他捻线工具不同,具有独特性。它的发明是古代手工捻线技术的重大发展。西方应用水力机械从事纺纱是18世纪后期的事,1769年,英国人理查德·阿克莱(Richard Arkwright)制作出了"水车纺机",并建立了欧洲第一个水利纺纱厂。由此可见,我国水力纺纱机械与技术的发明与应用,比西方水力纺纱机械早了400多年。

由上可知,捻线纺丝技艺前后经历了四次大的进步。最初,依靠人手搓捻绳子,为了加快捻线速度,利用纺锤的旋转惯性,实现了纺丝技艺的第一次进步;嗣后,为了给纺锤(锭子)提供连续、均匀、稳定的旋转动力,发明了利用绳轮传动机构的手摇式纺车,获得了几十倍的传动比,达成了纺丝技艺的第二次进步;接着,为了腾出双手控制喂条均匀性、保持牵伸稳定,发明了脚踏式纺车,开发了原始的曲柄连杆机构,捻丝质量和捻丝效率再上台阶,纺丝技艺实现了第三次大进步;随后,大纺车和多锭纺纱车出现,并将纺丝驱动力交由畜力、自然力,每台纺车纺锭多达32枚以上,纺纱效率达到新的顶峰,实现了纺丝技艺的第四次进步。我国古人几千年来艰辛努力和聪明才智的结晶,使得纺丝技术从原始状态终于走进了现代机械电气化的纺丝世界,为纺织工程的进步奠定了坚实的纤维条加工制作的技术基础。

三、捻丝技艺的智慧

一般说的捻丝,包括将短纤维加捻接续成为一根长纤维条,以及将长丝加捻并合成为有特定性质的长纤维条。前者如棉纺加工的棉条以及将丝绵加工为䌷丝,后者如生丝长丝的加捻丝条。

为什么要捻丝?为什么捻丝很重要呢?这是因为,捻丝对于获得纺织所需要的纤维丝原料是必不可少的。第四章中已经介绍过,为了获得舒适、耐用、便于加工且形态稳定的服饰材料,经过长期的比较选择,人们在保护身体的服饰材料的选择上,走出了一条否定之否定的路径。即为了获得便于加工使用的服饰用薄片或块状材料,古人最终选择的方法是,不直接利用大自然中的块状、片状材料,而是将这些材料形态重新归零,敲打离解成为一些共同的基本结构——细小的纤维;再将得到的细小纤维重新组合，经搓捻成为丝线长条后，采用编结、编织、交织以及黏合等种种方法，把纤细的纤维丝条重新制作成为轻薄的片状材料。在这里，要将在第一阶段归零的细小的纤维复归成为新的薄片状材料，就必须经由一个过程，将这些细小纤维重新变成有足够长度与强度的细长纤维条，这时，捻丝处理及技艺就是必不可少的了。捻丝处理的结果使人们获得了服饰材料不可穷尽的可能性。

因此，简单地从技术上来说，捻丝的目的就是将千差万别的短纤维捻绞成为长纤维条；或者使单纯的长丝条通过捻丝获得丰富多彩的长纤维形态。就是说，捻丝是一种将差别化纤维归化为可以在织机上织造的单一性的长纤维，或者赋予单一性的蚕丝长纤维以差别化特性的处理技艺。捻丝的结果，除了使短纤维变长纤维之外，还可以提高丝线强力和耐磨性，减少起毛或断头，增强织成丝织物的牢度、弹性及抗折能力。加捻丝织成的织物表面光滑柔和，具有丰满感，还可以获得各种特殊外观形态，如触感、弹性等。所以，看起来十分简单的捻丝技艺，在蚕丝利用以及纺织工程中，却有极为丰富的内涵，而捻丝技术处理的优劣，对丝绸及纺织品的质量与风格有着至关重要的影响。

为什么捻丝能够起到这样的作用呢？捻丝时，将两根丝条或若干根丝条绞合在一起，仅仅依靠丝条捻转缠附的物理作用，就可以使丝条在获得必要强度的前提下无限制地延长。而加捻处理之所以能够具有上述效应，是因为这样一个简单的处理技术里面包含着一些重要的物理学基本规则。

这些物理学规则就是：① 各种短纤维，包括棉花纤维、被拉断的茧丝纤维、被离解开的短纤维，它们的共同特性是在不受到外力时保持原有的形态，而当受到外力时就会产生恢复原有形态的作用力；② 被绞捻抱合的短纤维之间，由于绞捻使得丝条变形的作用力和丝条复原作用力相互作用，使得纤维之间产生抱合挤压力以及摩擦力；③ 只要绞捻丝条的作用力按照同样方向持续地绞捻添加进来的短纤维以延伸丝束长度，那么，前面的绞捻作用效果就会保持下来，最终丝束就可以整体保持绞捻状态。

这样得到的绞捻丝束，受到拉伸的作用力时，由于丝束整体力图恢复绞捻之前的状态而使纤维之间的抱合挤压力增大，致使短纤维之间摩擦力增大，使得要拉断丝束的力与没有绞捻作用的同样数量的平行丝束相比要大得多。这时，加捻丝束的强度就提高了。绞捻作用越大，丝束上一定长度上的捻转次数越多，即丝束的捻度越高，丝束抱合越紧密，受拉伸的短纤维之间的摩擦力越大，丝束的强度就越高。因此人们还可以根据丝束的捻转程度不同而获得各种不同强度的丝条。与丝束的强度相关联，只要调节控制丝束捻转程度的差异，我们还可以得到具有一定弹力特性的丝束。

由于丝束整体处于绞捻状态，故一段丝束被拉伸时，首先是丝束中纤维之间的摩擦阻力相互抗衡。当拉力增大到一定程度，使丝束近于伸直状态时，因为紧密抱合的单根纤维之间分子作用力产生抵抗，在这样的情况下，丝束全体允许拉伸变形的长度就比不加绞捻的情况下要长很多。这时，我们说丝条的可延伸长度，即伸度增大了。

另外，在捻丝过程中人们能够在可以控制的状态下均匀地喂给短纤维时，就可以得到一根粗细均匀的绞捻丝条。

如果进一步对捻丝原料加以选择，或在捻丝方法、技术上再增加一些技巧，那么我们还可以得到各种使我们的服饰材料变得更加丰富多彩的捻丝和纺线。其中捻丝的纤维原料包括棉、毛、丝、麻、丝绵等。由于采用的原料不同，自然可以得到风格迥异的纺丝或加捻丝。

加捻时，可以采用干式加捻法和湿式加捻法。对于蚕丝而言，一般是指生丝并丝加捻时，可有干式加捻和湿式加捻两种方法。在生产中，主要使用的是干式加捻并丝的方法。而干式加捻并丝以后，往往还需要有固定绞捻的处理，并进行复摇。湿式加捻是在捻丝的同时再给予丝条水分，当绞捻丝条被卷取到丝筼上干燥以后，丝条的绞捻也就被固定下来，因此不需要再进行复摇一类的处理了。高档丝绸织物如使用湿式加捻方法加工纬丝，可以得到特有的良好风格。

对捻丝的作用进行分析时，我们特别关注以下两点：① 绞捻的方向；② 绞捻的强度对于加捻丝条的性质以及对于织物性能的影响。我们分别对这两方面的问题进行讨论。

一是捻丝的方向。当将需要绞捻的丝束一端用左手握住，另一端置于右腿上用右手进行搓捻时，若右手向前搓捻丝束，那么从左手一端看丝束的旋转方向是逆时针的，丝条表面纤维的倾斜方向和英文大

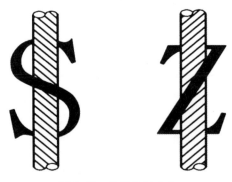

图6.12 单捻丝的方向

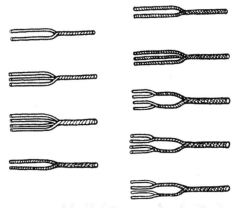

图6.13 复捻丝的方向

写字母S的中段相同,这时的捻丝方向称为S捻。若右手向后搓捻丝束,那么从左手一端看丝束的旋转方向是顺时针的,丝条表面纤维的倾斜方向和英文大写字母Z的中段相同,这时的捻丝方向称为Z捻(图6.12)。这样得到的加捻丝束只经过一次搓捻形成,不论方向如何,都称为单捻丝。

而将若干根经过一次绞捻的单捻丝以与丝束相反或相同的捻向再次加捻而成的丝束,则称为复捻。显然,复捻丝束的方向可能有SS、SZ、ZZ、ZS这些不同的结构(图6.13)。

那么,各种不同方向结构的捻丝,对于丝线的使用或用这些丝线织造成的丝绸,会有些什么影响呢?

通常情况下,单捻丝在长纤维上使用的时候,根据用丝的目的,S捻向与Z捻向都同样可以使用,其对织物的结构、力学性能不会产生差异。

复捻丝则大多用于短纤维的再度加捻处理。复捻加工时,一般第二次加捻采用与单捻丝方向相反的绞捻方向,而很少采用两次相同方向绞捻加工。如对于棉纺短纤维,单捻棉线通常为Z捻,而复捻时则采用S捻;在羊毛纺织中,单捻毛线通常为S捻,而复捻时则采用Z捻。此外,缝纫线捻线时往往采用S-Z捻,即单捻为S捻,而复捻为Z捻;缝纫线以3股合捻居多,因为3股的抱合力最好,可以获得不易被破坏的紧密结构,提高缝纫股线的强度。

为什么复捻两次要采用不同方向绞捻呢?这是因为,复捻两次采用不同方向绞捻时,第二次绞捻可使得第一次的单捻丝处于解捻状态,即单丝的捻绞力相互抵销,纤维序列产生移位,单捻丝的长度将增加,且单捻丝之间相互挤压,使得纤维之间的抱合更加紧密。此外,由于第一次的单捻丝处于解捻状态,故纤维处于相对自由状态,这使得丝束的直径增大,在此形态下,第二次加捻所产生的加捻压力会使得丝束紧束,纤维就不易发生移位松动。在这样的两次加捻作用下,复捻丝表面平滑,丝质柔软,弹性增大,作为织造材料,具有良好的质量。

以不同绞捻方向的捻丝进行织造,还对织物的外观形态有较大影响(图6.14)。如经、纬线都用相同方向的捻丝进行织造时,经、纬线相互交错接触的点上,丝条绞捻方向一致,使得经、纬丝能够相互嵌入,吻合良好,因此组织结构显得比较致密,织成的织物显得相对较薄。同时从外观看起来,由于经、纬纱线捻向相同,在经、纬丝交叉90度的织物表面上,捻转丝条方向也呈90度交叉,所以纱线因反光方向不一致而导致织物的光泽效果易呈散乱状。

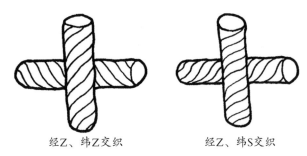

经Z、纬Z交织　　经Z、纬S交织

图6.14 不同捻向的经、纬丝交织效果

当经、纬线分别用不同方向的捻丝进行织造时,经、纬线相互交错接触的点上,丝条绞捻方向相反,故经、纬丝之间的吻合是不良的,但是从外观上看,经、纬丝的捻线方向是一致的,这使得组织结构比较自然,而且显得比较平滑,经、纬丝对光线的反射同步,增加了织物光泽。像绫类织物,发出光泽是其特色,因此对其地纹采用不同绞捻方向的经、纬丝进行织造是有利的。某些表面具有隐条隐格效应的织物正是利用同向捻和异向捻的光泽效应不同而织造出来的。此外,捻丝方向与斜纹织物的斜纹方向也有关系,如经纱为Z捻时,常用于织造左斜纹织物,而经纱为S捻时,常用于织造右斜纹织物。

一般加捻丝的捻度大小在公制中以每米多少个捻转为单位表示,80～500捻为弱捻,500～

1 000 捻为中度捻，1 000～3 000 捻为强捻，3 000 捻以上为特强捻。

纱线捻度对织物的物理性能与服用性能都有较大的影响。如前所述，纤维束通过加捻，会使纤维之间的抱合力增大，强度和伸长率增大，抗皱性与耐磨性也会有所增加。但是，捻度也并非越大越好，因为，绞捻作用本身就是对纤维条施加一种作用力，捻度的增加易使纱线的手感变硬、弹性下降、缩率增大。在过强的绞捻作用下，纤维丝条会始终处于强受力状态，这将使得织成的面料硬挺，折边处容易断裂，致使强力反而下降。此外，捻度过高的丝条织成的布料，染料难以渗透，染色后易掉色或"磨白"。

不同用途的纱线，对捻度的要求也不相同。一般在满足强力要求的前提下，纱线捻度越小越好。如长丝纱尽量不加捻或少加捻；织造或编织起绒织物用纱，捻度应小一些，以利于起绒；经纱的捻度应适当增大，以适应织造过程中张力大、摩擦力增大的条件；麻纱类织物要求具有挺括、滑爽的感觉，纱线的捻度可以比较大。

此外，捻度对加捻纱线的体积、重量和直径也会产生影响。通过加捻作用，纱线直径变小，抱合度增加，相同长度的纱线的重量增大。经过加捻后的纱线，由于纤维之间的微小间隙变小，纤维中包容的空气量变少，织物的保温性能和吸湿透气性能也会变差。加捻还会使纱线的抗起毛起球性有所改善。捻度越大，纤维之间的摩擦力及抱合力越强，散乱的纤维丝头就不容易出现，自然就不能纠缠起球。另外，捻度越大，纱线越紧密，抗钩丝性越好。

长沙马王堆汉墓出土的素纱襌衣，其使用的经、纬丝纤度约为 10.2～11.3 旦尼尔，采用密度稀疏的经、纬加捻丝，捻度接近现代强捻丝的捻数，达每米 3 000 捻。这样高捻度的纤细丝线，即便在现代技术条件下，也是十分不容易做出的。

在原始时代，我们的先人凭着聪明才智与顽强意志，通过长期探索与努力，获得了许多关于捻丝与纺丝的经验。这些经验所总结的纺丝技艺经几千年的历史进程被发挥延伸到了极致，如此才创造了今天绚丽多姿的纺丝、䌷丝世界，这不能不说是古人留给我们的一项重要的技艺精华。

第五节　现代的绢纺工程及技艺

蚕丝加工与应用技术分支使得绢纺与丝绵作为丝绸产业的一部分，在历史进程中不但成了蚕桑丝绸发展的重要支柱，而且在社会经济发展与文明进步中充当了不可替代的角色。

自古人学会利用蚕茧丝来捻丝和加工丝绵以后，捻丝纺织技艺一直沿用至今，捻丝纺织业从家庭作坊的加工业形态逐渐变身为工业化产业形态。那么，由捻丝制绵演变而来的绢纺工程又形成了一种什么样的产业形态呢？

在这一部分，我们将根据现代绢纺工程的加工流程，分别对绢纺原料的分类、精练工程、制绵工程、纺织加工工程进行概要的介绍。

一、近代以来绢纺业及绢纺技艺的演变

如前所述，早在汉代，人们就已经能够利用木制织机织造各种丝织物。但是，利用动力机械进行纺织加工与工业化生产，则是进入近代以后的事了。现代绢纺技术与绢纺产业以此为契机开始出现。18 世纪以后，西方的纺织工业进入了一个急速发展的时期。1785 年，英国人 E. 卡特赖特制造出了能完成开口、穿梭和卷布三个基本动作的动力织机，这是第一台由动力带动的织机，从那时起，纺织业进入了工业化织造时代。借鉴我国的经验，西方国家开始利用下脚茧、废丝，在已经比较成熟的棉、毛纺纱机上纺制绢丝，并获得成功。由此，以动力纺织机械化生产为特征的近现代绢丝纺织技术与生产方式开始登

上历史舞台。

早于西方1 300多年就开始在我国应用的酶练蚕丝工艺直到近代以后才开始在西方得到应用。当时已经有了比较成熟的化学、生物学知识，酶练技术启发了近代绢纺工业中精练技术的深度开发。近代以后，纺织机械的发展，如棉、毛纺织中出现的平形梳棉机、圆形梳棉机的开发与应用，推动了近现代绢纺工艺及机械设备体系的渐次形成与发展。西方国家开始大量进口我国的下脚废丝等绢纺原料，并设立了绢纺织厂，专门加工生产绢丝和绢绸。

1902年，英国怡和洋行在上海杨树浦开设了怡和绢纺厂，规模2 100锭精纺丝，这是我国最早的绢纺厂。1906年，中、日商人合资在上海基斯菲尔德路（现为万航渡路后路）33号建立钟渊公大实业株式会社钟渊第三厂，规模5 100锭精纺丝，1908年又扩建䌷丝工场。1924年，杭州纬成公司在嘉兴南湖建成嘉兴裕嘉绢丝纺织厂，从美国购买了一家3 000锭精纺丝老绢纺厂的全套机械设备。自此，全国新建绢纺厂逐渐增多。但是，战争时期经济发展停滞，到1949年，全国绢纺厂只有绢丝精纺锭数25 000锭，䌷丝1 890锭。中华人民共和国成立以后，绢纺生产得到恢复，在丝绸事业发展中占据了重要的位置。

此后，绢纺生产在规模不断增长的同时，由于经济失调、社会动荡、经济模式转换等原因出现波动。如1959年全国绢纺精纺丝锭数达58 934锭，次年下降至46 564锭；䌷丝也从2 100锭下降为840锭。1966年，绢纺精纺丝锭数达到68 528锭之后，经历了几年停滞，1970年增加到111 328锭；䌷丝也相应地从8 580锭经历停顿后于1972年增长至16 630锭。此后，经过了一段稳定增长时期，1990年绢纺精纺丝锭数达到219 426锭，次年，在向市场经济的转型期曾一度回落10%，之后在新的经济模式下继续增长。至1997年，较前年激增25%达到350 540锭，但次年又因全国的政策性压锭下降至331 046锭。䌷丝生产规模也呈现相应的变化，1995年䌷丝精纺锭数水平为47 470锭。据统计，1949年全国的绢纺丝䌷丝的总量为300吨，至1997年达到24 883吨。

在绢纺生产规模不断发展扩大期间，绢纺生产技艺以及绢纺设备装置也得到了改革与创新，使得绢纺产业能够因应时代发展与现代科学技术进步而同步发展。

19世纪50年代，上海绢纺厂将绢纺原料的腐化工艺改进为精练脱胶工艺；60年代，以煮练机取代了木连桶的精练工艺，开始采用生物酶脱胶、低温精练等，以机电自动化方法控制精练时间与温度，使得绢纺原料精干品脱胶更加均匀，改善了蓬松度。1966年，改革了沿袭60多年的制绵和部分纺丝工艺，采用圆梳机和经梳机相结合的制棉技术，生产出了更高质量的纺丝原料。在纺丝技艺上，新型的配备自调均整装置的高速针梳机、大牵伸粗纺机和精纺机，以及配有电子清糙装置的高速自动络筒机得到应用。80年代以后，浙江已普遍采用精练锅酶处理工艺，并根据不同的原料来源制定了不同的精练工艺路线。

1971年，浙江开始研制直型梳绵新工艺及设备，1974年经过中试，1975年通过轻工业部的技术鉴定，获得推广使用。经过多年的生产，这一新的梳绵工艺不断完善。

在绢纺设备方面，自从1902年上海杨树浦建立第一个绢纺厂开始到1949年，我国的绢纺机械设备基本上都是进口的，并且大多比较陈旧落后。中华人民共和国成立以后，出现了改造的和自制的绢纺设备。1961年，上海绢纺厂自制了煮练机精练设备；1966年制造了切茧机、除杂机、罗拉梳理机和高速针梳机等。其间，江苏、浙江、广东、四川等地也各自研制成功了各种绢纺机器设备，包括开绵机、切绵机、梳绵机、延展机、粗纺机、精纺机、制条机、并条机等。现代绢纺工程中基本形成了国产系列比较完整的绢纺加工机械。与此同时，通过积极引进各发达国家的绢纺机械设备，吸收、消化相关工艺与技术，我国的绢纺工程工艺与设备的总体水平得到了提高。

绢纺工艺技术与设备水平的提高，终于使我国形成了与时俱进的、与蚕桑丝绸生产特色相协调的现代绢纺加工生产系统。

二、绢纺原料的分类

所谓绢纺原料，简单来说，就是不适宜于缫制生丝的蚕茧，以及缫丝过程中产生的废丝等。进行绢纺丝原料加工时，对于不同来源与特性的原料，处理的技术措施及要求都有所不同。绢纺工程中，不同来源的绢纺原料根据其性质可分为四大类：丝吐类、滞头类、干下脚茧类和茧衣类。

1. 丝吐类

蚕茧在缫丝过程中经过索绪、理绪以及给茧处理，产生的紊乱绪丝经收集整理加工成的绢纺原料称为长吐。这些紊乱绪丝可以梳理成为丝条排列整齐、头绪清晰的丝束。一般丝束长度在1米以上，重量为500～1000克，作为产品交付时要求丝束保持蚕丝的色泽和特性，公定回潮率为12%。丝吐类原料还包括毛丝或经吐，这是指缫丝厂或织绸厂中产生的废丝屑，前者称为毛丝，后者常称为经吐。毛丝或经吐原料的特点是纤维较长，色白有光，强力高，丝胶含量均匀。但是，经吐常带有捻度，精练加工时会有困难。此外，自动缫丝机的索理绪机上清理出来的绪丝是连续地缠附卷绕成的长条状废丝带，又称为条吐；整理长吐时，落下的短丝条废丝经整理后也可以作为绢纺原料，称为短吐。

长吐丝束的加工方法可分为手工梳理加工长吐和机械梳理加工长吐两种，分别称为"手工长吐"和"机刮长吐"。长吐加工时，需要经过理出丝头、梳理刮制、漂洗、脱水、干燥整理等一系列工序。使用机械梳理加工时，需要先将紊乱的绪丝梳理出丝头，理齐拉伸成束，在头绪清晰之后，再放入刮吐机内刮理。刮吐机是利用装有楠竹刮吐板的两个滚筒向相反方向旋转的作用力，刮去蛹衬和汤茧，并把丝条刮松理齐的装置。刮制过的长吐再在洗涤机中用温水反复洗涤，然后脱水、烘干。经过干燥的长吐松软并呈蚕丝色泽，但还需要经过检查，剔除残存蛹衬、汤茧及结块硬条。最后再按质量分级包装。

一般手工长吐的含胶量在26%以下，含胶量分布于绪丝两端较多、中间较少。由索理绪机上形成的条吐绪丝长度较短，丝条上的丝胶分布比较均匀，含胶率在26%以上。经吐、毛丝的丝胶含量一般在20%左右，其形状比较松散，长短差异较大。一般情况下，优质的丝吐类原料利用效率高、外观洁白有光泽、丝质良好，可以纺制高档绢丝。

自动缫丝机出现以前，丝吐类原料以手工长吐为主；自动缫丝机生产为主的时期，缫丝厂的副产品以条吐为主，很少有手工长吐和短吐。从总体上看，条吐与手工长吐相比，在质量上有一定的差距，条吐含胶量较高、捻度参差不齐、色泽差异也较大。在精练过程中，条吐由于含胶量较高，所以损耗比手工长吐高，其适纺性能相对手工长吐也比较差，在纺纱过程中容易产生静电，影响纺纱效果。

2. 滞头类

桑蚕茧在缫丝后剩下来的蛹衬，经过加工整理成的绢纺原料，称为滞头，俗名汰头。为了将蛹衬加工成绢纺原料，需要对蛹衬进行一系列的处理。首先，剔除蛹衬以外的屑丝杂质，再在高温压力蒸煮箱内蒸煮6小时，使蛹衬上的纤维均匀离解，经温水洗净后在滞头机上平摊制成薄片状。然后，在洗涤机上，用温水充分洗涤，除去油脂污物，漂洗白净，脱水抖松。将成张的滞头平置于清整机上，清除附着的蚕蛹碎片、杂物等。再把滞头逐张抖松，约分10层铺入浸漂缸内，每铺一层浇注一次碱溶液，最上层覆盖旧滞头，上压重物进行浸漂约两周。随后，将液面悬浮油脂清除，把滞头漂洗干净并脱水干燥后，按质量标准分级整理包装。

滞头的丝素纤维强度与纤维长度均次于长吐。滞头产品为长1米、宽0.5米的长方形薄片，表面有绒条绒块，手感丰满，每张约重500克，公定回潮率12%，色泽和特性与桑蚕丝基本一致。一般滞头上还含有较多的蛹屑和杂质，丝纤维细而较脆，强力较低，含胶率约为15%，但含油率较高，可达10%左右。滞头产品按含油量的多少分为四个等级。制作良好的滞头产品洁白光亮，纤维强力较高，且因其纤维较细，类节较少，故适纺性能较好。优质滞头产品可以搭配在高档原料中，用于纺制高、中档绢丝。但大部分滞头因油脂不易去除，纤维色泽及强力都较差，不易纺制高品位的绢丝。滞头产品量大且价格比较便宜，是生产绢丝的一个主要原料品种，大多用于纺制中低档绢丝。

3. 干下脚茧类

干下脚茧类，主要是指缫丝工程之前选茧时选出来的下脚茧。干下脚茧可根据原料的质量特点进行分类，一般种类比较多，包括双宫茧、黄斑茧、柴印茧、口类（削口、蛾口、鼠口）茧、薄皮茧、汤茧、血茧和蛆类茧等，此外还可以直接用不良春秋茧作绢纺原料。一般情况下，口类茧质量比较好，可纺制优质绢丝。直接利用的春秋茧，往往质量参差不齐，好的可以作为优质原料，差的只能作为中低等原料。中等原料包括柴印茧、双宫茧、黄斑茧、薄皮茧和汤茧等。这些原料根据其质量状况可作为纺制高、中、低档绢丝的原料。干下脚茧类作为绢纺原料存在的问题较多，如茧层率差异大、杂质含量高等，易影响精练效果。茧层的杂质大多夹附在外层茧衣中，缫丝厂选出的下脚茧，一般已经经过剥茧机的处理，茧衣含量较少，故含杂也相对较少。而削口茧和一些未经选茧处理的下脚茧类原料，由于其表面茧衣含量较高，含杂质和各种污染物也较多，所以这类原料在精练前仍须经过剥茧机处理。

4. 茧衣类

茧衣是包覆在蚕茧最外层的疏松零乱的丝絮，一般占整个蚕茧质量的3%～5%，其丝胶含量较大，可以高达42%～48%，纤维细而弱，不能缫丝，只能与缫丝厂下脚茧一起作为绢纺原料。茧衣形态呈疏松的绵絮状态，其特征是纤维细脆、强力较低。此外，由于茧衣包裹在茧子的外层，容易受到环境条件等造成的各种外来污染，故一般价格低廉。为了便于使用，茧衣也被加工成薄片状，每张重约300克。茧衣质量根据整理状况、色泽及油污程度、杂质含量等指标的实绩来评定其等级。

在传统绢纺生产工艺设计中，茧衣作为一种补充原料，无须精练脱胶，拣去杂质后，直接调配在低档调合球中用于生产低档绢丝。茧衣由于含胶量高，在生产中也有一些积极作用，如混合在低档调合球中，特别是含油脂较高的调合球中，生产的精绵片具有防止纤维发并和蓬松精绵、提高成品绢丝练减率的作用。但是，由于茧衣的纤维细脆，而且没有经过脱胶处理，纤维中含有较多的胶着点，且含杂较多，故混合在调合球中生产的精绵含杂多、短绒多，在成品绢丝中容易产生疵点。所以，生产高档的绢丝时一般不使用茧衣原料。随着桑蚕育种、结茧条件的改进，如采用方格簇等方法，可以使茧衣的含杂量大为减少。在这样的背景下，茧衣作为绢纺原料的一个品种，因其纤维细、含胶量高、适纺性能好的特点，也将随着绢纺工艺技术的提高而逐步为绢纺生产厂家更多地接纳。

三、精练工程

蚕茧上的丝条由丝胶紧密地黏附在一起，纺丝和制织时，不论是直接利用蚕茧，还是利用缫丝加工过程中的各种副产品，包括次茧、下脚茧、长吐、茧衣绪丝等，都必须脱去原料上的丝胶，使纤维间的胶着点分开，并去除黏附着的污染物和杂质，使其成为丝绵状态。不经过精练处理的蚕茧及其副产品，是不能用于纺织的。因此，精练工程是绢丝纺织的一个关键环节。

精练工程包括对原料选别、脱胶、水洗、脱水、烘干等工序，目的是去除疵茧、废丝上的大部分丝胶以及油脂和杂质，使纤维洁白柔软，呈现出丝素应有的光泽和手感，同时使纤维离解疏松，便于后道加工。在这一工程中，原料选别是把原料按品质进行分类合并，并扯松剔除杂质；脱胶一般采用化学或生物学方法，在煮练液中加入适量的碱或酸和其他化学助剂可达到脱胶去脂的目的，或者采用蛋白酶制剂进行脱胶。精练后，纤维上残存的练液和悬浮物等杂质，需用水冲洗干净，再脱去水分，烘干成精干绵。下面是精练工程的概要过程。

1. 精练工艺设计

为了获得精练后符合纺纱要求的蚕丝绵絮，需要进行精练工艺设计。由第四节已经知道，绢纺原料的形态质量都十分复杂，进行原料处理之前，必须根据原料的状况制定适宜的工艺处理措施。这里所说的原料茧状况包括原料的种类、质量等级、含胶率、含油率，对于次茧、下脚茧，要区分茧层厚薄、色泽优劣、蛹体大小，此外原料霉烂、丝条强力等也都需要尽可能细致地考虑。根据这些原料的基本条件，才能更准确地制定产品加工目标，设定适当的工艺处理条件。

精练工艺的设计，在达成绢丝绵产量、质量目标的前提下，需要考虑节省能量、提高精练效率、减少药剂消耗等指标。为此，一般绢纺精练中并不简单地谋求低温精练，还要尽可能注意控制高温应用的精练工艺。通常情况下，绢纺原料处理多采用中温精练工艺。

2. 精练工艺流程

对于不同原料品种，可采用不同的工艺条件进行处理，但是基本工艺过程是一致的。常规的精练工艺流程主要包括五道工序：原料分档除杂—浸泡—脱水；初练—高低温槽洗—长槽冲洗—脱水；复练—高低温槽洗—长槽冲洗—脱水；给湿—脱水—烘干；精干品分档除杂—定量包装。

3. 精练工艺要点

对于直接利用蚕茧类原料的精练，工艺以中温精练为主。初练时，首先用精练废液浸泡4小时；复练时，在洗涤剂、纯碱浴液90℃中煮练20分钟。

吐类原料，如条吐高温精练时，要在纯碱和除油剂浴液95℃～100℃中处理20～30分钟。

吐类原料可采用高温、中温精练工艺。采用高温精练时，要在纯碱浴液95℃～100℃中处理20分钟，差原料适当延长时间。采用中温精练时，先于90℃～95℃精练残液中浸泡6小时，并在85℃的清水中处理30分钟。

滞头原料可根据质量差异决定工艺。质量较好的滞头原料，可采用高温一次练工艺或高、中温结合一次练工艺；质量较差的滞头原料则采用二次中温练或发酵工艺处理。其中，一次练要在以纯碱为精练剂的100℃浴液中练10分钟。二次练中，初练以纯碱浴液中温精练8分钟，然后第二次以纯碱浴液100℃高温精练10分钟。发酵工艺以发酵酵母培养于水缸，水温40℃并加少量纯碱，或在发酵池内加入适量垃圾原料让其腐烂，沤7天。

4. 给湿工艺

精练给湿工艺，是一项将传统的制绵给湿处理部分转移到精练工程来进行的技术。通过给湿处理，将给湿助剂均匀地分布在丝素表面，使丝纤维在梳理过程中减少纤维损伤，达到降低梳折、提高产品质量的目的。在此过程中，使用的给湿助剂主要是特定的阴离子表面活性剂，这些助剂在丝纤维上易于被吸附，提高了给湿效果，对提高制绵的制成率和纺纱时的适纺性起到积极的作用。这是一项由我国绢纺工程技术人员提出的精练工艺改革措施。

以上只是精练工程中处理各种不同绢纺原料的主要工艺条件。精练工程涉及的加工处理比较复杂，包括每个精练过程的药剂投放、浴液的pH值、浴比和温度等的条件控制、投放精练原料的数量和质量以及精练程度的精准控制等。精练以后的除蛹、冲洗、脱水、给湿、烘燥等工序，也都需要严格按照工艺要求准确地实施，以获得符合质量要求的精干绵。

四、制绵工程

经精练工程制得的精干绵，不仅纤维很长，且缠绕严重，依然含有较多的蛹屑和杂质等，不适宜直接进行纺丝加工和牵伸梳理。制绵工程就是把精干绵加工成精绵的工艺过程，操作中，须先把各种精干绵做给湿处理，然后定量配合，再经开松、理直，将纤维切成适当的长度，充分梳理，除去杂质和短纤维，使长而缠绕、含杂较多的精干绵成为充分离解、洁净、平直、长度适当的精绵。

制绵的工艺路线主要包括给湿、配合称重、开松、切绵、梳绵等工序。现代绢纺行业实施各种不同的工艺，其主要差别只在于采用的梳绵技术与所使用设备的不同。下面是制绵工程的主要工序。

1. 给湿工序

因精干绵回潮率较低，为了补给水分，要采用乳化液给湿，使丝纤维容易吸收水分，改善其柔软性和润滑性，以利于消除静电，以及在蚕丝纤维表面形成保护膜，减少纤维损伤，提高制绵质量。给湿处理分机械给湿和手工给湿两种方式，一般用喷雾器给湿，人工翻拌，并储存一定时间，使纤维含油水均匀。给湿水量一般为精干品重量的5%左右，抗静电剂用量约0.3%。

2. 精干绵配合工序

精干绵配合又称配绵、磅绵或磅球，即将种类繁多、品质不一的精干绵原料按重量比例混合加工之后做成绵球状，供梳理时混合使用。配绵时，根据丝的品质要求，决定配绵成分与比例。如长吐的纤维长、强力高、色泽白、梳成率高，有时搭配少量上等茧类，可纺成品质优良的绢丝。又如纺中低支绢丝，配绵时可多用滞头。绵球中各类精干品所占的配绵比例至关重要。配绵比例基于原料优质优用、成品质量稳定、降低成本的原则，是制绵工艺设计的一项重要指标。精干绵配合后经人工称重，扎成球状，称为精干绵球或调合球。磅球重量一般每个约450克，优质原料配绵的重量可轻一些，差原料配绵时可重一些。调合球的重量以便于开松为原则。

3. 开绵工序

开绵是将经过精干绵给湿、配绵组成的调合球进行开松处理。因为调合球中的纤维多呈缠绕状态或呈块状、束状，故需要进行调合球原料开松，除去大块杂质，使纤维初步分梳伸直，各种精干品原料得到混和。最后将经过开松以后的各种精干绵制成一定规格的绵张（平面形态的精干绵），以供后道工序加工。开绵使用的开绵机也称开茧机（图6.15），可以使原料在表面有钢针的滚筒间分扯松解，清除杂质，并形成绵张。开绵机主要由喂绵帆布帘、喂绵刺辊（针辊）、持绵刀、开绵锡林（大滚筒）、剥绵罗拉等组成。开绵锡林为直径约850毫米包有弹性针布的滚筒。锡林上方有工作辊和毛刷；后方有喂绵帆布帘、植有钢针的铜质喂绵刺辊和钢制持绵刀，用以喂给原料；在锡林的前方有剥绵罗拉，用以剥取绵张。开绵时，将调合球中定量配合好的精干绵均匀地铺在喂绵帆布帘上，当绵层进入由喂绵刺辊和持绵刀组成的握持钳口后，由握持钳口把纤维喂向高速回转的锡林，使之受到开绵锡林梳针的强力梳理。因开绵锡林与喂绵刺辊的转动速比约为200∶1，故被锡林梳针抓取的纤维束块会被扯松和梳理，从而完成第一次扯松。在扯松梳理过程中，浮在锡林表面的绵块再由工作辊扯松，随即被毛刷压入锡林针隙，纤维中大部分的杂质由于离心力的作用而被清除。在一个调合球完成喂绵周期内先后喂入的精干绵纤维，相互重叠铺卷在锡林表面上，使各种原料得到较好的混和。当一只调合球的纤维全部卷绕到锡林上之后就完成了一个周期。这时，制动停车并用剪刀沿锡林表面的无针区将绵层横向剪断，由剥绵罗拉将绵张拉出，绕成开绵球（图6.16）。铺绵厚度与锡林、持绵刀、刺辊三者之间的距离有关，对产品质量有较大的影响。目前，开绵机正向自动化方向改进。

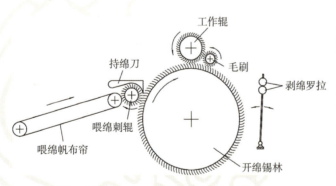

图6.15 开绵机结构示意图

图6.16 开绵球

4. 切绵工序

为了使纤维进一步松解伸直，需要把绵张纤维切成一定长度，并在切口处用小木棒卷起纤维，使之成为棒绵。调合球经开茧机加工后，虽然得到了一定程度的开松，各种精干绵也得到了较好的混和，但是，开绵机生产的绵张并不能直接进行圆梳梳理，为此，开绵后的绵张还必须经过切绵机的加工。通过切绵加工，将长纤维绵张按定长切断，并将其卷制成一定幅度、长度和重量的棒绵的同时，将缠结的纤维进一步松解，使纤维平行伸直，并进一步清除杂质。切绵时使用的切绵机分为大切机、中切机（图6.17）和小切机三种。大切机用于特殊要求的长纤维产品和苎麻纤维。中切机和小切机分别用于加工头道产品和二、三道产品。切绵机上有一个装有多块针板（排）的锡林（大滚筒），各块针板间有一定的间距。锡林后方由帆布帘、上下沟槽罗拉或光罗拉、上下针辊等组成喂给机构。绵张铺在帆布帘上，被慢速回转的罗拉和针辊所控制，受到高速回转的锡林钢针的作用时，绵张得到开松和梳理，纤维紧挂在针排梳针上，借毛刷的作用压向针根。当喂入一定长度的绵张后自动停车，用剪刀切断针排间的纤维，并将纤维的一端均匀地卷在木棒上，形成棒绵。大切机和中切机针板间距较大，切出的纤维长度长；小切机针板间距小，切出的长度短。切绵机喂绵和木棒卷绵时，棒绵重量均匀和纤维平齐情况，对于精绵的质量有较大影响。

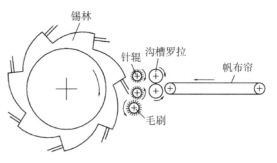

图 6.17　中切机结构示意图

5. 梳绵工序

梳绵是为了对纤维进行更精细的梳理，使之充分松解，除去杂质、绵结和短乱纤维，从而获得精绵。经头道梳绵获得的精绵称头道精绵，其落绵可再经切绵机制成棒绵，再行梳绵获得二道精绵，同法可获得三道精绵。圆梳机是梳绵工序中使用的传统机械，其加工的丝纤维品质优良、含杂少且纤维平均长度长；此外，还可以根据各级精绵的质量，生产出高档绢绵球、绵条，用于纺制高、中、低支优质绢丝。圆梳机制绵工艺已有近百年的历史了。圆梳机及其工作原理如图 6.18 所示。梳绵时，将纤维一端牢固握持，用梳针精细梳理其另一端。圆梳机主要由装有很多夹绵板的梳绵锡林（大滚筒）和前后两个包有弹性针布的梳理滚筒组成。梳绵时，将来自切绵机的棒绵嵌入锡林夹绵板内，夹持的纤维露出一定长度，随着锡林慢速回转。在启闭加压装置的作用下，夹绵板将握持的纤维夹紧，由前后滚筒对纤维露出的一端从两面进行梳理，然后由人工将梳过的一端嵌入夹绵板，再对另一端进行梳理。毛刷的作用是将梳理滚筒梳针上的纤维压入针根，以使滚筒有较好的梳理作用。两端经过梳理后的棒绵成为精绵，供给排绵工序加工。含有较多短纤维、绵

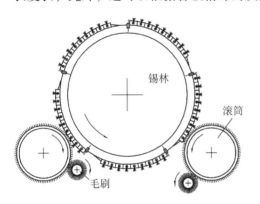

图 6.18　圆梳机结构示意图

结和杂质的滚筒剥绵送到后道切绵机和圆梳机加工。梳绵的效果以产量、梳折和纤维松解程度来表示，其与机械状态、梳绵工艺参数、工人操作技术和温、湿度控制等有很大的关系。梳出的精绵一般绵结杂质少，纤维顺直平行。圆梳机大多用手工操作，工人劳动强度高，且逐道产量锐减，所以加工道数有减少的趋势。

在制绵工艺过程中，还可采用直型精梳机替代圆梳机。使用这种精梳机的工艺流程是，先对精干绵给湿，配合称重、开绵，然后切断成一定长度并开松、混合或直接喂入罗拉梳理机制成条子，接着经针梳机加工两次后喂入直型精梳机制成绵条，再经针梳机整理一次而送入纺部。直型精梳制绵工艺是我国 20 世纪 70 年代初将精梳毛纺的梳毛和精纺设备引入绢纺系统后形成的，这是经多年探索、改进逐步形成的一条新的制绵工艺路线。这种加工方法，劳动强度较低，用人少，制品中短纤维束较少，但绵结较多，上等原料制成率较低，工艺上还有待进一步改进。

经过制绵工程中上述一系列的加工工序，精练工程送来的精干绵就被加工成了可供纺丝用的精绵。

五、纺丝工程

纺丝工程是将制绵工程得到的精绵加工成为制织用纱线的工程。纺丝工程一般包括两个纺纱系统，即绢丝纺系统和䌷丝纺系统。前者一般纺制线密度小、用于织造薄型高档绢绸的纱线；后者一般纺制线密度大，成纱疏松、毛茸，别具风格的纱线。虽然同样是以制绵工程得到的精绵作为原料，但䌷丝纺系统利用的是制绵工程中末道圆梳机或精梳机的落绵，其纺纱工艺可以直接采用绵纺普梳纺纱系统、绵纺转杯纺纱系统或粗梳毛纺系统进行纺纱。在这一部分，我们只讨论绢丝纺系统，主要介绍这一系统对蚕丝来源的精干绵的纺丝加工技艺。

221

绢丝纺加工系统的目标，是将制绵工程送来的精绵，通过并条工程（包括配绵、牵伸、制条、并条）、粗纱工程（包括牵伸延绞、粗纱）、精纺工程和并捻工程（包括并丝、捻丝）、整理工程（包括整丝、烧毛）加工成为可供制织使用的具有一定粗细的细纱。

（一）并条工程

并条工程包括配绵、牵伸延展、制条、并条（练条）等处理工序。

1. 配绵

在配绵工序中，要把各道圆梳机制得的精绵，按照数量、质量和所纺产品支数的要求进行人工搭配。

2. 牵伸延展

绵条要纺制成一定支数的细纱，就必须经过抽长拉细的过程，这个抽长拉细的过程就是牵伸过程。在此过程中，对绵条的牵伸作用会使绵条内的纤维沿轴线方向相对移动，并使绵条内的纤维延伸分布在更长的长度上，绵条除了被抽长拉细以外，纤维呈现出平行牵伸形态。

绵条牵伸时，可以使用各种不同的牵伸机构，它们的共同点是需要在绵条轴向相隔一定距离（牵伸区）的两点上握持住绵条，如使绵条通过牵伸区前后各一对夹持绵条的罗拉；当运动着的握持绵条的握持点之间产生相对速度差时，绵条通过牵伸区就会受到牵伸力作用，从而将绵条抽长拉细。牵伸的程度以绵条拉伸后长度与拉伸前长度之比，即牵伸倍数来表示，其由握持点之间的相对速度差所控制。一般牵伸机构的绵条握持器有罗拉式、针板式、针辊式和皮圈式等。牵伸区长度约在180～240毫米之间。牵伸的长度须根据目标绵条支数而决定。

与绵条牵伸机相类似，还可以利用延展机对精绵片进行延展。延展的原理与上述绵条牵伸类似。绵片在延展机上的牵伸倍数一般为9～14倍。延展机通常采用两道梳理，头道延展机制成的绵带要在二道延展机上重复加工一次，起到进一步延展、理直混合纤维的作用，以制成可供制条工序处理的绵带。

3. 制条

经牵伸延展工序加工过的绵条或绵带依然较粗、较短，不便于以后的加工，需要把它联结起来。制条工序的目的，就是对绵条或绵带加以牵伸、梳理，制成具有适当粗细（约0.3公支）的连续长绵条，以便下道工序进一步拉细梳齐。制条加工使用制条机进行，制条机主要由喂入、牵伸和成条三部分组成，其喂入和牵伸的加工原理与上述的牵伸延展机构类似。制条加工时，绵条由喂绵皮板送入，经梳理箱、前罗拉牵伸后，呈极薄的绵网状送出，并经集绵板和喇叭口集束成绵条，再进入圈条器。绵条在圈条器中受压辊的紧压变得较为紧密，最后由圈条装置将绵条有规律地圈放在绵条筒内。在制条机上延展绵带的牵伸倍数一般在10倍左右，制成的绵条粗细约为输入绵条的十分之一。

4. 并条（练条）

即便精绵经过制条或精梳等几次牵伸加工，其细度仍有较大偏差，且长短纤维分布不均匀，为此必须要经过进一步的并合、牵伸、梳理来改变绵条的形态结构和均匀度。并条工序就是将若干根经制条机或精梳机生产的绵条在练条机上并合牵伸，以获得形态整齐、粗细均一并符合要求的绵条。由于练条机上绵条并合根数受到限制，不能一次满足均匀加工要求，故通常采用三道练条程序，在头道、二道各并合10～12根绵条，在三道上并合5～6根，这样三道并合绵条总数可达500～800根。练条机主要由喂入、牵伸梳理、成条机构组成。这部分机构的结构与作用与制条加工类似。此外，牵伸机构加工时需要对罗拉加压，以保证牵伸正常进行。经过牵伸梳理的绵条进入成条机构（又称圈条机构），经过凝聚收缩处理及紧压罗拉压缩之后，制成的绵条通过圈条盘可被整齐地叠入绵条筒。

（二）粗纺工程

绵条经过几道练条并合之后，粗细匀度、纤维平直度等都已具备纺纱的条件。但是，末道绵条依然相当粗，与用于制织的纺绢丝相比，仍有200倍以上的差别。为了得到绢纺用的纱线，只通过一次纺纱牵伸是无法缩小这一差距的。为此，需要经过几道工序完成纺丝进程。前期纺纱工程是粗纺工程，主要作用是牵伸和加捻，并把粗纱卷绕成一定的卷装，以适应细纱机加工或贮存、搬运的要求。粗纺加工主要在粗纺机上进行。

18世纪末翼锭细纱机问世以后，由于细纱机牵伸倍数有限，要先纺成粗纱才能纺细纱，因而在19世纪初出现了粗纱机。这种粗纱机类似于翼锭细纱机，用回转锭翼加捻。19世纪末，牵伸机构还很粗陋，牵伸能力很小，粗纱工序长期采用2～4道，直到细纱机扩大牵伸和粗纱机牵伸机构改进后，粗纱机的道数才开始减少。

粗纱机通常由喂入、牵伸、加捻（或假捻）、卷绕成形机构组成。在粗纺机进行加工之前，需要把各道圆梳机制得的精绵依数量、质量和所纺产品支数的要求进行人工搭配。然后经两道牵伸机构加工成一定长度的绵带，以便控制绢丝的支数。在第一道粗纺时，纤维条从条筒内引出，经导条辊进入牵伸机构，被牵伸成规定粗细的纱条，由前牵伸罗拉送出，通过加捻成为粗纱，绕到无边或有边筒管上。经过粗纱机一道加工之后，牵伸倍数可以达到6～12倍。此后，再经制条机加工成连续的绵条；把绵条经三道并条机反复并合和牵伸进一步拉细，改善均匀度，使纤维进一步梳理伸直平行。绢纺工程一般采用两道粗纱机加工，绵条经二道粗纱机制成粗纱。因此，粗纱机又可分为头道、二道和单程粗纱机。各道粗纱机的喂入形式、粗纱卷装和机器的锭数有所不同，但机器结构和作用大致相同。头道粗纱机又称延绞机，得到的延绞绵条盛入条筒中。二道粗纱机纱条经牵伸加捻后成筒装形态送出。

1. 喂入机构

喂入机构主要由1～2根主动传动的导条辊和导条喇叭组成。条子喂入时，导条辊把纤维条从筒内引出并托持纤维条，使其在引导过程中减少意外伸长。导条喇叭对纤维条起集束作用，导条喇叭横动可以减少牵伸机构中皮辊的磨损。粗纱喂入时，喂入机构由粗纱架和导纱杆组成。

2. 牵伸机构

粗纺机的牵伸机构形式较多，通常采用的有简单罗拉牵伸、多罗拉曲线牵伸、针辊式和皮辊式牵伸等。简单罗拉牵伸或多罗拉曲线牵伸适用于较重定量的纱条；针辊式的牵伸能力较低，但有分解疏松作用，一般在毛纺、绢纺粗纱机中采用；皮辊式的牵伸能力较强，纺纱质量较好，对各类纤维的适应性广。绢纺上常用的两道粗纱机加工时，牵伸倍数一般可达40～140倍。粗纱机牵伸罗拉的加压有重锤杠杆加压和弹簧摇架加压等形式。为了减少牵伸过程中的纤维扩散，在牵伸区中配备起集束作用的集合器。牵伸机构中的罗拉、皮辊和皮圈容易黏附短绒尘屑和油污，一般均利用绒辊、绒板或回转式绒套接触揩擦，以保持表面清洁，减少纱疵。牵伸机构装有灵敏的断头自停装置。

3. 加捻机构

粗纱加捻的目的与细纱加捻不同，粗纱加捻是为了使绵条增大抱合力和强度以便于储存和运输，其对捻度要求不高，还可以采用假捻，使无捻绵条线密度加大，以达到增强纤维间的抱合力和强力的目的。细纱加捻则是使纱线获得足够的强力与伸度等，以满足织造加工和织物性能的要求，所以细纱的捻度较大。一般情况下，粗纱的捻度根据所纺的支数不同，控制在30～50捻/米，而精纺细纱的捻度则要根据所纺品种的需要，并考虑粗纱的纤维长度、烧毛制成率等因素，控制在400～900捻/米。

粗纱机按加捻机构的形式分为搓捻粗纱机和翼锭粗纱机。

搓捻粗纱机（图6.19）加捻处理方式为假捻，形成的是无捻粗纱。其牵伸机构分别有针圈式或皮圈式两种。针圈式牵伸机构，因工作面较小，对纤维的控制作用较差，牵伸倍数受到限制，适合纺较细的绵条。皮圈式牵伸一般选用有较好控制作用的滑溜牵伸，牵伸倍数较大。搓捻机构由一对搓条皮板组成，纱条由牵伸机构送至搓条皮板中，由一对搓条皮板对纱条进行夹持搓捻，搓捻时两皮板做回转和往复相结合的复合运动，在纱条上形成正反捻向相间的假捻，并连续送出。搓条皮板的往复运动是通过皮板轴的双偏心机构完成的。纱条由搓条皮板送出后，成为比较

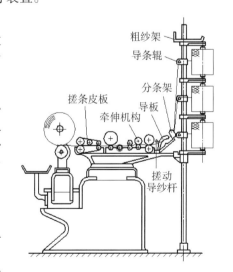

图6.19 搓捻粗纱机结构示意图

紧密的粗纱，卷绕在无边筒管上。在绢纺工程中搓捻粗纱机被广泛地使用。

翼锭粗纱机靠锭翼回转对纱条连续施加捻度，生产有捻粗纱。加捻机构主要是锭翼和锭子。前牵伸罗拉送出的纱条由锭子外周在卷绕过程中同向转动的锭翼带动旋转，使纱条绕本身轴线旋转而加捻。绢纺工程中对于一些比较差的绢纺原料，使用翼锭粗纱机进行加工处理。

卷绕成形机构：翼锭粗纱机在纱线加捻的同时由导纱器引导卷绕到锭子筒管上。搓捻粗纱机的纱条经由搓捻皮板送出后卷绕成筒。卷绕在有边筒管上的粗纱卷装形态为圆柱形；卷绕在无边筒管上的卷装形态，两端呈截头圆锥形，以防止两端纱圈脱落。绢纺粗纱机采用无边筒管成型。

（三）精纺工程

精纺工程的目的，是将粗纱纺制成具有一定粗细、一定强力和其他物理机械性能的细纱。这是绢纺成纱的最后一道工程。精纺工程使用的精纺机由喂入、牵伸、加捻和卷绕成形四个主要机构组成。绢纺精纺机一般为环锭纺纱机，这是短纤维精纺工程中使用最多的纺纱机械。下面对精纺机的主要加工机构进行概要说明。

1. 喂入机构

精纺原料筒子放置在粗纱架上，进入精纺的筒子置于支持器上，在牵伸纱条牵动下退绕，导纱杆使退绕纱线张力均衡，横动导丝装置可避免粗纱喂入点固定不变而导致皮辊磨损形成凹槽，以致破坏对纤维的握持力。横动动程根据皮辊阔度而调节。

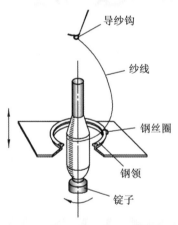

图6.20 环锭纺纱加捻机构示意图

2. 牵伸机构

精纺机的牵伸机构主要使用皮辊牵伸机构。牵伸方法与前面叙述过的绵条牵伸方法是类似的。皮辊牵伸机构多采用三罗拉上短下长的双皮辊牵伸机构。牵伸区长度在200毫米以上，总牵伸倍数为20～40倍。皮辊对喂入纱条具有必要的握持力而产生足够大的摩擦力矩，这对于确保纱条的牵伸倍数至关紧要。

3. 加捻机构

经过牵伸机构延伸之后的纱条进入环锭纺纱机构加捻处理，这是精纺加工的主要程序。在精纺工程中，依靠环锭纺纱机构对纱条进行加捻，图6.20所示即为环锭纺纱加捻机构。从图中的环锭纺纱加捻机构可以看到，精纺机经过牵伸加工制成的细纱通过活套在钢领上的环锭钢丝圈旋转引入，钢领是罩套在筒管外围的钢领板上凸出的圆形领圈（又称跑道）。钢丝圈套在钢领上，当锭子带动筒管一起回转时，纱线拖动钢丝圈绕钢领回转做圆周运动，同时随着钢领上下往复运动，带动纱条卷绕运动及自旋运动。因钢丝圈在钢领运动时的摩擦力使得钢丝圈的运动速度比纱条卷绕到筒管的速度慢，故钢丝圈对于纱条起到导丝作用。同时，纱条因自旋作用被加捻制成细纱且得以按照一定的规律卷绕到筒子上。环锭纺纱的纺纱速度快，环锭纱中纤维的形态多为由内向外转移的圆锥形螺旋线，使纤维在纱条中内外缠绕联结，纱条的结构紧密，强度高，适用于制线以及机织、针织等各种产品。

绢纺丝精纺机上的锭子转速一般可达10 000转/分。对于不同的织物用丝，精纺加捻时的捻度要考虑纱条的强力，而且要考虑其他物理机械性能和纺纱技术经济指标。捻度过大，会影响精纺生产率，也可能对绢纺织物的手感产生偏硬等不良影响；捻度过小，可能使得精纺断头率增加。一般精纺细纱的捻度，按照纺绢丝品种的需要选择捻度水平，单纱精纺60支纱的捻度约为500捻/米，随着目标纱线变细，捻度增加，单纱精纺300支纱的捻度可升高到1 000捻/米左右。双纱捻丝的捻度可较单纱精纺的捻度减少一些。

（四）并捻工程

在精纺工程中，常常需要根据绢纺丝性能以及织物的要求将各种单纱制成各种并捻纱条。并捻工程包括并丝、捻丝两道工序，其加工的目标是将两根或两根以上的单纱并合起来，并进而将合成的双股或多股纱线加捻成股丝。多股捻丝有利于改善纱线质量，提高纱线条干均匀度、强度以及抱合性能，并可获得优雅光泽与风格。

并丝工序中使用合丝机合并若干单纱到一起。合丝机主要由卷取装置、断头自停装置和张力调节装置等部分组成。卷取装置将两个或两个以上筒子上的纱条并合在一起并卷取成型。同时，为了使纱圈在筒子上紧密卷绕、表面平整，在纱条往复运动中采用防叠装置，使每一层卷绕的纱圈与上一层纱圈有一个小的位移，改变纱圈起始位置，从而避免了相同起点重复卷绕以及纱圈相互镶嵌。

在并丝过程中，并合的纱条中有一股断裂或一个纱管用完时，断头自停机构会立即制动以防止单丝绕进筒子；待接好头后，又恢复运转状态。此外，在并丝卷取过程中需要保持均衡适宜的张力，以保证良好地卷装成型。

捻丝工序中，将经过并丝之后的纱条加捻成股丝，加过捻的股丝具有较单丝更高的强力、匀度、弹性以及良好的丝光和手感。捻丝大多可以采用倍捻机生产。

（五）整理工程

整理工程是制作绢丝产品的最后一道工序，需要经过烧毛处理，以及绢丝的成筒或成绞工序。

烧毛是绢纺丝制成成品之前的重要工序。经并丝、捻丝后绢丝表面毛茸较多，并有许多绵粒点，这样一些外观疵点如不改变，不仅不便于织造工程的进行，而且会影响织物的外观性能。烧毛的目的就是去除绢丝表面的毛茸和绵粒。纱条表面的毛茸杂质能否除净，将决定成品丝质量的好坏。绢纺工程中通常采用二道烧毛，以头道为主，其目的是烧、擦去绢丝中大部分的毛茸和绵粒；第二道为精烧，对头道烧毛结果进行补充完善。

烧毛工程在绢纺纱条用的烧毛机上进行，在需要烧毛的筒子退绕到另一筒子的过程中，对纱条上的毛茸和绵粒利用液化气火焰进行烧毛以及擦拭处理。烧毛时，需要根据纱线的粗细，分别调节头火、二火的火焰大小、烧毛距离、纱线速度等。一般烧毛时，筒子退绕到另一筒子的车速为200转/分。烧毛速度的设计，应根据喂入绢丝的质量来决定，一般要求头火比二火快，高支绢丝比低支绢丝慢，毛茸绵粒多的比洁净纱条慢。烧毛机可以同时对数十个退绕筒子的纱条进行烧毛。经过烧毛后，绢丝上大部分毛茸和绵粒均已被烧去，其单位重量减轻，支数提高。绢丝在烧毛过程中损失的重量与原有重量之比称为烧毛损耗率。经过两道烧毛后，烧毛损耗率一般可以达到6%～7%，这时绢丝表面洁净光亮。

经过烧毛后的绢丝，最后或直接以筒装丝形态，或摇成绞纱形态包装最终产品。在需要摇成绞纱形态时，将烧毛后的筒子丝送到摇绞机上，按包装标准摇成具有一定规格、一定重量的绞丝，以便于对摇好的绞丝逐绞检查选别与剔除。绢纺丝产品最后经成包工序将其加工成为一定规格与重量的成品绢丝。

六、现代绢纺业的人文情结

有着悠久历史的我国绢纺生产及相关产业，依靠蚕桑资源的优势，自近代以来作为蚕丝特色产业的一部分，在社会发展与进步中发挥了不可替代的作用。虽然绢纺丝作为一个传统产品在纺织产品中所占的比例很小，产业规模并不大，但是，长期以来我国的绢纺丝及其制品，以其优良的服用性能、健康环保的天然属性、独具一格的面料风格一直在国际上享有良好的声誉，是一个出口创汇的大宗产品。

依托着有几千年历史的丝绵及绅纺技艺，绢纺绅纺丝绸已经深深地植根于华夏民族的衣饰生活中。绢纺加工技术不断发展、传承、创新，不但为中华民族的社会进化及文明进步做出了不朽的贡献，而且为我国经济技术的发展留下了珍贵的遗产。这一古老技艺的历史传承结果，使得我国近代以来的绢纺产业技术主要依靠自己的力量得以发展弘扬。

特别值得一提的是，自中华人民共和国成立到20世纪70年代，在国家计划经济的统筹之下，我国的绢纺业有了一个快速发展的时期，一度在全国掀起了绢纺生产工业化热潮。其间，各地兴建了一大批绢纺厂。全国精纺锭数从中华人民共和国成立初期的25 000锭上升至80年代后期的20万锭，绅丝精纺锭数也已接近50 000锭。这是我国绢纺进入工业化时代的重要时期，在这一时期，绢纺业的现代化生产流程逐步形成，生产技术上进行了许多改革，形成了我国的绢纺生产技术特色。在这一基础上，导入市场经济以后，绢纺生产再次呈现出高速发展的态势，20世纪末全国精纺锭数达到35万锭。

绢纺厂及绢纺事业的发展，在20世纪70年代以后对我国社会生活与文化事业的发展产生了深刻的影响。从那个年代过来的人都不会忘记，当时所在城市的姑娘、小伙子梦寐以求地想要进入的工厂就是绢纺厂，人们以能够进入绢纺厂工作而自豪。为了了解我国绢纺事业迅速发展时期的绢纺厂风貌，我们从《诸绢志》《诸暨县志》上关于诸暨绢纺产业的记载中撷取了一些当时的报道。

据《浙江分县志》记载："诸暨南门有个翠微寺，为范蠡故居。唐代时在故址改建净观院，内有'鸥夷井'，后面就是虎头山。"绢纺厂厂址就在范蠡故居旁边。这是一家20世纪70年代在国内极富影响的绢纺企业。在那个年代，这个占地约13万平方米的中型绢纺工厂每天机声隆隆，夜间灯火通明，呈现一片勃勃生机。

据《诸绢志》《诸暨县志》记载，诸暨绢纺厂为全民所有制企业，当时也称大型国营企业，隶属诸暨县计划经济委员会。诸暨绢纺厂的建设动议于1971年，筹建于1972年5月，次年4月15日动工兴建。设计规模为绢精纺丝5 200锭，年产绢丝200吨；䌷精丝纺960锭，年产䌷丝150吨；配织机128台，年产绢绸173万米、绵绸107万米。投资概算755万元，劳动力定员1 200人。1976年6月进入部分试车，试产120支/2绢丝、25支/1䌷丝、绵绸等。次年年底，形成精练、制绵、纺丝、䌷丝、织绸一条龙生产线。1980年后，改造准备、织造车间，新建化纤纺织、制绵车间，引进绢纺设备并增加绢精纺丝4 160锭。产品有绢丝、䌷丝、绢纺绸、绵绸、绢䌷绸，以及绢与棉、麻、毛、化纤混纺交织绸。其中红梅牌特级120支/2绢丝获1980年浙江省优质产品奖；红梅牌普级140支/2绢丝获1983年浙江省优质产品奖，翌年又获中国丝绸公司优质产品证书。1985年，金龙牌13175绵绸、红梅牌普级120支/2绢丝获浙江省优质产品奖。1987年，红梅牌特级140支/2绢丝、13890绢䌷交织绸获浙江省优质产品奖。各种产品畅销日本、美国、西欧、东南亚和中国香港等30多个国家和地区。所生产的金龙牌13175绵绸，被参加第23届奥林匹克运动会的美国代表团选为部分运动服装用料。

经过15年的建设，到1987年，诸暨绢纺厂占地面积12.58万平方米，建筑面积6.39万平方米。有职工2 051人，其中专业技术人员72人，五级以上技术工人537人。年末，固定资产原值1 567.2万元，净值1 025.2万元。定额流动资金全年平均余额757.9万元。绢丝纺8 500锭、䌷丝纺1 920锭，1511M织机136台，绢纺织专用设备662台、通用设备702台。年产绢丝417.77吨、䌷丝367.75吨、丝织品280.91万米。产值1 460.3万元，利税924.4万元。1987年10月，浙江省人民政府批准诸暨绢纺厂为省级先进企业。

在当时的职工眼中，诸暨绢纺厂是一个温暖的大家庭，工厂兴盛的时候有职工3 000多人。工厂内有篮球场、俱乐部、图书室，业余赛事不断。在家庭电视机还没有普及的时代，员工们可以在食堂看电视节目，尽情娱乐。厂里有幼儿园、托儿所，解决职工的后顾之忧；有医务室，保障职工身体健康；有蛋糕房，为职工送上生日祝福；有冷饮室，盛夏为职工送上清凉；有招待所、小餐厅，为企业及职工招待客人提供便利，也为青年人办婚庆喜酒；有家属宿舍，为职工提供福利。工厂内有浴室，工人的家属也可以免费洗澡。工厂每年给职工提供各种福利。1981年元旦，绢纺厂为八对年轻人举办了集体婚礼，曾经轰动一时，被传为美谈。工厂管理的大事情是为职工生活、工作着想，管理干部没有架子。诸暨绢纺厂是很多年轻人踏上社会的第一课堂，他们在这里洒下青春的汗水，收获了人生的幸福与友情。

那个时代，不仅诸暨绢纺厂，在全国各地的绢纺厂中，员工们为了将千丝万缕的茧丝加工制作成为华丽的纤维与服饰材料，发挥了聪明才智，付出了汗水与力量。他们发展了我国的绢纺业，装点了发展中的产业环境，美化了人们的生活，使得当年的绢纺厂焕发出无比诱人的魅力。在这里，我们也看到了绢纺作为拥有5 000年历史的蚕桑丝绸并蒂之花在现代社会生活中的风貌。

第六节　现代的丝绵被制作

古人很早就已经知道，蚕茧壳上缠绕着的茧丝一旦被拉松开来，就可以成为一团纤细丝条的乱絮。将这些乱絮梳理、清洗干净以后，就可以做成防寒保暖的蚕丝绵絮。古人用这样的绵絮做成绵袍、绵袄、绵袴等防寒冬衣，以及丝绵被。白居易诗曰："朝拥坐至暮，夜覆眠达晨。谁知严冬月，支体暖如春。"从中足以感受到古人享用丝绵保暖的无尽惬意。丝绵伴随着中华民族走过了几千年，直到今天仍被视为温暖奢华且无可替代的寒冬珍品，这是大自然的恩赐，也是古人辛劳与智慧的结晶。

作为大自然赐予人类的珍贵纺织材料，蚕丝绵有着许多其他纺织材料所不能企及的特性与价值。这是一种亲和人类肌肤的绿色环保材料。由于桑蚕生长过程中不能接触农药一类的化学药品，蚕体作为天然的生物学屏障，隔绝了自然环境中很多污染源的影响，营建了无污染的蚕茧产品。医学生物学研究也证明蚕丝作为一种动物蛋白纤维与人体具有亲和性，蚕丝蛋白即使作为生物材料植入动物体内，也不会因为具有免疫原性而引起免疫反应。从蚕丝纤维的微细结构及其物理性能来看，蚕丝材料具有优良的透气性、吸湿性、保暖性等，故在与人体接触时，会令肌肤感觉到滑爽、柔和与舒适。由蚕茧及废丝等做成的丝绵，有直径10微米尺度茧丝集合的纤细柔软效果，更会使人拥有一种近乎无接触感的温暖。这样一些优良特性，使得丝绵几千年来自然地为人类所钟爱。

近代以来，蚕丝产品一直以生丝、绢纺丝、丝织物以及二次产品为主导，丝绵被所占的市场份额较低。

但是进入21世纪以后，受世界金融危机影响，生丝在国际市场的需求日渐疲软，价格急剧下滑，导致蚕茧价格随之下跌，养蚕量大幅度减少。为了应对国际市场的危机，拓开蚕丝消费市场，各蚕丝产地充分利用蚕茧资源优势，积极开辟丝绵被市场。金融危机以后，国内丝绵被生产呈现出迅速发展的热潮，逐年以10%到20%的速度增长。2015年，生丝及其制品的总产量14万吨中有将近1/3被投入了丝绵被的生产，使当年丝绵被产量达到2 474万床。此后，随着国内经济的高速发展，国民生活水平的不断提高，追求健康生活、崇尚回归自然成为趋势，丝绵被消费市场逐年扩大，各地区丝绵被产品持续热销。因应丝绵被生产的迅速发展，2010年2月1日我国制定了蚕丝被国家标准GB/T24252—2009。该标准明确，以蚕丝为主要填充物的被类称为蚕丝被，分为纯蚕丝被和混合蚕丝被两类。其中蚕丝含量为100%的称为纯蚕丝被，蚕丝含量达到50%及以上的为混合蚕丝被。

丝绵被加工有手工制作和机器制作两种方式，我们将按照原料准备、手工制作、机器加工三个部分对其加工技艺进行介绍。

一、丝绵原料准备

过去，制作棉被的棉花是靠弹出来的，走街串巷的弹棉花人靠一弯弹弓、一张磨盘、一个弹花锤和一条牵纱蔑就可弹出一床松软的棉花被。但是，蚕丝被却不是弹出来的，而是拉出来的。这是因为，蚕丝被的原料来自一个个看起来结实致密的蚕茧。要将这样的蚕茧做成蓬松软和的被子，事前加工不是一项简单的工作。

丝绵是由桑蚕、柞蚕所营茧或缫丝加工时的剩茧乱丝经过加工而成的丝絮状材料，按其中纤维的长度，可分为长丝绵、中长丝绵和短丝绵。长丝绵是指以整个蚕茧为原料加工成的丝绵；纤维长度低于25厘米的称为"短丝绵"；而介于长丝绵和短丝绵之间的称为"中长丝绵"。按照原料来源的不同，又可分为"桑蚕丝绵"和"柞蚕丝绵"。

在过去，手工制作丝绵大多是用不容易缫丝的双宫茧。单宫茧和次茧等不同品质的蚕茧也都可以制作丝绵，而双宫茧可以制成高质量的丝绵。

丝绵原料的加工过程主要包括烘茧、煮茧脱胶、扩茧、晒干。

1. 烘茧

当蚕茧量比较大，来不及处理时，一旦蛹在蚕茧中蜕变为蛾，就会咬破蚕茧，这将影响蚕丝的质量以及后面的加工处理。因此收茧以后，一般采用烘干的方法防止蚕茧化蛾或蚕茧变质，以保护第一手蚕丝原料中丝绵所具有的优良品质。

2. 煮茧脱胶

这就是前面讨论过的精练加工。通常要将干茧放入水中，水沸后，煮30～40分钟。为了脱去丝胶，可用小苏打作为碱剂，加快丝胶膨润溶解，使原来结构紧密的蚕茧迅速变得疏松，以便于离解。脱胶以后，再用清水洗净。这是十分传统的做法，只要控制好碱剂用量，对蚕丝纤维的损伤是很小的。在传统的制绵方法中，脱胶煮茧的时间长短，对蚕丝纤维的质量影响很大。煮茧时间太长，可能损伤丝纤维；煮茧时间太短，丝胶解脱不完全，纤维容易纠缠结块。有时候，对于颜色比较杂或暗的原料，可以加一些增白剂，但丝绵被是贴身材料，能不用增白剂最好。有些地方也沿用古人的做法，利用猪胰脏等生物蛋白酶来进行蚕丝脱胶，这种方法在常温条件下可以高效地脱胶，且不损伤丝素纤维。为了增大脱胶效果，也可以用60℃～80℃的碱性溶液事前喷淋蚕茧，但处理时不损伤丝纤维是重要原则。经过均匀脱胶的丝绵在晾干开松之后，应该不会出现"绵块""丝筋"和产生其他杂质。如果丝胶残留较多，就可能出现局部丝条黏结成块，或者丝纤维聚集成束。这些结块或丝束较小时，称为"绵块"，丝纤维成束较长较宽时，称为"丝筋"。经过良好煮茧脱胶处理的茧丝绵可以避免丝绵疵点的发生。

3. 扩茧

将经过煮茧脱胶的蚕茧放入盛满清水的大盆中，用手撕开蚕茧，取出蚕蛹，并将茧壳撑大成一个帽子形状的茧兜。将茧兜套在左手手指并拢的4个指头上，每套上4～5个茧兜后，用两手拳头将茧兜套用力撑开到一定的宽度，取下作为一个套兜；将这样的4个套兜作为一个单位，套叠在一起，再把套叠兜套到制作丝绵的半圆形竹弓上，撑开到一定大小。这时候，4个套兜套叠在一起共有16～20个茧兜。在这些过程中，每次撑开茧兜时都要使得茧层各方向受力均匀，以确保后期继续拉伸扩张时蚕丝被层层厚薄均匀。这个操作特别需要经验与技巧，古人所谓"缫丝三日、丝绵一年"，就是指均匀地将茧兜扩张成一定形态的丝绵是十分不容易的。

4. 晾干

做好的茧丝套叠兜，甩干水后，晾于阴凉通风的地方。干透后，就可作为制作蚕丝被的材料了。

二、手工制作丝绵被

有了已经晾干的套叠兜，就可以制作蚕丝被了（图6.21）。

图6.21　手工丝绵被的制作

1. 拉丝网

将晾干的套叠兜拉长，并通过四人组合，根据被芯的规格要求，慢慢拉成一张大小合适的长方型丝网。此后，每拉开一个套叠兜都要把拉开的丝网叠加在一起，直至达到蚕丝被要求的重量，就制成了一床蚕丝被胎。在这个加工过程中，特别要求单张丝网拉撑和叠加时厚薄均匀，这需要经验和技巧。各层蚕丝网重叠在一起因为之间有摩擦力，会紧密地缠附黏结在一起，这保证了被子有十分稳定的形态。

2. 装内套

经过拉丝网这道工序，蚕丝被胎已经基本成形，但还需要装上内胎套，以保护丝胎。一款完整的蚕丝被应该由丝绵内胎、内胎套以及专用被套组成，其中填料和胎套合称"内胆"。内胎套一般采用纯棉材质的纱布套。将丝胎装入内套时，需要调整丝胎边缘，使之与内套四边贴合，四个边角上丝绵胎心到位，内套与蚕丝被胎自然地结合成一体。

3. 定点

定点是把丝胎与内套固定起来，防止移位。定点可采用绗缝工艺或手工定点工艺。对于优质长丝绵蚕丝被，由于采用网叠工艺，丝胎不易移位，因此一般可采用手工定点工艺。但对于短丝绵，或质量较低的丝绵，通常要采用绗缝工艺以固定蚕丝和内套不移位变形。

4. 包装成型

经过以上的加工处理，蚕丝被胎就制作完成了。包装成型成为商品时，须配备人们中意的外被套，如此就可以成为家庭使用的丝绵被了。

手工制作蚕丝被的方法是传统的，其处理过程对于保护蚕丝天然的优良性能十分有利。

除了上述传统的丝绵被制作方法以外，还有一些其他的制作丝绵被的方法，如利用蚕儿在平面板材上吐丝得到平面丝块，再做成蚕丝被。

蚕成熟后，吐丝营茧场所如果是一个平面板材，熟蚕将难以构建成具有立体结构的蚕茧，这时候由数量众多的蚕儿吐丝，其结果就可以得到类似于无纺布一样的平面丝块，即平板丝。利用平板丝也可以制作天然蚕丝棉。

利用平板丝制作丝绵被的基本工序是：在熟蚕吐丝时制作宽幅平板丝，将得到的平板丝煮丝脱胶，漂洗三遍，脱水甩干，低温烘干。这样得到的平板丝就可用作制作平面丝绵被了。这时候，只要将处理过的平板丝一层层叠加平铺，无须拉扯。支撑的丝绵被中近千米长的蚕丝不会被拉扯断，也无须剪刀修剪。这样制成的蚕丝被厚薄均匀度比较好，丝绵不易板结，被材翻新或增减蚕丝都比较简单。

三、丝绵被的机器加工

机器制作丝绵被时，双宫茧是比较好的原料，此外，单宫茧、削口茧和各种次茧，以及缫丝之后剩下的长吐、滞头、废丝等也都可以通过机械加工做成蚕丝被。

机器加工丝绵被之前，要将各种原料茧进行煮茧脱胶，使得原料茧上的丝胶膨润溶解，变得疏松，便于离解。脱胶以后，再用清水洗净，剔除蚕蛹和杂质，甩干水分，并进行干燥处理。

加工丝绵被使用的机械主要是用于开绵成片状的开茧机和固定丝绵被胎的电脑绗缝机。

开茧机（也叫开绵机）的结构如图 6.15 所示。利用开茧机可以将各种来源的丝绵原料进行混合开松处理。因为丝绵原料很多是纠结成团成块的蚕茧、废丝等，纤维很多也是缠绕在一起的，利用开茧机，可使混合原料在表面有钢针的锡林（大滚筒）和工作辊之间分扯松解，清除杂质，并使得纤维经梳理伸直，同时各种不同来源的原料在加工过程中得到很好的混合。经过开茧机处理以后，各种蚕丝纤维被梳理成一张缠绕在包有弹性针布的锡林上，关机以后用剪刀沿锡林表面一处母线方向无针区将绵层横向剪断，由剥绵罗拉将绵张拉出，就可以得到一张 2 米多长的长方形丝绵毯。

这时，根据设计的尺寸可以将丝绵毯依靠四人平拉或两人平拉蓬松，并使其拉开成被子大小。按照需要的厚度，将若干层绵毯叠加在一起即可做成一床丝绵被胎。

将成型的丝绵被胎套入合适的丝绵被内套，通过电脑绗缝机绗缝，固定丝绵胎各层与内套，以防止移动错位。这样就可以得到一张以机器加工为主的蚕丝被。

对于不同来源的丝绵被原料，在原料准备及制作丝绵被过程中，还要根据原料的特点进行一些特殊的加工处理。如双宫茧丝（长丝）加工成的丝绵被中，蚕丝纤维长度最长，一般平均可在 2 米以上，做成的丝绵被厚薄均匀度高，不易板结。削口茧丝（中长丝）纤维的平均长度约1米，往往不易梳理整齐，易遗留杂质，其铺被厚薄均匀度次于双宫丝。这种丝绵被比较容易板结。短纤维的桑蚕丝被中，茧衣、蛹衬、滞头等各种原料经过一系列处理以后，得到的丝绵主要由短纤维构成，纤维平均长度在4～8厘米，丝绵整体韧性较差，归属短纤蚕丝类，制作成丝绵被时，必须经过绗缝机绗缝才能固定蚕丝，否则蚕丝容易移位。通过这样的加工处理，可以得到不同质量等级的丝绵被。

四、特殊的丝绵被工艺及今后的改善

长期以来，丝绵被一直采用传统的加工工艺，没有真正有效地实现新技术、新工艺、新设备的突破，这使得丝绵被制作加工依然处于与时代发展不相协调的状态，没有充分享受时代与科技进步带来的成果以提升加工制作水平。另外，蚕丝绵被在满足应用需求方面也存在一些问题，如产品形貌更新滞后，新的特色产品很少见到，等等，这些问题还需要技术创新加以改进。这些都给丝绸人提出了新的课题。

此外以传统工艺方法加工制得的丝绵被，经过长期使用以后纤维之间容易缠结、黏结，蚕丝纤维的弹性及丝绵的保暖性会降低，需要重新将被子翻拆开松，才能恢复蓬松状态以及保暖性能。为了解决这个问题，研究人员通过对蚕丝进行蓬松加工处理，制成了膨体丝绵。据报道，膨体丝绵被与传统丝绵被相比，纤维的回弹性与平滑性有较大幅度的提高，即使长久使用，丝纤维也不会发生纠缠黏结现象。这种膨体丝绵的生产工艺为：双宫茧原料—真空渗透—茧丝膨化—剥茧—套环—超柔软膨松后整理—干燥—制作丝绵被—真空包装。这一处理工艺与传统加工工艺的不同之处在于：① 新工艺采用蚕丝真空渗透和茧丝膨化技术，在实现茧丝均匀煮熟的同时，又促进了茧丝膨化，减少了脱胶不匀而引起的结块。② 传统茧丝脱胶技术大多采用纯碱作为精练剂，在高温和强碱处理时，蚕茧煮熟程度不易控制；膨化煮茧技术对蚕茧脱胶后进行增加蚕丝回弹性的后整理处理，有利于控制茧煮熟程度。③ 膨化处理的煮熟茧在撑开套小环后，采用超柔软、膨松后整理技术，有效地增加了丝绵的回弹性和柔软性。

又如，蚕丝被在使用过程中需要避免水洗，这也是令消费者感到困惑的问题。为了解决这个问题，一些可水洗丝绵被的制造方法被提了出来。这种可水洗丝绵被的制造工艺过程为：对蚕茧原料进行第一次脱胶后，用开茧机进行梳理开松，制得茧丝绵片，将绵片放置在常温下，使丝胶膨化；对经过放置的绵片进行第二次脱胶；冷却漂洗，根据绵片浴液的酸碱性进行中和处理，并加入柔软剂，滤干；然后在绵片中加入耐水洗的助剂，在100℃～150℃的条件下，进行30～60分钟的烘干；对烘干后的绵片施加作用力进行拉伸，让整个绵片充分蓬松，达到规格要求的大小，最后将所得到的绵胎装入丝绵被内套中。据报道，该方法制作的桑蚕丝绵，水洗多次依然蓬松柔软、轻盈爽滑、透气性好，其蚕丝纤维不缠结黏连，回弹性能也高。这一工艺的处理中，使用了柔软剂以及耐水洗的助剂，这是这种工艺与一般工艺不一样的地方。

按照这些丝绵被的加工工艺进行丝绵加工时，大多还借用棉纺、毛纺加工机械，很多工序还需要依靠人工辅助操作，没有形成自成系统的加工机械系列。

另外，机械丝绵被生产过程中，针对机械加工的丝绵煮茧工艺尚不完善，使得丝绵处理过程难以规范管理，丝绵质量往往得不到有效的控制。

为了改善丝绵被使用中存在的缺点，人们大多考虑借用化学药剂的作用及一些物理化学加工手段。这样一些加工方法，固然可以在一定程度上改善所存在的问题，可是，由于化学加工手段等会带来天然蚕丝性能的异化以及劣变，因此往往使得处理结果得不偿失。于是，化学处理与蚕丝性能维护之间矛盾的协调依然是蚕丝绸科学技术研究需要解决的重要课题。对这些问题的探索必将深化我们对于蚕丝的认识与理解，提高蚕丝产品以及蚕丝被加工技艺的水平。

本章参考文献

1. 周文龙. 酶在纺织中的应用 [M]. 北京：中国纺织出版社，2002.
2. 董炳荣. 绢纺织 [M]. 北京：纺织工业出版社，1991.
3. 王庄穆. 新中国丝绸史记 [M]. 北京：中国纺织出版社，2004.
4. 中国纺织大学绢纺教研室. 绢纺学 [M]. 北京：纺织工业出版社，1986.
5. 嶋崎昭典. 真綿の文化誌 [M]. 长野：サイエンスハウス（株），1992.
6. 张剑锋，沈惠. 试论蚕丝精练与加工的传统工艺技术 [J]. 江苏丝绸，2006（4）：50-52.
7. 凌新龙，林海涛，黄继伟. 蚕丝精练方法及工艺技术研究进展 [J]. 蚕业科学，2013，39（6）：1 186-1 192.
8. 杨雪霞，劳继红. 蚕丝酶精练研究进展 [J]. 丝绸，2007（8）：66-68，75.
9. 史晓雷. 再探中国古代手摇纺车的历史变迁 [J]. 丝绸，2012，49（8）：65-70.
10. 荻原清治. 绢撚丝论 [J]. 日本信州大学纤维学部荻原清治先生遗稿刊行会，信教印刷株式会社，1977.
11. 储呈平，盛家镛，林红，等. 新型多功能丝绵被的研制与开发 [J]. 丝绸，2003（12）：8-11.
12. Vivi Sylwan. Investigation of Silk from Edsen-gol and Lop-nor [M]. Stockholm：Elanders Boktrycheri Aktiebolag，1949.
13. Gulrajani ML, Ritu A, Subhash C. Degumming of silk with a fungal protease [J]. *Indian Journal of Fibre and Textile Research*，2000，25（7）：138-142.
14. Gulrajani ML, Gupta SV. Degumming of silk with different protease enzymes [J]. *Indian Journal of Fibre and Textile Research*，1996，21（7）：270-275.
15. Vepari C. Kaplan DL Silk as a biomaterial [J]. *Prog Polym Sci*，2007，32（8）：991-1 007.
16. Qiang Lu, et al. Degradation mechanism and control of silk fibroin [J]. *Biomacromolecules*，2011，12（4）：1 080-1 086.

第七章

古今丝绸织造

　　蚕丝被发现利用以前，在古代中国以及世界上一些地区已经有了利用麻、葛等植物纤维进行简单的经纬线交叉织造平纹布的技术。当我国古人突破这一单调的织法，开发出只依靠经纬丝条交错重叠就构成千姿百态的丝绸纹样的织造技术时，丝织技术及其织成的绸面就实现了真正的锦上添花。在蚕丝绸发明利用的历程中，在各项加工工程积淀凝聚而成的技术精华中，丝绸织造技艺尤为引人注目，它在丝绸技术发展史上留下了璀璨的一页。这不仅是因为这一技艺创造出了绚丽多彩、流芳千古的丝绸珍品，装点了人类的文明生活，更是因为我国古人发明了把花纹织法的信息记录下来，并巧妙地传递给织绸机上经线提升的挑花结本技艺，在实现织造技艺革命性进步的同时，启示并有力地推动了近代计算机信息存储与传递技术的发展。唐代以后，这样的提花技艺经丝绸之路已传播至欧洲，至近代，挑花结本的二进位制表达应用技术，不但促成了近代纹版提花机的发明，也激发了早期电子计算机发明过程中利用输入卡片或纸带上有孔或无孔模式记录二进制信息的技术开发与应用，成了近现代计算机存储与输入技术的先驱。这是我国发明的提花织造技艺对计算机技术发展的重要贡献，它使中国蚕丝绸技术和世界科学技术进程紧密地联系在一起，并载入了近代科学技术发展的史册。

　　在这一章中，我们将讨论古人如何学会织绸织花，开发出一代又一代的丝绸织机以及相应的织绸技艺，并关注丝绸织造技艺传承延续到现代的形态及其价值。

第一节 古代丝绸织造技艺的发展

如前所述，织造技术最初是从渔猎用具和竹床席垫的编织中进化而来的。蚕丝发明以前，人们就已经学会了使用植物纤维编织来满足生产和生活的需要。此后，人们发现并学会了利用蚕丝，推动了养蚕缫丝技术的发明与进步，同时引发了织造技术的改进以及丝织机械的进化，从而将纺织技术的演进推前了一大步。我国古代的丝绸织造技艺，作为中国古人对纺织业的一项重大贡献，就是以此为源头而发展起来的。

一、早期的丝绸织造器械

早在新石器时代中期，先民们从种桑养蚕织绸时起，就产生了对蚕神的崇拜。一只小小的蚕儿，靠着进食桑树叶子，在短短20多天的时间里，竟能够在身体里面产生出神奇的液状物，吐出来后成了高雅美丽且触感柔软的蚕丝，这对于古人来说，是无论如何都无法理解的。因此，自古以来，人们就把蚕和神联系在一起，把蚕儿结茧吐丝看作神灵的造化。如前所述，从3 000多年前的周朝开始，人们就把蚕供奉于神坛之上，设置先蚕坛，每年由朝廷亲自主持祭祀蚕神活动，期望蚕神保佑农桑蚕事平安丰收、社稷民生吉祥昌盛，更期望蚕儿吐出的蚕丝年年带来幸运，给人们的生活增光添彩。

古代丝绸织造技艺就是在这样的背景下发展起来的。蚕丝与神灵之间的这种微妙的关系，使得蚕桑丝绸一直以来被人们奉若神明、顶礼膜拜，这其实也是蚕丝技艺在历代被精心细致地推动发展与不断升华的原始动力之一。

1953年，西北文物清理队在西安半坡遗址出土了距今约7 000年的100件陶器，人们发现许多陶器的底部印有布纹、席纹和其他编织印纹，陶器表面和把手上大多饰以绳纹、锥刺纹、弦纹、指甲纹和附加堆纹等。这表明仰韶文化时期，我国古人就已经能够用细小的长纤维条编织织物了。从出土实物来看，我国丝织物上最早使用的主要是简单的几何纹。这是由当时的编织条件所决定的，因为在编织、纺织初创阶段，古人还不可能编织出太复杂的图纹，只能以简单的点线结构织出一些基本图形。河北藁城台西村商代遗址出土的青铜器上所附的丝织物印痕、河南安阳殷墟出土的铜钺上所附的绮织物印痕、陕西宝鸡茹家庄西周墓出土的铜剑上所附的多层丝织物印痕，以及北京故宫博物院收藏的商代玉戈上所附的残绮印痕等，全部是几何纹样，其中包括回纹、菱纹和雷纹等。这些编织纹样，可能源自编席韵律的启发，在形式上比较单纯、质朴，但毕竟显示出古人在编织或交织、机织上已从素织无纹向简单装饰纹样走出了可贵的一步。

在第四章中提到，早期用绳索或细小的纤维条进行编织时，主要使用"平铺式编织"和"吊挂式编织"，即先把一段依次固定在木棒上的纱线水平铺开，或垂吊在转动的木棒上，纱线下端悬挂重锤使纱线绷紧，然后使用骨针，在并排的纱线中逐根编织。使用这样的方法，可以编织出许多简单纹路的织物。但是，用这样的方法编织速度很慢，且织物密度不匀，编织成的织物粗而疏，达不到所需要的紧密程度。于是，人们从骨针引纬技术出发，在长期生产实践中不断改进，逐步制造出了原始的腰机，成为新石器时代纺织技术的重要成果之一。

腰机是一种以人的身体作为织造机架的原始织机。它前后有两根横木，相当于现代织机上的卷布轴和经轴。经纱一端系在卷布轴上，缚于织工腰部，另一端系在靠双脚蹬紧或埋地木柱的经轴上，织造时，织工席地而坐。在浙江余姚河姆渡遗址已出土的织物残片上，发现了可能属于原始腰机部件的木质打纬刀、梳理经纱的长条木齿状器、两端削有缺口的卷布轴等，说明早在7 000年前我们的祖先已开始使用原始腰机了。目前，在我国少数民族地区还保存着使用原始腰机的织造技术。

除了腰机外，人们在织布的生产实践中，还成功创造出了脚踏提综的斜织机。脚踏织机是带有脚踏提综开口装置的织机的通称。有关这种织机最早出现的时间，目前尚缺乏可靠的史料证明。但研究人员根据史书记载发现，战国时期诸侯间馈赠的布帛数量比春秋时高出上百倍，而江西贵溪岩墓中则出土了织机零件，各地也出土了汉代画像石等刻有脚踏织机的实物，由此可以推测，大约在春秋、战国时期，我国已在手提综开口的织机（原始腰机即属此类织机）的基础上，发明了脚踏提综开口的踏板织机。另外，先秦古籍《列子·汤问》中有一则"纪昌学射"的故事，记述了春秋战国时期善射者甘蝇的弟子飞卫教授赵国邯郸纪昌学射箭的故事。故事说，纪昌为提高自己眼睛的注意力，曾仰面躺在妻子的织布机下面，睁大眼睛注视梭子穿来穿去，苦练两年后，即便有人用锥子尖刺到他眼皮，眼睛也不会眨动。据传，当时纪昌妻子所用的织机就是一种踏板织机。而汉代画像石上多次出现的脚踏斜织机，则是一种已经有了机架的中轴式斜织机。由于脚踏斜织机生产平纹织品的效率较之原始织机有了突飞猛进的进步，因此被推测，这是战国时期布帛数量大幅度提高的原因。根据以上这些信息可以知道，脚踏提综织机至迟在春秋至战国期间已经出现。这是当时世界上最先进的织布机。

秦汉时期，黄河流域和长江流域的广大地区已普遍使用脚踏斜织机。

斜织机是后世普通平纹织机的前身。出现在敦煌五代石窟中的"立机子"就是与斜织机的中轴式双蹑机较为相似的一种平纹织机。这种织机的机架垂直于地面，上部顶端架有经轴，中间为经丝，向下展开，通过分经杆将经丝分成两组，两旁有形似"马头"的吊综杆，由下方两块踏板牵动"马头"作上下摆动提综开口。这样的立织机可能是宋、元时期山西一带较为流行的一种织机。

织机采用脚踏板提综开口是纺织机械发展史上的一项重大进步，它将织工的双手从提综动作中解脱出来，专门从事投梭和打纬，大大提高了生产效率。

我国古代织造技术的又一重大进步是提花机的发明。提花技艺源自原始腰机的挑花技艺。出土文物的研究结果揭示，早在西周时期就出现过一种两重经锦织物，先秦、两汉时期又有了三重经锦和五重经锦织物，由于这些经锦织物的复杂程度已经不是原始腰机挑花织造技术能够实现的，故而这些经锦出土文物表明，当时随着织机结构的进步，织造技艺已经从原始腰机阶段进入了多综片织造时期。从考古发现可以推断，至少在汉代以前，代表早期提花织造技艺的经锦织造技术已经在斜织机和水平织机的基础上形成，即在这一时期已经有了使用梭子、依靠脚踏提综的多综片织机。有关多综片织机的具体结构形式，长期以来，我们都是通过古籍文献——汉宣帝时的《西京杂记》中关于多综多蹑织机的描述来了解的。书中记述："霍光妻遗淳于衍蒲桃锦二十四匹，散花绫二十五匹。绫出钜鹿陈宝光家，宝光妻传其法，霍显召入其第，使作之。机用一百二十蹑，六十日成一匹，匹直万钱。"称：汉宣帝时，大司马霍光的妻子送给淳于衍蒲桃锦 24 匹、散花绫 25 匹。这些绫锦都出自钜鹿陈宝光家。宝光的妻子传承其织造技法，被霍显招募到家中织锦。当时用于织造的织机为 120 蹑，60 日可织成 1 匹，每匹价值万钱。由此记载可以得知，陈宝光妻子所使用的是一种相当复杂的多综多蹑织机，故朱新予主编的《中国丝绸史》认为，多综多蹑织机至汉代已经日趋完备。根据汉代出土的丝织品，朱新予在《中国丝绸史》中还推测，战国、秦、汉时期那些复杂纷繁、花纹经向循环较大的丝织品，只有用束综提花织机才能织造。因此，在西汉以前，我国的织造技艺已经进入了以多综片织机以及束综提花织机等进行提花织造的时期。关于我国的束综提花织机，东汉王逸的《机妇赋》中有较为形象的描述，其中称：这是一种花本式提花织机，又称"花楼织机"。花本式提花织机也是我国古代织造技术最高成就的代表。以后，提花机经丝绸之路传入西方，对现代电子计算机发展中的程序控制与存储技术的发明起到了关键的启示作用。

有关古代的多综片织机，除了多综多蹑织机之外，人们对其他形式一直缺乏了解。2012 年 7 月，在成都市金牛区天回镇老官山西汉墓地进行抢救性考古发掘时，出土了 4 台汉代提花机模型，这一状况就此得到了改变。老官山西汉墓地的发掘，给我们提供了具有与多综多蹑织机不同提综技巧的多综片织机模型。图 7.1 所示就是老官山提花机模型发掘现场局部照片及出土的提花机模型。以往，从事纺织机械史研究的专家、学者常常苦于见不到古代丝织机的"真容"，因为古代纺织机械的主要零部件大都是木制的，极易腐朽而难以保存下来。因此，对于古代丝织机的了解人们只能依靠古籍资料的记载，或者借助于古代纺织品来推定。老官山出土的提花机模型共4台，为我们了解世界上最早的提花机的真实模样提供了弥足珍贵的第一手实物资料。

图7.1　成都老官山出土的汉代提花机模型

唐、宋时期，我国出现了罗织机、平织机、多综机和束综提花机四类织机。

公元前8世纪以后，随着蚕丝绸织造技术的进步和生产能力的不断提高，丝绸消费已由宫廷扩展到民间；而消费群体的变化，更促进了丝绸织造及相关技艺的进步，人们的消费观念也在发生变化，南北各地的技术交流更加频繁。

丝绸是古代中国最早进入欧洲的商品，它以独特的魅力受到世界各国的赞赏。欧洲人对从丝绸之路运来的绮丽柔滑的织物十分珍爱。罗马共和国晚期，贵族、富人都崇尚穿丝绸，如政治家恺撒就以穿绸袍为荣。古罗马贵族为了购买中国丝绸而导致国库空匮，不惜与波斯人打仗；古代亚洲各国的统治者也纷纷派使者到中国，希望得到锦绣和衣袍。丝绸不仅是丝绸之路上重要的奢侈消费品，也是历朝中国政府有力的国际交流手段。中国的友好使节出使西域乃至更远的国家时，往往将丝绸作为最高级别的馈赠，借此谋求友好与合作。丝绸在古代由此成了东亚一个强盛国家文明的象征。

二、古代丝绸织造技艺的演进

如果从新石器时代晚期算起，那么，蚕丝绸的发明与应用至今已有5 000多年的历史了。在漫漫历史长河中，伴随着社会文明的进步和生产力的发展，丝织品种从最原始的简单平纹结构发展演变至复杂的大提花织物结构，千变万化，不计其数。

史前时期，由于丝绸生产以手工编织为主，广泛使用的器具是原始腰机，因此只能生产出最简单的平纹组织结构。从钱山漾出土文物来看，当时的织物表面细致、平整、光洁，经密达52.7根/厘米，纬密达48根/厘米，经纬丝平均直径为167微米。

殷商、西周、春秋时期，手工作坊中出现了较细致的分工，蚕、桑、丝、绸分业生产逐渐兴起，成了社会生产的重要组成部分。在分业生产中，古人积累了缫丝、染色、并丝、捻丝、织造等方面的许多经验，创造了很多不同组织结构的丝绸品种，主要包括锦、绮、罗、绨、纨、缟、绡、纱等。当时的织物以平纹、斜纹为基本组织结构，在此基础上，又形成了各种变化组织、联合组织和重组织。商代，我国丝绸生产初具规模，技术水平由初级阶段进入发展阶段。据考古发现，西周时期出现了一种典型的双色经线显花的平纹形经锦，这是迄今知道的最早的锦。锦的出现，表明当时已有多综片织造的加工技艺。1978年，江西省博物馆的考古工作者对贵溪市仙水岩一带的春秋战国崖墓进行了发掘，其中出土了3件残断齿耙，其横断面呈L形，耙面为一排小竹钉，相距2厘米，为整经工具。由此可以推测，在春秋、战国时已采用经耙式牵经。1957年，从湖南长沙左家塘楚墓出土了一叠丝织品，据此可知，先秦时期已有三组经线的三重、三色经锦，这为研究先秦时期的纺织工艺提供了重要的资料。锦是古代最为贵重的丝织品，根据织锦技术的发展演变状况，可以了解不同朝代各地区的纺织技艺水平。据1959年新疆民丰尼雅遗址出土的东汉"万事如意锦"可知，东汉时期已有成熟的经锦织造技艺。在这一阶段，开始规定包括纹织物在内的各种丝织品的规格，东汉班固的《汉书·食货志》载："凡货，金钱布帛之用，……布帛广二尺二寸为幅，长四丈为匹。"据此可知，当时为了把丝绸作为货币进行交换，已开始规定丝帛规格。纹织物的产生是中国丝绸发展史上的一个里程碑。西南地区的四川古称"蜀"，即"蚕丛之国"，其桑蚕丝绸业起源很早。成都自战国时代起，丝织业已初具规模，主要以织锦著称。这为汉、唐以后因产于蜀地而得名的"蜀锦"的勃兴奠定了基础。蜀锦在我国传统丝织工艺锦缎的生产中历史悠久并且影响深远。

战国、秦、汉时期是一个由奴隶制社会向封建制社会转变的大变革时代，铁器的使用推动了丝绸生产的进步，栽桑、养蚕、缫丝、络并捻、织造等生产技术进一步完善。这一时期，丝绸织物的主要品种有纱、縠、缣、纨、缟、绅、缦、绨等。1982 年，湖北江陵马山一号战国楚墓中出土的锦，经密为 84~150 根/厘米，门幅为 45~50 厘米，能够织造出如此宽门幅和高经密的丝织品，表明在当时已经有了完善的牵经工具。湖北江陵马山一号战国楚墓出土的丝织品不仅数量多，而且品种齐全、保存完好，许多织物还是首次发现，其中，推测为战国中晚期（约前 340—278 年）的小菱形纹锦面绵袍，领缘用大菱形纹锦，袖缘用条纹锦，大襟和下摆缘部用凤鸟花卉纹锦，其制作融合了多种技术工艺。1972 年，湖南长沙马王堆发掘出一座西汉时期的墓葬，其中出土的四经绞罗，经密约 100 根/厘米、纬密约 40 根/厘米，纹样为复合菱纹小花。这种花纹只有采用多综提花和绞综装置的织机才能织造。1974 年，在江苏泗洪曹庄出土了我国最早刻有脚踏纺车图的东汉画像石，脚踏纺车是古人在长期劳动实践中获得的一项重大发明。此外，汉代还出现了起绒锦，这是一种新的丝织品种，织物表面利用毛圈起绒，有开毛和不开毛两种形式，工艺要求复杂，是对纹锦的创新和发展。

东汉以后，蜀锦勃兴，至汉末、三国时，蜀锦、蜀绣名闻天下。汉朝还在成都专门设置了"锦宫"。作为珍稀而昂贵的丝织品，蜀国经常用它们来交换北方的战马或其他物资，使之成了主要的财政来源和经济支柱。据《史记》记载，蜀锦被誉为丝织技艺的"双璧"之一。西汉时期，张骞出使西域，开通丝绸之路，中国丝绸随之销往欧亚，养蚕、缫丝、织绸技术也随之传入西亚和欧洲诸国，并受到高度评价。在南方少数民族地区，早在汉代就已经产生了细者宜暑、柔熟者可御寒的"峒布"。聪明智慧的壮族人民，充分利用植物的纤维，织制出葛布、络布作为衣料。在广西贵港罗泊湾汉墓的七号残葬坑内发掘出土了数块黑地橘红色回纹锦残片，证实汉代少数民族已掌握织锦技艺，可看作是壮锦的滥觞。

三国、两晋、南北朝的 360 多年间，战乱频繁，给经济带来了很大的影响。但是，由于王公贵族奢侈生活的需要，蚕桑、丝织业仍有较大发展，丝织物品种不断增加，质量也不断提高。这一时期丝织物主要有锦、绫、罗等，此外，绢、缣、绨、纱等品种也得到进一步发展。汉以来，用彩丝、金缕交织出花纹的"织成"技术有了新的发展。三国东吴时，苏州丝绸已成为"赡军足国"的重要物资，推动了苏州丝织业的发端。东晋末年，大将刘裕北伐灭后秦，之后，将长安的百工全部迁到建康（今南京），由于南京离苏州较近，大批苏州织锦工匠也随之迁至南京。他们将自己掌握的丝织技艺与后秦的织锦技艺相融合，使东晋的织锦技术不断发展创新。417 年，东晋在建康设立了专门管理织锦的官署——锦署，成为南京云锦诞生的标志。由此可知，云锦渊源于苏州丝织业，是苏州织锦衍生出来的织锦技艺。

隋、唐、五代时期是中国封建社会的鼎盛时期，也是丝绸发展史上的重要阶段。当时，具有代表性的丝织物品种有锦、绫、罗、织成（一组地经与两组纬线交织；地经与地纬交织成平纹，地经与彩纬织成花型，彩纬用通经断纬的方法织入）和缂丝等。这一时期锦类品种繁多，有按地区命名的蜀锦；按用途命名的半臂锦、被锦；按色彩命名的绯红锦、白地锦；按织物纹样命名的小文子锦、六破锦；按织物规格、手感命名的大张锦、软锦；等等。唐代已经出现了使用真丝织造的缂丝技艺。新疆吐鲁番阿斯塔那遗址出土了一条唐代几何菱纹的缂丝腰带，证明这一时期的缂丝织造已经采用纯天然蚕丝线。此外，新疆都兰遗址还出土了蓝地十样小花缂丝，其织造工艺带有缂毛的风格，说明唐代缂丝技艺是在东西方文化交流的过程中发展起来的。日本正仓院也保存了一块唐朝袈裟，其彩纬使用了通经断纬的织入方法。缂丝起源于何时尚难考证，从传世实物来看，这种特殊的通经断纬缂织技术在汉魏之间就已经有了。真丝缂丝是唐代才有的，当时，缂丝织物的色彩层次尚不够丰富，但由于采用了金线地纹缂织法，表面比以往更显华贵。从唐玄宗起，在历代帝王的宫殿里，缂丝成了观赏新宠。只是唐朝存世的缂丝极少。目前，缂丝技艺已列入中国非物质文化遗产名录。唐末，南诏进攻成都，除掠夺金银、蜀锦、蜀绣之外，还大量劫掠蜀锦、蜀绣工匠。在少数民族地区，据《唐六曲》和《元和郡县志》记载，当时，壮族人民织出的蕉布、竹子布、吉贝布、斑布、都洛布、麻布、丝布、食单等布料，已成为宫廷贡品。壮锦经历了色彩从单色到五彩斑斓、图案花纹从简单到繁复的发展变化。

宋代国力不强，但社会经济、科学文化相当发达，其丝绸生产与唐朝相似。北宋模仿汉唐的管理体制，在少府监下设有绫锦院、内染院、文绣院等。丝绸生产使用脚踏缫车、络车、纺车、整经工具、浆经工具、纬车、立织车、绫机、花罗机等。宋朝的丝织物在历代发展的基础上达到了新水平，各大类品种均有相当的发展，包括锦、绫、罗等。宋代的锦品种繁多，仅用作官服的就有8种；蜀锦在宋代锦中仍占有较大比重。宋、元时期，成都建有"成都府锦院"，主要生产皇室用锦、贸易用锦，品种有八达晕锦、灯笼锦、曲水锦等。这时，还出现了大量金锦织物。此外，罗织物生产在宋朝达到了高峰，缎、缂丝品种不论技术工艺，还是生产量均比以前有很大的进步。宋代，在苏州、杭州、江宁等地设织造署或织造务，江南丝织业进入全盛时期。当时，苏州出现了一种非常细薄的织锦新品种，是理想的书画装裱材料。从宋代留传下来的锦裱书画轴子来看，宋锦在当时已有"青楼台锦""纳锦""紫百花龙锦"等40多个品种。苏州宋锦是在唐代蜀锦的基础上发展起来的。南朝时，宋郡守山谦之从蜀地引进织锦工匠，在丹阳建立东晋南朝官府织锦作坊"斗场锦署"，使蜀锦技艺传到江南。五代时，吴越王钱镠在杭州设立工业作坊，网罗了技艺高超的织锦工匠300余人。北宋初年，都城汴京开设了"绫锦院"，集织机400余架，并移来了众多技艺高超的蜀锦织工作为骨干。南宋朝廷迁都杭州后，在苏州设立了宋锦织造署，将成都的蜀锦织工、织锦机器迁到苏州，致使丝织业重心逐渐南移。宋高宗南渡以后，因应宫廷服饰和书画装帧的需要，使织锦工艺得到了极大的发展，并形成了独特的风格。北宋、南宋更替之时，随着政治、经济中心的转移，缂丝也由北方生产地定州迁移到了南方苏杭一带。宋代缂丝最负盛名，无论是织造技艺，还是应用技术，均已达到很高的水平。此外，发明于南宋后期的水转大纺车，是中国古代纺织机械方面的一个重大成就，也是纺织丝线加捻和卷绕加工的良好设备。这是我国最早发明使用的高效率水力纺车，是中国古代将自然力运用于纺织机械的一项重要发明。

元朝自建立起，政府即大量引进丝织工匠，并建立了颇具规模的官营手工业作坊。蒙古族人喜爱秀丽华美的丝织品和丝织服装，他们在继承前代丝织技艺的基础上，对丝织物品种中的绫、罗、锦、缎等进行大胆创新，并且融入了具有蒙古族独特风格的织金技术。为了将金子织入丝织物中，他们利用片金技术，将金子打成金箔，然后贴于绵纸之上，切成金条；或利用捻金，又称"圆金技术"，将金片包在棉线外，加捻成金线；还以软金技术，用金粉把丝线染成金线；等等。然后，将金片、金条、金线等织入织锦中，创造出绮丽无比的织金锦。元代蜀锦结合了蜀地金箔技艺的优势，在织造中大量使用细如发丝的金线，被称为"纳石失"。

明朝自永乐年起，南北方均设有官营织造机构，织造业得到了极大的发展。当时，织机装置愈发完善，在苏州市场上已有绫机、绢机、罗机、绸机、纱机、布机等，此外，花楼提花机也已十分成熟。明中叶以后，江南地区蚕桑丝绸业一片繁荣，太湖流域和杭嘉湖地区桑麻遍地，户户机声。丝织物品种在前代基础上推陈出新，层出不穷，典型品种有云锦、织金绫、皓纱等。云锦是库缎、库锦、妆花的总称。当时，妆花龙袍达到了古代织造技术的巅峰。此外，南京产建绒、漳州产倭绒、湖州产湖绒、苏州产摹本缎，以及北方的潞绸和以柞丝为原料的山东绸都是有名的丝织物。明代，朝廷力倡节俭，缂丝只许用作敕制和诰命，故缂丝产量甚少。但宣德以后国力富强，至成化年间，缂丝生产再趋繁盛，产地主要在苏州、南京和北京。此时，缂丝生产被皇室垄断，技艺的装饰蕴意更加凸显，甚至在纬线中掺和孔雀翎毛等珍贵材料，以此显示皇家风范。"明缂丝"就是在这时产生的。在此期间，少数民族地区的壮锦越来越流行，工艺也日趋精湛。

清朝是中国历史上最后一个封建王朝，这一时期，丝织业多数仍属手工生产，工器具与技术沿袭着前代的发展。但是，纹匠与织工不断努力，使绸缎质量得到了提高，也推出了许多新品种。自顺治起，政府就鼓励蚕桑。为了发展蚕桑，康熙命焦秉贞绘23幅耕织图，并亲自为耕织图题词。康熙以后，每个皇帝都有劝课农桑的谕旨。经明末清初的战乱，宋锦图案一度失传，康熙年间有人从泰兴季氏处购得宋裱《淳化阁帖》十秩，揭取其上宋裱织锦22种，转售予苏州机房模取花样，并改进其工艺，组织重新生产，由此失传多年的宋锦在苏州又恢复了生产。据史料记载，乾隆、嘉庆年间，江宁织造局平均每年需织造各色绸缎近4 000匹，实际动用白银6万两以上。乾隆年间，江宁织造局有织机600台、苏州织造局有织机663台、杭州织造局有织机600台，以织造皇室用和赏赐用绸缎。当时，民间织机更多，"机杼之声，比户相闻"。具有代表性的丝织物，如缎等，形成了许多不同风格和特点的品种，如素缎、暗花缎、织金缎、锦缎、妆花缎等，以及体现各地风格的名牌产品，如南京宁缎、杭州杭缎、广东粤缎、苏州摹本缎、四川浣花缎等；又如绒，虽大多采用前代传下来的织法，但也形成了素绒、提花绒、雕花绒、彩经绒及丝绒艺毯等不同品种。此外，清代宋锦，如故宫博物院收藏的苏州织造府织造的作品"盘绦花卉宋式锦""狮纹锦""龙纹球路锦""宝莲龟背纹锦""四合如意胜锦""八合、四合如意天华锦""灵鹫路纹锦袍"等均可谓精妙绝伦之作，而"极乐世界重锦织成锦图轴"堪称稀世珍宝。

从我国古代丝绸织造技艺发展的历程可以看到，进入近代以后，中国丝绸能够在急速进步的现代产业中，在世界各不同民族的面前，一如既往地展示丰富多彩的诱人魅力，其秘密就在于一代又一代中国人对于丝绸梦寐以求的虔诚憧憬、持之以恒的潜心追求、百折不挠的技术积淀。这样深沉的历史根基，正是丝绸在现代社会中保持生命与活力的源泉。

三、古代丝绸生产的组织管理

几千年来，我国蚕桑丝绸业生生不息，不断发展，凝练成了不断升华的蚕丝绸织造技艺，也形成了严格的管理制度。

商代，农业生产有很大发展，蚕桑业也形成了一定规模，统治者十分重视蚕桑经济，在宫廷内设有专司指导蚕桑生产的职官。据《周礼》记载，商代设有"女蚕"，这是我国最早的典蚕之官。商代甲骨卜辞中也记述道，商王曾多次派人省察蚕事。商代几百年，丝织业无论在品种上，还是质量产量上，都有了很大发展。西周时期，手工业生产有严格的组织与管理机构，管理百工设有"工官"，其中与丝绸有关的，是天官下所设的典妇功（管理缫丝织绸生产的官员）、典丝、内司服、缝人、染人等，以及地官下所设的掌葛、掌染草等职官。当时，官府贵族使用的纺织品，从原料和染料的征集，到纺绩、织造、练漂、染色、画缋、服饰、服制等，都有专门的机构和官员进行管理，丝绸生产比商代更进了一步。

春秋、战国时期，随着生产力的提高，社会经济形态发生了巨大变化。铁制工具的普遍应用，使农业生产发生了飞跃进步，与之密切相关的蚕桑丝绸业也受到重视，发展农桑成为富国强民的重要国策。战国时期，农业与手工业相结合的农户成了社会的基本生产单位，丝绸生产的专业化分工更加明显，技术世代相传，达到了相当高的水平。在这一时期，官府织造的管理制度仍然延续，如楚国设有"中织室"，吴国设有"织里"，齐国设有"三服官"，秦国设有"东织、西织"和"锦官、服官"等，这些都是官营的丝织作坊。

秦、汉时期，统一的中央集权制度的建立，为手工业发展创造了良好的条件。秦代手工业分为官营和民营两种，官营手工业规模较大，产品以满足皇室、官府需要为主；民间养蚕织绸，以一家一户、男耕女织为主要形式，产品以满足自用为主，一部分也投放市场。汉代，上林苑宫内设"蚕馆"，有王后"亲蚕"的制度。在长安未央宫内设"东、西织室"，由少府属官令丞负责，主管"织作文绣郊庙之服"，年费达5 000万钱，足见规模之大。汉代，在齐郡临淄（今山东）和陈留郡襄邑（今河南），都设有"三服官"，负责织制朝廷所需的"衮龙文绣"等高级织物，工场内有工匠数千人，年费达数万万钱。此外，御府内另设"尚方织室"，织造锦绣、冰纨、绮、縠等丝织品。

魏、晋、南北朝时期，战争连绵不绝，国家长期分裂，政权频繁更替。剧烈的社会动荡、复杂的政治格局，使得丝绸生产举步维艰；然而，在这一时期，广泛的民族交流和国际交往又使得丝绸生产内涵丰富，面貌多样。三国时期，魏国在尚方御府中设有宫廷织造；蜀国则设"锦官"，负责管理织锦生产，现在成都夷里桥尚有锦官城的遗址；吴国也在御府内设"织室"，后宫妇女在其中从事织络者达千余人。两晋、十六国时，官方的丝绸机构为"中尚方御府"，下设"织锦署"和"织成署"，各有织工数百人。当时，丝绸已成为"赡军足国"的重要物资，以至于孙权专门颁布了"禁止蚕织时以役事扰民"的诏令。这一时期，江南地区丝绸业欣欣向荣，为唐代中期以后江南丝织业的崛起奠定了基础。

唐朝是丝绸贸易的鼎盛时期，丝绸生产分为宫廷手工业、农村副业和独立手工业3种，规模较前代大大扩充，为社会繁荣做出了巨大的贡献。唐代少府监下设有"织染署"，是由隋时的司织署与司染署合并组成的，下有25个官营作坊。织纴作坊，又称"绫锦坊"，有绫、罗、锦、绮、绢、纱、绝、纲、褐、布10坊；组绶作坊有组、绶、绦、绳、缨5坊；䌷线作坊有䌷、线、弦、网4坊；练染作坊有青、绛、黄、白、皂、紫6坊。其中，除布、褐两坊外，其余都属丝绸生产。当时，除长安、洛阳两京外，各州也设有官织锦坊，役使工匠应役，从事织造。在内宫有"内八作""掖庭局"，也是丝绸作坊；"贵妃院"又称"锦绣院"，有锦绣工匠700余人。官织工匠的来源有应招工役、专业织造户和犯罪妇女等3类。

宋代，蚕桑丝绸生产以黄河流域、江南地区和四川地区为主要区域，官营丝绸生产作坊规模很大，在京城少府监属下设置了绫锦院、内染院、文思院、文绣院、丝帛所、织染所等机构。民间丝织业也十分发达，除作为农村传统手工业以外，城市中机户数量也不断增加，丝织作坊大量涌现。北宋时，绫锦院有织机400余张，工匠1 034人。南宋时，临安（杭州）、成都、苏州三处的织锦院，各有织机数百台，工匠数千人，号称"三大锦院"。当时，各地还有专设的官织工场，如"织罗务""织绫务""绫绮场""应奉局""作院"等，主要管理官府所需的绫、罗、纱、绢等织物的生产。这些机构大都设在丝绸重点产区，如江宁、润州、开封、洛阳、梓州、益州、青州、常州、湖州等处。

元代，官织机构由工部、将作院、各路都总管分别掌管，全国共设有16个染织局，派提举司管理。官织丝绸作坊有绫锦、异样纹绣、纱罗、纱金颜料、纳石失（织金锦）、怯绵里（剪绒）等专业分工，规模大，庞杂重叠，管理混乱。官织丝绸作坊集中了大批优秀工匠，实行匠户管理制度，进行空前规模的生产。匠户身份管理严格，专业化程度高，待遇高于一般织户。庞大的官营织造体系是元代丝绸生产的重要特色，对民间丝绸生产有一定的抑制作用。元末明初，江南地区的丝绸生产出现了雇佣模式，商品经济有了一定发展。

明代，官营织造业规模较大，在北京有内织染局，属工部管辖；在南京则有南京内织染局，由工部和内府共同管辖。当时，地方上设有23个地方织染局，包括四川、山西诸行省织染局，以及浙江绍兴织染局、南京后湖织染局等。永乐年间，设有苏、松、杭、嘉、湖等织染局，其中苏州、杭州两局规模最大，如苏州局有织机173张、工匠667人，内府司礼监派出织造太监，常驻苏、杭等地督织。织染局内的工作包括织、染、绣、绰等。据《明会典》记载，其工匠包括绦匠、绣匠、毡匠、花毡匠、毯匠、染匠、织匠、挑花匠、挽花匠等，几乎所有有关棉、毛、麻、丝的工艺全都被涵盖。这些织染局所生产的染织品一是用于冠服及赏赐；二是制帛，用以祭祀；三是用于官员诰敕。当时的丝绸生产方式有"局织"和外发"领织"两种，局织是宫廷织染局内的轮班徭役制，领织为民间机户领取织务在家中织制。这时，工匠的人身依附关系较元代有所松弛。

清代，官营织造总体规模比明代有所缩减，除在北京设内染织局外，还在江宁、苏州、杭州设织造局，合称"江南三织造"，负责供应宫廷和官府需要的各类丝织品。苏州有南北两织局，规模最大时，有织机800台、工匠2 602人；杭州局有织机770台、工匠2 330人；江宁局包括神帛工场在内，有织机600台、工匠2 457人。官府织造局所织丝织品种类繁多，质量规格要求严格，服式有"定款"，缎匹有"定长"，织造有"定时"，违则按例惩处。当时，织造品种分为上传特用、上用和官用三大类，共244个品种，纱、缎、绸机都有阔幅机和加阔机，以利制织。工艺图案有50多种，纹样各有变化。染色方面，应用矿物和植物染料，基本上有36种色调，其中上用22色，官用14色，织造时均按定制执行。除大城市外，江浙地区还涌现出了一批繁荣的丝绸专业城镇，如浙江桐乡的濮院镇、嘉兴的王江泾，江苏吴江的盛泽镇、吴兴的双林镇和菱湖镇等。以江浙交界处的盛泽镇为例，明朝初年，这里只是一个五六十户人家的小村子，到明朝后期，已发展成"仅丝绸牙行，约有千百余家"的大镇，成了一个重要的丝绸集散市场。康熙时，盛泽镇已有300多家机户专门从事织染生产，其产品有绫、䌷、绸、罗、纱等，镇上还有专门生产和修理织机、梭子、筘等机件的家庭手工业。清朝时期，康熙皇帝和乾隆皇帝先后多次坐船来江南巡视，途中经过嘉兴、湖州等地看到运河两岸绿油油的桑林，都曾赋诗盛赞蚕桑之盛。康熙帝甚至说："天下丝缕之供，皆在东南，而湖丝之盛，惟此一区。"

从古代丝绸生产的组织管理中，我们可以得知，支撑着蚕桑丝绸织造技艺不断进步的重要动力，在于丝绸生产及其丝织品在社稷民生、经济发展、国家交往中的巨大权重。千百年来，即使改朝换代也改变不了蚕桑丝绸在国计民生中的地位，这也是蚕桑丝绸在现代社会始终立于不败之地的深厚内涵。

第二节　古代丝绸织造准备技艺的演变

织物是通过纵向排列的经线和横向排列的纬线相互交织形成的，为了使经、纬线在织造器具上方便地进行织造，并且满足各种织物规格的要求，已缫制成的绞装丝，需通过调丝、并丝、捻丝、牵经与通经、浆丝、卷纬等准备工序，最后才能供织造使用。

一、调丝

调丝是将绞装丝线原料卷绕到筬子上去的生产过程。这是丝织物准备加工的首道工序，其加工设备比较简单。

（一）调丝工器具的演变

《易·姤》记载："系于金柅，柔道牵也。"对于丝条需要以金柅，即车闸阀来牵制。孔颖达疏注称："阴柔之道，必须有所牵系也。"谓阴柔技术之关键，是必须有所牵系之意，即阴柔需被阳刚所牵制。在丝织技艺中引申为，柔软的丝条需要以丝筬卷绕起来方能固定，以供织造使用。《天工开物》中有详细记载的南络车，如图7.2所示。"凡丝议织时，最先用调。透光檐端宇下以木架铺地，植竹四根于上，名曰络笃。丝匡竹上，其傍倚柱高八尺处，钉具斜安小竹偃月挂钩。悬搭丝于钩内，手中执篗（筬）旋缠，以俟牵经、织纬之用。小竹坠石为活头，接断之时，扳之即下。"这里的意思是说，准备织丝的时候，首先要进行调丝。调丝要在屋檐下光线明亮的室内进行。将木架平铺在地上，木架上竖立起4根竹竿，这就叫作"络笃"。丝套绕在4根竹上，在络笃旁边的1根立柱上约8尺高的地方，用铁钉固定1根斜向的小竹竿，装一个朝上月牙形的挂钩，将丝悬挂在钩子上，手里拿着筬子旋转绕丝，以备牵经和卷纬时用。小竹竿的一头垂下一个小石块为活套，当发生断绪需要打结接丝时，一拉活套，月牙形小钩就可落下。这里所记络丝工具与江苏铜山洪楼出土的汉画像石上的络车结构十分相似，说明南络车至迟在汉代已经普遍使用。我国丝绸织造技术由北方向南方推广，自汉代前就已经开始了，至清代，这种络车仍然为南方人所使用。另有一种北络车，为明代流行于北方的络丝工具，与南络车型制有所不同，其结构如图7.3所示。元代王祯的《蚕桑萃编》对北络车的构造和用法记载得比较详细，书中称："以脱轩之丝张于柅上，上作悬钩，引致绪端，逗于车上。其车之制，必以细轴穿筬，措于车座两柱之间。（谓一柱独高，中为通槽，以贯其筬轴之首。一柱下而管其轴之末）。人既绳牵轴动，则筬随轴转，丝乃上筬。"意思是说：将缫车上脱下的丝绞，张于络丝车的摇把（即"柅"）上，作一悬钩，引丝绪过钩后，固定在绕丝车上。其绕丝车之制式，是以细轴穿筬子轴孔，放于车座上的两柱之间。两柱一高一低，高柱上有一通槽，放筬轴的前端，低柱上有一孔，放筬轴的末端。绳兜绕在筬轴上，人手牵拉绳索，则筬轴随之转动，丝于是就络在筵子上。这时的调筵取丝，不像南络车那样以手旋转丝筵，而是通过绳索转动筵子，采取了机械，而非手工操作。这样，张力较均匀平稳，生产效率亦较高。

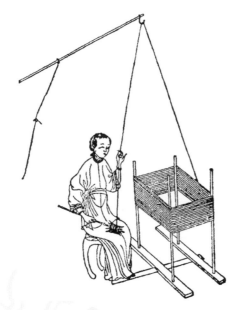

图7.2 《天工开物》中的南络车

图7.3 《蚕桑萃编》中的北络车

（二）调丝器具

这里以北络车为例对其结构加以说明。

1. 套丝框架

如图7.3所示，由6根光滑绞杆分别插于6块中间有一个可插入绞杆的圆洞的砖块中，并在洞内塞入小木条，以固定绞杆，使之牢固地插在砖块中央，套上丝后，绞杆上端不会晃动。其中，4根绞杆将绞丝支撑成一个四边形，另外2根绞杆留给套绞丝上丝线相交的平纹绞，以便断头时找到可调丝的正头。

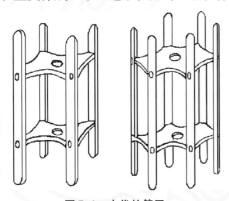

图7.4 古代的筵子

2. 调丝凳

在一张小凳子的一头加上一个工字形的小装置，工字形一头开一个小槽，其直径约2厘米，另一头开一个长30厘米、宽2.5厘米左右的两头为半圆形的小洞，以方便调丝杆在其中做上下往复运动。调丝杆一般长50厘米，小头直径不到2厘米，大头直径约3厘米。调丝绳子采用牢度较高的手工编结的扁平带子。

3. 筵子

古代的筵子有2种，是用4根或6根竹箸由短幅交互连成的，如图7.4所示。

（三）调丝技艺

1. 丝线的绷拉

调丝之前，先将绞丝抖松套在分开且相对的两手上，然后摊平绞丝，绞丝的正面朝外，两手用力向外拉，再向内收，这样反复几次，使丝框中的丝线松弛和伸展，以方便下一道加工。

2. 丝线的套装

套丝时，在绞丝上观察原编丝绞的丝线相交情况，如有1/3左右的丝线形成平纹绞，则将此绞穿入两绞杆内；反之，则采用另外两个绞来形成调丝绞，然后将丝框套在另外的4根绞杆上。套丝时，一定要先将平纹绞找好，使相互能形成平纹绞的丝线越多越好，这样既有利于调丝，也便于断头时找出正头。

3. 丝线的运行

如图7.5所示，将丝线从丝框上退解出来，通过导丝钩传到筟子上。调丝时，操作者右手大拇指和食指夹住丝线，中指和无名指夹住调丝绳，随着手拉绳子时左右前后不断运动，绳子摩擦调丝杆带动筟子转动，使丝线卷绕到筟子上。调丝张力根据经验，由操作者手工来调节。调丝过程中，左手轻轻拉动丝框最上面的丝线，帮助丝线从丝框上退绕出来，以提高调丝的质量和效率。

筟子的直径约12厘米，大约是调丝杆直径1.5厘米的8倍，手拉调丝杆转动一圈，筟子亦转一圈，可以卷绕约38厘米长度的丝，大大提高了卷绕效率。调丝时，需保持丝线张力均匀，千万不能出现内松外紧的现象，以致上层的丝嵌入下层丝层中。同时，要注意手拉绳子的幅度，尽可能不要让丝线绕到筟子的外边。这种调丝车结构简单，操作方便，一直沿用至今。

二、并丝

并丝是将2根及2根以上的单丝合并成一根股线，或者将2根及2根以上的股线再合并成1根复合股线的加工过程。合并的丝线可以是有捻的，也可以是无捻的。

（一）并丝目的

图7.5 调丝图

根据需要，通过并丝可以获得一定粗细的丝线，还可以提高丝线的均匀度，并除去丝线表面的粗结。

（二）并丝过程

传统的并丝比较简单，操作时，把需要并合的筟子放在地上，然后通过一个导丝钩，将丝线并合到一起，通过手持筟子转动，或者把需要并合的筟子穿到同一根轴上，手拉各筟子的丝条，带动筟子转动，将丝线并绕到筟子上，就达到了并丝的目的。图7.6及图7.7就是这两种并丝方法的示意图。

这两种并丝方法，适用于较少量丝线的并合，随着纺织品品种数量的增多，以及对并丝速度与并丝质量要求的提高，还可以利用纺车来进行并丝。

（三）并丝工艺

并丝一般可分为轴向退解并丝、径向退解并丝两种。当要求并合丝线间有一定的抱合时，可采用轴向退解并丝，如图7.6所示；对于特殊用途的丝线，要求并合后丝线无捻，则需采用径向退解并丝，如图7.7所示。

轴向退解并丝，是将需要并合的筟子轴垂直放在地上，且筟子上的丝线按一个方向出丝。这种出丝方法给予每个筟子上的丝线一定的退解捻度，然后并合到一起，通过导丝钩，传到筟子上或纡管上。

径向退解并丝，是将需要并合的筟子穿在一根光滑的长杆上，且筟子上的丝线按一个方向出丝，丝线被拉出时，筟子在光滑的杆子上不停地转动，丝线被退解出来，并平行地卷绕到另一个筟子上。

在并丝过程中，要注意把握好并丝张力，防止并合丝线长短不一。多根丝并合时，应注意断头现象，如发生断头，要及时接上。

图7.6 轴向退解并丝示意图

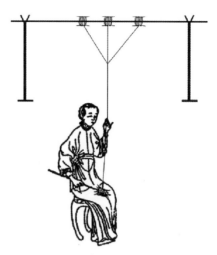
图7.7 径向退解并丝示意图

三、捻丝

自古以来，在丝织品中应用加捻甚至加强捻的织物是很广泛的，古代的加捻织物称"縠"。对丝线加捻，可以提高丝线的强力和耐磨性，减少起毛或断头，增加织物的弹性，从而使织物表面具有绉效应及抗折能力，并使织物表面光泽柔和。

（一）捻丝工器具的发展

夏以前，加捻工具为纺坠，它由一根横木或圆形纺轮与一根捻杆组成，捻杆插在纺轮中央的小孔中。加捻时，将松散的纤维扯出一段，用手指捻合成纱连接到捻杆上。然后，捻转纺轮，依靠纺轮自身的惯性力连续旋转对纱条加捻，加捻好一段纱后，再将其缠绕在捻杆上。如此多次反复进行，即可得到加捻过的纱条。新石器时代早期，纺轮由石片或陶片打磨而成。纺纱的粗细与纺轮的重量和形状有关，轻薄的纺轮可以加捻制作纤细的纱条。据报道，在藁城出土的商代铜器上的一块丝织物印痕中，可以检测到捻度高达每米千捻以上的强捻丝，这是用纺坠加捻的方法难以做到的，因此推测，当时可能已经出现了其他的加捻器具或方法，如纺车一类机械等。但是，当时纺车的实物证据依然缺乏。

秦、汉以前，脚踏开口织机已经形成，随着对纺纱生产能力要求的提高，手摇单锭纺车逐步成型并得到推广。在江苏铜山洪楼出土的东汉画像石上，可以看到对丝条进行合并加捻的纺车，这是迄今能见到的最早的合并加捻纺车物证。纺车对于丝或麻的并合加捻虽然显示了很大的优势，但是其主要作用还是对于短纤维进行牵伸同时加捻，也就是要将短纤维不断拉长拉细纺成均匀的细纱线。前面认为纺织技术的出现早于缫丝的发明，据此可以推测，这种用途的纺车应该在更早以前就已经被使用了，如早期在西北地区对于羊毛等短纤维纺丝时的使用。宋代以后，我国南方开始推广棉花纺织，也是用这样的手摇纺车进行加工的。当时使用的纺车，除了手摇单锭纺车之外，还有多锭的立式手摇纺车。手摇纺车以其简单、轻便、灵巧的特点，几千年来一直为我国各族人民所使用。

脚踏纺车是在手摇纺车的基础上发展起来的。如前所述，从考古发掘资料来看，江苏泗洪出土的东汉画像石是我国最早的刻有脚踏纺车的图像。现在留存的历史文献中，最早的脚踏纺车图像是东晋画家顾恺之为汉代刘向《列女传·鲁寡陶婴》做的配图。后来，元代王祯的《农书》上也出现了三锭脚踏棉纺车和三锭、五锭脚踏麻纺车。由此可知，脚踏纺车自东晋以后一直都在使用。使用脚踏纺车要把脚的往复运动转变成纺轮的圆周运动，需要使用连杆曲柄机构，这是我国古人在蚕丝纺织领域的一项重大发明。

宋代以后，在复锭脚踏纺车的基础上又发明了"大纺车"和"多锭纺纱车"。元代，出现了五锭脚踏麻纺车。大纺车是在各种纺车的基础上逐步发展起来的丝麻纤维捻线车。早期的大纺车依靠人力摇动，可装载几十个锭子，极为耗费人力。后来改为使用畜力或自然水力等来驱动纺车。

从我国纺丝器械发展变化的历程来看，每一次纺车的变革与进步，都是伴随着社会进步对蚕桑丝绸纺织的需要而发生的，我国利用自然力发明与改进纺纱机械，比西方水力纺纱机械早了400多年。

（二）捻丝工具与工艺

1. 纺锤

纺锤在夏代以前就已用于纺丝和加捻了。这种器具结构简单，由一根横木或圆形纺轮和一根拈杆组成。

新石器时代早期的纺轮都是用石片或陶片打磨而成的（也有木制的），一般外径较大，偏于厚重，最重的可达150克，最轻的不足50克，平均约为80克。稍晚出现的纺轮大都是使用黏土专门烧制的，外径渐渐缩小，偏于轻薄，最重的约60克，最轻的18.4克。后世的纺轮，重量与厚薄趋于轻量化、薄片化，可以用来加捻，制作更加纤细的纱条。

纺轮的使用方法有两种，一种是吊锭法，另一种是转锭法。

吊锭法：把纺锤吊起来，单向插杆和串心插杆的都使用这种方法。加捻时，利用右手拇指、食指捻织上端，纺锤按顺时针方向转动，成Z捻；捻下端，纺锤按逆时针方向转动，成S捻。这种方法可对短纤维进行加捻，牵伸纺丝，亦可对长纤维进行并丝加捻。

转锭法：所用的纺锤是串心插杆式的。使用时，纺锤不是悬吊在空中，而是倾斜地倚放在腿上，用手在腿上搓捻锤杆，使纺锤转动。由于转动空间的局限性，所纺的纱均为S捻。

纺锤的出现，使原始社会的纺织技术形态发生了巨大变化，成为我国古代纺纱工具发展的起点。直到近代，我国一些地方，如山西、云南、西藏还保留着这种纺纱方法。

2. 手摇纺车

卧式手摇纺车，其结构主要由一高一低两个轴架的纺车座、装在高轴架上的纺轮（绳轮）和装在低轴架上的绕丝锭子组成。纺轮通过套在其上的绳带传动，使得锭子旋转。纺轮直径一般为锭子直径的30~50倍，故在纺纱时，旋动纺轮上的手柄就可以使锭子高速旋转。这时，只要纺丝人用手不断地将棉絮少量放出并送到锭子上，就可以快速地捻绞成纱线卷绕到锭子上。这样的手摇纺车，由一个人操作，纺丝方法一直流传沿用到近现代。

纺车的出现，使纺丝及并丝生产效率大大提高。此外，纺车还可以根据织物的要求，进行弱捻或强捻的操作，加捻比纺坠更均匀，加捻丝线的质量也得到了提高。

3. 脚踏纺车

脚踏纺车的主要结构由供给动力的脚踏机构和实施做工的纺纱机构两部分组成。脚踏机构以竖立的凸钉为支点，可以通过脚踏上下摆动踏杆，与踏杆一端的曲柄连接。当脚踏踏杆时，通过曲柄可以使纺轮（绳轮）旋转。纺轮用辐条连接轴筒，轴筒与曲柄连接，中贯以轴，轴筒上装有一块偏心的凸块，以利于在旋转过程中克服"死点"。其纺纱机构是由纺轮（绳轮）和锭子两部分组成的。纺纱时，脚踏踏杆，通过曲柄转动纺轮，使锭子高速转动，实现纺丝与捻丝。纺轮转动时，可以带动3~5个锭子纺纱，大大提高了效率。

脚踏纺车对丝线加捻时，需手持丝线的一端，而另一端绕于锭杆的头端，使一段丝线受到手和锭杆两者的握持，由于锭子转动而加捻。等这一段丝线加捻完毕后，再次依靠锭子的反转，使绕于锭杆端的丝线退绕出来。然后，再转动锭子，把加过捻的这一段丝线绕到管子上去。这种加捻方式称为"手纺加捻法"，即加捻和卷绕是分开进行的，锭子一会儿加捻，一会儿卷绕，周而复始地交替进行。

4. 打线车

打线车是采用纺锤来加捻丝的装置，如图7.8所

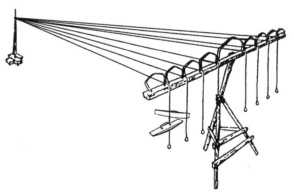

图7.8 打线车示意图

示。这种装置在丁字型木架上装有竹篾弯成的 8 个半圆形圈框，各个圈框间放置丝缕，架前隔开几十米处立一长竹杆，杆上钉有若干个竹针，以便分别丝缕，加捻的丝缕两端结扎于两只纺坠式的锭子上。锭杆为一铁条，杆头弯钩形，杆尾与铸铜球相合一体。铜球重量有几种规格，大的五六两，小的二三两，视加捻丝线的粗细而定。须加捻的丝缕由于受到锭杆铜球重力的作用而下垂于丁字架下。加捻时，操作者手握两块有柄的长木擦对各个锭杆依次不断地搓转，使锭杆向一个方向连续旋转，带动锭杆头端钩上的丝缕对其加捻。丝缕经加捻而逐渐缩短到一定程度时，纺锭随丝条上升，以至锭杆被丁字架上的横梁所搁住，无法再加捻。捻丝时利用这一点，作为线架上各根丝缕统一加捻程度的标准。此时，须将丁字架向前推移一定距离，使丝条继续受到锭杆铜球的重力作用而下垂，然后再继续加捻，直到丁字架向前移到预定的位置线时，加捻方算完成。把两根加过捻的丝缕头，并合结扎在一个锭杆上，以相反方向搓转锭杆，继续加捻，以合股成线。丝线卸下时，须在尾端打结，以防其退捻。用这种方法加捻合股线，虽比用单个纺坠效率高，但操作比较费力，而且一架打线车上锭数也较少。

5. 大纺车

北宋以后，我国出现了水转大纺车，从后来出现的近代大纺车可以了解它的结构（图 7.9）。这样的大纺车起初用于麻纺，元、明以后逐步发展成为捻线车。由于它比其他纺车锭子多、车体大，故称为"大纺车"。大纺车结构简单，操作方便，纺纱效率高，便于推广应用，是当时世界上最先进的纺纱机械，也是我国古代纺织机械方面的一项重大成就。

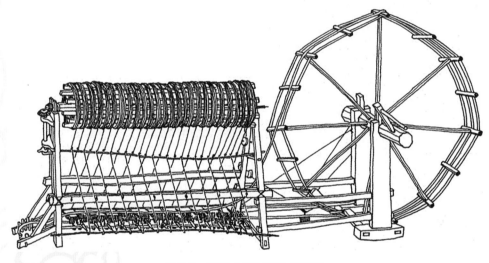

图 7.9　近代大纺车结构示意图

大纺车由加捻卷绕、传动和原动三部分机构组成。加捻卷绕装置由车架、锭子、导纱棒和纱框组成，丝条在快速旋转的锭子上完成加捻以后，经过导纱棒卷绕到纱框上。传动机构包括两个部分，一是传动锭子，二是传动纱框，任务是完成加捻和卷绕丝条。原动机构是一个和手摇纺车绳轮相似的大圆轮，轮轴装有曲柄，需要专人用双手来摇动。

用大纺车捻丝前，需要把加捻的丝、麻预先卷绕到锭管上去，并将丝、麻缕头端绕上丝框。开始捻丝后，锭子一边旋转一边按规定的速度将丝线沿纺锭轴向抽出来。这时，丝线由于锭子转动而获得加捻，故称为"退绕回捻法"。大纺车工作时，由于把加捻和卷绕的动作连续地分别由两个机构来进行，把原来锭子所兼负的卷绕工作改由丝框来完成，加捻和卷绕有固定的速比，所以其加捻后的丝条捻度比其他纺车要均匀。

为了获得不同捻向的丝线，可以改变纺轮的旋转方向。大竹轮逆时针旋转，使锭子作顺时针方向回转，丝线得到左捻；反之，则得到右捻。

四、牵经与通经

（一）牵经（整经）

牵经是将已卷绕在筟子上的丝线，按织物的规格，如经丝总头份、门幅、长度等，均匀地卷绕到经轴上去。

1. 牵经的工具与工艺

古代牵经主要有两种方法：一种是经耙式，另一种是轴架式。

经耙式牵经，可以用手工或经耙进行。其中，手工牵经所使用的主要工具有溜眼、掌扇、经耙、绞杆及通经架子等。根据《天工开物》的记载："凡丝既䉓之后，牵经就织。以直竹竿穿眼三十余，透过篾圈，名曰溜眼。竿横架柱上，丝从圈透过掌扇，然后缠绕经耙之上。度数既足，将印架捆卷。既捆，中以交竹二度，一上一下间丝，然后极于筘内（此筘非织筘）。极筘之后，然的杠与印架相望，登开五七丈。或过糊者，就此过糊。或不过糊，就此卷于的杠，穿综就织。"根据这里的记载，丝条卷绕到筟子上后，便可以牵拉经丝准备织造了。在一根笔直的竹竿上钻出30多个孔，每个孔穿上一个称为"溜眼"的篾圈。把这根竹竿横架在柱子上，让丝通过篾圈再穿过"掌扇"，然后缠绕到经耙上。这里的掌扇，即一种将每根经丝分离开来的器件。当达到足够的长度时，就用印架卷好、系好。卷好以后，中间用交棒2根把丝分隔成一上一下两层，然后再穿入梳筘里面（这个梳筘不是织机上的织筘）。丝穿过梳筘之后，把经轴与印架相对拉开五丈到七丈远。如果需要浆丝，就在这个时候进行；如果不需要浆丝，就直接将丝卷在经轴上，这样就可以穿综筘而投梭织造了。

经耙的构造如图7.10所示，它由2根平行木柱和2根横档连接支撑成一个架子，两木柱之间的距离为3米，每个木柱的中间部分均匀地钉有30个木桩，木桩长15厘米，相邻两个木桩之间的间距为5厘米。

图7.11所示是经耙式牵经示意图。牵经时，将调好丝的筟子按一定的规律排放在地上。从筟子上退解出来的丝线，通过1根平行于地面70～80厘米高的光滑木杆集束在一起，绕到平放在地面上的2根平行木桩的小柱子上，2根木桩的间距就是经丝的长度。将所有的经丝用梳筘分开并卷绕到经轴上之后，就可以穿综筘进行织造了。此种牵经方法适用于经丝丝条粗、头份较少的织物。这里说的头份，又称经丝头份，是指织物的总经丝数。

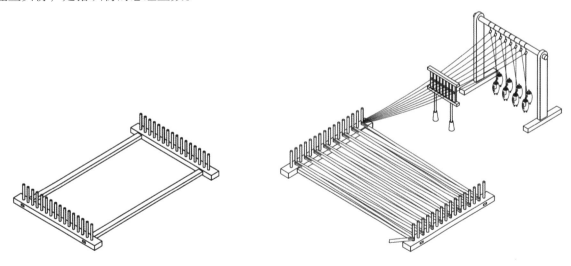

图7.10　经耙的结构示意图　　　　图7.11　早期的经耙式牵经示意图

图7.12所示为一般适用范围较广的经耙式牵经方法的实际操作图。加工时，将调好丝的筟子按一定的规律排放在地上。从筟子上退解出来的丝线穿过溜眼，一个溜眼穿1根经丝，4个溜眼为一组。溜眼使筟子上的丝线行走方便，而且能分清每一根经丝，便于解决在牵经过程中出现断头、打滚及筟子的更

图7.12 经耙式牵经方法的实际操作图

换等问题。通过溜眼的丝,接着穿入掌扇。掌扇相当于现在的分绞筘,用作打平纹绞。单数的经丝穿入瓷孔,偶数的经丝从相邻竹片中间穿过,直到穿完一条牵经的经丝数。所牵的每一条经丝数应为偶数,这样才可以方便地打平纹绞。打绞一般由牵经操作的两人共同完成。牵上手的人打上绞,牵下手的人打下绞,再传给上手。通过掌扇的所有经丝在打完上下绞后,一起进入经耙进行牵经。在起点处用绞线编平纹绞,终端处用2根绞杆对牵经条数进行计数,直到牵完为止。然后,在起始处将经丝剪断,有平纹绞的一头扎在经耙上,另一头拉出,慢慢地卷绕到通经架上,准备通经。

古代的轴架式牵经方法首见于南宋楼璹的《耕织图》。轴架式牵经的工具为筅子、经架、圆框。图7.13为元代王祯《农书》中记载的轴架式牵经方法的示意图。图中有3个织妇在操作,两人在前,一人转动圆框卷绕经丝,另一人左手拿木梳一把,右手作理经之状,在后面经架处还有一人,正对丝筅上的丝线进行牵理排列,以防乱头。

2. 关于牵经工艺的简单计算

(1) 筅子数的确定

筅子数的多少是根据总经丝数和所需原料的重量及溜眼的数目等来确定的。

(2) 牵经条数的确定

$$牵经条数 = \frac{总经丝数}{每条经丝的根数}$$

每条经丝的根数,即为所采用的筅子数。

牵经条数最好取整数,牵经较方便,如无法凑成整数,则尽量安排在第一条或最后一条牵掉。牵经的筅子宜多准备几只,以便在牵经过程中调换使用。

(3) 牵经长度

牵经匹长 = 坯绸长度 × (1 + 织缩率)

传统产品的织缩率可根据经验而定。

牵经最大长度取决于经耙上木桩的个数以及两排木柱之间的距离。为了能使经丝顺利退解下来,每个木桩上只能来

图7.13 《农书》中记载的轴架式牵经图

回绕一次。

在牵经过程中,平纹一定要绞打正确,如出现误绞,应在上经耙前处理好,否则将会给造机及上机织造带来困难。牵经过程中要控制牵经张力,特别是在经耙上的经丝张力,要尽量使经丝处于被拉直状态,不要出现时松时紧的现象。

(二) 通经

1. 通经的目的

通经,是传统牵经必不可少的一道工序。手工牵下来的经丝,成束地卷绕到通经架上,必须通过通经,使经丝按织物门幅的要求,均匀分布于经轴上,这样才能织造。通经也解决了经丝的滚绞、毛丝及长短线等现象。

2. 通经的工具与工艺

通经时使用的主要工具有通经架子、通经筘、经轴等。

通经架子：这是将经丝展开时进行通经的架子，一端固定于经轴的后架，另一端连接卷绕经丝的架子。

通经筘：通经时常用的是18号竹筘。（这里，竹筘的号数用以标记1厘米经轴上卷取经丝的根数，同时决定通经竹筘的厚薄，号数一般有12号、18号、20号等，号数越大，竹筘片越薄，如竹筘长度为60厘米时，12号竹筘的总筘片数为270片，1厘米的竹筘为4.5片；20号竹筘的总筘片数为450片，1厘米的筘片数为7.5片；等等。）

经轴：卷绕经丝的木质圆轴。

通经工艺主要是捞通经筘（现称定幅筘）和通经两个步骤。捞通经筘是指将一定数量的经丝捞入筘片间的空隙内。手工通经的定幅筘的筘号一般为18号。定幅筘的穿入数按下式进行计算：

$$定幅筘每筘经丝穿入数 = \frac{经丝总数}{定幅筘筘号 \times 门幅}$$

若穿入数出现小数，则用多个筘齿来调节，以便均匀穿入。如穿入数为1.3根/齿，则可以调整为10个筘齿内穿13根，即1、1、2、1、1、2、1、1、2、1，使经丝较均匀地分布。定幅筘的穿入数小于2时，只需使用平纹绞及通经筘，即可进行通经。若每齿穿入数超过2，每个筘齿内的经丝仅依靠2根平纹绞杆还不能单独分开，则需进行分层通经，如一齿内穿入的经丝数为3，则需用3根绞杆进行分层通经，其余依此类推。

通经，就是指通过通经筘将经丝均匀分布后卷到经轴上。打开通经架上的经丝，一般将经丝分成约10小把，均匀地扎在轴布上，施以一定的张力，如图7.14所示。先通第一根平纹软绞，接着通第一根平纹硬绞，再通第二根平纹软绞，通到1~2米时，将第二个平纹硬绞与通经筘一起往前移，一边再将经丝卷绕到经轴上，如此往复，直至结束。开始上轴时，因丝条与轴布连接打成结子，在接结处必然凸起，会造成经丝张力的不匀，故开始时，就必须衬入一定张数的纸，把凹凸的丝条衬平。在卷绕时，要稳住定幅筘的位置，控制左右偏差，并在经轴的两端加衬边纸，防止出现松边现象。在通经过程中，要解决经丝的滚绞、并搭、毛丝及长短线等现象，以保证经丝质量。

图7.14 通经图

五、浆丝

浆丝，在古代称"过糊"。轻薄的丝罗和色织练丝（熟丝）织物，由于丝条细或纤维间的抱合力差等原因，容易在织造时出现乱散、擦毛或断头等现象，导致织造无法顺利进行，故需对经丝上浆。

（一）浆丝的目的和要求

浆丝的目的，是使浆液渗透到纤维内部，增加各单纤维之间的集束性，以防止单纤维切断，同时让浆液在丝条表面形成坚韧光滑的薄膜，以增加经丝牢固度，提高耐磨性能，防止擦毛和减少断头。

浆液应具有黏着纤维并结成坚韧薄膜的能力，性能稳定不易变质，不易腐蚀；结成的浆膜应柔软不发粘；要易于退浆，不影响后道工序的加工。

（二）浆料的配置

浆液的好坏直接影响浆丝的效果。调浆黏度过大，会造成丝发黑；调浆黏度过小，则会造成丝不紧。要利用糨糊的适当黏度进行上浆，以取得最佳效果。

浆料调配首见于明代《天工开物》，书中记述："凡糊用面筋内小粉为质。纱、罗所必用，绫、绸或用或不用。其染纱不存素质者，用牛胶水为之，名曰清胶纱。糊浆承于筘上，推移染透，推移就干。天气晴明，顷刻而燥，阴天必藉风力之吹也。"即是说，浆丝用的糊要以揉面筋沉下的小粉为原料。织纱和罗的丝必须浆过；织绫和绸的丝则可以浆，也可以不浆。有些丝染过色后失去了原来的特性，就要用牛胶水来浆，这种纱叫"清胶纱"。浆丝的糊料要放在梳筘上，来回推移梳筘使丝浆染透、放干。如果天气晴朗，丝很快就能干，天阴时就要借助风力把丝吹干。由此说明，浆丝所用的糊料，是根据织物的质地来确定的。纱、罗等轻薄的丝织物，经丝本身含有丝胶质，用小粉为糊，主要是为了增加经丝强力；而熟丝表面丝胶较少，则需用牛胶水浆丝，主要是为了使精练或染色后的经丝保持硬挺、光滑、不发毛等性能，以便于顺利织造。

配置小粉浆料时，取适量小粉，加入浴比1∶100左右的冷水，搅拌后加热，并一边加热一边搅拌，直至煮沸，待黏度趋于稳定后，再加入适量的润滑油剂，冷却至30℃时即可上浆。

（三）浆丝技艺

明代徐光启的《农政全书》介绍了古人浆丝技艺："用糊有二法：其一，先将绵䌥（古称收丝器具为䌥）作绞，糊盆度过，复于拨车转轮作䌥；次用经车萦回成纴。吴语谓之浆纱。其一，先将绵䌥入轻车成纴，次入糊盆度过；竹木作架，两端用繂（粗绳索）急维，竹帚痛刷，候干上机。吴语谓之刷纱。"即古代丝条上浆有两种方法：一种方法是先将丝条卷取到收丝器上，做成丝绞，放置在浆料盆中，再用纺车做成纴管，然后在经轴上卷绕成丝缕。这在吴语中称为"浆丝"。另一种方法是先将丝条用纺车做成丝缕，然后放入浆料盆中。再用竹木作架，将丝缕两端用粗绳索绷紧，以竹帚用力刷匀浆料，待干燥以后上机织造。这在吴语中称为"刷丝"。

可见，古代经丝上浆采用的主要是轴经浆丝和绞丝上浆两种方法。

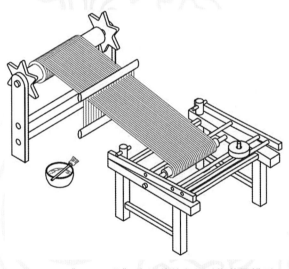

图7.15 《天工开物》中记载的印架过糊装置模型

轴经浆丝使用印架过糊器具，如图7.15所示。一般有两种方法过糊：一种是将浆涂在筘上，推移筘，使浆均匀上于经丝上；另一种是用刷子沾上浆液后，在经丝上来回刷，使浆液均匀地涂于经线上。待糊干燥后，卸去印架上的重物，转动经轴，将已浆过的丝卷至经轴上，待印架上的经丝逐渐退出，再在架上压上重物，以保持经丝片的张力，依次反复上浆，直至经轴上浆完毕，卷好经轴为止。

绞丝上浆是将需浆丝的丝线摇成绞，并将绞丝的绞线放松些，让扎绞线处的丝线充分上浆。一般是在傍晚时将绞丝浸没在浆液中，浸渍温度为常温，若冬季需保温，浸渍时间为一晚夕（约14个小时），于早晨取出，并除去多余的浆液，使其蓬松、分开，再晾于竹竿上，使之干燥。

浆丝时需要注意，只有"完全糊化"后的浆液方可上浆，以确保所有丝条上浆均匀一致。此外，上浆过程中，刷浆丝条张力要均匀，保持丝线的伸度与上浆率均匀一致。上浆后，应使丝线分开，避免丝线粘在一起。

六、卷纬

卷纬又称摇纡，是将丝筒子或筬子上的丝卷绕到纡管上的工序。卷纬的质量会直接影响织物的外观和生产效率。

（一）卷纬的目的和要求

卷纬的目的，是将其他卷装形式的丝卷到纡管上，以备织造时投送纬丝使用。在卷纬过程中，要求卷纬张力均匀，成形良好，尽可能增加纡子的卷绕容量，以提高生产效率，减少浪费。

（二）卷纬的工具

卷纬常用手摇纺车进行。

绳轮的结构：一般以2根长竹片，绕成2个平行圆环，分别用数根竹片为辐支撑于轴上，两环相距20～25厘米。用绳索在2个环之间交叉攀紧成鼓状，就成为纺车的绳轮。用绳弦绕轮周与锭子套联在一起，在轮轴上配上摇手柄，即可通过旋转手柄转动绳轮并带动锭子转动。锭子的材料一般用竹或木制。锭子轴延伸部可套纤管，锭子转动时纤管同时旋转，使丝线卷上纤管，即成为纤子。

纤管是两头稍粗，中间稍凹，母线呈弧形的空心圆管。其规格由所用的梭子来决定，一般大梭子的纤管长度约为7.8厘米，最大直径为0.8厘米，最小直径为0.6厘米；小梭子的纤管长度约为6.4厘米，最大直径为0.7厘米，最小直径为0.6厘米。纤管过长，纬丝退解旋转阻力大，丝条易被擦毛；纤管太短，则会减少纤管的纬线容量，降低生产效率。

（三）卷纬

手摇纺车摇纤时，丝线可纵向或横向出丝，两种出丝方法分别如图7.16和图7.17所示。对于纬丝捻度不作特殊要求的，采用纵向出丝卷绕，因纵向出丝时，一边出丝，一边在给丝线加弱捻；对于纬丝捻度有特殊要求的，如扁金、圆金等，不希望在摇纤时纬丝上产生捻度，则需横向出丝来摇纤。

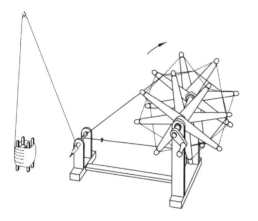

图7.16　纵向出丝示意图

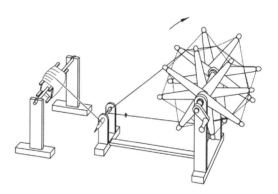

图7.17　横向出丝示意图

手工摇，一般由右手摇曲柄、左手捏住丝线的前后不断摆动来完成。其绳轮圆框直径为60厘米，纤管的直径约0.6厘米，手摇纺车转一圈，纤管可以转100圈左右，效率比较高。其丝线的张力由左手捏丝松紧来决定，纤子的成形由左手前后摆动的动程来决定，只要确保在织造时纬线顺利退解即可。

第三节　古代织机的演变及织造原理

如前所述，自仰韶文化时期起古人已经能够用细小的长纤维条编织织物了。经过几千年的发展，形成了一个可以得心应手地织造千变万化、绚丽多彩的丝绸织物的织机系统。有关织机的演变过程，虽然很多时候缺乏相应的历史记载，也没有更多的考古发现来佐证，但是，如果将早期纺织画像石刻以及各个时期的古籍文献，如南宋《耕织图》、元代《梓人遗制》和明代《天工开物》等记载的各类织机形态联系起来考察的话，依然可以了解到古往今来丝绸织机发展演变的清晰脉络。

一、腰机

腰机是织机的雏形,如图 7.18 所示,它是早期以人的身体作为织造机架的原始织机。腰机前后有两根横木,相当于现代织机上的卷布轴和经轴。经纱一端系卷布轴缚在织工腰部,另一端系在靠双脚蹬紧或靠埋地木柱固定的经轴上。织造时,织工席地而坐。

图 7.18 我国古代的原始织具"腰机"

(一)腰机的结构及适用品种

腰机的主要部件有:卷布轴、滕子(经轴)、打纬刀(杼)、分经棍、提综杆(半综)、梭杼(引纬)、腰背等。这些部件满足了织造的基本要求,即提综、引纬、打纬、送经和卷取,也就是织机的五大运动。腰机主要用于制织平纹织物和简单的提花织物,如山形纹、菱形纹、回形纹、畦形纹、云雷纹等。目前,在我国少数民族地区仍然可以看到用腰机来生产纺织品的场景。

(二)腰机的织造原理

腰机由一人操作,织工席地而坐,卷布具(卷布轴)是一对夹棍式的长棒,夹住织物以作机头,轴的两端套上腰背带固定在织工的腰部,织工的两脚伸直蹬住滕子(经轴),也有将滕子直接系在一固定物上,利用腰背与双脚作前挺和后摆,控制经线张力。

腰机织的底布一般是平纹组织,而平纹组织一般需要采用二片综片。腰机为什么只采用一片综片就可织出平纹组织呢?这似乎是个谜,图 7.19 可以解开谜底。

腰机的穿经方法如图 7.19(a)所示,将经线分成单双数,由分经棍隔开。将单数经穿入提综杆(半综)内,双数经不穿。当单数经线沉在下方,双数经线位于分经棍上方时,即形成自然平纹梭口。

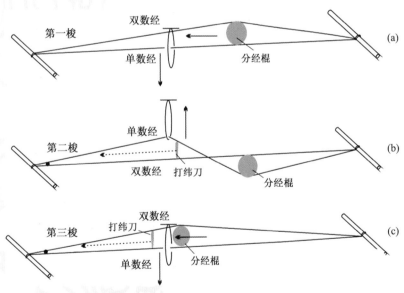

图 7.19 腰机平纹织造示意图(钱小萍绘,2012 年)

关于腰机的起综原理和方法,如图 7.19 所示。

① 将单数经线穿入半综圈,双数经不穿入,然后用分经棍将单双数经分开,形成双数在上、单数在下的自然梭口,如图 7.19(a)所示。

② 将半综片向上提,使单数经上升,再插入打纬刀,从半综圈后向织口前方移动,形成交叉梭口,织入第一纬,如图 7.19(b)所示。

③ 将半综片放下,通过分经棍将单数经下压,并往半综圈方向移动,形成双数经在上的交叉梭口,织入第二纬,如图 7.19(c)所示,然后又恢复到图 7.19 中的(a)所示的自然梭口状态,再将综片提

起，回到如图7.19（b）所示的交叉梭口状态。

如此交替织制，不断循环，即可织造形成平纹织物。

织造简单提花织物时，根据织物结构将经线穿入不同的提纹杆所控制的提综线内，按设计要求提起不同的提纹杆织入纬线，就能达到所设计的提花效果。

腰机通过提综杆、分经棍和打纬刀，实现了开启织口、引纬、打纬等织造的基本运动，是现代织布机的始祖。

二、斜织机

斜织机是一种适用于制织平纹织物的织机，是我国出现最早、应用最广、流传最久的传统织机（图7.20）。斜织机带有脚踏提综开口装置，汉代画像石上也多次出现过脚踏斜织机的图像。其主要机型是一种中轴式斜织机，已经有机架，两个踏板用绳子或木杆与一根中轴相连，并由中轴来控制综片开口。织造时，依靠脚踏提综的开口装置，织工可以坐着操作，手脚并用，生产效率比原始的腰机有大幅度提高。斜织机究竟起始于何时，目前尚缺乏准确、可靠的史料依据，但从历史记载可以推测，它的出现不会晚于春秋、战国时期。

（一）斜织机的结构及适用品种

斜织机的主要结构特征，是机架由两个结构平面，即两根木支架构成的水平机座与两根斜架其上的支架支撑的织机经面组成（图7.20）。其所有的织造构件都安装在倾斜的经面支架上，包括经轴、卷轴、分经杆、压经棍、摆动臂、提综杆（半综）、筘、腰背带等，并连接足蹑。由这些机构的协同动作完成织造过程。斜织机的经面与水平的机座成50～60度斜角，便于织工清楚地判断经面是否平整、经线有无断头。斜织机的卷轴依靠系结在两端的腰背带套在织工腰间来拉紧。经线的张力依靠织工腰部摆动来控制，以便于织造。与原始腰机相比，斜织机要先进得多。

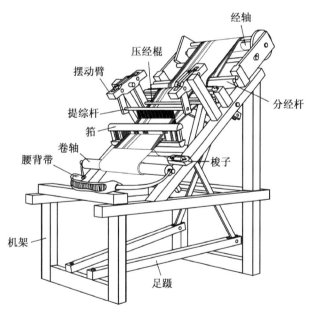

图7.20 斜织机复原模型图

（二）斜织机的织造原理

斜织机的织造原理与腰机基本类似，其经面通过分经杆将单、双数经线分成上下两层经面，称为甲经和乙经，自然形成一个梭口状态。织造时，织工面朝经面坐在织机水平机架的一端，用脚踏下足蹑甲，使压经棍向下运动，将甲经线下压，带动摆动臂，提起提综杆（半综），将乙经线提起，形成乙经在上、甲经在下的交叉平纹梭口，同时进行投梭打纬（图7.21）。当织工放松足蹑甲，踏下足蹑乙，并用腰力控制经线张力时，压经棍上提，提综杆（半综）下降，形成甲经在上、乙经在下的自然平纹梭口，再进行投梭打纬（图7.22）。如此反复，形成平纹织物。斜织机只需一名织工操作。

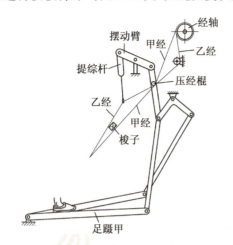
图7.21　斜织机乙经在上、甲经在下开口打纬

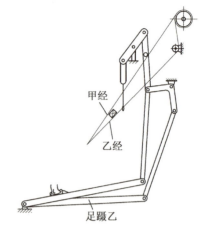
图7.22　斜织机甲经在上、乙经在下开口打纬

三、多综多蹑织机

多综多蹑织机是反映早期提花技艺的代表性机型，是一种以多个综框与脚踏杆来实现提花织造的织机（图7.23）。

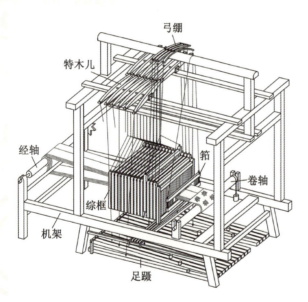
(a) 古代多综多蹑织机结构图

(b) 多综多蹑织机（苏州丝绸博物馆藏）

图7.23　多综多蹑织机

（一）多综多蹑织机的结构及适用品种

多综多蹑织机的主要部件包括机架、经轴、卷轴、筘、综框、特木儿、足蹑等，多综框和多足蹑是这种织机的主要特点。由于综框数不能无限增加，受到纵向花回宽度限制，所以多综多蹑织机一般适合于织造纵向花回较短（花回的纬线循环数受到综框数限制）、横向花幅不受限制（可以是一整幅的宽度）的提花织物，早期的经锦织物大多符合多综多蹑织机的织造特点。

（二）多综多蹑织机的织造原理

多综多蹑织机提花的关键技术，是穿综工艺和起综工艺。古代织机综框中的综丝是线综，有别于现代织机的钢综。其特点是一根经线可以同时穿入几个不同综框的线综内，而现代织机一根经线只能穿入一个综框中的一根综丝内。在绘制穿综图时，先要将纹样按照基本的组织结构进行分解，因为早期的经锦织物均为平纹型重经组织结构，其组织结构可以分解为平纹组织和重经组织，平纹组织可由两片综框完成织造，重经组织中的彩色经线以互相进行表里切换形成纹样色彩。根据分解的重经组织图，在一个整幅花回中，对于经纬交织点完全相同的多根纬线，在织造时可以通过多次提升同一个综框来进行织造，这样实际织造所需的综框数就大为减少，从而满足了多综多蹑织机的织造工艺要求。这里，我们以1982年在湖北江陵马山一号墓出土的战国时期的塔形纹锦为例进行分析（图7.24）。

塔形纹锦为二重平纹型经锦，当甲经为表经呈三上一下时，绸面显甲经色；当乙经（经对该织锦组织结构的分析，乙经、丙经、丁经可视作同一组经线，只是颜色不同而已，为便于理解，统称为乙经）为里经呈三下一上时，沉在背面不显色（图7.25甲经起花组织图）；当乙经为表经呈三上一下时，绸面显乙经色；甲经为里经呈三下一上时，沉在背面不显色（图7.25乙经起花组织图）。我们将甲经起花组织图和乙经起花组织图拆分成两组组织分解图（图7.25），从中可以看出，在二重平纹型经锦组织中，一组经线（如甲经和乙经）之间是分别互为表里来实现绸面色彩变化的。体现二重经锦的分解图A_1、A_2，组织结构均相同，二重经锦的分解图B_1、B_2则随之变化。我们将分解图A_1、A_2设为地纬［由素综（又称地综）所控制的纬线］，将分解图B_1、B_2设为花纬［由花综（又称纹综）所控制的纬线］，可以看出，两片地综即可满足组织的上机织造要求，而花综片的多少与经向花回的大小及纬线数的多少有关，纬线数越多所用花综片越多。

(a) 战国时期的塔形纹锦

(b) 塔形纹锦复原纹样

图7.24 塔形纹锦

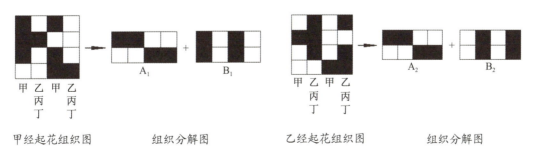

图7.25 塔形纹锦组织分解图（任月杨绘，1989年）

通过分析可以知道，塔形纹锦一个花回的纬线数为168根，其组织最小勾边数为12（通常经锦组织最小勾边数为4或是4的倍数），织造所需综框数为：168/12 + 2（地综）= 16（片）。也就是说在塔形纹锦的1个花纹循环（168根纬线）中，织造经纬交织相同起落的纬线时，可通过重复提起综框来实现，则实际织造所用综片数可减少至16片，其中地综2片、花综14片。

织造塔形纹锦的综蹑连接是按顺序进行的，第1、2片综框为地综，连接第1、2根足蹑，第3片综框至第16片综框为花综，连接第3~16根足蹑。在织造中，提综次序须按实际织物组织的要求和重复多次提综的织造工艺来制定，这样仅用16片综框（2片地综框和14片花综框），就可以满足塔形纹锦的织造要求。

多综多蹑织机可由1人操作，如图案较复杂，要用综框数较多的多综多蹑织机时，则可以由1名或多名辅助工协同操作。

四、移钩多综织机

2012年，成都老官山汉墓出土了4台多综织机模型，将汉代真实的织机展现在我们面前。据考证，其时间为西汉的景武时期（前157—前87年），年代上与《西京杂记》中描述的汉代多综织机基本吻合。这说明在汉代已经普遍使用多综织机（图7.26）。

(a)

(b)

图7.26 成都老官山汉墓出土的4台多综织机模型

中国丝绸博物馆赵丰团队对其中的移钩多综织机进行了复制，并由罗群负责，在复制出的织机上织出了与新疆尼雅出土的汉代"五星出东方利中国讨南羌"同款的经锦，说明该织机的复制是成功的。与此同时，复制团队还在理论上对其织造原理作了解析。

（一）移钩多综织机的结构和适应的品种

按提综机构的不同，成都老官山汉墓出土的 4 台移钩多综织机模型可以分成 3 台移钩滑框式多综织机模型［图 7.26（a）］和 1 台移钩曲柄连杆式多综织机模型［图 7.26（b）］。它们的选综机构相同，图 7.27 所示为移钩滑框式多综织机结构，图 7.28 所示为移钩曲柄连杆式多综织机结构。

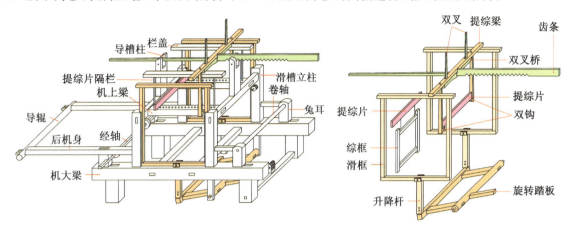

图 7.27 移钩滑框式多综织机结构

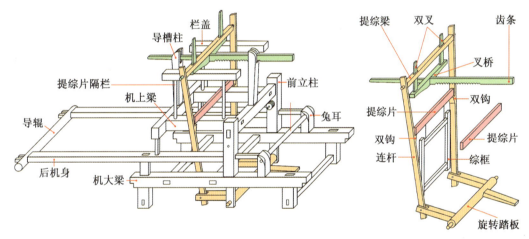

图 7.28 移钩曲柄连杆式多综织机结构

移钩滑框式多综织机由机架、选综机构、提综机构三部分组成。机架从前至后在大梁上安装有兔耳、卷轴、滑槽立柱、导槽柱、机上梁、提综片隔栏、栏盖、后机身、经轴、导辊。经线从卷轴退卷下来，去向机后，在导辊处转向，去向机前。这样设计的目的，是为了增加经线在织机上的长度，而又不占用很多地面空间。在织造工艺上，要求最后一片综的开口高度很大，增加经线在织机上的长度可以减小经线单位长度的伸长，从而减小开口时经线的应力。单根彩色经线按图案的要求穿过一系列纹综片后，各色不同彩经合组再穿入地综片。纹综片挂在提综片上，提综片放置在左右机的上梁上，两头伸出梁外，提综片便被隔栏一片片隔开。地综两片通过滑轮挂在一起，下面各连接一块踏板，踩下一块踏板，连接的地综下降、另一片上升。其选综机构与提综机构分离，选综机构由齿条、双叉、叉桥、提综梁、双钩组成。齿条与双叉桥固定一体，提综梁左右外侧的榫孔各挂一钩。内侧榫孔活套在双叉上，提综梁和双钩可以垂直经面上下运动。叉桥跨置在机架的左右栏盖上，齿条坐落在机架的前后导槽柱的槽内，齿条的前部悬挂适当重物，使齿条水平不落到导槽底部，齿条可以沿经向直线移动。提综机构由旋转踏板、升降杆、滑框架组成。旋转踏板安装在机前的滑槽立柱下部的轴孔中，可以旋转运动；升降杆下部装有辊轴，上面与滑框架销连在一起，升降杆活套在大梁榫孔中，可以垂直运动，滑框活套在滑槽立柱内，可以上下垂直运动。

257

移钩曲柄连杆式多综织机的机架、立柱没有滑槽,机后立柱较细,其他与移钩滑框式多综织机相似。其选综机构和提综机构通过钩连杆合在一起,提综梁两端圆轴活套连杆,连杆上有钩,连杆的下端铰接在旋转踏板的阻力臂上,齿条沿经向做直线运动,双叉桥推动提综梁做直线运动,连杆上的钩作弧形摆动,齿条静止,踏下旋转踏板时,连杆在踏板铰链处呈圆周运动,在提综梁处呈垂直直线运动,钩离提综梁较近,作近似垂直直线运动。

从机构原理看,移钩多综织机是织造平纹经锦的专用织机。从战国至魏、晋这段历史时期,中国提花丝织品多以经锦为主,其纹样特点就是经向短、纬向宽。前述《西京杂记》描述,陈宝光妻子的织机使用多达120蹑进行织造,这需要非常庞大而复杂的操作。一般情况下,平纹经锦纹综开口时,需要提起2 000~3 000根经线,提升力极大,移钩多综织机以巧妙的机械设计,合理的力学安排,不仅避免了织机上机件的损裂,而且操作起来省时省力。移钩滑框式多综织机和移钩曲柄连杆式多综织机都用于织造平纹经锦,但其各有特点。前者适合织造纹综片多、花纹大的经锦,如"五星出东方利中国"织锦,操作起来略为费力;后者适合织造纹综片少、花纹小的经锦,如"世毋极锦宜二亲传子孙锦"织锦,操作起来更为省力。

(二)**移钩多综织机的织造原理**

平纹经锦的基本组织是一梭纬重平结纬,一梭彩经夹纬,另一梭纬重平结纬,后一梭彩经夹纬。纬重平以各彩经分组提起而获得。彩经是根据图案的需要,在不同区域提起的不同颜色的经线。以"五星出东方利中国"五色经锦为例,白、红、黄、绿、蓝为一组,分组穿入前后两片地综,奇数组穿前片,偶数组穿后片。每组彩经中必取并仅取1根彩经穿入84片纹综片中每一片的综线,取什么颜色的彩经根据图案而定。在多综织机出现以前,多综腰机是用手提地综和纹综来实现开口的;有了多综织机后,经线可以多很多,纹综片也可以多很多,织造效率提高了很多。图7.29所示为移钩滑框式多综织机的开口原理图,图7.30为移钩曲柄连杆式多综织机的开口原理图。

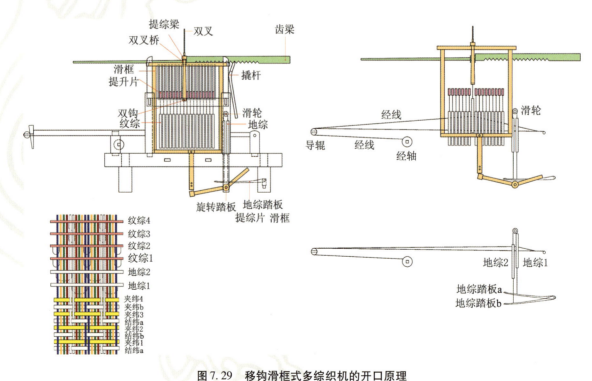

图7.29　移钩滑框式多综织机的开口原理

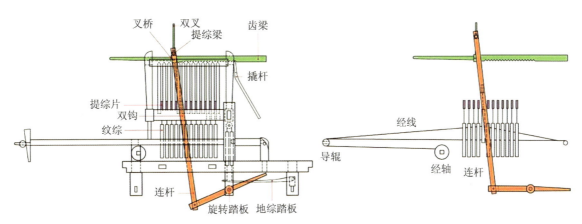

图7.30 移钩曲柄连杆式多综织机的开口原理

以下以"五星出东方利中国"五色经锦为例,说明移钩滑框式多综织机的织造过程。

踏下地综踏板a,地综1下降,通过滑轮提起地综2,所有分组彩经的偶数组经线提起,产生一个纬重平开口。在开口中穿过纬线,这根纬线将所有经线以平纹方式编结在一起,故称"结纬"。打紧结纬,结纬a操作完成。

将撬杆上端啮合进齿条中的一齿,撬出一定距离,齿条推动提升梁上的双钩移动,当双钩对准第1片提升片时,停止撬动,放下撬杆。踏下旋转踏板,升降杆和滑框垂直向上运动,推动提升梁和双钩向上运动。双钩钩住第1片提升片和第1片纹综提升,第1片纹综上的所有经线提起,产生第1个彩经开口。在开口中穿过纬线,这根纬线夹在彩经组中提起的1根彩经和没有提起的4根彩经之间,故称"夹纬"。打紧夹纬,夹纬1操作完成。

踏下地综踏板b,地综2下降,通过滑轮提起地综1,所有分组彩经的奇数组经线提起,产生另一个纬重平开口。在开口中穿过另一根结纬,打紧结纬,结纬b操作完成。

再将撬杆上端啮合进齿条中的一齿,撬出一定距离,齿条推动提升梁上的双钩移动,当双钩对准第2片提升片时,停止撬动,放下撬杆。与前面操作相同,提起第2片纹综,产生第2个彩经开口,织第2根夹纬。夹纬2操作完成。

整个结纬和夹纬的开口织入规律为:a,1,b,2,a,3,b,4,……,a,83,b,84。

完成一个循环图案的织造后,齿条到了织机最前的位置,将齿条推到织机最后位置,对准第1片纹综,准备织下一个图案循环。

移钩滑框式多综织机的双钩是水平直线运动的,每次撬动齿条的距离相等,等于两片纹综的间距;移钩曲柄连杆式多综织机的双钩在连杆上摆动,每次移动的距离不相等,连杆垂直时撬动距离短,摆动到最外和最里时,撬动距离长,其他与移钩滑框式多综织机的织造过程相同。

移钩曲柄连杆式多综织机安装的纹综片较少,为了使图案较大,有的采用同一片纹综开口织两梭夹纬。以"世毋极锦宜二亲传子孙锦"为例,纹综只有13片,整个结纬和夹纬的开口织入规律为:a,1,b,1,a,2,b,2,a,3,b,3,……,a,13,b,13。

移钩多综式织机有机械装置的辅助,织造效率还是比较高的,即便如此,用滑框式多综织机织造"五星出东方利中国"织锦,一天也只能织出13厘米,所谓古人织绫"六十日成一匹"。滑框式多综织机织最后几片纹综时,需一人在机后辅助;连杆式多综织机纹综少,只需一人操作。

移钩多综织机与多综多蹑织机的提花原理相同,但是在起综机构上仅用两个踏板(足蹑),采用移钩的方式选综起综,这与综蹑一一对应的多综多蹑织机相比简化了织机结构,更加合理。毫无疑问,移钩多综织机相比多综多蹑织机是一种进步。但它到西汉时就突然消失了,究其原因,可以注意到,两汉时期又出现了花本式提花机——束综提花织机。束综提花织机是一个划时代的更大的进步,其提花技艺可以满足经锦、纬锦及经纬锦的全部织造需要,根据这样的事实,可以推测,虽然移钩多综织机相比同时代的多综多蹑织机前进了一步，但是，随后而至的束综提花织机以及相应的花本技艺的发展进步，以其巧夺天工的花本信息标记技艺以及传递控制经线升降技艺，成功实现了多综片织机所追求的复杂大花回纹样织造的目标，因而最终完美地取代了多综多蹑织机以及移钩多综织机。尽管如此，汉代移钩多综织机仍然展示了古人杰出的智慧和创造力。

五、束综提花织机

有关束综提花织机的起源时间，通常根据东汉王逸在《机妇赋》中的一段记载来推定，其中描述："方圆绮错，极妙穷奇。虫禽品兽，物有其宜。兔耳跧伏，若安若危。猛犬相守，窜身匿蹄。高楼双峙，下临清池。游鱼衔饵，瀺灂其陂。""高楼双峙"，是指提花装置"花楼"与提综装置相对峙，挽花工坐在 3 尺高的花楼上，按设计好的各种复杂纹样来挽花、提花，从上面俯瞰光滑明亮、万缕经丝的织制面，正如"下临清池"一般，花纹清晰可见。"游鱼衔饵"，是指挽花工在花楼上牵动束综的衢线，下连竹棍，即衢脚，一般要 1 000 多根。迅速提综时，就像鱼儿上下跟踪跳跃争食一样。有关专家认为《机妇赋》中叙述的织机有花楼，并使用衢线、衢脚，所以可以看作是后世束综提花织机的雏形。另外，《三国志·魏志·杜夔传》中道："时有扶风马钧，巧思绝世，……为博士居贫，乃思绫机之变，不言而世人知其巧矣。旧绫机，五十综者五十蹑，六十综者六十蹑，先生患其丧功费日，乃皆易以十二蹑。"文中称，三国曹魏初年扶风（今陕西兴平）人马钧，少年时候看到提花机非常复杂，生产效率很低，于是对旧绫机进行革新，将 50 综 50 蹑、60 综 60 蹑，均改为 12 蹑。织成的提花绫锦，花纹图案奇特，花型变化多端，而且提高了提花机的生产效率。有专家分析：这 12 蹑仅用于地纹组织织造，而记载纹样中，经、纬丝交织点关系和织造步骤信息载体即花本，已经移植到花楼上面去了，据此可以推测，马钧改革的应该是花楼织机。

综合以上信息来看，束综提花织机应出现于东汉时期，至三国时，有了不同程度的改进和提高。唐代以后，束综提花织机已经较为普遍，使织造的锦类产品花色更加丰富，此时，束综提花织机的工艺及织造技术已达到相当高的水准。

（一）束综提花织机的结构及适用品种

束综提花织机分为小花楼织机和大花楼织机两种。小花楼织机适合于织造多则花和纹样幅度较小的织物，如蜀锦和宋锦；而大花楼织机则适合于织造花幅大、花回长的织物，如云锦妆花织物。

图 7.31 所示为小花楼提花织机，以此为例作分解，可知束综提花织机的构成部件主要包括机架、经

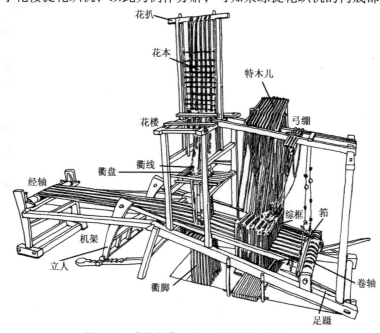

图 7.31 束综提花织机（小花楼提花织机）

轴、卷轴、综框、特木儿、弓绷、足蹑、筘、立人、花楼、花本（由脚子线和耳子线经挑花而成）、衢线、衢盘、衢脚、花扒等。由于花本技术的应用，与多综多蹑织机相比束综提花织机综框数量大幅减少，适应织造的花式品种更为广泛，可以是独花花幅，也可以是多则花，且花纹纵向更长，因此可以织造比较大型的提花织物。

（二）束综提花织机的织造原理

束综提花织机的关键技术包括花本的应用、经线单独升降的控制、综框的配合应用等。

花本的应用，是指按照图案设计的要求，将要织造的纹样上的每一个经纬交织点的信息，利用挑花的方式进行记录。在束综提花织机上，花本是用一束称为"脚子线"的环形纱线和若干称为"耳子线"的短棉线代表纬线，根据组织结构和纹样挑制而成的，这一技艺称为"挑花结本"。织造时，按照挑好的花本信息可以进行提升经丝的操作。花本是古人的聪明才智在织造技术上取得的最有价值的成就之一。

经线单独升降的控制，是指根据花本编排的信息，由耳子线带动脚子线，拽起衢线，提起经线，将预先编制成的花本图案程序传导至经线，进而控制每一根经线的不同起落，再投制相应的纬线进行织造。这个过程确保了绸面花纹按照设计的要求形成。

除了花本之外，束综提花织机一般均设多片综框（起综或伏综）。这些综框通常安置在提花装置衢线的前端，用于织造织物的地纹组织和起花纹纬的有规律性的间丝接结。由于综框的配合应用，提花织物的组织结构才得以形成，由此可见古人发明花楼提花织机的聪明才智。

1. 小花楼织机的织造原理

小花楼织机提花部分的装造如图7.32（a）所示。其经线上方为中衢线（穿入经线）、衢绞杆、排须杆、中衢盘、爪拉子、脚子线、花扒，经线以下为下衢盘、下衢线和衢脚。小花楼织机织造的织物通常为多则花，每则花穿经次序是由右向左向后顺穿，爪拉子是花本控制多则花提花织造的一个重要节点。其花本是直接由装造部分的脚子线和耳子线组成的，由于每件织物的一花回纬线数一般都为几百根，将耳子线全编入一套脚子线中显然不现实，也无法完成提花织造工作。所以，引入了花扒这一装

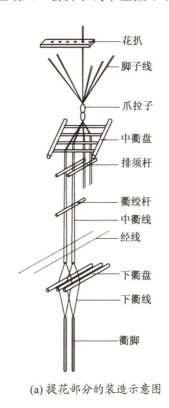
(a) 提花部分的装造示意图

(b) 脚子线提起实物放大图

图7.32 小花楼织机的花本提花织造原理示意图

置。操作时，将一整套花本按提花程序的先后分成几段小花本，每段小花本的脚子线数是相同的，每小花本的耳子线要分配均匀，以几十根为宜。小花本中脚子线一端依次连接在一个花扒上，脚子线另一端则按编排次序连接到相应的爪拉子。爪拉子上的捻把如是4根/把，则对应4则花；如是6根/把，则对应6则花，依此类推。较复杂的小提花织物通常都设有几个花扒，织造时，按花本程序，将第一块花扒吊挂在花楼织机顶端，其余的放在一侧，按次序拉动第一根耳子线，将需提花的脚子线分离出来。挽花工将脚子线提起，如图7.32（b）所示，通过爪拉子传导至中衢线，提起相应的经线，进行投梭打纬，完成第一根花纬织造。如此往复，当第一花扒全部完成提花织造后，挽花工将第一块花扒取下放在另一侧，再将第二块花扒吊挂在花楼织机顶端，进行提花织造，直至将所有花扒的花本织造完毕，才完成一回花的织造任务。当纹样图案为上下对称图案时，可减少一半花本的制作，只需将织完的花本再倒织一遍，织工的投梭顺序也做相应调整，则也能完成一回花的织造。

2. 大花楼织机的织造原理

大花楼提花织机的结构形态如图7.33所示。其主要特征是将一个环形花本悬挂在花楼后方，花本中的脚子线分别绕过并勾住相对应的衢线，衢线的下端穿着相对应的经线，使花本信息可以传导至经线，并控制其升降，实现提花织造。由于大花楼提花织机的花本可以设计得比较长，所以可以织造花幅大、花回长的织物。

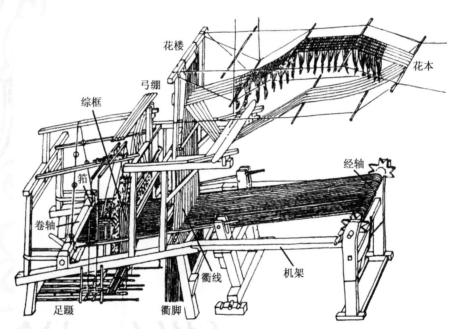

图7.33　大花楼提花织机的结构示意图

如图7.34所示左侧是大花楼提花织机的结构示意图，上方表示花本控制经线升降的系统，包括环形花本和衢线等，下方为平行排列的经线及衢脚。经线由衢线控制提升形成织口，梭子穿过织口实现引纬。整个织机中，环形花本是其核心部分。环形花本由一束称为脚子线（现代通常用锦纶线）和若干称为耳子线的纱线经挑花结本而成，脚子线的数量与上机经线数相等，或按一定比例小于上机经线数（例如多则花等），环形花本一周代表一个循环花回织造长度。为了防止紊乱，要将已挑好的花本上的若干根耳子线在脚子线束的两侧打结。一侧为固定圈结，套在缰绳内（一根沿环形花本一圈的绳子）；另一侧为活结，拽花时，要打开活结，将耳子线依次拽花提综（图7.34局部A的放大实物图）。造机（安装环形花本）时，应先将衢线、衢脚安装到位，再将经线穿好（也可后穿），然后上花本。花本中的每一根脚子线要勾住与相对应经线连接的衢线，再将每根脚子线首尾对结，形成环形花本，如图7.34的左图上方所示。织造时，由坐在上面的挽花工拽花，即拉动并提起位于脚子线与衢线勾连点上方的一根耳子线的一侧，将需提花部分的脚子线区别出来。因脚子线勾连着相应的衢线，挽花工将这些脚子线束抓住拉向后时，即可将该部分衢线分离出来并提起，即形成上下两个三角区（图7.34局部B的放大实物图）带动相应的经线提起，形成梭口。经织造工投梭打纬后，挽花工迅速使该耳子线由上端三角区过渡到下端三角区的花本环中。然后，将衢线放松，在衢脚的重力作用下，经线自动复位，又开始下一次提经开口的操作。由于花机（一根贴着衢线可转动的横向圆棍）作用，挽花工提起衢线比较省力，且所提经线整齐划一。投梭若干次后，挽花工拉动环形花本线束，使已经织过的耳子线渐次从下方向后位移退去。当环形花本位移一周之后，织机也就完成了一个花纹循环的织造。如此周而复始，就可以织出所需长度的提花织物了。

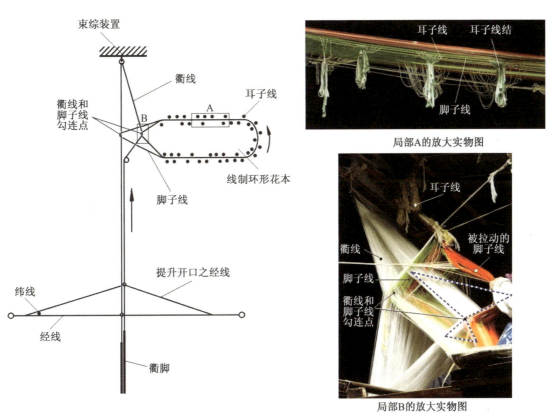

图7.34　大花楼织机的花本提花织造原理示意图

这种束综提花织机进行织造时需要上下两人配合操作，一人为挽花工，坐在3尺高的花楼上挽花提综；另一人为织造工，除了配合挽花工提花织造外，还须脚蹬足蹑控制综框（起综或伏综）的起落，一手抛梭投纬，一手持筘接梭，经打纬形成提花织物。

民间传说，为了保证在长时间的复杂制织中操作无误，织造工与挽花工要按一定的口诀唱歌，并依照歌曲的节拍协调操作：拉牵、踏综、投梭、打纬等，边唱边织，如此才能在"梭过之后，居然花现"。另外，根据织物设计要求，织造工也可进行局部挖花，或用纹刀织入金银箔等特殊材料，以形成独特的织物效果。锦类织物的产品设计、挑花结本、织机装造、织造生产非常复杂，生产效率很低，所以织锦十分珍贵，"寸锦寸金"正是对这项古老技艺的最好诠释。

六、竹笼机

竹笼机是古代少数民族发明的一种提花织机，属于小型手工织机，主要分布在湖南省的侗族、土家族，广西壮族自治区的壮族，贵州省的苗族，云南省的哈尼族等少数民族地区。竹笼机早在宋代已经存在，具体起源于何时暂无考证。图7.35所示为复原的古代竹笼机模型。

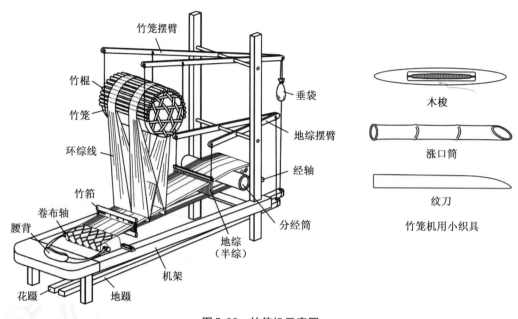

图 7.35 竹笼机示意图

（一）竹笼机的结构及适用品种

竹笼机是以竹木结构为主的丝织机，原型来自广西少数民族织造壮锦所使用的竹笼机。其主要结构特点是，提花机构形态就像用竹子编成的猪笼，因此又称"猪笼机"。竹笼机的提花花本是由竹棍与环形综线编制而成的，环形花本的一端挂在竹笼的圆柱面上，另一端绕过圆柱面下垂至织机经面，并穿入相应的经线，环形综线的多少由显花经丝的数量而定。使用竹笼机编制花本，与在束综提花织机上制作花本类似，需提升的经线与相连的综线被编在竹棍的前面，而不需提升的经线与相连的综线被编在竹棍的后面，提花信息通过环综线传导至需提起的经线上，从而起到提花作用。

现存的典型竹笼机机台总长约173厘米，机架底座为梯形，织口一侧为梯形的顶端，宽约65厘米，经轴一侧为梯形的底端，宽约79厘米，机架底座离地面高约35厘米，全机高约144厘米。机架上部和中部各有一个V形摆臂，分别用来悬挂吊装竹笼起落和升降的综片，称为"竹笼摆臂"和"地综摆臂"。上部的竹笼摆臂长约130厘米，以固定机架上的轴为支点，前端悬挂竹笼，后端连接花蹑，并吊有垂袋以保持平衡。地综摆臂前端悬吊地综，后端连接地蹑。竹笼的直径约为30厘米，长度约为100厘米。竹笼圆柱面上的竹棍与环综线编成竹笼机的花本。竹棍的多少代表一回花的起花纹纬的多少，这是根据织物纹样纬循环的大小确定的。整个花本环绕在竹笼周围，织花时，根据编好的程序顺次取下竹棍，拉起一组提花环综线就能牵动经线形成纹纬梭口。地综是半综，杆长66厘米，线综长8.5厘米。筘为竹梳状，宽约45厘米，高14厘米，筘齿高5.5厘米。

竹笼机主要用于织造传统的壮锦系纬起花织物，其花纹图案多为具有浓厚民族特色的菱形纹、回形纹、云雷纹、鸟兽纹等，以几何图案和对称图案为主，花纹都比较规整。在广西少数民族居住的山区，由竹笼机织成的壮锦所制成的各种衣被饰品，是壮、苗、瑶等各少数民族人民喜爱的珍贵丝织品。

（二）竹笼机的织造原理

竹笼机吊综分地综和花综两种，织平纹时只用一片地综（半综），配以地蹑，就能完成平纹地的制织。地综杆上连V形地综摆臂，摆臂的后端连着地蹑。在经轴稍前的位置有一个长约65厘米、直径约15厘米的栅状分经筒，把经线按照奇、偶数上下分开，成为底经和面经。底经穿入地综的综线里，就形成一个自然梭口，可以投梭引纬。当脚踏地蹑时，地综摆臂因杠杆作用提起地综，穿入地综的底经跟随而起，提至原面经之上，这样形成的平纹交织梭口，由于地综的提升高度有限，所以形成的梭口很小，还需要通过一个涨口筒来加大梭口，以便于投梭引纬。取出涨口筒，放松地蹑，经面复回原来的形态，恢复到自然梭口状态。

竹笼上的花综比较复杂，由竹棍与环综线编制的花本直接套在竹笼上，一根环综线控制一根或数根经线。编制花本时，凡遇到需要提升的经线，与此经线相连的综线就被编在竹棍的前面，不需提升的经线和与之相连的综线就被编在竹棍的后面。竹棍相当于花楼织机的耳子线，花本的竹棍数量在70～120根之间。织花时，用竹棍将环式的综线分成前后两组，竹棍所在的位置就是竹笼前面要提综线的分组口，其后面同样形成一个与之相反的分组口。提升竹笼并提起经线后，需提升的经线与不需提升的经线就在前后形成两个峰点。提升经线的峰点在前，从而在前面形成梭口，织工在此投入纬线后就能织成花纹。与此同时，竹笼的后面也会形成一个与前面相同规律的综线分组口，织工在织成花纹后就将这一根竹棍移到竹笼后面的综线分组口，向上贮存在竹笼的花本里。依此类推，所有织过的花本程序都能被保存下来。

需要指出的是，当花本上的竹棍在前面分组口时，需要提升的综线位于竹棍的外面（对于竹笼花本来说是最外层），而当这根竹棍被移到后面组口时，原来需要提升的综线就位于竹棍的里面（是贴着竹笼的表面），一圈循环过后，竹笼上的花本程序的整个图案色彩正好相反了。所以，当织手进行第二循环的织造时，必须将第二竹棍形成的开口作为起始梭口，投纬次序仍按第一投纬的程序，此时织物正面图案色彩就能无缝对接了。第一竹棍形成梭口后不进行投纬，直接移至竹笼后面花本内，此时，需要提升的综线又位于该竹棍的前面了，即回到了先前的位置。另外一个方法，如果是上下对称图案，当完成一个整花回织造时，就将这些竹棍从后往前倒序织一圈，重复织成对称的图案后（壮锦大多为对称图案），也能再一次开始新的循环。

壮锦主要采用纬线显花的三梭织法：一梭织表面花纬，一梭织底面花纬，一梭织平纹地。具体织造步骤如图7.36和图7.37所示。其中，图7.36所示为开始织花前的状态及第一、第二花纬；图7.37所示为第三花纬的织造状态。

第一梭织表面花纬。如图7.36（a）所示，织工双手取下花本上的竹棍1，顺序将竹棍下压，拨开综线。将需要提起的综线与不需要提起的综线前后分开，左脚下蹬花蹑，使竹笼摇臂抬起，提起竹笼，

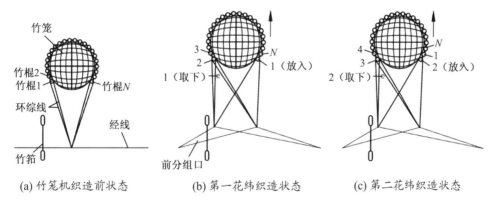

图7.36 竹笼机第一、第二花纬织造状态

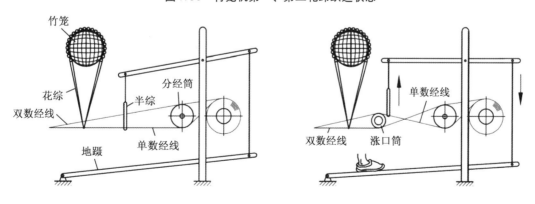

图7.37 竹笼机第三花纬织造

形成前后两个分组口。将涨口筒穿入前面的分组口，调节经线张力，形成梭口，然后按花纹配色要求，用手工分段逐花异色回纬或投梭，用筘打纬。将取下的竹棍插入后排环综线所形成的三角区，向上移至竹笼，入花本。然后，抬起左脚放松花蹑，竹笼靠自重降下，恢复原状。

第二梭织底面花纬。如图 7.36（b）所示，织工双手取下花本上的竹棍 2，将竹棍下压，拨开综线，将综线分为前后两个分组口。左脚下蹬花蹑，使竹笼摇臂抬起，提起竹笼。将涨口筒穿入前面的分组口，调节经线，形成梭口，用手工分段逐花异色回纬或投梭，用筘打纬。将取下的竹棍 2 插入后排环综线所形成的三角区，向上移至竹笼入花本。然后，抬起左脚放松花蹑，竹笼靠自重恢复原状。第二梭织法实际上与第一花纬织法相似。

第三梭织平纹地纬。如图 7.37（a）所示，利用分经筒作用，经面形成自然平纹梭口（双数经线在上，单数经线在下），织工将打纬刀（大木梭）织入地纬，用筘打紧纬线。

如此三梭一组，按照花纹要求往返循环。在进行第二个三梭织法时，前两个花纬织法与第一个三梭织法中的花纬织法相似。其区别在于织工双手取下的分别是竹棍 3 和竹棍 4，分别进行投梭或逐花异色回纬。而其地纬织法有所不同：织工右脚下蹬地蹑，经地综摆臂提起提综杆（半综），底层经线（单数）随半综提起上升，形成单数经纱在上、双数经纱在下的交织平纹梭口。因竹笼机采用单蹑提综机构，底层经线提起形成梭口时，必须使梭口清晰，并用竹筒涨口器插入提综开口，以增加梭口高度，使梭口张大，再插入打纬刀（大木梭），织入地纬。如图 7.37（b）所示。如此反复织造，等到全部竹棍都转移到竹笼后面时，就完成了一个花本图案的织造。壮锦通常是上下对称图案，挑花时，仅制作半个花本，则织成半个图案，可顺序逆向将后区的竹棍逐梭织造移回到前区，反向完成第二个花本循环的织造，进而形成一个完整的图案。

竹笼机的送经及卷绸，靠人工在织过几梭以后转动一下方形经轴，放出一段经纱，靠腰背的力量绷紧经纱，维持经纱张力。由于竹笼机靠单人操作，织造时须全神贯注、手脚并用、协调配合来完成，因此用竹笼机织造壮锦的劳动强度很大。熟练织工一天只能织 5 尺左右，完成一匹壮锦大约需要一星期。

第四节　古代的纹制加工技艺

丝织机械可以高效率地按照一定的交织规律，使经线和纬线相互交织成为丝织物，而有了控制交织点形态的丝织技艺，就可以通过同质交织点的分布、排列组合、顺序交变等调制设计，在织物面上表现出各种复杂的图形。将纹样分解成特定的经纬丝交织点所表示的纹制规则，就可以做成织造设计图了。通过设计经纬丝交织点来表现和记载特定纹样的学问，就是决定织物组织的纹织学。织物组织是决定织物内在结构与外观效应的最重要和最本质的性状，将图案花纹根据织物上的经纬线沉浮结构转化成控制提花纹针升降的技艺，一般称为"纹制加工技艺"，即通过特定的工具和技法使织物上织出花纹来的技艺。

古人所以能够织造出不同种类的丝织物和千变万化的纹样，正是因为他们很早就发现和掌握了用经纬交织点来表现纹样的技艺。新石器时代遗址中出土的菱纹罗葛残片告诉我们，早在 5 500 年前就已经有了纹织物设计。在长期的历史进程中，纹织物的组织结构、纹样形态、色彩调变等从简单向复杂、从单纯向综合不断演变，如按织造工艺区分，可以得到单色暗花织物、多色纹织物、立体纹织物。其中，单色暗花织物包括罗、绮、绫、缎等；多色纹织物有锦、锦缎、缂毛、缂丝、妆花等；立体纹织物有漳缎、漳绒、天鹅绒等。这些数量庞大、令人称奇的丝织物品种与花样的出现，都离不开纹织物设计技艺。事实上，纹织物设计技艺才是一项使蚕丝绸价值与气质升华到极致的关键技艺，最大限度地体现了古人的聪明才智和丝织物的丰富内涵。

一、纹制加工技艺的发展历程

河南安阳殷墟等地出土的商代青铜器上曾发现平纹织物和挑织出菱纹的丝织物残痕,图案层次结构十分清晰。由此可知,在殷商时期,古人已掌握了织制简单几何图形斜纹织物的技术了,很早就开创了纹织技艺的历史。

故宫博物院收藏的周代玉刀上残留有丝织物痕迹,分析显示,其经纬线都经过了加捻处理,织成的纹样一个循环由 36 根经丝和 30 根纬丝组成,纬粗经细,是在平纹地上斜纹显花的织物。这些纹织物花纹结构更为精巧,表明西周时纹织及织造技术已经比殷商时期前进了一大步。

商周时期,丝织物按织造工艺、组织结构及纹样特征已经可以区分为沿用至今的丝织物种类了。在《诗经》《周礼》《仪礼》《帝王世纪》等古籍中都可以看到关于丝织物名称的详细记载,包括罗、绫、纨、纱、绉、绮、锦、绣等。东周后期,织锦技术得到发展,至春秋、战国时期,丝织物不仅有传统的菱形几何纹样,还出现了变形的鸟、兽、龙、凤等图案。这一时期,经线起花的经锦技术也开始流行。1957 年,在长沙左家塘战国楚墓中出土了"对龙对凤纹锦"丝织残片,其经、纬密度分别为 65 根/厘米和 22 根/厘米,织物结构为二重经锦组织。

根据出土文物以及古籍记载,可以推断,丝织物纹制加工技艺源于原始腰机挑花技艺。

为了使织物更加绚丽多彩,古人还采用挑花杆挑织图案。挑织的方法有两种:一是挑一纬,织一纬;二是挑一个循环,织一个循环。但是,这样挑织速度太慢,于是,古人又将织机和纹制技术加以改进,先后发明了两种方法:一是将挑花杆"软化",即用综线来代替挑花杆;二是保持挑花杆挑花的规律不变,而寻求一种方式把其中的挑花规律反复地传递给经丝,即事先把花纹程序编制好后按顺序储存在特制的竹笼花本上,再上机织造。这两种方法对应的丝织机,在上一节都已有介绍。

挑花杆一般是竹制的,因而由挑花杆发展而来的花本式提花机也采用竹编花本,如前所述,少数民族的壮锦还有采用竹笼机织造的遗存技艺。竹笼机就地取材,竹木并用,结构并不复杂,构思却极为巧妙,它充分揭示了织物花纹按一定程序起花的原理,为后来纹制加工技艺的演变打下了技术基础。

大约在东汉时期,束综提花方式获得推广,线制花本式提花机出现,后来也称为花楼机或华机子(图 7.38),这种织机是后世纹版提花机的前身,是中国古代织锦艺人的伟大发明。

花楼机是古代织造技术最高成就的代表,到南北朝时期,花楼机的经线开口动作已由两部分组成。它用线制花本代替竹制花本贮存花纹信息和提花程序,并用纤线牵引经丝形成纹部开口,另一部分则由综框操纵完成地部组织的开口。在提花机上贮存纹样信息和织造程序之间关系的系统被称为"花本",是纹样由画稿过渡到织物上的桥梁。它由代表经线的脚子线和代表纬线的耳子线根据纹样要求编织而成,至今,传统挑花结本技艺仍沿用此古法。

18 世纪末,欧洲人基于我国古人发明的提花织造技术原理,借助机械化技术成果,发明了机构简单而又巧妙的纹版提花机,现代纹制加工技艺和织造技术自此产生。

图 7.38　清代《耕织图》中的花楼机

花楼织机根据织物花形的大小分小花楼和大花楼。使用小花楼时,挽花工侧坐于花楼上拽花,其花本悬挂方式为帘式,俗称"帘式花本"。织制云锦的花楼织机,在小花楼的基础上做了改进,挽花工面对织造工正坐于花楼上拽花,花本沿机身向后成环状悬挂,织机称为"大花楼织机"。图 7.39 显示了现代大花楼织机上花本的悬挂方式。当西方人对丝绸之路上运来的中国丝织品赞叹不已时，中国的织锦提花技术和纹制加工技艺也沿着这条丝路传入了欧洲。1725年，法国纺织机械师布乔（B. Bouchon）从中国的挑花结本中的二进位制原理得到启发，探索机械提花技术，提出了采用"穿孔纸带"传递提花与控制提花织造的方法。后来，将这一思想付诸实践并发明纹版提花机的是法国织机匠师贾卡（Jacquard），他制作了整套的纹版提花传动机构，完成了基于现代化机械技术的贾卡脚踏式提花机。贾卡提花机技术的核心二进位制原理后来还被应用到发报机以及计算机的信息传递与控制技术中，成了引发计算机现代化技术革命的关键理论。这是从中国古代纹制技艺演化而来的现代科技成果，是对人类文明进步的重大贡献。

图7.39　大花楼织机

二、挑花结本技艺

古代丝绸织造中最为复杂、精妙的当数束综提花技术中的挑花结本纹制加工技艺。

挑花结本的主要特征，是用线制花本代替竹制花本，每组经线用花本中的纤线牵吊，起花时经线由纤线牵引提升，形成花纹开口。从理论上讲，花纹的纬线循环可以无限大。如皇帝龙袍的花纹储存花本，长度可达一二百米。这样大的花本编制起来非常耗时费工，工序也很复杂，这就需要用一种特殊的工艺来完成，这就是挑花结本纹制加工技艺。

《天工开物》"乃服"篇中对挑花结本做了概括性的描述："凡工匠结花本者，心计最精巧。画师先画何等花色于纸上，结本者以丝线随画量度，算计分寸秒忽而结成之。张悬花楼之上，即织者不知成何花色，穿综带经，随其尺寸、度数提起衢脚，梭过之后居然花现……"文中称，结织花本纹样的工匠，心思最为精细巧妙。无论画师在纸上画出什么样的图案，结织花本纹样的工匠都能用丝线按照画稿仔细量度，精确地计算出分寸秒忽的变化，并据此编结出需要提经穿纬的交织点位置。将织结花本悬挂在花楼机上，即便织工不知道会织出什么花样来，只要按照织花纹样的尺寸、经数，穿综带经，提起经线，再投梭织造，图案就会呈现出来了。清代卫杰所著《蚕桑萃编》中，也对挑花结本做了扼要的叙述："凡花需先挑然后织，非善挑，不能善织。""服用所宜，雅俗共赏，固由织工之巧，实缘画工之奇，而其要则在挑花结本者之传神。"这里说到，凡要织造花纹，必须先挑花结本，然后才能上织机织造。不能熟练地挑花，也就不能织出漂亮的纹样来。能织出雅俗共赏、适合制作服饰的丝织物，固然少不了织工的技巧，实际上更取决于纹样绘画和工艺技术设计师，更取决于挑花结本者的传神技巧。后世一直沿用的挑花结本方法同上述记载是一脉相承的。

现代手工挑制花本时，要根据意匠图上的纵横格来计算经、纬线数量。古代织锦花本是按照画稿来挑结的，因此艺人就要根据图案画稿来"算计分寸秒忽"，然后以"丝线随画量度"。丝线的根数随画而定，如制织云锦的大纤（相当于纹针数）为1 800根，那么花本中代表经线的脚子线最多也只能是

1 800根，或是1 800除以经丝组数所得的数；如果是二组就是900根、三组就是600根、四组就是450根、六组就是300根等。花本经线数量确定后，根据织物的经纬密度再计算纬线数量。

挑花技法有两种，一种是传统的挑花技艺。操作时，在图稿纸样上画若干方格，分成若干区，计算好每一区的经、纬线数，工匠全凭经验随画量度，算计分寸，用一把挑花钩子，利用丝线做经、棉线做纬，在长方形的木架上，通过结本的技艺手法，将画稿进行分场、分色，即把画稿中繁多的颜色最大限度地进行同类合并。如果分场巧妙，挑结出来的花本就可以在同一纬道中织出十几种甚至更多颜色的纬线来（图7.40）。挑花工匠往往凭经验分场、分色，根据不同的织物要求，在挑花时随时变化，灵活应用。这种只用画稿挑花结本的方法比较难以掌握，需要工匠对挑花技艺有深刻的理解，或具有长期的实践经验。清代，江宁织造局中专设"挑花堂"，从事的就是这一传统的挑花结本纹制加工工作。挑花工匠一般是世代传袭，技艺全凭口传心授，学艺往往从一而终。古老而传统的织锦，均使用这种传统的挑花结本工艺技术。

另一种是现在实际应用的手工挑花结本纹制加工技艺。操作时，将纹工纸进行放大，填绘意匠图，再进行挑花结本，或拼花、倒花等（图7.41）。这种手工挑花结本作业可分工合作，也可流水作业，挑花过程更为直观，挑花效果更为精确。特别是挑制大型花本时，尤为准确和省时，而传统的挑花结本只能一人一挑到底，别人中途难以插手，否则花形就会走样，很难更改回来。

三、挑花结本工艺方法

挑花结本技艺一般包含挑花、倒花、拼花三个工艺过程，挑花是基本工艺，倒花是复制花本的技艺，拼花为拼合花本的技艺，后两者为辅助和后续工艺。

制成一个完整花本的工艺流程，一般视一个循环纹样的经线数量和纹样接章方法的不同而制定，从而达到省工取巧的目的。挑花、倒花、拼花三个工艺过程分别有若干道工序，但并不是每一个花本的挑制全都需要用上，如挑制纤线数在600根或600根以下的花本，就不用再拼花了，因此倒花和拼花均需视具体情况而定。

图7.40 传统挑花图稿纸样

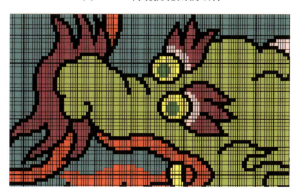

图7.41 现代挑花意匠图

（一）挑花

这是挑花结本中最基本的工艺，大多用于一个循环纹样经线数不超过600根的纹样，对合纹样（即轴对称纹样）或彻幅的四合和四合推磨纹样（四分之一中心对称纹样）只需挑二分之一或四分之一即可上机织造。通常左右对合的挑右边半个，上下对合的挑下边半个，彻幅的四合和四合推磨的只需挑右下角的四分之一，上机织造时用不同的拽花方法，仍可织出完整纹样。

传统挑花有两种方法，一种是使用挑花绷挑花（图 7.42），另一种是使用挑花架挑花（图 7.43），两种方法各有特点与长处。清代以来，大都使用挑花绷挑花，因其更为合理、直观和精确，且挑制时较为舒适省力。

挑花过程包括三道主要工序，即准备工序、挑制工序和整理工序。各道工序都有若干操作规则和程序，以下分别对挑花的流程、所需工器具和各道工序的操作方法进行介绍。

图 7.42 挑花绷子

图 7.43 挑花架子

1. 挑花工具的准备

织造画稿确定以后，首先要将需织造的纹样表达成织物经、纬丝交叉的规则，并标记出来，作为织造时控制经线提升打纬的依据。为此，要根据画稿设计出挑花结本的纹样稿，也称"意匠图"。一般纹样稿与织物实际尺寸相当，以便直接比较、拼接斗章，看出织纹的效果。在云锦织造中，妆花织物挑花结本时，还要画出彩色效果设计图，以及挑花时不同色彩的设计图。有了这些纹织设计图，即便纹样千变万化，也能用经、纬线交织的形式表达出来。织造时，只要按照规则操作，就可以在织物上重现花纹。

挑花结本的纹样稿完成后，要将设计图转移到能够控制经线提升的花本上。为此，就要有一套挑花结本的器具。

挑花所需的工具，主要的是挑花绷子或挑花架子。挑花绷子是挑花时用来固定花本材料，即一组脚子线的架子。其部件均用木材制作，主要结构从图 7.42 中可以看到。这是一个水平放置、可调节长度的长方形丝线固定框，由内外两个框组成，内框拉开时成长方形，合拢时与外框一起近似正方形。外框前部顶端装有用以卷装纹样图稿的滚筒，直径约 7 厘米。滚筒旋转时，可以移送或收卷纹样图稿。外框前端上面铰链连接的盖板，用平直的木片或金属薄板制成，可以翻起或盖下。盖下时与滚筒面紧贴，以便压住图稿，指示挑花部位。距离滚筒 3 厘米左右处，在外框两边框上横架一个与滚筒平行的横档即"箬梁"。箬齿安装在箬梁上，用以排列嵌箬脚子线，使得脚子线一根一根均匀平展地排列开，不致紊乱。箬齿用竹篾制成，长约 75 厘米，排列密度一般为 18 齿/厘米。箬梁内侧，钉有数枚栓钉；与之相对的内框后边框的内侧，也钉有数枚栓钉，以便拴结制作花本的脚子线。

挑花也可以在挑花架上进行。挑花架为一个木制长方形竖架，由两长两短 4 根方木做成长方形底座，两端的短边各有立柱 1 根，顶端由一横梁相连（图 7.43）。与挑花绷子不同，其挑花平面是垂直于地面的。脚子线均分成数束（四五百根）横挂在两边的立柱上，其中一边的立柱直接拴结住脚子线的一端，脚子线的另一端拴结在一根可以调节与立柱之间距离的竖竹棒，即所谓"走马竹"上。根据需要的长度将脚子线两端拴结好以后，把走马竹用绳子拴结在立柱上，脚子线紧绷其上。走马竹调节方便，花本经线（即脚子线）要靠其绷平绷紧，才便于挑花操作。使用挑花架挑花时，可以用竹箬穿经；也可以不用

270

筘棒筘齿来排列脚子线,而代之以两根与脚子线垂直挂在顶端横梁上的较粗的绞线。在挑花架绷好脚子线以后,以这两根绞线相绞一圈夹入一根脚子线的方法排列好脚子线。绞线需要在脚子线固定到立柱与走马竹之前两个地方排齐脚子线。

挑花操作在排列好的脚子线上进行。先根据设计好的挑花结本纹样稿,挑起需要浮在上面的经线(脚子线),然后引过纬线(耳子线),以此将织制时的纹样信号用脚子线和耳子线的交叉顺序标记下来。这一操作需要使用挑花钩子来完成(图7.44)。挑花钩子用竹篾制成,有一定的弹性,一般长约90厘米,宽约1厘米,厚约3毫米。其一端成尖头钩形,钩身及钩头光滑无刺,可顺畅地挑起经线(脚子线)和引过纬线(耳子线)。

2. 花本材料的准备

挑花结本用的主要材料是丝线和棉线,挑花之前,要将材料准备好,并且安装到位。

丝线用作花本的经线,即脚子线;棉线用作花本的纬线,也即耳子线或过线。在习惯上,丝线用蚕丝拈成股线,要求粗细适当、坚牢耐拉。棉线一般用21支4~5股棉线。此外,还要准备明纤用丝线。明纤是用来标记织造时使用不同颜色(分彩)纬线的丝线,如果意匠图上有6种颜色,就要准备6根明纤,分别代表6种不同颜色。另外,还需要少量的麻绳,用作穿耳子线,叫"缰绳",一般有筷子粗细即可。

图 7.44 挑花钩子

(1)脚子线

挑制一个花本,脚子线需要多长,需要多少根,是由一个花纹循环长度中所需要穿织的纬丝数量和所涉及的经线数决定的。

脚子线的长度除了"磨口"(花本上花面以外两头的脚子线称"磨口",一头至少留50厘米)和打结所需的长度共165厘米外,做花部分的长度是随着织物品种、配色多少和纹样长度而变化的。通常妆花类织物,20厘米长的纹样,制花本时脚子线长度约2米,即为纹样长度的10倍左右。故脚子线长度一般都是以纹样长度为主要计算依据的,纬线色彩重数较多的适当放长一点,较少的适当缩短一点,并不要求绝对精确。

脚子线的根数是由一个花纹循环所需经线数来决定的,在绘制画稿时已计算出一个花纹循环所需的根数,这也就是挑花所需要的脚子线根数。

计算好脚子线的根数后开始划脚子线,也就是把丝线截成需要的长度和根数。划好的脚子线两头均要打交,交的作用在于固定脚子线排列的次序,使不至混乱。

为了节约起见,有时把废旧花本的脚子线拆下来利用,就不需要再划线了,但旧脚子线往往参差不齐,必须进行齐线的工作。齐线的方法是把旧脚子线两头原有的结解开,一头用棉绳在距离线头8厘米处捆扎起来,拴在固定的地方,拿着这头丝线进行齐线,齐好这头,再齐那头,过短要接,过长要剪。

脚子线划线或齐线以后,进行分股打鸭嘴结,以便绷花上筘,即绷紧花本并上筘(图7.45)。分股一般为每股50~100根。分股时,每股打一个鸭嘴结,用以栓套在挑花绷子筘梁内侧的拴钉上,或挑花架一侧立柱及走马竹上,拴牢脚子线。一般鸭嘴结打在脚子线全长三分之一左右的地方。每股鸭嘴结打的部位和长短要一致,长短不一,则丝线上下不齐,会影响丝线挑花操作。鸭嘴结的打法是将一股脚子线控于两手,左手控紧,右手进行拧绞,使其有一定的拈度后,弯转并合起来打一个疙瘩(磨盘结),

图 7.45 挑花绷上的脚子线

成一个长形扣子,形如鸭嘴,扣子长度 3 厘米左右。

(2) 明纤

使用明纤的目的在于标记织造时不同颜色的纬线,是利用丝线制作较粗标记线。一般是 3 根丝线合成 1 根明纤,其长度与脚子线相同,在划脚子线时同时划(切)出。划线时,需划的根数以铲数(色彩数)乘 3 得到(因 3 根丝线合成 1 根明纤)。

明纤同脚子线一样也需要打鸭嘴结,以便绷花上筘。一般是同最右边的一股脚子线合并在一起打结,也可以分开独自一束打鸭嘴结绷紧在挑花绷子上。

(3) 耳子线

耳子线的长度通常为 1 米(指打好耳子后的长度),耳子线根数 ≈ 纬密 × 单位纹样长度 × 铲数。

就是说,需要准备的耳子线的根数等于一个循环纹样中按不同颜色区分的所有纬线的总根数,每根纬线就要有一根耳子线模拟标记。

准备耳子线时应该注意:由于打耳子的时候是将切断的耳子线材两头并齐,对折一变为二来使用的,因此需要按耳子线长度的 2 倍来划(切);实际需要划(切)的根数只是上面式子中计算根数的一半。

图 7.46 挑花绷上的耳子线

一般 8 根线为一股(打好耳子后则成 16 根),两头并齐对折后,在折连的那一头,打一个疙瘩,成一个长形的扣子,即所谓"耳子"(图 7.46)。其操作方法同脚子线的鸭嘴结,所不同的就是耳子扣要稍长一些(约 5 厘米)。

(4) 缰绳

缰绳是用来把一个花本中所有的耳子线串联起来的一根绳线,一般用麻绳,其他绳索亦可,要求绳索圆滑结实。每一个花本只要 1 根,其长度等同脚子线。

在耳子线加工完成后,即以缰绳贯穿于耳子中,将一花本中所需的耳子线全部串联起来。

至此,挑花结本的材料就准备完毕了。

3. 其他准备工作

准备好挑花结本的材料之后,要把这些材料装到挑花绷架上,同时把挑花时对照用的意匠图放置到位,并对已经套挂到位的脚子线进行编交,使其固定下来,然后才开始挑花。

(1) 绷花

首先进行绷花。将脚子线上的鸭嘴结依次套在挑花绷筘梁内侧的栓钉上,经过筘齿拴于绷架的后边框。一般一个筘齿嵌 1 根脚子线,脚子线要绷得松紧适度。明纤上绷方法同脚子线一样,置于脚子线上首,即右边。绷花时,明纤要按一定顺序排列,通常为"先金后彩",即按金、白、红、黄、蓝、绿排列;晕色随主色由浅入深排列,如红色三晕按浅红、中红、深红排列。挑一个花需要多少根明纤是由花的用色多少来决定的,有几色就要几根明纤,一般不低于 4 根;即如果配色少于 4 色,也要用 4 根,因为明纤除了起挑花和织造时分铲（分彩）的作用外，还起着固定耳子线不使混乱的作用。每根明纤之间应空二三齿，以便于挑花分场。

使用挑花架绷花（图7.47）时，要将脚子线的鸭嘴结依次套在挑花架左端的走马竹上，另一端拴系在右端的立柱上，左右两端均用绞线将脚子线均匀地分布开，以便于挑花。明纤绷紧在挑花架下端，即绷好的脚子线最下面。

（2）上意匠图

挑花绷的意匠图（纹样画稿）置于直径约7厘米的木制滚筒上，紧贴滚筒表面（图7.48），画稿的横向格与标有记号的盖板边沿一定要平行。脚子线是按照画稿上的格子分组的，为便于挑花时图与线对照，要将相对应的图与线分别编上序号。

挑花架的意匠图夹于挑花架横梁左下方的缰绳上，便于挑花时参照。

（3）编绞

挑花前，首先要编绞。当脚子线在绷子上的位置固定后，将原绞拆除，重新编绞，这个绞叫"起首绞"，在挑花全部完成后，还须编一道"了手绞"。绞的作用在于固定脚子线的排列次序，不使混乱。用挑花架挑花前也须如此编绞。

图7.47　挑花架绷花

图7.48　挑花绷挑花

4. 挑花的基本操作

挑花前的准备工作完成后，开始挑花。其基本操作步骤如下：

（1）挑铲（明纤）

把需要织的纬线的颜色（如金色），在明纤上标记出来。挑花时，右手执挑花钩子，插入脚子线中，起花脚子线挑在钩上面，不起花脚子线留在钩下面，从右向左，左手帮助劈线数丝，挑起第一铲明纤。

（2）看图对线

按照挑起的第一铲明纤的颜色，从右向左看图稿中同一色彩的纬线的起止位置，按其编号对照相应的脚子线分组编号，用左手微微向左右分开该段脚子线，形成起始和终止两个明显分界开口。

（3）挑经（脚子线）

右手将挑花钩从右向左移到分界口开口处，将钩头微向下按，同时向左移动，使钩头处于要挑的脚子线下端，左手向左移至这一段末端分界口处，接应钩头向左移出应挑线外。这样就完成了图稿上一小段的挑经动作。如此连续反复，将图稿上这一行内所有同一色彩的线挑完后，把挑花钩推向绷子后方，就完成了一铲的挑经操作。接下来依次将本梭内所有各铲（即各种颜色）逐一挑好，再用附有图稿的滚筒滚出下一行，继续下一梭各铲的挑经。

（4）引纬（过线）

将绷子左侧缰绳上的耳子线依次钩在挑花钩上，一个钩子带一根过线，由左向右将钩子抽出，把过线引过来。

（5）过线打结

按照规定的打结原则，将引过来的过线打磨盘结以防散乱。

按照以上从（1）至（5）的操作反复进行，整个挑花过程按照图纸一根纬线一根纬线地挑，每一根纬线为一铲（同一色彩），引一种颜色的纬线，数铲为一梭；将一梭中所有的颜色都引完以后，这一梭的挑花才算完成。接着进入下一梭各铲的挑花，如此反复进行，直至完成一个循环的每一梭过线操作，挑花操作就完成了。

挑花完成后，把脚子线从框子上解下，两头打总结，再把缰绳和脚子线分别拴在钉子上，平行于地面挂起来洗花整理。洗花整理就是梳理脚子线和耳子线，使其排列整齐，要尽量地按顺序靠拢在一起。整理中，每隔一米左右把耳子线下面的结解开，取最后一根耳子线，将它从花本底侧向上绕过一周，把脚子线兜扎起夹，再把这根耳子线打进本来的结子里去，这就叫"打腰箍"。整理好以后，要把耳子线下面的结解开，梳理整齐，然后重新按原来的分股打结。脚子线两头的绞要分别进行切绞，也就是把绞带移近花面并抽紧，拧绞成麻花状后绕系在耳子线上，拴上标签卷起来，就算完成挑花了。

挑花操作过程可以简要表示为下面工艺流程：

准备工序	挑制工序	整理工序
材料准备： 划脚子线→整理编交→分股打鸭嘴结→划明纤→划耳子线→分股打耳子→穿缰绳 绷花： 拴脚子线→明纤（染色）上筘、拴系→拴系耳子线→纹样上滚筒→做图线对照记号	起首绞→分彩挑花→引过耳子线→过线打结→了手绞	梳洗整理脚子线→打腰箍→切绞→卸花→洗花→梳洗整理过线→包装、拴标签

挑花架挑花和上述过程大同小异，只不过挑花绷上的脚子线与地面平行，挑花架上的脚子线与地面垂直，挑花时方向不一样而已。

古代织锦挑花时一般都是按照纹样图稿画出的纹部组织来挑，地组织在图稿上不画出，不需要挑，而是由织机上的综框来完成。特殊品种除外。

（二）倒花

倒花是根据已有的花本（祖本）复制出同样的花本的工艺过程。按其复制花本的不同目的，倒花分为两类，即复制"行本"和复制"拼本"。复制"行本"的目的，是为了获得一个与祖本一样的、用于上机织造的花本，因祖本是已具备上机条件的完整的花本，这种情况下，倒花方法比较简单。复制"拼本"的目的，是为了将既有的花本合并成新的拼花花本，因复制拼本所依据的祖本是不具备上机条件的局部花本，所以复制以后还要进行拼花，才能成为完整的花本。倒花的方法和过程比较复杂，随纹样构成的不同而异。

1. 倒花设备及准备

倒花的专用设备是一个立体的木制矩形倒花架。图7.49所示为其中一例的照片，其长2.3米、宽0.5米、高2米，由4根立柱和1根横梁构成，两端立柱上各有4档圆棍，用以系拴花本。

图7.50是倒花架结构示意图。倒花的过程一般

图7.49 倒花架

可分为3个步骤，即准备、倒制、整理，其中倒制是主要过程。倒花操作如图7.51所示。

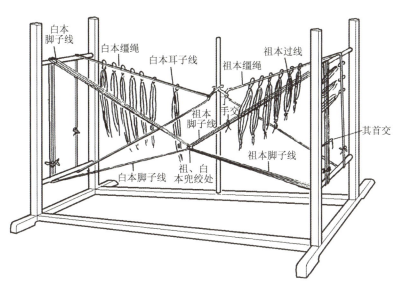

图7.50 倒花架结构示意图

图7.51 倒花操作

首先，要根据倒制的目的和程序，准备白本，即空白无花的脚子线、耳子线、明纤、缰绳等材料。白本脚子线的长度和根数及耳子线的根数应和祖本相同。但如果是"一则倒几则"时，白本脚子线的根数就要相应增加，如：一则倒二则，白本脚子线的根数要相当于祖本的2倍；一则倒三则，脚子线的根数就要乘以3。

倒制有兜花、系花、传绞、传花等几道工序。其中，兜花是使祖本的脚子线同白本的脚子线发生联系，即使两本脚子线一根一根地兜连起来，以便传花。系花就是将兜好花的祖本和白本按倒花的要求拴系于倒花架上。传绞就是先将祖本上的绞传到白本上去，再拆除白本上原有的绞带。传花就是在拴系好的祖本和白本上，用传花的操作手法把祖本上体现在脚子线和耳子线交织点上的花，依次传到白本上。

倒制过程结束后要进行整理，整理的目的就是把祖本和复本（行本或拼本）兜连着的脚子线分离开，叫作抽花。抽花后，再对花本进行整理梳洗。

2. 兜花、系花的操作

先将祖本和白本脚子线在"了手绞"这一头重叠地拴挂在倒花架的一端，如果祖本拴在外层、白本拴在里层，祖本缰绳就应处于右侧，兜花从明纤开始兜起；而如果祖本拴在里层、白本拴在外层，则祖本缰绳应处于左侧，兜花就从缰绳这边的脚子线开始兜起。这样才能在系花时使祖本面侧朝上。

系花时，里层白本的两头绕在倒花架一端的上下两根圆棍上拴死，绞带距地面80厘米左右，便于工人坐着操作。外层祖本兜花的这一头不要拴死，只用重物垂吊，另一头从上横档绕到后面拴死，祖本和白本的绞带重叠起来拴在两边的立柱上。兜花时，两手同时操作，顺着绞带分别把一根根祖本上的脚子线和白本上的脚子线互相绞连在一起（图7.52），这样反复操作，直到脚子线全部兜好。

系花一般都是倒"顺手花"，也叫"右倒左出"，是为了使坐在倒花架前的操作工倒花顺手；即祖本拴在倒花架右边，白本拴在倒花架左边，把花从右边祖本上传到左边白本上。有些纹样需要倒"反手花"，系花时需采用不同的拴系方法。拴系祖本、白本时磨口（指祖本、白本脚子线兜连结合部位）一般放在倒花架的中间，以方便操作，围绕倒花架两端的上下两根圆棍转动时，祖本、白本脚子线都应拉紧。

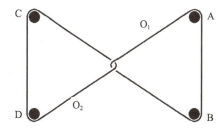

AB与CD为倒花架两端的立柱上各上下两根圆棍，O_1为祖本的脚子线，O_2为白本的脚子线

图7.52 兜连示意图

3. 传花的操作

以顺手花传花为例，将祖本上的一根过线（代表耳子线）复制到白本上，其操作有以下程序。

275

（1）左手顺着祖本明纤一根过线向上提起（图7.53），右手靠近提起的这根过线向下按脚子线，使脚子线与祖本形成一个开口，并由兜连点带动白本脚子线开口。

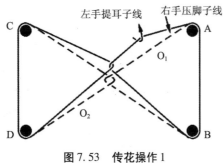

图7.53　传花操作1　　　　　　　　　图7.54　传花操作2

（2）右手顺抢起的过线将该过线上面的脚子线（O_1A）操在手中，将左手带着的过线向下拽（图7.54），试一试过线上面的脚子线是否拿清。然后，左手带着过线平插进张口（A张口），向下按脚子线O_2A，同时右手向上提脚子线O_1A。这样上提下按使张口A扩大，并传递到祖本脚子线兜绞以下部分（O_1B）和白本脚子线（O_1C和O_1D），形成A、B、C、D四个张口和它们的汇合口——磨口（O）。

（3）右手原位，左手带着过线从A张口移至磨口（O）内，左手来往挥一两次使磨口和张口清楚，然后向磨口左侧挥去，使白本张口扩大，此时右手移入白本张口掏过线（图7.55）。

（4）左手带着脚子线向磨口右侧挥动，右手移至磨口右侧十字交叉线外角，两手共夹磨口右十字线向上捧，使祖本脚子下张口（B张口）扩大（图7.56）。

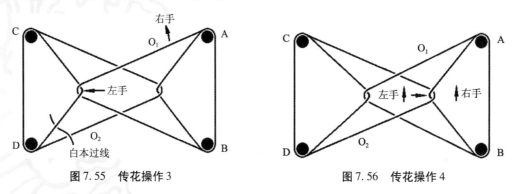

图7.55　传花操作3　　　　　　　　　图7.56　传花操作4

（5）左手带着过线握住磨口右侧十字交叉线，右手够至祖本脚子下张口（B张口）内，将左手中的过线从祖本上张口（A张口）抽出掏入下张口（B张口）（图7.57）。

（6）右手带着过线抽出下张口（B张口），将过线向右纳入张口下端，左手从磨口十字交叉线移至磨口顶上，向下按，使各张口及磨口闭合（图7.58）。

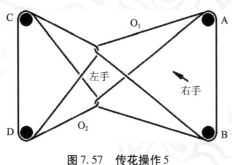 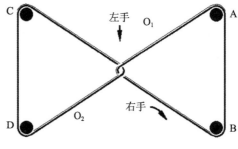

图7.57　传花操作5　　　　　　　　　图7.58　传花操作6

以上几个动作完成后，即完成了一根过线的传花操作，通过这些动作的反复进行就能把祖本上的过线一根根地传到白本上去，从而完成传花倒制。倒花过程可以简要地表示为以下工艺流程：

4. 倒花操作的几个基本形式及作用

（1）卷花和翻花

倒制时，用原花本过线把花面在同一本脚子线的上张口和下张口间转移，使花面由上张口转移到下张口的，叫"卷花"，反之则称为"翻花"。

卷花和翻花的结果与原来的状态比较，花的方向和每一梭内彩的排列次序都发生了相反的变化。如卷花，从上张口到下张口，梭的排列次序从1、2、3变为3、2、1，彩的排列次序从金、红、绿、白变为白、绿、红、金。翻花则相反。在倒花过程中，常常运用卷花或翻花的方法来改变花纹的方向，以达到拼制出所需花本的目的。

（2）过花

倒制时，用原花本过线，把花面在祖本和白本脚子线之间的转移，叫"过花"。过花只改变花本的位置，不改变花本的结构。花木从祖本上任何张口过到白本上，其花纹方向和原有场次的次序都同在祖本时所处的位置一样。所以，过花在倒花过程中只是其他倒制方法的辅助手段，主要用于挑制纬线半边花纹的拼花，通常把它称为倒花的继续。

（3）传花

传花也叫"祖本倒白本出"，或"直倒直出"，即在祖本卷花或翻花的同时，在白本张口内用另外的白本过线引入（称为出白本），因此，传花是卷花（翻花）和出白本的结合。传花的结果，是产生一个同原来的祖本完全相同的新花本，也是倒行本和倒拼本时普遍运用的基本方法。

（4）翻彩

翻彩也叫"打倒轮"或"倒驳"。卷花或翻花能够改变花纹的左右方向，以符合拼花的要求。由于卷花或翻花不仅使花纹的方向同原来相反，也会使每一梭内彩的次序同原来相反，花纹方向相反符合推磨纹样拼花的要求，而彩的方向和次序相反则不能同原方向的拼本相拼，因为拼花要依据"同梭同色才能拼花"的原则。这就需要在保持花纹反方向的同时，把每一梭内彩的次序还原。这种单独把彩的排列次序还原的倒花操作，称为"翻彩"。这其实就是卷花（翻花）和过花的结合，只不过以梭为单位来进行操作而已。

（5）反花

反花也叫"抠花"，就是在倒制中过线引入另一张口时先将该张口的脚子线（不包括明纤和缰绳）上下层对调，形成反花张口，然后再掏入过线。反花的作用，是将花纹的上下方向（垂直于脚子线的方向）互调，做180°的翻转。在具体运用上，反花要与卷花或翻花、过花或传花结合进行，按其特性有两种情形。一是上下方向对调，左右方向不变，另一种是上下、左右方向都改变。这两种不同结果的反花，可以根据需要选择运用。除此之外，还有"掰剖""拆剖""拆掰剖"等几种根据反花原理发展而来的倒制形式，主要用于改变纹样的排列章法或方向。

（三）拼花

拼花就是将挑花或倒花形成的两个不完全的花本拼合成一个完整的具备上机织造条件的花本，也就是把两个待拼花本的脚子线并列拼合，使两花本上的过线替换合并，形成一个完整的花本。

1. 拼花的一般工艺过程

拼花有三道工序，即准备工序、拼花工序、整理工序。准备工序的主要内容，是对挑花或倒花形成的待拼花本进行整理和拴挂，使其符合拼花操作的要求。拼花工序的主要内容，是通过拼花操作，使两花本的脚子线并列拼合起来，耳子线（包括绞带）替换合并起来。整理工序的主要内容，是把被替换合并了的下层花本耳子线（包括交带）和缰绳及上层花本明纤拆除，整理梳洗拼好的花本。

2. 拼花中拴花的操作方法

拴花前，先对两个待拼花本进行整理，两花本的脚子线要整齐拉紧，花面脚子线较长时，每隔80厘米要打一道腰箍，花面过线要梳洗摊平，花面两头要留50厘米的磨口。

根据拼花的要求，拴挂时，两个花本是一上一下错开的，哪一本在上或在下，是根据图案花纹来决定的，不能搞错。拴挂时，缰绳在上、明纤在下，在墙壁上钉两列钉子，每列3根。两列钉子之间的距离稍短于花本脚子线的长度。每列3根钉子之间的距离约20厘米，用以拴系缰绳、脚子线和明纤。在两列钉子之间稍上方，再钉3～4根钉子，用以拴吊缰绳。

先拴上层花本，用绳子把缰绳中间拴吊在缰绳吊钉上，花本较长时可多吊几根，然后把缰绳两头拴在左右两列最上面的钉子上，尽量拉紧缰绳，使其平直。脚子线及明纤两头分别拴在左右两列中间的钉子上。上层花本拴挂好后，再拴挂下层花本，拴的方法和步骤同上层花本，只是缰绳拴在上层花本栓脚子线及明纤的同一根钉子上。需要注意的是，上、下层花本的面都要一致向外；上、下层花本的脚子线及明纤（磨口部分）拴时长短要一致；上、下层花本拴挂好后，两个花面剖口之间应稍有间隔，使上、下层花本花面区分清楚。

开始拼花前，应根据纹样和花本过线结，把上、下层花本替换合并的过线校对无误后打上记号，特别是大型花本，更要用纸牌写上号码，拴在过线结上，拼花时对照号码，比较方便而准确。图7.59为拼花拴花结构示意图。

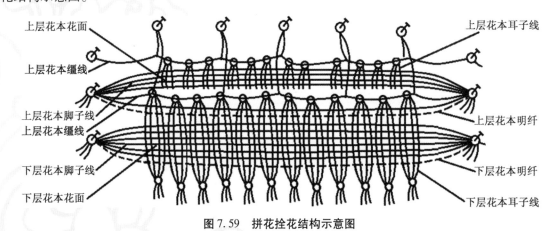

图7.59 拼花拴花结构示意图

3. 拼花的操作方法

拼花以上层花本为基础，把下层花本的过线（连同体现在其中的花）替换下来。拼花时，上层花本花面不动，主要是在下层花本上操作，一般分为两个步骤。

第一个步骤：先用右手把下层花本垂挂在花面以下的过线，按其排列的次序，拿出一根提起，使花面脚子线在过线上形成分离开口，这时左手顺着提起的这根过线插入脚子线开口内。

第二个步骤：用左手将过线上面的脚子线握住，并将右手所提的过线接过来一起提着。这时，空出的右手从脚子线开口处自下而上伸进去，将上层花本所对应的过线抽出开口，这样上层花本的过线就被引入下层花本来代替下层花本的过线。过线引入后，左手所握脚子线即松开，同时乘势将下层花本原来的过线从下层花本中抽出，从而完成一根过线的引换。

4. 拼花时的注意事项

拼花时，必须把上、下层花本的明纤注色看清楚，严格按照明纤分色排列次序依次一根一根拼换过线。

在拼花时常常遇到脱彩（指某一梭内没有这个色彩的花）和来花（指某一梭内刚出现这个色彩的

花），这就会造成上、下层花本中的过线数量不符，如果上、下层花本同一梭同一色同时脱彩，大家都无花可拼，则可以丢开这一色的明纤，进行下一色过线拼花；如果只是上层或下层花本脱彩，另一个花本有花，则要根据不同情况来处理。

（1）上层花本来花，下层花本脱彩时，只需把上层花本的过线引入下层花本相应的明纤里即可。

（2）下层花本来花，上层花本脱彩时，上层花本没有相应的同一色的过线来替换下层花本的过线，需要另添空过线，在上层花本的缰绳上按这一彩应排列的位置另拴一根过线来替换下层花本的过线。

拼花操作时，可以从两头拼起，也可以从中间起向两头拼，可以两人或两人以上一起拼。但无论从什么地方开始，最重要的是要对清记号，结对结顺着明纤分色排列的次序，掌握"以金为主，同梭同色才能拼花"的原则。

花面全部拼完，交也拼好以后，拼花工序就结束了，需对花本进行整理，整理后的花本就可上机织造了。拼花过程可以简要地表示为以下工艺流程：

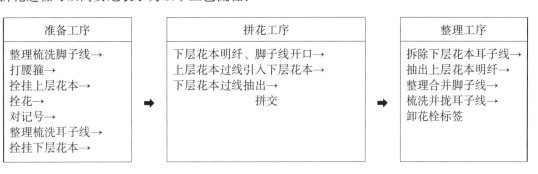

四、古代挑花结本技术的应用

在古代织锦纹制加工技艺中，挑花结本是一种最精巧复杂的技艺。除此之外，基于挑花结本技艺还衍生出了一系列配套技艺，包括对合纹样、推磨纹样、整剖光纹样、四角嵌花纹样、地子嵌花纹样、龙袍纹样等，这些配套技艺与上述挑花、倒花、拼花等基本技艺一起构成了完整的挑花结本技艺与花纹织造系统。

运用挑花结本技艺，人们可以根据各种纹样的特征、章法和繁简程度，十分自由地进行纹样组合、拼接、反相、对称、叠加等操作，并通过选择合理的工艺程序和操作手法，衍生出新的花本生成技法，使人们可以用最少的工时，高效率地设计出实现复杂纹样的高质量花本，为织造流芳百世的丝绸精品奠定了坚实的基础。

龙袍纹样可以说是挑花结本技艺之集大成者。图7.60所示是晚明时期皇帝的礼服，金地缂丝孔雀羽龙袍，周身绣满龙的纹样，图案极为复杂精细。其实，皇帝服饰中龙的图案从上古到明代，经历了无数变化。如先秦时，龙纹形象质朴粗犷，龙体无肢爪，近似爬虫动物。秦、汉时期，龙纹呈兽形，肢爪齐全，但无鳞甲，成行走状。明代，龙纹集中了各种动物的局部特征，头如牛头、身如蛇身、角如鹿角、眼如虾眼、鼻如狮鼻、嘴如驴嘴、耳如猫耳、爪如鹰爪、尾如鱼尾等。在图案的构造上，除传统的行龙、云龙之外，还有团龙、正龙、坐龙、升龙、降龙等。皇帝服饰的图案与上述变化相适应，不仅形状异常复杂，而且色彩变化多端。这样的龙袍，没有巧夺天工的织造技艺是不可能完成的。所以，龙袍属云锦中最高级别的"妆花"，其关键工艺就是挑花结本，必须按照传统工艺手工操作才能完成。

帝王袍服的面料一般为织成料，即按袍服的各个部位设计纹样，织造时，将各个部位合理地安排在整匹织料中，一气呵成。1958年，定陵出土了明万历皇帝的"孔雀羽织金妆花柿蒂过肩龙直袖膝栏四合如意云纹纱袍"。文物专家从腰封上查到，它出自江南织造，采用的是"纱地妆花"织造技法。为了织造这件龙袍，整个袍料共需挑制10块大花本，分为两大类，地纹暗花花本和五彩妆花花本，挑花结本技术极为复杂。并且，挑出10块大花本后，大、小衣襟，柿蒂（我国古代经典的柿蒂纹用于服饰，明代

图 7.60　明代皇帝礼服

以后柿蒂纹更在华服中被继承运用）等还要倒 7 块花本，拼花后上机织造。其中，直袖花本要顺、倒连织两袖（为对称形），膝襕花本上机也要分别倒、顺连织。根据总体纹样布局，需织 10 块膝襕。四合如意云纹暗花花本，按分布图形与尺寸滚章和追章连织。

织造龙袍，挑花结本技术的要求远远超出一般的提花织物。织造龙袍挑花要求达到 1 800 根，这样才能精细地织出龙袍的纹样。由于纹样很大，需分别按半幅，即 900 根脚子线挑花后再拼接起来。

目前留存下来的古代皇帝服饰，即使是在现代科学技术高度发达的今天，其技艺之精湛也是令人叹为观止的。以这样的挑花结本技术作为基础的丝织精品"云锦"在历代封建王朝中，是专供宫廷御用或赏赐功臣的。进入近代以后，以往王公贵族专用的丝织物进入了一般社会生活之中，如少数民族做衣饰用的面料、为出口贸易做成的高档服装面料等。

几千年来，经过织人不断改进与反复磨砺，以挑花结本为代表的纹制加工技艺达到了高峰，已成为我国蚕丝绸技艺中一颗璀璨夺目的明珠。

第五节　丝绸织造在近现代的变化与发展

近代以来，丝绸织造技术的变革主要发生在提花织造、电力驱动和剑杆引纬三个领域，图 7.61 显示了这些变革在织造工程中所涉及的部位（图中以斜体字及虚线框表示）。织机机械运动中的三大基本运动，是开启梭口、穿引纬线、打紧纬线。第一基本运动"开启梭口"是决定织机织造出千变万化、绚丽多彩丝绸的最关键的织机运动。第二基本运动"穿引纬线"除关系到织造效率、织造质量以及对环境的影响之外，对多姿多彩的丝绸也有重要贡献。这两项织造的基本运动与织机的电力驱动技术是近现代丝绸织造技术变革的关注点，正是因为这些变革，才带来了丝绸织造整体面貌的根本变化以及行业产能的飙升。需要特别强调的是，所有进步都是古人织造技艺拓展的结果。并且，古代花本提花技术不仅为丝绸技术发展打下了重要基础，而且成了近现代计算机信息存储技术开发的敲门砖。

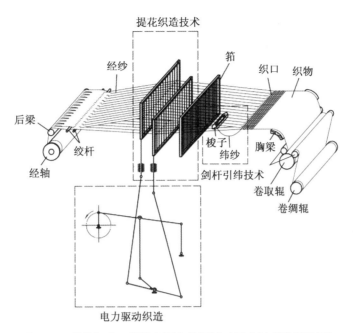

图 7.61 现代织造工程的主要变革领域（图中以虚线框表示）

一、古代花本提花技术启示了近代计算机信息存储技术

古人为了织造出美丽的复杂纹样，在开启梭口上首创了延续至今的提花织造技艺。我们已经知道，殷商时代以前，古人就已经发明了提花技艺，到了殷商时代，提花机从简单趋于复杂，应该已经使用平放式的吊综提花和通过脚踏板控制的织机，将用线综来提升单根经线改进为将作相同升降运动的线综合为一束，即以束综提升来控制织造花纹。这一技术在经历了两千多年的应用与发展，进入工业化时代以后，逐步采用了电气化、电子化以至网络化等技术手段对提花织造技术进行改造，使得提花织造技术成了近代丝绸织造技术变革中的关注要点。提花技术现代化改造带来了很多革命化的成果，但万变不离其宗，我国古人创造的提花织造基本技艺始终是这些现代化技术的基石。

我国古代织造技术的最高成就正是上一节叙述到的，赋予织物千姿百态花形图案的挑花结本及提花织造技艺。

挑花结本与提花织造技术是中国人的伟大发明，经改进后，花本式提花可将挑好的提花信息与经线分离，单独贮存，再通过线制环形花本系统存储的提花信息控制经线升降，从而将保存的花样重新织造出来。这一革命性的提花技艺及其织成的丝绸产品，后来随唐代丝绸之路传至欧洲。

1725年，法国纺织机械师布乔，从中国挑花结本的二进位制原理中得到启发，他针对中国花本提花技术生产效率低下的问题，在如何将存储的花本信息自动传递给经线的问题上想出了一个"穿孔纸带"的巧妙主意。布乔首先设法用一排织针连接拉动经线的综线，然后取来一卷纸带，使纸带表面与整幅图案对应，并用织针间隔的格子点标记纸带。根据图案，凡与图案线条吻合的格子点就打小孔，对图案线条以外的格子点就留空白（不打孔）。这也就相当于耳子线在脚子线之上或之下的"两仪"表示。然后，将打孔以后的纸带压在织针上。启动机器后，正对着小孔的织针能穿过去钩起经线，其他的织针则被纸带挡住不动。用这样的方法，可将编织图案的信息储存在穿孔纸带小孔的"是"与"非"之中，织针就会自动按照预先设计的图案去挑选经线形成经组织点。布乔的发明最后并没有走到实用化阶段。1745年，沃康松进一步改进，形成了能随着织物的进程而自动进动的纸卡输送装置，可织造600针的大花纹织物。

正式将我国古人的挑花结本中的二进位制原理应用到发明纹版提花机的是法国织机匠师贾卡，他于1790年基本形成了机械提花机的设计构想，即使用纹版上的孔洞代替花本上的经纬组织点。但当时发生了法国大革命，无暇顾及发明创造，所以，直至1799才制成了整套的纹版提花传动机构。这种贾卡提花机配置更为合理的脚踏式提花机，只需要一人操作就能织出600针以上的大型花纹来，1801年在巴黎世界博览会上,贾卡提花机获得了青铜章。1805 年,法国皇帝拿破仑在里昂工业展览会上观看提花机表演后大加赞赏,授予贾卡荣誉军团勋章。

贾卡提花机的机构特点是用提花纹版,即穿孔卡片代替纸带(一片穿孔卡片相当于一根耳子线,形成引入纬丝的一次梭口),克服了线制环形花本的空间限制,纹版最多编联数可达 10 000 根以上[图 7.62 (a)];通过传动机件带动一定顺序的顶针拉钩,根据花纹组织协调动作提升经线,织出花纹。1860 年以后,改用蒸汽动力代替脚踏传动成为自动提花机。自动提花机后来广泛传播于全世界并改用电动机带动。为了纪念贾卡的贡献,这种机器遂被称为贾卡(提花)机。

从挑花结本中线制环形花本系统贮存与控制一根纬丝织入点的经丝提升信息,到贾卡提花机将这一线制环形花本系统变革为一块纹版控制一根纬丝织入的经丝提升贮存与控制,贾卡(提花)机通过打洞卡片上有孔或无孔控制织布机上编织图样的技术,后来被改良成纸卷钢琴录音,也激发 IBM(国际商用机公司)的创建者赫尔曼·霍勒瑞斯使用打洞卡上有孔或无孔来记录计算机"0"或"1"信息[图 7.62 (b)]和做计算机程序设计。IBM 为纪念纺织工业领域贾卡(提花)机通过卡片储存提花信息对现代计算机存储技术的贡献,在 1994 年将其操作系统命名为 OS/2 Warp(Warp 即是纺织布上的经线)。

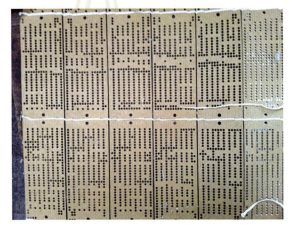

(a)贾卡(提花)机经线提升信息存储纸板

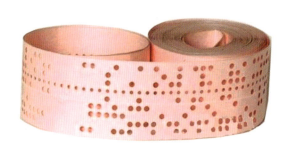

(b)早期计算机数据存储穿孔纸带

图 7.62 计算机输入和信息存储技术

综上所述,源于中国古代挑花结本的线制环形花本系统及其控制经线提升运动信息存储的技术,事实上成了现代计算机存储与输入技术的先驱。这是我国古人的发明对计算机技术发展的重要贡献,它使中国蚕丝绸技术和世界科学技术进程紧密地联系在了一起,被载入近代科学技术发展的史册。

二、近现代经、纬线准备工器具的发展

在近代,经、纬线准备工序经历了从全木手工加工,到铁木电动机驱动,再到全铁电动机驱动的发展过程。电力驱动和加工机具的进步提高了丝绸织造的效益和质量。进入现代,丝绸准备从小卷装、低速经、纬线准备逐渐过渡到大卷装、高速、精细化准备加工。其经、纬线准备设备,有 20 世纪 50 年代定型的"K0"系列小卷装络丝机,有捻并丝机、捻丝机、大圆框分条整经机、小油箱卷纬机;70 年代末从日本引进的有捻并"TK"(80 年代初国内生产的"GD")系列大卷装络丝、有捻并丝、捻丝设备;80 年代中后期从西欧引进的无捻并"SDR"系列络丝、无捻并丝、倍捻捻丝、小圆框分条整经机。

蚕茧经过缫丝得到纤细的生丝,经过经、纬线准备的各道工序,在精密的加工设备、优化的工艺设计和精巧的操作中,制织成了风格迥异、绚丽多彩的织物绸缎。

(一)络丝

为了包装运输便利,生丝在缫丝厂一般以丝绞或筒子成型。络丝就是将绞装或筒装形式的生丝络在特定的筅子或筒子上,以方便后道经线和纬丝加工。

络丝过程中需要尽量减少丝线拉伸，在保证丝线力学性能不受影响的同时，使层与层之间不互相嵌入，以便后道加工时能够顺利退解。此外，为了提高生产效率和减少接头，要尽可能加大绕丝量。络丝卷绕形式有篗子、无边筒子和有边筒子等。无边筒子能够适应后道加工的高速度退解，但运输过程中如果掉落到地上就可能造成整只筒子上的丝线成为废丝；有边筒子上的丝线在运输过程中不易受损，但轴向退解时边盘摩擦有可能损伤丝线。

1. 篗子络丝

近代络丝大多使用篗子络丝机。这是一个将丝绞重新络交到织造工程使用的篗子上的装置。篗子（图7.63）起源于象形文字"壬"，是由2片六角木片连接6片竹片组成的。篗子卷绕属于无边卷装形式，如何保证卷绕层次分明，外层不至嵌入内层，同时又确保运输过程的安全性和较大的绕丝量呢？近代人想出了一个聪明的方法，即在卷绕过程中通过一个调节卷取位置的导丝机构，使得导丝动程周期性地逐渐减小与增大（图7.64），获得鼓形卷装形态，同时解决了上述三个问题。图7.65是为了实现这一卷装形式而设计的篗子络丝机导丝机构示意图。图中，篗子络丝机上绕丝的篗子固装在锭轮轴上，锭轮通过摩擦轮传动，速度不变，只要调整导丝机构往复运动的规律，即图7.65中Z_4和Z_5齿轮的转速，就可以改变导丝动程，使篗子中部卷绕丝圈多于两端，形成鼓形卷绕，从而避免了篗子两端的丝圈崩塌乱层。篗子络丝机的导丝传动机构由

图7.63　篗子

电机带动主轴，通过圆锥齿轮Z_1、Z_2，摩擦轮，传动锭轮，使篗子转动，通过丝线牵引绷架回转径向退解绞装丝线，在往复运动导丝钩的控制下卷绕到篗子上。

篗子络丝卷装容量较大，退解容易，机械结构简单，维修方便，所以这种古老的卷装方式流传到近代，甚至一直沿用到20世纪80年代。但是，篗子络丝时，由于鼓形卷绕同层丝线的卷绕直径变化，会致使卷绕张力改变，影响产品质量，所以目前仅有极少数宋锦、云锦手工织造厂为保留传统加工方法仍在使用。

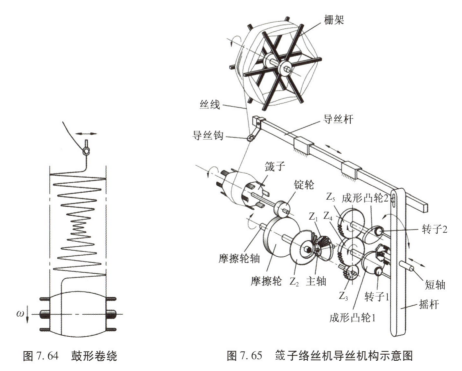

图7.64　鼓形卷绕　　　图7.65　篗子络丝机导丝机构示意图

2. 筒子络丝

现代络丝大多使用筒子络丝机，这是将丝绞重新络交到织造工程使用的筒子上的装置。使用筒子络

图 7.66 铁木有边筒子络丝机

丝机络丝一般采用由导丝器导丝、锭速固定的有边筒子卷绕的形式。图 7.66 所示为单面单层电力驱动铁木有边筒子络丝机。络丝时，将要退解的丝绞打开并套在六角绷架上，丝头搭于筒子；当筒子转动时，依靠丝线的拉伸张力拖动绷架转动，作径向退解。

为了提高生产效率，20 世纪 50 年代定型的 K051 型小卷装筒子络丝机在单面单层筅子络丝机基础上采用了两面并列放置，并且每面上下层放置绷架、中间卷绕的双面双层形式，类似于前述筅子放大到可放置周长 1 米到 1.25 米的六角木芯竹臂绷架径向退解，锭速固定有边筒子平行卷绕的卷装量可达 50～100 克，生产线速度达到 50～100 米/秒。

有边筒子平行卷绕，其卷绕筒子转速与导丝成形凸轮转速之比，称为导丝往复速比（导丝器往复一次时筒子回转数）。锭速固定传动时，为防止筒子上不同导丝层丝圈产生重叠的条带，一般要避免导丝往复速比是一个简单的整数，而要使其小数点后一位为 0.4 或 0.6（称为"防叠小数"）。图 7.67 给出了这时可以防止丝条重叠的道理。左图防叠小数是 0.4，右图防叠小数是 0.6。图中圆周边的数字表明从筒子端面出发（0 点），经过导丝器一次往复导丝后，丝条返回筒子端面时的位置序号，图中 $1'$、$2'$、$3'$、$4'$、$5'$ 是理论位置点，1、2、3、4、5 是加上卷绕的丝层厚度之后的实际位置点。经验表明，即使第 5 次往复导丝卷绕在第 1 次筒子端面的导丝位置上，但由于丝条绕丝厚度的存在，筒子上的丝层也不会产生影响卷绕张力和后道退解的重叠条带。20 世纪 80 年代，苏州丝绸工学院的周晋康教授用计算机迭代法证明：防叠小数为 0.618…时，卷绕在筒子上的丝圈永远不会重叠在前面卷绕的任何丝圈上，这也从另一个侧面诠释了"黄金分割"的魅力。

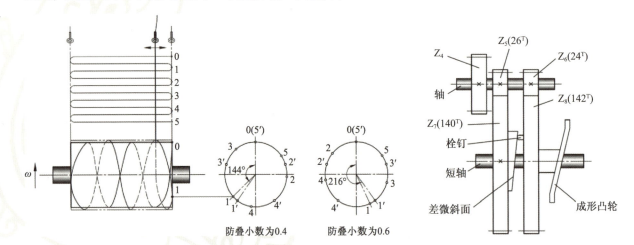

图 7.67 筒子端面丝圈位移　　　　　图 7.68 K051 型络丝机成型机构——差微齿轮

锭速固定有边筒子平行卷绕时，成形凸轮转速恒定，导丝器在导丝时一般做匀速运动，但在筒子两端，导丝器的速度会从匀速运动正常值减小到零，然后往反方向导丝，使导丝速度增加到正常值。因此，在筒子两端，导丝速度变慢后会引起丝圈凸起，造成塌圈、外层嵌入内层，影响后道加工退解。K051 型有边筒子络丝机成型机构上装有差微齿轮装置（图 7.68），每层导丝到筒子端面时，会使下一层的导丝起点位置产生微小位移，减少筒子两端的绕丝量，从而解决了导丝速度变慢后会引起卷绕筒子两端丝圈凸起的问题。

差微（亦称"微差"）运动实际上是在一定周期内使筒子端面每次导丝起点位置做周期微量位移的

运动，使成形凸轮在回转的同时做缓慢的往复移动，从而达到防止筒子两端丝层凸起的差微卷绕目的。从图7.68可见，当差速齿轮Z_7（140T）、Z_8（142T）由齿轮Z_5（26T）、Z_6（24T）分别传动时，齿轮Z_7、Z_8产生相对运动，即Z_7齿轮每转过67°时，Z_8只转过60°，使得与齿轮Z_8成一体的成形凸轮做轴向微量移动；当两个齿轮的转差达到360°时，Z_7的外侧差微斜面与齿轮Z_8内侧的栓钉互相顶推，从而完成一个周期的导丝起点位置变化，因此，导丝器每次往复运动对，导丝起点的位置会产生周期性微量位移变化。图7.69所示是差微卷绕成型结构的一个示例。图中显示了差微周期为10次的导丝往复的差微运动，其导丝动程H_1不变，导丝起点位置由于差微斜面作用产生周期性变化，每次变化值为一个移距Δh，经过10次导丝往复后，导丝起点复位，

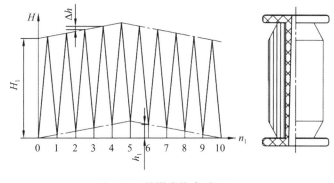

图7.69　差微卷绕成型图

这时卷绕的成型结果是筒子两端呈倾斜形。这种差微卷绕可以防止丝圈重叠和筒子两端凸起，在K051络丝机、K091型捻丝机和YMD型无捻并丝机上均有使用。

20世纪80年代，日本TYA型和国产GD001型大卷装筒子络丝机进入丝织行业。这类络丝机和K051络丝机一样采用双面双层，但为了减轻原六角木芯竹片绷架的重量和退解半径变化较大引起的退解张力不均匀现象，采用八角钢丝绷架经向退解，有边筒子平行卷绕，卷装量为500克。由于该设备原是为生产合成纤维长丝产品设计的，因此并不适合无捻真丝产品使用，只适合强捻绉类真丝织物经、纬线准备使用。这类络丝机除成形机构中差微装置有较大变化，以及采用轻质八角钢丝绷架，减少了络丝过程张力波动外，其余与K051型络丝机相比均无重大改变。其中，GD001-145型卷装量为500克，适合后道需要减少换筒和接头的整经使用；GD001-94型卷装量为250克，筒子和绕丝量均较小、质轻，适合后道依靠退解丝线拖动筒子旋转的并丝径向退解使用。

3. 绷架轴向退解络丝

现代络丝技术中，最重要的创新是绞丝绷架不转动的轴向退解技术。绞装丝线要符合后道工序加工的需要，就必须络成筒装形式。自古以来，绞装丝线均用绷架和丝绞被丝线拖动旋转退出丝线的方式进行经向退解。这种退解，绷架用圆形最好，但圆形绷架会导致绞丝与绷架摩擦力不足，绞丝在绷架上打滑，影响正常退解。为了防止绞丝在绷架上打滑，可以采用多角形绷架，但是多角形绷架的角处退解半径大、边处退解半径小，会导致丝线退解过程中的张力变化。经验证明，八角绷架在退解时张力波动比六角绷架退解时张力波动小。早期竹木绷架质量较大，启动或停止过程中丝线退解张力变化更大，改成轻质钢丝绷架后减小了启动和停止时的丝线张力波动。

意大利SP/102型绷架不动轴向退解筒子络丝机是现代绞装丝线络丝技术的重要变革。图7.70所示为这种络丝机在丝条退解时减小退解张力的机构示意图。它在原先GD型络丝机由卷绕丝线张力拖动八角钢丝绷架转动退出丝线的基础上，变革为在固定不转动的八角钢丝绷架前加装一个不锈钢圆环，在该圆环上有一个导丝圈，丝线从套在八角钢丝绷架的绞丝经不锈钢圆环上的导丝圈引出后，以丝线张力引导导丝圈在该不锈钢圆环上做圆周运动，引导丝线在绷架轴向方向退解，由于绷架不转动而大大减轻了退解阻力。此外，退解的丝线在经过导丝瓷眼被卷绕筒子卷取之前，通过张力补偿杆上的导丝轮，补偿杆自动地根据丝线张力的大小放松或张紧丝线，进一步减少了络丝丝线张力不匀的现象。

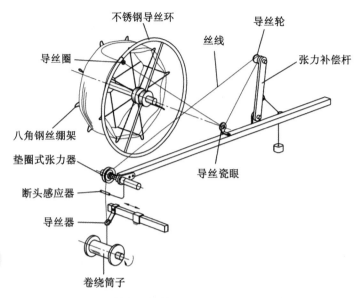

图 7.70　轴向退解筒子络丝机丝线退解示意图

4. 精密卷绕络筒（丝）和超喂技术

随着剑杆引纬织造技术的成熟与推广，高速整经和剑杆织机直接通过筒子供纬，对筒子是否能满足高速退解，即筒子卷绕成形，提出了更高的要求。

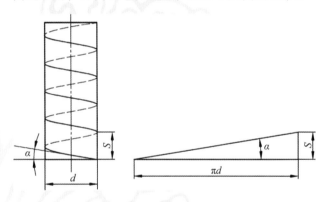

图 7.71　圆柱形筒子卷绕丝圈展开图

络丝过程中，筒子在卷绕旋转运动和往复导丝运动控制下，丝线以螺旋线形式卷绕在筒子上。图 7.71 所示是圆柱形筒子卷绕丝圈展开图，螺旋线上升角称为卷绕角 α。

$$\tan\alpha = \frac{S}{\pi d}$$

式中：α——卷绕角；S——螺距；d——筒子卷绕直径。

如果卷绕角很小，各层丝圈近于平行，则称为平行卷绕，一般使用有边筒子卷绕；反之，如果卷绕角较大，则相邻两层丝圈显著交叉，称为交叉卷绕，可用无边筒子卷绕。在络丝过程中，保持卷绕角 α 恒定的称为"等升角卷绕"。此种卷绕随卷绕直径增加，其螺距 S 会增加。筒子卷绕过程中，通过自动机构保持螺距 S 恒定的卷绕称为"精密卷绕"。此种卷绕随卷绕直径增加，其卷绕角 α 会减小。

瑞士 KEK-PN 型精密络丝机属于卷绕过程中螺距 S 恒定的精密卷绕。该设备具有可控主动旋转的超喂机构：其作用是补偿丝线退解初张力，使退解丝线以接近无张力状态送到张力器，以保证卷绕张力均匀；此外，变速卷绕机构，保持卷绕线速始终恒定。该机一般用作络筒（也可用作络丝），可卷绕成高速整经用丝或剑杆引纬直接供纬用筒子。

（二）并丝

蚕丝是天然纤维，一般经缫丝后得到的生丝纤度不匀率依然较大，所以生丝是所有纤维纱线中唯一一个以纤度区间表示名义纤度的纺织原料，例如 21.1/22.2dtex（20/22D）等。为了获得真丝织物的细腻精致风格，自古以来，经、纬丝线均以并合技术改善丝线的粗细不均匀性能。例如，某电力纺品种需要 42D 的经线，产品设计人员总是用 2 根 20/22D 的丝线并合加工，而不用现有的 40/44D 的生丝，以便更好地满足产品经线的纤度均匀性要求，达到电力纺细腻精致的风格。根据丝线并合过程是否加捻，并丝工艺分为有捻并合和无捻并合。

有捻并合可在并合过程中加捻，针对一些增强丝线抱合、耐磨性能的低捻捻度要求，可以并合和加捻一次完成，以提高生产效率。有捻并合一般在并合丝线前进行张力平衡，然后让各丝线并合穿过导丝钩，使导丝钩环绕锭子旋转，从而实现有捻并合。

无捻并合采用筒子轴向退解、并合技术，退解速度高，后配倍捻工艺，可较大幅度提高劳动生产率。

（三）捻丝

蚕丝纤维柔软，织物飘逸性好，但抗皱性较差。因此，丝织产品设计中常常通过丝线加中、强捻的线型来改变其织物的风格，提高抗皱性，增加花式效应。其实，古人很早就知道这个道理，并且在2 000多年以前就已经能够自由地采用捻丝技术，并创造了捻度很高的捻丝织物。例如，1982年1月在湖北江陵马山砖瓦厂一号战国中晚期墓中出土了一批丝织品，其中有龙凤虎纹绣，绣地为四经绞罗，是灰白色网孔状织物，经线投影宽度为0.15毫米，纬线投影宽度为0.05毫米，经、纬线均加S向捻，捻度为3 000～3 500捻/米，厚0.17毫米，经、纬密度为46×42根/平方厘米，幅宽43.5～46.5厘米。这是目前世界上保存最完整、最古老的罗。在当时的技术条件下，这样高捻度的经、纬线是如何制作出来的呢？这还是一个需要探讨的问题。另外，1972年在长沙马王堆汉墓发现的素纱禅衣，是由10D左右的丝线加捻后织成方孔的平纹织物，素纱是经、纬加捻，密度稀疏呈方孔的平纹组织。其经、纬捻度，每米为2 500～3 000捻，加捻程度与目前电捻丝21D每米3 500捻之数接近。其衣长128厘米，通袖长190厘米，由上衣和下裳两部分构成，交领、右衽、直裾。面料为素纱，缘为几何纹绒圈锦。素纱丝缕极细，用料约2.6平方米，重仅49克，还不到1两；如果除去用作衣领、衣袖、衣襟缘边的较厚重的绒圈锦，其重量只有20多克，每平方米衣料重仅12～13克，可谓"薄如蝉翼""轻若烟雾"，且色彩鲜艳，纹饰绚丽。它显示了西汉初年养蚕、缫丝、织造工艺已经具有很高水平。正因为有了加捻技术，在古代出土的丝绸文物中，才出现了这样绚丽多彩的珍贵织品。

另外，现代高速剑杆织机织造丝绸时，常将经线加低捻（300捻/米左右），以提高经线的抱合和耐磨性，从而满足剑杆织机高速织造的要求。

由于捻丝加工最重要的就是在加捻过程中保证捻度一致，即保证丝条线速稳定，所以捻丝机捻丝不同于络丝、并丝，它要依靠线速固定的摩擦滚筒直接与卷绕筒子表面丝线接触的摩擦传动。当然，加捻就像搓绳一样，可以使丝条中的纤维经密缠绕在一起，提高了丝线的耐摩擦性能，也可以使用摩擦传动。捻丝时，一般退解筒子转一圈可使丝条形成一个捻回，称为"普通加捻"，而退解筒子转一圈形成两个捻回的称为"倍捻"。在丝线加强捻时，常采用在锭子轴孔加一衬套（衬锭）以增加张力的方法，防止加捻后丝线皱缩。

倍捻进入工业化大生产是30年前丝绸织造技术的又一进步。图7.72显示了丝条普通加捻和倍捻的形成原理。图中各丝条表示在加捻器中的丝段，上端点为送入丝条的固定点，在此处，对送入的丝条没有捻转作用；下端点为捻丝器中对丝条的捻转点。决定捻向与捻度的主要因素为固定点位置、丝条形态和捻转点上的丝条回转方向。在图中，第一根和第二根丝段的固定点与捻转点之间的丝条形态是直线。第一根丝段捻转点上丝条的捻转方向从送入丝向送出丝方向（从上往下）看为逆时针方向，该方向捻转使丝条表面纤维的倾斜方向和英文大写字母S的中段相同，故第一根丝段的捻丝定义为S捻；第二根丝段捻转点上丝条的捻转方向从送入丝向送出丝方向（从上往下）看为顺时针方向，这时丝条表面纤维的倾斜方向和英文大写字母Z的中段相同，

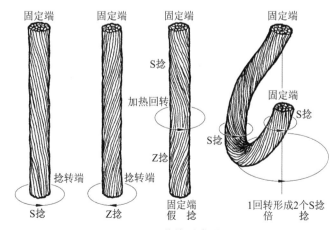

图7.72　倍捻形成原理

故第二根丝段的捻丝定义为 Z 捻。可以注意到，这样定义的 S 捻与 Z 捻与丝段的固定点（即丝条送入点）在上方还是在下方是没有关系的。即固定点在下方时，第一根丝段依然为 S 捻（注意：这时丝段上端捻转点方向要从下往上看，显然，此时仍为逆时针方向）；第二根线条下端固定时，同样可以定义为 Z 捻。第三根丝段是上下端都固定的直线形态，送丝方向为从上向下，在丝段的中部使丝条发生捻转，其方向从上往下看为逆时针方向；在丝条捻转处对丝条加热定型。根据上述对捻丝方向的定义，该丝段的上半段是加 S 捻，下半段则是同样捻回数的 Z 捻。当丝条持续通过加工区域时，上半部分所加 S 捻被下半部分 Z 捻全部退捻，整个丝条上无捻，但上半部分加捻变形被中间加热单元的定形所稳定，丝条上形成卷曲变形，这就是化学纤维常用的形成弹力丝的加弹方法。依此规律，我们可以发现，如果将第三根丝段的下方固定点往上移动，便可以得到第四根丝段的形态。这时丝段的两个固定点都在上方，下方共同的回转点环绕两个固定点连成的中轴线回转，其方向从固定点方向看过来都是绕两固定点逆时针环形回转，即此时上下两段丝条都满足 S 捻的规律，回转点回转一圈形成两个 S 捻的倍捻。反之，如果从两个固定点往下看，下端共同回转点为顺时针转动时，则在这个丝段上形成两个 Z 捻。由此可以知道，倍捻形成条件可以表示为：两固定点在回转点之上的情况下通过回转点绕两固定点的连线回转加捻而获得。

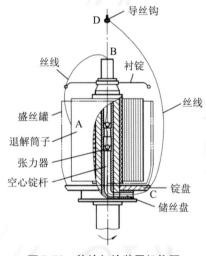

图 7.73　倍捻加捻装置机构图

图 7.73 所示为倍捻加捻装置机构图，这也是常用的长丝倍捻锭子加捻机构。丝线从插在空心锭子的退解筒子上的 A 点退出，在空心锭子上方形成一个固定点 B，穿出空心锭子的储丝盘后到上端导丝钩 D 形成第二个固定点，在储丝盘出口形成如上述两固定点为轴心环形加捻的加捻点 C，从锭子上面往下看，逆时针回转一圈形成 2 个 S 捻，顺时针回转一圈形成 2 个 Z 捻，捻丝加捻效率提高了一倍，储丝盘还有自动调节张力的功能。

我国丝织行业在 20 世纪 80 年代初开始引进倍捻捻丝机，随后开始消化吸收设计制作，到 90 年代后期已经基本取代进口倍捻捻丝机。

根据产品设计需要，低捻丝线织物可选有捻并→捻丝工艺路线；中捻、强捻丝线织物可选生产效率较高的无捻并→倍捻工艺路线。

（四）定 形

丝线加上中捻（一般为 1 000～2 000 捻/米）、强捻（一般为 2 000 捻/米～3 000 捻/米）并织造成丝织物后，在织物交织点的束缚和退捻扭应力的相互作用下，绸面会形成独特的细密凹凸不平的绉效应，可以提高丝织物的抗皱性；同时，绉效应使服装与皮肤之间有薄薄的空气层，穿着舒适，这是丝绸绉织物特有的风格，因此双绉、素绉缎等产品自古以来广受欢迎，经久不衰。

1. 定形机理

丝线加捻是个物理机械加工过程，丝纤维的分子排列未被破坏，只是按加捻方向扭曲而变形，所以分子间产生了力图恢复其原来形状的内应力，这个内应力使丝线捻度处于不稳定结构，在无张力自由状态下就会退捻和卷缩，影响后道工序加工的顺利进行。但是，为了使织物能够形成绉效应，丝线上加捻产生的内应力应该尽量保留，这个矛盾可以通过利用蚕丝表面的丝胶对丝线间的胶着作用，使得不稳定结构相对稳定，在一定程度上保持捻绞内应力。这时形成的"暂时定形"有利于加捻丝线在不受经、纬交织点阻力作用下退解，并使织物产生局部变形的绉效应。

丝线具有纺织纤维共同的特性——流变性，受力加捻丝线在放置过程中纤维内部的大分子会相互滑移错位，致使大分子本身缓慢皱曲，纤维的内应力逐渐减小，呈现松弛现象。影响加捻丝线松弛过程的主要因素为时间、温度、湿度。

1 000 捻/米以下的低捻可以通过自然定形或加湿定形来完成。在工程上，温度是加快定形松弛进程、提高效率的关键因素。研究表明，丝线加捻后和日常拧干洗脸毛巾中的水一样，在挤压力作用下具有向心移动趋势，在60℃饱和水蒸气的作用下，蚕丝丝素上的丝胶会产生流动，被加捻向心挤压力压至加捻丝线外层，填平加捻斜沟成膜。该层丝胶膜具有较大的抗扭半径，能够平衡部分丝素上的加捻应力，保证后道工序加工的顺利进行；织物织成后经精练脱胶，丝线加捻应力释放，形成绉效应。所以中、强捻丝线通常使用真空热、湿定形技术，以保持较高的生产效率。

2. 定型工艺

在古代，加捻丝线主要采用自然定形、加湿定形。为了提高生产效率，后又采用笼蒸的方法，将卷绕加捻丝线的筒子放到笼屉中隔水蒸，在加热、加湿作用下定型。近代曾用矩形医疗蒸箱定型，但由于矩形医疗蒸箱容积较大，加之不能调控箱内不同位置的温度和湿度，箱内不同位置加捻筒子的定型效果差异较大。现代采用真空热湿定形机定型，图7.74所示为计算机控制的真空热湿定型机。定型时，先将定型机预热，以防止筒子架小推车推进定型机时产生的冷凝水滴到筒子上影响定型质量；接着，把加捻丝线筒子放到小推车上推入定型机，抽真空以保证热、湿能够渗透到丝层内部；然后，通入饱和蒸汽，保温一定时间后完成定型。有的厂家为保证筒子上内外层加捻应力的稳定程度，在保温中途会再抽真空一次，让加捻丝线内部充分且均衡地受到热、湿作用。定型机热、湿定形一天后倒筒或精密络筒，需要在保湿间放置5～7天，使得筒子内外层加捻应力进一步稳定，这样后道工序加工过程中丝线卷缩、起圈的现象就可以大大减少。

图7.74　真空热湿定型机

（五）牵经

牵经（即整经），是将一定根数的经线按规定的长度和宽度平行卷绕在经轴或织轴上供后道织造的工艺过程。原始整经采用手工操作。春秋、战国时期，采用耙式整经。近现代，从大圆框发展到小圆框分条整经。

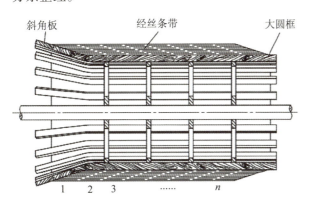

图7.75　分条整经圆框卷绕结构图

一般而言，丝绸织物经线细，密度高，全幅经线往往有几千根，甚至一万根以上。受整经时退解筒子架尺寸和容量的限制，整经时，必须通过预绕后再组合的方式才能达到全幅经线根数、密度和门幅要求。为了适应丝绸小批量多品种的特点，保证经线长度和较为均匀的张力，常用周长为5米、由木条组成的大圆框将全幅经线等分成条逐一预先卷绕到大圆框上（图7.75），以达到全幅经线根数和密度要求，然后再将大圆框上所有条带的经线组合成一片再卷绕到织轴上。为保证全幅经线平整卷绕到圆框上，圆框左侧设有斜角板，这是一段圆锥面，以其作为第一条带的支撑，斜角板的倾斜角度需要根据丝线直径和经线密度确定。

为了将准备好的筒子上的丝线退解并卷绕到整经机上，需要退解筒子架，这是一个设置在整经机之前的排列放置将要退解筒子的装置。对于有捻经线，为了防止整经过程中丝线皱缩，常采用由经线张力拖动退解的经向退解筒子架，一般筒子架最多可容纳480只筒子，整经线速度为100～200米/分。对于无捻经线，则采用沙盘轴向退解方式筒子架（图7.76），可以放置大卷装络丝筒子，也可以放置一般筒子，在整经时具有并合丝线功能。一般可容纳筒子数量为100～200只，最大线速度在400米/分以下。

20世纪80年代初引进的瑞士贝宁格SC-S小圆框分条整经机采用2.5米周长的全封闭小圆框（图7.77），有效门幅为1 800米、2 200米、2 600米、3 000米、3 500米，最左边锥体的堆积高度（类似于大圆框斜角板高度）为0～200毫米，整经长度为300～12 500米，配有672只筒子容量的矩形筒子架，无芯柱双圆盘张力器，轴向高速退解整经线速度为30～800米/分，上轴线速度为15～200米/分，经轴最大直径为800毫米。该整经机采用底部装有滑轮的GAAB高效筒子架，可将筒子架拉出换筒。机架自动横移对中装置，使往圆框上卷绕的每一条经线条带和筒子架中心相对位置保持一致，以保证整经张力均匀。该整经机的电动机直接带动圆框主轴传动，并采用变频调速，恒线速恒张力卷绕。

图7.76　分条整经机沙盘轴向退解筒子架

图7.77　SC-S小圆框分条整经机

（六）摇纡

将筒子上的丝线卷绕成适合装入梭子内腔纡子的工艺过程称为摇纡，学名"卷纬"。近代丝织摇纡多用源自由棉织大油箱卷纬机改进而成的B101型卧锭式小油箱卷纬机。

为了适应高速引纬需要，纡管的形状以及其上卷绕的丝片形状都经过了特定的设计与成型。图7.78所示是纡管以及纬丝卷绕成的纡子形态。纡管被设计成底部有一个锥形区段的绕丝轴，锥形的角度为β，主要适应纬丝引入梭口时能够高速退解。为了防止织造击梭、制梭冲击时纬丝脱圈，纡管底部的锥形体有沟槽。卷纬使用短动程交叉卷绕形式，首先从纡管底部的锥形体表面直径最小处开始卷绕第一层次，该层卷绕环绕锥面向着直径渐次变粗的方向卷绕，直至纡管直径最大处，完成第一层次卷绕；此时，在锭子往复作用下，导丝器被绕上纬丝的锥体的最大直径推动一个微小距离Δh，开始第二层卷绕，这一次卷绕与第一层相反，是从锥体直径最大处向直径最小方向卷绕，到达最小直径处时，导丝器继续在锭子往复作用下移动一个微小距离Δh，然后再重复与第一层次相似的向锥体直径增大方向卷绕。如此往返地进行由细到粗、再由粗到细的交叉卷绕，直至完成整个纡管上的纬丝卷绕。这时，纬丝在纡管上完成的每一层纬丝卷绕的总宽度相同，即始终与锥线长度相等。该卷绕方式有人称为纡式卷绕。但是，由于同层次的纬丝是卷绕在锥形体表面的，故同层卷绕直径变化很大，致使卷纬张力波动很大。为了克服纡管上的纬丝卷绕张力不均匀的问题，一般在丝条卷上纡管之前，使用如图7.79所示的卷纬张力调节机构自

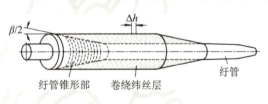

图7.78　纡管卷绕和成型示意图

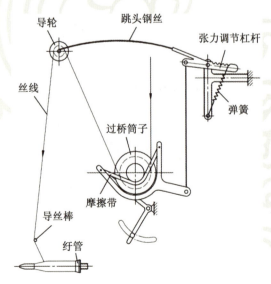

图7.79　卷纬张力调节机构

动调节张力。卷纬张力调节机构主要由头端装有导轮的一根约30厘米的跳头钢丝，以及由与钢丝固联的张力调节杠杆调节转动阻力的过桥筒子所组成。丝条通过过桥筒子后绕过导轮，然后进入纬丝导丝器，卷入纡管。当卷取的张力变大时，导轮被拉下，调节杠杆另一端升高，使得控制过桥筒子转动阻力的摩擦皮带对过桥筒子轴包角变大、压力下降，过桥筒子转动阻力减小，丝条松弛、张力下降，抵消了卷取张力变大对丝条的影响；反之，当卷取的张力下降时，导轮升高，而调节杠杆另一端下降，使摩擦皮带对过桥筒子轴包角缩小、压力增大，过桥筒子转动阻力增大，丝条张紧、张力上升，抵消了卷取张力下降的影响。图中改变弹簧上端挂齿的位置，可以改变弹簧的复位力矩，改变摩擦阻力的大小，以适应丝条张力平均值水平。这样，在钢丝头端的导轮上下跳动过程中纡子卷绕时同层直径变化较大的张力不匀状况就得到了改善。

三、近现代织机演变及技艺

古代丝织技术发展的最高阶段是大花楼提花木织机，直到现在，云锦妆花缎仍用此织机织造。目前，这种大花楼提花木织机是在南京织造云锦妆花缎时采用的一个复原模型。它机长5.6米、宽1.4米、高4米，分楼上、楼下两部分。织造云锦时，需要上下两人配合操作，一人坐在织机楼上掌握一把白色的线绳控制经线开口，一人在织机楼下织制。每当楼上挽花工根据花本要求提起若干经线时，楼下织造工就按照织料上花纹色彩的要求，把彩色梭子飞快地抛出穿过其间并迅速打纬。与一般织造的"通经通纬"工艺不同，南京云锦使用的是"通经断纬"技术，挖花盘织、妆金敷彩，由此织出逐花异色的效果。一般上下两人协同，一天也只能完成5～6厘米长的云锦织造。

（一）手拉机

1905年，日本足踏铁轮机传入中国。该机以脚踩动织机下面的蹬木，借飞轮的旋转，传动开口、投梭、卷取、送经等机构工作，是一种以足踩为动力的素织物铁木织机。这种足踏机，不需要手工投梭，每分钟打纬数达120以上。手拉机在投梭机的织纬机构上安装了滑车、梭盒、拉绳等机件。织造时，以脚踩脚板，使经线分层形成梭口，同时一手向前推打纬机构的筘帽，一手下拉打梭绳，形成左右投梭引纬。

1911年，日本手拉提花机被引进。

（二）铁木机

1915年到1921年，上海、苏州和浙江等地先后从瑞士和日本引进了电力织机。这种织机是木架结构，开口、投梭、打纬、送经和卷取为铁材制作，运转由电机驱动。图7.80是杭州万事利丝绸文化股份有限公司保存的20世纪50年代前普遍使用的铁木机。

（三）全铁有梭织机

1968年，咸阳纺织机械厂生产出了K251型丝织机，该织机由原纺织工业部审查定型，实现了从木织机到全铁机的转变。接着，1981年，咸阳纺织机械厂又生产了K252型丝织机。同期，苏州的K611型、K641型和K274型丝织机，上海的K72型丝织机，以及浙江的ZK272型丝织机均与K252型织机大同小异。

1. 开口

根据多品种、小批量、常翻改和部分品种经密大的特点，丝织物织造的开口机构与棉、毛、麻织机有较大差别。一般织机常用的凸轮和连杆开口机构只适合织制经密较低的平纹织物，当织制经密较

图7.80 铁木机（杭州万事利丝绸文化股份有限公司藏）

大的平纹组织品种时就需要将经线分成多个综框，凸轮和连杆开口要用双综框和每个综框上安装双排综丝的双龙骨（综框上安装综丝的金属条），这样，在一个综框上同时穿过的最大经线条数可以增加一倍，从而大大提高开口效率。更高经密平纹织物的织制只能用多臂开口机构将同一运动规律的经线分成几个综框解决。所以，很多丝织厂为翻改品种方便，就直接使用织制棉织品的1511多臂开口机构。

多臂开口机构适用于织制高经密平纹、斜纹、缎纹、变化平纹、变化斜纹、变化缎纹和小花纹织物，常用综框数为8～16片（最大可达32片），一般可织制完全组织（和小花纹）经线数为8～16（最大32）根、纬线数更多的织物。

多臂开口机构由纹版、阅读装置、提综装置和回综装置等组成。纹版的作用是储存综框升降顺序的信息，阅读装置用于将纹版信息转化成控制提综的动作，提综和回综装置则分别执行提综和回综动作。

如同多臂开口机构一样，提花开口机构也由纹版、阅读装置、提综装置和回综装置组成。根据提综装置提刀往复一次所形成的梭口数，也分成单动式（提刀往复一次形成一个梭口）和复动式（提刀往复一次形成两个梭口）。提花开口机构是由连接竖针和综丝的麻线（称为通丝，现在为提高耐磨性使用锦纶线）控制经线独立升降运动的，适用于织制一个完全组织中经、纬根数很多的大花纹织物。

近代使用最为普遍和使用历史最长的是单动式中开口提花机构（贾卡提花机），该机构采用空间四连杆或竖轴、链条等传动。提综机构由提刀（刀箱）、竖针等组成。花纹控制机构，即控制各根经线升降次序的机构，由纹版、花筒和横针等组成。该类提花机的规格，以配置纹针数的多少而定，用号数表示，如1300号、1400号等。号数为名义针数，实际纹针数比号数要多。多出的纹针可作为辅助针，如边针、棒刀针、投梭针等。

机械式提花开口是根据花形图案、织物经密与纬密等信息转化为意匠图，根据意匠图上的经浮点用手动或脚踏控制纹版轧孔机在厚纸纹版上轧孔，以指示提升一根经线。每一张纹版刻录了织入一根纬丝时各根经线升降开口的指示信息，按照纬丝织入的顺序将经过轧孔的纹版编连后装到提花机上，控制竖针升降运动，使经线形成梭口。每转换一块纹版，形成一次梭口，引入一根纬丝。

下面以贾卡提花机为例说明单动式开口提花机构在织造过程中是如何利用纹版进行开口调控的。图7.81所示是单动式开口提花机的织造工艺结构。在图中，提供织物组织信息的纹版套在花筒上，花筒同刀箱的运动相配合，在水平方向做往复摆动，并且每摆动一次，花筒转动90°，调换一块纹版。纹版块数的多少，表示花纹纬组织循环周期的长短。织造时，每织一纬，调换一块纹版，花筒向横针靠压一次。

如果纹版对应的位置上有孔眼，横针的头端就可伸进纹版及花筒的孔眼，使竖针的钩端保持挂在提刀上的状态。提刀上升时，竖针跟着上升，通过首线钩子和通丝带动综丝提升，此时穿入综眼的经线也随着提升，形成梭口的上层。提花机在传动装置推动提刀上升的同时，带动竖针下方的底板降下，使得其余的竖针随之降下，于是首线钩子和通丝及综丝在下方的重锤拉动下下降，此时穿入综眼的经线也随之下降，形成梭口的下层。由于综丝的下综环中吊着重锤，当提刀复位时，依靠重锤的重量将竖针拉下复位，同时实现回综，此时底板也升回原位，使得梭口闭合。如果纹版上无孔眼，横针被纹版推动右移时，其上与一根竖针套扣的凸头就会推动该竖针，使竖针钩端脱离

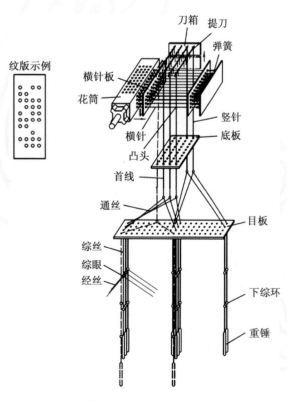

图7.81　单动式开口提花机织造结构简图

提刀，因此与竖针相连的综丝和经线均不提升，而由底板带动降下，于是经线就沉在下面，即形成梭口的下层。这样由纹版有孔与否，就决定了一根经线是否被提升。而每当花筒向横针靠压一次，纹版上设计好的开孔的数量与分布，就会提升起一组经线，并降下其他经线，形成经线组开口，供引入纬丝。当花筒退回原位时，横针右端的复位弹簧使横针复位。这样，每根经线的开口运动根据纹版上有孔或无孔来调控，而纹版上的孔则根据纹样组织设计的要求轧成，最终就获得了与纹样设计要求一致的经线开口运动。

在这一机构中，经线穿过综丝的综眼，综丝下端吊有重锤，上端与通丝相连。通丝穿过目板的孔眼与首线相连。首线又通过竖针底板的孔眼，挂在竖针的下钩上，该下钩不能穿过底板孔眼。故而，底板下降时，由于重锤作用，竖针被拉着随底板下降；而当底板上升时，就顶着竖针复位。但是，竖针被提刀提起时，竖针可以离开底板上升，带动下方的综丝上升。

此外，在提花机构中，横针同竖针呈垂直配置，数目与竖针相同，亦即刀箱上设置的提刀数量只要等于横针数量，就可以满足织造要求。在织造过程中，每一次刀箱上升、底板下降，就会使一部分竖针随刀箱上升而提起，另一部分竖针随底板下降而落下，由此形成纬丝穿过的梭口。这一过程反复进行，就可以织造出符合花纹要求的提花织物。

纹版除控制大花纹织物的经线提升外，还可用于织制织物边纹、控制多梭箱变换、辅助综框提升或下降等。20 世纪 70 年代出现了电子自动轧纹版机，可以用光电扫描器代替人工从纹样或意匠图上读取轧孔信息，自动轧纹版。

1979 年，苏州东吴丝织厂从法国伏道尔公司引进了全开口复动式安泰里斯（ANTRES）250-FO 型高速提花机，该机规格为 1 344 针，采用辅助纹针装置、连续纸纹版、弹性橡胶回综等技术，实际车速可达 250 次/秒，可为高速有梭织机和早期刚性剑杆织机配套。

2. 多梭箱

简称绫、罗、绸、缎的丝绸，绝大部分是图案丰富多彩、立体感强的多色大提花纹织物。例如，南京云锦、苏州缂丝等，古时大多用作皇帝龙袍和皇后霞帔面料。民间常用的团花花库缎、梅、兰、竹、菊图案的清地花织锦缎、满地花古香缎等，面料均为多种颜色经、纬丝的大提花纹织物。织造时，不同经线颜色可以通过分条整经或多经轴方式实现，多种纬丝颜色就要依靠可以容纳多种色纬的双侧多个梭箱装置来实现了。

为适应丝绸织物纬丝颜色、线型或原料种类变化的需要，丝绸织造广泛采用多梭箱机构，以实现多种纬丝织造。多梭箱机构根据两侧梭箱数的不同，常用的有 1×2（一侧单梭箱，一侧双梭箱）、2×2（双侧双梭箱）、3×3（双侧三梭箱）、4×4（双侧四梭箱）、8×8（双侧八梭箱）等不同规格。由于两侧的梭箱中至少要有一个梭箱空出来作为周转梭子使用，故从理论上说，如果梭子调配合理，多梭箱机构最多可以织制梭箱总数减 1 的纬丝种类织物。如 3 种色纬排列为 1∶1∶1 的织锦缎、古香缎等特色产品，可用双侧 2 梭箱（2×2，共 4 个梭箱），俗称"走马梭箱"的织机织造；杭州都锦生丝织厂特有的像锦织物的织机所使用的是最多可排列 15 种奇数色纬的双侧 8 梭箱（8×8，共 16 个梭箱）织机。从运动角度看，多梭箱运动次序有循序变换式和任意变换式两种。循序变换式的梭箱只能逐次变换，如 1 与 2，2 与 3，但可以减少织机振动；任意变换式的梭箱可以任意变换，对纬丝配色变换比较方便。

走马梭箱实为 2×2 从属式（两侧关联运动）多梭箱装置，该装置因两侧梭箱的运动是同步的，所以只需一套梭箱变换装置，同时变换两侧的梭箱即可。其梭箱升降控制装置与单侧双梭箱装置相似。如图 7.82 所示即为走马梭箱的梭箱升降控制装置。

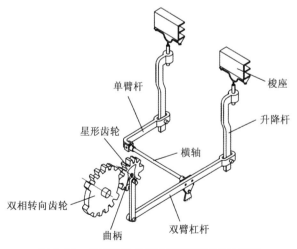

图 7.82 走马箱的梭箱升降控制装置示意图

由图中可以看到,中心轴上的双相转向齿轮,通过星形齿轮和曲柄,使双臂杠杆摆动,可同时升降两侧梭座。在这里,双相转向齿轮包括无齿与有齿两种相态,推动星形齿轮间歇性地旋转,通过曲柄使得双臂杠杆一端间歇性上升与下降,带动与横轴相连的单臂杆和双臂杆另一端同步升降,从而控制梭箱运动。

独立式双侧双梭箱装置与从属式传动结构相似,只是在织机两侧,梭箱须分别由两组换梭装置控制。因变换梭箱装置的机构相同,两只曲柄可装置在织机同侧,由一只单相转动齿轮传动,梭箱变换的控制装置也在同一侧。这种装置可织制三色纬丝均为奇数导纬的织物。

下面以双侧八梭箱(8×8)升降调控机构为例,说明多梭箱机构是如何实现多种纬丝织造的。图7.83所示为双侧八梭箱升降装置的控制原理图。该装置利用前、中、后3个曲柄加连杆机构联动控制8只梭箱的升降运动。机构如图所示,3个曲柄的运动可以各自独立进行,当一个曲柄运动,如图示中曲柄从下位升到上位时,若另外两个曲柄不动,则可以通过连杆传动使梭箱升降杆上升(如图中的虚线所示),并带动梭箱上升一格或几格。因每一个曲柄有上下两个位置,3个曲柄定位共可以使得梭箱获得$2^3=8$个不同的位置。表7.1列出了通过曲柄上下位置的调节,依次使得8个梭箱被传动到达梭口位置的过程,以及相应的曲柄位置配置。表中显示,以曲柄位置(中$_下$,前$_下$,后$_上$)为起始位置,每次调整曲柄组位置时,就可以使得1个或2个曲柄变位,如表中组序1到组序2只有中曲柄变位,而组序2到组序3则有中曲柄与前曲柄变位。根据与各个曲柄连接的连杆杠杆长短的不同设计,每一个曲柄升位一

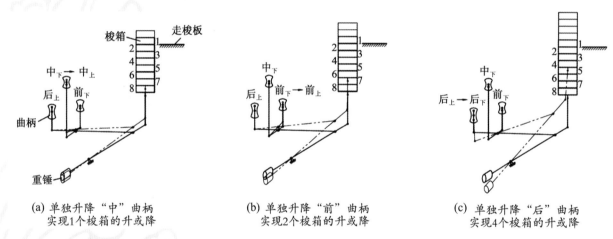

(a) 单独升降"中"曲柄实现1个梭箱的升或降　　(b) 单独升降"前"曲柄实现2个梭箱的升或降　　(c) 单独升降"后"曲柄实现4个梭箱的升或降

图7.83　8×8多梭箱升降装置的控制原理图

表7.1　8×8多梭箱曲柄组与梭箱的变化

组序	三曲柄组的位置			曲柄组的变化	曲柄变位一次梭箱升降数			位于走梭板水平面的梭箱
					中	前	后	
1	中$_下$	前$_下$	后$_上$	起始位置				1
2	中$_上$	前$_下$	后$_上$	(1)→(2)	+1			2
3	中$_下$	前$_上$	后$_上$	(2)→(3)	-1	+2		3
4	中$_上$	前$_上$	后$_上$	(3)→(4)	+1			4
5	中$_下$	前$_下$	后$_下$	(4)→(5)	-1	-2	+4	5
6	中$_上$	前$_下$	后$_下$	(5)→(6)	+1			6
7	中$_下$	前$_上$	后$_下$	(6)→(7)	-1	+2		7
8	中$_上$	前$_上$	后$_下$	(7)→(8)	+1			8
1	中$_下$	前$_下$	后$_上$	(8)→(1)				1

次或降位一次时，可以改变梭箱升降的格数。在本例中，如表中纵向第四栏所示，中曲柄变位一次（上变下或下变上），梭箱升降格数为1格［（a）图］；而前曲柄变位一次，梭箱升降格数为2格［（b）图］；后曲柄变位一次，梭箱升降格数可达4格［（c）图］。由表中可以看到，3个曲柄组的位置经过8次调整，可以使得到达走梭板水平面（即梭口位置）的梭箱序号在经历了从1到8的各个梭箱之后，重新回到1号梭箱。这一点在表的最后一列"位于走梭板水平面的梭箱"中以梭箱序号表示出来。每个新的梭箱到达梭口位置时，梭箱内的色纬可以被引入梭口织造。如果织机双侧均配置该八梭箱机构，再加上任意投梭控制，则可以织造15种颜色（或不同原料）任意奇数纬的像锦织物。

多梭箱织机在织制多种纬丝的织物时，需要正确配置梭子在梭座梭箱中的位置，并按织物的纬丝配色循环要求，变换梭箱的升降顺序，以保证织造过程顺利进行。因此，需要先进行梭子分段，即画出梭子分段图。

在梭子调配过程中，按纬丝配色要求，经过按一定投梭顺序投梭若干次后，所有梭子都回到各自原来位置的梭箱内，这一过程的循环称为"梭子分段循环"，其投梭次数称为"梭子分段循环数"，常以R表示。梭子分段图就是规定整个多色纬织造过程中多梭箱起点、色纬配置、梭箱变换、投梭梭箱顺序安排等织造信息的根据。梭子分段循环为大循环，可细分为以下几个分循环：① 表示完成纬丝配色过程的纬丝配色循环，以 Rp 表示；② 梭箱变换回到原来位置所需投梭次数的梭箱变换循环，以 Rb 表示；③ 经过若干次投梭后，梭子又恢复原来的投梭顺序的投梭循环，以 Rd 表示，它分为普通投梭（Rd=2）和任意投梭两种。

只有当以上3个分循环都至少完成一次、其他分循环完成整数倍的投梭总次数时，才能使所有梭子都回到各自原来位置的梭箱内。因此，梭子分段循环数 R 必须是以上3个分循环数 Rp、Rb 和 Rd 的最小公倍数。由于各分循环只有在梭子调配完成后方能获得，因此，在梭子调配完成后检查各分循环是否完成的方法，常用来验证梭子分段循环是否正确。梭子分段图会因初始梭箱位置或色纬初始放置位置不同而变化（不唯一），一般要求梭子分段循环数愈小愈好。同时，为了减少梭箱变换时的振动，要尽量减少梭箱升降的个数。

图 7.84 所示为 2×2 梭箱使用 3 把梭子织制织锦缎的梭子分段图。该织物使用 3 种不同颜色的色纬织造，分别用 a、b、c 表示 3 种不同颜色的纬丝，织物上呈现 1 根 a 色纬、1 根 b 色纬和 1 根 c 色纬的图案，所以将该织物的纬丝配色记为 1a1b1c；图中上方数字 1、2 代表两侧梭箱分别位于走梭板可以投梭引入相关色纬的顺序，如左侧 1 号梭箱在走梭板上，首先可以投梭；然后右侧 2 号梭箱接受 1 号梭箱投出的梭子后，梭箱降下，右侧 1 号梭箱降至走梭板后，才可以投梭，如此等等。左边竖行 1、2、3、……数字表示投梭顺序，a、b、c 表示不同纬丝颜色的 3 把梭子。开始时，两侧梭箱的梭子分配为：a、c 色纬两把梭子在织机左侧，b 色纬梭子在右侧 1 号梭箱。当梭子由某一梭箱出发时，在表示该梭箱的小方格内画一箭头，表示梭子已投出；投入到对侧某梭箱时，则在该梭箱中记下表征纬丝颜色的梭子代号，表明梭子停顿。从图可知，第一次投梭引入 1 根 a 色纬，第二次投梭引入 1 根 b 色纬，第三次投梭引入 1 根 c 色纬；从第四次投梭开始，第二个 a、b、c 色纬引入，所以纬丝配色循环 Rp=3。从图 7.84 的梭箱变化可以看出，梭箱初始位置为左侧 1 梭箱和右侧 2 梭箱的引纬工作位置，第二纬引纬时梭箱位置为右侧 1 梭箱到左侧 1 梭箱，第三纬处于引纬工作位置的是左侧 2 梭箱、右侧 1 梭箱，第四纬梭箱位置是右侧 2 梭箱到左侧 2 梭箱，第五纬开始重复第一纬的梭箱位置，所以梭箱变换循环 Rb=4。从图中表征投梭方向的小箭头可以看出，第一梭是从左侧投梭到右侧梭箱，第二梭是从右侧投梭到左侧梭箱，第三梭开始重

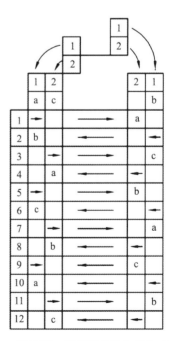

图 7.84 纬丝配色为 1a1b1c 的梭子分段图

复,所以投梭方向循环Rd=2。总梭子分段循环R=12,是其他3个分循环数Rp、Rb和Rd的最小公倍数关系。

正确的梭子分配种类取决于织机梭箱数、使用梭子数和纬丝配色排列。对于单侧多梭箱,能用的最大梭子数为一侧的梭箱数,纬丝配色均为偶数导纬。对于双侧多梭箱,可分两种情况,其一为两侧多梭箱同升同降的从属式,它能用的最大梭子数也为一侧梭箱数,纬丝配色排列为任意导纬;其二为独立式,当空梭箱数为1时可织任意奇数纬的织物,空梭箱数等于或大于2时,梭子分配和调配均较简单和灵活。

(四) 剑杆织机和电子提花

由于有梭织机的梭子和纤子比较重,而每织一纬引入的丝线又极其轻,所以有梭织造能量浪费极大,而且击梭和制梭时产生的噪声很大,因此,1979年丝绸织造行业引进了法国萨西姆公司的MAV刚性剑杆织机,20世纪80年代又引进了意大利苏美特公司的ST880、SM92,以及苏尔寿F2000等型号的绕性剑杆织机,开创了高速、精密织制丝绸的新时代。

1. 剑杆织机

剑杆织机两侧都装有夹持丝线的剑杆和相应的传剑机构,引纬时,纬丝由送纬剑送至梭口中央,然后交付给对侧已运动到梭口中央的接纬剑上,两剑再各自退回,由接纬剑将纬丝拉过梭口。双剑杆引纬时根据送纬剑与接纬剑在梭口中央交接纬线方式的不同,分为夹持式引纬和叉入钩出式引纬两种。图7.85所示为剑杆织机夹持式引纬示意图。

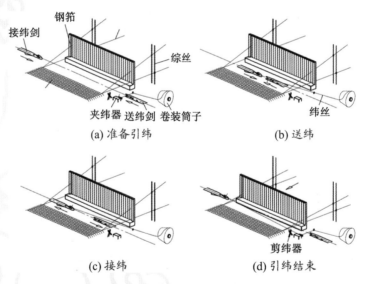

图7.85 剑杆织机引纬示意图

送纬剑和接纬剑的剑头分别是可打开或夹持纬线的叉形钳口和钩形钳口,进剑过程中,纬线在张力作用下滑入送纬剑的钳口,由纬线剪刀将钳口与布边之间相连的纬线剪断,送纬剑夹持着纬线的纱端到达梭口中央与接纬剑相遇,纬线自动滑入接纬剑的钳口中,再由接纬剑夹持引出梭口。

由于剑杆引纬全过程均是通过送纬剑和接纬剑夹头夹持纬丝引入梭口,所以特别适合加捻丝织物的织制;同时,其常规纬丝选色为4~8色(最多可达16色),也适合于织制纬色多的丝绸织物。

剑杆由传剑机构传动,设计合理的传剑机构应使得剑头运动更有利于实现织造要求,这些要求包括:(1)低张力引纬;(2)良好的纬线握持能力;(3)高效的纬线交接能力;(4)保护丝条性能、抑制退捻纬缩疵点发生;等等。由于剑杆引纬机构与储纬器的使用,使得织造时剑头在拾取纬丝、引导纬丝和交接纬丝过程中,纬丝所受的张力较小,张力变化较为缓和。由于整个引纬过程中纬丝完全处于受控状态,因此剑杆引纬机构适合细特、低强度或弱捻等一类纬丝的织造,能够保持较低的断纬率和较高的织机生产效率。

现代丝绸织造呈现门幅阔（可达5.4米）、高速（可达500转/分以上）制织的特点，只用过去的车速表示已经不能反映织造生产效率，所以，现代常用单位时间织入纬丝长度——入纬率来表示织造产量。原有梭丝织机门幅为1.6米，织造平纹织物时车速一般为200转/分左右，其入纬率为320米/分；织造大提花织物时，常用1.45米门幅织机，车速最高仅为120转/分左右，入纬率为174米/分。绕性剑杆织机配电子提花龙头织造的大提花织物门幅在1.8米左右时，车速可达500转/分左右，入纬率达900米/分，所以产量为原有梭织机织造大花纹织物的4倍以上。

剑杆织机的多色纬织造，是从多个纬丝筒子退出纬丝后，经过储纬器和检测器、张力器，以及由选纬装置确定所需要的色纬后，由剑杆引纬机构引入织口进行织造的。

剑杆织机的引纬速度比有梭织机高出数倍，并且是间歇性工作，所以织造中纬丝所承受的张力波动变化很大。特别是当丝线从直径不同、卷绕方向不同的筒子上高速退绕时，所受张力有很大差异，加上退绕时的气圈效应，将大大地增加引纬张力。为了保证在引纬过程中纬丝张力均匀，也为了适应高速织造的要求和减少纬丝的断头率，剑杆织机需配备能够存储一纬长度纬丝的储纬器。在引纬之前，将一定长度的纬丝从筒子上退绕下来，有序地卷绕在储纬器的储丝鼓上等待引纬。储纬器是集纬丝喂给、测长和定长作用于一体的机电一体化供纬装置。

跟随剑杆织机引入的电子多臂机和电子提花机，进一步提高了丝绸的织造生产率。如前所述，织造大花纹织物的提花开口源于我国古代"挑花结本"技术，它将经线提升信息储存在纹版中，通过机械方式控制经线升降，织造预先设计的组织和花纹。随着电子技术和计算机技术的发展，20世纪70年代末和80年代初，英国博纳斯公司推出了不需要纹版，而将经线升降的图案信息直接连接到纹针上的电磁铁，借助电磁铁吸合控制经线升降的电子开口技术，开创了提花织造的新时代。电子多臂和电子提花开口实际上只是将原先纹版机械选纬部分改变为根据组织、花型变化需求由软件控制电磁铁吸合形成综框或经线的升降，其经线升降原理并未改变。

在电子多臂开口机构中，储存综框升降信息的是集成芯片——存储器（如EPROM等），作为阅读装置的逻辑处理及控制系统则依次从存储器中取出纹版数据，控制电磁机构的运动升降综框。电子多臂开口机构结构紧凑，适合做高速运转，纹版更改方便，是多臂开口机构的发展方向。

2. 电子提花

20世纪90年代初引入了电子提花机，以瑞士史陶比尔集团和英国博纳斯公司为代表。英国博纳斯公司1981年推出了世界上第一台积极选针的电子提花机。瑞士史陶比尔集团是1983年收购了法国有百年提花机生产历史的伏道尔公司后才开始生产电子提花机的，其2003年上市的"开发系统"Unival100型电子提花机拥有自身驱动装置，不需要从织机取得动力运转，因此可以不受织机限制地独立工作；同时，该电子提花机的经线提升控制信号可以与织机开口机构关联，拥有最大的品种适应性，规格从512针到15 360针（合并使用2台可达30 720针），转速达1 200转/分。图7.86所示为瑞士史陶比尔电子提花机，图中左侧为去掉外罩后的内部结构，右侧为外形图。

电子提花开口机构的控制系统除了容量大以外，其工作原理与电子多臂机几乎一致，但纹版制备较为复杂。由于提花图案较为复杂，系统提供了4种输入手段。这4种输入手段包括：① 如果图案原稿是彩图、意匠图和投影放大图等纸质载体，一般通过高分辨平板扫描仪将图案输入主机内存；② 若输入对象为实物，则借助于CCD摄像系统输入；③ 当需将穿孔带连续纹版转制成电子纹版（如EPROM）时，则

图7.86 瑞士史陶比尔电子提花机

可通过纹版阅读机将纹版信息输入；④ 设计人员还可用电子笔在数字化仪上徒手绘画，现场创作提花图案。实际生产中，手段①最为常用。

电子提花机与其他机械控制提花机相比，在花样控制方面具有创造性的变革。它一般采用电磁作为电信号与机械量的转换装置，由电脑控制电磁阀吸合控制经线升降，即将由程控装置发出的提综信息转换成机械位移量来实现机械控制。国际上有三大提花机制造厂商，其中英国博纳斯公司的电子提花机结构简单实用，瑞士史陶比尔电子提花机设计制造精良，德国Gross电子提花机坚固耐用，它们代表了电子提花机技术的先进水平。

博纳斯电子提花机的工作原理为：电磁阀通电，电子纹针提升，获得经组织点；电磁阀不通电，电子纹针不提升，得到纬组织点。

史陶比尔电子提花机的工作原理为：电磁阀通电，电子纹针不提升，获得纬组织点；电磁阀不通电，电子纹针提升，得到经组织点。

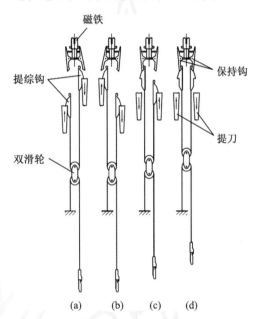

图7.87 瑞士史陶比尔公司CX型电子提花原理示意图

为了理解电子提花机的电子提花控制原理，这里以史陶比尔电子提花机为例进行说明。图7.87所示为瑞士史陶比尔公司CX型电子提花开口机构的工作原理示意图。图中，提刀受织机主轴传动而做上、下往复运动，并分别带动用绳子通过双滑轮连在一起的提综钩做升降运动。如前一次开口结束时下一梭口仍为梭口上层的经纱对应的提综钩在最高位置时被保持钩钩住，而其在最低位置的提综钩相应的经线形成梭口下层；如第二纬丝根据纹制要求仍在梭口下层，则电磁铁通电吸合保持钩，提综钩脱离保持钩并随提刀下降，提刀带着提综钩上升，相应的经线仍留在梭口下层，如图7.87（a）所示。图7.87（b）为提刀带着提综钩上升到最高位置，提刀带着提综钩下降到最低处。图7.87（c）表示电磁铁不得电，提综钩上升到最高处并被保持钩钩住，提刀带着提综钩上升，经线被提升。图7.87（d）为提综钩升至保持钩处时，电磁铁不得电，保持钩钩住提综钩，使经线升至高位，相应的经线升至梭口上层位置。此处的保持钩只是为减少电磁铁的吸合次数和提综钩的运动次数而设置的。

进入21世纪以后，国内电子提花机迅速发展，呈现逐渐取代进口电子提花机的趋势。

3. 纹制CAD

随着电子提花技术的发展，纹制CAD（计算机辅助设计）技术也在自动轧制纸纹版基础上迅速发展。

纺织图案通过纹制CAD中的图像输入系统、图形编辑和意匠处理系统，将纹样经CAD编辑后通过磁盘、U盘或网络直接输入电子提花机，可以快捷地改换织花图案。

一般纹制CAD具有方便的菜单，实物扫描分色后，快速勾边功能、组织配置、颜色和选纬统计，以及部分具有表示织造效果的三维展示组织交织规律，可改变视角检查组织效果。

本章参考文献

1. 刘军. 河姆渡文化 [M]. 北京：文物出版社，2006.
2. 朱新予. 中国丝绸史 [M]. 北京：纺织工业出版社，1992.
3. 湖北省荆州地区博物馆. 江陵马山一号楚墓 [M]. 北京：文物出版社，1985.
4. 刘仙洲. 中国机械工程发明史 [M]. 北京：科学出版社，1962.
5. 陈维稷. 中国纺织科学技术史（古代部分）[M]. 北京：科学出版社，1984.
6. 钱小萍. 中国传统工艺全集：丝绸织染 [M]. 郑州：大象出版社，2005.
7. 赵丰. 中国丝绸通史 [M]. 苏州：苏州大学出版社，2005.
8. 黄能馥，陈娟娟. 中国丝绸科技艺术七千年：历代织绣珍品研究 [M]. 北京：中国纺织出版社，2002.
9. 钱小萍. 中国织锦大全 [M]. 北京：中国纺织出版社，2014.
10. 李创，任荣明. 简述织机发展趋势 [J]. 纺织器材，2003，30（6）：58-60.
11. 王露芳，俞晓群. 锦的演变及其传承与创新设计 [J]. 丝绸，2016，53（8）：52-59.
12. 熊传新. 长沙新发现的战国丝织物 [J]. 文物，1975（2）：49-56.
13. 彭浩. 湖北江陵马山砖厂一号墓出土大批战国时期丝织品 [J]. 文物，1982（10）：1-8，97-101.
14. 罗群. 成都老官山汉墓出土织机复原研究 [J]. 文物保护与考古科学，2017，29（5）：26-32.
15. 沈莲玉，高汉玉，周启澄. 中国古代织花技艺与织机发展的研究 [J]. 中国纺织大学学报，1995，21（2）：32-39.
16. 赵丰，罗群，周旸. 战国对龙对凤纹锦研究 [J]. 文物，2012（7）：56-68.
17. 张玫，骆雅婷. "丝路之绸"大展昨日又添重量级展品 [N]. 青年时报，2015-10-12.
18. 王梓均，王嘉. 汉代蜀锦提花机模型 织锦之都的见证 [N]. 成都日报，2015-07-06.

第八章

古今丝绸品种

丝绸品种是各种丝织物的总称。从学术概念上讲，由一组或一组以上的经线与一组或一组以上的纬线按一定规律交织成的片状物，称为"织物"。以麻线为主的交织物，称"麻织物"；以棉线为主的交织物，称"棉织物"；以丝线为主的交织物，称"丝织物"，也就是丝绸品种。

战国以前，丝织物称"帛"。秦、汉以后又称"缯"。唐以后也有称丝织物为"绢"的。清以后，统称丝织物为"绸"。以上丝织物的各种称号，基本上都是平素织物的泛称；如果是多彩提花丝织物，则大多称为"锦"。

新石器时代最早发现了桑、蚕、茧后，逐渐有了由茧抽丝、由丝变帛的发明过程。我国目前发现的最早的纺织品实物，是江苏苏州草鞋山新石器时代遗址出土的葛布残片，距今约6 000年。

20世纪80年代，在河南荥阳青台村出土了一块公元前3500年左右的丝织物残片，相比湖州钱山漾良渚文化遗址发现的公元前2750年的丝绸绢片还要早得多，它将丝绸的起源又向前推进了近1 000年。

从远古时代将纱线由手工编织从而形成织物开始，到发明各类织机，并在这些织机上生产出丝织物，人们以织物组织的变化为主，结合不同的加工工艺，织出了各种各样的丝绸品种。至战国，已有绢、罗、绮、锦、绣等各种丝绸。此后，经汉、唐至宋、元、明、清，随着丝织技艺的极大发展和提高，丝绸品种更加丰富多彩，又出现了绫、纱、縠、缎、绁、缂丝等。民国以后，新纤维、新工艺、新技术的应用，使丝绸品种更加繁多，层出不穷。

近现代以来，我国生产的丝绸有两千多个品种。为了适应生产和贸易的需要，丝织物被分为14个大类，即纱、罗、绫、绢、纺、绡、绉、锦、缎、绒、绸、绨、葛、呢，以此为基础，又区分为36个小类，其中锦为重中之重。本章将选择几个具有代表性的丝绸品种锦、纱、罗、缎、绡、绢、绮、绫、绉、绒、绸作为典型类别，做详细论述，其余则简要说明。

第一节 锦

一、锦的概念

"锦"是丝织物分类中的一个大类,也是丝绸中最美丽华贵和精巧复杂的品种。自古以来,人们提起"锦",都会对它产生富有诗意的遐想,诗人将它描绘成天上的彩霞、春天的百花。

何为锦?古代有"织采为文,其价如金"之说。许慎《说文解字》释"锦":"襄邑织文也。"这里的襄邑,是秦始皇统一六国以后设置的县名,即现在的河南省睢县。西汉以来,襄邑以文化发达、丝织业极盛而闻名天下;西汉末年,这里已经使用提花织机,织制礼服用的锦绣织物送往京师。左思有"锦绣襄邑,罗绮朝歌"的名句,故朱骏声注称:锦为"染丝织成文章也。汉襄邑县贡织文",即锦是染丝织成彩色花纹的织物,古时是襄邑县进贡给朝廷的丝织物。从当代组织学概念来解释,锦的定义应该是:采用二组或二组以上的经线或纬线,用重组织形成质地较厚实的、外观丰富多彩的提花丝织物。但从广义来讲,也可以做这样的解释:锦是用彩色丝线织成的提花丝织物。

二、锦的演变与历史发展

锦有多种风格类别,主要可分为经锦、纬锦以及经纬显花锦,还有双层锦和多层锦等。在这里我们主要讨论古代的锦。古代先有经锦,后有纬锦,再发展到经纬显花锦。

图8.1 狩猎纹锦

图8.2 条形几何纹锦

1. 经锦的起源

经锦的起源可以追溯到距今3 000年前的周代。在《诗经·小雅·巷伯》中有"萋兮斐兮,成是贝锦"的记述。据《毛传》注解称:"萋斐,文章相错也。贝锦,锦文也。"即纹彩华丽的织丝,织成贝纹锦。《郑笺》中又解释为"犹女工之集采色以成锦文",即就像女子用彩色丝织成织锦上的花纹。这些是古代文献中关于"锦"的最早记载,表现了古人以锦来喻示最华丽的事物、言语等。在《诗经》其他章节里,也能见到"贝锦""玉锦""衣锦""锦衾"等名称。此外,在《穆天子传》中也载有:"盛姬之丧,天子使嬖人赠用文锦。"称周穆王的爱妃盛姬去世时,周穆王派亲信赠送丧礼用的纹锦,这是以"赠锦"表示极高的礼遇。可见,西周初年已经能够生产经锦并用作高贵礼品。

1970年,在辽宁省朝阳市魏营子西周早期墓葬中出土了我国迄今最早的经二重组织的经锦实物。2007年,江西靖安东周大墓中也出土了数件经密很高、色彩鲜艳的经锦(图8.1)。这为我们提供了实物佐证,说明经锦的起源应该是在周代。

最早的经锦采用两组经线重叠和交替显花,其色彩只有二色,故称二色经锦。图8.2所示为江西靖安东周大墓出土的条形几何纹锦。

到了战国中期，经锦大部分仍为二重经锦，如湖北江陵马山战国楚墓出土的"塔形纹锦"（图8.3）。但这时已开始出现三组经线的三重、三色经锦，如同为湖北江陵马山战国楚墓出土的"舞人动物纹锦"（图8.4）、湖南长沙左家塘战国楚墓出土的"褐地红黄几何纹锦"等。

图8.3　塔形纹锦

图8.4　舞人动物纹锦

汉代的经锦，由于丝织提花技术的改进，在织物结构和纹样风格上更为复杂多变，除少数是二重经锦外，多数为三重、四重和五重经锦。即使是二重或三重经锦，也多为应用经向彩条，呈现四色到五色的经锦。如新疆民丰北大沙漠一号墓出土的东汉"延年益寿大宜子孙"锦袜，就是具有四种色彩的三重经锦（图8.5）。东汉的经锦色彩丰富艳丽，纹样题材广泛，形象生动，大多是变形的龙、虎、辟邪、狮子、麒麟、仙鹿等动物形象与日、月、山峰、云气等，浑然一体，气势宏伟，构图严谨，纹样间隙中还加织有吉祥如意的铭文，如"万世如意""登高明望四海""长乐明光""望四海贵富寿为国庆"等。

在1999年至2005年间，中国丝绸织绣文物复制中心和苏州丝绸博物馆曾与国家博物馆和新疆博物馆合作，成功复制了新疆尼雅出土的东汉"王侯合昏千秋万代宜子孙"锦衾（图8.6）和"五星出东方利中国"锦护臂（图8.7），它们分别为四重经锦五种色彩和五重经锦五种色彩。其中"五星出东方利中国"锦是国宝级文物，无论在织物结构、花纹色彩还是织造工艺等方面均堪称历代经锦的巅峰之作。

图8.5　"延年益寿大宜子孙"锦袜

图8.6　"王侯合昏千秋万代宜子孙"锦衾

图8.7 "五星出东方利中国"锦护臂

图8.8 灯树纹锦

2. 纬锦的起源

唐代，社会稳定，东西方文化交融，丝绸生产空前繁荣。这时，经锦织造技术进一步发展，原来的平纹经锦逐渐演变成浮长较长的斜纹型经锦，织物表面变得更为丰满肥亮。

唐代经锦在图案风格上受到希腊、罗马文化的影响，偏爱狩猎纹和动物纹，并采用对称形和联珠形的表现手法，对鸟、对兽、对人等题材较多，形象生动逼真。如"四色变体宝相花纹锦""彩条花鸟流云纹晕锦"，新疆民丰北大沙漠一号墓出土的隋代三色"胡王锦"、三重四色"灯树纹锦"（图8.8）等，无不体现出百花齐放、花团锦簇的时代特征。

中唐以后，绝大部分经锦被纬锦所替代。

从丝绸之路沿线，如新疆阿斯塔那和青海都兰等墓葬出土的织锦看，其中一半左右都是纬锦，其年代显然是在斜纹经锦之后。阿斯塔那墓群出土的纬锦年代颇早，约在隋朝。但大量的纬锦出现在7世纪中叶，相当于唐贞观后期。其中有三色、四色、五色、六色纬锦，如新疆吐鲁番阿斯塔那381号墓出土的"花鸟纹锦"（图8.9）和青海唐墓出土的"宝花团窠对鸟纹锦"。

图8.9 花鸟纹锦

3. 经纬显花锦的出现

到魏、晋、南北朝时期，随着丝绸之路上文化与技术交流日益频繁，一种既可以控制经向循环又可以控制纬向循环的束综提花机开始出现。这种织机是中国早期竹编花本机的直接变形，是将中亚纬锦机的1-N把吊系统与中国传统的多综式提花机相结合的产物。在新疆出土了一件初唐灯树对羊纹锦，以及相似图案的羊树纹锦，可以确认，此类灯树对羊纹锦的图案不仅沿纬线方向循环，而且也沿经线方向循环。隋末唐初，此类实物越来越多，较为典型的是联珠小花锦，其图案循环虽然很小，但其织物是十分明确地带有1-N把吊装置束综提花机特征的产品，这也说明真正的束综提花机在这一时期已经出现了。此时的束综提花机除两片地综由织工直接脚踏控制外，整个束综由拉花者控制，使织物图案显现出明显的经纬向对称规律。

唐末、宋初，全部由纬线起花的纬锦逐步向既应用经线又应用纬线同时显花的织锦演变，钱小萍根据学术含义把它定义为经纬显花锦。经纬显花锦，是指织物表面既有经线显花的部分又有纬线显花的部分、在组织结构上既不同于经锦又不同于纬锦的丝织物。经纬显花锦最早出现在唐末、五代十国时期。新疆吐鲁番胜金口佛寺遗址出土了一件唐末、五代十国时期的"飞凤蛱蝶团花锦"（图8.10），实物用于舍利袋表层，是迄今发现的最早的一例经纬显花锦。它以经线六枚变则缎纹起地纹，另有四色纬线分别起花纹，不起花时则交织于织物背面。

图8.10 飞凤蛱蝶团花锦

唐以后，历经五代十国到宋代，丝绸品种发生了很大变化。唐末衰败最厉害的江淮流域，经过吴和南唐的奖励耕织，又恢复了过去的繁荣。仅以同光二年（924年）的纺织贡品为例，就有越绫、吴绫、越绢、龙凤衣、丝鞋履子、盘龙凤锦、织成、彩缎、绫绢、御衣、红地龙凤锦被等。除此之外，像盘龙凤锦这样的高档织品也已经开始织造了。彩缎则说明当时已经出现了缎纹组织织物，这也是组织学上的一大进步。经纬显花锦正是在经锦和纬锦组织的基础上加上斜纹或缎纹组织的应用而逐步形成的。之后，如宋代的蜀锦和宋锦、元代的织金锦和云锦、近现代织锦和大量少数民族织锦，大多属于经纬显花锦。

三、锦的结构特点

为什么先有经锦，后有纬锦，经纬显花锦又是如何形成的呢？要回答这些问题，就需要对织锦组织及其织造技艺特征有所了解。

（一）经锦的特点

所谓经锦，即应用两组或两组以上的经线，以重经组织分别起花所形成的多彩丝织物。这里说的重经组织，是指采用两组或者两组以上的经线与一组纬线交织而成的纹样组织，如果利用经线的彩条变化，则可以使纹织物花纹色彩的变换更加多样化。

1. 经锦的图案特点

（1）图案色彩呈纵向彩条变化

在古代，经锦除少数为二重经的二色经锦、三重经的三色经锦外，多数呈现二重经的三到四色经锦，或四重经的五色经锦等，即在色彩的配置上，它由原来的单色经变成了有一组为彩条变化的双色或多色经。如湖北江陵马山战国楚墓出土的"塔形纹锦"和"凤鸟凫几何纹锦"，它们虽然属于二重经锦，但由于其中的一组经线采用了彩条排列，故织物表面就不只是双色，而是有四种色彩。又如新疆民丰北大沙漠一号墓出土的"延年益寿大宜子孙"锦袜，为三重经锦，由于其中一组经线为彩条经，所以织物表面就出现了四色或更多色。在不增加经线重组数的情况下增加了色彩的变化，这是古代经锦的一大特点。

图8.11 连云鸟兽纹锦

（2）花纹的长度一般小于宽度

为了适应当时的织造工艺，古代经锦的花纹一般纵向长度远小于横向宽度，其横向尺寸可以很宽，有的甚至以独花的形式横贯织物全幅，而纵向尺寸却很小，且大多上下对称。花纹题材从造型粗犷简单的几何、人物变化发展到辟邪、怪兽、铭文和小型的簇四联珠对兽对禽纹等。图8.11所示为新疆罗布泊楼兰出土的东汉连云鸟兽纹锦。

2. 经锦的结构特点

经锦的地部组织与花部组织均为同一种重经组织，只是不同色彩的表经和里经的相互转换，使得花纹和地纹所呈现的是经线色彩的不同，而非组织的不同。经锦的组织分为两种，即早期的平纹型经锦和唐代发展起来的斜纹型经锦。根据织物表面花纹色彩的不同，可分为二重经锦、三重经锦、四重经锦和五重经锦等。

平纹型经锦组织交织点紧密细腻，外观似有缂丝的效果；斜纹型经锦的经线浮长较长，外观较丰满肥亮。图8.12是苏州丝绸博物馆在复制战国"舞人动物纹锦"时分析与阐明的三重经线之平纹型经锦

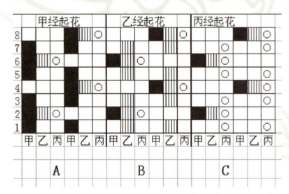

图8.12 平纹型经锦组织展开图（钱小萍绘，1988年）

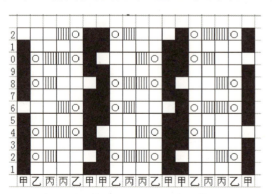

图8.13 斜纹型经锦组织展开图（钱小萍绘，1990年）

的组织结构展开图，图8.13是苏州丝绸博物馆复制唐代"簇四小窠镜花锦"时分析与阐明的三重经线之斜纹型经锦的组织结构展开图。

3. 经锦的织造工艺

先秦和两汉时期的经锦，大部分采用多综织机和多综多蹑织机织造，东汉和隋、唐时期的经锦则大部分采用束综花楼织机织造。由于组织结构的巧妙，每根经线的交织率相同，经向张力相等，不同色彩的经线只需牵在同一经轴上，故只需采用单经轴织造。

苏州丝绸博物馆在对经锦的复制研究过程中，对组织进行仔细分析、解剖，率先发现经锦组织中存在1/2纬线的素织纬，这1/2纬线只需采用两片素综织造，而无须用花综，故大大节约了多综多蹑织造的综片数，为多重经锦的织造提高了效率，这也为束综加综片的提花技术创造了有利条件。

（二）纬锦的特点

所谓纬锦，即应用两组或两组以上不同色彩的纬线，以重纬组织交替显花的多彩丝织物。是指采用两组或者两组以上的纬线与一组经线重叠交织而成的重纬组织，可使织物表面呈现多种纬线色彩的花纹。

1. 纬锦的图案特点

纬锦的图案主要有以下四种类别：① 联珠团窠纹，② 花瓣团窠纹，③ 陵阳公样纹，④ 卷草纹。

由于陆上和海上丝绸之路的开通，大大促进了东西方文化的交流，早期的纬锦具有明显的中亚、西亚风格，大都带有联珠纹的团窠图案，如联珠大鹿、联珠猪头、联珠骑士等。其团窠的尺寸由小到大，即由唐代经锦的小团窠演变为大团窠。在其团窠中，既安排了单个的动物花鸟，也有成双成对的动物花鸟，如联珠对鸭、对鹿、对鸟等（图8.14，图8.15），即唐代典型的"陵阳公样"纹。唐后期又出现了花卉、瑞草和藻井等图案。

图8.14 联珠对鹿纹锦（新疆吐鲁番阿斯塔那出土）　　图8.15 红地联珠对鸟纹锦（美国克利夫兰博物馆藏）

2. 纬锦的结构特点

纬锦的组织是从经锦的组织演变而来的，即同一组织以不同色彩的纬线在织物表面交替显花，从组织结构或原理来看，是经锦组织旋转90度。

纬锦纬向丝线色彩的变换较经锦经向丝线色彩的变换更为方便。唐代纬锦的创造，是织物结构和织造工艺的重大突破。

纬锦也是从平纹型纬锦逐步过渡到斜纹型纬锦的。只是平纹型纬锦出现的时间并不长，很快就被更亮丽丰满的斜纹型纬锦所替代。晚唐时出现了缎纹型纬锦。但无论平纹型纬锦，还是斜纹型纬锦，它们的结构特征都是应用同一组织显现不同色彩的纬线花纹。图8.16是苏州丝绸博物馆在复制唐代"黄地宝花团窠对鸟锦"时，在中国历史博物馆内首先分析出的三重纬甲纬显花组织展开图。图8.17是三重纬斜纹型纬锦的组织结构图。

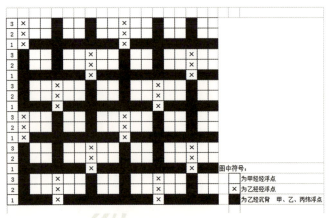

图8.16　三重纬甲纬显花组织展开图（钱小萍绘，1990年）

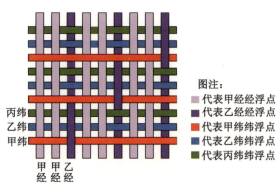

图8.17　三重纬斜纹型纬锦组织结构图
（甲经与乙经之比为2∶1）

3. 纬锦的织造工艺

纬锦的织造工艺可以简要地归纳为以下几点：

（1）纬向根据花纹色彩的需要，必须使用多把梭子的多梭箱织造。

（2）纬锦的经向一般只需采用一组经线，一个经轴。但苏州丝绸博物馆在对纬锦的复制研究中发现，实际上古代纬锦的经线是分成粗细不同、排列比不同的两组经线分别与纬线交织的。由于织造时两组经线的屈曲不同，因而张力不同，故必须采用两组经线和两个经轴织造。

（3）纬锦在变换色彩时，比经锦方便，只要改变纬线色彩，调换梭子即可。

（4）纬锦在装造上，除由花楼之牵线管理显花外，使用综片数比经锦少，它只用少量综片（压综）管理纬线的接结组织，一般3～6片即可。

（5）它可以采用多则花织造，即根据花纹的循环，在织物门幅内排列多个循环。一方面可减少牵花的牵线数或纹针数，另一方面可增加织物的幅宽。如唐代纬锦的幅宽有时可达100余厘米，甚至更宽。

（三）**经纬显花锦的结构特点**

钱小萍在给出经纬显花锦定义的同时，经对一系列古代经纬显花锦的分析研究，归纳总结出了经纬显花锦的结构特点，指出，其按表面组织形态大致可以区分为3类：

（1）由经线的经面效应组织作织物的地纹，由不同色彩纬线显现花纹。

（2）由经纬线互为显花，在织物表面构成花纹的联合体。

图8.18　经锦局部放大图

（3）由纬线的纬面效应组织作织物的地纹，另由不同色彩的纬线及经线显现花纹。

以上3种类型中，第一种比较多见，并一直流传至今。

（四）**经纬显花锦与经锦、纬锦的区别**

经锦是织物表面全部由经线显花，花组织和地组织结构相同，在织物表面只呈现经线色彩的区别，而没有组织的区别，缺乏组织不同形成的层次感，所以表面是平整的，如图8.18所示。

纬锦是织物表面全部由纬线显花，花组织和地组织结构也相同，在织物表面只呈现纬线色彩的区别，而没有组织的区别，所以表面也是平整的，如图 8.19 所示。

经纬显花锦则在织物表面既有经线显花的组织，又有纬线显花的组织，其花纹与地纹之间，或花纹与花纹之间的组织有多种变化，在织物表面不但呈现经纬线的色彩层次，还可呈现明暗不同的经纬组织层次。图 8.20 所示为纬浮长显花，地组织为经面斜纹。

图 8.19　纬锦局部放大图

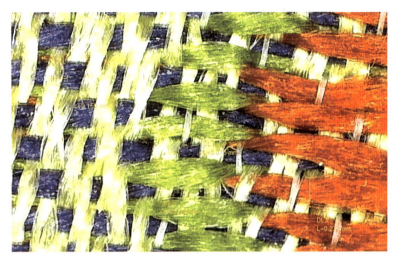

图 8.20　经纬显花锦局部放大图（纬浮长显花，地部经面斜纹）

通过对上述三类织锦的比较，说明在不同的历史阶段，织锦在组织结构类别上有很大的变化和发展，而且这三大类织锦各自又有不同风格和工艺特征，尤其是两宋以后的经纬显花锦，更是千变万化，自成体系。《中国织锦大全》一书指出，早期的蜀锦和少数民族织锦分别以经锦和纬锦为主，而宋以后的蜀锦、宋锦、云锦以及近现代织锦，均为经纬显花锦。

根据以上对于经锦、纬锦和经纬显花锦的讨论，可以知道，经锦的表面形态均为不同色彩的经线显花，而纬锦的表面形态则为不同色彩的纬线显花。织造纬锦的织机较经线起花的织机复杂，需要多把梭子织造，以此才能织出比经锦更繁复的花纹和宽幅的作品。从织造器械与技艺演变总是由简单向复杂进化的观点来看，前者发明与出现得更早就不难理解了。我国传统的经锦技艺与早期具有中亚、西亚风格的纬锦技艺，以及相应的织造器械出现之后，随着丝绸之路的开通，不同地域文化与技术交流进一步发展，更为单一技术向复合技术演变创造了有利的条件，能够反映各地区和不同民族审美观念和对更加丰富多彩织锦花纹的需求，自然地催生了经纬显花锦，同时也带来了织锦技术新的变革。

第二节　纱与罗

一、纱与罗的概念

纱罗组织即纱组织和罗组织的总称。它在织物组织学中，是结构和制作工艺比较复杂的一种。它不同于一般织物组织，如基元组织、重组织、多层组织和绒组织等，其经、纬线在织物中的关系均呈平行和垂直交织。纱罗组织的纬线虽相互平行，但相邻的经线则左右相互绞扭，因而在织物表面形成孔眼，经线与纬线之间是不发生相对位移的。此类织物的组织即纱罗组织，织物表面的孔眼称为"纱孔"。

另有一种联合组织中的透孔结构，织物表面虽有孔眼，但其孔眼是因经、纬线浮长的不同，在交织作用下相互挤压集束，形成束与束之间的孔眼，经、纬线位置仍保持垂直、平行的状态，故这类透孔组织被称为"假纱组织"。

纱罗组织由于织物表面纱孔分布的不同和绞扭方式的不同,而有纱与罗的区别。按当代组织学概念,纱组织的纱孔可布满织物表面;而罗组织的孔眼却是成条状分布于织物表面的。如每隔几根奇数纬线的平纹组织后而形成的横向纱孔,称横罗;每隔几根偶数经线的平纹组织后而形成的纵向纱孔,称直罗。

按照纱罗组织的结构形态,又将其分为简单纱罗组织、复杂纱罗组织和提花纱罗组织等。虽然古代和当代的纱罗在概念和类别上略有区别,但万变不离其宗,除古代的方孔纱外,其他都是由经线绞扭的不同类型的纱孔构成的。

此类组织的织物表面因为有清晰的纱孔,其质地轻薄、透明,透气性良好,故最适宜制作高档的夏季衣料、轻盈飘拂的服饰、蚊帐、窗纱、装饰品以及工业用品等。

二、纱与罗的演变和历史发展

纱罗生产具有悠久的历史,其源头可追溯至原始的网罟编结技术,这是纺织技艺的雏形。在我国古代,纱罗组织是先民们最初创制的织物组织之一。商代,君王是巫觋文化的崇拜者,十分迷信,一年中几乎每天都要举行祭祀仪式,并使用罗来包覆王宫的祭祀礼器。河南安阳殷墟妇好墓、河北藁城商代遗址等出土的青铜礼器上,都发现有罗的印痕。这些铜锈与丝织物品的结合物,显示早在商代我国纱罗生产技术已经达到了较高的水平。

图8.21 河南省荥阳市青台村新石器时代遗址出土的罗丝麻织物残片

迄今发现的我国最早的丝织物是1981—1987年在河南省荥阳市青台村新石器时代的仰韶文化遗址第七层及相关地层中出土的公元前3500年左右,即距今5 500年左右的丝麻织物残片(图8.21)。其中,在4座瓮棺内出土有碳化纺织物,在窖穴内出土了麻绳等,都是用以包裹儿童尸体的织物。据上海纺织科学研究院高汉玉和张松林鉴定,在W164和W486两个瓮棺内发现的丝织物残片,从丝纤维来看,其单茧丝截面积为36~38平方微米,截面呈三角形,丝线无捻度,是典型的桑蚕丝。从织物结构来看,是平纹组织的纱和以2根经丝组成的绞纱织物,为一种罗组织。而且,该罗组织出土时还带有浅绛色,被认为是精练后再染色的,所用的染料可能是赭铁矿一类的矿物染料。这是我国黄河流域中原地区出土的最早丝绸物证。

(一) 古代的纱

母系氏族公社时期,先民们就能用手工编织一绞一的麻、葛类织物。1972年,在江苏苏州草鞋山新石器时代遗址中发现了用二经相绞加圈绕方法织出的条纹和菱形几何纹葛布。在西安半坡遗址出土的新石器时代的陶碗底部的织物印痕中,也发现了二经相绞的织物印痕。这种织法,和《淮南子》所说的"伯余之初作衣也,緂麻索缕,手经指挂,其成犹网罗"的情况完全相符,说明我国在新石器时代就已经出现了原始的纱罗组织,但主要体现在麻、葛织物上。

古代丝织物的纱有非绞经之纱,是指经纬丝纤细、经纬密度最小的平纹组织之丝织物。织物轻薄、稀疏、有孔眼,古代称之"方孔(空)纱"。

1. 秦、汉的方孔纱

在周代,纱已经用作礼服衣料了。在已经出土的实物中,属于商周早期的纱主要有:安阳殷墟妇好墓出土的青铜大圆尊上黏附的纱的残片,其经纬丝密度为每平方厘米20×18根,组织孔隙明朗可见;辽宁朝阳西周墓出土的方孔纱，经密 20 根/厘米、纬密 20 根/厘米；江西靖安东周大墓出土的平纹组织的方孔纱，经、纬密度为每平方厘米 14×12 根（图 8.22）。此外，湖北江陵马山战国楚墓中发现的多块纱，长沙马王堆西汉墓中出土的一件不到 1 两重的素纱襌衣，也都属于平纹组织的方孔纱。汉代的纱孔隙较大，轻柔透亮，经纬时有加捻，当时被称为"方空"或"方目纱"。1972 年，甘肃武威磨嘴子 48 号汉墓中就出土有这样的素色方孔纱。

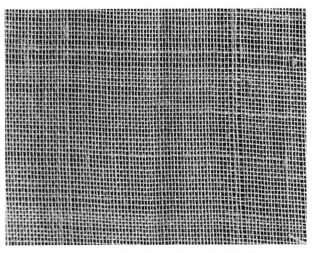

图 8.22　东周大墓出土的方孔纱复制品

2. 唐代的纱

唐代，纱也有不少种类，纱之极轻者名"轻容"，纱之平整者名"方目"。唐诗中有"缣罗不著索轻容"之句，说明当时纱较罗更为纤薄。吐鲁番曾出土过一件"天青地敷彩轻容纱"，堪称薄如蝉翼。

轻容和方目是两种极为轻薄的素纱。其组织有的为稀疏的平纹组织，但大多为二经绞素纱。这种具有固定绞组的二经绞织物在当时称"单丝罗"。

3. 宋代的素纱、花纱和金纱

宋代，纱的生产已有所发展。当时，除素纱外，又出现了有花纹的暗花纱。在素纱中，仍有一种是稀疏平纹的方孔纱，另一种是采用一绞一的二经绞素纱。

《宋史·地理志》载：开封府贡方纹纱，绍兴府贡轻容纱。亳州则出产一种轻纱，可谓"举之若无，裁以为衣，其若烟雾"，是一种堪称上品的轻容纱。

花纱，通过绞纱和其他组织配合显花。当时有两种较为常见的组织，一种以具有纱孔的绞纱组织作地，以没有纱孔的平纹或纬浮显花，称为"亮地纱"；另一种以没有纱孔的平纹组织作地，以有纱孔的绞纱组织显花，称为"实地纱"。福建黄昇墓出土的杂宝折枝纱是以二经绞纱组织为地，平纹显花，即亮地纱。辽墓出土的菱格纹纱，为花部起绞纱，地纹为平纹上起纬浮组织，即实地纱。

宋代还出现了织金纱、绉纱等。《宋史·舆服志》载有皇帝在大朝会、大册命等重大典礼上穿着的服饰，"绛纱袍，以织成云龙红金条纱为之"。这里的绛纱袍是深红色纱袍，是用织成云龙的红金条纱制成的。绉纱是指经、纬线经过加捻的绞纱织物。

4. 明代的绞经纱和乌纱

明代的纱在宋代的基础上已获得成熟应用，并趋向简单，但其素纱不再用平纹方孔纱，而大都为二经绞，即一绞一的绞经纱，并以透光的纱和较密实的平纹组织相互衬托形成暗花纱织物。《明史·舆服志》中，多次出现过"中单以素纱为主"的字样；另外，当时还以涂过胶的纱为冕冠材料，"永乐三年定，冠冕以皂纱为之"。这里的皂纱，就是指涂过胶的黑色硬纱。定陵出土的万历皇帝的乌纱帽，就是用皂纱制作的。

5. 清代的暗花纱和大提花纱

清代，绞纱织物发展很快，尤其是暗花纹的种类很多，包括亮地纱、实地纱和各种变化的纱。清代还出现了一种绞纱与平纹组织结合形成的很小的几何纹，称"芝麻纱"或"芝地纱"，在当时使用很广泛。在芝麻纱作地的基础上，还形成了大提花的花纱，苏州吴地生产的各式窗纱，大多为素纱地上起平纹组织，或平纹纬浮，或变化组织的暗花纱；也有在芝麻纱地上起平纹或变化组织的大提花花纱。

（二）**古代的罗**

古代的罗，经线相互缠绕，在纵、横向分不开绞组，而环环相扣，形成孔眼的轻薄透孔织物，其孔眼稳定牢固，不会滑移。罗是丝织物中的上品，分四经绞罗和二经绞罗，又称通绞罗和链式罗。

1. 先秦时期的四经绞素罗

迄今所知的商周和战国时期的罗织物皆为四经绞罗之素罗，如安阳殷墟妇好墓中出土的甗和方彝上发现的绞经织物，即为无固定绞组的四经绞素罗。

当时，罗的经纬密度较稀疏，约为 32×12 根/厘米^2，后来逐步加密，尤其经向加密，是由 4 根经线绞扭形成孔眼，故其孔眼更为疏朗、清晰（图 8.23）。

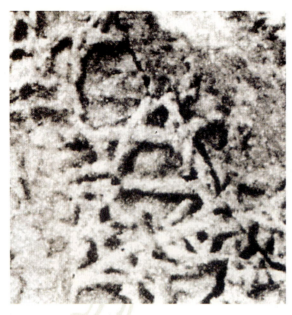

图 8.23 四经绞罗局部

湖北江陵马山楚墓发现的罗保存完好，大部分是与商代相同的四经绞罗，但其中用于龙凤虎绣的素罗织物，其组织已略有变化，其在四经绞罗的基础上，每当 3 根纬线与经线绞扭时，便增加三梭不绞扭的平纹组织，如此间隔排列，形成横条罗。这种变异的四经绞罗，为后来的横罗打下了基础。这种罗织物的经线较粗，投影宽度为 0.15 毫米；纬线较细，投影宽度为 0.05 毫米。经、纬密度为 40 根/厘米和 42 根/厘米。

2. 汉代的提花罗

长沙马王堆汉墓出土的绞经织物中，出现了不少提花罗。

提花罗的组织，通常是以孔眼较大的四经绞罗作地纹，以孔眼较小的二经绞罗为花纹，反之也有以二经绞罗作地纹、四经绞罗作花纹的，即两者结合，从而形成了花地相对分明的提花罗，使织物更加轻薄透明。图 8.24 所示即为湖南长沙马王堆汉墓出土的提花罗——杯纹罗。

图 8.24 杯纹罗

1959年，新疆尼雅出土的菱纹罗，是以四经绞罗作地纹、二经绞罗起花纹的，经密66根/厘米、纬密26根/厘米。在河北满城、蒙古诺因乌拉、甘肃武威磨嘴子汉墓都出土有这样的菱纹罗。其中，武威磨嘴子出土的最为精良，其经密达144根/厘米，排列非常紧密。长沙马王堆一号汉墓和江陵凤凰汉墓也有大量提花罗出土，其中长沙马王堆一号、三号汉墓出土的成幅纹罗有十余件，幅宽约36～51厘米，经密一般为100～120根/厘米，纬密为35～40根/厘米。

由此可见，无固定绞组织、环环相扣的链式罗，包括四经绞罗和二经绞罗，起源于商周，提花链式罗则最早出现于汉代。

3. 唐代的四经绞花罗

在唐代，纱和罗十分流行，而且花色品种甚多。在《新唐书》所载的各地贡品中，有瓜子罗、孔雀罗、宝花罗、单丝罗等名目，并以小几何纹的花罗为主。如新疆吐鲁番阿斯塔那出土的唐代罗织物，其基本组织仍是以四经绞罗和二经绞罗为主的链式罗。

4. 宋代的花罗和横罗

宋代是罗织物生产的高峰期，由于江南丝织业迅猛发展，罗的品种名目繁多，有花罗、平罗和清水罗等大类。当时，罗的产地主要集中在浙江的金华和江苏的镇江。宋神宗时，婺州之细花罗和润州之花罗十分著名。从出土文物看，这一时期罗的主要类型依然是四经绞罗，花罗大部分仍以小花纹为主，以四经绞作地，二经绞显花，如九点纹、方格纹和菱纹等。当然也有较复杂的花卉纹罗，如江西德安、福建福州、江苏镇江宋墓中均出土有花卉纹罗。

自宋、辽、金、西夏开始出现了有固定绞组织的罗，其绞组是分得清的，有二经绞（一绞一）、三经绞（一绞二）两大类。三经绞罗的地部均以三根经线丝为一组，即一根绞经和二根地经构成一绞组，如有花纹，则花部的组织结构为不起绞的平纹、重平或斜纹等。

另外，这一时期还出现了与先秦时期不同的横条罗，即在二经绞固定绞组的基础上，经线在一梭绞扭后，再连续数纬不绞扭，以平纹组织与绞经组织形成横条效果的织物，称"横罗"。这与当代的横罗已无区别，但这类织物仅见于北方地区。

5. 明代的罗衫、罗裙

明代的罗使用更广泛。除宫中对纱罗的穿着有规定外，民间穿罗也有多种多样，如罗衫、罗裙、罗袍、罗帽等。从组织结构来看，仍有不少为四经绞罗，但大多为有固定绞组的三梭罗、五梭罗甚至七梭罗和七梭以上的横罗织物，若经纬异色，则产生闪色效果，称为闪色罗。

6. 清代的杭罗

到了清代，罗织物中四经绞罗已极为罕见，且织造水准较低劣，说明无固定绞组的二经和四经绞罗已日益被淘汰。清代的罗大都为平纹地上起横向和直向的纱孔，分别称横罗和直罗，横罗组织是一绞一的绞经组织。一梭绞扭后，间隔三梭、五梭、七梭甚至间隔十余梭平纹组织，清代的罗以杭罗为代表，有素罗和花罗之分。素罗即为上述间隔三梭、五梭、七梭平纹的罗，又称三丝罗、五丝罗和七丝罗。花罗即在大面积的素罗地上起斜纹或变化组织之花纹。

（三）当代的纱罗

纱罗组织构成的织物透气性好，结构稳定，可用作夏季服装、蚊帐布、刺绣底料、窗纱和筛绢等日用品或装饰织物。现代无梭织机制织的毛边织物就常用纱罗组织固结边纱。此外，纱罗组织的产品还适合于农用、建筑和室内装饰等。

1. 当代纱罗的组织结构

当今的纱，是指经线绞扭后形成的纱，而平纹组织和稀疏的方孔纱，现代称之绡。

当今的罗，已不再是那种环环相扣的二经绞和四经绞的链式罗了，而是在绞纱的基础上，在横向或纵向隔有平纹组织的横条和直条，称为横罗和直罗。当今的纱罗组织，也有简单纱罗组织和花色纱罗组织之分。

简单纱组织，即地经与绞经的排列比为1∶1，每织1根纬线后，绞经绕地经绞扭一次，形成纱孔，称为一绞一的纱组织。地经与绞经的排列比为 2∶1，则绞经绕 2 根地经绞扭一次，形成纱孔，称为一绞二的纱组织。若相邻两绞组用左右向穿法，当纬线织入后，绞经分左右向绞扭于地经两侧者，则称为对称绞的简单纱组织。简单罗组织，即上面讲的横罗和直罗。

花色纱罗组织，是指变更纱罗组织的本身结构，如改变其绞经与地经的配比，或改变纱孔的形态和位置等，使其在织物表面呈现多种多样的纱孔形态。

当代的罗，如杭罗，已被列入国家非物质文化遗产名录。随着时代的变迁和人们生活方式的改变，当代穿着纱罗织物的人群日渐减少，尤其年轻人更少。但是，也有部分中老年人在夏天还是喜欢穿着纱罗织物，如香芸纱、芝麻纱、青山纱、杭罗等。当然，纱罗也用作窗纱、灯罩、围巾和宴会服等高档用途。其结构大部分为具有固定绞组的纱类织物，有一绞一、一绞二、一绞三以及对称绞、花色绞等多种变化。

2. 当代纱罗织物的特点

① 在织物结构上，其绞纱组织已不再是环环相扣的链式罗结构，而是固定绞组的各种纱孔形态的变化。

② 在生产工艺上，改变了过去较复杂的穿综和起综方法，并采用较为简便的机械化生产方法。然而即便如此，纱罗织物的织造工艺还是比较复杂的。

③ 在丝线材料上，不仅用真丝线，还可用人造丝、金银线、花色线、绉线等多种纤维交织，以形成不同风格的纱罗织物。

3. 当代纱罗的品种

传统品种有：各式杭罗（横罗和直罗）、春罗，各式窗纱（实地纱、亮地纱）、物华纱、庐山纱、振亚纱，各式香芸纱等。

新品种有：青山纱、莹波纱、夏夜纱、碧玉纱、云裳纱、锦玉纱和化纤窗纱等。

三、纱与罗的结构特点

如前所述，纱罗组织简单地概括起来就是指由地、绞两个系统经纱与一个系统纬纱构成经纱相互绞扭的织物组织。在纱罗织物上，根据经纱相互绞扭形成的绞纱孔分布和排列的不同，可得到不同特点的组织，如绞纱孔分布均匀不显条状的，称纱组织，主要用于制作蚊帐、筛绢等。而绞纱孔沿经向排列者称直罗，如帘锦罗；绞纱孔沿纬向排列者称横罗，如杭罗。一根绞经一根地经相间排列、每梭起绞者，为最简单的纱组织。五梭一绞，是较简单的横罗组织。以下通过一些实例来介绍纱罗组织的结构特点。

（一）纱与罗的结构

1. 纱

图 8.25 所示为古代采用的平纹组织的方孔纱；图 8.26 所示为花式绞的纱织物组织；图 8.27 所示为二经绞的纱组织结构图。

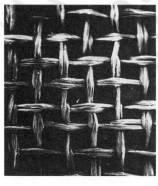

图 8.25　古代方孔纱平纹组织结构

图 8.26　花式绞纱织物局部照片

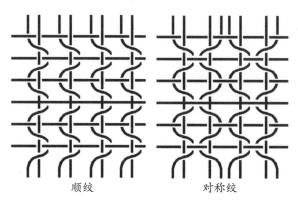

图 8.27　二经绞纱组织结构图

2. 罗

图 8.28 所示为古代二经绞链式罗组织结构；图 8.29 所示为古代四经绞链式罗组织结构；图 8.30 所示为古代四经绞横罗组织结构；图 8.31 所示为南宋三经绞平纹花罗组织结构；图 8.32 所示为古代菱纹罗组织结构；图 8.33 所示为当代横罗组织结构。

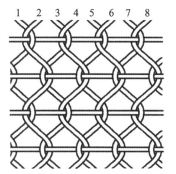

图 8.28 古代二经绞链式罗组织结构

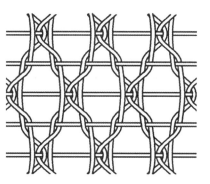

图 8.29 古代四经绞链式罗组织结构

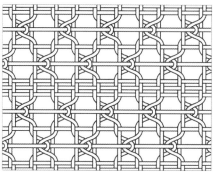

图 8.30 古代四经绞横罗组织结构

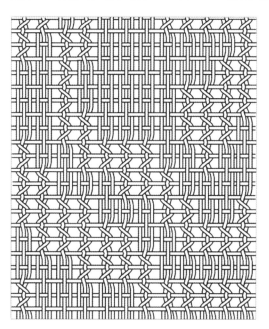

图 8.31 南宋三经绞平纹花罗组织结构

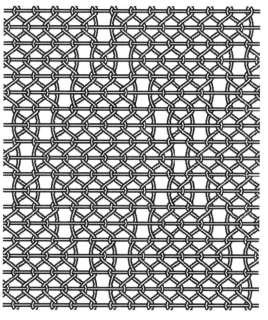

图 8.32 古代菱纹罗组织结构

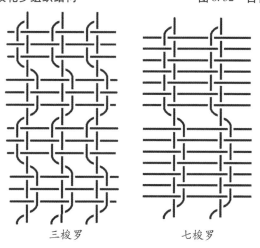

图 8.33 当代横罗组织结构

（二）纱与罗组织的形成原理

为了形成纱罗组织，设计和织造时必须满足两个要点，即经线配置和特种绞综提综装置。

1. 经线配置

纱罗组织由两组经线和一组或两组纬线交织而成，主要特点是经线配置不同于一般织物。它的两组经线中，必须有一组经线为起绞的绞经，一组为不起绞的地经。绞经必须在地经下面穿入绞综，绞、地两经组合成一绞组。每一绞组内，绞经与地经的排列比有 1∶1，1∶2，1∶3，1∶4，2∶2 或 2∶3 等，最常用的为 1∶1。

2. 特种绞综提综装置

在织造过程中，绞经通过特种提综作用，即基综和半综的作用，绞转于地经左或右的两侧之上，与纬线形成绞扭，从而产生了纱孔。

四、纱与罗的上机工艺

（一）普通纱与罗的上机工艺

1. 绞综装置

由于纱罗组织有绞经和地经两组经线，故综片也分为绞综和地综。目前使用的绞综装置有线制绞综和金属绞综两种。

线制绞综为古老传统的绞综装置，结构简单、制造方便，但只适用于制织经密大的纱、罗织物，操作时需要掌握一定的技巧。该绞综装置由绞综、一片后综和一片地综构成。其中，绞综由一片基综、一片半综构成。半综的头为真丝线或尼龙线制成的圈环，穿入基综圈内后，绞经再从圈环穿过。基综为线制，后综和地综为一般综片。

金属绞综结构较复杂，制造难度大，成本较高，但使用方便，使用年限较长。其绞综装置同样由绞综、一片后综和一片地综构成，但其中的绞综是由地经两侧的前基综、后基综和半综组成的。前基综和后基综各由两片扁平的钢质薄片在中部焊接点连为一体；半综的两只脚骑跨在前后基综之间，将脚伸入基综上部的两薄片之间，由基综的焊接点托持住。这样，无论哪一侧的基综上升，半综都能随之上升，带动穿过半综圈环的绞经提起或降下。后综和地综同样是一般综片。

2. 穿综方式

线制绞综穿综法如图 8.34 所示。其中（a）图为绞转梭口，当绞经从地经的一侧穿入半综时，被基综提起扭绞到另一侧形成绞转梭口，打纬穿过，随后基综落下，带动绞经回到起始一侧。（b）图为普通梭口，当地综提起时，带动穿入地综的地经提起，与绞经形成普通梭口，打纬穿过，随后地综落下，带动地经落下回到起始一侧。这种梭口与绞转梭口或开放梭口按一定规律循环织造，可织成平纹和共口平纹等其他组织。（a）（b）两图的右侧为穿综方法，左侧为织成的效果示意图。

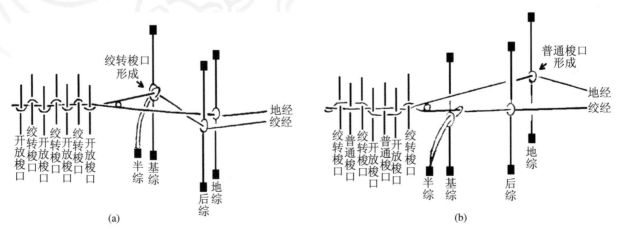

图 8.34　线制绞综穿综示意图

金属绞综穿综法如图 8.35 所示。图中（a）为绞转梭口，当绞经从地经的一侧穿入半综，被前基综提升带动，使半综升起形成梭口时，打纬过后，前基综落下，将绞经扭绞到地经的另一侧，故这时的梭口称为绞转梭口。（b）为开放梭口，由后基综提升带动，使半综及穿过其圈环的绞经提升，打纬过后，后基综落下，绞经回落到起始的一侧，故这时的梭口称为开放梭口。（c）为普通梭口，由地综提起时，带动穿过地综小圈的地经提起，与绞经形成梭口，打纬过后，地综落下，带动地经回落至绞经的同一侧。这时的梭口称为普通梭口。

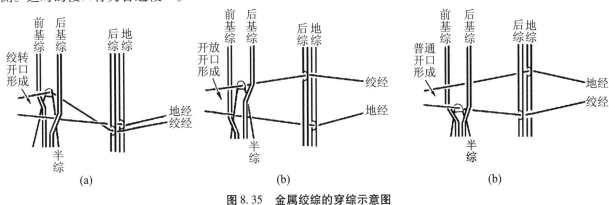

图 8.35 金属绞综的穿综示意图

（二）链式罗的上机工艺

古代的四经绞罗和二经绞罗之链式罗已失传 700 多年了，其织造工艺至今尚无确切的考证。苏州丝绸博物馆和苏州几家丝织工厂经反复探索、复制研究，终于成功地将这一传统制造工艺挽救回来，并试制出了素链式罗和花链式罗若干件。在这里，为了介绍链式罗的织造工艺，以图 8.36 展示链式罗的上机工艺，并在表 8.1 中列出了链式罗织造时相应的地经与绞综的穿综方法。在这里，C_1、C_2 表示绞综 1、绞综 2；L_1、L_2 表示地综 1、地综 2。

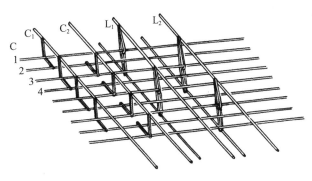

图 8.36 链式罗上机工艺图

根据图 8.36 的标记和表 8.1 列出的链式罗地经与绞综的穿综方法，可见这种罗组织四杼为一个循环，因此提综的顺序依次为：

第一杼，提起 C_1；

第二杼，降低 C_1，提起 C_2，L_1；

第三杼，提起 C_1；

第四杼，提起 C_1，提起 C_2，L_2。

表 8.1 链式罗地经与绞综的穿综方法

经列		经线穿综			
		地经	绞经	地经	绞经
		1	2	3	4
综列	地综 L_1	○	×	×	×
	地综 L_2	×	×	○	×
	绞综 C_1	□	○	□	○
	绞综 C_2	□	○	□	○

注：符号○表示经丝穿入；×表示经丝未穿入；□表示经丝浮在面上。

第三节 缎

一、缎的概念

缎，即采用缎纹组织形成的丝织物。缎纹组织是三大基元组织——平纹、斜纹、缎纹中较为复杂的一种，其单独组织点的排列，不能成连续线，而是均匀分布于另一组丝线的长浮线之间，因此缎纹组织相比平纹和斜纹组织的丝线浮长最长，织物表面最平滑光亮，但不耐磨。

构成缎纹组织有两个必要条件：一是组织的循环经（纬）线数 $R \geq 5$（6除外）；二是组织的飞数 $1 < S < R-1$，且 R 和 S 之间不能有公约数。飞数是指在组织循环中，同一系统经纱（或纬纱）中相邻两根纱线上对应的经（纬）组织点在纵向（或横向）所间隔的组织点数。如经向飞数，就是指相邻两根经线相同组织点之间相隔的纬线数。

为什么组织的循环经（纬）线数 R 必须 ≥ 5？这是因为在缎纹组织中，浮长线较长时，单独的组织

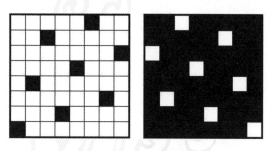

图8.37 八枚缎纹组织图

点才能被其两旁的另一系统纱线的浮长线所遮盖，为此 R 必须 ≥ 5。那么，为什么循环经（纬）线数又不能等于6？这是因为如果选择1或 $6-1=5$ 作为飞数时，织造出来的组织就是斜纹组织，如果选择2、3、4作飞数，则与6均有公约数，因此缎纹组织的循环线数不能为6。那么，又为什么飞数 S 和循环线数 R 不能有公约数？因为如果飞数 S 和循环线数 R 之间有公约数，就会发生一个组织循环内一些纱线上有几个交织点而另一些纱线上完全没有交织点的情况，这时就不能形成组织。如当 $R=8$，$S_{wa}=2$ 时，将出现第2、4、6、8根纬线上完全没有与经纱交织的情况，就不能形成正常的组织了。

根据缎纹组织的这些结构特点，在表示缎纹组织时，主要就以循环经（纬）线数（简称枚数）R 以及飞数 S 之比值 R/S 表示。在这一结构特征式中，对于经面缎纹，R 表示循环纬线数，飞数 S 表示经向飞数；对于纬面缎纹，R 表示循环经线数，飞数 S 表示纬向飞数。如上所述，结构式要求 R（≥ 5）与 S（$< R-1$）这两者应互为质数。组织循环线的线数越大，织物表面纱线浮长越长，光泽越好，织物越松软，但牢固度则越差。由于经面缎纹织物的表面多数为经线浮长所覆盖，为了突出经线效应，经向紧度须大于纬向紧度。与经面缎纹织物相类似，对于纬面缎纹织物，则经向紧度须小于纬向紧度。

图8.38 五枚经面与纬面缎纹结构图

如图8.37所示，八枚缎纹的一个循环组织中，循环经线数 $R_{wa}=9$，循环纬线数 $R_{we}=8$；经组织的飞数 $S_{wa}=7$，纬组织的飞数 $S_{we}=7$。

经面与纬面缎纹结构是这两种缎纹组织的结合，可以分别按照经面缎纹与纬面缎纹设计各种参数。图8.38所示为五枚经面与纬面缎纹结构图。

除此之外，构成缎纹组织还必须满足以下两个附加条件：

① 在一个循环组织内，每一根经、纬线只能有一个交织点；

② 每一根经线或纬线的浮长线之浮点，必须大于或等于4。

缎纹组织与斜纹组织一样，有经面缎纹和纬面缎纹之分。以经线为浮长线、以纬线为交织点的缎纹组织，称为经面缎纹；以纬线为浮长线、以经线为交织点的缎纹组织，称为纬面缎纹；此外，还有变化缎纹；等等。

这些构成缎纹组织的必要条件以及附加条件，是我国千百年来绸缎织匠对于缎纹组织生成技艺反复凝练集粹的结果。正是基于这些规则，才形成了具有我国独特韵味，又繁复缤纷、亮丽多彩的绸缎世界。

二、缎的起源和历史发展

缎纹组织起源于中国，长期以来，人们对缎织物的产生年代颇有争议。据《中国大百科全书》记述，唐代，缎已成为丝织物的一大类，但缺乏实物佐证。而在辽墓中有大量的缎纹纬锦出现则是事实，如内蒙古科右中旗代钦塔拉耶律羽之墓出土的"雁衔绶带锦袍"，就是应用五枚缎纹组织作为多重纬的纬浮线的固结组织，说明缎纹组织的实物到辽代已出现。尽管该组织并不是真正意义上的经面缎纹织物，而只是采用了缎纹组织作为基本固结组织，但对于研究缎纹组织的起源具有重要的价值。

宋、元时期，有大量的丝织缎纹组织出现，并出现了织金锦，当时称为"纳石矢"或"金段子"，是指织入金线显花的丝织物，其金线的固结组织有三分之一为斜纹组织，但大多数为纬面缎纹组织。

直至元代，被称为"纻丝"的缎，才是真正意义上的经面缎纹织物。它的表面经线浮线较长，光滑、平整、柔软、亮泽，最能体现丝绸之美。

元代的纻丝有暗花纻丝和素纻丝两类，即暗花缎和素缎。暗花缎的组织为正反五枚缎。元代丝织的一大贡献就是纻丝的成熟和推广。在官府作坊里，纻丝已成为主打产品。在江苏无锡，元初的钱裕墓出土了大量织物，其组织即正反五枚缎，这是目前所知最早的缎纹织物实物。江苏苏州的张士诚母亲曹氏墓、四川重庆的明玉珍墓，以及甘肃的汪世显家庭墓等元中后期的墓葬中，也都有缎纹织物出土（图8.39）。

自明代开始，五枚缎成为丝织物的基本组织，明末又出现了八枚缎。据《大明会典》记录，纻丝是官营织造局每年上贡的主要丝织物之一。《天水冰山录》记载：严嵩家产中的华丽缎织物有144件之多。明代缎织物在生活中的应用非常广泛，有服装、被褥、挂帘和装饰品等。

图8.39 金驼云纹缎

到了清代，缎纹织物不仅和明代一样，是丝绸中的主流品种，而且更加丰富多彩，名目繁多。除五枚缎、八枚缎外，还出现了七枚缎和十枚缎等。其门幅也宽窄不等，有三尺二寸、二尺八寸、二尺四寸等。据不完全统计，北京故宫博物院收藏的缎织物，有妆花缎、暗花缎、织金缎、二色缎、闪缎、蟒缎、广缎、库缎、贡缎、罗纹缎、金彩缎、摹本缎、片金缎等。

到了近代，缎纹织物的种类和变化更多、应用更广。随着近代工业革命的兴起，国外的新原料、新设备逐渐被引进,民国时期又出现了大量的缎类新品种,有平素的缎和提花的缎等。在平素的缎中,有全真丝的缎、全人丝的缎,真丝、人造丝交织的缎,尼龙、涤纶的缎等;提花的缎有著名的织锦缎、古香缎、花软缎、金玉缎、克利缎和绒面缎等,尤以织锦缎和古香缎为代表。提花缎地纹组织为经线显花的八枚经面缎纹,花纹是由三组纬分别显花的纬浮花,纬浮花的经向交织点有纬面缎纹切点、纬面斜纹切点、按花纹需要或花纹走势的灵活切点。此外,还有将经线染成七色彩条的"七星缎"、将经线染成晕色的蜀锦"月华缎"、缎纹地上起彩色丝线挖花的云锦,以及应用阴影(影光)缎纹制织的像景织物等。

三、缎的种类和结构特点

如上所述,缎是指采用缎纹组织、外观光亮平滑的丝织物。缎纹组织是在斜纹组织的基础上发展起来的,其组织结构特点是相邻两根经纱或纬纱上的单独组织点常被相邻经纱或纬纱的浮长线所遮盖,所以织物表面平滑匀整、富有光泽,花纹具有较强的质感,适宜于织造复杂颜色的纹样。在这里,将根据缎织物组织结构的变化、花素缎纹的外观特征,以及不同的丝线材料等,对其进行分类讨论。

1. 按组织结构的变化分类

(1) 应用组织循环根数不同而形成的缎纹织物,如五枚缎、七枚缎、八枚缎、十二枚缎(图8.40)、十六枚缎(图8.41)、二十四枚缎等,按不同织物的需要而定。

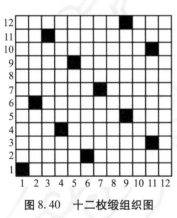

图8.40 十二枚缎组织图　　图8.41 十六枚缎组织图

在同样的紧度下,枚数越小越紧密,而枚数越大越松软。

一般情况下,五枚缎应用最广,尤其是在平素和印染的缎织物中。八枚缎多数应用在提花织物中,如织锦缎、古香缎、花累缎、花软缎、绒面缎、花绒缎、花绉缎、金玉缎、克利缎等。七枚缎在明、清时期的缎织物中应用较多,云锦的妆花缎也多应用七枚缎,可谓"七丝八缀"。十六枚缎和二十四枚缎大多应用在提花缎的背衬组织、花纹切丝和像景织物中。

(2) 应用缎纹变化组织形成的缎纹织物,如加强缎纹。增加缎纹的交织点,原来一般在同一循环组织中,每根经、纬线交织点为一,现在可增加至二点、三点……如图8.42所示。这样,织物表面的交织点会明显露出来,改变了原缎纹组织细腻平滑的特点,而在织物表面形成麻点点,故称"麻缎"。这是一种别出心裁的创新缎纹。

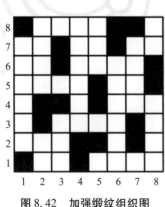 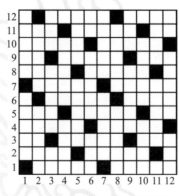

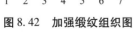

图8.42 加强缎纹组织图　　图8.43 六枚变则缎纹组织图

(3) 改变缎纹组织的飞数形成的缎纹,如变则缎纹织物。规则缎的飞数是不变的,变则缎的飞数则在变,如六枚缎(图8.43),其中飞数有2~3个。这类缎纹应用在特种需要的织物中。

（4）逐渐转换缎纹的经、纬交织点形成的缎纹织物。如阴影缎纹，即从经面缎纹逐渐过渡到纬面缎纹，或从纬面缎纹逐渐过渡到经面缎纹，如图 8.44 所示。

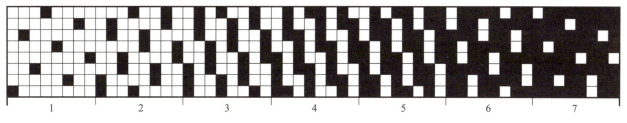

图 8.44　阴影缎纹组织图

2. 按花素缎纹织物分类

（1）素缎类

顾名思义，这是应用素机生产，不加提花的素缎织物。在素缎中，又分色织素缎和生织素缎。其中，色织素缎是指应用精练色丝织造的缎纹织物。比较典型的色织素缎有：

素色缎——经、纬线同一色彩交织的缎纹织物。

闪色缎（闪缎）——经、纬线不同色彩交织的缎纹织物，即应用经、纬线交织点的反光而形成闪色，其经、纬线色彩对比强烈，如金色闪绿、青色闪红等。

彩条缎——应用不同色彩的经线排列成彩条形成的缎纹织物，如曾经在苏州外跨塘丝织厂生产的七星缎，即是经线排列成七色彩条织成的缎（图 8.45），该织物大多用于朝鲜儿童服装。

月华缎（晕涧缎）——应用不同色彩的经线按色阶深浅间隔排列，形成彩虹般效果的缎织物，古时称"晕涧锦"，唐代尤为多见。四川蜀锦中就有类似品种，称为"月华锦"（图 8.46）和"雨丝锦"（图 8.47）。因其地织物组织为八枚缎，

图 8.45　七星缎

图 8.46　月华锦

图 8.47　雨丝锦

故也可称为"月华缎"和"雨丝缎"。该类缎纹的牵经工艺很复杂，织造工艺与一般缎纹一样。

硬缎——经、纬紧度特别高，而且丝线练得略生，或纬线弱捻。

素累缎、素库缎——均为全真丝色织八枚经缎。

生织素缎是指经、纬丝线不经练染，直接织造，后再经练、染、印的缎纹织物。比较典型的生织素缎有：

真丝缎——全真丝生织后练、染、印的缎纹织物。

素软缎——真丝与人造丝交织生织后再练、染、印的缎纹织物。

（2）花缎类

花缎类分为色织花缎和生织花缎。色织花缎为应用精练染色蚕丝作经纬，应用多重纬组织形成的多彩提花织物，如织锦缎（图8.48）、古香缎、花累缎、花库缎、妆花缎、金玉缎、克利缎（图8.49）、绒面缎、花绒缎、金雕缎等，就是典型的色织花缎。其中，妆花缎是在缎地上采用多彩丝线和金线局部挖花的传统缎纹织物；花库缎中的金库缎、金银库缎是在缎纹地上采用金银线起纬花的缎纹织物新产品；金雕缎是应用两种不同性能纤维收缩率和张力的不同，形成具有浮雕效果的创新缎纹织物。

图8.48 织锦缎　　　　　　　　　　　　　　图8.49 克利缎

生织花缎为应用全真丝或真丝与人造丝交织的生织提花缎纹织物，其经精练和印染后就形成了手感柔软的各式美丽花缎，如花软缎、花绉缎、万寿缎、双波缎、层云缎等，就是典型的生织花缎。其中，花软缎系真丝作经、有光人造丝作纬、经染色加工后形成的既柔软又光亮、在织物表面有两种不同色彩层次的花缎织物。

3. 应用新纤维、新工艺形成的各类缎纹织物

近代以来，随着化学纤维的发明及各种新型纤维的不断开发与应用，纤维生产技术领域不断地导入新的科技成果和装备，使得蚕丝与其他纤维材料复合领域呈现出前所未有的新面貌。在20世纪初，以全棉为原材料和以丝、麻、毛、化纤及其混纺交织而成的缎纹织物已经出现。化学纤维与各种天然纤维结合，借助天然纤维的优良特性，改善了化学纤维与人类肌肤亲和性不足的缺点，并且借助传统真丝绸缎的织造技艺，织出了人们更钟爱的服饰面料形态。在这样的时代趋势中，缎纹织物的原料除了传统的桑蚕生丝之外，各种人造丝和其他化学纤维长丝也逐渐被广泛应用。特别是现代，化学纤维仿真丝的缎类产品不断得到开发，其以高性价比优势和越来越逼真的仿真丝效果大量进入消费市场。应用新纤维、新工艺形成的各类缎纹织物大多采用先练染后织造的方法，某些桑蚕丝与人造丝交织的品种，如软缎则采用生织匹染的方法生产。以下就是一些有代表性的现代缎纹织物产品：

① 应用缎背拉绒的纱绒缎，即正面为人丝经面缎、背面为棉纱纬面缎的拉绒织物。

② 应用不加捻真丝和强捻真丝收缩率的不同，结合袋组织原理形成的全真丝高泡缎纹织物，如生织缎纹织物经练、染、印加工后形成的染色缎、印花缎、砂洗缎等。

③ 将花纹印在经线上，然后再进行织造而形成的印经缎纹织物。

④ 应用各种不同纤维织成的缎，如人丝缎、尼龙缎、涤纶缎等。

新时代的缎纹织物产品，借助了古人发明的传统缎纹组织织造技术，开拓了蚕桑丝绸与其他纤维共同发展并共同繁荣的新道路。

四、缎的主要工艺特点

第一，由于缎纹织物的经向密度比较大，故在织造提花缎织物时，装造上一般采用双把吊或多把吊装置，即1根纹针管理2根或多根经线，如图8.50所示。只有这样，才能以有限的纹针织出经密度较大、花幅适宜的提花缎纹织物。

第二，为了使缎面精细、光滑、平整，不至于因2根或多根经线同时起落而导致纬线接结点加粗，则巧妙地应用了棒刀装置，如图8.51所示，这样可以起到在起缎纹组织时，每根经线单独升降的作用。

第三，经向采用一个经轴。

第四，纬向采用双梭箱或多梭箱装置。

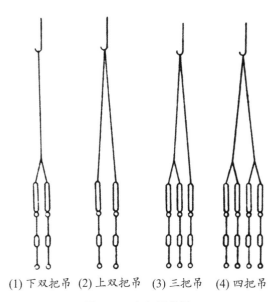

图8.50 多把吊装置

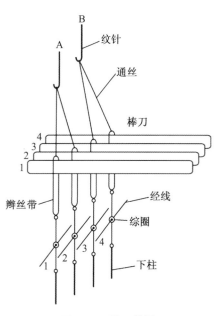

图8.51 棒刀装置

第四节 绡

一、绡的概念

在组织学中，绡的定义是：采用平纹或假纱组织，经、纬线比较纤细，经、纬密度比较小的轻薄透明的丝织物，称"绡"。《说文》上说："绡，生丝织缯曰绡。"称绡为使用未经精练的蚕丝织成的绸。这里的缯，是古代对丝织物的总称。古代的缟，也是生丝织品，只是它的经、纬密度较大，而绡的经、纬密度则比较小。

古代的纱，有些也采用平纹组织，经、纬线纤细，密度较小的丝织品，又称"方孔纱"。它与当今的绡相同，所以方孔纱也可列入绡类品种。

二、绡的演变和历史发展

古代绡类品种比较单一,大部分是生丝经加捻后形成的素绡,以白色居多,也有少量染色的。湖南长沙马王堆汉墓出土的素纱禅衣(图8.52),其重量不足1两,只有49克。该素纱组织为平纹,薄如蝉翼,是经、纬线加捻后织就的具有绡效应的方孔纱,古时称"绉纱",实为具有绡效应的绡。

图8.52　素纱禅衣

清末民初,绡的种类逐渐增多。时至今日,绡类织物更加丰富多彩,可以按风格、原材料、加工工艺等分成许多类别。

① 从风格上分:有平素绡,如真丝绡(图8.53)、缎条绡(图8.54)等;有提花绡,如双管绡、伊人绡、迎春绡、凤羽绡(图8.55)、条子花绡等。

② 从原材料上分:有全真丝绡,如真丝绡、建春绡、蝉条绡等;有真丝与人造丝或金银线交织绡,如亮光绡、莹光绡等;有全人造丝绡,如条子花绡、春艳绡等;还有化纤绡,如尼龙绡、涤沦绡等。

③ 从加工工艺上分:有经、纬线加捻的绡,如乔其纱、东风纱等;有色织或半色织的绡,如色织绡、色格绡、彩条绡等;有修背绡(所有提花绡,除起条纹花外,浮在背面的丝线均需经过修剪处理,即修背),如双管绡、伊人绡(图8.56)、迎春绡(图8.57)、缀莹绡等;有应用不同性能的原料交织,经烂花加工后形成的烂花绡等。

图8.53 真丝绡

图8.54 缎条绡

图8.55 凤羽绡

图8.56 伊人绡

图8.57 迎春绡

三、绡类织物的结构和工艺特点

为了让绡类织物形成轻薄、透明、透孔的素或花丝织物效果，在组织结构及织造工艺上，需要具备以下的特点。

① 织物轻薄透明，是具有方孔效果的单层织物。

② 织物组织一般为单经单纬平纹组织，也有少量应用假纱组织。

③ 所用的经、纬线一般都很纤细，多数为单根厂丝，也有双根合并，加弱捻或强捻，多数为16～28捻/厘米。

④ 经、纬密度较小，一般经、纬密度约30～40根/厘米，但要视经纬线的性能和粗细不同而变化。

⑤ 穿筘一般为2穿入，也有个别1穿入。

⑥ 为了达到绸面匀净的效果，一般采用单面双梭箱（1×2梭箱）织造。

⑦ 提花绡类织物一般为经向提花，必须采用甲、乙经两个经轴，织物下机后，将浮在背面的花纹经线修剪掉，也可采用二组纬线起花，但必须采用挖花抛梭工艺，织好后再将浮背纬线修剪掉，故提花绡的剪花修背工艺是必不可少的。

另外，除提花绡外，尚有不少在绡地上形成花纹变化的绡织物，如缎条绡，是缎条与绡间隔排列的绡类织物，其起缎条的一组经线与起绡的一组经线的粗细、组织和密度均不相同，织造张力也不同，故必须采用两个经轴进行织造，但织物下机后无须修剪。

还有一种烂花绡，应用两组不同耐酸性丝线与纬线交织，下机后通过后整理工艺使其中一部分的人造丝氧化掉，从而形成花地分明的真丝绡或锦纶丝绡地的织物，在工艺上需有甲、乙两组经线分别与纬线交织成不同的组织。考虑到两组丝线张力不同，必须采用双经轴织造。

第五节 绢

一、绢的概念

凡以平纹组织为结构的单经单纬交织的真丝织物，统称为绢。早期对平纹素织物有许多称谓，如缯、缟、缣、纨等。这类织物在古时以生丝线织造为主，之后经练染而成，故其经、纬线可以不加捻（图8.58），也可适当加捻。成品后的织物质地有的较厚实、稀松，有的较细腻、轻薄、挺括，有多种规格，常被用作印花的坯料或绣花的底料，或用作绢画材料。现代绢织物在织造工艺上与古代不同，大多以熟丝织造为特点，即先染丝线，后织造，下机后便是成品。

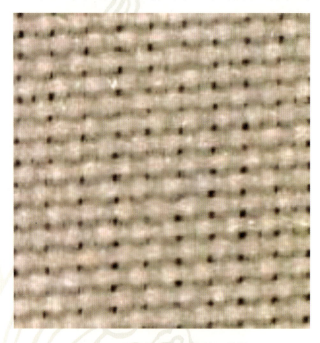

图8.58 经、纬线均无捻的平纹绢

二、绢的演变与发展

（一）历史上的绢织物

古代的绢可以用实物为例证。安阳殷墟妇好墓出土的商代青铜礼器上有数层包裹织物痕迹，除棉、麻外，还有多种丝织品，平纹绢便是其中之一，既体现了商代的葬俗礼仪，也反映出当时丝织业已具有一定的水平与规模。早在1987年苏州丝绸博物馆就曾对中国历史博物馆一级藏品、附着在商代铜片上的一块绢织物进行过复制，这件被复制的绢织物原件最大的一块仅6平方厘米，为平纹组织，蚕丝纤维约100～165旦尼尔，经密度为44根/厘米，纬密度约为18.5根/厘米，比较粗犷。织物为白色生织，其上有泥土、铜绿、朱砂色等，较为模糊。而湖北马山一号墓出土的战国龙凤纹绣绢、新疆吐鲁番出土的唐代印花绢（图8.59），就相对细腻；有些还被用作绘画材料，如长沙马王堆汉墓出土的帛画，宋代高雅的绢画，就是典型的绢画作品，其在应用中还被作为扇面，上绘书画，属文人雅士把玩的高雅物品。

图8.59 唐代印花绢（新疆博物馆藏）

（二）绢织物类别

现代，绢织物新品种较多，既有与古代绢相仿的塔夫绸，又有与缣相仿的电力纺（图8.60）。塔夫绸质地紧致细腻，光泽度极具特点，属熟织绢，有花素之分，是现代绢织物的典型代表；电力纺属生织纺类织物，平纹组织结构，最早以土丝为原料，后改为用桑蚕丝，并采用电力机生产，故名"电力纺"。电力纺质地细洁，光泽好。下机后，需精练、染色、印花加工整理，从而增加手感的柔软性。电力纺规格较多，厚薄有别，但总体上每平方米重量为36~70克，比较柔软。但是，由于电力纺经、纬线均不加捻，故弹性较差。织前需将生丝浸渍软化，以便于织造，并减少织疵。

另外，有不少绢织物采用绢纺厂生产的绢丝，有60N/Z绢丝、120N/Z绢丝、140N/Z绢丝等，不同的绢丝采用生织或熟织制织平纹织物。近代，还有绢织物采用竹节疙瘩绢丝和木薯丝等的。

20世纪80年代开发的新花绢提花绢织物，即是采用真丝熟经与竹节绢丝纬交织的单经单纬平纹织物。其在地纹上既有粗细不匀的绢丝疙瘩，又起着绣花般的纬浮小花，朴素高雅，风格独特（图8.61）。

由于绢丝是桑蚕丝的短纤维，容易起毛，故采用绢丝的绢织物，其坯绸需要经烧毛、练白、染色、呢毯整理。

三、绢的织造工艺

绢的生产，根据丝线粗细、经、纬密度等的不同，具体的加工工艺也有细微变化，但总体上生丝织造与熟丝织造有一定的规律性工艺流程。

（一）生织绢的织造工艺

所谓生织绢，即用生丝作经纬原料织造而成的绢织物。生丝，通常是指以桑蚕茧为原料缫制的蚕丝。它未经脱胶，因而丝线硬挺，表面光滑，一般无须加捻，但须浸渍处理，以使丝身软化便于织造，而后通过调丝成筴，进行牵经、摇纬，再上机织造。根据绢类织物不同品种的规格要求，经、纬线的配置基本有单经单纬、单经双纬、双经双纬和双经三纬等，因而在前道丝线加工中有并丝工艺。不同的组合与经、纬密度的配置，使绢织物呈现不同的风格。织造时，单经单纬的生丝织造难度较大，因为丝线强力相对差而容易断裂，故也有加少量捻度的。织造完成后，根据用途需要进行半练或练染整理，如双面刺绣用的底料，为了体现通透度，常用生织半练的细绢，因为绸面上丝线未脱胶而会使经、纬交织的孔眼很清晰，显得既透明轻薄又平滑挺括，能与彩色的绣线形成鲜明的对比。而经练染整理后的绢，质地细腻，手感柔软，又常被用于服饰。

（二）熟织绢的织造工艺

所谓熟织绢，即经、纬线采用练染加工整理后的原料进行织造而成的绢织物。凡是将生丝经过精练脱胶或进一步染色的丝线称为"熟丝"，所以，熟丝通常是色织产品或刺绣等加工工艺中的原料。熟丝由于脱去了丝胶，丝身变得蓬松而柔软，故在使用中通常要并合2根~8根不等，作经线时还须加

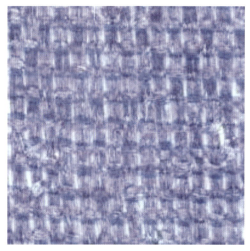

图8.60 电力纺

图8.61 新花绢

1.5～3 捻/厘米，以增强抱合强度，便于织造。熟织绢的经、纬线组合及密度配置完全根据用途来决定，但一般经、纬密度较生织绢要高些，因而织造难度也较生丝织造要大，尤其对丝身的要求特别高，容易出现急纤、糙块。此外，在换梭、接档时，需掌握一定技巧，以免出现横档等。熟丝织成的绢下机后一般无须处理即为成品。

第六节　绮

一、绮的概念和结构形态

绮，是一种由一组经线与一组纬线交织而成的单层织物，以平纹为基本组织，属小提花织物。它的名称出现较早，《楚辞》中就有"纂组绮缟"之句。《说文解字》上称："绮，文缯也。"指有花纹的缯。两汉时期，凡平纹地的单层暗花织物，即称为"绮"。目前已知最早的绮实物为商周时期玉戈上包裹的丝织物，根据其织纹结构并与古书记载的描述相对照，专家称之为"雷纹花绮"。

关于绮的结构形态，在古书中有多处记述。《释名》曰："绮，攲也，其文攲邪，不顺经纬之纵横也，有杯文形似杯也，有长命其采色相间，皆横终幅此之谓也。"《汉书·高帝纪》中提到的诸多丝织品中也有绮，如"贾人毋得衣锦、绣、绮、縠、絺、纻、罽"，并有注解："绮，文缯也，即今之细绫也。"

绮的基本类型有逐经（纬）提花型和隔经（纬）提花型两种，后者也称"涨式组织"绮。但是，从我国陆续出土的绮类织物分析，绮的结构形态至少有四种。

第一种，平纹为地，花部组织是在平纹结构的基础上沿45度斜向增加一个经组织点，从而形成粗细均匀的斜向纹路，或是间隔距离符合平纹组织循环倍数的斜向纹路。具体而言，是由3个连续的经浮点构成经浮花，而在织物的背面则为由3个连续的纬浮点构成纬浮花。尽管它在提花部分的局部一个组织循环也是三上一下的4×4结构，有明显的斜向纹路，但不是现代织物组织结构中的斜纹组织，因此在应用这个结构时，出现的图案总是呈45度的菱形纹或山形纹，如商代"雷纹花绮"、战国"杯形纹绮"、汉代"菱形纹绮"等，故有专家称之为"商式绮"（图8.62，图8.63）。其特点是花地层次分明，斜纹清晰。

第二种，平纹为地，花部组织是在平纹结构的基础上沿经向增加一个经组织点，且每2根隔经的增加点位置是相同的，图案由纵向连续的3个经组织点形成经浮花。由于2根隔经组织点相同，在织物正面有5个横向经组织浮点，而在织物背面就出现了5个纬浮点，所以，这类结构相对于第一种绮要松塌

图8.62　经浮花结构状态——商式绮之一

图8.63　纬浮花结构状态——商式绮之二

一些，呈现的花纹没有那么紧密细致。这种结构的绮主要出现在战国，如战国的彩条纹绮。其特点是，花纹结构虽然不会拘泥于固定在一个方向上延展，可以创造出多种类型的图案造型，但比较规整，且花纹的清晰度不如第一种（图8.64）。

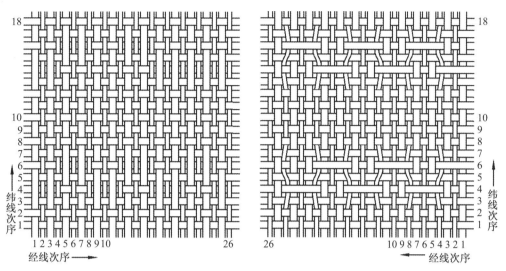

图8.64 战国彩条纹绮结构图

第三种，平纹为地，花部组织是在原有平纹结构的基础上增加一个隔经隔纬的平纹组织点，使之构成3个经浮点，并且组织循环数为4的特殊组织结构。这种特殊的结构因出现于东汉，与之前出现的两种绮组织有所不同，故被称为"汉绮组织"。1959年，在新疆民丰尼雅遗址就出土了一件东汉时期的"黄色菱纹绮"。1995年，在尼雅遗址发掘的M3墓葬中也出土了同样结构的一件男式绮长袍——菱格纹暗花绮（图8.65）。

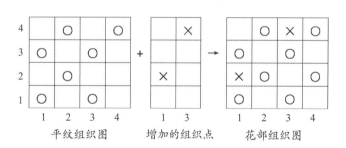

图8.65 菱格纹暗花绮组织构成图示

关于这种结构的绮，学术界有多种表述。《中国古代纺织科技史》认为是"一种斜纹和平纹的混合组织"。《织绣》中则认为："纹组织是在地部的一个平织完全组织点的A、B两次梭口的分梭口将平纹应下沉的一根（奇数或偶数）经线提起，使之空过一个纬组织点，形成相当于三根纬线位置的经长浮点，以经畎纹的排列次序浮在平纹地上显现花纹。"苏州丝绸博物馆通过对1995年出土于新疆尼雅遗址3号墓的"菱格纹暗花绮单袍"面料的复制研究，认为这种结构的准确表述应该是：在平纹组织上叠加了一个隔经隔纬的平纹组织点的混合组织。这种组织配合得相当巧妙，既使经浮长线组成了花纹，又增加了织物的坚固度，还能够使图案具有很大的变化空间，因此是绮类织物中很具代表性的一种。

第四种，为平纹地上起斜纹花，是在第一种结构基础上演化成规整的3/1四枚斜纹，主要出现于汉、晋，至隋、唐，已是成熟的组织结构，继而成为绮的基本组织特征，一直延传至今。

二、绮的变化和发展

绮的变化轨迹主要体现在结构、纹样的演变上，由此可以窥见织造技艺的进步。

最早见到的绮，是包裹于商代铜钺上的丝织物，原件藏于瑞典斯德哥尔摩远东古物博物馆，为平纹地上显菱形的花纹，菱形的构成是通过45度斜向的织纹所成，属第一种绮结构。还有一件是藏于北京故宫博物院的商代玉戈上的印纹，呈S形雷纹图案。

东周时期的绮见于湖北荆州马山一号墓出土的"彩条纹绮"，由黑、红、黄三色相间排列而成，其中黑色条为素织平纹，红色条和黄色条有花纹，属第二种绮结构。色条是由较粗的经线和较细的经线按1∶1配置，较粗的经线起3/1经浮花，而较细的经线为平纹结构，且相邻2根隔经组织点相同，起花效果十分突出。这种利用经线彩条分区排列的工艺，还见于该墓出土的"塔形纹锦""凤鸟凫几何纹锦"，其在色彩上应用了同色系列的深浅搭配，如深棕、浅棕、红棕、黄棕等，不仅美观，而且协调。对于彩色绮，《六书故》中有"织素为文曰绮"的记载，认为绮是单色提花织物，是没有色彩的。但汉乐府《陌上桑》中说："缃绮为下裳，紫绮为上襦。"说明有彩色绮，并在当时衣裳中是时尚的表现，也许战国时期的彩条纹绮就是后来所描述的彩绮的雏形。另外，还有两件绮出土于信阳楚墓，即"杯纹绮"和"复合菱形纹绮"。杯纹实为大菱形与两个小菱形复合所成的造型，因形如战国时流行的耳杯而得名，时代特性显著，并被后世所沿用。

图8.66　杯形几何纹绮

图8.67　对鸟花卉菱纹绮（原件）

已出土的两汉时期的绮比较多，其中长沙马王堆汉墓出土的"杯形几何纹绮"（图8.66），图案结构与信阳楚墓出土的"杯纹绮"近似。其菱形叠加而成的耳杯纹样主题突出，图案的上下左右全部对称，经向循环3.3厘米，纬向循环亦为3.3厘米。由于织物两侧各保留有宽0.3厘米的幅边，可知其幅宽在41厘米左右。其织物结构与第一种绮的结构相近，但花部结构已由斜向纹路的织纹变为严格的3/1斜纹，花地分明。此外，"对鸟花卉菱纹绮"是同墓出土的一件比较精美的绮（图8.67），其在锯齿叠形菱纹骨架中，内填云雷纹，呈上下左右对称，菱形框架正中布局着一对姿态优美的禽鸟，并有朵云点缀其间，框架外空隙处还有花草纹，生活气息十分浓郁。这种写实性与装饰性相融合的风格在汉代并不多见（图8.68），而且在结构上既有第一种的组织，也有第二种的组织。

类似的绮在新疆尼雅、营盘、山普拉汉墓也有出土，如属第二种绮结构的实物是新疆"对禽兽纹绮"，属第三种绮结构的实物是新疆尼雅汉晋墓出土的"菱格纹暗花绮"，还有楼兰出土的汉晋"几何纹绣"底料，也为第三种结构的绮（图8.69）。可见，绮在汉代比较流行，结构和图

图8.68　对鸟花卉菱纹绮纹样

图8.69　几何纹绣

案形式也较前朝丰富，并创新了绮组织，织出了第三种结构的绮，因而称为"汉式绮"。晋代将绮作为官服，三品以下不得穿杯纹绮服，六品以下不得穿七彩绮。

魏、晋、南北朝时，绮在文字记载中已不多见，但实物方面由新疆吐鲁番出土的高昌时期的"套环贵字纹绮"尤为经典。它是平纹地起四枚斜纹花结构，图案以椭圆形横排并交切为基本骨架，套环上一组内填"联珠纹"，另一组内填"卷云纹"，环内相间处有对鸟和"贵"字纹，还有其他朵花。显然，这已不再是中原传统的纹饰，而与丝绸之路上的外传文化有着密切联系。与此结构和纹样极为相似的花绮织物，在苏州丝绸博物馆也有一件，为"联珠套环对鸟纹绮"（图8.70），出土于青海，款型十分优美。

唐代，平纹地上起斜纹组织花纹的绮大量呈现，当时的"少府监织染署"就有专门生产绮的工场，《全唐诗》卷十八中施肩吾诗作"夜裁鸳鸯绮，朝织葡萄绫"便是当时生产绮绫的写照。此时已将"绮"称为"绫"，而之前的商式绮、汉式绮结构基本不出现。如平纹地起经浮花或纬浮花的单层提花织物，尽管没有斜纹组织，实际上也属于绮类，但人们习惯于将平纹暗花绸统称为"绫"了。

宋代，绮依然是丝绸中的上等织品，非常流行。江苏常州武进宋墓出土的"米字纹绮"就是代表品种之一。其地部为平纹，花部为经浮花，织物背面是纬浮花，经密度为42～44根/厘米，纬密度为44根/厘米，图案以菱形为骨架，内饰花纹为米字形，一个花纹循环经、纬数为72×72根，经浮长为3～7个经组织点，呈三上一下、五上一下或七上一下的斜向纹路，花地清晰，显花效果较好（图8.71）。

图8.70　联珠套环对鸟纹绮（苏州丝绸博物馆藏）

图8.71　米字纹绮结构示意图

福建黄昇墓出土的"菱形菊花绮"属纬显花的平纹暗花绮。其经、纬密度均为36根/厘米，经线较细，纬线一粗一细交替投入，其中粗纬显纬浮花，纬浮为5～11枚不等，因此花地分明，菱纹及菊花纹具有淳厚之感（图8.72）。类似这样不同纹饰的绮织物在该墓中共出土了20多件。江西德安南宋周氏墓中出土的绮，共有5件，其中的"酱色松竹梅纹绮"，经密度为24根/厘米，纬密度为32根/厘米，经、纬线均采用粗细不同的两组间隔排列交织，粗细度相差一倍，在花部由细经细纬交织成平纹，粗经粗纬交织成四枚破斜纹花，因此花纹也比较清晰，地部则因粗细纬交替织入，故织物的平纹地具有一定罗纹外观效果（图8.73）。类似结构和工艺的还有"香色折枝梅纹绮"和"球路印金罗襟杂宝纹绮衫"，充分显现出古人求新求变的艺术表现力和在织造工艺方面的创造力。

图8.72 紫棕色菱形菊花绮

图8.73 酱色松竹梅纹绮

元、明时期,这类结构的织物明显减少,墓葬出土品几乎没有,取而代之的是织金、织银织物,至此,曾在纺织历史上起过重要作用的绮由盛转衰。

明代以后,"绮"的名称就不再出现,基本没有文字记录,也无出土实例了。但是,类似的绮织物的结构还有延续,只是已归为暗花绸类或绫类。

三、绮的织造工艺

绮的结构属单层小提花织物,因此织造上可以采用素综和纹综相结合的工艺,以实现经、纬线交织并显花的目的。由于绮出现时间较早,织造的机具也会随着纺织技术的进步而发生变化,就以上4种结构而言,用不同的古代机具实施织造,在技术工艺上会有差异,难易程度各不相同,但原理是相通的。

第一种结构的绮,出现于商代。织造技术的关键在"综"。第一片综穿入单平纹经线,第二片综穿入双平纹经线,双平纹经线同时还应穿入花综,穿入的根数和具体位置需根据图案的要求来确定,以图案横向每纬的经起花组织点为依据,按顺序穿入各片纹综,图案循环大,纹综就设得多。以藏于远东古物博物馆的一件商代青铜钺上的回纹图案绮织物的印痕(图8.74)为例,需14片,织造时第一梭提起第一片单平纹综,第二梭提起第二片双平纹综,同时提起第一片纹综,第三梭提起第一片单平纹综,第四梭提起第二片双平纹综,同时提起第二片纹综……以此循环。该图案为上下对称,故在织过第14片纹综后,按地13、12、11……顺序退回到第一片纹综。这样的穿综方法,能够灵活应对局部仅有平纹而没有花纹时的处理,所以还是比较科学合理的。若使用多综多蹑机织造,穿综工艺和织造程序相同,只是

商代青铜钺元件

回纹绮印痕复原图

图8.74 商代青铜钺上的绮织物印痕回纹图

综片由脚踏综杆来提起，且综片数可以增加，可满足更复杂花纹的需要。

第二种结构的绮，主要出现于战国。此时丁桥织机和多综多蹑织机已得到普遍应用，技艺成熟。织造此类结构可以有两种方法：一种与上面所述方式相同，前两片为素综，分别穿入单平纹和双平纹经线，后面设多片纹综，将显花的双经平纹经线所需提起的经线穿入，织双平纹时，纹综按序同步提起，形成该梭开口，引入纬线。该种绮采用隔经同组织点的结构，图案一般为满地布局，且比较规整简洁。另一种方式，只设一片素综，由单平纹经线穿入，双平纹经线按实际的花纹要求，将每梭需提起的经线按序穿入各片纹综，织造时，一梭单平纹素综，一梭花综，交替提起，织入纬线。

第三种结构的绮，主要出现于东汉。此时除丁桥织机和多综多蹑织机外，花楼织机也已出现，所以完全可以根据花纹循环大小及复杂程度来选择最为合适、简单的织造方法。如新疆尼雅出土的"菱格纹暗花绮"，就是所见汉代绮织物中图案比较复杂的，由于是上下对称，所以可用多综多蹑织机制造，而如果采用小花楼装造来制织，则会更方便。

第四种结构的绮，主要出现在汉、晋。由于花部结构已是规整的斜纹，所以图案循环的自由度大为增加，不必仅限于45度斜向角的菱形纹，同时随着提花织机的演变与进步，更极大地促进了图案设计的创新。在织造技术上，基本工艺方法与第三种结构的绮一样，由素综解决平纹地组织，花综承担花本的运动操作，以完成图案的构成。

绮的织造工艺以新疆尼雅出土的汉代"菱格纹暗花绮"为例，苏州丝绸博物馆曾对该件文物进行过文物检测和复制研究。

图案结构：以四方格布局，即一个花纹循环内由4个方形的单元组成。第一个单元内是阴阳式的小方块，呈"九宫格"形；与之成对角线的一个单元图案中，是4只上下左右相对称的禽鸟，正中间设一颗圆珠，有四鸟戏珠之意，极富情趣；另两个呈对角线排列着的单元，均为圆形适合纹样，以变形的花卉、如意卷草纹为主要题材，风格一致，但图案结构不同。整体单元中有局部四角对称，但又使用不对称的表现手法，只在1/2单元中心处有上下对称，因此该纹样较之前出现的绮图案要复杂得多。

织物基本规格：根据原件分析，该件织物每个花纹的循环由240根经线与116根纬线构成，可见循环比较大。此外，织物的内幅为45厘米，整幅内有12个花纹循环，经密为64根/厘米，纬密为28根/厘米，边幅为0.5厘米。

织造工艺：采用多综多蹑织机和小花楼装造来制织均可以，比较而言，用多综多蹑织机织造，会因综片过多造成后面的综提起困难，影响梭口清晰，所以比较有难度；而如果采用小花楼装造来制织，就相当方便。苏州丝绸博物馆在经过详细分析后，采用了后一种方式进行复制。因为该织物是隔经隔纬提花，花纹又呈上下对称，所以制作花本时，可以用最少的脚子线和耳子线数来满足织造要求。穿综时，单数经线既穿花综又穿素综的前2片，双数经线只穿素综的后2片。

织造时，一梭为单平纹，一梭为双平纹，素综与花综同时起综完成一纬提花。花综的牵花顺序是第1～15根耳子线牵完后，再反顺序牵第14～1根耳子线，接着牵第16～30根耳子线，然后，再反顺序牵第29～16根耳子线，依此往复。制织时，由二人同时操作，分别负责素综运动、投梭织造和牵花（图8.75）。

图8.75　菱格纹暗花绮（复制品）

第七节 绫

一、绫的概念和结构形态

绫是一种具有斜纹组织的单层织物。斜纹组织是指经纬交织点连续排列形成斜向纹路的组织，并且构成该织物组织循环的经纬线数至少为3根。常用的斜纹组织有三枚、四枚、五枚、六枚等，由于经浮点或纬浮点较多，因此它比平纹组织结构要松些，所形成的织物也会柔软一些。

绫织物有两种类型：一种是经纬线全部由斜纹组织交织或变化斜纹组织形成，称为"素绫"；另一种则为"花绫"。《正字通：系部》："织素为文者曰绮，光如镜面有花卉状者曰绫。"传统花绫，一般是指斜纹组织为地，起平纹、斜纹、缎纹或浮花的单层提花织物。

斜纹组织因斜向组织起点位置的不同，而有左斜和右斜之分，其形态大致有5种类型：

（1）同向绫，是指斜向一致的绫，花绫或素绫均有。但若同一件织物有两种以上斜纹出现，则一般是利用不同循环数的斜纹组织，呈现出不同的经浮或纬浮光泽效果，它必须符合循环数约数为倍数的原则。如青海唐墓出土的"黄色大花卉绫"，地组织为2/1三枚斜纹（左向），花组织为1/5六枚斜纹（左向），而辽代耶律羽墓出土的一件绫的地组织为四枚斜纹，花组织为六枚斜纹。采用这种织法，其目的都是为了使织物的花地间具有一定的明暗层次（图8.76，图8.77）。

图8.76 辽代3/1和1/3四枚同向绫局部

图8.77 辽代5/1和1/5六枚同向绫局部

（2）异向绫，是指同一织物中斜向不一致的绫，花绫或素绫均有，但以花绫为主。比如花、地组织循环数相同而斜纹方向相反的绫，或出现多种斜纹组织，但斜向各异的绫。如日本正仓院收藏的中国唐代的"葡萄唐草纹绫"，银川西夏正献王墓和镇江南宋周瑀墓中出土的异向绫，以及内蒙古辽墓出土的绫，都具有代表性（图8.78，图8.79）。

（3）缎花绫，是以斜纹为地、缎纹为花的绫纹织物。最早的缎花绫出现在新疆盐湖古墓，地为2/1斜纹，花为1/5六枚变则纬缎。元代又出现了五枚缎纹，在山东邹县元墓中有一件"梅雀方补袷袍"，其方补的组织就是以4/1左斜纹为地、五枚三飞纬缎纹为花的。在辽代众多花绫中，还出现了一种近似于锦的绫。其地为5/1六枚变则经缎，纬向由地纬和花纬交替交织。由于花纬较地纬纤度粗6倍左右，故花纬能较好地覆盖住地纬，使纬花效果显著；同时还发现，其纬花采用了两种色纬显花，所以花地分

图8.78 辽代四枚和八枚异向绫局部

图8.79 辽代三枚和六枚异向绫局部

明。清代时，出现了以1/3斜纹为地、八枚三飞经缎纹为花的大洋花绫，其花地层次更为清楚，且因经浮较长的缘故，有一定高花效果。缎花绫结构在现代提花绫中常有应用，如采芝绫就是较有代表性的一个品种。它是桑蚕丝与黏胶丝交织的提花类织物，采用两组经线一组纬线，在1/3破四枚斜纹地上分别织有黏胶丝和桑蚕丝的经面缎花，坯绸经精练退浆，利用原料的染色性能不同染成双色花纹，是质地偏厚的秋冬季服饰面料（图8.80）。

图8.80 辽代缎花绫局部

图8.81 辽代浮花绫局部

（4）浮花绫，是指斜纹为地、经浮或纬浮为花的织物。这种结构最早出现于唐代，日本正仓院藏品中有；另外，在内蒙古元墓中发现的"蓝地雪花球路绫"也是2/1斜纹地上显纬浮花结构的。辽墓出土的浮花绫结构更为清晰，斜纹地，纬浮花，并采用了较大对比度的经、纬浮长点，以至花地纹饰明显（图8.81）。这种织物在现代提花绫中应用不多。

（5）特殊结构的绫，指利用不规则斜纹组织为地构成的提花绫，如斜纹地为山形、锯齿形、菱形等。这种特殊结构的绫始见于辽、元时期，如辽代耶律羽墓出土的"回纹地卷云团窠双凤纹绫"（图8.82），

图8.82 辽代回纹地卷云团窠双凤纹绫局部

就是以5/1斜纹为基础组织构成的菱形回文作地,再以1/5斜纹显花。它在后期所见不多,但现代绫的产品中又有应用。20世纪90年代比较流行斜纹提花绸,为了使提花绫具有创新性,设计人员巧妙地应用急(缓)斜纹、加强斜纹、复合斜纹、影光斜纹等特殊组织,使绸面呈现出别具一格的外观效应,成为外销报样中流行一时的产品。

二、绫的演变与发展

(一) 历史上的绫织物

根据出土实物及文字记载,学界基本认为绫出现于汉代。汉代时将平纹地起斜纹花或经浮花的单层织物,都称为"绮",在当时是非常时尚的丝绸面料。之后,才出现了具有一定斜向纹路的提花结构,并逐渐演变成规整的斜纹组织,所以绫的出现比绮要晚。《说文》和《方言》中记载:"绫,东齐谓布帛之细者曰绫。"《玉篇》载:"绫,文缯。绫纹,夫缯帛之有文(纹)者多矣,而必以绫纹释文(纹)……则以缯帛之中,惟绫为最多文也。"说明绫织物是纹路最多的,其特征与其他织物相比非常明显。

六朝至隋、唐,绫盛极一时。唐代诗人白居易的《杭州春望》中有这样的诗句:"红袖织绫夸柿蒂,青旗沽酒趁梨花。"这里的柿蒂,即指绫的花纹。诗中写出了红袖飞舞织绫锦、酒旗飘动招游人的杭州风土人情。当时,用绫做官服,官职不同,规定绫的花色也不同,官营织造署负责生产各种不同花纹和规格的绫。《旧唐书·舆服志》记载:"三品已上,大科䌷绫及罗,其色紫,饰用玉。五品已上,小科䌷绫及罗,其色硃,饰用金。六品已上,服丝布,杂小绫,交梭,双细,其色黄。……七品已上,服龟甲双巨十花绫,其色绿。九品已上,服丝布及杂小绫,其色青。"可见,仅为满足官服之用,绫的品种就非常丰富,由此也促进了织造技艺大为提升。此时,绫的生产除在中原外,其他各地也都有,如浙江的缭绫、河南邺中(今河南安阳)的八棱绫都十分有名。官营织造署织造的绫基本为贡品,图案是由官方设计的,织工按样实施织造。据载,唐敬松曾诏李德裕在浙西织造缭绫1 000匹,纹样为御用的玄鹅、天马、盘绦纹等。当时,绫的生产在民间规模也很大。如位于定州(今河北真县)的何民远家,是唐代最大的民间织绫的作坊,据载何家有绫机500张,这个数量在现今看来依然十分惊人。按照当时的工艺,操作绫机需由织工和牵花工两人同时配合,这样,500张绫机需工匠1 000余人,若再加上织前准备工序所需人员,工匠总数至少在1 600人左右,真是蔚为壮观!由此也可见,绫在唐代用量很大。当时,不仅有绫绸输往西亚、欧洲、东南亚、日本、朝鲜等地,还有织绫的织机做展示,以外传织造技术。唐高僧玄奘西行取经时,途经高昌,高昌王赠予"绫及绢五百匹,又以绫绢五百匹,献叶护可汗"。日本正仓院所藏"葡萄唐草纹绫",正是中国唐朝输出的绫,被列为珍品。当时,除素绫外,还有花绫,花绫以平纹地斜纹花为主,以四枚斜纹居多,但斜纹的斜向在同一件织物中有同向和异向之分,如1/3斜纹或3/1斜纹。斜向不同折射出的织纹光泽不同,丰富了绫纹的层次。青海都兰出土的"柿蒂纹绫"(图8.83)和纽约大都会博物馆所藏"斜纹地联珠对龙纹绫"就属于这一类(图8.84)。

图8.83 柿蒂纹绫

图8.84 斜纹地联珠对龙纹绫(美国纽约大都会博物馆藏)

宋代，由于沿袭了唐朝服制，绫的需求依然很大。当时，绫锦院和文思院都大量生产绫，除用作官服、官诰外，还通过海上丝绸之路，从广州、泉州、杭州、密州、温州等地，将绫输往越南、泰国、斯里兰卡、印度、菲律宾、日本、朝鲜等地。绫的品种在唐代主要有独窠、双丝、熟线、乌头、马眼、鱼口、蛇皮、龟甲、镜花、樗蒲等。到宋代，又增加了狗蹄、柿蒂、杂花盘雕和涛头水波等。《筠轩清閟录》中记载，花色绫有：碧鸾者、白鸾者、皂鸾者、皂大花者、碧花者、姜牙者、云鸾者、大花者、仙纹者、重莲者、双雁者、方棋者、方縠纹者、枣花者、叠胜者、白毛者、回纹花者、白鹭者等，可见品种极为丰富，图8.85为其中之一例。由于绫的质地较轻薄，其功用也出现了新变化，即开始用作书画经卷以及高级礼品盒等的装裱材料，并逐渐成了装裱用绸的大宗，一直延续至今。

图8.85 北宋金黄地牡丹葵花莲童绫

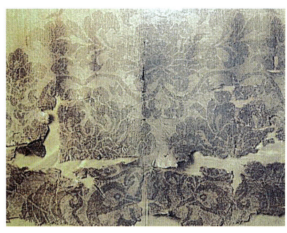

图8.86 独窠牡丹对凤纹绫

辽代，绫的品种十分丰富，除素绫外，提花绫表现突出。1992年，内蒙古耶律羽墓出土的实物表明当时的设计和织造都已达到相当高的水平了。如"花树对狮纹织成绫袍料"，以变化斜纹为基本组织，花纹图案为对称的花树，枝叶茂盛，树下有宝瓶对狮，树上姿态优美的鸟儿与花朵呈现一派生机盎然景象。该图案的花回硕大，达90厘米。类似的大花回绫还有"独窠牡丹对凤纹绫"（图8.86），团花直径达60厘米。再如苏州丝绸博物馆收藏的辽代"卷云四雁纹绫"，地部采用三枚斜纹，花部采用六枚经斜纹，花纹十分清晰肥亮。此外，中国丝绸博物馆收藏的"菱格填花唐草奔鹿对鸟纹绫"（图8.87）等，也是十分精湛的绫织物。

图8.87 菱格填花唐草奔鹿对鸟纹绫

元代，官府对绫的生产依然重视，官营织造中还设置了生产绫的专门机构"绫锦院""织染局"。当时，浙江生产的缭绫最负盛名。1999年，在河北省隆化县鸽子洞窖藏中出土了多件绫织物，如"蓝地龟背朵花绫"（图8.88），结构为2/1斜纹地，起纬浮花，属浮花绫类；还有"菱格卍字龙纹花绫"（图8.89）、"白色素绫""蓝色纹绫""棕色方格卍字纹绫"等，都保存得相当完好。

图8.88 蓝地龟背朵花绫

图8.89 菱格卍字龙纹花绫

明、清时期，绫的产量逐渐减少，限制性规定越来越严格，《明史·舆服志》记载，官员服饰面料用杂色纻丝、绫、罗、彩绣，庶民只能用绸、绢、纱、布。可见，绫在当时是作为贵重的绸料来使用的。位于浙江归安县的东林、西林，即双林镇，盛产吴绫，道光年间的机户达千余家，盛况一直延续至民国，但当时绫的品种已转向褾绫。苏州的盛泽也是吴绫生产的重要地区，主要产品有板绫和线绫，民国时又增加了庄绫、云绫、兴绫等，成为盛泽地区手工织造业的大宗产品。

（二）现代绫织物

现代绫与古代的绫一样，也有花、素之分。素绫采用单一的斜纹或变化斜纹组织。花绫一般是指斜纹地组织上起斜纹花的单层暗花织物，有时也会用到平纹组织，但只是为了使花纹具有更明显的明暗效果，起点缀作用而已。

现代绫类织物有很多品种，组织较古代绫要丰富和复杂，尤其是提花绫。绫类丝绸按原料分为纯桑蚕丝织品、合纤织品和交织品。常见的绫类织物品种有斜纹绸、斜纹绫、尼丝绫、美丽绸、涤弹绫、采芝绫、绒面绫、羽纱等。绫织物经、纬密度的配置完全视用途而定，如用于书画装褾的绫，一般密度稀疏，质地轻薄，结构较疏松；用于服装、围巾、领带、家纺的花素绫，密度较大，质地细腻，原料以桑蚕丝为主，少有交织品，因此手感柔软，光泽柔和，织成后一般施以印染、彩绘，成为高档的服饰用绸；而用作服装里料或装饰用绸的绫，一般采用人造丝交织，密度介于上述两者之间，虽然密度不算大，但因原料纤度较大，故较为紧致，且织物比较光滑，质地也较厚实。除此之外，斜纹织物应用较为广泛的是裱画的材料，如苏花绫和古花绫等，这类织物出于用途的需要，一般经、纬密度较稀松，以满足薄、软的质地要求。在图案结构上，以清地小花居多，如几何纹、瑞云纹、杂宝纹、缠枝纹等（图8.90，图8.91）。斜纹绫还常被用作刺绣的底料，成为刺绣工艺品或艺术品，因此，它广泛地进入了我们生活的方方面面。

图8.90 云龙纹花绫

图8.91 万字地杂宝纹花绫

三、绫的织造工艺

绫的生产基本上是采用生丝先织后练染工艺，少有用练染好的色丝进行牵经织造的。如新疆吐鲁番出土的唐代"彩条绫"（图8.92），虽为素绫，但采用已练染的熟丝，经线加2～3弱捻，在经向设置了晕染效果的丝线色系，排列成富有变化的彩条，还在这些彩条的区域内用异向斜纹结构，使原本单纯的素绫变得富有立体感和色彩感。据苏州丝绸博物馆对该件文物的复制研究发现，其异向绫组织变化的循环数达164根，全幅共4个循环。另外，在新疆吐鲁番还出土了唐代"晕䙡绫"（图8.93），其晕染效果更为显著。这种绫织造前的染色工艺和牵经工艺特别复杂，不仅对经线颜色的色相、色阶在染色时要求较高，而且对这些色线的排列要求也很高，工匠需具备较高的艺术素养，且操作中来不得半点疏忽，如此才能保证呈现出丰富的晕染效果。该两件织物结构均为山形斜纹组织。

图8.92 唐代彩条绫

图8.93 唐代晕䙡绫

织造绫织物，在古代基本采用多综多蹑机。这是一种具有多片综和多根与综片相连接的蹑构成的纹织机，是在普通综蹑织机基础上发展起来的。操作原理是，通过不同起落的多片综，织出素绫或比较复杂的几何类提花绫。依据考古资料，一般认为，该种机型最早出现于战国时期，而绫织物出现于汉代，或再早些，所以采用多综多蹑织机进行织造是完全符合当时的生产条件的。在装造工艺中，根据绫织物的组织基本循环数来确定所需综片数，如四枚斜纹，只需4片综就能解决织造问题了。对于花绫，一般将基本斜纹组织所需综片数设置在机前，俗称"素综"；而后N片综则控制显花部分，俗称"纹综"或"花综"。织造时，素综和花综交替提起，便能形成提花织物。多综多蹑织机提花的关键技术是穿综工艺、起综工艺和织造工艺三者的紧密配合。其中，穿综工艺最为复杂，要求将整门幅中一根纬线上所需提起的经线，都穿在同一片综片内，一个花纹循环有多少根纬线，就需穿多少片综片，因此一根经线穿综时需要根据图案的要求，同时穿入所需的综片。织造时，只需一人操作即可。

三国时，马钧对织机加以改革，增强了提花功能，能织更为复杂的花纹，花幅及花回尺寸也得到大幅改进，如禽兽、人物、花卉等自由度较大、较复杂的纹样。这种提花机就是最早见于宋代的《蚕织图》上绘制的花楼束综绫机。从图中机型看，牵花工坐在机楼的侧面，应属小花楼织机，当时也称"绫机"。提花所需的花本，根据设计的纹样用较粗的棉线编制而成，挂于花楼上端，与束综相连，牵线由中端的衢盘按花数的多少进行排列，固定好牵线的位置，并通过衢线连接衢脚，以增加向下的重量，便于牵线提起后自主回落复原。

用多综多蹑机和束综花楼机织造绫织物的历史相当长，一直延续至现代工业兴起之后，人们才开始采用电力织机来生产，之后20年间，引进了喷气织机、喷水织机、剑杆织机，可以更加方便地织造各种规格的斜纹绸、提花绫，使织造质量得到了很大提升。

第八节 绉

一、绉的概念和结构形态

绉,是一种通过丝线加捻,多数采用平纹组织或绉组织为基本组织结构,具有绉效应外观和一定弹性的丝织物。这种织物具有悠久历史,古代称"縠"。《周礼》记载"轻者为纱,绉者为縠",说明纱与縠是有明显区别的。縠产生于何时?据《嘉泰会稽志》载:"縠首见于越国。"春秋时,越地擅长制织縠。从汉墓出土的丝织品分析,汉代使用加捻技术已较普遍,唐、宋时均上贡縠类织物,明、清时起绉织物更加兴盛。《增韵》称"绉纱曰縠",于是,縠的名称逐渐被绉或绉纱所替代。

绉织物的结构形态与一般织物相比,主要表现为外观有凹凸不平的现象,其特殊的形态,不是通过织物组织结构变化形成的,而是由丝线加强捻后产生皱缩形成的,十分奇妙。绉织物的特点是光泽柔和,质地轻薄而富有弹性,尤其抗褶皱性能优于其他真丝绸。

二、绉的演变与发展

(一) 历史上的绉织物

除史料记载外,所见最早的绉织实物应属长沙马王堆3号汉墓出土的十多件绉纱类织物,有素纱、藕色纱、褐色纱、泥金银印花纱、印花敷彩纱等不同品种。唐代,绉类织物比汉代更为丰富,技艺也更高超,史料记载的唐代贡物主要有白縠、雾縠、生縠等。白居易任职杭州时,曾寄赠元稹一件生丝制织的縠衫,并赋诗一首:"浅色縠衫轻似雾,纺花纱袴薄于云。莫嫌轻薄但知著,犹恐通州热杀君。"元稹收到这件薄如云雾的衣衫后,甚是喜欢,赞道:"红罗著压逐时新,吉了花纱嫩麹尘。第一莫嫌材地弱,些些纰缦最宜人。"两人诗句将縠织物的优越性表述得淋漓尽致。唐代縠织物的实物所见不多,新疆吐鲁番阿斯塔那105号墓出土的"绿地狩猎纹印花纱"是縠的一种,其经、纬向均加中捻,苏州丝绸博物馆曾于2001年对该件文物做过详细分析。

北宋时期,黄河流域的丝织品除锦、绮、罗外,绝、绫、纱、縠等品种也已有相当的生产规模。据宋代上贡染织品表记载:全国上贡6 611匹,其中南方上贡数就达6 219匹,居全国之首。目前已出土的宋代绉纱织物也有不少,如福州黄升墓中185号就是经、纬向均加捻起绉的丝织物,其经线为S捻和Z捻交替间隔排列的,纬线为S捻。

(二) 现代绉织物

现代织物中的绉类织物,在古代绉纱的基础上进行了传承与创新,涌现出很多新品种。其结构虽以平纹居多,但在丝线加工和工艺规格设计上有较多变化。

1. 经线无捻,纬线加双向强捻的绉织物

这种绉织物采用平经绉纬的工艺手段,将纬线分别加S捻和Z捻,然后以两种不同的捻向(2S、2Z)交替投梭方式织造。以这种工艺织出的绉类织物弹性足、透气性强,很受市场欢迎。以平纹为组织的典型品种如双绉,是素绉中最具代表性的,其经线不加捻而纬线加26捻/厘米强捻,用纯桑蚕生丝白织,坯绸经精练后在绸面上形成凹凸不平的绉效应,虽轻薄,却很有紧致感(图8.94)。以缎纹为基本组织的平经绉纬品种,如素绉缎,其经线不加捻而纬线同样是加26~28捻/厘米强捻,并以两种不同的捻向(2S、2Z)交替织造,其织物的缎面会因左右捻向的影响而具有细微的凹凸,由此让缎面的光泽比较暗沉,不像真丝缎那么光亮,但柔性、弹性和透气性大大优于真丝缎,所以用作服饰穿着会比较舒服,又具有富贵之气。织造该类织物的织机必须是单面双梭箱,以满足2S、2Z间隔交替织入的工艺要求。

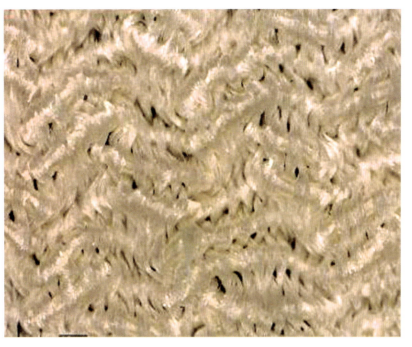

图 8.94　纬线加强捻，二左二右织造后形成自然弯曲凹凸的绉效应

2. 经线无捻、纬线加单向捻的绉织物

该种类型的绉织物在工艺上最大的特征是纬线加单向强捻，在织造上只需一把梭子，故用 1×1 梭箱制织，生产效率比较高。织成后的生丝坯绸经脱胶精练，外观出现非常奇妙的纵向条状褶皱，且无规则，这一现象被称为"顺纤"。各类顺纤绉很多，根据不同的蚕丝纤度、密度和捻度设计，会呈现强弱不等的绉效应（图 8.95，图 8.96）。这种绉织物在组织结构上基本以平纹为主，这个组织经、纬交织点均衡，易于通过纬线的强力收缩作用起绉，而缎组织一般经密较大，织物相对厚实，所以起绉效果不佳。顺纤绉的效果比较新颖，做成顺纤提花绉的也不少。一般提花部分的组织是缎纹，但经密不会很高，为防止发疲现象，缎纹提花的花型不宜太大。即便如此，在满地绉纹上点缀着朵朵花纹，也是相当别致的（图 8.97）。

图 8.95　顺纤素绉之一

图 8.96　顺纤素绉之二

图 8.97　顺纤提花绉

3. 经、纬线加强捻的绉织物

这类织物是指经线和纬线均采用强捻丝线，并均为 2S、2Z 排列织造，形成经、纬线均扭曲的结构形态，代表性品种有"乔其绉"（图 8.98）。它以桑蚕丝为原料生织，由于织物绸面呈均匀细致的皱纹和细小孔眼，质地稀疏透明，故俗名"乔其纱"。乔其纱的规格比较多，每平方米重量一般为 35～52 克，重磅乔其纱每平方米重量可达 67 克。其面料基本特性是轻盈飘逸，质地透明，极富弹性，具有良好的透气性和悬垂性，但因经、纬线加强捻的缘故，手感有些"糙"。形成其绉效应不同外观的因素，与原料粗细、捻度大小及经、纬密度的变化有关，但总体而言，该种织物缩水率很大，达 10% 以上，故练染后一般还要进行拉幅整理。这种绉织物常用于制作舞服、戏装、围巾等。

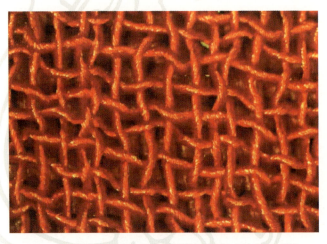 

图 8.98　经、纬均加强捻的乔其绉织物（放大 50 倍）　　图 8.99　绉地高泡花纹机理效果的青岛绉

4. 表层经、纬无捻，里层经、纬强捻的高泡绉织物

这类织物比较有代表性的是青岛绉（图 8.99），属全真丝提花绉类中的传统产品之一。其结构较为复杂，由两组经线和两组纬线交织，其中一组经线和纬线不加捻，另一组经、纬线加强捻，而加强捻的纬线又分为 2S、2Z 排列，故实际为甲、乙、丙三组。两组经线排列时，将加捻和不加捻的丝线间隔排列。该织物地部为平纹组织，花部采用双层袋组织，利用表层丝线不加捻，而里层丝线加强捻的工艺原理特性，经精练、染色、整理后，使加强捻的丝线产生较大的收缩，从而迫使不加捻丝线交织的平面形成凹凸效果。纹样以粗线条和块面的写意花卉、几何花卉为主。织物特点是手感松软、立体感和机理感特别强、弹性好。

三、绉的织造工艺

织制绉织物的工艺，主要体现在经、纬线加工上，且为生丝织造。根据品种要求的不同，可能仅需加捻纬线，也可能经、纬线均需加捻，但加捻的程度有弱捻、中捻和强捻。一般来讲，应是中等捻度以上（每厘米8个捻以上），这样的丝线才具有比较明显的弹性，织物的绉效应也比较突出。

织制时，加捻方向的不同，会使织物产生不同的绉效应。比如，当纬线采用单向捻丝线排列时，经线无捻，交织形成的织物在纵向产生不规则的竖条纹，如顺纤绉；当经线不加捻，纬线采用2左2右排列时，交织形成的织物表面会有凹凸不匀的细小颗粒，如双绉类型，因而通过不同加捻丝线的配比，会产生许多绉品种。当经、纬线均采用2左2右排列时，形成绉织物，如乔其纱。由于生丝线含有丝胶，比较硬，加捻以后需要定型处理，如对于中强捻度丝线而言，一般需要给湿定型，以通过湿度来消除丝分子间由于加捻而产生的应力，从而达到固捻的目的。定型的时间一般7天左右。经定型后的丝线，不仅牢度增强，韧性也增强，且丝身平挺光滑。织制完成后，织物需经练染处理，使丝线自然收缩、弯曲，使在织物表面呈现细微的皱纹，从而使弹性大大增强。如进一步运用染色或印花工艺，还可以让绉织物更加富有魅力。

第九节　绒

一、绒的概念和结构形态

绒，是指织物上除经线和纬线交织外，还有一组起毛绒的经线或纬线采用具有规律的起绒组织交织于一般经、纬线之中，并在织物表面形成毛茸或毛圈的纺织品。凡由纬线起绒的称纬起绒织物，由经线起绒的称经起绒织物，而实际上自古以来大部分绒织物为经起绒。

史料关于绒类织物的最早记载应该是《元史·舆服志》，其中的"怯绵里"，被自注为"剪茸"，可以作为"绒毛"的解释。但"怯绵里"一词的来源还没有确切考证，有人推测为波斯语音译，因此后来也被看成是西方的产品。在织物结构形态方面，明代王佐的《新增格古要论》卷八中有这样的描述："西洋剪绒单出西番，绒布织者。其红绿色年远日晒，永不褪色，紧而且细，织大小番犬形，方而不长。"文中称，西洋剪绒织物，出自西番的绒布织人，剪绒织物上的红绿色，年月远久、日晒雨淋，都永不褪色。织物的质地紧密细致，纹样为大小番犬动物，形状方而不长。由此可见，绒织物的绒毛不仅要织出来，而且要靠剪绒才能得到，如此可使质地紧致。织物有红绿色显花、动物纹样，表明是一种提花绒织物。

绒分为素绒、提花绒。其中，素绒泛指织造时单一结构的绒织物，不提花，如漳绒、建绒、利亚绒等，经后整理加工后，有印花绒、轧花绒、烂花绒、敷彩绒等品种。提花绒，指织造中应用起绒组织形成花纹的织物，其品种十分丰富，结构也复杂得多，有纬线起花的纬绒织物、经线起绒的经绒织物。除单色、双色外，还有用彩条排列的彩经绒、多色彩纬起绒的彩纬绒。其中，缎地起绒花的漳缎，是十分典型的提花绒织物，有单色漳缎、双色漳缎、多彩漳缎，织造水平极高。此外，绒地缎花、绒地绒花、绒地妆花、锦地绒花等也属于绒类品种中的复杂提花绒织物。但是，无论组织结构如何变化，起绒组织是该类织物的基础，由此，它们具备了不同于一般织物的特征。

（一）素绒织物的结构形态

北京定陵曾出土了一件明代万历皇帝的双面绒衣袍，正反两面均有6.5～7.0毫米长的绒毛，密集地布满织物表面。根据分析，其绒织物的完全组织，地经与绒经排列比为2∶1，由地经与纬线交织成破四枚经斜纹，绒经与起绒杆交织形成毛圈，以 V 形固结。经密 60 根/厘米，地经投影宽度为 0.2 毫米，绒经投影宽度为 0.3 毫米，纬线用两梭粗纬和两梭细纬交替织入。与该素绒属同一时期，苏州王锡爵墓中出土了一顶深蓝色官帽，也是素绒织物，但结构不同，地经与绒经排列比为 1∶1，四枚斜纹为地组织，绒经呈 W 形固结，绒毛长度达 1.5 毫米。

漳绒也是一种素绒织物，起源于元代，明代时已有大量生产。它的基本组织为四枚变化斜纹，其经起绒结构由 2 组经线和 3 组纬线交织而成。地经与绒经排列比为 2∶1，纬线与起绒杆的排列比为 3∶1，纬线有粗纬、细纬和起绒杆（假纬）之分。地经与纬线交织成地组织，绒经与起绒杆（不锈钢丝）交织，经特殊的割绒工艺，形成绒毛。其毛圈绒采用"W"形固结，绒毛牢固而不易脱落（图 8.100）。

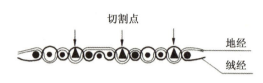

图 8.100　漳绒织物结构

这种织物之所以取名"漳绒"，与它产生的历史有着渊源关系。漳，是指福建的漳州。元代，在漳州地区生产出了一种起绒的全素丝织品。它是在当地所产的漳绸基础上演变而成的，所以称为"漳绒"。明代初期，漳绒生产达到全盛，产品甚至流传至日本。宋应星《天工开物》"乃服篇"中所称的"倭缎"，便是所指。明代末期，由于气候的变化，漳州地区已不适合桑蚕养殖业发展，漳绒也随之消失。但是，这种织物却在江南地区生根开花了，首先是南京大量生产，后传至苏州。漳绒织物质地挺括、绒毛密集、光泽柔美，以此制作的服饰无论受怎样的外力，绒毛均不会倒伏，十分神奇，正是有这样的优点，漳绒织物备受人们喜爱。

（二）提花绒织物的结构形态

1. 漳缎

这是提花绒织物中结构较为复杂的一种，其结构形态由 2 组经线和 4 组纬线交织构成，其中地经起缎纹，绒经起花，缎纹组织有八枚经缎、六枚变化缎或四经六纬的经面变化斜纹之分，以八枚经缎最为常见。用粗、中、细 3 种不同的纬线和 1 根假纬织入，假纬实为起绒杆，是一根直径为 1 毫米左右的不锈钢丝。古时，起绒杆是用很光滑的细竹竿或铜丝做成的，由于这两种起绒杆的材质比较软，在割线时很容易被刀划得越来越细，影响绒毛质量，所以后来就使用不锈钢丝了。由于起绒杆大大粗于 4 根纬线，因而，绒经所形成的拱圈要明显高出许多，当这根起绒杆被拔出时，就会在缎纹质地的表面形成一个绒圈，若将起绒杆上的绒经线用刀片沿垂直方向割断的话，就变成了绒毛，而这时绒经线与 4 根纬线的交织，就构成了"W"形。正是由于"W"中间多了一道弯曲，所以绒毛在织物上十分坚牢，一般无法拨动，可见这种起绒结构是非常科学合理的。若织物地组织是八枚缎纹，则起绒杆与四梭纬线的关系是 1∶4，即每织入 4 梭纬线投入 1 根起绒杆；如果是六枚变化缎纹，则起绒杆与纬线的关系是 1∶3。由此，可以使织物既充分表现缎纹组织光亮紧密的特点，也满足绒经组织接结牢固的要求。与绒经交织形成绒圈花纹，地经与绒经的排列比为 4∶1，与之相应的织物组织称为"起绒组织"（图 8.101）。从图中可以看到，第 2、7 纬与绒、地经形成接结，第 3、8 纬为起绒杆，仅与绒经线形成绒花，其余各线均与地经交织形成八枚经缎，绒经线则在纵向与各组纬线形成"W"形固结，使绒毛能够牢固地耸立在织物表面。

2. 锦地绒花织物

顾名思义，这样的织物既有重组织结构的织锦，又有起绒组织，一般具有重组织的织锦

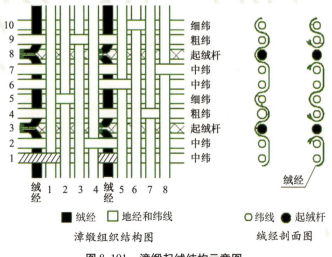

图 8.101　漳缎起绒结构示意图

为多彩，而起绒组织的为单色。在对这类织物进行设计时，绒与锦是相互映衬的，你中有我，我中有你，外观较为富丽，质地厚实且富有弹性，立体感很强。因此，这类织物大多用于制作桌椅垫等，集观赏性与实用性于一体。图8.102和图8.103所示的锦绒织物，由2组经线和4种纬线组成，结构为地经与3种色纬交织成纬线起花的重纬组织；另一组经线起绒，织入假纬形成绒圈，再经割绒工艺，形成密集高耸的绒毛，而花部色彩鲜艳。

图8.102　锦地绒花铺垫织物（故宫博物院藏）

图8.103　民间生产的锦地绒花织物

3. 绒地妆花织物

绒地妆花的代表性织物为妆花绒，属云锦的一个品种，也是起绒织物中较为复杂的品种，如故宫博物院所藏"黄地缠枝菊花纹妆花绒"，原件为乾隆倦勤斋中的炕垫，长118厘米，单幅宽58.5厘米，由两幅对拼而成，外观雍容华贵，因有绒毛的缘故，质地厚实，比一般丝织品具有较好的保暖性，所以在冬季是宫廷首选的丝绸实用品。复制时检测结果显示，该织物由地经、绒经和特结经与地纬、多色纹纬、起绒杆交织构成，起绒方式与漳缎相同；而地彩色纬花的织造工艺则采用了云锦中独特的挖花技艺，织物可根据图案结构在同一梭的纬向取用不同色线来织就。在织造时，为了方便挖花，操作上是反织的，起绒杆也织入机上织物的反面，这是与漳缎正织不同的工艺。由于反织，操作时无法像漳缎那样边织边割绒，而必须下机后实施割绒工艺，因此相比漳缎，它不仅组织结构复杂，而且制织工艺也复杂。在纹纬的配置上，有些还增加了金线或银线，绸面色彩感更加强烈，装饰性也更突显。

4. 绒地绒花织物

绒地绒花，是指无论地部还是花部，均为起绒结构，且花纹是通过经起绒组织织造而成，与天鹅绒有本质的区别。故宫博物院所藏"绿地金斜方格彩色小菊花纹漳绒"（图8.104）就属这类产品，为使起绒的花纹显现，不仅采取彩条排列方法，还应用了重叠式绒经起花工艺，即当一组彩绒起花时，其余的几组

图8.104　绿地金斜方格彩色小菊花纹漳绒
（故宫博物院藏）

彩绒沉背，因此经密不仅高于常规绒织物数倍，且起绒面积布满全幅，织造难度比多彩漳缎还要大，此时的地经主要起接结作用。

345

二、绒的变化与发展

(一) 古代绒织物

如果说汉代的绒圈锦是中国古代绒织物的先声的话,那么元代的怯绵里则是史志所载具有剪绒外观特征的较早的绒织物,但因为未见实物,所以现代人很难准确描述其结构状况。从明代起,"天鹅绒"一词最早出现在日本人策彦周良的《入明记》中,其中记录了自永乐元年至天顺八年(1403—1464年)间明朝政府作为国礼赠送给日本的绒织物,如"天鹅绒纻丝觉衣"。另外,在《大明漳州府志》和《漳州府志》中也有天鹅绒的物品记录,甚至万历四十年(1612年)《泉州府志》中也记载:"罗,但不如苏杭佳,亦有天鹅绒者,不如漳州佳。"这里所称的天鹅绒其实与后来称为天鹅绒的织物不太一样,或者是不一样的织物结构形态。但无论怎样,那属于漳州地区生产的漳绒应该是毫无疑问的,其与之后出现的漳缎、天鹅绒有着直接的传承沿袭关系,特别是缎地提花绒结构漳缎的产生,极大地影响了绒类产品的开发。

明代永乐年间,宫廷对绒织物十分喜爱,《明英宗实录》记载,当时不仅有天鹅绒,还有用羊毛、驼毛织成的绒织物,这类织物主要产于陕西、甘肃一带。弘治五年(1492年),吏科都给事中张九功奏称:"工部两奉旨,将新制各色彩妆绒毾画图下陕西镇巡三司并甘肃镇巡等官织造,今陕西诸司动支帑银,收买物料,往南京转雇巧匠,科买湖丝,又于城中创造织房。"其中提到了"彩妆绒毾""官织造""支帑银""南京转雇巧匠,科买湖丝"等关键词,说明陕西官府曾支付银两在南京雇工匠织造"彩妆绒毾"。尽管我们还不能确定这种织物究竟是怎样的,但至少可以理解为这是用丝线替代羊毛或驼毛线来织造的,使用的原料是湖丝,并且还在城中建立专业的织造机房,可见当时对绒织物的重视程度。嘉靖年间,在严嵩记录的清单上有大量的妆花绒、绒缎和剪绒。万历二十三年(1595年),工部左侍郎沈思孝上奏织造绒织物,但得到陕西巡抚兵部右侍郎吕鸣珂回奏:"陕西岁用新样绒袍至四千匹,据停织造二十四年,局作机张,向已倾废,今始葺修。挑花机匠,见存无几。蚕丝取自异省,绒线产于临兰,岂能立办?"由此可见,陕西的织造能力已经不复往日,但"挑花机匠"之词的出现,表明此时生产的妆花绒是提花织物。当时,南京生产绒织物的技术已相当成熟,不仅江宁织造,而且民间的织绒业规模也很壮观,主要产品为漳绒、天鹅绒、剪绒、妆花绒、建绒,盛况一直延续至民国,1915年由江宁送展的漳绒产品,获美国纽约巴拿马博览会金牌奖。

清代,绒类织物蓬勃兴起。苏州织造受江宁织造影响,也大量生产建绒、漳绒、天鹅绒等素绒产品。随着起绒技术的逐渐成熟,工匠们以库缎为基本组织,改进织机装造,吸纳漳绒的起绒技术,又采纳云锦的大提花艺术风格,设计出一种缎地绒花的新产品。在清康熙年间,这种缎地绒花产品在苏州织造局诞生,被命名为"漳缎",开创了我国提花绒织物的先河,成为世界上最早问世的提花绒缎织物。该织物得到康熙皇帝的赞赏,被大量订货,并规定,凡苏州织造局督造的漳缎不得私自出售,违者治罪。此后,织造漳缎的机户逐年增加,生产进入最盛时期。清朝康乾年间至道光年间,文武百官服饰大都用漳缎,以示富贵。光绪年间,苏州漳缎(含漳绒)依然生意兴隆,可谓"漳织进贡,比缎吃香"。当时,苏州织绒账房中赵庆记规模最大,绒机最多时有400台,占当时苏州绒机台数的一半左右。据《中国纺织科技史资料》第十五集中宋伯胤所著《苏州丝织手工业历史的调查》记载,赵庆记为专业织造漳缎的账房,牌号为"清水漳缎,赵庆记督造"。光绪三十年(1904年),织绒大户谢长兴也开始兴盛起来。

苏州漳缎(含漳绒)机台数和年产量规模最大的有两个时期,一是清代光绪年间,二是中华人民共和国成立后的1954年,从业数达到225户,机台数最多时达800余台,年产量最高时达20万米。这个数字作为需手工操作织造的漳缎或漳绒来说是相当可观的,因而它在丝织业中成为销往海外的大宗产品,造成很大的国内外影响。

绒类提花产品丰富多彩,如绒地缎花、绒地重锦纹花、重锦地绒花、绒地妆花、绒地绒花等,使通过杆织法提起绒花或绒地的提花绒织物层出不穷,甚至还在提高绒织物色彩感上动足了脑筋,比如对起绒经线采用 2 组不同的颜色丝线，重叠交替起绒花，且其中 1 组经线采用 7 种不同色彩的丝线分区排列，故产生了著名的"七彩漳缎"（图 8.105）。其生产量都有史料记载，生产地区主要在苏州，尽管生产工艺较一般漳缎要复杂，还是被完整地传承了几百年。

在漳缎产品中工艺难度更高、结构更复杂的当数具有重经结构的多彩漳缎，留世实物极少，仅见于北京故宫博物院所藏"湖色缠枝牡丹纹漳缎"（图 8.106）。其缎地细腻，绒花由 3 种色彩的丝线交替提起显花，还采纳了 1 组绒经用彩条排列的技术，因此色彩更为丰富，且绒毛茂密，惊艳世人，为国家二级文物。与此件相同纹样、不同色彩的织物还见于南京博物院所藏"红色缠枝牡丹纹漳缎"。苏州丝绸博物馆作为省级非遗漳缎织造技艺传承保护单位，一直不遗余力地进行研究挖掘。2012 年苏州丝绸博物馆研究人员专程赴故宫观摩分析原件，于 2014 年启动复制研究工程，从丝线准备、织机复原、图案绘制、花本制作，到复杂的造机穿经，每道工序都在认真探索中实施。2016 年年初，复制成功的"湖色缠枝牡丹纹漳缎"终于在苏州丝绸博物馆的展厅里向公众亮相，引来了无数的赞叹（图 8.107）。这既是苏州古代工匠们创造的宝贵遗产，也是现代丝绸人以工匠精神诠释的精湛技艺！

图 8.105　七彩漳缎

图 8.106　湖色缠枝牡丹纹漳缎（故宫博物院藏）

图 8.107　湖色缠枝牡丹纹漳缎织造场景

绒织物变化的过程中，除组织结构而外，门幅和经、纬密度等技术数据也有变化。如北京故宫博物院藏漳缎，门幅就有 54～74 厘米不等，经密也有不等，而并非是留传至今现代漳缎的规格。

另一种从古代流传至今的绒织物是天鹅绒。它是在素漳绒的基础上，另行雕刻，将局部绒圈划断，保留一部分绒圈，使之形成具有花纹图案的绒织物，故在织造技艺上属素色绒圈织物，与漳缎截然不同。由于其花纹是织造后通过人工雕刻处理而成的，因此纹样可以根据需要自如地设计发挥，如服饰图案、铺垫图案、书画艺术图案等，均可结合用途来选择，适用性十分广泛（图 8.108）。

图 8.108　雕刻着蝙蝠云纹的天鹅绒（台北历史博物馆藏）

天鹅绒的割绒技术是一项绝活，又称雕花，即"割绒"。操作时，先将织物安放在一个稳定的刻花架上，根据所设计的图稿，用白粉描稿，然后用硬质快口钢刀，沿着花纹轨迹将起绒杆上的绒经刻（割）断。当全部花纹都刻完后，再用力拔去钢丝（起绒杆）（图 8.109，图 8.110）。

图 8.109　雕花划绒操作场景

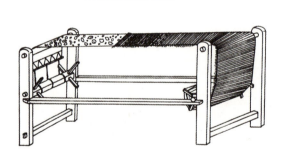

图 8.110　雕花后的绒织物需绷在拔钢丝架上

天鹅绒经雕花，拔出钢丝后，织物表面便形成绒圈地和绒毛花的花绒。尽管它们是相同色彩的丝线，但由于绒圈和绒毛表面形态不同，对光的折射也不同，故有非常明显的色相变化，花纹的立体感很强。天鹅绒艺术表现力十分灵活，备受世人青睐，从清代延传至今，曾经在江苏南京、苏州、丹阳等地有相当的生产规模。该项技艺已被列入江苏省非物质文化遗产名录。

图 8.111　采用双层剖割法形成绒毛的结构示意图

（二）近代绒织物

现代丝织素绒产品中，乔其绒最具代表性。其织物地组织为经重平，绒经为三梭"W"形固结，织造时采用双层剖割法形成绒毛（图 8.111），经线排列比为上层地经∶下层地经∶绒经＝2∶2∶1，地经和绒经分绕在两只经轴上，用 1×2 梭箱织造。其织物下机后需进行割绒、剪绒、立绒或烂花、印花等整理。成品的绒毛耸立而富有光泽，手感柔软，主要用作礼服、裙服、软装等。按原料分，有真丝乔其绒和交织乔其绒，但地经和地纬均采用强捻桑蚕丝，以改善织物的弹性，仅绒经和纬线会应用有光黏胶人造丝，以降低成本。

长毛绒也是常见的绒织物品种。这是由锦纶丝和棉纱交织的双层经起绒织物，以2/2纬重平为地组织，以"V"字型结构固结，采用双层剖割法形成上下两层绒毛，因绒毛高度达3厘米，绒毛细长而卷曲自如，故又称"人造毛皮"。工艺上以双经轴、2×2梭箱、素综框10片制织，生坯下机后需进行割绒、染色、刷绒等整理。其成品幅宽107厘米，单层经密33根/厘米，纬密25根/厘米，重量（地部）609克/米^2，地经和纬线均采用（14 tex×2）漂白棉纱，绒经采用122.1分特和77.77分特锦纶丝合并加2捻/厘米，产品主要用于复制各种动物玩具或用作鞋帽及饰品等。

三、绒的织造技艺

绒的织造技术在丝绸中极为特殊，工艺难度很高，尤其杆织起绒的技艺，从古至今一直使用手工操作，没有其他替代方法。

织造漳缎的织机是实现提花绒织物的关键。它与一般提花机不同，其机架分为两个部分，前半部分为机身，后半部分为绒经装置。以坑机为例，整机长610厘米，机宽120厘米，地面至花楼顶端的高度为325厘米（图8.112）。其机身部分主要由起地纹组织的素综装置和起绒花组织的束综装置构成，有开口、打纬、提花、卷取功能，涉及的织机构件多达141个。为了满足缎纹地起绒花的织物结构要求，织机上用8片地综负责构成八枚经缎地组织，提花部分则由花楼上的束综装置来完成。它由线制的花本及牵线、花综、衢脚盘、衢脚组合而成，因此漳缎织机在前半部分的功能上与一般花楼机几乎相同，唯

图8.112　漳缎织机（苏州丝绸博物馆展厅陈列）

有卷取机构与一般花楼机显著不同。因为，绒织物织成后绒毛是耸立着的，卷取方式就不能像普通面料那样紧贴着卷绕，而是在地综与花综位置的中间安装一个立体卷取轴，以使两层面料之间有一定的空隙，从而保证织成的漳缎的绒毛不致受到挤压。

织机的后半部分是一个体积较大的绒经装置，犹如美丽的大尾巴高傲地翘在机后。这是我国古代织机中所独有的，不仅是漳缎织机最特殊的构件，也是古代纺织机中科学性和技术含量最高的部分。为什么要设计这样形制的部件呢？因为绒经显花时，每根经线的用量随着纹样疏密程度的不同会有所变化，因此它不能像其他织物一样用经轴方式同步送经，而是要设计一种特殊的送经装置来解决，以使每根绒经线能做单独运动。古代匠人通过不断的探索，将绒经线绕在一个个类似于纬管的细竹管上，由它们各自按所需的用经量来控制送出的经线。而这些绕有丝线的绒经管必须固定在一个稳定的地方，以便织机能够按纹样用丝量的多少来自由地抽出丝线，于是，在探索中形成了我们现在所见到的呈凸型阶梯状的木构架，其形状如宝塔，故又称为"塔形绒经架"（图8.113）。经架的左右两边有5条横档，上面分成两排，交叉钉着间隔距离约5厘米的细铁钎，绒经管就插在上面。为了解决绒经管插在铁钎上的稳定性问题，以及丝线从绒经管退绕拉出时的张力问题，古代匠人科学地运用了力学原理，即：首先在绒经管的插入端刻一圈凹槽，挂上一个约6克重的泥砣，使小巧的绒经管有一个向下的重力，起到稳定作用；另外，将从绒经管拉出的双根经丝穿入一个直径为0.2厘米的玻璃状"料珠"空孔内，并将其悬挂在距绒经管10厘米左右的位置上，以此也形成向下6克左右的重量，与另一端的泥砣保持重力平

衡，使经线在向上引伸运动时产生一定的张力，并且是独立控制、自主调节。由于经线是悬挂着的，所以这种装置又称"挂经机构"，这就是漳缎织机不同于一般花楼机的特殊部分，也是漳缎织物显花的关键机构（图8.114）。

图8.113 塔形绒经架

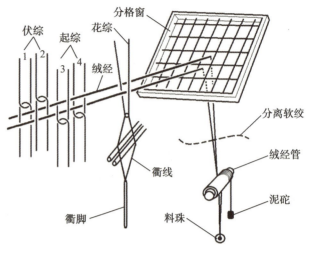

图8.114 绒经送经及穿综示意图

为了让丝线从绒经管拉出后相互间不干扰，并按穿综的顺序排列，古代工匠们想出了一个奇妙的解决办法，即在绒经架的上方安放一个用硬质木料，制成222×120厘米的长方形大木框，内部用光滑的细竿杆形成 N 个小方格，供 N 根绒经线穿入并延伸到机前。如图8.114所示，这个构件称为"分隔窗"，也是古代工匠的创造发明，至今还一直被沿用。

对于经向采用多组绒经线起花的漳缎来说，绒经管数量将至少翻倍增加，因此上述绒经架的体量就无法适应了，必须扩大才行，即根据具体织物密度的要求，绒经管的数量应与之相吻合。苏州丝绸博物馆在复制故宫博物院藏品"湖色缠枝牡丹纹漳缎"时，就用两个222×120厘米长方形的大木框相拼，并沿经轴与织筘形成的斜向作延伸，形成机身长800厘米、机尾高度170厘米、中间花楼380厘米的庞大机型，其多组绒经线按1∶1∶1的顺序依次穿入分隔窗，再穿入花综，使之与花本及牵线相关联，通过牵花工艺操作及钢丝假纬的织入配合，形成了具有多种颜色经线交替起绒花的绚丽效果。这一装置构架、装造工艺及织造操作不仅是漳缎品种中最为复杂的，也是古代织机中最为庞大而复杂的（图8.115）。

图8.115 庞大而复杂的多彩漳缎织机
（苏州丝绸博物馆藏）

第十节 绸

一、绸的概念

人们常用"丝绸"表示缫丝、织绸技艺及其产品,其中的"绸"用作对丝织物的泛称。作为丝织物十四大类之一的绸,在组织学上有明确的定义,即指采用平纹组织和变化组织,或混用多种组织包括重组织等,无其他类专有特征的各类丝织物。它或素、或有花,或薄、或厚,或生织、或色织,或纯织、或交织……是内涵极为丰富的丝织物。

二、绸的历史简况

绸最早出现于西汉,当时写成"紬",专指利用粗丝、乱丝、纺丝织成的平纹丝织物,因采用手工纺丝,粗细不匀,织成后粗犷、质厚而耐磨,即后来的"绵绸"。

六朝时期,绸织物开始有了粗细之分,粗绸有"䌷""絓"之称,细绸有"缟""缯"等之称。

唐代,在贡品中出现了花绸、平绸、绵绸等品种。

宋代以后,常用精练丝在平纹组织地上起本色缎纹花或纬浮花,其丝织物大多称"暗花绸"。

明、清之后,尤其是近现代,可以称"绸"的丝织物就更为广泛。丝绸行业习惯于将紧密、结实、组织结构混杂的丝织物称为"绸"。

三、绸的分类

绸是丝织物十四大类中寓意最广的一种,在历史上,一般按地区、原料、组织结构及加工工艺来分类。

按地区分的有:山西的潞绸,南京的宁绸,四川的川大绸,福建的瓯绸,山东的鲁缟、茧绸,河南开封的汴绸,辽宁的柞丝绸,新疆的艾特莱斯绸等。

按原料分的有:真丝绸、人丝绸、合纤绸、交织绸、柞丝绸、绢丝绸、绵绸、府绸等。

按组织结构分的有:平纹组织为多的平纹绸、单经单纬多种组织混用的绸、重经或重纬组织的绸(有时也可称锦)、双层组织的绸等。

四、举例说明

1. 双宫绸

双宫绸,顾名思义是应用双宫丝为原料织成的绸(图8.116)。双宫丝是由两条蚕共同结成的一枚茧所缫成的丝。由于两蚕同营一茧,吐丝环境不良,使得蚕吐出的丝条粗细不均匀,且丝条上多有粗细类节分布的特点。用双宫丝织成的绸,由于这些不规则分布着的天然类节产生的疙瘩效应,使得绸面风格别致,素雅中具有一种特别的隐现变异的

图8.116 双宫绸

美感。一般双宫绸表面粗糙不平，质地紧密挺括，色光柔和，既可用作西装外套、晚礼服等高档服装面料，也可作为男女衬衫、裙子等的面料，在日本则多用作高档和服面料。双宫绸一般采用平纹组织，也有采用纬面斜纹和纬面缎纹的。根据织造及染整加工工艺的不同，双宫绸有生织和色织之分。生织使用未经脱胶的生丝，织好花纹后，染色显花，有染色和印花双宫绸等。色织使用染好的纱线织造，品种有经纬互为对比色的闪色双宫绸、格子双宫绸与条格双宫绸等；此外，还有少数提花双宫绸。总之，双宫绸有多种多样的风格，织物品种十分丰富。

双宫绸在织造过程中，一般是单经单纬，即只要采用单经轴和单梭箱织造，但考虑到双宫纬线粗细不匀，可能会出现纬线切断，导致纬档等问题，一般采用多梭箱织机织造，如两侧梭箱为一侧单梭箱，一侧双梭箱（1×2）时，其中一个梭箱就空出来作为周转梭子使用。投纬顺序则为每侧依序投两次，然后再交换（甲甲乙乙）。

2. 蓓花绸

蓓花绸是高花织物中属纬高花的纹织物，由一组经线和两组纬线交织而成，其中乙纬的原料为锦纶丝，而另一组经、纬线均为有光黏胶人造丝。其地部组织为甲、乙两纬共口经重平，花部甲纬起纬花，背衬乙纬平纹。因锦纶丝的收缩率大于人造丝，并且人造丝又粗于锦纶丝，故织物通过染整处理使背衬于织物反面的锦纶丝产生很大屈曲收缩，而表面人造丝纬花凸起，构成凹凸肌理。纬高花效应与背衬纬线的原料性能、纤度粗细及纬密大小有着相当大的关系，锦纶丝愈粗、纬密愈大，其收缩能力就愈大、高花效果也愈明显。鉴于这样的特性，纹样设计需避免横、竖直线和大块面，应采取清满地布局，以比较简洁的中粗线条绘制，使花纹既细致又有凸起感，而地部平挺。蓓花绸很适宜制作时装（图8.117）。

图8.117 蓓花绸

3. 鸭江绸

鸭江绸是由手工缫制的特种柞蚕丝和普通柞蚕丝交织的绸类织物。它是辽宁柞丝绸中的一个大类产品，品种规格多，质地厚实粗犷，绸面粗节疙瘩分布不匀，风格别致。它分为平素鸭江绸和大提花鸭江绸两种，可用作套装面料、沙发面料、窗帘布等。

4. 开封汴绸

开封汴绸已有300多年的历史了。它采用古老的手工机制，是桑蚕丝生织小提花织物。经线为2/20/22旦桑蚕丝，纬线为6/20/22旦桑蚕丝，组织为平纹地上起经浮或纬浮的几何形小花，手感轻软、光泽柔和、穿着舒适、耐洗耐用。其坯绸经精练、染色、整理后，可制作多种服装，除行销河南省外，也远销印度、俄罗斯等国。

5. 艾特莱斯绸

艾特莱斯绸是新疆维吾尔族的传统特色用绸（图8.118）。它是以桑蚕丝作经、黏胶丝作纬，以六枚变则缎纹交织而成的绸类织物。它一般采用单经单纬制织，经线为1/30/35旦、8右捻/厘米×2、6左捻/厘米桑蚕丝，练白、扎

图8.118 艾特莱斯绸

染，纬线为 1/120 旦黏胶人造丝，组织为六枚变则缎纹。由于经线采用花纹扎染工艺，织造时受四线张力的影响，花纹边缘色彩参差不齐，呈现出由深到浅的晕染效果。如果扎染多种色彩，则整个绸面会呈现出红、黄、蓝、绿、黑等五彩缤纷的色彩风格。其扎染的花形大多为传统民族图案，是新疆最具代表性的特色丝绸。艾特莱斯绸一般用作头巾和裙料。

第十一节　其他类别

在丝织物十四大类中，除上面已详细叙述的十大类（其中纱和罗合在同一节，又增添了一节——古代的"绮"）之外，其余四类因同时使用其他纤维原料，本文不做详细展开，仅将它们在这一节中作集中介绍。此外，一些古代曾经广泛使用，而近现代使用得比较少的丝织物品种，在本节中也一并介绍，以便读者对古今丝织物品种有更为全面、系统的了解。

一、纺

人们常说的"纺绸"，其寓意中一般包含"纺"和"绸"两大类，"绸"在上文已做介绍，这里对"纺"做简要说明。

1. 纺的概念

纺是各织物类丝绸中组织最简单的一类。其在织造工艺上，经、纬线不加捻，采用生织或半色织，外观质地平整缜密，是一种比较轻薄的平纹丝织物。它与绸有相似之处，以单经单纬的平纹组织和生织物为多。"纺"的用语在古代较少见到，至近现代才较多出现"纺"这个名词。

2. 纺的种类

纺类织物按原料分的较多，有真丝纺、黏胶丝纺、合纤纺和交织纺等，其中真丝纺包括桑蚕丝、桑绢丝、双宫丝为原料织成的纺。典型纺类织物品种，有轻薄型的洋纺（图 8.119）、打字纺、电力纺等；厚重坚实的有杭纺。此外，有人丝纺，包括有光纺、无光纺等，分别由有光人造丝或无光人造丝织成；有合纤纺，如尼龙纺、涤纶纺；还有不同原料交织而成的纺，典型品种如富春纺，由人造丝和人造棉交织，或由人造丝与棉纱交织而成。

图 8.119　洋纺（放大 50 倍）

另外，还有一种重要的纺类织物——绢纺，它是应用绢丝织成的生织平纹丝织物。绢纺织物质地丰满柔软，光泽柔和，坯绸需经烧毛、练白、呢毯整理等特殊加工，再经染色或印花而成。也有绢丝经染色后，色织形成的绢纺。

二、呢

通常人们认为呢是毛织物中的一种，即所谓"呢绒"。实际上，毛织物中的呢是经过缩绒处理后的毛织物。此外，棉织物中也有称"呢"的，这是应用有色纱线和斜纹变化组织等制织的、具有呢绒风格的棉织物，称"女线呢"。但是，与这些呢不同，丝织物中的呢，是一类以蚕丝为原料的呢绒织物，归属丝织物十四大类之一。

1. 呢的概念

呢织物是应用或混用基本组织、变化组织，尤其是应用联合组织中的绉组织（又称"呢地组织"）所形成的表面粗犷无光泽、质地松软丰厚的丝织物。

2. 呢的组织

丝呢组织一般应用绉组织较多。该组织在习惯上也称"呢地组织"，其结构形态比较多样化，应用范围很广。用绉组织获得的起绉效应可用于绉纹呢织制。织造丝呢组织时，按照一定的方式联合两种或两种以上的基本组织或变化组织，利用浮长不同的经、纬纱交错排列，使织物表面产生颗粒状凹凸不平的绉效应，可以获得呢地组织的特有结构。组织循环有经、纬向 12×12、66×40、120×120 等各种规格，如：经、纬向 120×120 的组织循环，表示经、纬向的组织均为每 120 根一单元反复出现（图 8.120）；66×40 的组织循环，表示经向的组织每隔 64 根、纬向的组织每隔 40 根为一单元重复出现（图 8.121）。

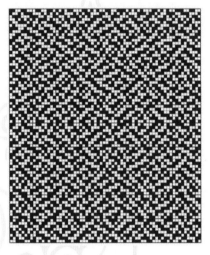

图 8.120　呢组织 120（经）×120（纬）

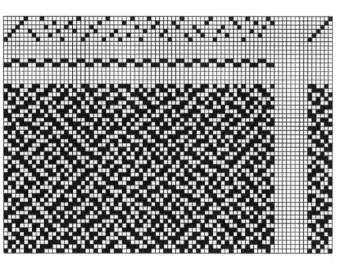

图 8.121　呢组织 66（经）×40（纬）

3. 呢织物的主要特征

呢织物大多应用绉组织，其特点是在同一个组织循环中，经、纬线的浮点、长短不一。经不同方向配置，浮长较长的组织点和浮长较短的组织点，经交织后会产生松紧不一的现象，加上使用原料和工艺上的粗细不一、捻度不一、收缩不一，故在织物表面，往往会形成略带凹凸的小颗粒，并对光线产生漫反射，使织物光泽柔和；同时，因为在一个完全组织中夹杂着长浮线和短浮线，所以手感较平纹组织轻软，能抗皱。呢织物的经、纬丝一般较粗，常采用经长丝与纬短纤维纱，或经、纬均采用长丝或短纤维纱并合加中等捻度，从而获得呢绒型外观与手感。

丝呢织物一般以素织物为多，经染色和印花加工之后，主要用作春、秋、冬季服装面料，品种有真丝大伟呢、四维呢、西湖呢、博士呢、四季呢、新华呢等；在柞蚕丝品种中，称呢的织物更多，如人字呢、山形呢、柞绢呢、鸭江呢、罗纹呢等，均是应用不同粗细的柞蚕丝和柞大条丝，采用平纹和斜纹变化组织制织而成，质地丰满、厚实、富有弹性。此外，其组织完全循环数很大，多数达数十根，甚至上百根，但其经丝的沉浮在同一组织循环中又具有明显的规律性，故在呢织物的穿综工艺上，找到了一种"省综法"，即以较少的综片获得较大的完全组织根数，如四季呢，只采用 6 片综，就能织出 120 根，甚至更多经线循环的绉组织。

在导入计算机辅助设计之前，各种不同组织循环的呢地织物都靠人工设计，十分费力。近代有了计算机辅助设计，就可以找到经、纬线沉浮点的规律，通过丝线位置的置换、交织点的增减等方法，设计出无数种形式的绉组织。但必须注意，不能有横档、直档和斜档。

三、葛

葛类丝织物产生于近代，最早是由吴兴（现在的湖州）章永绸庄利用手拉机（装有飞梭装置）和龙头机（贾卡提花机）生产出的新品种"华丝葛"。它是受国外进口丝织物，如日本"野鸡葛"等的影响而出现的丝织产品。所以命名为"葛"，是因为从国外输入的横向凸条丝织物中都有"葛（Gros）"的谐音，这些品种具有共同的外观特征，形成了一个大类，所以被列入丝织物十四大类之中。

1. 葛的概念和特征

葛类丝织物采用平纹和经重平变化组织，或采用急斜纹等组织。其特点为经线细、纬线粗，经密大、纬密小，其质地厚实，织物表面具有明显的横楞纹。有时为了突出楞纹效应，在纬线中织入较粗的填芯线，使横楞纹更为明显；也可在纬线中饰以闪亮的金银线，使织物闪光炫目。

2. 葛的类别

从原料上分，葛类丝织物经向有采用桑蚕丝的，也有采用纤度较细的人造丝的；纬向一般采用棉、毛或混纺纱，以及纤度较粗的人造丝。在风格上有花素之分。素葛，在素机上织造，如有毛葛、文尚葛、缎背葛等，这些都是传统丝织品，在民国时期应用较广，因其质地坚厚、耐磨，大多用于棉、毛、皮袄和背心等的面料，也用作靠垫、沙发、坐垫等的面料。花葛的传统品种有特号葛、明华葛、花文尚葛等，新品种有金星葛、印花葛等。

四、绨

绨类丝织物，是一个产生年代较为滞后的丝绸类别品种，也属于丝织物十四大类之一。与葛类丝织物不同，绨本来就是丝织物类名。"绨"的名称在汉代就已经出现了，如《说文解字》解"绨"名曰"厚缯"。但是，近现代绨类丝织物并非与古代绨类丝织物一脉相承。近现代绨类丝织物最初是一些手工机织物，其前身源自明、清时期的线春、线绉、罗缎等。直至1933年，盛泽还在生产手工制造的中山绨。从历史发展角度看，绨类丝织物与葛类丝织物的产生在时间上很相近、组织外观上很相似，只是前者命名借用古代纺织品名，后者命名使用外来语谐音。故有学者认为，从组织结构上看，绨与葛可视作同类产品，但绨类丝织物在丝织物中属中、低档产品。

1. 绨的概念

20世纪30年代的《实业志》称，绨以人造丝为经、棉纱为纬。其现代定义为：采用平纹组织，长丝作经、棉纱作纬，质地比较粗厚的丝织物。现在，绨类丝织物一般应用平纹组织，以各种长丝作经线，如人造丝、尼龙丝，以棉纱或其他短纤维作纬线，相互交织形成质地较粗犷的丝织物。因其纬向多采用丝光棉线，故一般称"线绨"。有时，又将棉线上蜡，以增加强度和耐磨性，使之经久耐用，称为"蜡线绨"。

2. 绨的类别和特点

绨类丝织物一般分为素线绨和花线绨两种，花线绨又可分成小花绨和大花绨。无论素线绨还是花线绨，一般均以平纹或少数经重平组织作地，其上再起经面小花纹或大花纹。绨与葛一样，常以人造丝为经，用短纤维纱线为纬，具有经细纬粗、经密纬疏、呈横向凸条的外观。早期生产的绨，有以人造丝为经、以绢纺丝作纬的产品。蜡线绨是在平地纹上显八枚经缎花的品种。绨类织物通常织纹简洁清晰，工艺大都采用生织后染色，因纬线粗，纬密较小，产量高，利于快速生产，且成本较低，故价廉物美，应用面很广。

一般素线绨或小花绨用于衣料；大花绨多用于被面，称线绨被面。

五、古代的几种主要丝织物

1. 帛和缯

这是先秦、两汉时期对丝织物的总称。

帛和缯在先秦、两汉时期曾经是丝织物的总称。《说文解字》称："缯，帛也。"清代学者任大椿在《释缯》中考证：缯为帛之总名，且缯之颜色尚深。殷商甲骨文中有"桑、蚕、丝、帛"的象形文字，其中"帛"即指用丝加工成的绸，说明殷商时期就有"帛"的名称。一般而言，战国以前称丝织物为帛，秦汉以后称缯。战国时称帛的丝织物包括锦、绣、绫、罗、绢、绝、绮、缣、纱等，曾在中国古代长期作为实物货币使用。长沙马王堆汉墓出土的帛画就是用彩色染料绘在丝绸上的画；马王堆汉墓还出土了盛放丝织物的箱子，其上标注有"缯笥"字样，说明在古代，凡帛与缯都是丝织物。

更有趣的是，在汉代，几乎所有丝绸都可加称缯。据《说文解字》解释：其纨为素缯，绮为文缯，缣为并丝缯，䌷为大丝缯，绨为厚缯，缦为无文缯，素为白致缯，等等。

2. 纨与缟

古时，山东盛产纨、缟，以齐纨、鲁缟闻名天下。

纨，指生织物经过精练后形成的有光泽而又柔软的白色织物。《释名》解释：纨是焕然而有光泽的意思。《说文解字》曰："纨，素也。"

缟，指采用本色丝即生丝织成的丝织物。

清代任大椿《释缯》上说："熟帛曰练，生帛曰缟。"这说明了纨与缟的区别。在古代，纨是经精练或染色的熟织物，轻薄柔软有光泽。俗话"纨绔子弟"，即指穿着轻盈光亮的丝绸服装的浪荡公子。而缟是指用生丝织就的、未经精练的生织物，手感硬挺而无光泽，但质地较缜密。

古代对丝织物的称谓还有很多种，如应用双经或双纬织成的粗厚的平纹丝织物称"缣"；应用加捻丝线织成的表面具有绉效应的平纹丝织物称"縠"；还有经线和纬线先扎染后再织造的丝织物称"绊"，其中经线扎染后织的织物称"经绊"，纬线扎染后织的织物称"纬绊"；等等，本书中从略，不再一一解释了。

3. 縠

縠是一种与纱相似的轻薄、有孔眼的丝织品。《汉书·江充传》中说："纱縠襌衣。"颜师古注曰："纱縠，纺丝而织之也。轻者为纱，绉者为縠。"因此，縠的特点是织物表面有细微的皱纹，且形成孔眼。大的孔眼如粟，小的孔眼如砂。这种皱纹是将丝线加强捻，并通过丝织物的脱胶，使丝产生退捻从而形成的。

根据河北藁城商墓出土的铜觚上黏附的縠类丝织品，可以判断，这种技术在商周时期已经成熟。当时织造的经、纬密度较低，一般为 30～35 根/厘米，与纱相似。但经、纬丝都加了强捻，捻度为 2 500～3 000 捻/米，经丝为左捻，纬丝为右捻。根据高汉玉研究指证，这是目前所见到的最早的縠的实物。

此外，湖南长沙左家塘楚墓中出土的浅棕绉纱手帕，也是一种縠，其经、纬丝都加有强捻。经丝为右捻与左捻相间排列，纬丝为右捻。经、纬密度为 $38\times(28-30)$ 根/厘米^2。这种縠由于经丝捻向的相间排列，其皱缩效果更好。

第十二节 近现代丝绸品种

近现代，丝织业在沿袭古人开创的传统织造技艺的基础上，不仅积极保护与传承，而且开发出了许多与传统类别不同的丝绸新品种。丝绸已不再是传统观念里的全真丝织物，其品种在材料类别、织造技艺、设计理念等多个方面有了拓展与衍生。

一、应用新纤维设计开发的品种

由于科学技术的进步,丝绸产品的原料越来越丰富。设计开发人员选用不同的材料,通过混纺、交织等形式,使纤维原料在性能、价格上得到互补,性能更加优化。运用不同原料进行混纺或交织后的丝绸产品,有时更具独特效应与质感。

(一) 桑蚕丝与其他纤维交织品种

交织类丝绸新品种诞生的主因之一是装饰织物需求的扩大。20世纪中叶,为庆祝中华人民共和国成立十周年,北京十大建筑室内都要用绸装饰,丝绸装饰织物开发获得了重要的契机。一时间,窗帘、沙发布、音箱绸等装饰织物的设计生产在丝绸行业蓬勃兴起。当时,织造中加入金银线点缀绸面的丝绸品种相当流行,如锦玉纱、敦煌绸(图8.122)、金(银)龙缎(图8.123)与金星葛等,都是其中的代表品种。随后开发的人造丝织锦缎、人造丝古香缎、金银织锦缎等成为被面等织物的主流产品。人造丝织锦缎和人造丝古香缎是以一组较细的有光色黏胶丝作经,与三组有光色黏胶丝的纬线交织而成的熟织提花绸缎。这一时期还创制出了金银织锦缎,其中三组纬线中的一组以金银铝皮替代,绸面亮光闪烁,富丽堂皇。

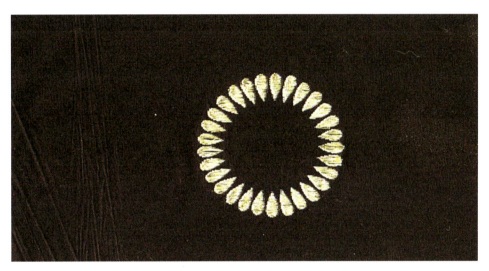

图8.122 敦煌绸局部(生丝89%、银线11%,1957年)

图8.123 银龙缎局部(生丝16%、人丝24%、银线60%,1957年)

丝绸产品中采用低成本材料或简省耐用材料的新产品都备受消费者欢迎。例如，上海的黛纹绸、江苏的银鳞绸、浙江的丰采绸，以及四川的花罗纹等织品，都运用了丝绸与其他原料如棉纱、人造丝以及尼龙丝的交织等。

（二）各种新纤维形成的品种

20世纪70年代，具有丝绸效果的合成纤维产品崭露头角，并得到迅速发展。以往，应用涤纶或尼龙长丝等常规合成丝进行交织，后整理中仍采用普通技术的产品不仅手感差，而且吸湿性低，穿着不够舒适。随着新型涤纶长丝，如异形丝、细旦丝等差别化纤维的出现，以及碱减量整理技术的应用，合纤产品不仅在外观上能够模仿真丝，而且在性能上也与真丝接近。这些新颖的仿真丝产品受到消费市场的关注。各种"新合纤"在差别化、环保性、功能性方面相比全真丝产品更加完善。

1. 差别化纤维纺织品

差别化纤维，通常是指通过对纤维材料进行物理或化学改性处理，使纤维的形态结构、物理化学性能等获得与常规纤维有显著差异的纤维材料。差别化纤维技术可以用于生产仿真丝产品，在获得类似真丝纤维良好手感和外观的同时具有低成本的优势。新型纤维技术中的海岛纤维、超细纤维等都为仿真丝织物的开发提供了技术基础和材料。由于差别化纤维的应用打破了传统丝绸织物中材料单一的局限，使得各种性能优异的差别化涤纶，如聚酯改性纤维、聚酯同族纤维锦纶长丝在丝绸产品中应用的比例越来越大，与以普通涤纶或锦纶为原料的产品相比较，其性能与品位都有很大的提高（图8.124，图8.125）。

图8.124 普通涤纶和高收缩涤纶纬线色织格子布（1990年）

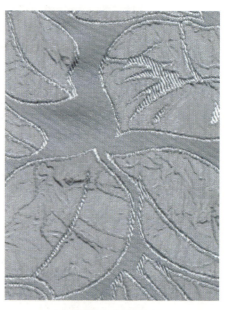

图8.125 双层涤纶仿丝绸产品（1990年）

2. 环保型纤维纺织品

在环境问题不断引起关注的现代，环保型纤维备受瞩目。如我国首次独立开发的大豆再生蛋白质纤维材料，就是以脱去油脂的大豆豆粕作原料，提取植物球蛋白，并经合成后制成的新型再生植物蛋白纤维。这是由我国纺织科技工作者自主开发，并在国际上率先实现工业化生产的新技术，也是迄今我国获得完全知识产权的纤维发明。大豆纤维具有良好的外观特性，应用在丝绸织物中时，不仅光泽美丽，而且手感柔软，同时因其性价比较高，因而备受市场欢迎。

3. 功能性纤维纺织品

功能性纤维织物定向地提高产品的附加价值，在某一项或者多项性能指标上显示出特殊的优势。其研发一般依托高新技术，以特殊需求的功能导入与实现为目标。在国内和国际，已经有许多功能性纺织品得到研究与开发，如突出截面异形中空纤维，可使织物具有特殊的吸湿、排汗、透气功能；高导电、调温、保温抗菌、吸湿发热等纤维，增加了特殊患者服饰开发的可能性；高弹性、防静电、防紫外线、抗菌、阻燃等纤维，可以满足特殊领域制作防护服的需要。借助服装面料及纤维特异功能的研发加工，还可以使泳装有助于提高游泳速度，辅助增强肌肉收缩扩张的能力；通过在纤维材料中导入维生素原料，可以每天供给穿着者身体所需要的维生素C。各个方面需求的不断涌现，有力地促进了功能性纤维纺织品技术的进步与产品的开发。功能性纤维纺织品研发一旦与传统丝绸加工处理技艺结合起来，更将拓开蚕桑丝绸产品现代化发展的广阔道路。

4. 美化生活的纺织品

蚕桑丝绸最本源的需求价值是美化生活。随着现代科学技术的发展和社会文化的进步，人们越来越关注面料的视觉效果，使得各种新型风格材料的品种日益增多。如单丝尼龙、金属亮片丝、纸纤维、花式纱线等，都在产品开发中受到了普遍关注。采用两种以上不同性能的丝（纱），如真丝和化纤、化纤和化纤、长丝和短纺纱等包覆工艺形成的包芯与包缠丝产品在国内外消费市场上深受欢迎。花式纱线给织物带来特殊的风格和手感，有利于体现织物丰富的肌理效果，品种日益多样化，如有竹节纱、结子纱、七彩丝、圈圈纱、雪尼尔纱等。20世纪60年代，苏州设计生产的莹波纱，就是多样化产品开发的成果，这是一种应用真丝、雪尼尔毛圈纱（普克尔纱）和金银线交织而成的纱类织物，具有特殊的美感。

二、应用新工艺、新技术设计开发的品种

近现代，除了新材料在丝绸领域不断涌现外，织造技术和工艺的进步也给丝织业带来了耳目一新的变化。根据不同的生产方式和后处理加工类型，我们可以从织造方式的变化、化学或物理方法的处理，以及其他复合加工这三大类技术进步上来看丝绸品种的变化。

（一）织造方式的变化

1. 机织

现代自动化织机系统速度快、体积小、占地面积少，适合织制质量高、花型复杂的织物，使得丝绸产品的开发有了更广阔的发展空间。织机结构性能的提升从很多方面促进了产品研发的快捷性和可行性，促进了丝织物材料多样化与结构多样化相乘效果，丰富了产品性能和织物风格。

如多储纬器剑杆织机及纱线夹取性能的发展，更加便捷地实现了纬向纱线的多品类、多色纬、多线型的丰富组合，改变了旧式多梭箱装置的限制。在新品种中，很细的真丝可与较粗的竹节纱、花饰线配合，使面料表面产生随机疙瘩效果。多种不同纱线结合各类复杂双层组织的运用，赋予了面料凹凸、起绉、夹层（表里层透明，中间填入花式花色纱线）、起绒、厚实等的材质效果。

又如，传统提花机受选针装置感应迟缓、升降部件的驱动机构等因素影响，车速一般仅为120转/分，而且容易产生经丝起落误差，造成绸面质量问题。现代提花机的经线提升系统则可以规避这一问题，让过去反织的品种转为正织，方便了打样观察及效果调整，使车速成倍提高。

此外，一些用于特殊类型自动化织造的织机，使传统依赖手工的产品得以通过工业化生产，如绒杆式自动割绒机，能够局部使传统丝绸获得漳缎风格，实现了机械化生产以及产品的高效率开发。

2. 针织

20世纪80年代，丝绸产品在针织方面的重要亮点与突破，是真丝针织品的开发与生产。

在20世纪80年代初期，随着国外真丝针织热的不断升温，大批生产厂家尤其是缫丝厂投入到真丝针织的行列中，短短几年内形成了年产约100万件真丝针织服装的生产能力，特别是浙江、江苏两省形成了较大规模的生产基地，取得了很好的经济效益。与此同时，真丝针织服装品种不断创新，成为丝绸产品中后来居上的一大门类，在对外贸易中独树一帜。这也推动丝绸针织面料变得更加丰富多彩，产品逐步进入了多功能化和高档化的发展阶段。利用丝绵、丝羊绒开发出的针织丝绸服饰质地柔软、吸湿透气，具有良好的弹性和延展性，穿着舒适、贴身合体、无拘谨感、能充分体现人体曲线，在国内外消费市场上受到普遍欢迎。其中，纬编织物的组织结构和材料组合，随着针织设备更新换代，品种更趋多样

化，特别是闪光、凹凸、双面、立体等效果的纬编织物在各种高档时装上获得了广泛应用。

(二) 化学或物理方法的处理

通过化学或物理方法对丝绸织物进行处理后，织物的风格和性能可以产生新的特色。20世纪末流行的真丝砂洗绸就是其中的佼佼者，品种包括真丝砂洗电力纺、双绉、斜纹绸、真丝缎等。经砂洗后的丝绸，手感丰满、柔软厚实、富有弹性、悬垂性好；在外观上则呈现类似桃皮的短毛绒（图8.126）。

砂洗是20世纪90年代由意大利人发明、经中国香港地区传入内地的一项丝绸整理技术。真丝绸砂洗整理技术是利用酸、碱或专用砂洗剂作用于真丝蛋白纤维分子末端，经砂洗机、烘干机等机械摩擦后，使桑蚕织物微纤维变得松散、织物经纬交织点活动

图8.126　涤纶色丁双绉（轧花，1990年）

性增大，最终在织物表面产生一层致密的、类似桃皮的短绒毛。在处理过程中，如果砂洗不均匀，会产生砂洗折痕，即一般所谓"灰伤"的疵病，以致影响外观；如果砂洗过度，则会对蚕丝织物的强力产生较大的影响。所以在砂洗之前，需要对不同厚薄、不同组织规格的面料，设定不同的砂洗工艺，以免产生存在上述问题的次品。

真丝绸砂洗后，颜色的鲜艳度会下降，有复古仿旧的风格。随着砂洗真丝绸消费市场的扩大，消费者对砂洗技术及砂洗产品提出了各种新的要求。因此，研究人员又开发出了保鲜砂洗、无灰伤砂洗技术等，这些新工艺利用生物酶在适当温度、pH值下可分解蛋白质的特性，解决了砂洗时出现的灰伤、绒毛被破坏或切断的问题，使得灰伤消失，绸面重新光洁均匀，丝绸的柔和光泽得以恢复。

真丝绸砂洗要经过坯绸准备—缝边—预浸—砂洗—柔软—烘干的工艺流程：

（1）坯绸准备：可以用白坯砂洗，也可以用染色或印花绸砂洗。若用白坯砂洗之后再进行染色和印花，则成品的蓬松度和表面绒毛，不如染色或印花后再进行砂洗的效果好，故一般需要进行第二次砂洗。但是，白坯砂洗后染印的成品花色鲜艳度保持得比较好。

（2）缝边：其目的是防止缎面织物出现砂洗折痕，所以要把缎面缝在里侧进行保护。缝边可以用缝纫机，也可用服装打钉机，间隔一段距离缝制一下或打一个钉即可。

（3）预浸：这是将缝好的织物先放在温水里浸泡20～30分钟，使织物预先膨胀，以利于后面的砂洗。

（4）砂洗：砂洗在卧式工业砂洗机中进行。操作时，在砂洗机中加入碱或砂洗粉，缓慢升温至50～60度。根据织物的厚薄，让其在砂洗机中不断翻滚1～2小时。为了减少砂洗折痕的产生，砂洗过程中，要将织物拿出2～3次，理直理顺后再放回砂洗机中继续砂洗。

（5）柔软：织物砂洗好后，用清水洗尽碱及砂洗粉，再加入柔软剂进行柔软处理。

（6）烘干：柔软处理完成后，将织物拿出脱水甩干，再放入立式滚筒烘干机中，用40～50度的温度烘干。烘干速度不宜过快，以便织物在烘干过程中继续保持与机械之间的摩擦，从而使表面产生更均匀的绒毛效果。为了减少烘干的折痕，也需要经常不断地将织物从滚筒中拿出，理直理顺后再继续烘干。

(三) 其他复合加工

在时尚化需求急增的当代，各类不同工艺结合起来的处理技术在丝绸产品开发中发挥了越来越大的

作用，如染、织、绣、修剪、拉毛、压花等工艺叠加可以产生特殊效果的产品。

应用特色印染工艺织造的丝绸产品在消费市场备受关注，砂洗绸是其中的亮点。杭州东风绸，采用了经线先印花后再织造的印经工艺，绸面具有色彩缤纷、朦胧绰约的花色效应，呈现出水墨画特有的渗色效果。

结合绣花工艺的丝绸品种更具韵味，如苏州的机绣绸，曾经名噪一时。苏州机绣绸，将织花和绣花结合起来，在各种绸缎上应用机绣技巧，织绣出各种图案。机绣绸不仅继承了苏州刺绣的传统风格，而且创造性地运用打籽绣（图8.127）、盘花绣、细花盘银绣和包网绣（图8.128）等不同技法，在绸缎上绣出丰富多彩的花纹，达到了提花织造所不能获得的效果。

图8.127　丝绒底上机绣打籽绣（1959年）

图8.128　烂花绒上机绣包网绣（1959年）

20世纪中期，真丝产品中又出现了一种通过复合工艺生产的新品种——拉绒产品（图8.129）。机织的丝绸底布通过拉绒处理后，彻底"变脸"，使保暖性变得更好。这种用精细拉绒加工技术开发的丝绸产品被称为"人体的第二皮肤"。它主要用于生产围巾，突破了冬天不围真丝围巾的局限。这种织物表面丝纤维松散，有绒毛感，且有透气的微孔，与人体皮肤组织亲和，适合体表微气候环境的需求，保暖、保湿，而且非常柔软。根据不同层次的市场需求，研究人员先后开发出了双面拉绒、单边拉绒、全真丝拉绒、真丝羊绒拉绒、真丝莫代尔拉绒、素织拉绒、提花色织拉绒等多个品种。

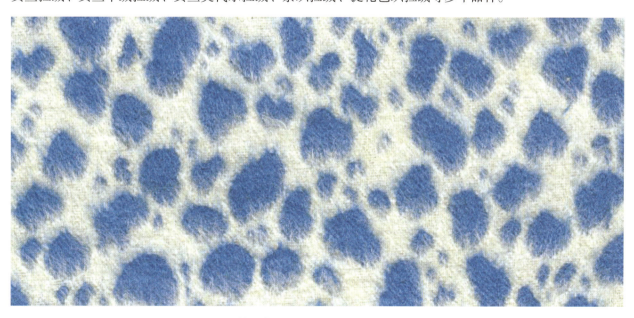
图8.129　拉绒产品（34%人丝、66%绢丝，1960年）

三、应用电子数码技术设计开发的品种

20世纪80年代末,电子提花织造系列设备在世界纺织业发展中应运而生,并且随着丝织技术改造步伐的加快,变化突飞猛进。这一时期,丝织行业在引进国外剑杆织机与片梭织机的同时,又引进了法国STAUBLI的电子控制式双提刀提花机和英国BONAS的双提刀全开梭口提花机等织造设备。引进的电子提花机的纹针数高达12 288针,甚至20 000针左右。计算机辅助设计、计算机控制纹版冲孔、电磁针控制经丝提升等关键技术的应用开始规模化。计算机集成制造系统(CIMS)的应用让织绸业开始导入数码化操作,实物纹版逐渐消失,试样、生产变得更便捷,大幅度缩短了新产品设计投产周期。

经线提升方式的灵活化、组织纹版循环限制宽松化的发展,让素织物和提花织物的组织搭配更趋复杂化。除单一的平、斜、缎纹组织之外,大量组织结构还交叉应用重经、重纬、起绒、泥地、绞纱、透孔、双层填芯纬、双层表里换层、双层接结等组合结构。

提花纹针数的增大,让花幅设计的范围扩大,独花类的产品开始增多。1998年开始,在电子提花技术的基础上,浙江省相关企业开始研究丝织像景产品的数码提花技术。这一技术利用计算机,通过图片扫描或数码成像技术将图样输入计算机,由计算机按颜色归并、分色原理处理图像,采用上万种结构,实现了大幅面、花型高度复杂的像景产品的快速纹织设计。通过网络,设计好的数码花本不再使用穿孔纹版记录信息,而可以直接传输到生产厂家的电子提花机接口,快速制织出产品。其产品密度非常高,每平方厘米的经、纬交织点平均达20 000个,表现的颜色层次比传统提花织物提高了百倍,从而使画面保留了原有图案的层次、质感和笔触,细腻逼真,精美至极。在数码技术进步的支持下,服装面料中的定位独花、连续花的产品设计也有了很大突破,如独花织锦旗袍、连续定位花服装以及各种人像和风景丝绸艺术品等。

本章参考文献

1. 黄能馥,陈娟娟. 中国丝绸科技艺术七千年:历代织绣珍品研究[M]. 北京:中国纺织出版社,2002.
2. 黄君霆,朱万民,夏建国,等. 中国蚕丝大全[M]. 成都:四川科学技术出版社,1996.
3. 上海市纺织工业局. 纺织品大全[M]. 北京:中国纺织出版社,1992.
4. 钱小萍. 中国传统工艺全集:丝绸织染[M]. 郑州:大象出版社,2005.
5. 陈维稷. 中国纺织科学技术史(古代部分)[M]. 北京:科学出版社,1984.
6. 钱小萍. 中国织锦大全[M]. 北京:中国纺织出版社,2014.
7. 赵丰. 中国丝绸通史[M]. 苏州:苏州大学出版社,2005.
8. 张道一. 织绣[M]. 上海:上海人民美术出版社,1997.
9. 浙江丝绸工学院,苏州丝绸工学院. 织物组织与纹织学[M]. 北京:纺织工业出版社,1982.
10. 赵丰. 中华锦绣:天鹅绒[M]. 苏州:苏州大学出版社,2011.
11. 李仁溥. 中国古代纺织史稿[M]. 长沙:岳麓书社,1983.
12. 王晨. "汉绮"研究及丝织技艺探讨[J]. 丝绸,2008(2):46-48.
13. 王晨. 论苏州漳缎的科技成就与传承[J]. 江苏丝绸,2014(4):18-22.
14. 王晨. 从传统丝织工艺谈漳缎的技术特性[J]. 丝绸,2003(5):47-49.
15. 包铭新. 葛类丝织物的起源与发展[J]. 丝绸,1987(3):42-44.
16. 赵丰. 绨的古今谈[J]. 丝绸,1987(4):38-39.

第九章

典型丝绸品种实例

　　在上一章中，我们已对古今各类织物品种从介绍概念出发，对其历史演变过程、组织结构特点以及加工技术要点等进行了探讨。由此可以了解到，自新石器时代晚期以来，随着生产力的提高和社会文明的进步，丝织物生产技艺不断发展更新，丝绸品种从最原始的简单平纹结构织物出发，发展演变至今已经造就了一个春色满园、繁花似锦的多元化、多风格的丝织品时代，丝织技艺也进入了与现代科学技术深层次融合的新织造技艺时代。尽管如此，我们仍不会忘记创造发明了蚕桑丝绸的中国古人，不会忘记几千年来蚕桑丝绸技艺传承发展的艰难历程。只有深刻理解这一过程的艰辛，深入了解丝绸织造技艺的精粹，我们才能将这份珍贵的技术与文化遗产传承到下一代。

　　以此为目标，这一章将从锦、纱、罗、缎、绢、绫、绉、绒等优秀传统丝绸品种中撷取一些典型的精品织物，对它们的特性、技术要素、织造技艺等做进一步的整理、剖析与简要说明，同时对现下不太常用却属于十四大类的品种，如纺、呢、葛、绨等类品种做举例，对于现代丝织品种中出现的新型纤维设计产品，如弹力丝竹呢、数码混色弹力高花绸，以及具有医用特殊功能的机织涤纶毛绒型人造血管产品作关键技术介绍。由此本章涵盖了近现代丝绸织物品种的基本类型，对于不同种类的织物特性、工艺要素有了明确指向，对于相同种类而采取不同工艺设计的经典品种也做了介绍。

　　这一章的讨论，将按照第八章织物产品的分类顺序进行。

第一节 锦类

一、蜀锦

蜀锦，因产于蜀地而得名，是中国三大名锦中的第一个里程碑。它始创于战国，兴盛于汉、唐。从宋、元、明、清至近代，其织物结构、花色品种和生产技艺不断改进和发展，从经锦、纬锦到经纬显花锦，品种丰富多彩，琳琅满目，数不胜数。近代的蜀锦品种，以灯笼锦和号称"晚清三绝"的方方锦、雨丝锦、月华锦为主要代表。蜀锦在2006年已被列入首批国家级非物质文化遗产代表性名录，2009年被列入人类非物质文化遗产"中国蚕桑丝织技艺"保护项目。

古代蜀锦在第八章已有叙述，在此以近现代蜀锦中的灯笼锦和方方锦为例，介绍蜀锦的工艺特色。

（一）灯笼锦

灯笼锦为蜀锦代表性品种之一，全真丝手工织造，因织物的纹样题材为中国传统的元宵节观灯内容而得名（图9.1）。织物以八枚缎地起六重四枚斜纹纬花为主要结构，图案不仅在几何骨架内填有灯笼纹，还另设吉祥铺地纹，锦面五彩缤纷，节庆气氛浓郁。

图9.1 灯笼锦

主要规格技艺：

原料：经线：1/20/22旦桑蚕熟丝，8右捻/厘米×2，6左捻/厘米。

纬线：6/20/22旦染色桑蚕熟丝（多色）。

门幅：77/75厘米，筘幅为79/77厘米。

密度：经密96根/厘米，纬密20根×6/厘米。

装造：小花楼织机，480根纤线；用地综8片，起八枚缎；面综4片，起四枚花纹接结。筘号为12齿/厘米。

织造：双经轴，甲经与乙经之比为4∶1，正面向下制织。

后整理：下机即为成品。

（二）方方锦

方方锦自唐代流传至今，在锦面上呈现纵横色经色纬交织的方格，内饰图案花纹，如方格兽纹锦、方格八宝吉祥锦等（图9.2），风格独特。近代由全真丝织锦逐步演变为真丝和人造丝交织锦。

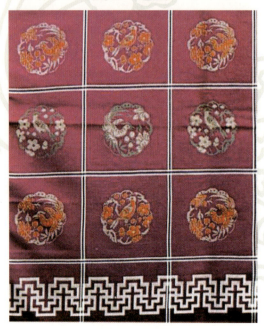

图9.2 方方锦

主要规格技艺：

原料：经线：1/20/22旦桑蚕熟丝，8右捻/厘米×2，6左捻/厘米。

纬线：甲、乙、丙纬均为1/120旦染色有光黏胶人造丝。

门幅：72.5/71.5厘米，筘幅为74/73厘米。

密度：经密100根/厘米，纬密44根/厘米。
装造：纹针900枚，4花，双把吊，目板穿法为二段二飞，32列。筘号为24齿/厘米。
织造：2×2或4×4梭箱，正面向下制织。
后整理：下机即为成品。

二、宋锦

宋锦是中国三大名锦中的第二个里程碑。它起源于春秋，形成于宋代，辉煌于明、清。宋锦在蜀锦的基础上加以创新和发展，它以斜纹组织为基础组织，属经纬显花锦。其结构独特，光泽柔和，花色丰富，工艺精湛，且以纬线"抛道换色"的特点，具有活色生香之美。它分为重锦、细锦、匣锦和小锦四大类。传统宋锦的花色品种名目繁多，如青绿瑞草云鹤锦、柿红龟背纹锦、黄地牡丹方胜锦、紫阳荷花锦等，后几经衰落和濒危，流传甚少。宋锦在2006年已被列入首批国家级非物质文化遗产代表性名录，2009年被列入人类非物质文化遗产"中国蚕桑丝织技艺"保护项目。

（一）菱格四合如意纹宋锦

菱格四合如意纹宋锦是清代流传下来的典型的四达晕宋锦之细锦，原件收藏在北京故宫博物院。纹样以线条云纹为地纹，方格四合如意纹为骨架，填以小菊花、小梅花等。其质地细腻平整，构图严谨，光泽柔和，别具风格，是宋锦中的代表作之一（图9.3）。这一织锦已经失传，后由宋锦织造技艺国家级传承人钱小萍根据民间收藏的一小块残片加以研究和复制，阐明了组织结构，画出了工艺图（图9.4），并且从手工织机移植到半机械织机上织造，使之得到了更好的推广和传承。该织物组织以三枚斜纹为基础，采用甲、乙两组经线，甲经、乙经之比为3:1，纬向采用甲、乙、丙三组纬线。其中，地组织为经三枚斜纹，花组织为纬三枚斜纹。

图9.3 菱格四合如意纹宋锦

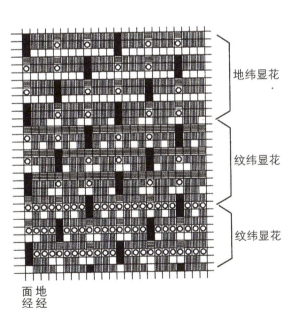

图9.4 宋锦花组织展开图

主要规格技艺：

原料：甲经：1/20/22旦桑蚕熟丝，8右捻/厘米×2，6左捻/厘米。

乙经：1/20/22旦桑蚕丝。

纬线：6/20/22旦染色桑蚕熟丝。

门幅：72/74厘米，筘幅为74/75厘米。

密度：经密88根/厘米，纬密30根×3/厘米。

装造：纹针1 200枚，目板穿法为二段三飞。筘号为22齿/厘米，4穿入（3甲1乙/齿）。

织造：双经轴，梭箱3×3，正面向下制织。

后整理：下机即为成品。

（二）交织宋锦

交织宋锦为民国以后改良的宋锦品种（图9.5）。早期的传统宋锦经、纬线均采用全桑蚕丝，并以手工织造，产量低、成本高。中华人民共和国成立后，随着大量人造纤维的引进，以及手工花楼织机改为动力提花机械织机，经、纬向抛梭结合手工操作，大大提高了生产效率，降低了成本。

图9.5　交织宋锦

主要规格技艺：

以64854宋锦为例。

原料：甲经：1/20/22旦桑蚕熟丝，8右捻/厘米×2，6左捻/厘米。

　　　乙经：1/20/22旦桑蚕生丝。

　　　纬线：甲、乙、丙纬均为1/120旦有光黏胶人造丝。

门幅：96/95厘米，筘幅为98.4/97.4厘米。

密度：经密81根/厘米，纬密90根/厘米。

装造：纹针1 152枚，全幅5花。筘号为20齿/厘米。

织造：双轻轴，2×2梭箱，反面向上制织。

后整理：下机即为成品。

三、云锦

云锦是中国三大名锦中的最后一个里程碑，它始创于元代，兴盛于明、清，因工艺复杂、色彩绚丽、美如天上的云霞而得名。云锦借鉴了历代丝织工艺的精巧技艺，既有通梭，又有局部挖花，富丽堂皇、珠光宝气。它花色品种十分丰富，是元、明、清时期的皇家御用品和寺庙用品，以及少数民族尤其是蒙古族和藏族的服饰用品。云锦在2006年已被列入首批国家级非物质文化遗产代表性名录，云锦大花楼妆花织造技艺于2009年被列入人类非物质文化遗产代表性名录。

（一）百花金宝地妆花缎

云锦主要分妆花、库缎、库锦三大类，其中妆花缎最具代表性（图9.6），主要产地在南京，全手工织造。妆花缎是明、清时期发展起来的云锦品种，结构比较复杂，地组织以八枚缎和七枚缎为主，花部则以彩纬和金银线挖织，经线为桑蚕丝，纬线有5组，甲纬棉纱、乙纬纱金线、丙纬扁金、丁纬桑蚕丝色绒线（挖花）、戊纬双顶金。早期的金宝地妆花缎（图9.7，图9.8）多用扁金织地，至清代多用双圆线织地，织物较厚，锦面绚烂多彩，富丽堂皇。

图9.6 百花金宝地妆花缎

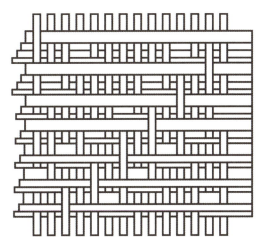

图9.7 金宝地妆花缎组织结构图

图9.8 金宝地妆花缎织物图

主要规格技艺：

原料：经线：1/20/22 旦桑蚕熟丝，8 右捻/厘米×2，6 左捻/厘米。

纬线：地纬 2/120/150 旦染色桑蚕熟丝。

纹纬：1/500 旦染色桑蚕熟丝。

门幅：77/79 厘米，筘幅为 78/80 厘米。

密度：经密 142 根/厘米，纬密（32+16）根/厘米。

装造：纤线 1 800 根，综片 15 片。筘号为 20 齿/厘米。

织造：单经轴，正面向下制织，甲纬为地纬，乙、丙、丁纬为纹纬，按 1：1：1：1 投梭，局部通过挖花妆彩工艺显现纹饰，由手工操作。

后整理：下机即为成品。

（二）黄地加金缠枝莲花纹妆花缎

黄地加金缠枝莲花纹妆花缎系经纬显花锦，属云锦中的妆花类别，由传统的大花楼织机双人配合手工织成。原件收藏于北京故宫博物院，图 9.9 所示为南京云锦技艺传承人戴健复制的织物。

莲花纹样出自我国的佛教艺术，表达清雅、高贵、脱俗的审美意境。缠枝是云锦图案中应用较多的形式。婉转流畅的缠枝盘绕着敦厚饱满的主题花朵，形成一种韵律、节奏非常优美的图案效果，符合云锦花清地白、锦空匀齐、配色浓艳强烈的艺术风格，与北方宫廷建筑室内画相通，具有浓郁的装饰效果。织物应用云锦妆织工艺，以小梭子挖花达到逐花异色的特定效果，而缠枝的用色在整件匹料中保持一致，金线的勾边协调色彩的对比，达到了花繁而不乱、色多而统一的效果。该织物无论工艺规格还是艺术水准均堪称传世云锦优秀品种。

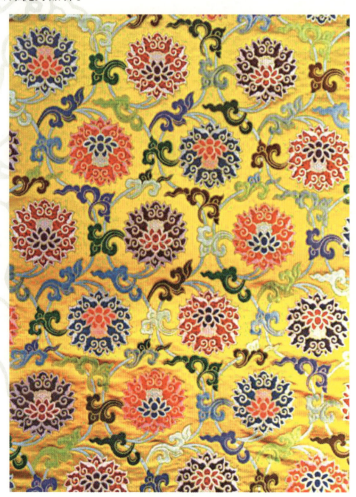

图 9.9　黄地加金缠枝莲花纹妆花缎

主要规格技艺：

原料：经线：2/20/22 旦染色桑蚕熟丝。

纬线：地纬为 5/40/44 旦染色桑蚕生丝，纹纬为 450 旦染色桑蚕熟丝。

门幅：78/76 厘米；筘幅：内齿幅 78 厘米，边幅 1 厘米 ×2。

密度：成品经密 144.6 根/厘米，花纬密 16 根/厘米，地纬密 32 根/厘米。

装造：纤线 1 800 根，综片 15 片。筘号为 20.13 齿/厘米，边齿为 10 齿 ×2。

后整理：下机即为成品。

四、杭州都锦生织锦

杭州都锦生织锦源自创始人都锦生，经过近百年的传承和发展，已经成为我国近现代织锦行业中的知名品牌。产品形成了三大系列，包含 1 000 多个花色品种，具有写实表现、丰富细腻、设计精心、编织灵巧、光影迷幻、融合中西的特点。其风景织锦是中华织锦中独特的工艺珍品，被誉为"东方艺术之花"。以都锦生织锦为代表的杭州织锦技艺作为传统技艺类已被列入第三批国家级非物质文化遗产代表性名录。

与传统的织锦相比，都锦生织锦的主要特点在于突破了以往只适用于表现套色图案纹样的局限，与时俱进地把改进的织造技术与现代人的欣赏习惯结合起来进行了创新。

1. 基本类别

都锦生织锦主要有像景织锦、绘画织锦、日用织锦三大基本类别。

像景织锦是写实类的人像织锦和风景织锦的总称，是一种供装饰和欣赏的丝织工艺美术品。都锦生织锦中风景织锦以西湖风景织锦最具代表性（图 9.10），基于照片和写实风格的西湖景致被表现得淋漓尽致。它对杭州及全国其他地方的名胜风景都有所表现，如六和塔、钱塘潮、镇江金山、北京万寿山、黄山风光等景致。人像织锦是以人物画像为表现题材的作品。都锦生人像织锦包括时代名人、宗教人物及民间传说人物等，可谓包罗万象。

图 9.10　平湖秋月着色像锦

绘画织锦的题材源自各种绘画，如中国画、版画、水彩画、油画等的作品。

日用织锦的品种有床罩、台毯、靠垫、窗帘、绸伞及各种家纺系列，它们在室内空间起着协调和活跃环境气氛的作用。日用织锦与像景织锦、绘画织锦相比，其在具备一定的艺术价值和装饰欣赏性的同时，还兼具实用性。日用织锦的表现题材通常以花鸟和人物为主，有着吉祥、富贵、平安等的寓意，图 9.11 所示即为一例日用织锦。

图9.11 百子图台毯

2. 原料类别

（1）像景织锦的经纬原料

像景织锦的经丝主要采用1/20/22旦单根桑蚕生丝（白厂丝）。纬丝是构成景物的主要用线，一纬为地纬，一纬为纹纬。如黑白像景织物中，纹纬采用黑色有光人造丝，地纬采用白色无光人造丝。有时，纹纬要比地纬粗，以使地部细致且花纹突出饱满。

（2）彩色绘画及日用织锦的经纬原料

彩色绘画像锦织物的经丝采用1/20/22旦桑蚕熟丝或单根生丝，10.2右捻/厘米×2，9.2左捻/厘米。纬丝是构成彩色绘画织锦的主要用线，为了表现绘画作品光鲜的色彩，一般选用较粗的人造丝。实用织锦较彩色绘画织锦更加厚实。

3. 织物组织

（1）像景织锦的织物组织结构

黑白像景织物属于纬二重结构，用一组白色经丝与黑、白两组纬丝交织而成。白经与白纬交织成白色平纹地组织，白经与黑纬交织成缎纹阴影组织（图9.12），以构成不同的明暗层次，显示景物形态。在地部，黑纬沉在背面与经丝形成稀疏接结。在纹部，白纬衬在背面与经丝交织成平纹。当黑纬起平纹时，白纬在背面由棒刀组织接结。

彩色像景织物和黑白像景织物的组织结构是一样的，也是一组白色经丝与黑、白两组纬丝交织而成，后期用人工手绘表现织物色彩。

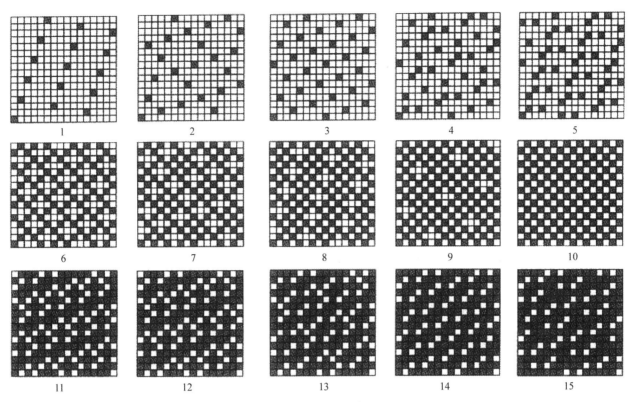

图9.12 白经与黑纬交织成缎纹阴影组织

(2) 彩色绘画织锦的织物组织结构

彩色绘画织锦是由2组经线和3~15组不同的彩色纬线织就的，由1组白色经丝和纬丝交织成平纹（或缎纹）地部，同时根据纹样色彩分别与各组色纬交织成纹部。彩色绘画织锦起花的办法有两种：一是采用彩色纬线浮于织锦地纹之上和不同的纬浮色所产生的晕裥混合色起花（图9.13）；二是靠1组经线和纬线交织成缎纹的影光组织所产生的影光层次来表现对象。

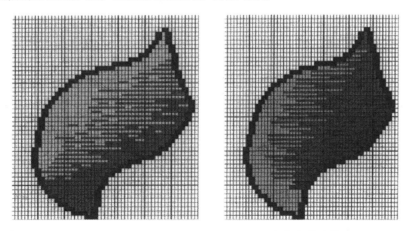

图9.13 不同的纬浮色所产生的晕裥混合色起花结构

(3) 日用织锦的织物组织结构

日用织锦一般是在缎子地纹上用彩色纬线起花，彩色纬线常有3~9种不等，也就是说最少用3种颜色的纬线，最多用9种颜色的纬线。起花的方法主要是纬线浮于织物表面来显示花纹，可使用不同色彩的纬线在织物表面同时表现，达到2组纬色相互混合过渡的效果。

4. 织造技艺

像景织锦使用的提花机装造为双把吊和4把吊。双把吊装置中如每花实用纹针数为1 296针，则实际每花的实用经线数为2 592根。当意匠点绘为平纹组织时，织物实际形成的组织为重平组织。若使用4把吊，织物和花纹的纹路就更加粗糙。

彩色绘画织锦在织造时也因提花机规格（纹针）有限，故在生产规格较大的花样时，通常也用加大把吊数来达到目的。根据其织物组织、经线密度、经线原料粗细和织物规格不同而采用不同的把吊数。经常用的把吊数有双把吊、4把吊、6把吊。此外，在使用把吊装置的同时也使用棒刀（良子）装置，即对经线除了进行提花机纹针管理之外，还要装吊在棒刀（良子）上，如同织素织物时综框起法的原理，用棒刀（良子）起地纹组织，这样就克服了地纹组织粗糙的弊端。

五、数码提花织锦

20世纪末，从国外引进的数码提花技术首先在杭州诞生。数码提花织锦的主要发明者李加林等在我国传统织锦技术基础上加以创新，采用独特的设计工艺，将数种原色丝线经过多重复合交织，运用现代电子信息技术进行设计与生产制作，形成了数以千计的组织与色彩变化。它改变了以往彩色织锦无法表现细腻纹样和丰富色彩的历史，极大地提升了织锦的艺术表现力，使织锦行业的工艺水平实现了跨越式的发展。

现代织锦的数码仿真彩色丝织技术主要有以下两项创新：一是在丝织领域首创了"五色交织"的基本色彩表现模式，它采用红、黄、蓝三原色的丝线与具有明度调节效果的黑、白丝线交织，理论上可以生成4 500种色彩关系，由此仿真彩色丝织的构想成为现实；二是在五色丝线交织达到仿真彩色效果的基础上，使单经轴提花机的经向织缩保持了一致。

现代织锦在保留许多具有传统民族风格纹饰与配色的基础上，运用现代科技手段和文化理念，开发出了大量具有时代特色的艺术作品。现代织锦的用途已经从单一的服饰功能全面走向工艺礼品、居家用品、装饰工程等领域。织锦质地更细腻，色彩更丰富绚丽，纹样题材横跨古今不受限制，包容中外的多元文化，实现了与现代图文信息技术的对接，为高端艺术织锦的个性化定制提供了有利条件。

1. 基本规格与组织结构

现代织锦是目前众多织锦品种中交织密度最高、组织结构变化最丰富、选用丝线最精细的织锦。如果现代彩色织锦的经密为115根/厘米，纬密为210根/厘米，则每平方厘米可以高达2万多个交织点。以这样的密度和结构可以使图案细节得到充分表现。图9.14是1999年6月创作完成的世界第一丝织长卷《清明上河图》，全图长12.8米，宽0.25米，由2.88亿个经纬组织点构成，经组合为1/20/22旦桑蚕丝，8右捻/厘米×2，6.8左捻/厘米；纬组合为1/20/22旦桑蚕丝×2。这是通过数码提花机织出的幅面最长、交织密度最高的丝织长卷画，曾获得"大世界基尼斯之最"纪录证书。

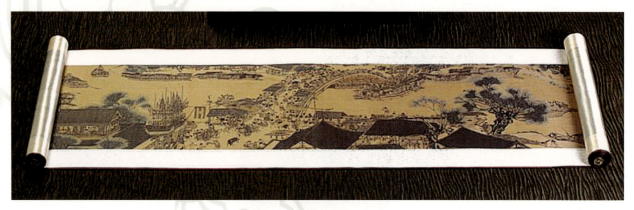

图9.14　织锦《清明上河图》

现代织锦常用的经、纬线原色主要有以下几种组合：
① 经组合：红、黄、蓝、黑（或白）；纬组合：黑，白；经起色为主。
② 经组合：白（或黑）；纬组合：红、黄、蓝、黑（或白）；纬起色为主。

③ 经组合：黑、白；纬组合：红、黄、蓝；纬起色为主。

一般来说，经起色的组合用于设计绸面较粗糙的织锦织物，而纬起色的组合用于设计绸面较精细的织锦织物。

2. 组织设计

由于丝织原料为非透明固体物，不同色彩之间无法透叠，因此显色只能依靠空间混合。但由于采用的真丝原料非常纤细，因此不同的色彩即使经空间混合，通过人的肉眼，看上去仍能达到细腻的效果。例如，一个二十四枚循环组织中，红、黄、蓝、黑4种颜色浮上织物表面的比例分别为20/24、15/24、10/24、5/24（此比例相对于二十四枚循环组织而言），这样的比例搭配可以生成一种合成颜色，如果改变以上4种颜色的比例，就又会生成另外一种合成颜色。因此，通过改变各种颜色浮上织物表面的相对数量，就可以产生成千上万种颜色，极大地丰富了彩色织锦的色彩层次和表现效果（图9.15）。其他枚数的缎纹也可以有不同的色阶组合，如十三枚及十一枚。

根据需要，现代织锦采用多种材料。全真丝织造的织锦面料，其色泽优雅，质地柔软；人造丝与真丝交织的织锦面料质地平挺，光泽鲜亮；运用真丝与棉、毛交织的织锦面料则色彩沉稳，质地厚实。

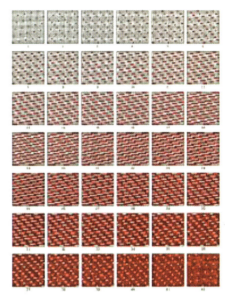

图9.15　二十四枚缎42层次色阶组织图

3. 织造技艺

现代织锦全部采用电子提花机、数字化设计系统和数字式挠性剑杆织机进行制作。目前，在杭州的生产基地还有一台世界上最大的电子提花机，有效纹针最多可达24 000针，能够满足制织2米多幅宽的大型现代织锦的需要。剑杆织机所具备的多色纬任意选择、选纬内外部控制、多种纬密快速调节等功能，也为现代织锦的制织提供了技术上的有力保障。

此外，将传统织锦手工意匠设计绘制方法改为由设计师操作计算机辅助设计系统进行设计，也是现代织锦有别于传统工艺的一大特征。采用计算机辅助设计制作电子纹版，快速精准，效率较传统设计提高了10倍以上（图9.16）。现代织锦的设计方式也免去了传统工艺中需要采用的抛梭、换道、多梭箱、添置辅助机构等工艺，使设计师得以将更多的精力用于设计创新。

现代织锦采用数字化设计与生产制作，十分有利于开展个性化产品定制业务。传统的织锦产品通常是先由设计人员开发，工场生产制作，再进入市场进行销售。这样，工场生产什么，消费者就只能接受什么，无法满足用户的个性化需求。现代织锦工艺已经实现了以客户为中心按需定制生产，根据客户的需求，可以有针对性地对产品的内容、题材、形式、尺幅、材料、数量、用途进行设计与定制，并且可以按照客户的特殊需求，在约定的时间内进行快捷加工，单件定制。例如，国宴用的菜单，婚庆用的请柬，为私人设计的旗袍、礼服，个人的金婚纪念照等，都可以做成珍贵的织锦工艺品。

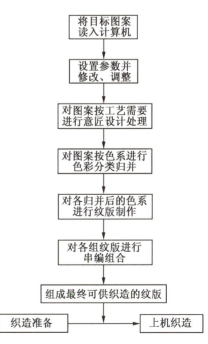

图9.16　现代织锦制作工艺流程图

第二节 纱类

一、莹波纱

莹波纱是一种风格独特的真丝与纤维交织的色织素纱。该纱织物因表面具有波光粼粼、晶莹剔透的效果，故名"莹波纱"（图9.17）。设计者巧妙应用真丝绞纱组织，纬向织入桑蚕丝、人造丝和金银线三者经特殊卷绕加工的花色捻线，因纬密稀疏，经交织后，在织物透明的纱孔之空间会显露出该花色捻线特殊的美丽。织物虽然经细、纬粗并纬疏，但不会发披，结构合理。

图9.17 莹波纱

主要规格技艺：

以66952莹波纱为例。

原料：经线：1/20/22旦染色桑蚕生丝。

　　　纬线：花式线（以桑蚕丝为芯线，普克尔线为饰线，加捻人造丝为固线）。

门幅：115/114厘米，筘幅为119.5/117.5厘米。

密度：经密56根/厘米，纬密13根/厘米。

装造：单经轴，素综5片（含绞综），筘号为13.6齿/厘米，4穿入。

织造：1×2梭箱。

后整理：下机即为成品。

二、莨纱（香云纱）

莨纱（图9.18）是桑蚕丝生织的提花绞纱织物，采用了在平纹组织地上起绞纱组织的满地花纹的基本组织，故花纹细腻，既透孔又透气。莨纱的后整理工艺相当特别，其生坯需经茨莨液浸渍，生产工序繁多，有十几道之多，印染过程需半个月。其经天然植物茨莨汁液对织物染色处理后，用河涌塘泥覆盖，再经晒制，成为特殊丝织物。整个过程不含任何化学助染剂，尤其是所有工序必须手工完成，严谨地保留了古老而又富含奥妙的制作方式。

莨纱的主要产地在广东省佛山市南海区一带，已有近百年的历史。莨纱的外观与一般织物相比也有特别之处，即一面黑色、一面棕色，现在还开发出了彩色和印花的莨纱。因织物表面相当于上胶涂层，故有平挺、滑爽的特点，具有耐汗、耐晒、凉爽、易洗的特性，非常适合湿热天气穿着。在丝绸产品中也有虽经茨莨液浸渍，但没有绞纱孔眼的织物，它们称为莨绸，不是莨纱。

主要规格技艺：

原料：经线：2/28/30旦农工桑蚕丝。

　　　纬线：2/28/30旦农工桑蚕丝。

门幅：84/82厘米，筘幅为86/84厘米。

密度：经密35.6根/厘米，纬密31根/厘米。

装造：纹针576枚，绞针288枚，5花，分前后造，前造实用6列，二段一飞穿，后造实用12列，二段二飞穿，上机采用左半综，左穿法，奇数经线穿入半综，每一绞组的一根绞经与一根地经穿入同一筘综。筘号为17齿/厘米，2穿入。

织造：1×1梭箱，正面向上制织。

图9.18 莨纱（香云纱）

三、夏夜纱

夏夜纱是一种桑蚕丝与黏胶人造丝、金银线交织的熟织提花纱类新品种。该织物采用1组经线与2组纬线交织而成，平纹为地，花部由二经绞纱组织和纬浮构成，故地部平挺，而花部结构丰富，有层次感，外观华贵，常被用作晚宴服、高档窗帘，是现代经典的提花纱品种。

夏夜纱属纬二重亮地纱，与其他纱类织物相比最显著的特点是不仅花部采用了二经绞组织，而且将不规则的短纬浮布于纹经上，纬线采用彩色的铝皮，故而会在织物表面呈现星星点点的立体感，似夜空中闪烁的星星，富有浪漫色彩，这是设计师十分巧妙的创意。其在绞经组织的应用上不用简单的一绞一组织，而是用二绞二、一顺绞组织，且在纬线上以四纬一组，甲甲乙甲投梭，使乙纬沉在甲纬之下，与经线构成有规律的接结，需每织入16纬后才完成一个循环。图9.19所示为夏夜纱花部绞组织结构图。

夏夜纱的纹样，要求以块面为主设计，其花叶都比较粗壮，以使铝皮呈现的星点能够有一定的体量，凸显其特色，整体布局为清地，花地分明（图9.20，图9.21）。

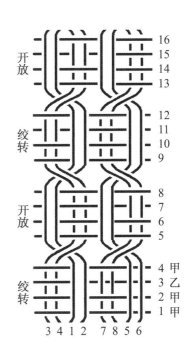

图9.19 夏夜纱花部绞组织结构图

图 9.20　夏夜纱之一　　　　　　　　　　图 9.21　夏夜纱之二

主要规格技艺：

以 63018 夏夜纱为例。

原料：甲经：1/20/22 旦桑蚕色丝 ×2，6.8 捻/厘米。

　　　甲纬：1/75 旦有光黏胶人造丝，色丝。

　　　乙纬：1/273 旦铝皮。

门幅：74/73 厘米，筘幅为 77/76 厘米。

密度：经密 50 根/厘米，纬密 48 根/厘米。

装造：纹针 912 枚，绞针 228 枚，分前后造。筘号为 12 齿/厘米，4 穿入。

织造：采用单经轴，2×2 梭箱，正面向上制织。

后整理：下机即为成品。

四、碧玉纱

碧玉纱，原料应用相当丰富，是桑蚕丝作经，黏胶人造丝、锦纶丝、金银线作纬的色织提花纱类丝织品，织物的花部具有闪烁的星点特征，且具有高花效果，是传统纱类织物中一个经典的优秀品种（图 9.22，图 9.23）。碧玉纱在织物结构上，地部组织为二绞二对称纱地，花部通过锦纶丝作为背衬所起到的收缩作用，可使有光黏胶人造丝与金银线同步凸起，形成高花，纬花与地部的绞纱组织通过平纹包边锁住，因而整体结构稳定，地部平整通透，花地分明，华贵雅致，常被用作礼服、高档窗帘等。

图 9.22　碧玉纱之一　　　　　　图 9.23　碧玉纱之二

主要规格技艺：

以 63019 碧玉纱为例。

原料：甲经：1/13/15 旦染色桑蚕熟丝，8 右捻/厘米×2，6.8 左捻/厘米。

　　　甲纬：1/120 旦有光黏胶人造丝，色丝。

　　　乙纬：1/40 旦锦纶丝。

　　　丙纬：1/260 旦铝皮。

门幅：93/92 厘米，筘幅为 97/96 厘米。

密度：经密 49.8 根/厘米，纬密 60 根/厘米。

装造：纹针 912 枚，绞针 228 枚，分前后造。筘号为 12 齿/厘米，4 穿入。

织造：单经轴，3×3 梭箱，正面向上制织。

后整理：下机即为成品。

五、窗帘纱

窗帘纱是典型的传统提花纱类织物（图9.24），流传多年，久销不衰，历史上以苏州吴县（今苏州）为主要产地，故又称"吴县窗纱"。该织物为纯蚕丝色织物，组织是一绞一、一顺绞的绞纱地上起平纹组织的花纹，又称亮地纱。纹样以清地大型块面花卉或几何纹为主体，质地轻薄平挺，纱孔清晰透明，花地同色而又花地分明，具有素雅、娴静、飘逸之美。

主要规格技艺：

原料：经线：2/20/22旦桑蚕丝。

纬线：12/20/22旦或6/40/44旦桑蚕丝。

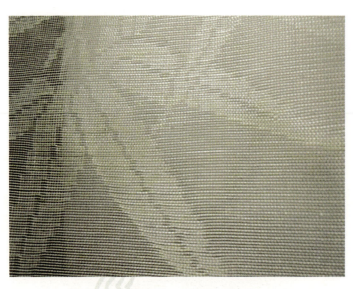

图9.24 窗帘纱

门幅：115/114厘米，筘幅为118/117厘米。

密度：经密28根/厘米，纬密16根/厘米。

装造：纹针804枚，纹针（536枚）与绞针（268枚）之比为2∶1。筘号为13.8齿/厘米，2穿入（1地经＋1绞经）。

织造：单经轴，1×2梭箱；因纬线较粗，所以采用湿纤织造，织物正面向上。

后整理：下机即为成品。

第三节　罗类

一、杭罗

杭罗是传统的全真丝纱罗织物（图9.25）。其历史悠久，至迟在宋代方志中已有记载，清代成为杭州丝绸中颇为著名的品种之一。因主要产地在杭州，故称"杭罗"。杭罗的织物表面具有等距离的直条或横条形的纱孔，分别称为直罗和横罗，通常以横罗为主，组织由平纹和绞纱联合构成。横罗，每织入三梭、五梭、七梭等奇数纬平纹后，经丝扭绞一次，可使织物表面形成平纹与绞孔相间的横条。直罗，通常每隔若干根地经起一条对称绞孔，在织物表面形成经向排列的直条孔眼。杭罗质地平挺，刚柔滑爽，孔眼清晰，经精练染色后，宜制作男女春夏季服装或蚊帐等。

杭罗的织机曾几经变革，其生

图9.25 杭罗

产流程中保留有大量的手工技艺，精致缜密，要求极高。杭罗在工艺上与其他丝织物不同的地方主要有三处：一是选丝，即对丝的要求很高，粗细一定要均匀；二是绞综，即形成绞纱结构的重要装置；三是水织，是指用作纬线的蚕丝在织造前要浸泡在祖传的秘制脱胶水中，直至彻底脱掉蚕胶，这样蚕丝更加稠密、光滑、均匀，这也是杭罗织造工艺中最为突出的特点，即水织法。

主要规格技艺：

原料：经线：3/50/70旦桑蚕丝。

　　　纬线：3/50/70旦桑蚕丝。

门幅：73/72厘米，筘幅为80/79厘米。

密度：经密33.5根/厘米，纬密26.5根/厘米。

装造：绞纱装置，素综和绞综共4片。筘号为15齿/厘米，2穿入。

织造：单经轴，1×1梭箱。

后整理：下机即为成品。

二、花罗

花罗又称提花罗，有菱纹罗、平纹花罗、二经浮纹罗、三经绞花罗等。花罗由于织造时无法用筘打纬，织造工艺比较复杂，明、清以后逐渐消失。现代花罗品种很少，图9.26所示为苏州市锦达丝绸有限公司开发的花罗，系全真丝产业化纱罗提花织物。其地组织采用三经三纬（经：一绞二；纬：三梭共口）的绞纱组织，花纹分别由变化组织和纱罗组织两个层次组成。其花形突出，纱孔清晰，手感轻盈飘逸，风格别致，且不起皱。花罗是传统高档服饰的首选，也是日本和服专用面料之一。

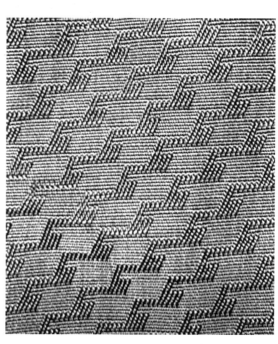

图9.26　花罗

主要规格技艺：

原料：经线：3/20/22旦蚕桑丝，5左捻/厘米×2，8右捻/厘米。

　　　纬线：4/20/22旦桑蚕丝，16左捻/厘米×2，12右捻/厘米。

门幅：114/112厘米，筘幅为118/116厘米。

密度：经密40根/厘米，纬密36根/厘米。

装造：花综加绞综和半综之线综装置。筘号为11.5齿/厘米，3穿入。

织造：单经轴梭箱，2×2甲乙投梭。

后整理：下机即为成品。

三、织印花罗

织印花罗为苏州市锦达丝绸有限公司开发的品种，系全真丝产业化纱罗提花织物。其地组织采用三经三纬（经：一绞二；纬：三梭共口）的绞纱组织，花纹分别由变化组织和纱罗组织两个层次组成。其花形突出，纱孔清晰，手感轻盈飘逸，风格别致，且不起皱。产品"木槿繁花罗"（图9.27）在花罗质地上用太湖珍珠粉作主要染料印花，通过环保型丙烯酸类型的黏合剂，采用纯手工刮印技法印制，增强了花罗的层次感和立体感。该产品在"2015中国四季丝绸面料创新设计大赛"中荣获春、夏季面料组唯一金奖。

图 9.27 木槿繁花罗

主要规格技艺：

原料：经线：3/20/22旦桑蚕丝，5左捻/厘米×2，8右捻/厘米。

纬线：4/20/22旦桑蚕丝，16左捻/厘米×2，12右捻/厘米。

门幅：114/112厘米，箱幅为118/116厘米。

密度：经密40根/厘米，纬密36根/厘米。

装造：花综加绞综和半综之线综装置。筘号为11.5齿/厘米，3穿入。

织造：单经轴梭箱，2×2甲乙投梭。

后整理：需精练、染色、印花。

四、五经绞提花纱罗

五经绞提花纱罗（图9.28）的地组织和花组织采用五经（增加用丝量）和三纬共口交织经线相互重叠的织造方法对称起绞，意思是说，一个表组织中表经可互为表里，从而改变表经在织物中的显露。其提花组织呈现三种不同的组织结构和三种不同的颜色，即甲经色、乙经色和甲乙经色形成的混色。提花组织结构和地组织结构同样完成一组纬线的对称绞，是整个绸面地组织和花组织同时起绞的织物。同时，织物采用经、纬线加强捻的工艺和包括脱胶染色的织造方法。面料结构稳定、牢固不起皱。风格上若隐若现，独特而别致，飘逸而华美。

图 9.28 五经绞提花纱罗

主要规格技艺：

原料：甲经：1/20/22旦染色桑蚕丝，17右捻/厘米×2，10右捻/厘米。

乙经：1/20/22旦染色桑蚕丝，17右捻/厘米×2，10右捻/厘米。

纬经：1/20/22旦染色桑蚕丝，17右捻/厘米×3，10右捻/厘米。

门幅：80/82 厘米　筘幅为 84.6/86.6 厘米。

密度：经密 80.4 根/厘米，纬密 58 根/厘米。

装造：纹针 1 280 枚，绞经配置辅助装置，每花穿入 1 280 根。筘号为 15 齿/厘米，5 穿入。

织造：双经轴，1×1 梭箱，反面向上制织。

后整理：下机即为成品。

五、双面彩色提花纱罗

双面彩色提花纱罗是近三年创作的一种具有双面相同效果的多彩提花纱罗新品种（图 9.29）。提花织物一般都有正面和反面之分，尤其是单经三重纬或多重纬的织物正反面效应一定明显不同。而该织物在设计中巧妙地应用了 11 种组织变化，使多重纬的提花织物正反面都起不同色彩的花纹，可呈现双面异花异色、双面同花异色、双面异花同色等，而且具有正反相同的地纹组织，几乎分不清哪一面是正面、哪一面是反面，这是古今中外所未曾有过的。图 9.27 所示织物仿佛是在纱地上创作的双面绣，其实，它是提花织机织造的。它可以变换多种花色，根据市场需求，分别应用于服饰、窗纱、屏风、扇面、灯罩等。

正面　　　　　　　　　　　　　　　反面

图 9.29　百蝶纹双面彩色提花纱罗

主要规格技艺：

原料：经线：3/20/22 旦染色桑蚕熟丝，6 右捻/厘米。

　　　纬线：6/20/22 旦染色桑蚕熟丝，1.6 右捻/厘米。

门幅：72/74 厘米。

密度：经密 62 根/厘米，纬密 32×3 根/厘米。

装造：纹针 280 针，地针 1 120 针，辅助针 16 针。

织造：双经轴，3×3 梭箱，正面向上制织。

后整理：下机即为成品。

第四节 缎类

一、织锦缎

织锦缎最初选用的经、纬线原料是全真丝，后改用人造丝作纬线进行交织，出口时的名称为"苏州缎"，可见它是近代苏州地区具有代表性的绸缎。20世纪60～90年代，织锦缎远销蒙古、东欧、苏联等国家和中国香港地区，在中国大陆市场上更是常销不衰。

织锦缎属八枚缎纹地重纬纹织物，采用三把梭子，起纬绒花，投梭顺序为乙、甲、丙。为了丰富织物的色彩层次，除二色为常梭外，还可增加一色为彩抛，以此增加织物色彩的变化，有时还可应用一色为金银线显花，以使织物更加高贵华丽。其在装造工艺和纹制工艺上均有较高的技术性，体现为应用双把吊装置以满足增加经密的条件，再采取棒刀装置起缎纹地组织，使织物质地光亮细腻。

织锦缎在纹样设计上，根据适销不同的国家和地区，有满地花、清地花，以及传统纹样（图9.30）梅、兰、竹、菊、八仙、福、禄、寿或禽鸟动物等，应有尽有。之后，受到外来文化影响，还出现了变形纹（图9.31）、抽象纹、波斯纹等，在纹样结构布局上打破了原有风格，以清满地或满地为主，使当代的织锦缎纹样在传承中得到了发展。

织锦缎根据丝线原料、织物风格以及织物用途等可分为真丝织锦、人造丝织锦、交织织锦、金银线织锦、装饰织锦以及被面织锦等，是清末延续至今的优秀传统品种，江、浙、沪三地均有生产。织锦缎宜用作妇女秋、冬季衣料和各种装饰工艺品，深受国内外消费者欢迎，享有较高的国际声誉。

图9.30 织锦缎（传统风格）

图9.31 织锦缎（变形风格）

主要规格技艺：

原料：经线：1/20/22旦桑蚕色丝×2，6.8捻/厘米。

　　　纬线：甲、乙、丙三组纬均为1/120旦有光人造丝。

门幅：73/75厘米，筘幅为75/77厘米。

密度：经密131.5根/厘米，纬密102根/厘米。

装造：纹针1 200枚，4花，双把吊，用棒刀装置。筘号为32齿/厘米，4穿入。

织造：单经轴，3×3梭箱或2×2梭箱，正面向下织造。

后整理：下机即为成品。

二、花软缎

花软缎（图9.32、图9.33），系桑蚕丝作经线、有光黏胶人造丝作纬线生织的提花缎纹织物。在八枚真丝经面缎纹地上起有光人造丝的纬绒花。经染色后，由于两种不同纤维交织，在织物表面形成花地不同的色彩效果，缎地色泽柔和，花纹光艳明亮，手感柔软舒适，是我国近代优秀的传统品种之一。

图9.32 花软缎之一

图9.33 花软缎之二

该织物虽为单经单纬组合，但在组织结构设计上十分巧妙，即地部为八枚经缎纹，而花部采用纬二重组织，当奇数纬显花时，偶数纬则背衬2/2平纹，实为隔梭显花，故花软缎尽管是采用了较粗的1/120旦有光黏胶人造丝作纬线，但花纹依然不太厚实饱满，而是较为稀疏，但从生产角度上讲，1×1梭箱织造是非常适合工业化生产的，且不同原料对染色性能存在差异，能够呈现花地两色，这是极受消费者欢迎的。在装造技术上，采用八枚经缎48片棒刀控制，纹针则控制纬起花，因经密较大，采用双吊，又由于是单纬，故在纹制设计上比较复杂，需在纬花上将间丝点在意匠图上点画出来，间丝点组织必须与八枚缎组织吻合。根据经线密度的不同，花软缎有62101、62102、62103三种规格，其中以62103花软缎最为经典。该织物另一项技艺特点是，若纬线采用两把梭子织造，其中一组纬线为练染好的不褪色人造丝，则整匹经练染整理后就会出现三色，称"三闪花软缎"（图9.34）。该织物需在2×2梭箱上织造，由于结构比较复杂，织造成本较高。20世纪80年代，在被面作为生活必需品的时期，三闪花软缎被面是很受欢迎的高档产品。

主要规格技艺：

以62103花软缎为例。

原料：经线：2/20/22旦桑蚕丝。

　　　纬线：1/120旦有光黏胶人造丝。

门幅：71/69厘米，筘幅为76/75厘米。

密度：经密137根/厘米，纬密52根/厘米。

装造：纹针1 200枚，4花，双吊，用48片棒刀，目孔24列。目板穿法为四段二飞（同织锦缎），通丝穿一空一。筘号为32齿/厘米，4穿入。

织造：单经轴，1×1梭箱，正面向下制织。

后整理：坯绸需经精练、染色、单滚筒整理。

三、丁香缎

丁香缎是以全黏胶人造丝为原料的缎类织物，八枚经缎为地，二重纬起纬浮花，质地柔软、光亮，花纹清晰。由于是纬浮花，所以要求纹样设计时浮花块面不宜太大，但也不能平铺无变化，所以须通过间丝工艺来达到花纹活泼的效果。图案题材以中小型花卉为主，呈满地排列，可显出富丽之气。它不仅有一个温情的品名，还因织物较为平挺厚实，故比较适宜于制作春秋女装或其他服饰，是提花缎类织物中优秀的人造丝典型品种。丁香缎价廉物美，颇受消费者欢迎（图9.35）。

主要规格技艺：

以55214丁香缎为例。

原料：甲经：1/75旦有光黏胶人造丝，染色、机浆。

甲纬：1/120旦有光黏胶人造丝，色丝。

乙纬：1/120旦有光黏胶人造丝，色丝。

门幅：71.5/70厘米，筘幅为76.5/74.64厘米。

密度：经密115根/厘米，纬密55根/厘米。

图9.34 三闪花软缎被面

图9.35 丁香缎

装造：纹针1 344枚，单把吊双造。筘号为13.5齿/厘米，8穿入。

织造：双经轴，2×2梭箱，正面向下制织。

后整理：需经退浆整理。

四、修花缎

修花缎是经、纬线均采用有光人造丝半色织的人造丝提花缎类织物（图9.36）。它由二组经线与一组纬线交织构成，在组织结构上比较突出的方面，即地部甲经起五枚纬缎纹组织，花部甲经为八枚经缎组织、四枚斜纹，乙经起浮经组织，长浮丝用一种特制的通绒刀，经通割，使经线断裂而成具有绒毛的绒花。同时，在甲经起花时，乙经下沉至背面，这部分经线在下机后也需要进行修剪去除。为了使绒花丰满和增加乙经修剪后经花的牢度，在花纹周围以平纹组织包边。织物需经过退浆整理。这种需要经过通绒和修花的提花丝织物，在缎类织物中是比较少见的。为凸显这部分工艺，纹样设计要求清地，图案外轮廓较为简洁圆滑，以便于修剪。其织物特点是缎地光亮平滑，而花纹质地丰富，立体感较强。修花缎是20世纪60～90年代很受欢迎的人造丝提花缎产品，是苏州地区著名的"三绡一缎"中的经典产品。

图9.36　修花缎

主要规格技艺：

以54366修花缎为例。

原料：甲经：1/120旦有光黏胶人造丝，机械上浆。

乙经：1/120旦有光黏胶人造丝，染色（练不褪色）、挂经、机浆。

甲纬：1/120旦有光黏胶人造丝，6右捻/厘米。

门幅：92/90厘米，筘幅为108/98.8厘米。

密度：经密87.6根/厘米，纬密32.5根/厘米。

装造：纹针1 360枚，单把吊双造。筘号为17齿/厘米，4穿入。

织造：双经轴，1×1梭箱，正面向上制织。

后整理：需经退浆、染色、通绒、修背整理。

五、层云缎

层云缎是纯桑蚕丝生织提花绉类织物（图9.37）。早期设计的织物结构的地部和花部均为五枚缎纹，由于纬线加强捻，故织物经匹绸练染后，地部略显绉纹，而花纹肥亮，具有素雅之美，风格类似传统花绉缎。花绉缎是正反八枚，质地更紧密，织造成本较高；层云缎改正反五枚缎后，更加轻薄，织造成本较低，织花加印花，花色变化快捷新潮。层云缎价廉物美，很受市场欢迎。

图9.37　层云缎

主要规格技艺：

以品号13597层云绉为例。

原料：经线：2/20/22旦桑蚕丝。

纬线：3/20/22旦桑蚕丝，20捻/厘米，2右2左捻向。

门幅：93/91厘米，筘幅为98.5/96.5厘米。

密度：经密101.8根/厘米，纬密48根/厘米。

装造：纹针1 200枚，7.72花。筘号为24齿/厘米，4穿入。

织造：单经轴，双把吊单造，1×2梭箱，正面向上织制。

后整理：需经精练、染色、印花整理。

六、克利缎

克利缎是桑蚕丝和人造丝交织的色织提花缎，八枚经缎纹为地，纬线起花，因经密较大，故缎地细腻而光泽肥亮（图9.38）。克利缎虽然是单经单纬织物，但因以人造丝作纬，所以质地比较坚实挺括，宜用作春、秋季服饰面料。其纹样设计一般要求清地，既能表现真丝缎地的特殊光泽，又能显出人造丝纬花微微凸起的效果，立体感比较强。配色一般偏深，高贵素雅之气尤显。织造工艺中，由于采用双把吊装造，故意匠图上的一纵格代表2根经线，一横格代表2根纬线，生产环节中，因是色织，故织物下机即为成品，不需要作后整理。

图9.38 克利缎

主要规格技艺：

以62801克利缎为例。

原料：经线：1/20/22旦染色桑蚕熟丝，8右捻/厘米×2，6左捻/厘米。

纬线：1/120旦有光黏胶人造丝。

门幅：71/70厘米，筘幅为73.6/72厘米。

密度：经密123根/厘米，纬密64根/厘米。

装造：纹针1080枚，双把吊单造。筘号为30齿/厘米，4穿入。

织造：单经轴，1×1梭箱，正面向下制织。

后整理：下机即为成品。

七、金雕缎

金雕缎属经高花缎类新品种（图9.39），由人造丝和尼龙丝两组经线与人造丝一组纬线交织而成。织物地部用尼龙丝与人造丝交织成平纹，背衬人造丝经纬交织成的十二枚缎纹；花部由人造丝经纬织成八枚经面缎纹，背衬尼龙丝和人造丝交织成的平纹。从此结构设计中可以看到该织物的特点是，通过尼龙丝线产生的弹性收缩，使织物表面的缎纹花型凸起，形成立体感极强的浮雕效果，而平纹组织的地部又使织物较为厚实平挺，因此适宜女性时装和其他的装饰用绸。在花纹的设计上，要求根据结构特点用清满地布局，纹样花型要粗犷些，外轮廓要求简练，以便于花纹凸起效果明显。

图9.39 金雕缎

主要规格技艺：

以 62728 金雕缎为例。

原料：甲经：1/60 旦有光黏胶人造丝，染色，8 右捻/厘米×2，6 左捻/厘米。

乙经：1/40 旦尼龙丝，染色，8 右捻/厘米×2，6 左捻/厘米。

甲纬：1/120 旦有光醋酸人造丝，染色，4 右捻/厘米。

门幅：75/73 厘米，筘幅为 76.6/74.6 厘米。

密度：经密 118 根/厘米，纬密 23 根/厘米。

装造：纹针大造 960 枚，小造 480 枚。筘号为 19.3 齿/厘米，6 穿入。

织造：采用双经轴，其中尼龙丝为上轴，消极送经，要求张力较大，下机后产生较大弹性收缩，使经缎花纹较好凸起；单把吊双造，1×1 梭箱，正面向上制织。

后整理：下机即为成品。

八、环丽缎

环丽缎是杭州丝织试样厂于 20 世纪 60 年代设计的新品种（图 9.40）。它采用白经与黑纬交织，精练后，可套染经色，使产品产生双色效果。由于采用多层次的组织和花纹，所以产品的外观层次丰富，具有良好的艺术效果，深受客户欢迎和好评。

主要规格技艺：

原料：经线：1/27/29 旦桑蚕丝。

纬线：2/27/29 旦桑蚕丝，14 捻/厘米（生厂丝不褪色，黑色）。

门幅：门幅 114/112 厘米，筘幅为 117.7/115.7 厘米。

密度：经密 116 根/厘米，纬密 57 根/厘米。

装造：纹针 1 440 枚，9 花，单造单把吊。筘号为 28 齿/厘米，4 穿入。

织造：单经轴，1×2 梭箱，正面朝上制织。

后整理：下机后，须经精练和整理。

图 9.40　环丽缎

第五节　绡类

一、真丝绡

真丝绡是最为典型的全真丝绡类素织物，平纹结构，由加捻的经、纬丝线交织而成，质地轻薄平挺，孔眼清晰，较多用作晚礼服、宴会服和婚纱的面料，也会被用作刺绣的底料。该织物在技艺上比较有特点的方面是经、纬线采用相同的加工工艺，且经、纬密度也相等，故织物紧度在经、纬向达到平衡，使织物结构相当稳定，不易披裂。为了达到轻薄的目的，其经、纬线均为单丝加左右捻，再采用半精练工艺，仅脱去部分丝胶，故丝身刚柔糯爽，成为时装的高档辅料，更是制作双面绣的理想底料。

另外，在真丝素绸基础上，可设计经向不加捻的真丝或人造丝起缎纹花的花绸，如传统品种双管绸（图9.41），新品种花影绸、凤羽绸等。

图9.41　双管绸

主要规格技艺：

原料：经线：1/13/15旦桑蚕丝，半精练，8右捻/厘米×2，6.8左捻/厘米。

纬线：同经线。

门幅：109/107厘米，筘幅为112/110厘米。

密度：经密37根/厘米，纬密37根/厘米。

装造：综片4片。筘号为36齿/厘米，穿入1根1齿。

织造：单经轴，1×2梭箱。

后整理：下机即为成品。

二、条子花绸

图9.42　条子花绸

条子花绸为全人造丝色织提花绸类织物，采用二组经线和一组纬线交织，其中一组经线起平纹绸地，另一组经线起条子花纹，故称条子花绸（图9.42）。它质地轻柔滑爽，色彩鲜艳明快，透气性好。彩条起花是该织物最显著的特色，为了使轻盈的素地绸与提花部分形成间隔排列的风格，在提花部分的经线采用彩条挂经技艺，从而达到经起花的目的，织造后无须修剪，下机即为成品。其另一特点是，由于彩条分区排列，每区可选用不同的色丝，故花纹色彩变化丰富。产品主销东南亚国家和国内少数民族地区，用作妇女服饰面料十分理想。

主要规格技艺：

原料：甲经：1/60 旦有光黏胶人造色丝，12 捻/厘米。

乙经：1/120 旦有光黏胶人造色丝，彩条挂经。

有条子部分甲、乙经之比为1：1，而绡地部分则全部为甲经，无乙经。

纬线：同甲经。

门幅：93/91 厘米，筘幅为 103/101 厘米。

密度：经密 61 根/厘米，纬密 31 根/厘米。

装造：纹针 560 枚，综片 2 片，6 花。筘号为 16.5 齿/厘米，穿入甲 2 乙 4。

织造：双经轴，2×1 梭箱，正面向下制造。

后整理：下机即为成品。

三、烂花绡

烂花绡是利用两种不同性能的原料，如真丝和人造丝，或真丝和尼龙（或涤纶）交织成的平素织物（图 9.43）。其地组织为真丝或尼龙起平纹组织，人造丝起绒或缎纹组织（五枚或八枚缎均可）。在练染后处理时，应用化学浆料使地部平纹的人造丝烂掉，展露出透明的真丝或尼龙平纹绡地，其上保留人造丝绒面或缎面的花纹，从而形成绡地透明、花纹明亮、质地轻薄、花地分明的烂花绡。

图 9.43　绡地烂花乔其绒

该织物大部分用作春、夏季服饰面料，窗帘，台布等，主销东南亚国家和国内少数民族地区。

主要规格技艺：

以 65107 烂花绡为例。

原料：甲经：2/20/22 旦桑蚕丝，24 捻/厘米。

乙经：120 旦有光黏胶人造丝。

纬线：2/20/22 旦桑蚕丝，24 捻/厘米。

门幅：116/114 厘米，筘幅为 127/124 厘米。

密度：经密 45 根/厘米，纬密 43 根/厘米。

装造：筘号为 20 齿/厘米，5 穿入。

织造：双经轴，2×1 梭箱。

后整理：织后进行双层剖割，精练、烂花、印花处理。

四、伊人绡

伊人绡是苏州地区的传统产品，产生于20世纪60年代，是以人造丝为原料的提花绡类织物。它薄如蝉翼，透气性好，美丽的花纹镶嵌在半透明的纱地绸上，显得立体感分外突出，恬静素雅。织物由二组经线和一组纬线交织而成，甲经和纬线同为1/75旦黏胶人造丝，22捻/厘米（强捻），乙经为1/150旦黏胶人造丝（机械上浆），经线排列为甲2乙2。织物结构为平纹地组织，通过甲经与纬线强捻工艺的作用形成孔眼清晰的绡底；花部由乙经起五枚经缎纹，不起花的部分经线沉于背部，坯绸下机后需进行修剪，再经退浆、染色处理后，即为成品。图案一般为小花形，造型简单，外轮廓清晰，清地布局，以利于修剪（图9.44，图9.45）。

图9.44　伊人绡之一

图9.45　伊人绡之二

主要规格技艺：

以51815伊人绡为例。

原料：甲经：1/75旦黏胶人造丝，22捻/厘米。

　　　乙经：1/150旦有光黏胶人造丝，机械上浆。

　　　纬线：1/75旦黏胶人造丝，22捻/厘米。

门幅：92/90厘米，筘幅为114/112厘米。

密度：经密74.7根/厘米，纬密32.5根/厘米。

装造：纹针560枚，素综2片，6花。筘号为15齿/厘米，4穿入。

织造：双经轴，2×1梭箱，正面向下制织。

后整理：织后进行背面浮长线的修剪，再经退浆、染色处理。

五、迎春绡

迎春绡产生于20世纪60年代，是"苏州花绡三姐妹"之一（图9.46）。当时，其注册的商标是"飞童牌"，1978年在广州佛山举办的丝绸实物评比会上获评名牌产品。1979年被纺织工业部评为名牌产品；同年9月经国家质量审定委员会批准荣获银质奖章，品质高达99.26%。该品种属黏胶人造丝半色织提花修剪绡类织物，由三组经线和一组纬线交织而成，三组经线虽均为黏胶人造丝，但特殊之处是有两种不同色彩的练不褪色人造丝，采用间断性挂经工艺，间隔的距离视提花补位的设计而定。该挂经与乙经合放在同一经轴上，挂经处的经线排列为甲1乙1丙1。织物结构为平纹地组织，因强捻丝线的作用，使织物形成具有一定孔眼的

图9.46 迎春绡

绡底；花部由乙经作满地八枚经缎花和经浮花（活切间丝）、丙经作挂经八枚经缎花和经浮花，凡丙经不起花部分则沉背于地部。织物下机后需作修剪处理，再经精练、染色后才完成整套工序，成为产品。该织物的特征是质地轻薄柔软、孔眼清晰、图案新颖大方，似从轻雾般的底绸上提织出来的，精巧而多姿。

主要规格技艺：

原料：甲经：1/75旦黏胶人造丝，22左捻/厘米。

　　　乙经：1/150旦有光黏胶人造丝，练不褪色。

　　　丙经：1/150旦黏胶人造丝，练不褪色，挂经。

　　　纬线：1/150旦黏胶人造丝，22左捻/厘米。

门幅：94/92厘米，筘幅为109.5/124厘米。

密度：经密74.7根/厘米，纬密32.5根/厘米。

装造：纹针1 176枚，筘号为15齿/厘米，4穿入。

织造：双经轴，分前后造，2×1梭箱，正面向上制织。

后整理：织后进行背面浮长线的修剪，再经退浆、染色处理。

六、乔其绉（乔其纱）

乔其绉原产于法国，以桑蚕丝为原料，是经、纬线均加强捻的生织织物，需经练染后才能成为成品，一般还要进行拉幅整理，使面料更具多种用途功能。由于织物绸面呈均匀细致的皱纹和细小孔眼，质地稀疏透明，故俗名"乔其纱"（图9.47）。乔其绉的规格比较多，每平方米重量一般为35～52克，重磅乔其纱的重量可达每平方米67克。其面料的基本特性是轻盈飘逸，质地透明，极富弹性，具有良好的透气性和悬垂感，但因经、纬线加强捻的缘故，手感有些"糙"。其形成起绉效应不同外观的因素，与原料粗细、捻度大小及经、纬密度

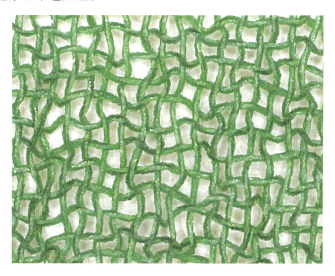

图9.47 乔其纱织物（放大50倍）

的变化有关，但总体而言，该种织物缩水率很大，达10%以上，因此缝制前需在清水中浸渍缩透。产品常用于舞服、戏装、围巾等。

主要规格技艺：

以12456乔其绉为例。

原料：经线：3/20/22旦桑蚕丝，27捻/厘米，2右捻2左捻。

　　　纬线：与经线相同。

门幅：115/114厘米，筘幅为135/134厘米。

密度：经密51.7根/厘米，纬密42根/厘米。

装造：综片4片，筘号为22齿/厘米。

织造：单经轴，单梭箱，4片素综制织。

后整理：坯绸需精练、染色或印花整理。

第六节　绢类

一、塔夫绸

塔夫绸是桑蚕丝熟织绢类织物，平纹组织。它与古代细腻华贵的纨十分相近。塔夫绸也称塔夫绢，最早从法国引进，1919年在苏州开始生产，1922年在美国纽约举办的全球丝绸展览会上，苏州沈常泰纱缎庄、夏福号纱缎庄展示了样品。1932年，塔夫绸由苏州东吴丝织厂在电力机上试织成功，并投入生产，注册商标为"织女牌"；中华人民共和国成立之初改名为"采桑牌"；20世纪70年代后期又名"水榭牌"，一直行销国际市场；80年代初还被英国查尔斯王子选为婚礼服的面料，享有"塔王"美誉。塔夫绸的经、纬线原料均选用优质的桑蚕丝，且以熟丝织造。由于先脱胶染色，后织造，所以经、纬密度较高，织纹较生织的绢更为细腻紧致，绸面光滑平挺，光泽柔和，并具有悦耳的丝鸣感。

根据织物组织结构的不同，塔夫绸有素塔夫绸和花塔夫绸之分。素塔夫绸为平纹组织，花塔夫绸为平纹地起八枚经缎花组织，两者的外观效果和风格有极大的不同，前者素雅，后者富贵。在此两大类别中，由于经、纬原料组合的不同，又形成了真丝塔夫、交织塔夫等品种；根据经、纬原料颜色配置的不同，又有花塔夫（图9.48）、条格塔夫（图9.49）、闪色塔夫（图9.50）、方格塔夫、紫云塔夫等，风格各异。

图9.48　花塔夫绸

图9.49　条格塔夫绸

图9.50　闪色塔夫绸

主要规格技艺：

以12302花塔夫绸为例。

原料：甲经：1/20/22旦桑蚕熟色丝，8右捻/厘米×2，6左捻/厘米。

　　　纬线：1/20/22旦桑蚕熟色丝，8右捻/厘米×3，6左捻/厘米。

门幅：92/90厘米，筘幅为127/124厘米。

密度：经密105.5根/厘米，纬密47根/厘米。

装造：纹针1 252枚，4花，单造双把吊。筘号为35齿/厘米，3穿入。

织造：单经轴，1×1梭箱，正面向下制织。

后整理：下机即为成品。

二、天香绢

天香绢属桑蚕丝与黏胶人造丝交织的半色织提花绢类丝织物（图9.51）。织物组织为平纹地起八枚经缎花、纬绒花和平纹暗花，质地紧密细致，花纹层次丰富。织前要求有一组纬线先染色，并且必须用特殊的"练不褪色"染料染色，以使织物下机后进行整体染色时依然不变。这样就能使练染后呈现三色，且通过平纹地起经花、纬花及平纹暗花的组织结构变化，让织物层次极为丰富（图9.51），成为天香绢不同于其他真丝与人造丝交织产品的最大特点。该织物质地平挺，花纹细腻，以中小型花及清地布局为基本特征，是苏州生产的优秀提花品种。

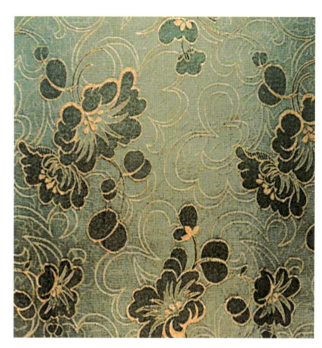

图9.51　天香绢

主要规格技艺：

以61502天香绢为例。

原料：经线：1/20/22旦桑蚕丝。

　　　纬线：1/120旦有光人造丝（白、色）。

门幅：71/70厘米，筘幅为75.5/74.5厘米。

密度：经密123.5根/厘米，纬密59.5根/厘米。

装造：纹针720×2枚，双造上机，全幅6花。筘号为29齿/厘米，4穿入。

织造：单经轴，2×1梭箱，正面向下制织。

后整理：下机后需精练，套染双色。

三、丛花绢

丛花绢为桑蚕丝与人造丝交织的提花色织绢类品种（图9.52）。它由一组蚕桑经线与两组人造丝纬线组合而成，地组织为甲、乙纬共口平纹，花部组织较为复杂，有十二枚加强缎纹、八枚加强缎纹和2/2纬重平纹等，加上经、纬线为3种不同的颜色，故通过不同组织的变化交织，呈现的花纹特别有层次感。为了更好地体现这一特质，要求纹样题材以写实花草树叶为主，设计中采用重叠交映的表现手法，并在用色搭配上也要展现花枝形态的蓬勃生机。该织物质地平挺、紧密，花纹层次丰富，是适用于时装的相当精美的面料。

图9.52 丛花绢

主要规格技艺：

原料：经线：1/20/22旦桑蚕熟丝，8右捻/厘米×2，6左捻/厘米。

　　　甲纬：1/120旦有光人造色丝。

　　　乙纬：1/120旦有光人造色丝。

门幅：71/70厘米，筘幅为73/72厘米。

密度：经密120根/厘米，纬密60根/厘米。

装造：纹针1 104枚，双把吊，全幅4花。筘号为29.5齿/厘米，4穿入。

织造：单经轴，2×2梭箱，正面向下制织。

后整理：下机即为成品。

第七节　绫类

一、真丝斜纹绸

真丝斜纹绸为纯桑蚕丝白织绫类丝织物，质地柔软光滑，有薄型和中型之分。在组织结构上，以三枚斜纹较常见，也有用四枚、五枚、六枚及混合型斜纹组织的，枚数越大，斜向纹路越清晰。斜纹绸的经、纬线基本无捻，枚数过大也会对织物结构的稳定性和坚牢度造成影响，并且韧性较差。不过，密度较大，织物比较挺括。斜纹绸根据规格和组织结构的不同，会有不同的外观效果和质感，大多应用于男女衬衣（图9.53）、睡衣及高档丝巾（图9.54）等。

主要规格技艺：

以19005真丝斜纹绸为例。

原料：经、纬线均采用20/22旦桑蚕丝×2。

门幅：91/89厘米，筘幅为96/95厘米。
密度：经密76根/厘米，纬密45根/厘米。
装造：4片素综制织，筘号为36齿/厘米。
织造：单经轴，1×1梭箱。
后整理：坯绸需精练、染色或印花整理。

图9.53 素白斜纹绸

图9.54 印花斜纹绸

二、双宫斜纹绸

双宫斜纹绸属桑蚕丝和双宫桑蚕丝交织的绫类丝织物（图9.55），经线用常规桑蚕丝，纬线用双宫丝。双宫斜纹绸由于使用粗细不匀的丝线，在绸面上会呈现出不规则的疙瘩节，粗犷中依然有蚕丝的细腻与质感，质地中型偏薄，很受人们欢迎。该品种已成为典型织物之一，流传至今。双宫斜纹绸采用的组织结构有三枚、四枚、五枚或混合型斜纹，根据用途不同，有熟织和生织之分。熟织双宫绸又分纯色和闪色两种，闪色双宫绸是应用经线与纬线的对比色进行交织而产生色光效果的，如红色与黄色、红色与绿色、红色与蓝色等。由于双宫

图9.55 双宫斜纹绸

丝线粗细不匀且不规则，所以其丝线一般旦尼尔数较大，织出的面料比较挺括，外观比较粗犷，富有特色，制作成衬衣、外套较多。

主要规格技艺：

以13478双宫斜纹绸为例。

原料：经线：20/22旦桑蚕丝×2。

纬线：110/120旦双宫丝×2。

门幅：92/90厘米，筘幅为144/143厘米。

密度：经密75根/厘米，纬密36根/厘米。

装造：综片8片，筘号为15.28齿/厘米。

织造：单经轴，1×2梭箱，4片素综制织。

后整理：生丝织造的坯绸需精练、单滚筒机整理。

三、花绫

花绫是中国传统丝织品种之一，属桑蚕丝生织提花绫类织物（图9.56）。织物组织为平纹地上起3/1斜纹花，花纹以传统图案为主，如龙凤纹、回字纹等，古朴典雅，具有东方民族特色。织物质地轻薄、松软，花纹微亮。该织物常被用作服装的里子绸，也常作为装帧用绸，如挂轴的裱绫等。

图9.56 花绫

主要规格技艺：

以15663花绫为例。

原料：经线：20/22旦桑蚕丝。

　　　纬线：27/29旦桑蚕丝。

门幅：68/67厘米，筘幅为70/68.5厘米。

密度：经密50根/厘米，纬密30根/厘米。

装造：纹针840枚，筘号为24.5齿/厘米。

织造：单经轴，1×1梭箱，4片素综制织。

后整理：坯绸需进行染色整理，以浅灰、酱红、咖啡、元色为主。

四、美丽绸

美丽绸属纯黏胶丝绫类丝织物，又称美丽绫。织物组织为斜纹，织物质地平挺、松软，绸面微亮。如果经线为黏胶人造丝，纬线用较细的棉纱，则称棉线绫；纬线用较粗的棉线，则称棉纬绫。面料常被用作服装的里子绸。

主要规格技艺：

以51101美丽绸为例。

原料：经、纬线均采用120旦有光黏胶人造丝。

门幅：71/69厘米，筘幅为79/77.5厘米。

密度：经密71.3根/厘米，纬密32.2根/厘米。

装造：综片4片，筘号为16齿/厘米。

织造：单经轴，1×1梭箱制织。

后整理：坯绸需进行精练、染色整理。

五、羽纱

羽纱属纯黏胶丝白织绫类素丝织物。织物组织为斜纹（图9.57），也有织成山形斜纹的（图9.58）。其绸面光滑，质地柔软。面料常被用作服装的里子绸。

图 9.57　人造丝斜纹羽纱

图 9.58　人造丝山形斜纹羽纱

主要规格技艺：

以 56231 人造丝羽纱为例。

原料：经、纬线均采用 120 旦有光黏胶人造丝。

门幅：91.5/90 厘米，筘幅为 101/99.5 厘米。

密度：经密 39 根/厘米，纬密 27 根/厘米。

装造：综片 4 片，筘号为 17.5 齿/厘米。

织造：单经轴，1×1 梭箱制织。

后整理工艺：坯绸需进行精练、染色整理。

六、花广绫

花广绫为纯桑蚕丝生织缎类提花织物。织物组织为八枚缎地上起八枚纬缎花，花纹以传统图案为主。绸面光滑，质地柔软。面料宜用作女性衣着面料。

主要规格技艺：

以 14503 花广绫为例。

原料：经线：20/22 旦桑蚕丝。

　　　纬线：20/22 旦桑蚕丝×5。

门幅：92/90 厘米，筘幅为 96.1/94.1 厘米。

密度：经密 106.7 根/厘米，纬密 50 根/厘米。

装造：纹针 1 200 枚，筘号为 25.5 齿/厘米。

织造：采用单经轴，1×1 梭箱制织。

后整理：坯绸需进行精练、染色单机整理。

七、绢纬绫

绢纬绫属桑蚕丝与桑绢丝交织的绫类丝织物。织物组织为 2/2 斜纹，纹路清晰。质地中型偏薄，绸面微亮，有丝毛织物的效果。面料大多用作服装和领带面料。

主要规格技艺：

以 15854 绢纬绫为例。

原料：经线：20/22 旦桑蚕丝×2。

　　　纬线：30/35 旦桑绢丝×2。

门幅：92/91 厘米，筘幅为 99/97.5 厘米。

密度：经密 76 根/厘米，纬密 45 根/厘米。

装造：综片 4 片，筘号为 36 齿/厘米。

织造：单经轴，1×1 梭箱制织。

后整理：坯绸需进行精练、染色或印花整理。

第八节　绉类

一、双绉

双绉是全真丝绉类织物中的传统典型品种，平纹组织结构，最为显著的特点是绸面有细微的凹凸感，弹性和透气性特别好，十分适宜夏季穿着。形成该效应的关键工艺是经线不加捻，而纬线加强捻，并且以两种不同捻向（2 右捻 2 左捻）的丝线交替织入，再经过练染处理，使左右捻向的丝线产生收缩，形成绉效应，故而得名"双绉"（图 9.59）。双绉的织物规格较多，设计上主要涉及经、纬线的组合，经、纬密度的配比，门幅宽窄等参数的变化，由此形成织物厚薄的不同，最为经典的产品为 12101、

图 9.59　两种不同捻向纬线交替织入的双绉织物

12102、12103 等。该织物的后整理工艺，除使坯绸经精练形成绉效应外，一般还需染色和印花，增强美感，以适应更广泛的用途。双绉在内外销市场广受欢迎。

主要规格技艺：

以 12102 双绉为例。

原料：经线：20/22 旦×2 桑蚕丝。

纬线：20/22 旦×4 桑蚕丝，23 捻/厘米，2 右捻 2 左捻。

门幅：115/114 厘米，筘幅为 125.9/124.2 厘米。

密度：经密 63.2 根/厘米，纬密 40 根/厘米。

装造：用 4 片素综制织，筘号为 29 齿/厘米。

织造：单经轴，双梭箱。

后整理：坯绸经精练后形成绉效应，一般还需染色、印花整理。

二、碧绉

碧绉为全真丝绉类织物（图 9.60），有素碧绉和格子碧绉两种。素碧绉和格子碧绉织造工艺相同，后者仅是在经向和纬向有意识地设计成条子或格子，形成与素碧绉不同的外观风格。该织物在工艺上与其他绉织物不同的是，一般纬线由两根以上合并加捻，而碧绉的纬线是分成粗细两股，分别加捻后合并，再反向退

图 9.60　具有细微的波浪状绉效应的印花碧绉

捻，从而使粗丝线自然地以螺旋状抱合细丝线。织造中，还需应用纬线"水纡"，以利于打紧织物，再经织造后处理，在织物表面形成细微的波浪状绉效应。碧绉的透气性和弹性特别好，是十分细腻又有骨感的绉织物。由于碧绉的丝线加工工艺比较特殊，生产工序也较复杂，故产品为较高端的真丝绉织物。

主要规格技艺：

以 12202 素碧绉为例。

原料：经线：20/22 旦桑蚕丝×2。

纬线：20/22 旦桑蚕丝×3，17.5 右捻/厘米，16 左捻/厘米。

门幅：91 厘米，筘幅为 96/95 厘米。

密度：经密 75.2 根/厘米，纬密 45 根/厘米。

装造：4 片素综，筘号为 36 齿/厘米。

织造：单经轴，单梭箱，水纡纬线制织。

后整理：坯绸需精练、染色或印花整理。

三、留香绉

留香绉是桑蚕丝和有光黏胶丝生织的重经类绉织物（图 9.61），是由二组经线和一组纬线交织形成的二重经生织提花织物。织物组织为甲经与纬线交织成的平纹地组织，乙经和甲经在表面起经面十二枚缎花，然而乙经背衬又必须与纬线接结。其接结方法十分复杂巧妙，是一个具有局部纬重接结的重经组织，即一个接结完全组织的循环为 12 针 40 梭，形成纵山形的暗纹，且不露地。其设计精巧，成为留香绉最具特色之处。另外，由于留香绉为生丝织造，故生坯下机后需要练染整理，通过桑蚕丝和人造丝不同的染色工艺，使绸面花纹显出两种颜色。其纹样一般以清地或清满地布局，中形花卉为宜。留香绉织物不仅富有弹性，且质地厚薄适中，花纹细致，是现代传统品种中的优秀代表，一直流传至今。

图 9.61　留香绉

主要规格技艺：

以 61101 留香绉为例。

原料：甲经：2/20/22 旦桑蚕丝。

乙经：1/75 旦有光人造丝，机械上浆。

纬线：3/20/22 旦桑蚕丝，11 右捻/厘米。

门幅：71/70 厘米，筘幅为 75.5/74.5 厘米。

密度：经密 123.4 根/厘米，纬密 50 根/厘米。

装造：纹针 1 444 枚，其中提花部分前后造 720×2 针，其余为辅针。筘号为 29 齿/厘米。

织造：双经轴，1×1 梭箱，正面向上制织。

后整理：坯绸需精练、染色整理。

四、浪花绉

浪花绉属纯桑蚕丝提花绉类丝织物（图 9.62），由一组经线和二组纬线交织而成，织物地部采用浮组织，配以水浪形地纹花。两组纬线均加强捻，分别为 S 捻和 Z 捻，以 2 右捻 2 左捻间隔交替方式织入。由于强捻线的收缩，使花纹凸起，故而绸表面具有仿顺纡效果的不规则凹凸细波纹，加之点缀经缎组织

图9.62 浪花绉

的浮花,似波浪中的花朵,使织物风格别致,文静高雅。坯绸下机后经练染等整理,质地柔软,富有弹性,适合女性服装用绸。

主要规格技艺:

以12143浪花绉为例。

原料:经线:2/20/22旦桑蚕丝。

　　　甲纬:2/20/22旦桑蚕丝,28右捻/厘米。

　　　乙纬:2/20/22旦桑蚕丝,28左捻/厘米。

门幅:91.5/90厘米,筘幅为104.9/103.4厘米。

密度:经密101.1根/厘米,纬密68根/厘米。

装造:纹针1 200枚,单造单把吊,全幅7.6花。筘号为22齿/厘米。

织造:单经轴,1×2梭箱,正面向下制织,投梭顺序为甲、乙、乙、甲。

后整理:坯绸需精练、染色整理。

五、彩虹顺绉

彩虹顺绉属真丝提花类顺纡绉品种(图9.63),与常见顺纡产品不同的是,它不仅在不规则树皮纹效果的顺纡地上有小提花,而且部分经线采用练不褪色有光人造丝作挂经处理,使色彩感和服用性增强。该织物由二组经线和一组纬线交织而成,其中纬线加单向强捻,地组织为平纹,花组织为彩条乙经经浮,背衬甲经平纹。考虑到经浮太长会影响牢度,故用花切间丝给予固结,在花部的边缘为防止修剪后丝线脱落或发毛,采取双经平纹作包边加固。该产品既保持了顺纡质地效果,又能满足轻薄飘逸的丝绸特征,并通过点缀其上的彩色圆点花纹获得了别样的秀丽感。

图9.63 彩虹顺绉

主要规格技艺：

以12212彩虹顺绉为例。

原料：经线：2/20/22旦桑蚕丝。

　　　甲纬：1/120旦有光人造丝（练不褪色）。

　　　乙纬：3/20/22旦桑蚕丝，26右捻/厘米。

门幅：116/114厘米，筘幅为146/144厘米。

密度：经密53.1根/厘米（花部），纬密40根/厘米。

装造：纹针192枚，单造单把吊，全幅6花，花部经线排列为甲1乙1。筘号为22齿/厘米。

织造：双经轴，甲经由2片双龙骨素综控制，乙经由纹针控制，1×1梭箱，正面向下制织。

后整理：坯绸需修背、练染整理。

六、凸花绉

凸花绉利用两种纬线的不断伸缩性能和袋组织结构，配以特殊的花纹，通过精练、松式整理，使绸面产生立体浮雕型效果（图9.64）。此类凹凸织物的织造，采用单经轴，单向强捻线，简化了织造工艺。

主要规格技艺：

原料：经线：2/20/22旦桑蚕丝。

　　　甲纬：2/24/26旦桑蚕丝，32捻/厘米。

　　　乙纬：4/20/22旦桑蚕丝，0.8捻/厘米。

门幅：108/106厘米，筘幅为133/131厘米。

密度：经密109根/厘米，纬密48根/厘米。

装造：纹针1 440枚，单造，9.2花。筘号为22齿/厘米，4穿入。

织造：单经轴，1×2梭箱，正面向下制织。

后整理：精练，松式整理。

图9.64 凸花绉

第九节 绒类

一、漳缎

漳缎是提花绒类织物的典型代表，在第八章中已有较详细的叙述。

主要规格技艺：

组织：地组织为八枚经缎，花组织为经起"W"形绒组织。

原料：地经：1/20/22旦桑蚕熟丝，8右捻/厘米×2，6左捻/厘米。

绒经：1/20/22旦，8右捻/厘米×2，6左捻/厘米×3。

纬线：甲、乙、丙三组纬分别为4/30/35旦、9/30/35旦和12/30/35旦桑蚕生丝，无捻。

假纬（起绒杆）：直径1毫米（不锈钢钢丝）。

门幅：73/71.5厘米，筘幅为74/72厘米。

密度：经密97.3根/厘米+24.2根/厘米，纬密36根/厘米。

装造：漳缎的装造极为复杂，地经穿入8片素综，绒经通过绒经架穿入花综，分别再穿入机前的两片起综和两片伏综，然后与地经一起穿入筘综，其中，地经与绒经的排列比为4∶1。筘号为12.1齿/厘米，10穿入（地经8，绒经2）。

织造：由于地经与绒经的粗细之比为1∶3，这样可保证织物地部缎纹的细腻，而纬线采用未脱胶生丝，能使缎地平挺，花部的绒毛饱满。投梭按粗纬、细纬、中纬、起绒杆的顺序排列，其目的是让较粗的绒经线浮于织物表面时所压住的纬线恰好是细纬，这样可使缎面上所见的绒经接结点不是很明显，以尽可能地保证缎面细腻。这些细致的工艺环节是古代能工巧匠经过不断探索研究而形成的最佳丝线组合方案，一直沿用至今。

后整理：漳缎织造完成后需对织入的钢丝进行后处理。常规的漳缎花纹是绒毛形状的，一般采取织成一段即划绒一段的方式，然后卷取下机，即为成品。其中划绒工艺是一道绝活，需特制一把刀具，沿钢丝的顶部，用力均衡地快速划过，以便让圈绕在钢丝上的绒经线断开，使钢丝自然脱离绸面，如图9.65所示的"绛红地牡丹纹漳缎"。也有个别的漳缎花纹是绒圈形状的，如故宫博物院馆藏一级乙文物"秋香色缠枝莲纹漳缎"（图9.66）便是一例，其缎地细腻而绒圈花纹耸立，富贵端庄。这类漳缎在织造后必须整匹下机，放置在一个特制的架子上两端绷紧，然后用铁钳捏住钢丝，逐根拔出，即为成品。

图9.65 绛红地牡丹纹漳缎（苏州丝绸博物馆藏）

图9.66 秋香色缠枝莲纹漳缎（故宫博物院藏）

二、漳绒

漳绒系表面具有绒毛的全真丝素绒织物（图9.67）。它是在元代漳州地区生产的漳绸基础上经改革木机制织而成的。其在明代已大量生产，明末清初由漳州传入南京、苏州，手工制织，是留存至今的中国优秀传统绒织物。

漳绒织物的基本组织为四枚变化斜纹，其经起绒结构由两组经线和三组纬线交织而成，经线有地经和绒经之分，纬线有粗纬、细纬和假纬（起绒杆）之分。地经与纬线交织成地组织，绒经与起绒杆（不锈钢钢丝）交织形成"W"形绒圈，经特殊的划绒工艺，形成绒毛。漳绒具有绒毛细腻、紧密、抗压、柔软、光泽柔和等特点，显示出高贵的气质，常被用作高档服装的面料，也用作鞋帽、坎肩、褥垫等。

主要规格技艺：

以18652漳绒为例。

原料：地经：1/20/22旦桑蚕丝，半熟色，8右捻/厘米×2，6左捻/厘米。

绒经：1/20/22旦桑蚕丝，熟色，8右捻/厘米×2，6左捻/厘米×3。

甲纬：9/28/30旦桑蚕生色丝。

乙纬：4/28/30旦桑蚕生色丝。

图9.67　漳绒

假纬（起绒杆）：直径1毫米左右（不锈钢钢丝），纬线与起绒杆的排列比为3∶1。

门幅：70/68厘米，箱幅为72/70厘米。

密度：经密43.8根/厘米＋21.7根/厘米，纬密36根/厘米。

组织：地组织为四枚斜纹变化组织，绒组织为经起"W"形绒组织。

装造：8片素综，手工制织。箱号为10.94齿/厘米，6穿入（地经4，绒经2）。

织造：双经轴，1×1梭箱。

后整理：每织出20厘米左右即应进行划绒处理，以此取出起绒杆。

图9.68　天鹅绒

三、天鹅绒

天鹅绒由漳绒演变发展而成（图9.68）。清代时主要产地在南京，后传至苏州，与漳绒一样都有很大的生产规模，为供奉皇室的高贵丝织产品之一。

在织物结构上，天鹅绒与漳绒略有不同，采用六枚变化斜纹，利用起绒杆在织物表面形成绒圈状。其所用丝线材料、织物门幅、经线数、起绒方法和织造工艺与漳绒相同。但在后整理工艺上与漳绒有很大区别，即无须像漳绒那样在机上划绒，而是织造后直接下机，再在整段具有钢丝穿入的绒圈地上，描绘所需的花纹，然后根据花纹轮廓，用割绒刀将花纹部分的绒毛割断，使之形成绒毛，再将未划部分的起绒杆（钢丝）从织物中拨出，从而使没有花纹的部分形成致密而整齐的绒圈，有花纹的部分则形成耸立的绒毛，由此构成绒毛和绒圈相间的花绒织物，其整套工艺全部需手工完成。

由于该织物所绘制的图案随意性较大，题材可以是花卉、动物、书法、印章等，构图可以是连续的清地纹样，也可以是具有艺术效果的独立纹样，因此它不受织造工艺的限制而能够变化自如，唯一要求是纹样设计必须由块面和较粗线条构成，图案性较强。因此，它是由漳绒衍生出来的"提花漳绒"，是一种在清代流行的极为高档的丝织工艺品，常被制作成匹料、件料、服装、服饰及工艺靠垫、壁挂等。其用途十分广泛，还远销日本、葡萄牙、荷兰、新加坡等地，现为江苏省非物质文化遗产代表性保护项目。

四、乔其绒

乔其绒属桑蚕丝和黏胶人造丝交织的双层起绒类织物，其中地经和地纬均采用强捻桑蚕丝，绒经为有光黏胶人造丝，机械上浆。在品种上有乔其绒和烂花乔其绒之分，一般乔其立绒的地组织为1/2经重平，烂花乔其绒的地组织为平纹，绒经为三梭"W"形固结。织造时，采用双层分割法形成绒毛，地经和绒经分绕在两只经轴上。若为彩条乔其绒（图9.69），则绒经需根据彩条的排列形式进行牵经，用1×2梭箱织造。织物下机后需进行划绒、剪绒、立绒整理或烂花、印花等整理，成品绒毛耸立，富有光泽，手感柔软。乔其绒大多用作礼服、裙服、软装等的面料。

图9.69　彩条乔其绒

主要规格技艺：

组织：地组织为平纹或平纹变化组织，绒组织为经起"W"形绒组织。

原料：地经：1/20/22旦桑蚕丝，半熟色，8右捻/厘米×2，24左捻/厘米。

绒经：1/120旦有光黏胶人造丝，熟色。

纬线：1/20/22旦桑蚕丝，8右捻/厘米×2，24捻/厘米，6右捻6左捻间隔交替织入。

门幅：117/115厘米，筘幅为124/122厘米。

密度：经密42.4根/厘米（单经），纬密45根/厘米。

装造：4片素综。筘号为20齿/厘米，5穿入（地经4，绒经1）。

织造：双经轴，1×2梭箱。

后整理：划绒、立绒整理，或烂花、印花整理。

五、长毛绒

长毛绒是锦纶丝和棉纱交织的双层经起绒织物（图9.70）。它以2/2纬重平为地组织，"V"字形结构固结，采用双层分割法形成上下两层绒毛。因绒毛高度达3厘米，使绒毛细长而卷曲自如，故又称为

"人造毛皮"。该织物的原料构成中地经和纬线均采用42英支×2的漂白棉纱，绒经比较复杂，为110旦锦纶丝和70旦锦纶丝合并后加2捻/厘米，需在特种绒织机上织造，不同于单层绒织机，产量比较高。由于原料较便宜，所以成本低，且织物的质地较软而绒毛较硬挺，故产品广泛用于制作各种动物玩具、鞋帽及各类服装饰品等。

图9.70　长毛绒

主要规格技艺：

原料：地经：42英支×2，漂白棉纱。

　　　绒经：1/110旦锦纶丝 + 1/70旦锦纶丝并合，2捻/厘米。

　　　纬线：42英支×2，漂白棉纱。

门幅：107/103厘米，筘幅为131/127厘米。

密度：单层经密33根/厘米，单层纬密25根/厘米。

装造：素综10片，其中上层地经倒吊4片综，下层地经顺吊4片综，绒经用2片综。筘号为10齿/厘米，5穿入（地经4，绒经1）。

织造：双经轴，机械上浆，其中绒经必须采用积极送经机构，2×2梭箱织造，上层和下层经线与纬线交织投梭比为2∶2。

后整理：绒坯下机后需进行划绒、染色或印花、刷绒等整理。

第十节　绸类

一、花绒绸

花绒绸是桑蚕丝和黏胶丝、金银皮交织的纬二重提花织物（图9.71）。其结构非常巧妙，表面看似三重纬，其实只有二重纬，其中一组纬是与金银线交替应用，这样既省了一半的金银线，节约了成本，又使手感柔软，外观金光闪闪，效果更美。其地部为纬绒，采用花切间丝，而花部为八枚经缎，用金银皮包边，绸面效果十分别致，充分展现了三种不同原料的特性与外观特点。纹样题材以中大型花卉为主，满地排列。织物外观富丽，宜制作婚宴和高贵礼服，曾一度畅销国内外。

图 9.71　花绒绸

主要规格技艺：

以 63504 花绒绸为例。

原料：经线：1/20/22 旦桑蚕熟丝，23 右捻/厘米×2，6 左捻/厘米。

甲、乙纬线：1/120 旦无光黏胶人造丝。

丙纬：150 旦金银皮。

门幅：74/72 厘米，筘幅为 76.5/74.5 厘米。

密度：经密 120 根/厘米，纬密 64 根/厘米。

装造：纹针 1 080 枚，48 枚棒刀针，单造双把吊，目板穿法为二段二飞，全幅 4 花。筘号为 29 齿/厘米。

织造：单经轴，3×3 梭箱，投梭顺序为甲、乙、甲、丙，正面向下制织。

后整理：坯绸需精练、染色整理。

二、和服绸

和服绸是根据日本和服所需面料设计的真丝提花绸（图 9.72），从 1978 年起开始在苏州试样，之后随着需求增大，在苏州地区大批生产。代表作 K79-10 蝶花绉，为日本蝶理公司包销，由苏州东吴丝织厂生产。K79-15 南林绉，为日本大洋物产公司包销，由苏州东吴丝织厂生产。南林绉的品名取自苏州南林饭店，因中日双方是在此地签订的生产合同。由于其用途主要是腰带，所以门幅较窄，仅 38 厘米左右，装造比较特别，采用了双幅织造工艺。在织物结构上，和服绸也有特别之处，以四枚破斜纹纬面组织为地组织，花组织以缎纹、平纹为主，尤其在意匠表现手法上十分丰富，如花切间丝、影光，在泥点大小疏密上也很有讲究，由此使得单色绸的和服绸能够表达出美轮美奂的图案，层次丰富，装饰艺术性很强。该产品由于出口生产量相对较大，花型变化多，因此成为一类典型的窄幅提花真丝绸品种。

图 9.72 和服绸

主要规格技艺：

以 13855 和服绸为例。

原料：经线：2/20/22 旦桑蚕丝。

纬线：1/20/22 旦桑蚕丝，23 右捻/厘米×3，6 左捻/厘米。

门幅：37×2/36×2 厘米，织造的双幅中间运用绞纱结构锁住边道，筘幅为 76.4/37.2×2 厘米。

密度：经密 111 根/厘米，纬密 36 根/厘米。

装造：纹针 1 360 枚，单造双把吊。筘号为 21.5 齿/厘米。

织造：单经轴，2×1 梭箱，正面向下制织。

后整理：坯绸需精练、染色整理，还常在练白绸上进行扎染、手绘等艺术处理，一般采用酸性糊料稀薄后为色浆，再经蒸化、退浆、水洗、脱水或烘干固色。图案的风格相当多，山水、风景、飞鸟、花卉、鱼虫、几何纹均有。

三、高花绸

高花绸是有光黏胶人造丝与有光人造棉白织的提花交织绸类丝织品（图 9.73）。平纹地起经五枚缎纹花，花型轮廓处采用双起平纹勾边，纹样设计时要求花型简洁，线条圆滑，半清地布局。意匠绘制中，在平涂的单色花纹上还需点出五枚间丝点，以增强花纹立体感。织物织造完成后，需进行退浆和染色处理，由于两种原料对染色要求不同，故能显出花地两色，并因组织结构的缘故，绸面上花纹有微凸效果。高花绸由于质地比较厚实，宜用作春、秋服饰面料。

图 9.73 高花绸

主要规格技艺：

以 53465 高花绸为例。

原料：经线：1/120 旦有光黏胶人造丝，机械上浆。

　　　纬线：1/16 英支人造棉。

门幅：92.5/91 厘米，筘幅为 102/100 厘米。

密度：经密 44 根/厘米，纬密 21 根/厘米。

装造：纹针 800 枚，单造单把吊。筘号为 20 齿/厘米，2 穿入。

织造：单经轴，1×1 梭箱，正面向下制织。

后整理：坯绸需退浆、染色整理。

四、双面异色异纹夹丝绸

双面异色异纹夹丝绸是对真丝绡与绸类面料的创新设计（图 9.74）。该品种在研究绡类丝织物的历史溯源和文化内涵的基础上，对真丝绡面料产品的品种和花色进行了创新。为了使面料具有正反双面效应的不同观感，面料的正反面采用不同的图案、色彩及织纹分布。工艺上主要以双层结构为基础，局部采用表里换层及双层填芯等结构。一面的生丝绡层手感较为硬挺，一面的紧密绸部位丝滑柔软，最终呈现的织物肌理丰富。图 9.74（a）面料局部正面的鸟就具有勾线白描效果，此面的生丝层为半透明，其下可以隐约见到夹在中间的彩色丝线。图 9.74（b）为对应的位于面料反面的彩绣效果的鸟，由多组彩纬混色实现了彩平绣的效果，如鸟嘴和鸟脚的淡黄色靠橙色丙纬和白色乙纬交织，部分紫色羽毛靠橙色丙纬和深蓝色丁纬交织。其表层地部暗纹丰富，突出飞鸟的色彩交织变化；里层生丝隐约透明，可看见色彩鲜艳的纬浮长填芯。

根据不同风格，结合双经轴织机分别设计不同的双面组织，可以呈现不同的肌理效果。经线采取熟双经与生丝经，纬线中生丝与熟丝交织，部分区域选择透孔组织织造，部分区域以双层袋装织造，部分设计为双层填芯结构。

(a) 正面

(b) 反面

图9.74 双面异色异纹夹丝绸

主要规格技艺：

原料：甲经：1/21/22旦桑蚕熟丝，8左捻/厘米×2，6右捻/厘米（黑色）；

乙经：1/20/22旦半生丝（黑色）；

甲、乙经比例为3∶1。

纬线：甲纬：2/20/22旦生丝（白色）。

乙、丙、丁、戊、己纬：2/20/22旦桑蚕熟色丝（乙纬为灰色桑蚕丝，丙纬为橙色桑蚕丝，丁纬为深蓝色桑蚕丝，戊纬为浅蓝色桑蚕丝，己纬为白色桑蚕丝。甲纬和乙纬按1∶1投梭，剩余四纬为抛道投梭）。

密度：经密124根/厘米，纬密50根/厘米。

装造：纹针数为8 400枚。

织造：采用电子提花剑杆机，双经轴，使用储纬器6个。

后整理：定型处理后即为成品。

五、印经绸（东风绸）

印经绸曾是20世纪50年代末杭州胜利试样厂设计的一个新品种，该产品采用了印经工艺，绸面形成朦胧的花色效应，在国内外市场上曾红极一时。其著名品种是杭州胜利丝织试样厂马祖根设计的东风绸（图9.75）。它将印经与提花等传统工艺相结合，使绸面既色彩缤纷又朦朦胧胧，显现出中国水墨画的特有效果。时至今日，印经绸仍然是丝绸精品。

印经纹样属于印花图案，结合织花块面凸纹，常以块面平涂多套色大中型花卉，或平涂块面拼色不规则的抽象纹样为主。或色彩浓艳、对比强烈，或在清淡明快的艳丽色中配以协调稳重的深色。

另外，还有在印经的素地上加提花的。提花纹样题材要同印经花纹图案风格和色彩相配合，提花纹样宜用中小型块面或粗线条变形花卉，造型简练，构图粗犷，以清地、半清地布局，显示织花主题，印经花衬托。此品种结合印

图9.75 东风绸

经及双层袋织，花纹朦胧，绸面花地凹凸分明，织印花呼应。印经绸大多作为礼服或装饰用绸。

主要规格技艺：

印经需要先进行假织，采用75旦或120旦黏胶人造丝，以平纹组织交织成纬密8～12根/厘米的疲软稀松织物，然后进行印花，印经花工艺流程为：印花→蒸化→水洗→固色→退浆→水洗→脱水→烘烁整理。

将印有花纹的假织物卷绕于经轴上进行织造时，必须在机后将假织纬线割断并清除，形成印有花纹的经面。织造过程中，一边割断假织纬，一边织入正式纬线，并严格控制经线张力的均匀，避免印花色经线位移参差大，以致造成印花图案轮廓模糊的弊病。

第十一节 其他类

一、纺类

（一）电力纺

电力纺是桑蚕丝生织纺类织物，平纹组织，是真丝纺类织物的典型。其织物特点是经、纬线均为无捻丝线，密度不大，故织物比较薄，质地平整，弹性较差，用作里子绸、方巾较多。电力纺的规格较多，主要体现在纬线的组合上，有2根、3根、4根20/22旦桑蚕丝不等，密度也有调整，所以有厚薄之分，每平方米克重为36～70克。该物早期由手工制织，20世纪50年代以后用电动织机织造，需求量很大，属大宗产品。90年代，为了改善电力纺柔性与弹性差的弱点，将每平方米克重在50克以上的较厚实的电力纺用砂洗工艺改良，取得了较好效果，扩大了电力纺的用途，使之从里料变为面料，一时成了流行产品。

主要规格技艺：

以11209电力纺为例。

原料：经线：2/20/22旦桑蚕丝。

　　　纬线：3/20/22旦桑蚕丝。

门幅：91.5/90厘米，筘幅为96/94.5厘米。

密度：经密60.9根/厘米，纬密40根/厘米。

装造：4片综框制织，筘号为29齿/厘米。

织造：单经轴，1×1梭箱。

后整理：坯绸需精练、染色整理。

（二）尼丝纺

尼丝纺是纯尼龙丝织造的平纹织物，质地平挺，手感较硬，透气性较差，常用作普通低端里子绸，或礼盒内铺用绸，价格低廉，生产量较大。通过涂层或防水处理，也可用于雨具面料、箱包材料、鞋帽材料等，属化纤纺类织物的典型品种。

主要规格技艺：

以21165尼丝纺为例。

原料：经线：1/70旦半光尼龙丝，机械上浆。

　　　纬线：与经线相同。

门幅：92.5/91厘米，筘幅为110/108厘米。

密度：经密48.4根/厘米，纬密36.5根/厘米。

装造：4片综框制织，筘号为20.5齿/厘米。

织造：单经轴，1×1梭箱。

后整理：坯绸需练、染、印，或防水、涂层整理。

（三）富春纺

富春纺是黏胶人造丝与人造棉交织的典型素织纺类品种，平纹组织，质地较为厚实，因有人造棉的缘故，手感较为柔软，所以经练染处理后常常印花，被大量用作服装用绸，尤其用作裙装更为合适，有垂感。由于价格低廉，富春纺在20世纪60至90年代出口量相当大，图案也时刻根据出口地区的喜好来设计，花色繁多，风格多变（图9.76，图9.77）。

图9.76 印花富春纺

图9.77 一花多色印花富春纺

主要规格技艺：

以51466富春纺为例。

原料：经线：1/120旦无光黏胶人造丝，机械上浆。

纬线：1/30英支人造棉。

门幅：92.5/91厘米，筘幅为107/106厘米。

密度：经密34.6根/厘米，纬密24.5根/厘米。

装造：4片综框制织，筘号为15齿/厘米。

织造：单经轴，1×1梭箱。

后整理：坯绸需退浆、染色、印花整理。

（四）花富纺

花富纺是黏胶人造丝与人造棉交织的典型提花纺类品种（图9.78），在平纹地上起经缎花，织物特点是地部平挺，而缎纹花明亮。其纹样以清地居多，写实花卉、变形花卉均有。在绘制意匠图时，常会用双平纹进行包边处理，这样花纹轮廓较为清晰，可增强立体感。由于织物采用的原料非天然材质，价格低廉，却也有丝的光泽，且比较厚实，所以应用面较广，除内销外，被大量外销到亚非地区。

图9.78 花富纺

主要规格技艺：

以 66716 花富纺为例。

原料：经线：1/120 旦无光黏胶人造丝，机械上浆。

纬线：1/30 英支人造棉。

门幅：91/90 厘米，筘幅为 101.1/100 厘米。

密度：经密 44.4 根/厘米，纬密 24 根/厘米。

装造：纹针 800 枚，单造单把吊。筘号为 20 齿/厘米。

织造：单经轴，1×1 梭箱，正面向下制织。

后整理：坯绸需退浆、染色、单机整理。

二、呢类

（一）四维呢

四维呢是以纯黏胶人造丝为经线、无捻，纬线加捻白织的提花呢类丝织物，属传统产品（图 9.79）。其地部组织是两梭平纹与 1/3 纬斜纹联合的组织，或以两梭平纹与六梭纬缎纹联合的组织；花部为八枚缎纹经花以及少量 3/1 经斜纹暗花。经加工后，质地爽挺，光泽柔和，地部具有明显的横棱效果。四维呢面料大多用作春、秋、冬季服装。

主要规格技艺：

以 51203 人造丝花四维呢为例。

原料：经线：75 旦有光黏胶人造丝，机械上浆。

纬线：120 旦有光黏胶人造丝，12 捻/厘米。

门幅：74/72 厘米，筘幅为 79.8/77.8 厘米。

密度：经密 80 根/厘米，纬密 46 根/厘米。

装造：目板幅宽 79.8 厘米，取 32 列，每花穿 45 行，全幅 4 花，需穿 180 行，余行均匀空出，用 144×4 根通丝，以二段四飞穿入目孔。筘号为 18.5 齿/厘米，4 穿入。

织造：单经轴，1×2 梭箱，正面向上制织。

后整理：坯绸需经退浆、染色整理。

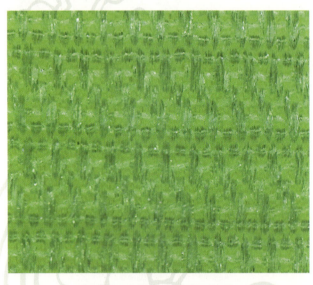

图 9.79　四维呢（放大 50 倍）

（二）大伟呢

大伟呢属桑蚕丝白织小提花呢类织物，平经、绉纬，是传统品种之一（图 9.80）。以暗横纹浮组织为地纹，呈现暗花纹。其暗花纹组织是在 1/3 斜纹经组织点的上方或下方添加经组织点，略微改变了斜纹的规律，使经与纬交织的组织点通过光线反射，以及强捻纬线的捻缩作用，构成光泽柔和并隐约可见的犹如雕刻般的暗花纹。大伟呢面料宜用于制作长衫、短袄、衬衣、连衣裙等。

主要规格技艺：

以 18160 大伟呢为例。

原料：经线：2/20/22 旦桑蚕丝。

图 9.80　大伟呢

纬线：5/20/22 旦桑蚕丝，16 左捻/厘米两组。

门幅：78/77 厘米，筘幅为 82.5/81.5 厘米。

密度：经密 112.2 根/厘米，纬密 45 根/厘米。

装造：720 针×2 的前后织造机。筘号为 26.5 齿/厘米，4 穿入。

织造：单经轴，2×1 梭箱，正面向下制织。

后整理：织后需精练、染色、单机整理。

三、葛类

（一）金星葛

金星葛是 20 世纪 50 年代末由杭州胜利试样厂设计开发的优秀沙发面料，属高档装饰布，是由两组经线与三组纬线交织而成的双层熟织纹织物。其三组纬线中有一组是填芯纬，作用是增加织物的厚度与弹性，并使花纹饱满。织物地部巧妙地运用了一组纬线与表、里层经线交织，既起到了接结表、里层的作用，又使织物表面呈现横条效应。织物花部采用袋织填芯结构，使表面形成立体感很强的高花效果。其表层为桑蚕丝熟经与铝皮纬交织的八枚经缎，在灯光照耀下呈现出铝皮的星烁闪光。织物质地厚实、坚牢。金星葛虽采用两组经与三组纬交织，但花、地结构并不十分复杂。其纹样题材采用变形装饰花卉，或几何图案，宜中、小块面满地布局，纹样宽度为 10.25 厘米。

主要规格技艺：

原料：甲、乙经：1/20/22 旦桑蚕熟色丝，8 右捻/厘米×2，6.8 左捻/厘米。

甲纬：2/128 旦有光黏胶人造丝，8 右捻/厘米×2，6.8 左捻/厘米。

乙纬：1/170 旦，铝皮。

丙纬：30 英支/1×8 有光黏胶纱。

门幅：84/82 厘米，筘幅为 85.5/83.5 厘米。

密度：经密 131.2 根/厘米，纬密 56 根/厘米。

组织：意匠图选用八之十六规格，纵格数为 912 格，纵横格数应为 8 的倍数。意匠上每 4 纵格表示 5 根经线（甲经：乙经 =4：1），每 4 横格表示 8 根纬线，第一横格表示 2 根甲纬，第二、四横格表示 1 根乙纬、1 根丙纬，第三横格表示 2 根乙纬。

金星葛的花、地组织结构如图 9.81 所示。地组织：甲纬（有光黏胶丝）与甲、乙经交织成单层的二上一下、二上二下、一上二下纬重平；乙纬（铝皮）与甲经交织成八枚经缎、乙经沉背；丙纬（有光黏纤纱）填芯。花组织：表层乙纬（铝皮）与甲经交织成八枚经缎，里层甲纬（有光黏胶丝）与乙经交织成平纹，丙纬（有光黏胶纱）填芯。

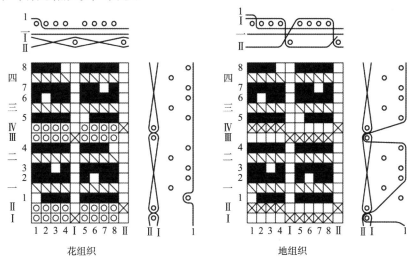

图 9.81 金星葛花、地组织结构示意图

装造：全幅8花，采用大小造装置。甲经为大造，乙经为小造。大造912针，小造228针。甲、乙经分卷两只经轴。另有大边针8枚，小边针4枚，投梭针4枚，梭箱针4枚，总纹针数为1160枚。选用1400号提花机制织。目板幅宽取84厘米，每花幅面为84/8（10.5厘米）。大造选用32列，二段四飞穿，小造选用8列，二段一飞穿。每花实穿28.5行。筘号为21.85齿/厘米，每筘穿入经线5根。

织造：需用3把梭子在3×3梭箱织机上织造，棉梭顺序为甲、甲、乙、丙、乙、乙、丙、乙，正面向下制织。

（二）文尚葛

文尚葛属黏胶人造丝与棉纱交织的葛类丝织物。其基本组织是1.1.1／1.1.4急斜纹（图9.82），设计中采取经线密度大、纬线密度小，即经线细而纬线粗的组合，以达到外观具有明显的横棱纹的效果。其质地精致、紧密而厚实，色光柔和。除素文尚葛外，还有花文尚葛，花地均为三枚斜纹组织，纹样采用散点排列居多，大块面平涂绘制，织物呈现暗花效应，风格较粗犷别致。该织物大多用作春、秋、冬季服装面料，男式服装以藏青、咖啡色居多。

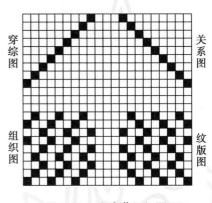

图9.82 文尚葛组织图

主要规格技艺：

以66401素文尚葛为例。

原料：经线：120旦有光黏胶人造丝，机械上浆。

纬线：32/3英支丝光棉纱三股线。

门幅：81/80厘米，筘幅为82/81厘米。

密度：经密16根/厘米，纬密16根/厘米。

装造：9片素综，筘号为21齿/厘米，5穿入。

织造：单经轴，1×1梭箱。

后整理：织后经退浆、染色，形成横棱凸起、素静、雅致的丝织物。

（三）特号葛

特号葛是全真丝提花葛织物，最早由浙江杭州地区开发生产，后来其他地区也有生产。它具有织纹简洁、光泽柔和、质地平滑、坚实耐磨等特点，是一个受国内消费者欢迎的老品种。它的组织是平纹地上起八枚经面缎花，在缎纹周边或侧影略加纬浮花包边，虽然也和绸类相似，但毕竟经细纬粗、经密纬疏，在绸面上略有微细的横棱纹，故称提花葛。其花纹布局不宜太满，一般以清地中小型为主，排列均匀，以达平衡。该织物经染色后适宜于制作男女春、秋季服装。

主要规格技艺：

以12405特号葛为例。

原料：经线：2/20/22旦蚕桑丝。

纬线：4/20/22旦蚕桑丝，9捻/厘米。

门幅：91/90厘米，筘幅为93/92厘米。

密度：经密74根/厘米，纬密45根/厘米（用水纤织造）。

装造：纹针数1106枚，6花。目板穿法为二段二飞。筘号为36.6齿/厘米，2穿入。

织造：单经轴，1×1梭箱。

后整理：生织需精练、染色整理。

四、绨类

（一）花线绨

线绨织物是用长丝作经，棉纱或蜡纱作纬，以平纹组织交织的丝织物（图9.83）。其质地粗厚、缜密，织纹简洁、清晰，光泽柔和。线绨有素线绨与花线绨之分。一般采用120旦有光黏胶人造丝作经线与42/2英支丝光棉纱作纬线交织；如果纬线采用21英支蜡纱纬交织，则称蜡纱绨。蜡纱是普通棉纱经上蜡而成，表面茸毛少，条干光滑。而在提花机或多臂机上制织的有花纹的线绨，通常称为花绨。大花纹的花线绨，如线绨被面；小花纹的花线绨和素线绨一般用作衣料或装饰绸料（图9.79）。

图9.83　花线绨

主要规格技艺：

以66105一号绨为例。

原料：经线：1/120旦有光黏胶人造丝，机械上浆。

　　　纬线：42/2英支丝光棉纱。

门幅：82/80厘米，筘幅为87/85.3厘米。

密度：经密63根/厘米，纬密23根/厘米。

装造：纹针数1 280枚，4花，单把吊单造上机，目板用40列或32列，若选用40列目板，每花实用32行，多余行均删去。筘号为15齿/厘米，4穿入。

织造：单经轴，1×1梭箱，正面向下制织。

后整理：坯绸需经退浆、染色、单机整理。

（二）线绨被面

长期以来，中国从城市到农村都使用被面，有高、中、低各种档次，其中线绨被面是较为低档的大众化被面，既经济又实用。它具有织纹简洁清晰、质地粗厚缜密、花纹明亮、装饰性强的特点。纹样大多以自然花卉为主，也配有鸟、鱼等吉祥题材。花型排列以自由中心花和四角花，以及左、右、上、下对称花为主，俗称"四菜一汤"。其图案风格、布局一直流行至今。

主要规格技艺：

以70801线绨被面为例。

原料：经线：1/120旦有光黏胶人造丝，机械上浆。

　　　纬线：1/21英支蜡线棉纱。

门幅：135/134厘米，筘幅为140/139厘米。

密度：经密54根/厘米，纬密24根/厘米。

装造：中心花纹针为960枚，对称花纹针为320枚，棒刀针为64枚。目板穿法为4把吊，上二下二，自由中心区通丝二段二飞，对称区通丝左右对称穿。筘号为13齿/厘米，4穿入。

织造：单经轴，1×1梭箱，正面向下制织。

后整理：生织，需退浆、染色整理。

第十二节 现代新品种

一、弹力丝竹呢

竹纤维是近年来国内新开发的一种新颖纤维。采用真丝、竹纤维、氨纶等材质配比交织的产品，通过变化，可以使绸面纬向产生多变的立体感绉效应，形成多变的面料风格，从而满足消费市场求新颖、求高档、求天然、求绿色环保的服用要求。竹纤维面料手感柔软、纹路多变、弹性优良、舒适透气、悬垂感强，服用性能良好。而且，其成本较同类全真丝弹力产品明显偏低，具有较高的技术附加值。产品的市场竞争力较强，市场前景较看好。

弹力丝竹呢的经线为低捻真丝，纬线采用两组材质，分别为真丝氨纶包缠丝、竹纤维/氨纶包缠纱。它们以不同的组织配比及纬线投梭配比。为保持真丝高档化的风格，产品设计时，真丝含量控制在50%左右，竹纤维含量为45%，氨纶含量为5%左右，面料100克/米^{2}左右（23姆米），其绸面富有强立体感纹路，风格别致，织物兼具真丝的柔软舒适性和竹纤维的天然环保性、抗菌性等优点。根据该品种的组织结构及多组分材质特点，织物上机的相关参数进行了相应的调整。首先是储纬器引纬张力的控制。由于乙纬为高粗条份竹纤维，条份明显比甲纬高，因此，乙纬引纬张力要保持均匀且尽量大些，一般比甲纬大4～5厘米左右，以防止塌纬、缩纬等病疵产生，但引纬张力又不能太高，否则易产生纬线不到头等病疵。其次，是经丝上机张力的控制。根据经、纬配比及组织结构，上机张力宜比同类常规真丝弹力产品小3～5厘米，以防止在乙纬投梭时绸面过紧而产生断头、宽急经等病疵。在定型时，既要考虑到稳定的定型效果，又不能定型过度，以致影响竹纤维的柔软手感。为了保证织造生产的顺利进行，工艺参数确定为：温度70℃～75℃，气压0.2MPa～0.4MPa，时间蒸20分钟、焖10分钟，自然平衡3天以上。通过以上定型工艺，该原料线型良好，在织造生产中无塌纬、缩纬等病疵产生。

主要规格技艺：

原料：经线：1/20/22旦桑蚕丝×2，19右捻/厘米。

甲纬：20/22旦真丝+20旦氨纶左捻包缠丝。

乙纬：40英支竹纤维+40旦氨纶左捻包缠纱。

纬线循环：总9梭（甲纬4梭，乙纬5梭）。

门幅：107/105厘米，筘幅为109/106厘米。

密度：经密117根/厘米，纬密35根/厘米。

装造：素综10片，储纬品2个，筘号为19齿/厘米，5穿入。

二、数码混色弹力高花绸

数码混色弹力高花绸采用数码纺织技术，首先体现于五色混色的交织形式，其次还体现于对常规提花型大小机四方连续型图案的突破，使直接能和服装大小、款式及图案结合的定位花面料的工业化加工成为可能。该产品装饰性强，立体高花效果突出。

数码混色弹力高花绸应用现代化的剑杆织机及电子大提花设备，可以织造大循环花纹，为高档定位花提花服装面料。它以双层及双层接结构为主体。织物表层颜色是用CMYK（青、品红、黄、黑）四色色纬及组织搭配的形式来表现的；通过选用氨纶真丝包芯纱作为里层的纬纱，使得织物织造完成后，里层与表层的纱线缩率不同，里层纱线收缩致使表层图案凸起（图9.84）。在组织配置时，应综合考虑设计意图与工艺限制，尽量均衡正幅织物的经、纬线张力，防止在织造时出现张力不匀等问题。

图9.84 数码混色弹力高花绸

主要规格技艺：

组织：表层基本采用四枚斜纹组合，里层基本采用平纹结构，局部采用里经八枚接结表纬。

原料：甲、乙经：均采用1/20/22旦桑蚕熟色丝，8左捻/厘米×2，6.8右捻/厘米（米色）。

甲、乙经比例为4：1。

纬线：甲、乙、丙、丁纬四色均采用3/20/22旦桑蚕熟色丝（甲纬为青色C纬、乙纬为玫红色M纬、丙纬为黄色Y纬、丁纬为黑色K纬）；戊纬为1/20/22旦×2＋20旦氨纶包芯丝。

门幅：成品门幅104厘米，筘内幅140厘米，筘外幅142厘米。

密度：总经密145根/厘米，纬密200根/厘米。

装造：纹针数为8 000枚；筘号为19齿/厘米，6穿入。

织造：采用电子提花剑杆机织造，使用储纬器5个。

三、机织涤纶毛绒型人造血管

机织涤纶毛绒型人造血管是丝绸织造技艺应用于医学的典型例子。它采用纺织材料，应用纺织技术，再经造纹处理形成360°可弯曲的、柔软的螺旋形管状织物。它的功能是当人体血管阻塞、创伤裂断、动脉缩窄或患动脉瘤需切除时，可用相应口径的人造血管接上，从而挽救人的生命。人造血管的研究成功，在纺织和医学史上具有重大意义。

最早的人造血管发明于美国，20世纪40～50年代，美国Debiky公司首先推出了针织结构的尼龙型人造血管，并应用于临床，在医学界引起了轰动，但价格十分昂贵。

1958年，中国纺织部和卫生部根据医学上的迫切需要，下达了由上海胸科医院与苏州丝绸研究所合作研制纺织人造血管的科研任务。钱小萍等在品种设计师金纯荣的带领下，从国外样品分析到织物设计、从设备安装到上机工艺进行了反复试验，同时配合上海胸科医院的潘治、吴善芳、饶天健等医师做了严格的动物试验和临床试验，终于在1959年研制成功机织尼龙人造血管，填补了国内空白。同一时

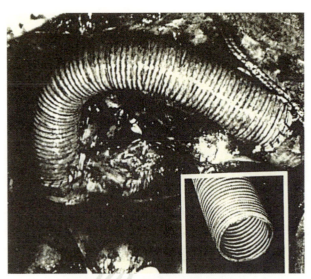

图 9.85 机织涤纶毛绒型人造血管

期,上海中山医院与上海丝绸研究所云林丝织试样厂也进行了真丝人造血管的合作研究。然而,无论是尼龙人造血管,还是真丝人造血管,在性能上都存在一定的缺陷。

20世纪70年代初,随着国际上一种名为"鹅毛绒"的新型人造血管的出现,上海胸科医院的潘治、饶天健两位医生继续与苏州的钱小萍合作进行研究,经过四年多的努力,终于研制成功了具有独特管壁结构的机织涤纶毛绒型人造血管(图9.85)。

主要规格技艺:

原料:经、纬线均采用涤纶膨松变形丝。

组织:以变化缎纹为基础组织的管状组织。

工艺:应用类似织带机的机构制造成坯管,然后通过热加工造纹处理,最后用高温、高压或R射线消毒处理。

机织涤纶毛绒型人造血管试制成功后,经过临床试验效果良好。由于毛织的组织基质较好,移植后2~4个月,有内皮细胞覆盖的新内膜就会形成,一年内新血管畅通率达93.3%,借助它挽救了许多心血管病患者的生命。机织涤纶毛绒型人造血管获得了国家专利,成为中国第二代人造血管。这项技术于1983年获得国家发明三等奖,1986年又获得第14届日内瓦国际发明镀金奖和第35届布鲁塞尔尤里卡国际发明博览会银奖。这项技术是我国有着几千年历史的茧丝绸材料技术对现代生物医学所做出的重要贡献,是我国蚕丝绸科学工作者在传承蚕丝绸技艺的历史上所取得的可圈可点的成就。

四、丝羊绒双面异效披肩

丝羊绒双面异效披肩是以文创视角从多种围法出发进行的创新设计(图9.86)。它一面采用杭州地域特色强烈的景点图案,一面选用素色的肌理织纹,从而达到双面佩戴的效果,款式可以根据市场的需要进行变化。

正面

反面

图 9.86 丝羊绒双面异效披肩

丝羊绒双面异效提花织物不仅具有文化内涵,而且颜色多样,符合现代潮流趋势。产品正反面设计不同的图案,正面纹样丰富多彩,反面则比较素静,正反搭配,别具特色。材料一般选用桑蚕丝和羊绒，为了产生舒适柔软和丰富亮丽的效果，表层纬纱采用的原料是桑蚕丝，里层纬纱采用的原料则是羊绒，冬季使用让人感到非常舒适。产品既具有真丝的鲜艳色泽、丝鸣感和保健功能，又具有羊绒制品独特的蓬松感、回弹性、保暖性等特点；同时，它也克服了全羊绒围巾织造难度大的缺点，提高了桑蚕丝利用的档次，是一种理想的现代高档纺织品，对消费者有很大的吸引力。

图 9.86 根据纹样的色彩，选用米白色的熟丝作经线，纬线则根据设计意匠图，选择了 5 色纬纱，分别为玫红、柠檬黄、中蓝、纯黑、浅绿，通过组织搭配的方式进行色彩转换与增加。

主要规格技艺：

原料：甲、乙经均采用 1/21/22 旦桑蚕熟丝，8 左捻/厘米×2，6 右捻/厘米（白色）。

　　　甲、乙经比例 = 3 : 1。

　　纬线：甲、乙、丙、丁纬均采用 3/20/22 旦桑蚕熟丝；

　　　　　戊纬采用 20 英支羊绒（甲纬为玫红色桑蚕丝，乙纬为柠檬黄桑蚕丝，丙纬为中蓝色桑蚕丝，丁纬为黑色桑蚕丝，戊纬为浅绿色羊绒）。

密度：总经密为 130 根/厘米，纬密为 26 根/厘米。

装造：纹针数为 12 000 枚。

织造：用电子提花剑杆机织造，单造单把吊，使用储纬器 5 个。

五、仿真彩色数字化提花像锦

像景织物是我国优秀的传统织锦工艺品之一，在国内外具有广泛的影响。它利用经、纬线不同的色彩和不同的组织结构，通过相互交织，能表现不同的色彩和层次，从而织造出结构复杂、色彩丰富的图案内容。数字化丝织技术是指运用现代计算机技术以及先进的纹织 CAD/CAM 技术，对传统丝绸织锦技术进行创新，实现纹样设计、组织结构设计、纹版生成、织机织造全过程的数字化制作。它与传统织锦相比，具有交织密度高、组织结构变化丰富、选用丝线精细的特点，站在不同角度观赏可以呈现不同的视觉效果。仿真彩色丝织可以表达数以千计的不同颜色，这是采用传统生产方法所无法解决的。

目前，仿真彩色数字化提花像锦技术已经应用于各种丝织工艺品（如风景画、书法作品、人物肖像画）、高档装饰织物和高档服饰面料的生产。由于新技术的支持极大地提高了画面的精细度及色彩的丰富程度，许多原先用传统丝织技术难以制作的画作，借助这一技术得以用真丝织锦的形式向人们展示它的风采。图 9.87 是被作为国礼的真丝织锦肖像画。画中，女士衣着的淡雅明丽，男士西装的沉着稳

图 9.87　杜达夫妇织锦肖像画（李加林设计）

重，人物姿态的优雅自然，都表现得惟妙惟肖。图9.88是运用仿真彩色数字化提花像锦技艺制作的梵高的作品《夜间咖啡馆》，该织锦采用了5种不同颜色的顶级桑蚕丝，通过复杂交织，完美再现了油画的斑驳感。

图9.88 梵高《夜间咖啡馆》织锦画（李加林设计）

本章参考文献

1. 钱小萍. 中国传统工艺全集：丝绸织染［M］. 郑州：大象出版社，2005.
2. 钱小萍. 中国宋锦［M］. 苏州：苏州大学出版社，2011.
3. 李超杰. 都锦生织锦［M］. 上海：东华大学出版社，2008.
4. 浙江丝绸工学院，苏州丝绸工学院. 织物组织与纹织学［M］. 北京：中国纺织出版社，1997.
5. 上海市纺织工业局. 纺织品大全［M］. 北京：中国纺织出版社，1992.
6. 徐丛璐，李加林. 数码彩色丝织像景织物的色彩设计［J］. 艺术与设计，2010，2（2）：204－205.
7. 李加林，陶永政. 数码仿真彩色丝织技术及其应用［J］. 纺织学报，2004，25（1）：123－125.
8. 李加林. 特殊循环组织在像景织物设计中的应用［J］. 纺织学报，2003，24（6）：577－578.
9. 钱小萍. 毛绒型人造血管：一种新型纺织医疗器材［J］. 纺织学报，1980（3）：75－76.

第十章

古今蚕丝绸的印染

丝绸的魅力在于其丽质天成，但是，我国自古以来仍有"锦上添花"一说，如宋代王安石诗"嘉招欲覆杯中渌，丽唱仍添锦上花"，黄庭坚诗"又要涪翁作颂，且图锦上添花"，都是将好上加好、美上添美用丝绸上染色印花来做比喻。虽然古代没有多彩的染料，只是以自然界中的草木花果、矿物石砂、鱼虫脂汁等进行染色，但是千秋艳丽的印象早已与丝绸不可分割地融为一体。在对丝绸染色进行研究的过程中，我们注意到，古代的丝绸染色不仅显示了绚丽多彩的色彩世界，而且存在一个令人惊奇的事实，即在记录古代色彩的文字中，描绘同一种基础的原色或间色的文字往往不止一个，用以表达相似色相、微差色调、不同深浅的色彩文字甚至多达十几个。如下面将要叙述的三原色之一的"红"，在几千年前的古代丝绸染色技术背景下，以其为主所导引产生的"红"色文字居然有13种，分别记载了古人对"红"色的细腻表征与区分色彩的微差能力。这个红色文字的问世，首先需要人们对色彩差异有敏锐的感觉；其次要有对这些差异的表征需求；更重要的是，要有能够表达这些微小差异的丝绸染色技术。正是这些条件的同时实现，特别是借助古人对于各种色彩的细微差异的敏锐感觉和需求而创造出来的丝绸染色技艺，才使后人得以看到一个绚丽多彩的蚕桑丝绸世界。

我国古人在长期的生产实践中逐渐发明了涵盖提取天然染料和颜料、获得印染用天然助剂、使用印染器具，以及精练、染色、印花、整理等的一整套蚕丝绸印染技艺。在这一章中，我们将探讨古人是如何锦上添花，创造出传承百世、生生不息的染整技艺的，以及这一传统技艺在近现代以后的发展与辉煌。

我们只有洞悉丝绸印染技术发展的历史及其特点，了解当代丝绸印染技术的现状、计算机技术的发展，以及新的生态和环境保护法规的实施所带来的丝绸印染技术的变化，才能更好地采用先进的加工技术，并在传承与发展的基础上发明新技术，提升丝绸制品印染加工品质，赋予其新的生命力，从而满足大众对丝绸制品日益增长的多样化需求。

第一节 古今蚕丝绸印染技术的演进

中国的纺织及蚕丝绸印染有着悠久的历史。根据所了解的信息，至少在旧石器时代，我国古人就已经学会了将一些矿物研磨成粉末，做成染色用的颜料。随着社会文明和人类生活需求的不断发展，从最原始的实践及生活出发，经过不断创造、改善、传承、发展，逐渐形成了一个包括精练、染色、印花、整理的印染工艺技术系统。

一、古代印染技艺的萌芽

1933 年至 1934 年，著名考古学家裴文中主持发掘了北京周口店山顶洞人遗址。这个 30 000 年前的旧石器时代遗址分为入口、上室、下室和下窨四部分，在山洞西部比较低的下室，考古人员发现了三具完整的人头骨和一些躯干骨，人骨的周围有一些随葬品，并有一些赤铁矿的粉末。这些赤铁矿粉末与后来人类使用的红色矿物颜料的原料是一致的。此外，考古人员还发现了许多原始装饰品，如穿孔的兽牙、海蚶壳、小石珠、小石鲩鱼眼上骨和刻沟的骨管等。显然，山顶洞人已经知道用赤铁矿粉末染色，以使装饰品更加鲜艳美观。山顶洞人对赤铁矿粉末染色的应用，使我们获得了人类进化过程中染色技艺出现的最早信息。

传说早在黄帝时期，人们就能够利用植物的汁液染色。出土文物的有力证据是：1959 年，考古学家从河南安阳王裕口殷代墓葬中发现了染过色的丝线。几千年来，我国古人对各种矿物染料、植物染料及动物染料的开发与应用进行了不懈的努力，积累了丰富的经验，如从姜汁中提取姜黄素，从胭脂虫中提取胭脂红，从苏木中提取苏木色素，从贝壳类动物及虫胶中提取色素等。

《礼记·礼运》中有"五色、六章、十二衣，还相为质也"的记载，唐代孔颖达疏注称："五色，谓青、赤、黄、白、黑，据五方也。六章者，兼天玄也。以玄黑为同色，则五中通玄缲，以对五方，则为六色，为六章也。"关于"十二衣"，孔颖达疏注："为十二月之衣，各以色为质。"即循环相为本色。由此可以得知，秦汉之前，古人已对服饰色彩的蕴意和应用很有讲究，一年 12 个月里穿不同颜色的衣服。这里的记载显示，至少在两千多年以前，我国古人就学会了从大自然中提取各种不同的色素来对服饰进行染色。

古人在原始社会已开始使用赭石、丹砂、石黄、缁土、炭黑等天然矿物颜料施色，染出黄、红、黑等色彩。古人很早就会将这些天然矿物颜料涂在身上，称"彰身"；用色彩来保护和美化身体；进而再画在衣服上，后来还用色线绣在裙子上。据《尚书》记载，4 000 多年前的"章服制度"就规定"衣画而裳绣"，也就是说大约在夏禹时已出现章服制度。这里所说的"章服制度"，是指在奴隶社会和封建社会，作为区别身份等级的标志，帝王和百官公卿所穿的衣服，底色和花纹都必须按照规定的制度。如《礼记·玉藻》规定，在丧服期以外，宫廷服饰按身份不同，要求用不同颜色的绶带佩玉："天子佩白玉而玄组绶，公侯佩山玄玉而朱组绶，大夫佩水苍玉而纯组绶，世子佩瑜玉而綦组绶，士佩瓀玟而缊组绶。"文中称，天子佩白玉，用玄色的丝带；诸侯佩山玄色的玉，用朱红色的丝带；大夫佩水苍色的玉，用黑色（"纯"同"缁"为黑色）的丝带；太子佩美玉，用苍白色的丝带；士佩瓀玟，用赤黄色的丝带。这也表明，当时已经利用染料对丝条等纤维或衣裳、裙子染色以表示等级身份。夏至商代，已有练漂、染色，用于练丝、织帛，并用练熟的彩色丝织出绮。至战国，矿物颜料品种增多，植物染料也逐渐出现，染色和画绘已用于生产多色织物。殷墟妇好墓出土的黏附在铜器上的丝织品，用朱砂涂染的有 9 例。除了夏禹时的章服制度以外，商周有绣缋（即绘画）供职之说。因此，夏、商、周时期，印染技艺已从萌芽状态发展成为专业技艺，周代，印染工艺已经形成了比较完整的体系。

周代设置有专职染匠，在掌管百工中，已设立"掌染草""染人"及设色之工：画（绘画）、缋（色彩）、钟（染具）、筐（辅助）、㡛（练丝），共7种工官，进一步完善了章服制度，规定以五彩彰施作服，并有"九文、六彩、五章"的服饰制度，用花纹和色彩作为社会等级的标志。练丝、练帛出现了用蚕灰和水练脱胶的㡛氏工艺。染色从矿物颜料拓宽到植物染料，形成了石染和草染的染色工艺。西周时，以"衣正色"和"裳间色"区别贵贱；以青、赤、白、黑、黄为正色，代表东、南、西、北、中及木、火、金、水、土五行；青黄间为绿，赤白间为红，青白间为碧，赤黑间为紫，黄黑间为褐，称为五方间色。石染的矿物染料有红色的丹砂、赭石，绿色的空青，黄色的石黄、黄丹，白色的胡粉等。草染的植物染料中，茜草可染浅黄，经媒染后可得绛红、深红，蓝草可染青蓝色，紫草可染紫红色，荩草可染绿色、黄色，麻栎可染黑色。草染有直接染和媒染的方法，还有用多次浸染来逐步加深颜色的方法。尚有在服饰上结合画缋的技艺，即在织物或服装上用调匀的颜料或染液描绘图案的方法，这在周代帝王服饰上已使用。在周初已用漆树分泌液对织物髹漆和在丝织物上用光滑石块作碾压加工，谓之"硟"（后被称砑光）。

二、秦、汉练漂温度从常温浸泡提高到沸煮

西汉时设有平准令，主管官营染色手工业的练染生产，当时已掌握媒染还原染色和复色套染等技术，还用化学方法炼制银朱、胡粉作颜料，这是中国最早出现的化学颜料。这一时期，蚕丝绸印染工艺技术相继发展，在"㡛氏"练丝、练帛的工艺基础上，练漂温度从常温浸泡提高到沸煮，大大缩短了脱胶练漂时间，是练漂工艺的重大创新。印染用的染（颜）料品种增多，色谱扩大。矿物染料增加了白色的白云母、黑色的石墨和松烟，并有金、银粉的应用。染料植物茜草、栀子已有专业种植，从西域传入的红花种植技术，在中原迅速应用。当时，已掌握制靛、制红花饼（子）的技术，染色不再受季节性制约。其时，矿物颜料大多用于印花，染色则用植物染料，又发展了凸版和雕纹镂空版的制印技术，以及与石染并用的凸版套印再加彩绘的印花敷彩技艺。防染显花的夹缬、蜡缬也先后面世。汉代始用金属熨斗熨烫织物，这是使织物伸展平挺、尺寸稳定的熨烫整理；给织物髹涂漆树漆液或刮涂苴油，制成硬挺防水的漆纱或具有防水功能的油绢，这是早期的涂层整理技术。另外，还有独特的染色、整理工艺合一的薯莨处理技术，赋予蚕丝织物凉爽、耐汗、易干的特性。

魏、晋、南北朝时期，丝、帛练漂分为碱性灰汁练和清水煮练，结合捣练（捶打）提高了脱胶效果。民间还用天然白土灌浣来增进白度。在草染用的植物染料中，从越南输入的苏枋（苏木）染红色，从印度引进的木兰染蓝色。早期染红色都用茜草，此时转用红花。直接染蓝色的蓝草，改用制靛染色工艺。防染显花的缬染十分流行，夹缬、蜡缬和绞缬的工艺正趋于成熟。南北朝时有采用苴油和漆液相混合的涂层整理，给织物上油的膜更为坚韧。

三、唐代创造了胰酶脱胶练漂工艺

隋、唐时设有织染署，植物染料得到普遍应用。唐代的印染技术进一步完善和提高，练漂用的碱剂草木灰品种增多。人们利用猪胰中蛋白酶对丝胶的高效水解作用，创造了胰酶脱胶练漂工艺，成为织物练染最早的技术发明。唐时，染色仍以植物染料为主，引进的苏枋已开始种植。人们采用槐花染黄色，又以动植物分泌物的紫铆（紫胶）和血竭（麒麟竭）作为红色染料。制备红花饼（干）和靛蓝的技术，在民间普遍使用。媒染用铝媒剂明矾，又进一步拓展出铁媒剂青矾、铁浆，还用五倍子染黑色，或作媒染剂用。唐时，印染技术处于高峰期，染缬缋服饰盛行，军服全用夹缬织物，以做标识，少数民族地区亦都制作蜡缬和绞缬类织物。古代各种印花工艺至唐代基本定型，还相继发展了碱剂直接印花、扎经晕间染色、手工描绘和防拔染褪色等工艺。在涂层整理中，桐油、大麻油已被用作涂层材料，并能加上色彩，制成防水织物，作为防雨用具和装饰品。

两宋时期，官营练染机构因军需进一步扩充。宋、元时代，丝帛的练漂除用猪胰酶脱胶外，也用含有植物蛋白酶的瓜蒌作练漂剂，且在洗浣时常用白土、白云母来增白度。捣练由立捣法的站立执杵，改

成对坐双杵的坐捣法，提高了脱胶效力，减轻了捶打劳动强度。元代，练漂改进为初练用碱、复练用酶的二次脱胶方法。印花流行金、银色涂料，除印金、描金外，发展了贴金印花的多种工艺，印金技术则相当成熟。染色又新增了绿色的鼠李、莲子壳、荆榛、桑皮、黑豆等植物染料。媒染被分为单媒、同媒和多媒的染法，复色常用套色及二浴染。宋时，军服仍大量用绞缬织物，夹缬、蜡缬则因色谱有一定局限性，除少数民族地区保持传统应用外，中原地区已逐渐减少。南宋时，出现了用硫黄熏蒸丝帛的漂白技术。

四、明、清利用硫黄还原漂白法

明、清两代，蚕丝绸传统的手工印染技术已趋完备，除猪胰等生物酶脱胶练漂工艺外，还出现了利用硫黄熏白的还原漂白法，以及通过磨刮练熟的丝帛，使其呈宝光色的方法。清代，植物染料品种继续增加，应用的植物染料已达数十种。人们在采用拼染和套染的基础上，给染色色谱增添了不少新的色调，总计可染得700多种色彩，较秦、汉时期增加了30多倍。花型版刻也更加精细，并拓展了木戳和木滚印花。出现了明黄色和红色的油绢整理技术。历代沿用的熨烫整理已不能适应生产要求，轴绸整理的轴床取代了熨烫。砑光整理从砑、碾进而发展为踹，千斤重呈元宝形的大踹石用足轮番滚动，踹压卷轴的织物，可使织物纤维产生坚实、均匀的光泽效果，由此产生了新兴的专业踹坊。明、清时期，总结了历代蚕丝绸染整工艺技术的经验，使之得到了合理应用，但生产加工的工器具仍比较简单，长期沿用陶缸、染釜、土灶、棍棒等传统工具，操作仍停留在"一缸二棒"模式的手工阶段，工艺技法全凭经验和习惯，并无多大变化。但清代设有织染局，江南还有靛蓝所，印染技术已达到很高水平。

中国是世界上较早对织物染色和印花的国家，蚕丝绸印染技艺在古代处于领先地位。

五、晚清导入合成染料印染工艺

中国近现代蚕丝绸印染工业技术的发展，肇始于晚清。19世纪中叶，欧美各国通过产业革命，各项科学技术突飞猛进，有关印染工艺应用的合成染料随之相继面世，与此同时，蒸汽热能和电动力被充分利用，离心脱水机、整理机械设备出现，对中国丝绸印染技术的进步也产生了较大影响。1883年，开埠后的上海先后出现了西欧和日商开设的丝绸练染厂、印绸厂，近现代的先进印染技术随之被输入。20世纪初，沪上具有规模的老正和染坊，首先购置了蒸汽锅炉、辊筒整理机器，采用合成染料、化学助剂等，进行革新，随后工商界爱国人士响应"振兴实业，挽回权利"的号召，掀起了办厂热潮。国人以上海为基地，纷纷集资创办丝绸印染工厂（也称机器印染厂），周边的杭州、苏州等地也竞相效仿。到20世纪30年代，上海已拥有丝绸练染厂7家、印绸厂14家，杭州有丝绸印染厂12家，苏州有丝绸练染厂1家，标志着近代丝绸印染工业在中国的兴起。

民国时期，丝绸脱胶的精练工艺采用肥皂、纯碱代替草木灰碱汁，染色改用国外进口的合成染料（酸性、直接、盐基染料）以取代天然植物染料，印花施印用镂空型纸板，在木台板上手工刮印或刷印，并开发了水印等印花工艺；此外，锅炉蒸汽加热淘汰了土灶，并使用离心脱水、辊筒烘燥整理，改革了手工拧绞脱水和足踏千斤"元宝石"踹绸以及轴床轴绸的整理，提高了生产工效和丝绸产品质量。但是，由于政治动荡等客观因素的制约，近现代丝绸工业的发展进程十分缓慢，机械化程度不高，染坊仍存在沿用传统工艺的手工操作模式。

1931年抗日战争爆发，国内战祸频仍，丝绸业陷于困境，逐渐衰落。

六、近现代丝绸染整技术的进步

中华人民共和国成立初期，为了改变丝绸染整行业凋零萧条的境况，人民政府对其大力扶植，一方面对各地丝绸印染厂、染坊组织联管，合作恢复生产，另一方面合并组建成新厂，扩大生产。尤其是1956年，通过全行业公私合营的社会主义改造，为企业的技术改造、发展生产、提高工艺技术水平奠定了基础。

当时，在纺织工业部领导下，丝绸产地均设置了丝绸公司（局），加强对丝绸产业的生产管理和技术改造，丝绸主要产区杭州、苏州、上海建立了丝绸科学研究所，专门从事新产品开发和工艺技术研究，苏州、杭州还开办了丝绸专业院校，大力培养丝绸科技人才。国内纺织机械工业和化学工业的发展，则为丝绸印染技术的进步和丝绸工业的发展提供了条件。

为改变半手工、半机械的生产方式，20世纪60年代初，纺织工业部在杭州建成了中国第一家机械化现代大型丝绸印染联合厂，并从民主德国等国家引进了一批先进的丝绸染整技术设备。以此为示范，浙江、江苏、上海、广东等地也陆续开办丝绸印染新厂，逐渐形成了当代的丝绸印染工业。

20世纪70年代后期到80年代的十余年，是丝绸印染工业发展的高峰期，丝绸工业展开了大规模的技术改造，各企业在内部挖潜、革新、改造和引进国外先进技术与装备的基础上，经过消化、吸收、创新，研究开发出许多新染料、新助剂、新工艺。这期间，国家提出了"大力发展真丝绸"和"加强印染后处理"的方针，促使蚕丝绸染整技术和装备发生了显著变化，丝绸印染技艺有了更大进展。在工艺技术方面，开发出了表面活性剂、生物制剂蛋白酶以及快速合成精练剂等精练新工艺，缩短了精练时间，提高了练白绸的白度、渗透度、光泽等。在染色方面，由于合成染料种类的扩大，适宜丝绸应用的染料，从盐基染料、酸性染料、直接染料拓宽到中性染料、活性染料；染色采用固色剂、交联剂的后处理，提高了染色色牢度。印花使用筛网印制的方法，工艺有直接印花、拔印印花、防染印花和涂料印花等；印花合成染料有酸性、中性、直接、活性染料，偶尔也使用还原染料、硫化染料和涂料；筛网花版的制作应用分色描稿和感光制版以及新型印花糊料和化学助剂，提高了印花的精细度、渗透度和花纹轮廓清晰度。后整理使用离心、轧水、真空吸水的脱水方法，烘燥有辊筒平烫、热风烘燥拉幅等形式，也有呢毯和蒸呢的机械整理。此外还有柔软、抗皱、防静电、防水等化学整理，降低了真丝绸的缩水率，改善了手感，赋予了产品功能性需要。在加工装备方面，精练有电动行车不锈钢挂练槽，染色有绳状染色机、低张力卷染机、溢流染色机、星形架染色机、方形架挂染槽和绞丝喷射染色机、筒子染色机等；印花由手工筛网印花台板发展为台式平版网印机，并进一步发展为平版连续网印机、圆网印花机和数码印花机等；印花后的蒸化有圆筒蒸箱、连续蒸化机；印花筛网制版有胶片感光连晒机、绷柜机等；整理有单（多）辊筒烘燥机、热风拉幅烘燥机、小布铗呢毯预缩机、蒸呢机等。装备的发展，适应了不同丝绸品种染整生产的工艺要求，使丝绸染整从半机械化发展到机械化、自动化，又进一步向着智能化进步。

通过50多年不懈努力，到20世纪末，我国丝绸染整工业无论是工艺技术、装备设施，还是产品质量（如染色牢度、色泽鲜艳度、印花精细度、织物手感、缩水率等方面），都已接近或达到国际先进水平。与此同时，在当代的印染技艺中，也继承、保留了中国传统工艺中的绞缬（扎染）、蜡缬（蜡染）、灰缬（蓝白印花）和晒莨（香云纱绸、莨绸）等染整技艺。

第二节　古代蚕丝绸的印染技艺

在这一节中，我们将根据古人在长期的生产实践中逐渐形成的一整套蚕丝绸印染技艺，按照天然染料和颜料、印染助剂、印染器具、印染方法四个部分进行介绍；其中对内容较多且比较复杂的印染方法又分别根据精练—染色—印花—整理的工艺过程进行叙述。在这一部分中，我们基于文献的相关内容，通过对古人总结出来的丝绸染整技术进行梳理与介绍，希望读者能够了解几千年来所形成的丝绸染整技艺在丰富蚕丝绸技艺内涵、拓展蚕丝绸在社会生活及社会文明进步过程中的巨大贡献。

一、色彩与染色的文化

在讨论古代蚕丝绸印染常用的天然染料和颜料时,我们首先对与色彩发现及应用技术相关联的文化现象进行一些讨论,因为色彩的发现、生成及广泛应用,并不是一个简单的技术现象,它与人类认识、应用色彩的机缘,人类模拟创造各种色彩的目的,色彩运用在社会文明进步中所发挥的作用等,这些关系社会文化和文明进步的问题都有着深刻联系。

说到古代的色彩和染色,我们很自然地会问到古人是如何以及从什么时候开始对自然界中存在的各种不同色彩予以关注、认识并加以界定、区分的,因为有了对颜色的认识与界定,才有可能去发现、探索与追求对这些色彩的模拟和其再生方法;也才有可能将色彩与人们的生活、感觉、习俗等联系起来,并对色彩进行区别应用。

这个问题是人类与色彩之间渊源关系的一个最大谜团。但是,从所掌握的考古出土文物以及古代典籍资料,我们还无法解开这样一个谜团。为此,人们根据人类进化的进程进行了种种推测。如由日本和中国学者共同编著的《绢的文化志》推测,人类最初是在狩猎或战争中把色彩作为识别标志而使用的;到了旧石器时代末期,在祭祀、舞蹈等宗教活动中色彩被用于服饰染色;在奴隶社会,不同色彩是酋长、巫婆、斗士、奴隶等不同身份的识别色;随着时代发展和技术进步,色彩才逐渐进入了一般民众的生活中。

在苏联伊尔库茨克市郊外的一个两万年前的竖穴遗迹中,人们发现男人枕着赤铁矿的红色粉末埋葬,这与上面提到的我国山顶洞人的随葬品是类似的。我国古代的洞穴画也广泛地使用赤铁矿的朱红色粉末颜料,这种情况不但在我国,在西班牙、法国也都有。这些来自远古遗址而并非文字记载的历史事实,使人们对古人认识和利用色彩的状况有了比较可靠的了解。说明在没有文字的时代,我国古人已经开始认识色彩、人为地生成色彩,并已对色彩进行有目的的利用。

在文字出现以前,古人对颜色、色彩的认识没有载体可以详细地记录并存留下来,所以上面叙述到的关于色彩的很多认识还只能是一种推测。但是另一方面,如前所述,古人发明并开始利用蚕丝技术的同一时期,也正是中国象形文字发明的重要时期,这使得蚕丝元素有机会进入最早的象形文字结构当中,所以象形文字基本结构中大量地保存了早期蚕丝生产的各种要素,这一点对于蚕丝绸技艺的重要组成部分——染色整理技术也是同样的。这也就是说,在象形文字这一重要的活化石中,也凝固着我国古人对于色彩及色彩生成技术的认识与利用的大量信息。图 10.1 所示是一些色彩文字的例子,从中可以看到,这

图 10.1 丝偏旁的色彩文字

些至今依然广泛使用着的色彩文字的共同特点在于它们都是丝偏旁文字。这也启示我们,古人对色彩的认知及对染色技艺的掌握很多都渊源于丝绸技艺,也就是我们将要讨论的丝绸染色技艺。

正是有了这样的机缘并借助蚕丝技术发明与应用的宽阔技术载体,古人在文字发明以前积累的对于色彩的理解与认识,包括色彩生成的技艺,才开始获得准确的记载和表述。象形文字中,色彩文字的大量涌现,使色彩及其相关的再生技艺获得了细致描绘与表达、记载和传承的方法。作为一个例子,我们不妨看看在古代蚕丝绸染色技术背景下,一种典型的丝绸染印色彩——红色所产生的色彩文字,并了解一下这些"红"色文字是如何细腻表征与区分色彩的微小差异的。

红:鲜红色,又作红白色丝绢。《说文解字》注:红,帛赤白色也。本义是浅赤色。

绛:深红色,又作深红色丝绢。《说文解字》注:大赤也。

绌：与绛同，深红色。《说文解字》注：绛也。

绯：深红色，指深红色的熟丝织物。《说文新附》注：绯，帛赤色也。

絑：纯红色。《说文解字》注：絑，纯赤也。《虞书》注：丹朱如此。又作红色缯或红褐色丝帛。

縓：淡红色，又作淡红色丝绢，缯缕。

綪：《说文解字》注：赤缯也。以茜染，故谓之綪。

縉：红色的帛。《说文解字》注：帛赤色也。

缇：红黄色，丹黄色，又作橘红色的丝织物。《说文解字》注：帛丹黄色。

纁：《说文解字》注：浅绛也。

绀：《说文解字》注：帛深青扬赤色。

紫：温暖的红色和冷静的蓝色的合成色。《说文解字》注：帛青赤色。

纎：浅红色。《说文解字》注：帛赤黄色。一染谓之纎，红也，再染谓之赪，三染谓之纁。从糸原声。

这还只是表示红色的各种丝偏旁文字的一部分。除此以外，还有一些常用于丝织物以外的红色文字，如"赪"字。

赪：除了表示淡红色丝织物之外，常用"赪颜"表示红颜，指美色，或因羞愧或酒醉而脸红。

由上可以得知，正是由于古代丝绸染色技艺及产品所产生的种种不同需求，以及精细的发色技艺，才发明出了如此众多的"红"色文字。由此，也可以反过来了解我国古人在创造丝绸染色印花技艺时惊人的辨色水准。由于古代蚕丝绸染色印花技艺以及工匠能力水平的提高，人们很早就掌握了制作各种不同颜色丝绸服饰的技术。

透过这些生动多彩的丝绸色彩文字，我们还可以知道，古代中国染色技术得以确立的最重要基础，应该就是蚕丝绸染色技术的进步。在蚕丝技术发明以前，尽管利用其他纤维材料的织造技术已经出现，并且也可能已经开始利用矿物、植物等进行染色，但是在没有文字记载的时代，人们还无法对色彩进行严格的区分和表示。象形文字的发明与蚕丝绸染色技术进步的互动，使得人们对色彩的认识及其应用技艺的发展实现了一次质的飞跃。细腻区分色彩文字，还可以了解到古代社会中上层阶级极端奢侈挥霍的生活，正如南朝宋时期范晔《后汉书·陆康传》中所记："末世衰主，穷奢极侈，造作无端。"

我们还注意到，早期色彩技艺成果深入社会生活的一个重要诱因，就是通过服饰区分人的地位高低、身份贵贱的种种规矩制度。西汉贾谊在《新书·服疑》中说："奇服文章，以等上下而差贵贱。"又说："贵贱有级，服位有等，……天下见其服而知贵贱。"在封建等级社会里，服饰是身份地位的外在标志，人的尊卑贵贱常常在服饰中显现出来。正是由于服饰印染技艺的进步和奴隶社会、封建社会规制需求的互动，才使得服饰色彩的运用在这一领域得到了极大的施展空间。我国古代把颜色分为正色和间色两种，正色是指青、赤、黄、白、黑5种纯正的颜色。间色是指绀（红青色）、红（浅红色）、缥（淡青色）、紫、流黄（褐黄色）5种正色混合而成的颜色。在当时，正色和间色是明贵贱、辨等级的工具，互相之间不能混用。在不同的朝代，国君服饰的颜色一般都是正色，根据国君的喜好不同而定，如周朝喜"红色"，秦朝喜"黑色"，汉朝又喜"黄色"，而春秋霸主齐桓公则喜好间色"紫色"，等等。《韩非子·外储说左上》记载了一件逸事，称："齐桓公好服紫，一国尽服紫。当是时也，五素不得一紫。"这是说，由于齐桓公喜好紫色，使得紫色风靡一时，以至于当时5匹生绢也买不到一匹紫色布。后来，管仲劝他不要再穿紫衣，"三日，境内莫衣紫也"，就再没有人穿紫色服饰了。这个故事成了封建社会中"上有所好，下必甚焉"的经典注脚。

古代服饰制度十分规范严格，如南北朝时期创立了五等官服制度，分别为朱、紫、绯、绿、青；到了唐代，三品以上着紫色官服，四品着深绯色，五品着浅绯色，六品着深绿色，七品着浅绿色，八品着深青色，九品着浅青色。各个不同时期，相关的服饰规制林林总总，五花八门。《礼记·玉藻》中对于服饰相关的礼制，有很多详细的记述，如"士不衣织，无君者不贰采。衣正色，裳间色。非列采不入公门，振絺绤不入公门，表裘不入公门，袭裘不入公门"。当时，向外出使的士大夫，上衣与下裳需颜色一致。上朝时,凡是衣,要用正色;凡是裳,要用间色。穿着衣裳同色的服装不可进入公门,夏天光穿葛布裹衣不可进入公门,冬天光穿皮裘裹衣也不可进入公门,如此等等,不一而足。

在社会中下层,不同颜色的服饰往往也是不同身份的标志。如同为间色,"绿色"相比"紫色",就是更低的或特别低贱身份的标志。在朝廷内,低微小官穿绿色,民间则只有奴隶、仆从才穿绿色衣服或佩戴绿色头巾。到了元、明时代,绿色则成了娼妓男性家属的穿戴,也是家有风尘女子的标志。时至今日,绿帽子仍被用于配偶出轨的讽刺语。

这样一些服饰色彩规制以及以服饰色彩显示身份的习俗,延续几千年,事实上推动了丝绸染色技艺不断适应社会生活的需要,并不断得到提高。

除了上述以外,在古代社会,色彩进入庶民生活的另一个重要机缘,是色彩对于表达人们喜怒哀乐的情绪确实提供了一种极好的方式。如红色代表喜庆、热情奔放,中国人在喜庆的日子,从环境布置、服饰选择、礼品包装到各种用途的纺织品,都广泛地使用红色。黄色是最明亮的色彩,与阳光的金黄色相关联,具有生气,能使人感到明朗的快慰,自古以来,黄色就是帝王专用色,中国皇帝的龙袍、龙椅以及其他器具都使用黄色,象征权利和崇高;各地方最为神圣的建筑物如寺院、庙堂等的墙面也多使用黄色。值得关注的是,紫色有其他色彩所没有的视觉效果。当大片紫色呈现时,并没有常人所喜好的亮丽感觉,但是当小块的紫色在大片其他颜色中出现时,却会产生一种优雅脱俗的感觉,令人视觉愉悦舒适,因此,紫色被称为天生高贵典雅的色彩,往往还被赋予神秘感,成为王公贵族所钟爱的颜色。紫色在中国传统中常与皇城的环境气氛相连,成为王者特有的颜色,如北京故宫又称为"紫禁城";在各种圣堂寺院,亦常用"紫气东来"描述神圣奥秘的氛围。此外,三原色中的青色(《释名·释采帛》称:"青,生也,象时色也。"),则产生明亮、生气勃勃的感觉。《荀子·劝学》称:"青,取之于蓝而青于蓝。"又表示了朴实、希望与乐观。又如民间对于灰色,多基于情绪低落、意志消沉的感觉;而黑色则代表哀愁、伤感;等等。

进入现代社会以后,色彩在各个不同领域发挥着不可替代的作用,如对不同范畴、不同层次、不同对象群以及不同特色、性状等的标记方法与信号。交通信号灯上的色彩运用,红色表示停止,绿色表示通行等,已经成为世界通用的色彩语言。色彩在现代社会中美化人类生活、美化社会环境的作用更加不言而喻。

我国古人发明的丝绸染色技术与社会生活连成一体,在推动社会进步与文明进步的同时,也不断变革与更新。这正是丝绸染色技术生生不息,积淀、升级、发展、演变,伴随着人类走过几千年仍保持青春活力的奥秘所在。

二、古代蚕丝绸印染常用的天然染料和颜料

中国古代在丝绸上施色,用的是矿物颜料、植物染料和动植物分泌物染料。在长期的实践中,古人不仅掌握了矿物颜料制取的方法,还学会了用化学方法制造出银朱、胡粉等颜料,还总结出了植物染料的提取、贮存等技术,使染色不至于因染料植物的季节性限制而影响生产。

(一)矿物颜料及制取

利用矿物作为施染剂,最早使用的是赭石粉末。秦代以前,已出现了不少天然矿物颜料品种。周代设有"职金",掌凡金、玉、锡、丹、青之戒令,是专门征收颜料矿产品,并发放给使用部门的官吏。秦、汉以后,对矿物颜料的发掘和化学提取方法的发明,进一步扩大了颜料的品种,丰富了色彩。

制取天然矿物颜料,要对采集到的矿石进行粉碎、研细、筛选和漂洗(又称水飞)等加工。矿石研磨的颗粒越细,附着力、覆盖力就越好;漂洗得越干净,所得颜色就越纯正。石臼、石杵和石砚是最早的研磨工具,后来发展到用铁槽。

1. 红色颜料

(1)赭石:又名赤铁矿,主要成分是三氧化二铁,呈暗红色,涂染稳定持久,但色光黯淡。制取方法,一般是先把赭石粉碎,研磨为细粉,再经漂洗;亦有直接研磨,去掉浮面及沉底的不匀物,取中间

匀净部分使用的。

（2）朱砂：秦以前称辰砂或丹、丹砂等，化学成分为硫化汞，具有纯正、浓艳、鲜红的色泽，有较好的色牢度。朱砂加工制作时，采用先研后漂的方法，要把辰砂矿石粉碎，再研磨成细粉，然后经过水漂，再加胶漂洗。图10.2为《天工开物》中的研朱图。由于辰砂存在重力差异，制作过程中会分为不同层次，显出不同色差，上层发黄，下层发暗，中间呈朱红色，故称朱砂。其佳者可达到表面光滑如镜，被称为镜面砂。

（3）银朱：又名紫霜粉，是我国最早用化学方法制得的红色颜料，其化学成分也是硫化汞。自西汉以来，随着炼丹术的成熟与传播，人们掌握了水银升华性质以及能和硫黄化合的规律，于是把辰砂矿放在丹鼎中煅烧，硫遂被氧化成二氧化硫，分离出金属汞。图10.3即为《天工开物》中的升炼水银图。随后，再使汞与硫黄化合，生成黑色硫化汞，经升华得到红色硫化汞的结晶，即银朱，可取代朱砂，是被历代沿用的红色颜料。图10.4为《天工开物》中的银复升珠图。

图10.2　《天工开物》中的研朱图

图10.3　《天工开物》中的升炼水银图

图10.4　《天工开物》中的银复升珠图

2. 黄色颜料

古代使用的黄色颜料矿物称为"石黄"，可分为雌黄和雄黄。用作颜料者为雄黄，雄黄又有黄金石、鸡冠石等名称，是一种化学成分为硫化砷的矿石。这种矿石质软、性脆，通常为粒状、紧密状块或者粉末，呈橙黄色，透明，有胭脂光泽，加工后可得色相丰满纯正的红光、黄色，有较好的色牢度。雌黄的成分为三硫化二砷，柠檬黄色，多为细粒状、片状或柱块状，也有为肾状者，大多有珍珠光泽。古时，人们在黄纸上写字，多用这种矿物颜色涂改错字，成语"信口雌黄"就是源出于此。雄黄大多药用，主要产于低温热液矿床中，常与雌黄、辉锑矿、辰砂共生。用雄黄制取黄色颜料时，可将天然雄黄水浸，经多次蒸发换水，把有害的砷气除去，以减少对人体的危害。

3. 蓝绿色颜料

古时使用的蓝绿色颜料主要有石绿和石青。石绿又名空青、青膑，是一种结构疏松、含有结晶水的碱式碳酸铜。其形态多孔，呈天蓝绿色，俗称孔雀石。因其结构疏松，容易研磨，色泽翠绿，色光稳定，成为重要的绿色矿物颜料。石青又名大青、扁青，化学成分为碱性碳酸铜，是石绿的同分异构体，色泽翠蓝。

4. 白色颜料

古代使用的白色颜料主要来源于铅盐和铝盐。其中，铅盐主要成分是胡粉，即铅白，又名铅粉、铅华，化学成分为碱式碳酸铅。战国时代，人们已掌握了铅白的制取方法。该方法先以铅片与醋反应，生成碱式醋酸铅，再在空气中逐渐吸收二氧化碳，进一步生成碱式碳酸铅，最后通过水洗澄清，除去残余的醋酸铅，即成铅白颜料。

铝盐主要指白云母，亦称绢云母，是白色薄片状的矿物，具有绢丝光泽，化学成分为硅酸钾铝，经加工后可用作白色颜料。加工时，要将绢云母研磨成极细的颗粒。其作为颜料具有良好的附着性、渗透性和覆盖性。

5. 银灰色颜料

古代使用的银灰色颜料来源于方铅矿，其主要成分为硫化铅，是一种灰色的矿物。商代以前，人们就可以从方铅矿中提炼铅了。由于方铅矿中常含银，所以中国自古就从含银的方铅矿中提炼白银，它也是银灰色颜料的原料。

6. 黑色颜料

古代制作写字用墨的历史十分悠久。宋应星《天工开物》中说，当时制墨，"取松烟为者，居十之九"。又说"凡墨，烧烟，凝质而为之"。这里所谓烧烟，是指烧木头或者油料，以取得碳粉，又称烟煤，也就是作为黑色颜料的碳黑。凝质就是胶，通常为动物胶。炭黑、胶质和水是墨汁的三大主要成分。

松烟是质轻、松散、极细的无定形粉末，化学成分为碳，覆盖性极强，色光和牢度良好。汉代以来，用松树的根和枝等放在窑内进行不完全燃烧，经热分解从而得到黑色烟炱。在烟炱内加入胶质等制成墨，称松烟墨。唐代，发展到用动植物油作为烟炱的原料。

除了松烟之外，矿物原料石墨也是早期黑色颜料的来源。石墨是结晶型碳，属天然矿石，但自然界中没有纯净的石墨，其矿石中往往含有多种杂质。石墨是碳元素的一种同素异形体，与金刚石、石墨烯等同为碳元素的单质；石墨是其中最软的一种矿物，不透明且触感油腻。

7. 金、银色颜料

金、银色颜料即泥金、泥银，是用软金属的金和银研成极细小的粉末，加入黏着剂（调胶）调和成泥状后制成的，一般是随用随研。

（二）植物染料与制备

染料植物在古时称为染草，其木、根、叶、皮、果实、花蕾、花朵中所含的染色素可使纤维着色。我国用植物染料染色的历史可追溯到5 000年前。周代，染草在品种和数量上已有一定的规模，朝廷专门设立了负责征集和管理染草的官职。秦、汉时期，植物染料在品种上不断丰富，色谱已基本齐全。至明、清时，染料植物开发应用的品种已达50余种。

1. 常用染料植物

染料植物的染色素，从化学结构上可分为蒽醌类、黄酮类、靛类、萜类等。由于染料植物中的染色素在结构上大多具有羟基、甲氧基、羰基、羧基等，可以形成五元环的络合结构，故很多直接类型的染料植物都可以通过使用媒染的方法获得更加鲜丽的染色。所谓"媒染"，即有些物质能够帮助天然染料附着到织物上，借助这些物质进行染色的方法就称为"媒染"，而这些帮助染色的物质则称为"媒染剂"。例如，当棉、毛纤维跟洋葱皮一起放在水里煮时，纤维不会变色，但是在水里加上一点明矾，纤维马上就会染上洋葱皮的颜色。媒染剂主要是一些金属盐类。

(1) 黄色调染料植物

黄色调的染料植物品种最为丰富，化学成分大多是黄酮类衍生物，可用直接方法染色，也可用媒染法。以下是一些主要的黄色染料植物。

栀子：栀子的色素成分主要是萜类的藏红花素和黄酮类的栀子素，存在于果实和花瓣中。栀子色素可用直接法将丝纤维染成黄色，也可用不同媒染剂染得不同色调的深浅黄色。

姜黄、郁金：姜黄和郁金的色素成分都是姜黄素和甲氧基姜黄素，存在于根块和茎中。姜黄素属萜类挥发性油类化合物，难溶于冷水，但能溶于酸碱溶液及热水中，用沸水煮泡后能直接对丝纤维染色。又可用不同媒染剂染出以黄色为基调的不同颜色，如用铝盐媒可染得柠檬黄，用铜盐媒可染得黄绿色，用铁盐媒可染得橙黄色。姜黄素为橙色结晶体，对碱敏感，遇碱性物质其色光变红，中和后能复原。用郁金染得的织物会带有香气。

槐花：槐花内的色素成分为芸香甙，又名槐黄素，属黄酮类衍生物，难溶于水，但能溶于热水和酒精中，是色彩鲜亮、牢度良好的黄色染料，可用直接法染色，如将其与锡、铁、铝、铜等不同盐类进行媒染，可获得丰富多彩的色调。

荩草：荩草茎叶内的色素成分为荩草素，是黄酮类衍生物，可直接染得黄色。在古代，采用最多的是以胆矾（铜盐）媒染得到绿色，以青矾（铁盐）媒染得到暗绿色，以明矾（铝盐）或草木灰媒染得到鲜艳黄色。

黄栌：黄栌的色素成分为黄菊素，存在于木材中。古代用黄栌煎水，以草木灰（含有铝金属离子）媒染的丝绸，在阳光下呈现带红光的黄色，而在烛光下则呈现出光辉的赤色。该染色物在不同光谱的光源照射下会产生色差现象，致使这种黄色成了古代最高贵服饰的植物染料，所染颜色即是所谓"帝王色"。

黄檗、黄连：黄檗和黄连是唯一具有小檗碱染色素的染料植物，为阳离子染料。小檗碱属季胺类生物碱，存在于黄檗的树皮中和黄连的根茎内。小檗碱具有良好的水溶性，在弱酸性染液中染丝纤维，可得到艳黄色。

(2) 红色调染料植物

红色植物染料不像黄色植物染料那样大量存在于自然界中，其色素大多隐藏在植物的根、花或树皮中。尽管红色植物染料来源有限，但是在植物中存在大量的色基，即能使红色彰显的显色剂，因而比较容易提取。

茜草：茜草天然色素成分以多元葡萄糖或木糖甙的形式存在于植物体内，不把甙键切断，则多元葡萄糖的庞大分子结构会使色素难以和纤维靠近并结合，缺乏染着力，故茜草要先令其发酵数天，使甙键水解，游离出蒽醌色素，方可媒染纤维，采用铝、铜、铁等不同的金属媒染剂会得到土黄、黄棕、橙红、铁锈红、浅红等不同的色调。

红花：红花的染色素存在于初绽的花瓣中，有一种是红色素，含量较少，约占花重的0.5%～1.4%，属黄酮类衍生物。红花红色素在酸性溶液中无法溶解，却能溶解于碱性溶液中；在冷水中不溶解，但能溶解于热水。利用这个特性，只要调节酸碱度，就可在红花中提取较纯的红花素，并可在酸性条件下染色。由于红花素在蚕丝纤维上能染出鲜艳纯正的红色，宋时称之为"真红"。

苏木：苏木内含有隐色素，能在空气中迅速氧化成苏木红素。由于含有大量羟基易溶水，其色素为媒染性染料，所以在不同金属盐，如铁、铝、铜、铅、钙的作用下，可以得到橙红、红棕、深红、褐色等。与其他红色植物染料相比，苏木比茜草的色泽鲜丽，比红花素提取简便。

(3) 紫色调染料植物

紫草的色素存在于根部，化学成分主要是萘醌衍生物，有紫草醌和乙酰紫草醌。其水溶性较差，可采用预媒方法进行染色，即在染色以前要对纤维或织物预先用媒染剂预处理，然后才进行染色或印花。一般使用椿木灰、明矾媒染，可得到紫红色。

（4）蓝色调染料植物

蓝草是唯一的蓝色染料植物。蓝草中含有靛质，能制取靛蓝的蓝草，《天工开物》中记道："凡蓝五种，皆可为靛。茶蓝即菘蓝，插根活。蓼蓝、马蓝、吴蓝等皆撒子生，近又出蓼蓝小叶者，俗名苋蓝，种更住。"常用的蓝草是菘蓝、蓼蓝和马蓝。在诸多制靛的蓝草中，有两种靛质隐色体成分，一种是菘蓝特有的菘蓝甙，其实不属于甙，是吲羟与果糖酮酸所生成的酯，酯键遇到碱剂（如草木灰、石灰）即可断键水解，游离出吲哚醇，能被氧化为靛蓝；另一种是蓼蓝、马蓝和其他含有靛质的蓝草中所含有的靛甙，是吲羟与葡萄糖剩基构成的甙，必须经过较长时间的发酵，并在糖酶和稀酸作用下，才能水解断键，游离氧化出靛蓝。靛蓝能染出浓艳蓝色，有较好的水洗和日晒坚牢度。

（5）绿色调染料植物

鼠李的染色素成分存在于嫩果实和叶、茎之中，是古代为数不多的绿色植物染料，国际上又称"中国绿"。鼠李中的色素成分比较复杂，有天然绿一号、天然绿二号以及黄色调的鼠李宁A、鼠李宁B和甲基鼠李素等，这些色素都可以采用直接法在弱碱性条件下染丝纤维。由于鼠李色素中都存在一定的可络合基团，所以也能用金属盐媒染得到具有优良耐光性和耐酸耐碱性的绿色。

（6）黑色调染料植物

较多的染料植物中含有没食类鞣质，如麻栎（皂斗）、胡桃、莲子壳、五倍子等，用铁盐媒染，可得到黑色。

麻栎：麻栎的果壳中含有多种鞣质，又称单宁，是结构复杂的多酚化合物，在空气中易氧化聚合，也容易与各类金属离子络合。单宁与铁盐在纤维上会首先生成无色鞣酸亚铁，在空气中即氧化成不溶性的鞣酸高铁的黑色沉淀，色牢度较佳。鞣质用铁盐媒染可得到黑色，时称"皂"，麻栎的果壳也称皂斗。

胡桃：胡桃的树皮和果实有丰富的鞣质，经沤烂后，液汁可用铁盐媒染成黑色。

五倍子：五倍子为寄生于盐肤木等植物后所形成的虫瘿，采集方便，鞣质含量较高，可达60%~70%，在酸和酶的作用下，极易水解，鞣质因有较多的亲水基团，易溶于水，能染丝纤维。以青矾作媒染剂可得到黑色，还可以通过拼色和套染工艺来改变色调。

薯莨：其根块中含有鞣质（单宁酸）和凝胶，遇铁盐呈黑色。

2. 植物染料的制备

植物染料染的颜色再现性较差，这是由染料植物本身的自然属性所决定的。即使同一种染料植物，因其根、茎、叶等不同部位和地域、土壤条件及收取季节的不同，其天然色素含量也会不同，这都将影响到对染色物的着色程度及颜色稳定性。

（1）染料植物的贮存

染料植物采集后，应及时处理，以防发霉、腐烂和变质，导致色素损失。如蓝草，采集后须尽早揉出汁液染色，或发酵、水解制靛（即提出色素）保存，否则靛蓝素就会减少或自行消失。又如红花、槐花，其收取采集都具有季节性，应制饼存贮，才能供常年染色之用。而树皮、树枝、果实、种子等，应先切成细枝、细片，经晾干后，宜放置于干燥、通风之处，其贮存时间视不同染料植物而定。如干紫草，若放置时间稍长能提高萃取色素效果。

（2）染料植物的染色素提取

靛蓝是由诸蓝草经发酵、水解、氧化后制成的。红花素是利用对水和酸、碱性溶液的不同溶解度，从红花中提取的。除蓝草和红花外，大多数染料植物的染色素具有水溶性。通常要将含有染色素的染料植物的皮、茎、叶、根、果实、花蕾等切碎或捣烂，以利于色素在用水浸泡时溶出，再经煎煮取得浓液汁，供染色用。如染色素溶解度小，不易从染料植物中浸出，可通过增加浸泡煎煮时间或重复提取液汁等措施提高色素浸出率。制备好的染料液汁应及时使用，不宜久置，以防止腐败分解而变质。另外，还要注意个别植物色素提取时，溶液的温度、酸性、碱性等要素。如紫草中的紫草宁在酸性液中浸泡易于溶出，煎煮温度不宜过高（不超过80℃），否则会发生分解；如姜黄忌碱，遇碱性色光变红；又如苏木煎汁忌铁器，要避免使用铁金属容器具，否则色泽变暗。以下介绍几种主要染色素的提取技艺。

制靛：明代宋应星的《天工开物》中，对制靛做了全面的阐述和总结，其中说："凡造淀，叶与茎多者入窖，少者入桶与缸，水浸七日，其汁自来。每水浆一石，下石灰五升，搅冲数十下，淀信即结，水性定时，淀沉于底。"这里说道，制作靛青染料时，叶与茎很多时就放在窖中，较少时用桶或缸，使茎、叶在水中浸七日，其汁自然就出来了。然后，一石水浆加入石灰五升，猛力搅拌数十下，靛青色素即会凝结，其在水中静置一定时间后，靛青色素即可沉于底部。

据此，古代制靛时，会将新鲜蓝草的茎、叶浸入水中。由于长时间浸泡，水中和植物上的微生物在适宜的温度和pH值条件下大量繁殖，分泌出足够的糖化酶，经发酵水解，靛甙中的键就会发生酶解断键，与此同时，水解出的葡萄糖又进一步分解为乳酸，使糖化酶活性加强，催化酯键和甙键的水解，会加速吲哚的游离，水解出的吲哚在碱性条件下发生缩合反应，就氧化成了靛蓝。在制靛时，加入石灰中和发酵所产生的酸，可使液汁呈碱性，进一步破坏植物组织细胞溶出吲哚，发酵产生的二氧化碳气体则与石灰生成碳酸钙沉淀，悬浮状的靛质被吸附，加速沉降，静置，得到靛泥，晒成干靛蓝，便于贮藏运输。

红花饼（干）的制备：染料植物红花含有红色素和黄色素，利用它们在水以及酸性和碱性溶液中溶解度的差异，提取出纯净的红花素，可作为红色的植物染料。

红花的红色素制取方法，在古代有干红花制法和红花饼制法两种。北魏《齐民要术》曾对红花色素的提取做了记载："摘取即碓捣使熟，以水淘，布袋绞去黄汁，更捣，以粟饭浆清而醋者淘之，又以布袋绞汁即收以染红勿弃也。绞讫著瓮中，以布盖上，鸡鸣更捣以粟令均，于席上摊而曝干，胜作饼，作饼者，不得干，令花浥郁也。"记载称，摘取红花后要立即碓捣使其软烂，接着以水淘洗，放入布袋中，绞去黄汁，进一步捣烂，并以粟浆清，加少量醋淘洗，再用布袋绞汁，即可得到红色染料，不要丢弃。绞挤完后放在瓮中，用布盖上，鸡鸣天将亮时再继续捣烂，以粟观察其均匀度，然后在席子上摊开曝晒干，胜于做饼。做饼的办法，不容易干，易使花潮湿霉烂。明代《天工开物》对制作红花饼的方法也做了记载："带露摘红花，捣熟以水淘，布袋绞去黄汁。又捣以酸粟或米泔清。又淘，又绞袋去汁，以青蒿覆一宿，捏成薄饼，阴干收贮。"按上述方法制备红花红色素时，红花必须清晨带露水时采取，因花开后经日照会萎缩，红花素就要受损。花瓣要用石臼捣烂，以破坏植物细胞壁，使黄色素溶解于水中。接着用布袋绞滤去黄色素液，再次捣后，用酸粟饭或米泔水的酸性液把残留的黄色素绞滤去尽，留存红色素，染出的丝纤维颜色即显真红。再用青蒿覆盖一夜，因青蒿有多种挥油和生物碱抗菌成分，可起到杀菌防霉作用。"杀花法"和"造红饼法"的不同之处是，"制红饼法"增加了防霉变的措施，将其捏成薄饼状，在空气流通下使其阴干，避免红花素在日晒时遭受破坏。"杀花法"则是采用日晒干燥。两种红花素制取方法略有不同，原则都是防止红花素因潮湿而变质。

槐花饼的制法：槐花收取具有季节性，故须制成槐花饼存贮，供常年染色之用。《天工开物》中记述了槐花染料的收贮方法，称槐花未干时的花蕾，用筐收取后，"以水煮一沸，漉干捏成饼，入染家用，既放之，花色渐入黄，收用者以石灰少许晒拌而藏"。这里说道，槐花未干时就要用筐收集花蕾，随后以水煮至沸腾，漉干后捏成饼，留待家中染色时使用。花蕾放置一段时间以后，花色逐渐变黄，为了贮藏待用，可用少许石灰拌匀，以防止发霉变质。

（三）**动植物分泌物染料**

唐代以前，在染料发展过程中，曾把紫铆和血竭作为红色染（颜）料使用。前者为动物分泌物，后者为植物分泌物。

紫铆亦名紫草茸，又叫紫胶或虫胶，属胶蚧科，是寄生动物在树上分泌的胶质，其成分中色素部分可作染料，用明矾媒染剂染色，可得到赤紫色。

血竭由棕榈科植物麒麟竭果实渗出的树脂经加工制成。麒麟竭是一种多年生常绿藤本植物，可以高达 10～20 米，色黄而赤。该树木分泌物内含的色素不能溶于水，只能研成细粉，作为红色颜料，用作涂染或画绘。由于它本身有黏性，可免胶使用。

通过以上分析我们可以看到，在早期的技术状态中，古人从一切可以获得的生活和生产资源，包括以矿物原料为代表的非生物资源，以植物材料和动物体分泌物以及局部组织为代表的生物资源中，发现并创造出了丰富多彩的染料来源，使得丝绸真正实现了锦上添花。古代丝绸染色印花技艺为以现代科学为基础的近现代染色印花技术做了可持续发展的铺垫。可以这么说，今天的染色印花技术只是古人开创性的染色印花技艺十月怀胎之后的一朝分娩，它为现代人留下了弥足珍贵的技术财富。

三、古代蚕丝绸印染常用的天然助剂

蚕丝绸印染助剂是精练、染色、印花、整理加工中所使用的辅助材料。古时所用均属天然染色助剂，其化学成分，可协助蚕丝脱胶，使颜料黏附在丝纤维上，或使染料上染施色，从而赋予丝织品服用性能。

在长期的染色技艺发展演变过程中，一代又一代染色匠人积累了丰富的经验。他们使用草木灰、蜃灰的碱液和鲜猪胰酶精练，缩短了真丝脱胶的时间，增加了练后绸缎的光泽；应用酸、碱来促进红花素等植物染料的上染和脱色，利用自然的氧气和氢气进行靛蓝染料的制备和染色，利用铝、铁的金属盐来作媒染剂染色；采用楮树浆、熟漆、动物胶等，将矿物颜料、金银粉黏着到蚕丝纤维上，印成彩色花纹，并采用蜡质、碱质作防染，使织物显现染地白花的效果；用干性油、生漆和薯莨液汁等进行整理，使织物获得了防水、硬挺、爽阔等各种服用性能。古人从大自然中取材，解决了一个又一个丝绸印染技术中的难题，把我国的丝绸印染技艺推到了时代的前沿。

助剂在丝绸印染中的应用，促进了丝绸印染技术的发展和产品质量的提高，成为印染工艺中不可缺少的一部分，具有重要性。

有关蚕丝绸印染加工所采用的天然助剂，几千年来我国古人总结出了一份珍贵的资料，如表10.1所示。

表10.1 中国古代蚕丝绸染整天然助剂一览表

类别	品名	性能	用途
酸剂	乌梅汁	用乌梅（经过烟熏制的梅子）浸泡煮煎后，取其液汁，含有机酸，呈酸性	1. 调节溶液酸碱度 2. 从植物染料提取红花素，利用酸除去黄色素 3. 使红花素染色时上染较少
	食用醋	亦称醋，用谷类（如高粱）或甘薯等淀粉酿造而成，含有醋酸3%～6%，呈酸性	
	粟饭浆	用粟米饭发酵作酸，取其浆水，呈酸性	
	茜石榴	或称安石榴，将石榴掰开，取出其籽，捣碎取汁用之，呈酸性	
碱剂	草木灰	楝、椿、藜、蒿、枔、栎、稻草、豆萁、麦秆、桑柴等植物的根、干、叶、壳等，经燃烧后残留的灰分，含有丰富的碳酸钾、碳酸钠及磷、钙、镁、铝等无机盐。因植物种类和部位的不同，其灰分成分有差异，灰汁呈碱性，pH值在10左右，缓冲能力大，以灰在水中的浸出澄清液用之	1. 调节溶液的酸碱度 2. 用于真丝和绸的精练脱胶 3. 用于植物染料红花色素等的防染、拔染 4. 草木灰中含有铝等金属离子，可用作媒染剂 5. 石灰中含有钙离子，可用作媒染剂 6. 石灰、蜃灰和豆粉组成的白浆，可作灰缬的防染剂 7. 可作碱剂印花浆料中的碱剂
	石灰	亦称生石灰，主要成分是氧化钙，稍溶于水，遇水易生成氢氧化钙，其澄清液称石灰水。应用时以石灰水、石灰乳作碱剂，其碱性较强，pH值一般在11～13，缓冲能力较弱，呈强碱性，应用时碱性不易控制	
	蜃灰	用毛蚶、牡蛎、蛤蜊等贝壳燃烧而成的蜃粉，其所含成分与石灰雷同，性质亦同	
	草木灰、蜃灰混合液	草木灰中碳酸钾、碳酸钠和含有氧化钙的蜃灰混合的水溶液能生成碱性极强的氢氧化钾和氢氧化钠	

续表

类别	品名	性能	用途
媒染剂	明矾	又名白矾，亦称铝钾矾，为硫酸钾和硫酸铝的复盐 $K_2SO_4 \cdot Al_2(SO_4)_3 \cdot 24H_2O$，溶于水即水解，生成氢氧化铝胶状物，其铝离子能与天然色素的配位基团络合	用于天然色素媒染；铁浆较青矾为纯，对纤维的损伤小；黑泥被用于莨纱的晒莨工艺中与鞣酸（单宁酸）形成单宁酸铁黑色沉淀的媒染剂
	青矾	亦称绿矾或皂矾，又名硫酸亚铁，易溶于水，在大气中逐渐氧化成硫酸铁，其亚铁离子与天然色素的配位基团络合	
	铁浆	由铁屑（薄片）长时间浸入水或醋中，引起发酵，逐渐形成醋酸亚铁、乳酸亚铁，在空气中逐渐氧化成醋酸铁和乳酸铁，其亚铁离子能与天然色素的配位基团络合	
	黑泥	系含有亚铁离子等金属盐的河泥，其亚铁离子能与天然色素发生络合	
	黄丹	又称"密陀僧"，即一氧化铅，铅离子能与天然色素的配位基团络合	用作天然色素染色的媒染剂，又可作为干性油熬炼时的催化剂
	胆矾	又称蓝矾，含五分子结晶水的硫酸铜，铜离子与天然色素的配位基团络合	用作天然色素染色的媒染剂
动植物酶	胰酶	从鲜猪胰中提取，含有蛋白酶、淀粉酸和酯酶，在一定条件下，对丝胶蛋白具有专一的高效水解作用，是一种较理想的真丝脱胶精练剂	用于真丝绸的精练脱胶
	瓜蒌	即栝楼，俗名北杠瓜或天瓜，是附木蔓生物，系植物果实，含有多种蛋白酶，能对蚕丝丝胶起水解作用，应用时去皮、取瓤、刳碎、用热水化开	
助白剂	白土	又名白垩土，别名白善土或白土子，属高岭土类，为含水的铝硅酸盐	用于真丝精练洗濯时的增白
	白云母	绢云母，天然矿物，硅酸钾铝盐	
漂白剂	硫黄	即硫，燃烧后产生二氧化硫，与水结合产生初生态氢，具有较强的还原能力	用于真丝熏白，还原剂
氧化还原剂	氧气	即空气中的氧，其含量约占空气的21%，具有氧化作用	1. 用于植物染料蓝草制靛和靛蓝还原染色的氧化剂 2. 金属铁盐（青矾）媒染时，亚铁离子被氧化为铁离子 3. 用于生漆、干性油等涂料的氧化聚合等
	氢气	利用微生物发酵过程中产生的氢气，如酒糟中微生物发酵时产生的氢气，具有还原作用	用于靛蓝在还原染色中的还原剂
增稠剂	淀粉	从植物的根、茎和果实（种子）中精制而得，主要有小麦、玉米淀粉及野生的蕨粉等。淀粉微溶于水，在水中加热能吸收水分而膨胀，当膨胀到一定程度时，淀粉颗粒会逐渐破裂而变成糊状，即糊化，成为具有一定黏性的半透明凝胶或胶体溶液	1. 调制成糊状，作印花色浆的增稠剂，防止染液渗化，提高印花花纹清晰度 2. 用作轻薄、稀疏织物的挺括、厚实整理 3. 古时亦作颜料染色的黏合剂
	豆粉	将大豆（黄豆）除杂去皮后，直接粉碎而得，亦可制成豆浆。大豆含蛋白质40%左右，使蛋白质分子相互吸引凝聚，形成凝胶状态	用豆粉（或浆汁）和石灰调制成黏稠糊，即防染白浆，作灰缬的防染剂

续表

类别	品名	性能	用途
黏合剂	楮树浆	楮树亦称榖树，取其树汁，内含酚类化合物，具有优良的黏合作用，古时民间称这种树汁为"五金胶漆"	用于印金银，黏着金银粉（箔），也可用来调制颜料色浆
	熟漆	由生漆经日晒或低温烘烤而成，呈棕黑色，干燥比生漆慢，漆膜坚韧光亮，有优良的耐水性和耐久性	
防染剂	蜂蜡	亦称蜜蜡、黄蜡，系适龄工蜂腹部的蜡腺分泌出来的蜡，为棕榈酸蜂花酯。熔点在56℃～61.5℃，不溶于水，溶于乙醇、乙醚等，黏性大，质地软，柔韧性强（形成蜡膜），不易开裂	根据蜡染制品的要求，选择蜂蜡、石蜡、白蜡和松脂，按一定比例配制，经加热熔化成的蜡液，作蜡缬的防染物质
	白蜡	又称中国蜡、虫蜡或川蜡，系白蜡虫分泌于所寄生的女贞或白蜡树枝的蜡，属棕榈酸和甘油的混合物。熔点在57℃～61.5℃，不溶于水、乙醇和乙醚，溶于苯	
	石蜡	俗称矿蜡，属矿物性蜡，主要成分为直链状的烷，属烃类（$C_{16}H_{34}$～$C_{36}H_{74}$），蜡膜易破裂，裂纹粗犷。从天然石油中炼制而得，熔点在48℃～52℃，不溶于水，黏度较小，蜡膜易破裂，易脱蜡	
	松脂	俗称生松香、生香，一种天然树脂，从切割针叶树干渗透出的黏稠性透明液胶质，在空气中发散挥发后，结成的淡黄色固体块状物	
防水剂	干性植物油	干性植物油在空气中能干燥结成树脂状固体膜，主要成分是亚麻酸、亚油酸等不饱和脂肪酸的甘油酯。油的碘值（碘值是表明油料干燥速度的重要指标）在140以上。干性油经过高温熬炼成熟油，具有更好的成膜性能。此膜具有防水、防潮和保护物体的作用。在熬炼中发生氧化、聚合、加成和异构化学反应，反应结果更有助于膜的干燥。常用作干性油的荏油，即苏子油（碘值193～208）、亚麻仁油（碘值170～190）、梓油（碘值169～190）、桐油（碘值155～167）等，桐油加热到282±2℃时，在4.5～7.5分钟内会成胶状，而亚麻仁油、梓油、荏油在高温290℃时无析出	1. 用于织物防水整理，可使织物具有防水、防湿的特性 2. 用于调制颜料色浆，起黏着作用
硬挺剂	动物胶	由动物的皮或骨（角）的胶原和水沸煮而得的高分子蛋白质，在冷水中能吸水膨胀，加热溶解，冷却后冻成胶状物，动物胶溶液的黏着力强，成膜性好	1. 硬挺整理剂 2. 亦用作黏合剂
	生漆	俗称大漆，从割切漆树韧皮层流出白色黏性液体，经过去除水分、滤去杂质即得，主要成分为漆酚，与空气接触，色泽逐渐变成深褐色。涂刷物体表面，漆膜坚韧耐久，并耐化学药品腐蚀	
增重剂	饴糖	又称糖肴，米谷肴，俗称琴糖，主要成分为麦芽糖、葡萄糖和糊精	1. 饴糖用于织物增重整理，有挺括效果 2. 鞣质增重处理蚕丝纤维，使丝质增重高达25%左右，又能使丝胶蛋白固定，同时完成染色加工
	鞣质	即单宁，利用含有鞣质（单宁酸）的植物染料，如五倍子等，其含有较丰富的鞣质，遇蛋白质或胶质即凝固而沉淀，又能与铁盐作用生成单宁酸铁黑色沉淀	

注：古代胰酶的提取方法：将新鲜猪胰用清水漂去血色，与沙土（细沙）或稻草混合，使之易捣碎，在石臼内，以木槌捣烂，取捣烂猪胰用水化开，在竹箩内用糠过滤，去除沙土或稻草等杂质，注入清水搅匀，撇去浮面油脂，即可使用。

从上表中可以看到，在那个没有任何化学成分认知和分析手段的时代，古人凭着生产实践中累积起来的经验和敏锐的觉察力，因地制宜、因时制宜，利用身边可以简单获得的自然资源，解决了即使是现代人也不容易解决的难题。

古人在蚕丝绸印染加工技术中总结出来的这些技艺，不但解决了染色印花整理工艺中的问题，使得人们能够得心应手地染制出鲜艳美丽的色泽，而且，这些技艺事实上还成了后世染色化学技术发展的先驱，奠定了染色整理技术现代发展的基础。

四、古代蚕丝绸印染的常用器具

古代蚕丝绸染整生产使用器具和设施很早就已经确立,并且在后来很长的历史时期一直持续地使用与发展。在我国古代,"一缸两棒"一直是丝绸印染的主要器具,图 10.5 所示就是《雍正御制耕织图》中所显示的古代染坊中的染缸、染棒和拧绞砧。因练染加工用水量大,为便于取水和漂洗,练染坊大多设在水源充足和水质较佳之地。在江南地带,练染坊大多是临河靠岸而建。水源除以河水为主外,还有用湖水、井水、池水、溪水等的。

(一)练染专用器具

从古籍资料、出土文物,或者一些少数民族地区传统工具中,可以探索与了解到,在生产力十分落后的古代社会,人们是使用一些什么样的工具进行练染作业的。

图 10.5　清代染坊中的染缸、染棒和拧绞砧

1. 练染加工容器

古代早期染色曾用铜质的染杯、染炉,其容量甚小。2006 年发掘的徐州黑头山西汉墓中发现的染炉(图 10.6),炉身长 21.6 厘米,宽 13.2 厘米,高 9.2 厘米,全高 19.1 厘米。随着练染生产的发展,加工数量不断增长,染炉逐渐被容量较大的铁锅、陶缸所替代。

图 10.6　西汉铜染炉

2. 练染用操作工具

古时主要使用简单的竹木制用具进行练染作业。如竹棒,主要在练染绞丝时用。操作时,把绞丝套在两根竹棒上,将绞丝浸于练染液中,用手工让两根竹棒做上下交替运动,绞丝就在练染缸或锅内上下翻转,从而达到匀练、匀染的要求。又如挑棒,也称竹替手,比竹棒略粗长,一般在练染匹绸时用作翻动或提升织物,可用来搅动练、染液。此外,还有竹短棍,也称撬棍,主要用于拧绞而挤去丝、绸上的余液,又可作绞丝的绷拃之用。

3. 脱水器具

脱水在练染匹绸时是一项重要的作业,古时使用的是一些简单器具,包括沥架、沥马、千斤担、拧绞砧以及后来的撬马等。

沥架(图 10.7)是用木条制成的长方形漏空木框。使用时,将沥架搁在陶缸缸口,把带染液的丝绸放在架上,让丝绸上的溶液自然流淌下来,沥下染色后的染液;也可把水洗后的丝绸,先放在沥架上沥掉水分,再进一步脱水。

沥马(图 10.8)是在沥架上竖一根短木柱,常在此架上拧绞掉多余的染液。

千斤担(图 10.9)又称长丝担、撬担,是落地固着的长方形石柱,上端打孔,穿入光滑而坚韧的圆木杠(两头略小),与石柱呈丁字形。千斤担主要用于绞丝在练染、水洗后进行拧绞而挤去余液;也用

来进行绷丝、拢丝等整理加工。

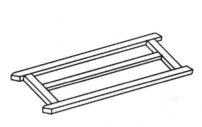
图 10.7　沥架示意图

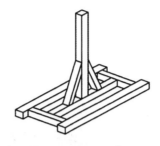
图 10.8　沥马示意图

图 10.9　千斤担示意图

拧绞砧（图 10.10）又称石墩桩，是设有石基座的直柱木桩，亦用于丝绸练染、水洗后进行拧绞而挤去余液。

撬马（图 10.11）是一种顶端为铁质羊角的落地固着木桩，占地面积小，操作简便，主要用于匹绸的脱水。其操作是将带水的匹绸用手工码成绳圈状，一端套在撬马的羊角上，作为匹绸的依托，另一端套入短竹棍，进行拧绞而挤掉过多水分。

脱水之后将绞丝、匹绸挂于晾架或长竹竿上，让绞丝、匹绸自然干燥。

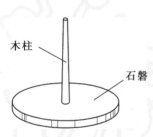
图 10.10　石墩桩示意图

图 10.11　撬马示意图

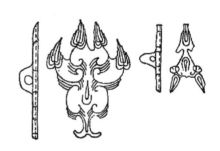
图 10.12　广州南越王墓中出土的青铜印花铜版

（二）印花专用器具

1. 凸纹版

凸纹版是用于对织物直接施印的器具，用整块硬质木料，在平整光滑的平面上雕刻出凸纹图案，板体厚实，带有手柄，便于押印时均匀施压。图 10.12 为 1983 年在广州出土的南越王墓中的西汉青铜印花铜版。此外，清代在新疆地区也发现了属于凸纹版的印花模戳（图 10.13）和凸纹木滚（图 10.14）。

图 10.13　清代新疆地区的模戳印刷花样

图 10.14　清代新疆地区的印花凸纹木滚

2. 镂空版

镂空版是按设计图案在质坚光滑的木板上雕刻成的两块花纹对称的镂空花纹版。花版镂空处，在作防染印花时，用来灌注或涂以防染剂，如蜡液、防染白浆等；作直接印花时，用以涂刷色浆等。镂空版主要起到在织物上定位形成花纹的作用，也作板防染色显花之用。继后，由木板雕刻的镂空花版演进为用纸板镂刻花纹制成的单片镂空纸型版。纸板是数层竹纸或棉筋纸用柿漆裱在一起，镂刻成花纹后，涂上桐油，成为具有防水性纸型的镂空花版。纸型板体较薄且轻，有利于刮涂印浆均匀。隋、唐时，为了能印成封闭式的环圈类花纹图样，在镂空花版上加上生丝筛网，又制成了筛罗花版。图 10.15 为典型的纸型镂空版示意图。

古代的镂空版

现代的镂空版

图 10.15　典型的纸型镂空版示意图

3. 凹型夹版

凹型夹版是制作夹缬用的木板防染染色工具。它采用质坚体大的木材，如梨木、榆木等，在平整光滑的木板上，按设计花纹图样雕成两块对称的阳纹凹型版。凹型版具有相当的强度，当两块对称凹形版夹紧时，能封闭防染，凹型版的凹槽处能承受染液，使阴刻线条间相互沟通，染液便可以从凹槽中顺畅贯穿。版的一边为图案的中轴线，一直刻到边缘，另三边则为图案的边框，使用时凹型夹版组成的块数，根据图案设计要求，至少两块，多则十余块。图 10.16 为现藏于南通蓝印花布博物馆内的百子圈椭花被型版。

图 10.16　现藏于南通蓝印花布博物馆内的百子圈椭花被型版

4. 印染用小器具

各种印花方法在操作时，需要有宽大的印花用木板台面，以及种种辅助工具，包括描绘用的毛笔、凸纹版印花用的毛刷、镂空花版用的圆刷（有草刷、毛发刷）及刮浆板等。刮浆板为薄木板，断面楔形，平面为长方形（25 厘米 × 20 厘米左右），有短把手。此外，还有蜡缬点绘专用的蜡刀。蜡刀带长柄，前端由一片或多片铜片组成，可用以蘸取蜡液。还有蜡笔、排笔、竹签、蜡壶、漏嘴、熔蜡锅（陶瓷或金属制）等。有绞缬用的缝针、扎线和防水遮盖物，如苞米壳、笋壳等。

（三）整理专用器具

1. 熨斗

青铜熨斗为古代熨衣工具，汉、魏时期十分流行，用于使绢帛伸展挺拓、尺寸稳定的熨烫整理。后来也有使用铁质熨斗的。其熨烫部分呈碗形而底部平整，装有木质或金属手柄，碗内可置放灼烧木炭加热，熨衣使之平贴。图 10.17 为 1972 年在河北邯郸张庄桥东汉墓出土的支架刻度铜熨斗。熨斗架高 51.7 厘米，横长 44 厘米，斗口径 18.2 厘米，支架底径 27 厘米，重 8.93 千克。

2. 轴床

为木质制造，可将绢、帛紧紧卷绕于木轴上而成卷轴，使绸面平挺、门幅整齐。

3. 大踹石

大踹石呈元宝形，俗称石元宝，又称"砑光石""踹布石"等，重量一般在 400～500 千克，配有光滑的略呈弧形的石底座（图 10.18）。大踹石是古代染布作坊用于碾整染布成品的特有工具。它由上爿和下爿两部分组成，上爿为一元宝形石块，厚约30厘米，高约70厘米；下爿为一长方形垫石，中心纵向呈浅凹状，与上爿元宝形石底部横向的圆弧相吻合。在对整染布匹进行碾布时，"下置磨光石板为承，取五色布卷木轴上，上压大石如凹字形者，重可千斤，一人足踏其两端，往来施转运之，则布质紧薄而有光"。《天工开物》中有使用石元宝较早的文字记载："凡棉布寸土皆有，而织造尚松江，浆染尚芜湖。凡布缕紧则坚，缓则脆。碾石取江北性冷质腻者（每块佳者值十余金），石不发烧，则缕紧不松泛。芜湖巨店首尚佳石。"石元宝是我国古人所特有的丝绸柔软整理道具。

4. 大蚌壳

打磨光滑的蚌壳，用来磨刮熟绞丝，可使蚕丝显宝色。《天工开物》中说："练后日干张急，以大蚌壳磨使乖钝，通身极力刮过，以成宝色。"即生丝经过精练之后，干燥时丝条张紧变硬，用大蚌壳磨可以使得丝条软钝，用大力气刮磨，可以得到宝色。透过这些十分原始简陋的工具，可以看到古人对丝绸整理加工的匠心与巧思。

图10.17　东汉熨斗架示意图

图10.18　石元宝及《清明上河图》（明代仇英摹本）中的染坊

（四）加热用的土灶

旧时用于加热练染浴，对布料进行染漂加工的是土灶（图10.19）。土灶用砖石、泥土砌成，一般为两腿灶，以木柴、稻草、麦草、砻糠作燃料。

古代蚕丝绸染整所用的就是这样一些原始的、初级的器具，却在当时创造出了惊世骇俗、流芳百世的丝绸珍品。原始技艺与传世丝绸精品协调默契地成就了不可思议的惊人的事业。它表明，这些原始的、初级的器具及相应的方法中蕴含了解决丝绸染色印花的根本技术诀窍，针对染色技

图10.19　传统的染灶作坊

术的关键点，给出了有效而巧妙的解决办法。这些方法，在漫长的历史时期又不断发展演变，得到了反复凝练与升华。由此表明，现代化染色印花技术和机械化生产就是从"一缸两棒"这些基本工具中脱胎换骨而成长起来的。

五、古代蚕丝绸的印染方法

中国蚕丝绸印染方法是古人在漫长实践中创造、发展起来的一套包括精练、染色、印花、整理等的技术作业。

（一）古代蚕丝绸精练加工技术

蚕丝需通过精练，除去其中的丝胶和其他杂质，才会表现出晶莹光洁、轻盈柔软的优雅品质，只有精练后的蚕丝绸才能被染成鲜艳色泽。

古人在实践中发现，蚕丝的丝素和丝胶对水、碱、酶和温度等有不同的溶解特性，遂利用这种特性开发出了各种不同的丝绸精练技术。其方法由最初的水练和灰练发展为煮练、捣练以及酶练，继后形成了碱初练和酶复练。第六章第二节已经对我国古代蚕丝精练脱胶技艺进行了比较详细的介绍，这些脱胶方法正是后来的化学精练法、物理脱胶法和生物化学精练法的历史雏形，为近现代蚕丝精练与加工技术的发展奠定了坚实基础。

（二）古代蚕丝绸染色加工技术

古代用矿物颜料给蚕丝绸纤维着色的方法，称为石染；而利用染草（染料植物）获色的方法，称为草染。矿物颜料作为施色剂使用的历史，早于植物染料，但植物染料资源丰富。随着其品种的扩大、染色助剂的应用以及媒染、套染技术的发展，草染的色谱不断扩展，染色质量不断提高，逐渐成了染色的主要方法。而矿物颜料则仅用于局部着色（手绘和印花）。在唐朝以前，还曾把动、植物分泌的紫铆、血竭作为红色染料应用。

古时，先织后染者为织文，先染后织者为织锦。前者是用蚕丝织成绸再染，后者是将丝缕染好了再织绸。因此，染成的色丝常用作织锦（或用作刺绣），而染绸则是先织后染的工艺。

1. 石染

石染的颜色来源于矿物颜料，由于矿物颜料与蚕丝纤维之间没有亲和力，不能发生化学反应，只是以物理性的沾染而附着，故一般要借助某些介质，如淀粉（糊）、树胶等黏合剂，从而使纤维着色。不用黏合剂的，以涂刮或浸泡的方式将颜色涂覆在丝线或织物上，晾干即可。为了达到某些所需色彩的深度，亦可进行多次涂刮或浸泡。石染的基本工艺过程主要是将生丝或织物在染料中浸泡或用染料涂布，晾干后即可得到色丝或染织物。

矿物颜料对丝线和织物可以染红、黄、绿、白、黑、金、银等色。

2. 草染

草染是将蚕丝的绞丝或匹绸置于用植物染料配制的染液中浸渍，从而给丝纤维着色的工艺，也称"浸染"。植物染料虽能与丝纤维发生相互作用，但由于与纤维的亲和力比较小，又因其中色素含量较低，浸染一次只有较少量的染料附着到纤维上，得色不深，所以要染出浓艳的颜色，就要反复多次浸染。在两次浸染之间，要将纤维晾干，以使后次浸染时能吸收更多染料，这种方法被称为"多次浸染"。古时除采用多次浸染外，还有用两种或两种以上的植物染料"套染"的染色工艺，可使纤维染出更多的颜色。

（1）栀子、黄檗、鼠李等的直接染色

黄色植物染料中的栀子、姜黄、郁金和黄檗等，所含染色素在热水中有较好的溶解度，能直接染于丝纤维上。鼠李、荩草等亦可用于直接染色。

染色前，采取用水浸泡、煎煮的方法将植物染料中的色素溶出，把液汁配制成染液，将丝或绸投入染液中，通过加热进行浸渍染色。按丝或绸颜色的深浅要求，可作多次浸染。

植物染料用水煎煮的液汁，常被煎成头汁、二汁或三汁，在单色染色工艺中，是先用浓度较稀的三汁、二汁浸染，再用较浓的头汁套染。这样做，既可节约染料的使用，还能使染得的丝绸色泽丰满厚实。

（2）红花的酸性染色

红花是直接性植物染料，其红花素属弱酸性物质，易溶于碱性溶液中，在中性或弱酸性溶液中会产生沉淀，形成鲜红的色淀。染色时，利用红花素对酸、碱溶液的不同溶解度，在酸性条件下使其在蚕丝纤维上固着发色，称酸性染色工艺。

其染色方法是先将红花饼溶于微碱性溶液中，然后投入丝或绸，这时红花素被吸附在纤维上，再加入酸剂，使染液呈酸性，红花素便形成红色色淀固着到纤维上。

红花染得的大红色，非常鲜艳，属于真红。如采用不同用量的红花饼染色，可染出莲红色、桃红色、银红色、水红色等颜色。

用红花染色的织物，如要褪去其色泽，可将染色织物浸湿后用碱水处理，使红花素溶于碱液中，将织物上的红色褪下。褪洗下来的红水，用绿豆粉吸附贮藏，仍可用于染色。

（3）靛蓝的还原染色

秦、汉以前，人们尚未掌握蓝草发酵制靛、还原染色的技术，一般采用浸揉的方法直接染色，即把蓝草的叶与染物放在一起揉搓，蓝草汁揉出后浸染织物，就可染得青绿色。蓝草中唯有菘蓝（茶蓝）在碱性（石灰、草木灰）溶液中时其所含的菘蓝甙会被水解，游离出吲哚醇，从而吸附于纤维上，其在空气中会被氧化为靛蓝，染出蓝青色。这是在纤维上就地制靛的过程，亦称为缩合染色法。而蓼蓝、马蓝等其他蓝草中所含有的靛甙，必须经过长时间发酵，在糖酶和稀酸的作用下，才能水解游离出吲羟，转化为靛蓝。

靛蓝本身不溶于水和酸、碱介质，染色时，须将其还原成靛白。靛白在碱性溶液中可上染于纤维，再经氧化，可恢复成靛蓝固着在纤维上。如此反复多次，就能染得较深牢的蓝青色。

《天工开物》中记载："凡靛入缸，必须用稻草灰水先和，每日手执竹棍搅动，不可计数。"即在染色前，要先在靛蓝的染缸中加入稻草灰，使其具有碱性。每日用竹棍不断搅动，加速发酵，使产生氢气。数日后，靛蓝被还原成靛白隐色酸，在碱溶液中转变为可溶性的靛白隐色盐。然后，把丝或绸在还原染液里进行浸染，染液为室温或微温，靛白隐色盐被纤维吸收后，将染物透风，使之经空气中氧气的氧化作用，呈蓝青色，再水洗。按上述染色方法，常须多次浸染。一般两次浸染之间，要将丝或绸放在空气中氧化，晾干后，再做后一次浸染。一般浅色浸染2~3次，深色则需7~8次或更多次数，这样才能获得浅青色到较深较牢的蓝青色。

靛蓝常用于套染，即用靛蓝打底，套染其他植物染料；相反用之，则能染得多种复色，并且可以提高某些植物染料的颜色坚牢度。如有用靛蓝与槐花、黄檗等黄色植物染料套染，可得到绿色；用靛蓝与芦木、杨梅树皮套染可得到玄色；靛蓝和苏木套染，可得到天青色、葡萄青等。

配制靛蓝发酵缸时，要经常搅动，使产生水泡，增大空气与水的接触面积，这有利于氧气溶解，加速液内细菌繁殖，使发酵完全，由氢化酶分解出氢气，靛蓝被还原成靛白。

在靛蓝发酵缸中，加入草木灰或石灰液碱性物质，可中和发酵产物中的酸，使难溶性的靛白隐色酸转化为可溶性的靛白隐色盐。

靛蓝的发酵还原过程，须数天时间才能完成。当其染液呈黄绿色时，用棒蘸染液，若在空气中能立即显青色，则还原完全，就可以使用了。

（4）植物染料的媒染染色

染料植物中，除红花、靛蓝和部分直接性的染料、碱性染料外，大多数植物染料对纤维不具有强烈的直接上染性，但含有媒染基团，可借助铝、铁、铜、锡、钙等盐类作为媒染剂，与染料络合而固着于纤维上，使纤维着色。由于染料与纤维结合能力增强，故能提高染色坚牢度。

古代采用的媒染剂，主要是铁盐和铝盐两大类，常用的有明矾、青矾、铁浆、含铁黑土和草木灰汁（含有铝等金属离子）等，亦有用黄丹、胆矾作媒染剂的，不同金属盐与染料络合，会产生各种色相变化（表 10.2）。利用民间常见的明矾、青矾、铁浆、含铁黑土和草木灰汁等作为媒介，通过染色，可以帮助人们从植物枝叶或根茎中获得各种鲜艳明亮的"正色"和深沉复杂的"间色"。

表 10.2 植物染料与金属盐媒染的色相变化表

媒染剂	染料										
	茜草	苏木	槐花	郁金	荩草	石榴皮	五倍子	杨梅树皮	紫草	黄檗	山桃
铝盐	红色	红色	黄褐色	黄色	黄色	黄色	淡茶色米黄	黄茶色	红紫	黄色	黄褐
铁盐	褐黑	鼠灰	橄榄绿	褐色	橄榄黑	深茶色褐黑	茶鼠色褐黑	茶色	紫褐	黄绿	褐色

传统的媒染染色方法有同媒法、预媒法、后媒法和多媒法。

同媒染色法：同媒染色法是媒染染料与金属盐媒染剂在同一染浴中完成上染和络合的染色方法。同媒法在早期应用较多，后因此法染色不易染匀和染准，采用较少。

预媒染色法：这是将丝或绸先用媒染剂溶液处理，然后在染浴中染色，使上染的染料与丝纤维上的媒染剂发生络合的染色方法。用预媒法能染得较深色泽，但得色不牢，染色色光不准，故在媒染中用得不多。用紫草、茜草等染色时有采用此法的。

练白蚕丝或绸要先在媒染剂溶液中浸渍处理，经水洗后，挤去多余水分，但不可过干，然后付之染色。

后媒染色法：它是将丝或绸先在植物染料染浴中染色，待上染较完全后，再用金属盐进行络合的染色方法。如栌木、苏木等的染色素有良好的水溶性，能为纤维所吸附，可采用后媒染法染色，能提高染色牢度。后媒染法具有匀染好、染色色光较准的优点，故应用较多。

在黑色植物染料中，含有鞣质的五倍子，就是用后媒染色法染得黑色。因鞣质分子结构中有较多的亲水基团存在，易溶于水，呈胶状溶液，能上染丝纤维，故常以青矾作媒染剂制得黑色。

多媒染色法：它是将被染织物先用一种媒染剂媒染，染色后再用另一种媒染剂媒染的方法。古时常用明矾预媒、青矾后媒的多媒染色工艺。

我国古代的染色，除用浸染、多次浸染和媒染等方法外，还常常采用复色染色工艺。复色染色是指两种或两种以上的植物染料套色或拼色染色的工艺。复色染色能获得更丰富的色彩，《天工开物》中记载了复色工艺，如表 10.3 所示。

表 10.3 明代《天工开物》所载的复色工艺

所染色泽	一浴	二染	备注
豆绿	用黄檗汁染	用靛蓝套染	
草豆绿	用黄檗汁染	用小叶苋蓝煎汁套染	苋蓝是蓝草的一种，也可用来制靛，这里是取其汁而直接用之
蛋青	用黄檗汁染	用靛蓝套染	其与豆绿染色相同，仅是染料用量不同而已
玄色	用靛蓝染深青	用芦木、杨梅皮煎汁套染	
大红官绿	槐花煎汁染	靛蓝套染	媒染剂均用明矾
藕褐色	苏木煎汁染	用莲子煎汁套染、青矾媒染	青矾是苏木、莲子壳共同的媒染剂
天青色	靛蓝染色	用苏木汁套染	
葡萄青	靛蓝深染	用苏木汁深染	苏木为媒染染料，靛蓝制靛染色时，用石灰、稻草水加入，水中有多种金属盐，可起媒染作用

这里所说的复色染色，就是古代以色彩来"明贵贱、辨等级"规制中的"间色"的染色获得方法。通过复合染色加工，或多次复合染色加工，原来比较单纯的色彩可以得到无穷无尽的复色染色效果。人

们在大自然中能够看到的或感觉到的几乎所有美丽而复杂的色彩，包括各种色彩、色相、色光中显现的丰盈细腻的层次差异，都被古人通过染色技艺惟妙惟肖、栩栩如生地再现出来了。其所依靠的正是这样一些包括复合染色、染料套色、多次浸染和媒染在内的多种方法，古人的聪明才智以及创造力在染色技艺中发挥与表现得淋漓尽致。

3. 染色后的水洗、脱水和晾干

蚕丝绸在植物染料染色时往往带有很多残余的酸、碱和金属盐等杂质，以及未与纤维发生作用的浮色，这些都需要通过清水洗汰除去。

古代染色后的蚕丝绸大多在河流中用甩、踹、挤等方法进行洗汰；亦有一些在陶制的大缸里洗濯。清洗后带水的绸一般用手工码成绳圈状，用"沥马"（图10.20）、"石墩桩"（又称"拧绞砧"）（图10.21）或"千斤担"（图10.22）以及后来的撬马（图10.23）等脱水器具来去除丝绸上的大量水分。而绞丝的脱水则是在"千斤担"上，或用撬棍以同样的方式挤绞掉余水。

图10.20　沥马脱水　　　图10.21　拧绞砧脱水　　　图10.22　千斤担脱水　　　图10.23　撬马脱水

晾干时，要把脱水后潮湿的丝或绸展开，一般呈平幅状挂在竹竿上，让其自然晾干。要避免阳光直接暴晒，以防变色或褪色。

古代染色以植物染料为主，不仅是由于植物染料品种丰富，更是由于染色技术的不断进步，使得多种染色方法得以充分应用，从而满足了人们的各种需求。

（三）古代蚕丝绸印花加工技术

古时用手工在织物上绘画花纹图样的技艺，是印花的前身。秦、汉时期出现了凸纹版和镂空版的型版印花，并有印绘相结合的技法。中国古老的"三缬"，即夹缬、蜡缬和绞缬的染色技艺，是古代特殊印花方法的代表。其历史可以上溯至东汉时期。关于"缬"，唐玄应的《一切经音义》中称："谓以丝缚缯染之，解丝成文曰缬也。"这里的"缬"是指染色显花时的阻隔染料或色浆直接接触织物以形成一定纹样的技术。唐以后，在染缬基础上创造了介质印花（碱剂印花、媒染剂印花）等技术，继后又发展出了防染白浆印花。元代，出现了贴金印花。清代，有模戳和木滚印花以及由拓印发展成刷印等的印花方法。

以下我们对古代的丝绸印花技艺做一概要的说明。

1. 印花的分类

丝绸印花按照显花的技艺来区分，主要有直接印花、防染印花和介质印花。

直接印花：在凸出型花纹的模板上涂刮颜料或色浆等，然后翻印到绸帛上。直接印花根据颜料类型不同，又分为颜料印花、色浆印花、无浆印花和金银粉（箔）印花。

防染印花：主要是夹缬（板防）、蜡缬（蜡防）、绞缬（扎结防，包括扎经染色）和灰缬（豆灰浆防）。

介质印花：这是一种在已经染色的织物上，印上含有还原剂或氧化剂的浆料，将其地色破坏而局部露出白地或有色花纹的印染技艺，主要有碱剂印花（包括隐纹印花、碱防染印花、碱拔染印花）和媒染剂印花两种。

2. 印花前准备

印花前，先准备好需要印花的织物、印花用的型版和工具，制备好印花浆料。

（1）印花用的织物

印花用的织物大部分是需要精练脱胶和整理平整的练白绸；隐纹印花要用未经脱胶的生丝绸或生丝与熟丝交织的绸；碱拔染印花要选用可拔染的植物染料（如红花）先染成的色绸。

（2）印花用的型版和工具

根据印花的工艺需要，开印前要做好印花用型版，包括凸纹版、镂空花版和凹型花版等。

（3）印花浆料的制备

印花中除用夹板防染的夹缬和手工扎结防染的绞缬外，均需按印花工艺和加工方法来选用矿物颜料、媒染剂浆以及蜡缬用的蜡液等。

颜料色浆：选用碾碎研细和漂洗过的精制矿物颜料，用干性植物油类（经熬炼过的荏油等）或动物胶作黏合剂调制而成，可相互拼混以改变色彩。颜料色浆还包括用金银粉制成的"泥金""泥银"，也有在颜料色浆中不加任何黏合剂的。常用于印花的矿物颜料有红色的朱砂和银朱，白色的胡粉和绢云母，银灰色的方铅矿，黄色的石黄，青绿色的石绿、空青和石青，黑色的黑墨和松烟，等等。

染料色浆：要选用能高度浓缩的植物染料，如靛蓝、胭脂（用植物染料红花渣子制成）等，在染料中加入淀粉糊，调成印花用色浆。使用的色浆有碱性浆料、防染白浆、媒染剂浆、黏合浆、蜡液等。

碱性浆料是用草木灰、石灰或蜃灰等碱性混合液调制而成的碱性较强的浆料。

防染白浆亦称豆灰浆，由石灰、蜃灰或草木灰与豆粉（黄豆粉）等混合调制而成，常用石灰3份和豆粉7份的比例来配制调和使用。

媒染剂浆由金属盐类（如明矾、青矾、胆矾等）和淀粉糊配制而成。金属盐媒染剂的选用，要根据植物媒染料显色要求而定。

黏合浆有熟漆、楮树浆等。

蜡液常选用蜂蜡、白蜡、石蜡或松脂等，一般按照要求的比例配制成蜡的混合液。各种性质不同的蜡能产生不同的蜡纹效果，其配制比例应按照对蜡纹的要求与蜡的可挠性、黏性、碎裂性和软化点等来考虑。配制蜡液必须保持蜡的熔融状态，使用时需加热保温。

3. 印花加工技术

古代丝绸印花传统技法分类很细，有绞缬（含扎经染色）、夹缬、蜡缬、灰缬，以及介质印花（含碱剂印花、媒剂印花）、印金（银）和印彩等不同的加工工艺。这里只按照各种典型的传统特色技艺进行介绍。

（1）绞缬

绞缬起始于殷周时代，兴盛于唐代，是一种在染印时，用线缝、捆、包扎等多种手段将织物束缚成绺或缝花扎结，以便防染，使织物上出现白色晕染花纹的手工印染技术。

绞缬（扎染）工艺的中心环节是扎结。扎结技法主要有缝扎法、捆绑扎法、打结扎法、器具辅助扎结法等（图10.24）。扎结方法不同，在织物上形成的花纹和风格也不尽相同。

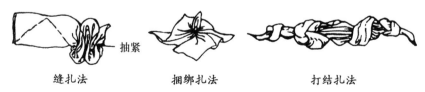

图10.24 扎结技法示意图

缝扎法：按设计图案用针线进行缝纫，有平缝和包缝两种，缝好后抽紧打结，经染色，采用平缝法的会出现脉络纹、雪地点彩、游龙纹、小蛇纹、竹鞭纹、贝壳纹等晕渲花纹；采用包缝法的会显出藤、波浪、蝴蝶触须等花纹效果。图10.25所示为一例平针缝绞法缝扎和得到的图案。

  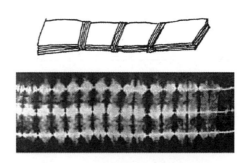

图 10.25　平针缝绞法缝扎和得到的图案　　　　　图 10.26　折叠后捆扎得到的图案

捆绑扎法：是一种较为自由的扎结方法，不必事先绘出图样线条。染色前需要将织物任意折叠、捏拢或皱缩，然后用线、绳缚挪紧固。染色时，被捆绑部分会有防染作用，会显出各种花纹。常用的捆绑方式有以下几种。

捆绑方法之一：将织物按经向或纬向折叠或捏拢，用针缝合后扎紧，染色后可得条形状连续花纹（图 10.26）。

捆绑方法之二：将织物铺展开来，任取一中心点，用拇指、食指、中指捏搓起来，然后收拢织物（亦可用针钩挑起一点，收成伞状，在中心点下方捆绑扎结，经染色可得放射状圆形花纹）（图 10.27）。

图 10.27　任取中心点捆扎方法及所得图案

捆绑方法之三：将织物任意皱缝成团，用线绳捆绑，染色后可得到如大理石花纹般的纹饰（图 10.28）。

 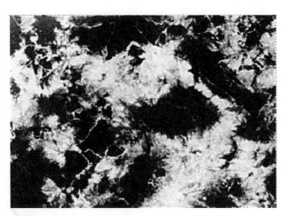

图 10.28　任意捆扎的方法及所得图案

打结扎法：将织物自身打结抽紧（不使用线绳捆缚），要求打结处的结节紧密严实，起到阻断染液浸入的作用，染色后可得到变化的花纹（图 10.29）。

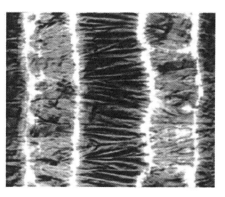

图 10.29　打结扎法及所得图案

器具辅助扎结法：利用各种器具物品作为扎结的辅助物进行扎结，染色后会显现出奇特别致的花纹。常用的方法有夹板扎结法（图 10.30）、微波扎染法、硬物包扎法、丛云箱盒纹法。

在具体实践中，扎染过程往往是多种方法结合使用，由此获得千变万化、多种多样的扎染图案。例如，平缝法与捆绑法相结合，可按花形图案用针平缝后抽紧收拢，再用线扎绕成

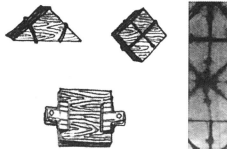

图 10.30　夹板扎结法及所得图案

小绞。在小绞部位，因染色时染液渗透不进去，不能上色，而花纹边沿则被染液浸润，形成自然的色泽，由此可得到从深到浅晕渲效果的花纹（图 10.31）。

织物扎结后，一般需在水中做浸润处理，然后再进行染色。由于浸渍过的织物的毛细管中存有水分，染液渗入比较困难，就达到了较好的防染效果。

绞缬的染色又分单色和复色（套色），单色的染色是将织物扎结后，投入染浴中浸染；而复色染色是扎结织物经一次染色后，在二次染色前，将不需要受色部位作遮盖捆扎，然后再染色，可获得更朦胧多彩的花纹。

图 10.31　平缝法与捆绑法相结合扎结所得梅花图案

（2）扎经染色

扎经染色工艺至迟在宋代已经出现，是一种特有的技术，在我国西北少数民族地区应用颇广。扎经染色是将经丝分段捆扎后染色，再用白色或浅色纬丝织造成经浮较多的织物，从而获得花纹。其扎结和染色的原理，与绞缬的防染相仿，但所得效果是不同的。

其制作工艺是需要预先设计好扎经染色丝织物的织物纹样。在织造前，先将练白经丝分段捆绑扎染，经过拆经、对花、匀经后进行织造。由于经丝间有错位，不能完全准确地定位对花，令绸面花形轮廓朦胧，具有独特效果。如清代新疆地区所出产的艾德莱斯，就是一种典型的传统扎经染色产品。

在扎经染色中，首先要进行整经，即将练白经丝集成束，再将全部经丝分成若干经条，并平整地铺放，展开绷直，回绕在专用的整经架上。然后，根据纹样要求绘样，即在每组经条上划出白档段（即不需染色部位），再用具有防水性的苞米壳或箬壳等在无须染色部位包卷几层，用线、绳缠绕扎紧，这称为扎经。将经过扎经的丝束投入植物染料染浴中浸染，在未扎部位染得色彩，再水洗、干燥。如需第二种色彩，则可在已经染色区域内，再用结扎方法保留部分段，做第二色套染，并按照这种方法，经套染得到第三种以至更多的色彩。染色顺序是先染浅色，后套深色。全部染色完毕后拆经，即解除经条上的结扎物。

对花是根据纹样要求，将经条分组，全幅可分为四至六组，并将每组小经条的色段分上下交错设计位置，使其成为几何纹样图案。对花时，需要将已对花小经条铺开，使其排列平整，张力均匀，这称为匀经。最后把扎染后的经丝穿上织机，用白色或浅色的纬丝进行织造。

（3）夹缬

夹缬技艺始于秦、汉时期，成熟于南北朝，兴盛在隋、唐时期。夹缬是采用镂空型版的双面防染印花技术。

印制夹缬时，先要折叠织物，一般是按织物的幅宽对折，然后用两块对称的凹型夹版或镂空夹版夹紧织物，用绳捆扎紧固，使织物不能移动，并在水中浸渍，然后再投入染浴中浸染，被夹版夹住部位不能渗入染液，染后去掉夹版，织物上就会显出花纹图案。

夹缬如是单色的，只需用夹版把织物夹好捆扎后，投入染液染色即可。如要染成多套色的夹缬，古时称五彩夹缬（图10.32），则要求夹缬的花纹各色区之间区划分明，染色时各色染液互不侵犯。采取分区染色方法，是用花纹对称的一块凹型版和一块镂空版来夹持织物，凹型版在下，镂空版在上，根据色彩要求，将不同颜色的染液由镂孔处各自分区注入，需经多时，才能达到色区分明的五彩夹缬。在浙江温州地区有使用凹型版的夹缬（图10.33），全套由多块凹型版组成，可夹染多幅形态各异而又协调统一的图案。每块版的正反两面（甲面和乙面）的图案都各不相同，但相夹合的两面，其花纹则完全相同并可吻合起来。除一头一尾为单面雕刻外，中间凹型版块均为双面雕刻，图案的阴刻线条相互沟通，染液

图10.32　辽释迦牟尼佛五彩夹缬示意图

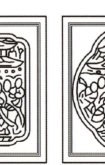

图10.33　浙江温州地区凹型版组合图

从中可顺畅贯穿，达到染色目的。夹缬加工时，要将织物按图案设计的顺序排列夹版，用绳扎缚紧固夹版两头，然后投入染浴中浸染。待水洗干净后，去掉夹版，即可得白花色地的夹缬。

（4）蜡缬

蜡缬技术始于秦、汉，盛于唐代，具有较高水平。蜡缬又称蜡染，染印前，要先用熔化的蜂蜡在织物表面绘出花纹，或事先在织物表面绘好图样，再用蜂蜡填描。待蜂蜡冷却凝固后，将织物浸入染缸。由于蜂蜡的阻隔，织物表面被蜡覆盖的区域接触不到染料，仍然保持织物的本色。染毕取出织物，加热去除蜂蜡，就显出了织物本色的花纹。在染色前或染色过程中，织物上的蜡质会破裂产生无规则的裂纹，裂纹在染色的同时也染上色泽。这种风格各异、自然独特的裂纹，被称为蜡纹或冰纹。图10.34所示为日本正仓院所藏的我国唐代的树木象蜡缬屏风。

蜡缬加工方法一般包括上蜡、碎蜡（捣蜡）、染色和脱蜡四道主要工序。

在加工时，首先要对织物上蜡。可以用手工蜡绘、凸纹版、镂空版等方法，按设计图案，在平整光洁的织物上描绘花样，然后使蜡液冷却固化。

蜡纹的产生一般是利用蜡液膜冷却后染色。在染色过程中，织物受翻动搓揉发生收缩，造成蜡膜龟裂，细微的缝隙处被染色，在织物上就形成了无规律的自然冰裂状的花纹。另一种是在染色前将上过蜡的织物，用手直接搓揉挤压或借助器具进行敲打、折叠、刻画等，以此来产生不同风格的蜡纹。

上蜡常用不同的蜡液以不同比例混合，以提高蜡染效果。配制时，要掌握各种蜡的特性，还应按图案花纹是粗犷古拙或文雅纤细的要求，来考虑蜡的品种和混合的比例。此外，染色温度需根据蜡的热性能来确定。当蜡层开始变软

图10.34 唐代树木象蜡缬

时，蜡纹易发生变化，形成的裂纹也随之变化。蜡的软化温度决定了蜡的染色温度。蜡开始变软的温度：石蜡为37℃，白蜡为44℃，蜂蜡为41℃。由于蜡染的染色温度要求在40℃以下，所以植物染料的选用也必须限制在低温条件下能上染的范围内。通常选用靛蓝染色，故蜡缬产品以蓝地白花最为普遍。

染色后，利用沸水进行脱蜡。脱蜡时，必须把浮在水面的蜡屑除去，一般需重复数次，才能除净，最后用冷水冲洗，脱水后晾干。

（5）介质印花

介质印花始创于唐代，是一种在已经染色的织物上，印上含有还原剂或氧化剂的浆料，将其地色破坏而局部露出白地或有色花纹的印染技艺。印染时，以助染剂配制成印浆进行施印。介质印花方法包括碱剂印花和媒染剂印花两种。

碱剂印花将强碱作为印花介质，利用强碱对生丝丝胶的膨胀溶解性能，使织物具有隐纹效果。利用植物染料红花中的红花素在碱剂中不能上染发色的原理，可防染印花；或利用红花素的碱溶性，拔染印花，可印制出色彩丰富的印花绸。由于碱性物质来自石灰、蜃灰和草木灰，碱在古代被称为灰，故碱剂印花习称"灰缬"。

碱剂印花时，碱性浆料施印在生丝绸或生丝、熟丝交织绸上，丝胶在强碱作用下会发生膨胀，印后水洗，则花纹部位的丝胶脱落，丝缕松散就呈现出熟丝光泽。再经染色，由于生、熟丝的上染率不同，就会出现不同深浅和明暗的显色效果。

碱防染印花是利用植物染料红花中的红花素在碱性介质中不上染的性质，把经碱性浆料印过的练白绸，投入红花素染液中，进行弱酸性染色，因花纹部位含有碱剂不能上染，就呈现红地白色的花纹。

碱拔染印花与碱防染印花相反，是从染好的红地绸中拔出花纹来，在技术上利用红花中红花素遇到碱剂即会溶解、消色的原理，进行拔染加工。选用红花染成的红色绸，用碱性浆料印上花纹，经水洗后，印花部位的红色消失，就会显出白花，形成红地白花的织物。

媒染剂印花是利用明矾、青矾等与植物媒染染料的媒染作用，先将含有金属盐媒染剂的浆料，通过型版印到练白绸上，然后在织物媒染染料的染浴中进行浸染，形成金属络合物，从而显出彩色花纹。

（6）灰缬（防染白浆印花）

利用防染白浆（俗称豆灰浆）的排水性，作防染印花。其方法是将织物夹于两块对称花纹的镂空木版之间，用绳加以紧固，勿使织物移动（以后发展为用单版纸型镂空版直接涂刮），在镂空处涂刷防染白浆，然后去版、染色、经干燥并拭去浆粉，就能制得色地白花织物。如用靛蓝染色，则成蓝地白花。用此法印制的印花绸习称灰缬，还有浇花绸之名。

（7）印金（银）

印金（银）是利用黏合剂，将黄金（白银）粉末（箔）黏着到织物上，形成金（银）光灿灿的花纹。印金（银）技法有印泥金（银）、撒金（银）粉屑和贴金（银）箔等印花方法。

泥金（银）印花与颜料印花相同。操作时，用毛笔或凸纹版蘸上泥金（银），在织物上直接覆绘或捺印，或通过镂空花版将泥金（银）涂刷在织物上，去版后，呈现金（银）色花纹。

撒金（银）粉印花需要通过纸型镂空版或凸纹版，把黏合剂涂刷或压印在丝织物上而形成花纹，然后去掉型版，立即把金（银）粉撒于花纹上，在黏合剂尚未完全干固时，盖上薄纸轻轻压实，使部分金（银）粉屑深入到黏合剂中；待黏合剂干燥后，抖落掉未被黏着的多余金（银）粉，便显露出金（银）色花纹。金（银）粉表面没有沾上黏合剂，黄金（白银）色泽显得更为光亮。这时使用的黏合剂为熟漆或楮树浆等，系酚类化合物，能在空气中干燥聚合成膜而固着于纤维上。在黏合剂中也可掺入少量矿物颜料（如黄色），则所印金色花纹的色泽更浓，更有立体感。

贴金（银）印花需要用纸型镂空花版或凸纹版在织物上施印黏合剂浆料，获得纹样后，即将金（银）箔覆于其上，盖上薄纸，在纸上用毛笔或棉花轻轻拍打揩擦，使金（银）箔紧密地粘贴在纤维上。待黏合剂干燥后，去掉薄纸，使金（银）织物背面朝上，轻轻拍击，拍落未被黏着的多余金（银）箔，织物上就呈现出亮金（银）色花纹。

（8）印彩

印彩，即在织物上直接印出彩色花纹，是根据设计的图案花样，把矿物颜料和植物染料的色浆，用手工描绘或者通过型版直接施印于丝织物上，从而获得多色彩花纹图案的技法。

印彩主要采用以矿物颜料和黏合剂（如荏油等干性油类）调制而成的色浆，植物染料仅限于能高浓缩的靛蓝、胭脂等品种。

早期印彩时，用两块木板雕刻成对称的镂空花版，把织物紧夹在两块镂空花版中，花版用绳扎紧，不使织物移动。然后，把色浆注入镂空花版的花纹部位涂刷，等干后去掉镂空版，织物上即出现彩色花纹。木质的镂空版后来发展为单版的纸型镂空版。施印时，把纸型镂空版置于织物上，用刷子把色浆直接涂刷在镂空版的镂空处，待干后移去镂空版，即显现出所需色彩花纹。多套施印，能得到五彩图案。宋、元时，为防止染料液渗化，印花时会在染料液中加入胶粉，调成色浆，印制的花纹轮廓清晰，亦称为"浆水缬"。

印彩也可以采用凸纹版印制，俗称木版印花。操作时，把色浆涂抹在版面的凸起部分，在平铺的织物上对准花位捺压（押压），即出现彩色花纹。凸纹版印花技法中，还有用矿物颜料（不加黏合剂等）印花的拓印和刷印等方法。拓印方法是将需拓印的织物，先模压在凸纹版上，使织物凹凸如版。然后在凸纹处，涂刷无浆颜料（也有单用黑墨的，称为"墨印"），使织物上显出彩色花纹。刷印方法是将织物蒙于凸纹版的版面，在凸纹部位进行砑光（碾磨），然后在织物砑光处涂刷各色矿物颜料，可得多色彩的印花织物。

此外，新疆维吾尔族有模戳印和木滚印花，即在凸纹上蘸沾色浆，进行捺压印花。

除了上述各种印彩方法以外，手工描绘也是一种在织物上获得多色彩花纹图案的技法。这种方法是用毛笔将色浆直接在织物上着色描绘。操作时，先用凸纹版在织物上捺印出底纹，再在底纹上徒手描绘出彩色花纹。

古代手工描绘中,织物要先用金属盐媒染剂(明矾或青矾等)溶液浸渍并晾干,经矾处理后的织物称为"矾绢",用植物媒染染料可直接在"矾绢"上描绘着色,染料与矾发生媒染作用后即显出彩色花纹。

在印彩中,常常以凸纹版或镂空版印制,以手工彩绘、描金(如以泥金勾描花纹轮廓等),并用白色颜料如胡粉、蜃粉绘画底色和勾边,两者结合运用,称为"印绘结合",增加了花纹的绚丽多彩,突出了图案的艺术效果。

我国古人所创造开发的各种印花技艺,充满智慧与匠心,即使今天也难以大幅度改变与扩展。正因为如此,这些基本的技艺与方法延续至今,依然是现代印花技术的基本技法。

4. 印花后处理

古代以矿物颜料或植物染料采用直接印花、印彩、印金(银)加工方式的丝织物,一般是印后晾干即可,不做清洗等工序。但是,绞缬、扎缬、夹缬、灰缬和介质印花等,在防染工艺中均需进行染色、清洗、脱水和晾干等工序。所用的工具和操作要求基本与丝绸染色相同,清洗时为防止印花纹的扼色,常将印花后的织物放在流动的河水中进行漂洗。

(四)古代蚕丝绸整理加工技术

古时经过练染、印花加工的丝绸,在脱水晾干后,还需经过外观整理,或功能性的整理。

1. 织物外观整理

织物外观整理主要包括熨烫整理、轴床整理(含水量平衡整理)、砑光整理、增重整理等有关技艺。

熨烫整理:东汉时,已有熨烫整理,即用灼烧的木炭放入金属熨斗碗内,将熨斗加热后,利用其本身重量在织物表面上压熨,使绢帛伸展挺括、尺寸稳定(参看图10.17)。

轴床整理(含水量平衡整理):明、清时,由于织造生产的规模和产量不断扩大,使用熨斗熨烫已经不能满足生产需要,于是发明了专门用于织物整理的木制器具"轴床"(图10.35)。轴床实际上是卷绸轴,织物在具有一定湿度和张力的情况下以平幅状缓缓卷入轴辊,再经低温干燥,达到平整效果。操作时,轴工站于卷辊前端,将绸按经向以平幅状穿过三根光滑的木条,使织物

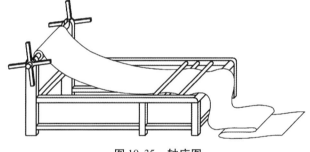

图10.35 轴床图

经受一定张力。由轴工把绸引入轴辊,同时口含清水喷于织物上,要求水珠细而匀;此时,双手扯持左右绸边,使织物充分伸幅平挺,然后依靠手肘或足膝推动连接木轴辊的十字形轮架,徐徐转动,匹绸渐渐地在张力作用下被平挺地紧卷于轴辊上。待织物满轴后,将卷满绸的轴辊卸下,置于阳光下晒一天可去潮气,使织物达到自然定型。

砑光整理:即用光滑石头的表面,在织物上进行碾压加工,增进织物表面的光泽效果。经砑光整理过的织物,纤维截面往往会呈扁平状。早在汉代,这种整理方法就已经出现,清代继续发展,名称由砑、碾、碾演绎为踹,并形成了专业化的踹(踏)坊。

踹绸是将绸卷于木轴上(木质圆辊),外包轴布,以磨光的石座为承,上压光滑凹形大踹石。踹工双足踏在凹口两端(即石元宝的两叶),手挽于木扶架,双脚分开,使劲踏石,使踹石左右摇摆,卷绸轴随之转动,分段重复往返,使绸在摩擦和重压下质地变得紧密产生光泽(图10.18)。操作时,亦可分初踹和复踹二次进行。

增重整理:用蕨粉、饴糖(即麦芽糖)等敷于绸上,给绸增加重量。其方法是将蕨粉(含淀粉)制成糊状,刮于绸面上,晾干,再进行砑光整理。也有用饴糖制成浆液,把绸浸渍在浆液中,不使液滴,呈半潮湿状态,然后用撬马撬棍把绸上的浆液反复撬匀,晾干,再在轴床上整理。经两法处理后的丝绸,重量增加,具有身骨和厚实感,但都不耐洗涤。

此外,也可采用含鞣质植物染料的五倍子、皂斗等进行增重整理,鞣质(即单宁酸)遇蚕丝蛋白即凝固,又能与铁盐生成不溶性的黑色色淀。生丝用五倍子和青矾媒染后,其中的鞣质与铁盐所产生的鞣

酸铁附着于纤维上，丝纤维增重可达25%左右。用五倍子、青矾对生丝绒媒染，除了能增重外，还因其与丝胶蛋白凝固而能固定丝纤维，所得丝绒幅面挺拔而不并结，且手感丰满厚实。

2. 功能性整理

早在周代，我国已能采用天然高分子化合物对织物表面作涂抹，进行涂层加工，使织物达到所需的外观和性能。如防雨用的油绢、硬挺的漆纱、滑爽挺括的茛纱和拷绸等。

（1）油绸（绢）的加工

以植物油涂于织物表面，可使其具有防水性能。秦、汉以前主要使用苏子油、荏油；唐以后，桐油逐渐普及；宋以后及至明、清，涂油织物应用更广泛，如油缯、油绢、油伞等。用干性植物油如荏油、梓油、亚麻仁油或桐油等作为防水剂，将其涂布于质地紧密的蚕丝绸上，油料在空气中氧化，会在织物表面上形成防水膜，就成了具有防水性能的油绸，常被用来制成雨伞、雨冠、雨裳等防雨用品。

油绸加工（图10.36）时，一般选用紧密而轻薄的蚕丝匹绸，将其紧绷在木或竹框架上；再将熬煎过的干性植物油（称熟油），用刷帚均匀地涂于绸面上，涂过油的绸，在日晒下，因荏油、桐油等所含的碘值较高，遇空气中的氧会被氧化而干结成树脂状，就会在绸面上形成防水膜。

图10.36　油绸加工图

荏油或桐油等需经过加温煎熬，以提高其干性。在煎熬时，还要加入铅、锰等氧化物作为催化剂，以加速油膜的氧化、聚合和干燥效果。我国的传统方法，是在荏油或桐油煎熬时，除加入黄丹（一氧化铅）外，再添加其他金属氧化物，如元明异（二氧化锰）、鈆粉（四氧化三铅）等。在干性油类中，添加颜料、膳膜可显出色彩，如有明黄色、红色的油绢。

（2）漆纱的加工

春秋时期，人们已学会利用漆树分泌的天然生漆来作硬挺剂，将漆液均匀地涂抹在经纬线密度较小、平纹方形罗纱组织的真丝织物上。生漆是漆树皮层内流出的乳白色黏性分泌液体，与空气接触，颜色会由白变红，再呈红紫色，最后呈黑色。生漆的主要成分是漆酸，在空气中经氧化、聚合而干结固化。罗纱的织孔经漆液固定后具有明显的方孔，使罗纱织物硬挺而富有弹性，并具有乌黑光亮的色泽。漆纱自汉代至明代常被用来制作官帽，《后汉书·舆服志》中就有"漆丽冠"（图10.37）的记载。

图10.37　漆丽冠示意图

(3) 莨纱（香云纱）、拷绸的加工

利用植物染料薯莨所含的鞣质（单宁酸）和凝胶，施于真丝织物上，形成胶膜，同时又完成染色过程，其加工方法俗称"晒莨"。操作时，把薯莨根块浸出汁液，对丝织物进行反复淋洒、浸渍和晒燥，再用河泥（须含铁盐的河泥）涂于绸面。经"晒莨"后的织物，绸面乌黑光亮（其反面为棕色），细滑平挺，具有滑爽、凉快、耐穿和易洗、易干等特点。

晒莨所用的真丝织物，是采用纱类加工的"莨纱"，亦称"香云纱"；而用平纹织物加工的则为"莨绸"，又称"拷绸"。

晒莨用的纱和绸以桑蚕土丝原料制织为佳，因土丝是用手工绞丝，其粗细不匀，缕节甚多，织得的织物表面较为粗糙，能使形成的胶膜较为坚牢，不易脱胶。晒莨用的真丝纱和绸经过精练脱胶，具有较好的吸水性能。

为了制备薯莨浸出液，要用薯莨的块根粉碎成小块粒，经多次浸渍，分滤出浓淡不一的棕色液体，再将浓、淡汁液混合至所需浓度，作洒、浸织物之用。薯莨浸出液内含有酚类化合物及鞣质，鞣质是复杂的酚类缩合物，能与铁盐媒染络合，并在空气中氧化而形成不溶性单宁酸铁，呈黑色色淀。得到薯莨浸出液后，将织物纬向绷紧，平放在草地上，用薯莨浸出液于正面均匀淋洒，并用棕帚涂抹，待晒干后，再重复数次。

莨液浸渍处理俗称"封莨液"，是将已完成洒莨液的干燥织物，在常温下放入莨液内浸渍后，平摊在草地上晒干。根据产品质量需要，可重复多次。所用的浸渍液采取先浓后淡的次序，使织物表面能够均匀吸收鞣质，获得良好的光泽。

织物经薯莨液反复淋洒和浸渍后，为使织物松懈，防止织物交织点堵塞，需在50℃～60℃的水中适当处理，这一工序称为煮绸。

经过煮绸的织物要进行过乌，俗称"过河泥"，即媒染。操作时，选取含有铁质的河泥，用水稀释成浆状，用棕帚均匀地涂刷在织物正面。将织物平摊在草地上，使所含的鞣质（单宁酸）胶着物与河泥中的铁盐发生作用，媒染成蓝黑色的单宁酸铁。当织物正面呈乌黑色，反面呈棕色时，即可洗去河泥，将织物晒干。再对已媒染的织物，在常温下进行薯莨液的浸渍，然后平摊在草地上晒干，称为莨液浸渍。最后要将织物进行"摊雾"，即将加工完毕的织物，在湿度较大的条件下，平摊在草地上，进行手工伸幅，使织物达到自然定幅并改善手感，并增加织物的透气性。

经过这样复杂的处理才能得到广受欢迎的莨纱（香云纱）。拷绸的晒莨工艺过程中兼有染色的工艺。

(4) 绞丝整理

真丝绞丝经过精练、染色后，由于丝线处于收缩卷曲状态，需经过拟丝的整理，使丝线平直而有光泽。古代还用光滑的钝角大蚌壳刮磨精练后的绞丝，使丝身达到光泽明亮。

拟丝也称拟光（弸丝光），通过把练染后干燥的绞丝一端套在千斤担上，作为依托，再用撬棍（短竹棍或光滑木棍）穿入绞丝（线）的圈框内，用手工以顺时针方向绞紧，重复操作数次（一般为4～5次）后，再用力将绞丝进行绷扽。由于丝线自身相互摩擦，丝线表面会产生物理性柔和光泽，并使丝线呈平行伸直状态，有利于织造中的调丝摇纤。

除了拟丝以外，还可采用磨（刮）丝对绞丝作研光整理。把精练后的绞丝清洗、晾干、绷紧后，用打磨光滑的大蚌壳，将练后的熟丝用力通身刮过，使丝身光泽明亮，显现出真丝特有的"宝色"，即谓丝光。

丝绸面料的功能性整理，对于获得更能凸显丝绸优良质地的面料，以及更能适宜于各种用途的材料是至为关键的处理工程，在现代染色印花工程中受到特别的重视。回顾我国古代的染整技艺可以看到，古人对这一点也早有十分深刻的认知，并想尽一切方法获得满足特殊需要的面料。也正因为这样，我国古代才能创造出防雨油绢、硬挺漆纱、滑爽莨纱和拷绸等极富特色的丝绸产品。

第三节 近现代蚕丝绸的印染技术

一、近现代蚕丝绸印染常用染化料

晚清至民国时期，受欧美各国产业革命后科学技术迅猛发展的影响，中国兴起了创办新型丝绸练染厂、丝绸印花厂的热潮。最初，丝绸印染厂大都集中在上海，继而杭州、苏州等地也陆续办起了练染厂。在印染加工中，人们开始采用合成染料、化学药品等新产品。合成染料色谱齐全、易于拼色、色泽稳定、易于操作，化学药品质量较纯、使用简便、易于控制，诸多优点使其获得了尚存的染坊的认可，并逐渐淘汰了天然的植物染料和助剂。

（一）近现代蚕丝绸印染使用的合成染料

丝绸印染工厂所用的合成染料，主要是酸性染料、直接染料和盐基染料。其中，酸性染料和直接染料对蚕丝的染色性能相近，常被拼混使用；其他如士林（还原）染料、硫化染料和不溶性偶氮染料虽然也能上染蚕丝，但因染色时均须在强碱浴中进行，易损伤蚕丝纤维，故丝绸染色中不宜采用。

1. 酸性染料

酸性染料大都是芳香族的磺酸钠盐，易溶于水，在弱酸性介质中能与蚕丝纤维发生离子键的结合，在中性染浴中借助氢键和范德华力而上染。酸性染料色谱齐全、染色方便、得色深浓、色牢度好，是蚕丝染色的主要染料。但在染中深色时，为强化色牢度，需要进行固色处理。

2. 直接染料

直接染料分子中存在着羟基、氨基、羧基等基团，易溶解于水，在弱酸性或中性染浴中，能对蚕丝纤维上染，染色原理与酸性染料相似。直接染料色谱齐全，染色方便，尤其在深色色谱方面，如深棕、墨绿、黑色等，可以弥补酸性染料部分色谱的不足，染色牢度尚可。但在染中深色时，色牢度与酸性染料一样不够好，亦需要进行固色处理。

3. 盐基染料

盐基染料又称碱性染料，属阳离子型染料，溶于水则电离成色素阳离子，在酒精或醋酸中溶解度更大，遇碱则会产生沉淀。盐基染料的色素阳离子与蚕丝纤维的羧基成盐式键结合，能直接上染蚕丝。盐基染料色谱齐全、色泽艳丽、着色甚强，用少量的染料就可染得浓艳色彩，为酸性染料、直接染料所不及。但盐基染料染色牢度很差，日晒牢度尤其低劣，用固色剂也无法提高其色牢度。染色中应用较多的有盐基玫瑰精、盐基品红和盐基品蓝等。

近现代所用的酸性、直接、盐基染料均由国外输入，有来自英国的卜内门（ICI），德国的谦信（MLB）和拜耳（Bayer），瑞士的汽巴（Ciba）、嘉基（Geigy）和山德士（Sandoz），法国的西门西（CFMC）等。

（二）近现代蚕丝绸印染所用的化学药品

近现代蚕丝绸印染用化学药品比较多，大体可以分成精练用、促染用、漂白还原剂用、防染用、功能整理用等类别。

1. 精练用化学药品（脱胶或固胶）

纯碱：即碳酸钠，白色粉末或细粒状，能溶解于水，水溶液呈中等强度的碱性，遇酸中和成盐，与重金属盐如硫酸钙、硫酸镁等作用，分别生成碳酸钙、碳酸镁沉淀，利用这个性能可作软水剂，也常用来调节 pH 值，是蚕丝脱胶的精练碱剂。

肥皂：高级脂肪酸的碱金属盐，它由天然油脂和烧碱（氢氧化钠）溶液加热皂化而制得，是蚕丝精练脱胶的精练剂。

胰酶：从新鲜猪胰中提取的蛋白酶，对蚕丝的丝胶蛋白有专一的水解作用，常用于蚕丝绸精练脱胶。

甲醛：是无色、具有刺激性气味的气体，易溶于水和乙醇。甲醛水溶液（也称福尔马林）浓度最高可达55%，35%～45%的水溶液称为甲醛水。甲醛水是无色、具有刺激性气味的液体，有还原性和毒性，久露空气中可逐渐氧化成蚁酸，在丝绸染整中用于丝胶固化处理。

2. 促染用药品

醋酸：乙酸，无色、澄清、有刺激性气味，极易溶于水和乙醇。当含量在98%以上、温度在16℃以下时，凝固成冰状，俗称冰醋酸。在丝绸印染中，醋酸主要用于调节pH值，利用其弱酸性配制染浴，可调制印花色浆。在以酸性染料上染时，可作为蚕丝纤维的促染剂；而以盐基染料印染时，则是染料助溶剂和缓染剂。

食盐：氯化钠，白色晶体或细小结晶粉末，中性盐类，易潮解，溶于水呈中性，常用作染色时的促染剂或缓染剂。蚕丝纤维用酸性染料和直接染料在弱酸性或中性浴中染色时，加入食盐，能起到促染作用。

元明粉：硫酸钠，白色粉末。含10个分子结晶水的硫酸钠，亦称芒硝。硫酸钠为中性盐，溶于水，不溶于酒精，水溶液呈中性，是染色时促染或缓染的助剂。当直接染料、酸性染料在弱酸性或中性浴中染蚕丝纤维时，加入元明粉，能起到促染作用。

酒精：乙醇，无色透明液体，常用作染料的助溶剂。

小苏打：碳酸氢钠，白色结晶粉末，能溶于水，呈弱碱性，主要用于调节pH值。

鸡爪菜：白蔹的茎中可分离出脂肪酸，其成分主要为正十五烷酸、棕榈酸、十七烷酸、硬脂酸、花生酸、谷甾醇、豆甾醇及其葡萄糖甙，主要用作"水印"色浆的黏着剂。

3. 漂白还原剂用药品

保险粉：连二亚硫酸钠，分子式为$Na_2S_2O_4$。工业用保险粉为白色细粒结晶，有效成分在80%以上，有特殊臭味。在空气中受潮会发热分解，失去效力；遇水加速分解，可产生氢及硫化氢。有很强的还原力，还原作用随温度的升高而增强，对蚕丝纤维中的色素、杂质，织造时的着色剂能起到还原分解作用，使其消色，具有漂白作用，是丝绸练染中常用的还原剂和剥色剂。

泡花碱：硅酸钠，亦称水玻璃，由氧化钠（Na_2O）和二氧化硅（SiO_2）结合而成，两者比例为1:1.6～4，二氧化硅的含量愈多，碱性愈低，一般比例为1:2.06～2.4。工业用泡花碱质量佳者为无色稠厚状液体，如透明玻璃，带绿灰色者质差，其浓度以波美（°Bé）表示，有40°Bé、56°Bé等规格。泡花碱可溶于水，水溶液呈碱性，遇酸则析出胶状硅酸。蚕丝绸精练时，泡花碱可用作碱剂，由于它具有渗透、乳化和保护胶体的性能，既能和水中铁质形成胶体而不使其玷污纤维，又可以吸附纤维上的杂质和丝胶形成胶体，分散在练液中，故能提高练白绸成品的白度。

4. 防染用药品

锌粉：深灰色金属细粉，与酸碱作用生成氢，具有强还原能力。在丝绸浆印印花时，用作阻色剂，可起到防染作用。

糯米粉：属淀粉类。淀粉由链淀粉和胶淀粉组成，而糯米粉大部分是胶淀粉，是亲水性高分子。在制糊过程中，水中的淀粉随着温度升高而逐渐溶胀，糊的黏度随之增加。糯米粉比一般淀粉黏度要大，主要用于调制丝绸印花的浆印色浆，具有机械防染性。

5. 功能整理用药品

白明胶：从动物骨中煎熬取得，具有黏着性，能溶于水，主要用作印花色浆溶液的黏着剂或丝织物硬挺处理剂。

蚁酸：甲酸，属有机酸，是一种无色透明液体，具有强刺激性气味，易溶于水和乙醇，酸性较强，常用来调节pH值，并可用于蚕丝绸的丝鸣处理。

二、近现代蚕丝绸印染常用的器具和设备

民国时期,尚存在的经丝和绸绫染坊,其蚕丝绸染整的生产设备与设施变化十分缓慢,大多还处在锅灶煮练、陶锅染色、棍绞脱水、自然晾干、轴床和踹石平光的手工操作阶段。加热用土灶。用水依赖河水、井水。而一些新建的丝绸印染厂,虽练染生产尚未完全摆脱"一缸二棒"的模式,但在脱水、烘烤和整理方面,已开始使用机器设备,部分取代了手工作业。印花为适应新的工艺要求,有专用印花台板、木屋蒸化箱、蒸汽锅炉、电器马达(电动机)和自来水的普及应用。

(一)练染用器具

练染用大容量的木桶,也有用紫铜大锅的。染色用陶瓷圆缸,一般容量为400~500升。在练、染容器底部均装置"米"形或盘香状的直接蒸汽管和间接蒸汽管,用来加热练染浴液。

(二)印花用器具

印花用器具主要包括印花台板、蒸箱、手提喷雾器以及一些印花专用器具。

印花台板由一副凳脚、5~6块木台板和搁架组成,木台板可平置在凳脚上,台板可以放上卸下活动,并能两面贴绸印花。木台板长度一般为6~7米,厚3厘米左右,分阔狭两种,阔台板约1.4米,狭台板1~1.25米。搁架主要用于搁置印刮色浆后的绸面,以晾干绸面上的色浆。

蒸箱为木制屋形蒸箱,有门可密闭隔热,内置搂绸木棒架和直棒,用直接蒸汽管可通入蒸汽,使蒸箱内产生温度和湿度。

手提喷雾器用作喷雾印花,配有空气压缩机。喷雾器由贮盛染液容器、连接橡皮支道杠杆和喷网眼圆环喷口等组成。染液注入容器,用橡皮管连接支道与容器,以便通入压缩空气,按住杠杆,压缩空气即进入喷雾器内,同时推动容器内染液喷出孔眼针,经出口处网眼圆眼而射出。

印花专用工器具包括刻刀、纸型版、圆刷(羊毛刷、草刷)、小刮板、陶缸、洗绸水浇池、拉凳等。

(三)整理用设备

整理用设备主要包括离心脱水机、单辊筒烘燥整理机、呢毯预缩整理机、布铗拉幅机等。

离心脱水机系铁制圆形外壳机体,有盖,内套相似的圆形铜质多孔转笼,中心有固着垂直转轴,并连接电动机,当电动机拖动转轴时即带动转笼高速运转,产生离心力,将丝绸上的水分甩出。

单滚筒烘燥整理机(图10.38)由一只表面光滑的铁制辊筒(直径约50厘米左右)、支架和进出布系统组成,铁制辊筒内可通蒸汽加热,在其上部有一个木质小压辊,依靠皮带紧松,调节织物的张力。由电动机拖动辊筒旋转,当绸经过热辊筒表面,并受到小压辊压力时,在一定张力下,达到烘燥和熨平的目的。

呢毯预缩整理机(图10.39)是由一条具有一定厚度、可压缩、有弹性的无缝环状呢毯(用羊毛制成),内通蒸汽加热的金属大烘筒(直径为1~1.2米)和喷雾给湿装置组成,呢毯能循环运行。由于呢毯具有弹性,可使织物在烘干的同时进行预缩,从而降低丝绸的缩水率,改善织物的手感。

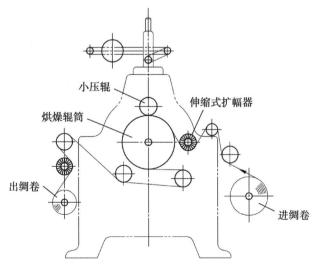

图10.38 单滚筒烘燥整理机示意图

拉幅亦称定幅。布铗拉幅机(图10.40)主要由两条布铗(图10.41)环链和轨道、手动的调幅螺杆、开启铗舌的月牙轮和圆磬、矫纬的微差装置、蒸汽给湿和蒸汽加热管等组成。布铗连成的活节链平置敷设在左右两侧的轨道上,布铗底部成工字状,被嵌在轨道上,做循环运转,以导绸运行前进,轨道由若干节组成,可分别由螺杆调节其间距来控制幅度。

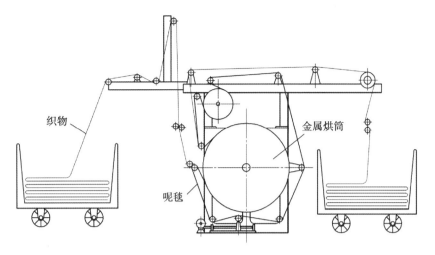

图 10.39　呢毯预缩整理机示意图

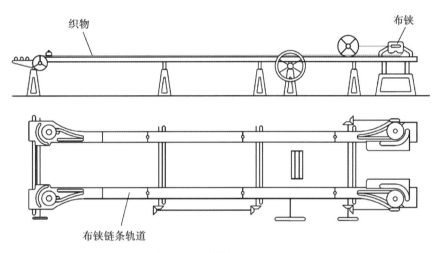

图 10.40　布铗拉幅机示意图

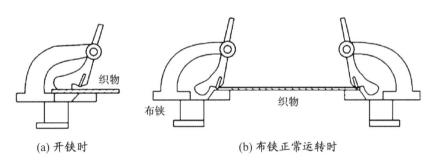

(a) 开铗时　　　　　　(b) 布铗正常运转时

图 10.41　布铗示意图

三、近现代蚕丝绸印染方法

民国时期，蚕丝绸印染工厂采用皂碱法或胰酶法精练，应用合成染料中的酸性染料、直接染料和盐基染料染色，印花改用水印、浆印，印染后的干燥和整理已使用离心脱水机、单辊筒烘燥机和拉幅机等机器，练染改用大容量的铁锅、陶缸或木桶容器，加热采用锅炉蒸汽等。尚存的染坊，虽基本上沿袭着传统工艺技术，但随着染料的更新和化学助剂的普及应用，工艺上要求有所变化，故其生产亦逐步向现代化转变。

（一）蚕丝绸精练加工技术

蚕丝绸精练工艺主要有皂碱法和酶练法两种。染坊沿用碱预处理、猪胰酶练的传统工艺。丝绸练染工厂则以纯碱肥皂精练为主。由于皂碱法工艺时间短,操作简单,练得的练白绸具有色泽肥亮、柔软滑爽、弹性好、疵病少等优点,所以此法亦逐渐被染坊所采用。另外,还有槌丝法,主要用于缕丝(绒丝)的脱胶。

1. 酶练法

以酶练法精练生丝和坯绸,工艺基本相似。因丝织物组织结构的紧密稀疏和丝织物的厚重轻薄不同,在碱和胰酶的用量、处理时间和操作方面要做适当调整。

进行碱预处理时,在练浴清水中,先加入纯碱,待煮沸后,投入生丝或坯绸。生丝是被穿在二根竹竿上,放入碱浴中,倒动二根竹竿,使绞丝上下交替运动。同样,将坯绸投入碱浴中,用挑棒(竹替手)来翻动和提升织物。图10.42所示为传统作坊练绸作业图。

酶练时,将碱处理过的丝或绸逐一浸入猪胰液中,浇汰浸透,适当榨干,以不沥滤为度。堆置过夜,次日用手工逐绞,在光洁石板上掼过,谓之

图10.42 传统作坊练绸

"掼经""掼绸",有所谓"七上八下"的操作方法,目的是利用机械力帮助脱胶。掼后的丝、绸,用清水洗净,即进行染色,或用离心脱水机脱水或用撬马绞干。

2. 皂碱法

用皂碱法练绸时,要先将练液桶内的清水加热至沸,放入纯碱,纯碱有软化水质的作用。接着撇掉浣石浮渣,注入肥皂液(预先用水化开肥皂),再把坯绸投进练液桶内,不时用竹挑棒轻轻翻动,使其浸没浸透。保持练液近沸点,初练2~3小时(时间需视丝绸的品种结构而异),再复练(纯碱和肥皂用量略低于初练液)。复练约2小时后,进行水洗、脱水、干燥整理,或水洗后直接进行染色。为了使练白绸变得洁白,精练过程中需在练浴中加入保险粉,做还原漂白。练后的练液中尚留存有大量的肥皂和纯碱,一般在老练液内补充适量的肥皂、纯碱,即可继续为下次精练所用。

3. 槌丝法

槌丝是把生丝(一般作缕丝用)用木槌(木榔头)在石板上拍打,使生丝疏松柔软,然后用温水浸透,进行染色。在染色后,生丝还需复槌,以去掉因染色造成的丝胶硬结,调节丝的色度,增加光泽。槌丝方法常用于真丝织物的硬缎类缕丝。

(二)蚕丝绸染色加工技术

在合成染料中,酸性染料、直接染料和盐基性染料都能溶解于水,可以直接上染蚕丝纤维,且色谱齐全、易于拼色、染色工艺简单。蚕丝染色以酸性染料为主,直接染料为辅,染色时只要恰当掌握好染浴的pH值(用醋酸调节)、温度(逐步升温为宜)和时间(不宜过长),以及助染剂的使用(如冰醋酸和中性盐类的元明粉、食盐等),就可染出均匀鲜艳的色泽。酸性染料与直接染料上染蚕丝纤维的性能接近,两者都适宜在弱酸性或中性染浴内进行染色,也常作拼色混用,互补色谱。

在丝绸染色工艺流程中,根据使用的染料不同,其染色过程中的工艺处理也不相同。以下是使用各种不同染料时的染色技术。

1. 盐基染料染色

盐基染料属碱性染料,能直接染着于蚕丝,上染速度快,容易造成染色不匀。染色时,需逐步升温,并用醋酸作缓染剂。染绸的染色工艺与染丝基本相同,但染色时间和操作要求略有不同。

染丝时,在陶制圆缸(或陶锅)内,放入适量清水和冰醋酸(约2%~6%),把串挂在2根竹竿上的绞丝投入醋酸液内,润湿后提起。在缸内注入所需盐基性染料(先用水加少量醋酸把染料化开),将蚕丝在染浴中冷染(室温),渐渐升温到70℃后,再续染30~45分钟。染色时,用人工不断将2根竹

棒做上下交替运动，使绞丝在染浴内上下有序翻动。达到要求颜色后，绞丝出缸（锅），沥干，用水清洗。把染后的绞丝套于千斤担上，用撬棍绞去余水（或用离心脱水机脱水），再在千斤担上绷松、晾干。

在对绸帛进行染色前，练白绸要在醋酸稀液内充分润湿，成绳状，顺序浸入染浴内，并不时用挑棒轻轻地上下提动，以防染色不匀和擦伤绸面。在30分钟内逐渐升温至70℃左右，续染45～60分钟。待颜色符合要求后，用挑棒挑出绸匹，置于清水中汰洗，用撬马、撬棍或离心机脱水，再进行人工开幅、晾干或辊筒烘燥。

2. 酸性染料染色

酸性染料可在弱酸性或中性浴内对蚕丝纤维染色，用醋酸调节染浴pH值，可起到促染作用，可用中性电解质的元明粉或食盐作缓染剂。染色时，在盛有清水的陶瓷圆缸（或陶锅）中注入已用热水溶解的染料，并加入醋酸，之后投入用水湿润过的练白丝或练白绸，在40℃左右的染浴内进行染色（操作同盐基性染料染色），并轻轻翻动和不时上下提动缸中的丝或绸。缓缓加热，在30～40分钟内升温近沸（约90℃～95℃），续染60分钟左右。如染浴中染料尚未被完全吸尽，可将染物提起，追加醋酸促染，再染15～20分钟。染毕，在清水中汰洗，然后脱水，做干燥整理。

3. 直接染料染色

用直接染料染蚕丝纤维，可以在弱酸性或中性浴内进行，以醋酸调节pH值，使蚕丝在微酸性条件下染色，同时可用中性盐类的元明粉或食盐为缓染剂。

染色时，先将染料用热水化开，注入盛有清水的圆缸（或陶锅）里，再加入醋酸，配成染浴，将用水润湿过的练白丝或绸投入染浴内，用染棒轻轻翻动和上下提动（操作同盐基性染料染色），在30～40分钟内升温近沸（在90℃～95℃），续染60分钟左右。若染料未被充分吸收，可酌情加醋酸促染。达到要求的颜色后，充分水洗，沥干，再做脱水和干燥整理。

用直接染料染黑色等深浓颜色时，染料用量较多，不易被吸尽，有不少染料会存留在染浴中，此时只需适当追加染料和助染剂，便可进行连缸染色，使染料得到充分利用。

（三）近现代蚕丝绸印花加工技术

20世纪20年代丝绸印花工艺技术得到了进一步发展，先是水印，因印得的花形粗陋，且色泽不够鲜艳，便产生了浆印工艺。浆印能印出深地彩花、花纹清晰、色彩鲜丽的印花绸，逐渐成为丝绸印花的主要方法。在此期间，还出现了喷印、蛋白印等印花技术。由灰缬延续的石灰印花则仍在作坊中沿用。

1. 印花前准备

印花前，要进行印花镂空型版的制作。先准备多张坚韧的纸张，如棉筋纸、竹手纸或牛皮纸等，用生漆（有的用柿漆）把纸张粘贴至一定厚度，用油浸渍，待自然回缩后，得到防水、尺寸稳定和有一定强度的基纸。

另外，用薄牛皮纸浸油，使其成半透明，待干后，在上面按设计图案分套色描稿，用小刀刻花，刻透，然后用白粉浆把花纹刷在基纸上，再经人工接版、刻花，使之成为镂空型纸版。如遇花纹有尖角、圆圈及容易脱落的地方，可在型版背面黏上一层绢丝网，并涂拭生漆二三道予以加固。多套色纸版，在分色版上刻有对花记号。

预先制备好印花色浆。印花是局部的染色，其所用的染料与助剂的上色原理和助剂作用基本与染色相同。丝绸印花用的染料以酸性染料为主，辅以直接染料，而盐基性染料只用作颜色要求明亮的点缀色。

对于水印、喷印用色浆的制备，要按花纹色彩要求选择染料。染料先用温水调和，再用热水化开，并加入白明胶或鸡爪菜黏合剂，配制成一定染料浓度的溶液，如盐基性染料可加冰醋酸助溶。

对于浆印用色浆的制备，要先煮糊，然后再调色浆。煮糊时，使用糯米粉以适量冷水（忌用热水）充分搅和，使成乳液状，然后缓缓加热至糊化温度，不断搅拌，成糊后，再沸煮10多分钟。调色浆时，按花纹色彩要求选用染料，用少量水化开染料，加入糯米糊，在陶缸内调拌均匀，色浆内还需加锌粉。

蛋白色浆的制备，是利用蛋清液中加入颜料的方法。所用颜料如炭黑、氧化钛、还原染料的色淀等，将颜料加入蛋清液后，要充分搅拌，直至均匀为止。

也可以用石灰（豆灰）制备印浆，其方法为用20%黄豆粉和30%石灰调制成糯糊。

印花前，需要把待印的丝绸准备好。印花用的丝绸是经过脱胶精练和整理平整的练白绸或浅色绸、件料（如旗袍料）等。

2. 印花加工工艺

印花加工有很多方法，在这里对于主要的印花方法做一概要说明。

(1) 水印

水印是直接印花，印制的花形大小随意，绸匹门幅宽狭不限，工艺简单，染化料耗用少，又能印制独幅服装件料（如旗袍料），但水印的色泽不够鲜艳，色牢度差，仅能在白色或浅色绸上印。

水印时，先将练白绸或浅色绸绷紧，用钉将其固定在木台板上，把镂空花纸版覆盖在需要印制的绸面部位，然后用圆刷（草刷或羊毫刷）蘸染料液，在花版镂孔处，轻轻揩擦，以手工轻重，分出花纹色彩层次和明暗，套色最多为4～5次。

(2) 浆印

浆印属防染印花，利用糯米浆料的物理防染性，可印制地色为宝蓝、藏青、墨绿、酱红等的印花丝绸，具有清地朵花、轮廓清晰、立体感强、色彩绚丽、色牢度好等特点。但其工艺复杂，耗用浆料多，印制劳动强度大。

在浆印工艺流程中，首先要进行贴绸。贴绸是指用糯米糊把练白绸平整地贴在可装卸的印花台板上。印花台板由凳脚、木台板和搁架组成；木台板被搁在凳脚上，能搁上卸下，也可翻身，有利于两面贴绸刮印；搁架用于搁架木台板。

贴好绸以后，进行刮印。这时，要把比练白绸门幅稍阔的镂空花版覆在绸面上，由单人或上下手二人操作。操作时，手持花版，按色彩要求，一套套地以不同色泽的色浆，通过花版镂空处，用小刮板刮匀。刮一套色后，印浆还未干时，需要把木台板卸下，抬到搁架上，自然晾干后，才可再刮印第二套色，常需用5～6块木台板依次轮流按套色刮印。刮印在绸上的色浆，是互不渗化的；即使是浅色色浆，被盖上深色色浆后，颜色之间也不会相互渗化。

各种色彩都刮印完毕以后，要上地色。把套印完毕的绸匹集中在一起，在绸匹上通匹刮上约0.5厘米厚的地色浆，最后洒上细糠粉（或木屑），有时因木台板长度不够，练白绸不能全部贴上台板印花，则把多余的绸匹卷起缚住，续后再印。

(3) 喷印

喷印是染料溶液靠压缩空气，通过手提喷雾器的喷口喷送到花版镂空处，从而得到色彩花纹，属直接印花工艺。喷印要求操作工熟练灵巧，并具有一定的美术基础，这样才能做出精细、生动、自如的花纹。该工艺也可用来喷染丝绸地色。

将绸匹紧绷在台板上，用钉固定，镂空花版置于绸面。手提喷雾器，将喷口对准花版镂空处，按设计套色要求和套序喷印所需花色，喷洒染液。喷印时，可利用压缩空气的压强来调节色泽的匀度，利用喷雾器喷洒时距离绸面的高度变化，得到深浅不同的色彩。

(4) 蛋白印

蛋白印是利用蛋白质（蛋清）的天然聚合物作黏着剂，在蛋清中加入颜料，使丝织物上形成薄膜，从而将颜料机械地固着于织物上。

印花时，把绸绷紧固定在木台板上，将镂空花版覆于绸面，待小刮板刮印涂料色浆后，用蒸化或热烘方法，使蛋白固化而获得彩色花纹。但是，蛋白印不耐水洗和摩擦，花纹处手感不佳。

(5) 石灰印花

石灰印花（豆灰印花）属防染印花，是利用石灰、黄豆粉的混合浆具有阻止染料上染的作用，将石灰和黄豆粉的混合浆刮印在不希望上色的绸面上，然后去染色。该工艺也是一种物理性防染。

石灰印花时，把绸匹固定在木台板上，将镂空花版置于绸面上，在镂空处涂刷豆灰浆料后，去版。

待晾干后，对印花后的绸匹进行浸染、水洗，拭去灰浆。整理后，一般印成白花蓝地或白花红地分明的印花绸。

3. 印花后处理

印花后的丝绸需经过蒸化、水洗、脱水、开幅、烘干整理等处理，石灰印花还要进行染色。在这些后处理工艺中，蒸化与水洗是最为关键的。

蒸化的主要作用是固色。丝绸印花加工后，色浆仅是附着于织物及纤维表面，大部分染料还没有和丝纤维起作用，因此必须通过高温汽蒸，在较高温度、湿度下，促使染料与纤维反应固着。蒸化时，要把印好的绸匹放入木屋或蒸箱内，把挂绸的木棒用纸包好，防止搭色，密闭蒸箱，在常压蒸汽和湿度下约蒸45～60分钟（蛋白印只需15分钟左右）即成。

蒸化使水印、喷印染液中的染料在较高温度和湿度下与纤维发生反应而固着，使浆印的色浆中糊料吸收水汽，浆层充分膨化，从而使染料迁移进入纤维里层，固着于丝纤维；而蛋白印的蛋白经高温可形成薄膜，固着在绸面上。

水洗是根据不同印花方式的需要而进行的糊料、浮色清洗操作。蒸化后的丝绸可根据不同的印制要求进行处理。浆印需要在清水池内或陶制圆缸中进行汰洗，使绸面上的糊料、浮色溶入水中，洗净后进行脱水、烘燥整理。水印、喷印和蛋白印不做水洗，只需烘燥整理即可。

（四）蚕丝绸整理加工技术

1. 绞丝和绸匹离心脱水

将带水的绞丝或绸匹均匀地堆放在电动离心脱水机的多孔转笼内，使丝绸紧贴圆笼壁周围，靠机械离心力将水向外甩出，经转笼小孔排出机外，丝绸上大部分的水遂被脱除，呈半湿状。离心脱水机除水效率高，省时又省力。

2. 绸匹手工开幅

绸匹手工开幅，就是靠一张平台或一条圆头长凳（俗称拉凳），用双手把卷筒状的织物妥帖地展成平幅。如此开幅不损伤绸面，在丝绸练染厂或染坊均广泛采用。

3. 绸匹单辊筒烘燥

经过脱水后呈半湿状的绸匹，需要先打卷成轴，在张力状态下通过单辊筒烘燥机的金属热辊筒表面进行烘燥；如一次烘不干，可对绸卷进行多次烘燥，直到烘干为止。烘干后的绸匹绸面平挺光滑，但因烘干时受到机械张力的作用，手感偏硬，缩水率较大。

4. 绸匹呢毯预缩整理

呢毯预缩整理是把微湿绸匹在无张力下送入呢毯预缩机中，借呢毯作用，使织物收缩，从而均匀干燥定形。整理时，绸匹先经喷雾给湿，夹在呢毯与大热辊筒之间运行。呢毯循环运转时，其外层一张一弛，形成时缩时伸运动，丝绸与呢毯同时进入热辊筒后，随着呢毯一起收缩，干燥定型，达到预缩目的。呢毯整理特别适用于绉类织物。

5. 绸匹布铗拉幅整理

拉幅，亦称定幅。蚕丝织成的丝绸，在精练、染色加工中，经向易拉长，纬向易收缩，幅宽不匀齐。拉幅是利用纤维在湿热条件下的可塑性，借助布铗拉幅机整理，将绸幅拉至规定尺寸，同时使之干燥稳定。

绸匹在进入拉幅机前，要经过蒸汽给湿，在入口处送入布铗铗舌。这时，两侧布铗间的距离较狭，布铗分歧前进，此后铗舌紧啮绸边，逐渐增大轨道间距，使幅度伸展，直至达到所要求的门幅。行至机器后部时，两侧成平行，保持稳定幅度，并进行干燥。干燥主要依靠拉幅机后部所装的间接蒸汽散热片（汽达管）加热，绸匹在湿热条件下烘干定形，最后略缩小轨道间距，脱铗落绸。

6. 手工刮绸整理

刮绸整理方法仅在染坊中应用。操作时，把经过精练、清洗、脱水后的练白绸，在燥干条件下先将两头用线缝合起来，套在竹竿上，两边均用绳绷紧在木桩上，半干时用钢制的刀轻刮绸面，以增加练白绸的肥亮度。

7. 生丝固胶化学处理

蚕丝的丝胶能与甲醛发生反应，经甲醛处理后，丝胶分子上的氨基、羟基、羧基之间形成亚甲基桥联而产生固化，故而在稀碱溶液和水中的溶解度降低，使丝胶较牢固地附着于丝素，起到保护作用。

固胶处理时，把生丝（绞丝）浸没于甲醛溶液中，在密闭容器里，浸泡一夜，取出干燥即可。甲醛溶液的用量是每立升水中含有 36%～40% 甲醛水 20 毫升左右（用量视固化要求而定）。利用这样的丝胶固化特性，能保护蚕丝在碱性介质中不易损伤，获得硬挺的色生丝织物，但这样的蚕丝光滑度和光亮度有所降低。

8. 丝鸣整理

丝织物精练后，在蚕丝纤维上如残留着微量脂肪酸，在干燥状态下，用手重握丝纤维相互摩擦时，就会发出特殊的窸窣声音，称之丝鸣，被视为蚕丝绸特点。

丝鸣整理，就是把经过肥皂、纯碱精练后的练白绸，用有机酸的蚁酸或醋酸水溶液进行浸渍处理。有机酸不仅能中和丝绸上所残留的碱，还能将留存的微量肥皂转化成脂肪酸，干燥后，就会达到丝鸣效果。丝鸣整理时，应谨慎掌握酸的用量及其在织物上的残留量，以防长期贮藏有损丝纤维强力。

第四节　当代蚕丝绸的印染技术

中华人民共和国成立后，我国丝绸工业进入了规模化的改造和发展阶段，丝绸印染新技术逐渐得到应用与推广。新工艺、新技术的研发和应用，新型染化料的使用以及适用于蚕丝绸小批量、多品种、小张力的机械化和自动化印染加工设备的开发，促进了丝绸印染技术的发展，大大提高了蚕丝绸印染产品的质量和水平，更凸显出蚕丝绸的优雅品质。

一、当代蚕丝绸印染常用合成染料

进入 20 世纪后，世界上合成染料的发展方兴未艾，丝绸所用到的直接、酸性、盐基等染料，色谱日益齐全，应用性能也不断改善。1951 年，瑞士汽巴公司推出了中性染料（1∶2 金属络合染料）、1956 年英国卜内门化学工业有限公司推出了活性染料。这两大类染料的推出，使得丝绸印染中染料的选择范围更加宽泛，色牢度得到进一步提升。中华人民共和国成立以后，我国染料工业逐渐建立，并形成了独立的体系，改变了合成染料完全从国外进口的局面。之后，国产染料的应用越来越普遍，到 2010 年，全国丝绸印染所用的染料中进口份额只占 10% 的比例。

染料产业的发展也曾经历曲折。1970 年前后，染印及相关产业的专家发现，用于合成染料的一个中间体——联苯胺，对人体有较强的致癌作用，特别是染料合成和应用的操作工，致癌比例很高。因此，国际纺织界提出禁用联苯胺染料。联苯胺染料的禁用，保护了染料合成和应用操作工的生命安全，却对黑色系染料造成了无法替代的不良后果。因为没有联苯胺染料，乌黑色的染色效果就很难达到。尽管以后又有一些黑色的替代染料推出，但染出的乌黑程度始终没有用联苯胺染料好。此后，人们又陆续发现有机合成染料中的一些具有偶氮结构的染料，在分解过程中也会形成致癌芳香胺。因此，1994 年 7 月 15 日，德国政府发布了禁止使用 20 种芳香胺及相应的 118 种染料的规定。当时，我国生产的丝绸大部分是出口产品，所以国内丝绸印染企业迅速做出反应，清理了致癌芳香胺的染料。

在现代，丝绸印染主要染料除了近代使用的直接染料、酸性染料和盐基染料外，又新增加了中性染料、活性染料和涂料。

1. 中性染料

中性染料是一种金属络合染料，主要由配位金属原子（铬、钴等）与母体染料（酸性偶氮染料）分子按1∶2的比例螯合而成，能在中性或微酸性溶液中染色。它适用于蚕丝、羊毛、锦纶、维纶等纤维的染色，上染率比弱酸性染料高，对于深色（如黑色、咖啡、藏青等）的染色，具有较好的色牢度，但颜色鲜艳度不如弱酸性染料。

2. 活性染料

活性染料，又称反应性染料。这类染料分子中含有一个或一个以上能与纤维发生化学反应的活性基团，染色时活性染料能与纤维反应，在二者之间形成共价键，从而提高了染色物的耐洗和耐摩擦牢度。但是，某些活性染料的耐光和耐氯漂牢度较差，上色率较低。

3. 涂料

涂料只是一种不溶性的有色粉末，对纤维没有亲和力，不能和纤维结合，多数为有机合成物，也有少量无机物。它只是借助于一种能生成坚牢薄膜的合成树脂（黏合剂），将其黏着在纤维表面。涂料现阶段主要用于印花，染色中应用较少。涂料印花只适用于在蚕丝织物上印制细茎和小面积的花纹，否则无法适应丝绸柔软手感的要求。

二、当代蚕丝绸印染常用助剂

随着化学工业的发展、专用化学药品和助剂的研发，当代蚕丝绸染整技术获得了显著的进步，促进了丝绸印染产品质量和服用性能的进一步提高，使丝绸产品获得了更多的功能性。

进入21世纪后，丝绸印染应用的化学药品种类甚多，出现了许多新型染整专用助剂，如用于精练的表面活性剂、蛋白酶制剂、漂白剂、增白剂，染色的助染剂和固色剂，印花用糊料的淀粉衍生物、海藻酸钠、醚化芙豆胶、羧甲基纤维素等，用于化学整理的柔软剂、硬挺剂、防水剂、抗静电剂等。这些助剂的开发，满足了蚕丝绸各类产品不同染整加工的要求和印染产品的要求。

三、当代蚕丝绸印染常用设备

中华人民共和国成立后，特别是从20世纪70年代末期起，丝绸印染企业通过不断的技术改造和革新，同时与纺织机械工业积极配合，研制和开发出各类丝绸染整设备，并配套形成了体系。与此同时，通过部分引进国外丝绸印染先进设备，国内企业的丝绸印染机械设备状态有了显著改观，已从半手工半机械的生产方式转变为机械化的生产方式，并向着自动化、连续化和电脑化方向发展。至20世纪末，国内丝绸印染机械设备，已能满足生产工艺要求，并具有了当代丝绸印染装备的国际水准。

（一）蚕丝绸精练专用设备

蚕丝绸精练采用挂练槽加工为主，继后又出现了星形架精练机、平幅连续精练机。

1. 挂练槽

挂练槽是当代蚕丝绸精练处理中应用最为普遍的设备，如图10.43所示。一般挂练槽是以木材或不锈钢板制成的长方形容器，上方开口，底部有蒸汽管和多孔不锈钢板。它安置在水泥和木制的长方形外框内，槽壁与外框之间有保温层。精练准备时，要将织物进行折码（即将绸匹按一定方式及长度反复折叠），然后在绸边的一侧钉几道线圈（钉线），再套上较粗的攀绳。精练前，将挂绸杆穿入攀绳，精练时将坯绸投入挂练槽的练液中，挂绸杆的两端搁置在练槽的槽沿上，坯绸即可停留在液面下一定位置进行精练处理。

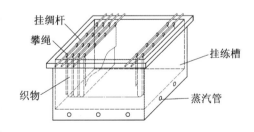

图10.43 挂练槽示意图

2. 星形架精练机

星形架精练机的精练桶及升降机构如图10.44所示，一般5～9个圆形练桶为一组，挂练方式与挂练槽类似。精练时，依靠人工将坯绸单层挂在可旋转的星形架的挂钩上，然后用吊车吊入圆形练桶中精

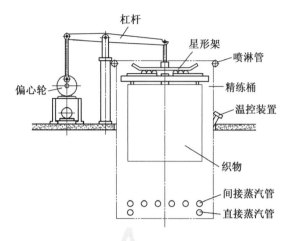

图 10.44 星形架精练机示意图

练。精练水洗结束后，人工将织物脱钩取下。由不锈钢制成的精练圆桶直径约 1.4 米、桶深 2 米，星形架直径约 1.2 米。星形支架上的 12 根横梁下部有 4 组针板，每组针板上有 10 根钩针用于钩挂坯绸的边道。针板末端有锁定机构，用以保证丝绸在精练桶中上下运动时不会脱落下来。中心圆筒的顶端带有轴承，用于钩挂绸边时旋转使用，也起到将星形架吊入精练桶中精练加工时的平衡稳定作用。全部构件均由不锈钢制造。精练圆桶内有直接和间接蒸汽管加热和保温，精练时一般采用 3 只精练桶排列组合，上置吊车，用于织物入桶、起吊、出桶等操作。每桶容绸量最大为 500～1 000 米。该设备适用于较厚重的丝绸织物、真丝平纹、斜纹类织物的精练加工。

3. 平幅连续精练机

悬挂式平幅连续精练机，可以对连续送入的坯绸进行精练。该机由进绸装置、预浸槽、精练槽、平幅水洗槽、出绸装置 5 个部分组成。它采用直流电动机及补偿器连动的方式，使织物在低张力状态下运行。图 10.45 为悬挂式平幅连续精练机的结构图。

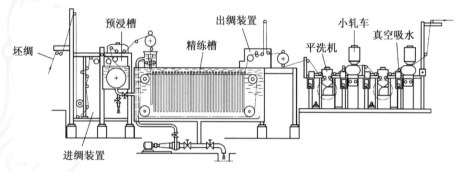

图 10.45 平幅连续精练机示意图

由进绸架、导绸辊及机械吸边器组成的进绸装置可将坯绸送入精练机。预浸槽位于精练槽上端，由蒸汽管加热，槽中装有不锈钢辊筒，半浸于液中，织物包覆其上，经超喂辊送入精练槽。精练槽为主要部件，为长 8 米、宽 2.1 米、高 1.68 米的长方体槽箱，容量为 28 立方米。在精练槽上方装有一进绸口，织物由超喂辊导入溢流槽，练液通过循环泵从练槽底部抽出打入溢流槽，织物随练液一起被引入练槽后，即在练槽的挂杆上成环。

精练槽两边分别装有循环链条，链条上置有挂绸杆，链条由链轮传动缓慢向前移动。8 米长的练槽可容 200 根挂绸杆，连续悬挂折码坯绸，坯绸间距约 4 厘米。挂杆向前移动时，每隔 33 厘米有一高为 4 厘米的锯形斜坡，挂杆由斜坡上行，然后垂直落下，这样就可以避免在接近挂绸杆处产生生块（精练剂聚集区域）病疵，造成局部精练不匀。精练槽底部前后有直接、间接蒸汽加热管，精练槽壁上也有间接加热管。其精练时间可通过调整车速来控制，如车速为 10 米绸/分，即每分钟通过 5 个挂绸杆，则织物在精练槽里的时间约为 1 小时左右。坯绸从精练槽出来以后，进入吸鼓式平洗槽。平洗槽共分为 3 格，每格平洗槽内装有直径为 700 毫米的吸鼓式有眼孔不锈钢辊筒，利用循环泵抽吸喷洗的方法，强劲的水流可通过织物间隙，提高了水洗效率。

平幅连续精练机可以用于各类真丝织物的精练，尤以中薄型织物、绉类织物更为适宜。其脱胶均匀，光泽好。但是，由于精练时间短，用该机精练的练白绸，白度不如用方形练桶和星形架精练的练白绸，用于染色或印花绸的精练则较为合适。

4. 精练前后辅助设备

精练前后辅助设备主要包括退卷机、手工杖码架（挂绸架）、手工圈码架、圈码机、轧水打卷机等。

退卷机是退解绸匹用的设备。丝织厂的蚕丝生织绸匹大都为卷筒状，进入练染工厂后，首先需将绸匹退卷，才能进行染整加工。

为了适应精练槽精练，必须把退卷织物重新码折，即将织物整理成适宜于精练装置要求的形式。根据不同织物的精练要求，通常有"S"形折码和卷绕圈码两种。手工杖码架、手工圈码架和圈码机就是为这两种码折而开发的简易装置。

为了使经精练槽或星形架精练机精练后的真丝绸含水量降低，变得平挺，要对织物进行轧水打卷的后处理。织物采用圈码挂练的，练后仍呈圈折叠状态，还必须先将织物退卷展开，方可轧水打成卷轴。轧水打卷机是将真丝绸展开经清水浸渍后重新打卷成轴的装置。它由长方形不锈钢浸渍槽、主动椭圆形（或六角形）退卷辊、洗涤槽、压液辊、打卷轴等组成。轧水打卷机工作时，真丝绸由主动椭圆形导辊退卷，飘落在清水浸渍槽中，顺序向前，然后通过几根小导辊经洗练槽，由主动辊拉出，进入压液辊，挤去水分，打卷成轴。

（二）蚕丝绸染色专用设备

蚕丝绸的染色设备，在长期的使用、改进和发展过程中，已逐步形成了包括卷染机、绳状染色机、星形架染色机、方形架挂染槽、常压溢流染色机和经轴染色机等间歇式染色设备系列，能适合蚕丝绸各类品种、小批量、多色样的染色加工需要。对于蚕丝纤维染色，也已开发出了适用于上染绞状蚕丝的喷射式绞丝染色机和蚕丝筒子染色机。

1. 等速卷染机

等速卷染机，又称交辊卷染机，俗称染缸。在染色机的缸体（染槽）上，置有一对卷绸辊和卷轴支架（俗称羊角架）。缸体内装有导绸辊、直接和间接蒸汽管、排水阀以及差动轮系传动机构。借助差动轮系机构，可将一个转速分为两个转速，即退卷轴也能主动顺卷轴方向回转，因而减小了织物所受的张力，传绸卷绕时线速度趋向一致，谓之等速或松式染缸。该机有自动记道数、自动调头功能，适合蚕丝纺、绸、缎类等织物的染色。

染色时，织物呈平幅状态，经过导绸辊，通过染缸染液卷绕在卷绸辊上，织物在两卷绸辊间做往复卷绕，达到染色目的。图10.46所示为国产M125B卷染机示意图。

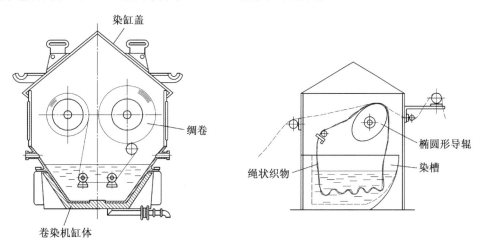

图10.46　国产M125B卷染机结构图　　　图10.47　绳状染色机示意图

2. 绳状染色机

绳状染色机是对于连续地结扎为绳状形态的织物进行染色的装置（图10.47）。它由染槽、椭圆形导辊、挡板、分绸档、六角盘等组成，始用木制，后均用不锈钢制造，表面光滑，机身有顶盖可以密闭，染槽底部有直接和间接蒸汽管（可加热保温）以及排液孔。染槽容积约为2 000～3 000升，容绸量可达 60～100 千克。染色时，织物呈绳状头尾相接，浸入染浴中，在松弛状态下，由椭圆形导辊带动，不断循环前进，进行染色，并不时改变绸的皱褶状态，使染液能均匀地接触织物每一部位，从而达到匀染目的。

3. 星形架染色机

星形架染色机是比较适合蚕丝织物染色的设备（图 10.48）。它主要由不锈钢材料制成的大圆柱形染槽和星形挂绸架组成，配有循环泵，能让染液由下而上循环，并兼作冲动星形架动力，使星形架绕轴旋转，转速约每分钟 15 转次左右。染槽底部有直接和间接蒸汽管、可折叠的多孔夹层板和排液孔，中央有允许星形架绕轴旋转的插座。一般染槽容量为 2 000 升，有效染色织物门幅为 1 200 毫米，容绸量 120 米。挂绸用的星形架是一个两头有圆盘的金属架，圆盘联结档上装有许多挂钩，可供织物织边被手工连续围绕，一层层挂上，圆盘架两头有螺丝可调节织物张力至要求范围。

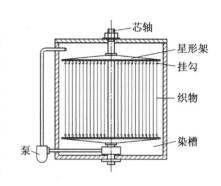

图 10.48　星形架染色机示意图

星形架染色机的染槽上方装有电动吊车，可上下、左右移动，将挂有织物的星形架吊入染槽染色。根据需要，星形架起落或开动循环泵，使染液流动，防止染色不匀。星形架染色时，织物呈平幅状，因层与层之间有间隙，染液容易流通，织物相互之间摩擦较少，染色效果好。星形架染色机构常用于加捻织物如双绉、重绉、乔其等的染色。

4. 方形架挂染槽

方形架挂染槽由不锈钢方形染槽和方形框挂架组成。其染槽为各边长 1.5 米的方形槽，槽底有直接和间接蒸汽管及排液孔，染槽容绸量一般为 200～400 米。不锈钢方形框架，由钢构、钢针挂绸，门幅约为 1 米，能用螺旋调节门幅，钢构是直杆环形钩。方形架染槽按染色工序的需要，可由数个方形槽组合而成，槽的上方配备吊车，可使方形框架上下起吊或前后移动。

染色前，先将织物沿经向码成 S 形折码，然后将织物边的上摆在 4 等份或 5 等份各处，下摆在近拆边左右处，穿上钢针和扣上螺旋杆，把织物一匹一档地挂在方形框架上，接着将挂上绸的框架吊入染槽染色。方形架挂染槽比较适合纺、绉类蚕丝绸的染色。图 10.49 所示为方形架染色架和染色槽示意图。

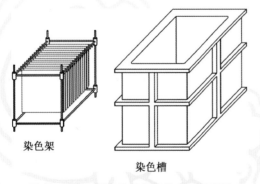

图 10.49　方形架染色架和染色槽示意图

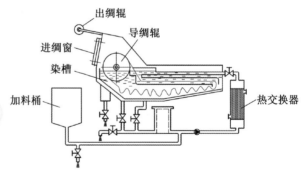

图 10.50　常温常压溢流染色机示意图

5. 常温常压溢流染色机

常温常压溢流染色机由染槽、导绸多角盘、溢流管（有单管、双管和多管式）、列管式热交换器、循环泵、回流阀、配液桶等组成，最高工作温度为 98℃，由热交换器加热（图 10.50）。

染色时，将织物多匹头尾相缝接，使呈绳状，由导布多角盘及染液溢流带动循环运行。织物在染浴中呈漂浮松弛状态，张力较小，与染槽的摩擦相对减少，染色均匀。蚕丝绸染色一般为 3～4 匹/管。溢流染色机适用于双绉、提花绸类织物的染色。

（三）蚕丝绸印花专用设备

1. 印花设备

20世纪以后，蚕丝绸印花设备的技术及装备水平不断提高，从手工印花台板已发展到自动台板走车。进入21世纪，连续布动平网印花机和圆网机的引进，以及数码印花机的出现，进一步改善了印花产业的整体技术水平，拓宽了蚕丝绸印花技术领域，提高了蚕丝绸印花产品的质量。

（1）手工筛网印花台板

手工筛网印花台板品种比较多，如果按加热分，有冷台板和热台板两种；按热源分，有电加热和蒸汽加热两种；按摆放位置分，有平台和斜台两种；按软硬分，有软台面和硬台面两种。

手工筛网印花台板长度有40～80米多个品种，机台高度约65厘米，宽度约1.5米。台面两边装有打好对花规矩孔的槽钢轨道，供筛网框上的规矩钉嵌入。在台面两旁有冲洗的排水管道，热台板下装有低电压电阻式电热器或蒸汽管间接加热装置。图10.51和图10.52所示为两种印花热台板，前者为电加热台板，后者为蒸汽加热台板。

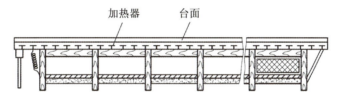

图10.51　手工筛网印花电热台板示意图

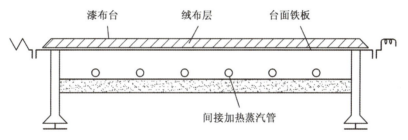

图10.52　手工筛网印花蒸汽热台板横截面示意图

最初，手工印花台板都是采用平台板。平台板占地面积大，印制工人在单人刮印时，弯腰次数多，劳动强度大。为了改变这一状况，人们将印花台板按45°倾斜改造成了斜台板（图10.53），从而克服了平台板的缺点。

平台版

斜台版

图10.53　手工平台版和斜台版

初期的手工台板台面为钢板，钢板面上铺绒布（棉毯或毛毯），然后再绷上便于冲刷的漆布（人造革），以增加弹性。后来人们发现，如果直接使用钢板，在钢板表面和接缝处刷上原子灰，等原子灰干透后用砂纸磨平，上好贴绸树脂，印出来的花形精细度更好。前者台板上铺有绒布，有一定的弹性，称为软台面；后者仅以钢板为依托，没有弹性，称为硬台面。

(2) 台式平板网印机（自动台板走车）

台式平板网印机的结构基本与手工筛网印花台板相似，但采用全自动（自动定位、自动刮印）的印花筛网框架，称为全自动印花刮刀。其与手工筛网印花台板的区别在于有一个可以自动行走、自动刮印的印花框架，俗称小电车。它的定位也是采用滑块，由人工调节，印花尺寸可以变动。根据传递动力方式的不同，台式平板网印机主要有电动、气动和液压三种不同型式。

电动台式网印机由电动机传动，在台板轨道上滑行，花版升降、刮刀刮浆均为电气配合的机械动作，刮印方式可跳版或连版，台板冷热均可。该机型台板与台板之间装有过渡转换台，当一块台板上刮印操作完毕后，可转到另一块台板上继续刮印，一般可连续刮印四块台板。

气动台式网印机的运行、定位、花版升降、刮印起版，都是利用压缩空气传动的。压缩空气借助一个压缩空气站，用压缩空气泵通过软管送至车上。运转时，稳定性好、单边先起版，可防止溅浆，车上可调节对花位置。

电动液压台式印花机的运行移动、花版升降和定位由电动机传动，单边起版，但刮刀刮印为液压传递，液压泵位于本车上，电气由长导线联结，随机移动。

(3) 平板网印机（布动网印机）

平板网印机是模拟手工筛网印花的动作，以机械驱动的自动化印花机。其花版、刮刀机构基本与手工筛网印花台板相同，两者的区别在于手工台板印花是将织物固定在台板上，移动花版刮印，而平板网印机中，网框在固定位置上自动升降、刮印，仅移动台板上的印花导带，导带带动织物前进，所以它又被称为布动网印机、导带式平板网印机或自动平板筛网印花机等。

该机由进绸装置、导带、导带水洗装置、刮印架、烘箱、控制面板等几大部分组成，基本结构如图10.54所示。

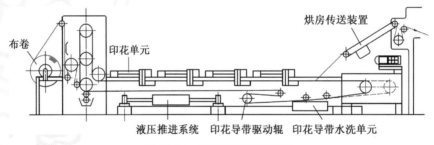

图 10.54 布动网印机示意图

自动平板筛网印花时，织物从布卷上通过热压辊平整地贴在无接缝圈状橡胶导带上，随着导带游动辊进入平网印花单元，待全部刮印后，由烘房传送装置送入烘房烘干。整台印花机由液压推进系统带动循环运行，准确地间歇前进（间歇前进的距离为40～160厘米，可调节）。印花导带上涂有树脂台板胶，当热压辊加热时，树脂台板胶产生黏性，可以把绸匹黏牢。

平网印花的印花单元上装有筛网框架与刮刀。筛网框架的升降和导带间歇前进的动作是交叉进行的。当升降架降到筛网与织物贴合的位置时，刮刀进行往复的刮浆，每把刮刀往复的次数由电动设备控制。导布出口的下部装有水洗单元，作用是除去印花后导带上的糊糊和色浆。平板网印机的传动方式有机械传动、液压传动、气压传动等，定位方式有光电定位、电磁吸铁定位等。

(4) 圆网印花机

圆网印花机（卧式）的形式与平板网印机类似，有进布装置、电热树脂台板加热辊、连续转动无接头橡胶导带、余浆洗涤装置，区别只是将平网花版改成了圆网花版（图10.55）。其印花圆网为镍网，刮刀放在圆网中间。早期，刮刀都用橡皮，后改为不锈钢和磁棒。机器运转时，圆网滚动，织物随导带前进，刮刀不动，色浆由浆泵送入圆网间，因装有液面自动控制装置，圆网与导带之间距以及前后、左右对花均由调节装置或自动调节装置控制。机台运行时，圆网线速与橡皮导带同步前行。机械门幅有165～320厘米多种规格，圆网圆周（花回）有64.2厘米、92.3厘米、108.0厘米等多种规格，可套色

10～15种，每分钟可印花9～90米。烘干设备为履带式单面接触热风烘干，由蒸汽或油载体加热，烘干效率较高，可适应高速度运行。

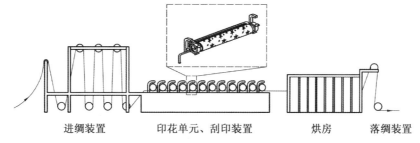

图10.55　圆网印花机印花部分示意图

圆网印花的优点是没有花回接痕，尤其适宜于印制经向连续花纹、直条花纹、整齐规则小几何图案，这是平板网印所无法比拟的。同时，它无须升降网板间歇刮印，而是连续运行，所以车速较高，适合于大批量生产。但是，圆网印花机的印花网之间排列得很近，丝绸织物较薄时，吸水性不够好，容易在湿罩湿印花时产生搭色。另外，由于印花所用的镍网目数没有筛网高，所以印花的精细度、对花准确度没有平网、筛网印花好。因此，丝绸印花较少采用圆网印花机。

（5）台式圆网印花机

台式圆网印花机，即圆网印花行车。其印花台板与手工筛网印花台板基本相同，可任意采用冷台板或热台板，圆网装在行车架上，对花等装置机构与圆网印花机相似，但为了防止行车与台板相对滑动，行车必须在长齿条上行走，才能保证对花位置固定。当圆网在台板上运行刮印完一套后，提起圆网，回到原处，再换上另一个圆网，经对花调整，再印第二套色，这样可印任意多套色，并能印制平板网印难以接版的花纹，适合小批量生产。

（6）数码印花机

进入计算机技术迅速发展的21世纪以后，数字化印刷技术也带动了丝绸印花技术的变革与发展。借助计算机数字化技术的数码印花设备可以对各种不同的材料施印。因为数码打印机是利用电脑的直接输出进行打印，故无须胶片或任何形式的印花模板，可以实现全彩一次成像，且印花定位精确、印刷色彩丰富、保真度高，印刷时无须直接接触绸布。数码印花设备一般通过彩色墨水喷射方式进行打印和染色。数码印花设备在丝绸织物上印花时，一般只需要4道工序，即印花前，涂布介质涂层→打印→烘干→整理，操作极为简便。

数码印花设备由进布、导带、喷印系统、烘干出布和控制台几大部分组成，其结构如图10.56所示。

21世纪以后，我国已经能够生产数码印花机，如杭州宏华数码科技有限公司的VEGA系列数码喷墨印花机、浙江开源电脑技术有限公司的彩虹系列数码喷墨印花机，与此同时，生产中也使用从国外引进

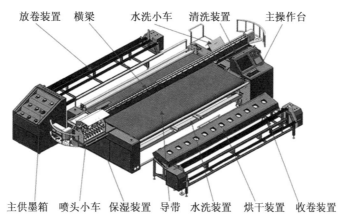

图10.56　数码印花机结构示意图

的数码印花机，如意大利的 ReNOIR 系列和 MS JPK LaRio 系列喷墨印花机，日本的 SureColor F 系列、Nassenger PRO 系列喷墨印花机。

2. 平板网印台板的辅助设备

平板网印台板的辅助设备主要有洗涤装置、贴绸装置以及印花时的色浆刮刀等。

洗涤装置由圆辊毛刷、刮刀、喷水管、贮水箱、手车等组成。手车借电动机传动，可沿台面两边轨道向前向后移动，进行喷水洗刷，以去除贴绸用的糯糊和印花残留色浆，将台面漆布清洗干净。

贴绸装置由贮糊槽、刷糊辊、绸卷和压绸辊组成，当贴绸装置沿轨道向前移动时，刷糊辊把糯糊均匀地刷在漆布上，用压绸辊将绸卷展开，平整地压贴在面板上。

平板网印的色浆刮刀（刮板）是一种手工刮刀，用于手工平板筛网印花的色浆刮印，一般都用橡皮刮刀。橡皮刮刀是将橡皮镶嵌在木板或铝金板内制成的。根据操作习惯，刮刀有装木柄的和不装木柄的两种。橡皮刮刀富有弹性，软硬适宜，容易在网板上把色浆刮印均匀。330 毫米花版网框用的刮刀长度为 450 毫米，总高度为 125 毫米，橡皮高度为 40 毫米，橡皮露出部分为 25～28 毫米，橡皮厚度为 7～8 毫米。

磨削刀（板）机是对于色浆刮刀进行加工的装置，专门用于平网印花的橡胶刮刀在刀夹上的装嵌和刮刀形成角度的磨削。橡胶刮刀可锉磨成大圆口、小圆口、软斜口、快刀口等数种刀口，可根据花版花纹面积大小、线条粗细、织物组织的需要合理选用不同刀口的刮刀。

3. 平网花版制作设备

平网花版由网框和筛网组成，筛网通过绷框机被平整地绷紧在网框上，涂上感光胶后，用手工分套色描绘（或电脑分色）的透明黑白稿片贴合，经感光机感光、冲洗、坚膜等工序制成平板筛网花版。手工台板和自动印花机所用的网版，制作工艺相同。以下为平网花版制作所需要的器械。

（1）筛网框

最早的筛网框是木制的，用洋干漆胶框，木架遇湿热易变形，而且比较重。后来，采用异形无缝钢管金属框架，钢管要求刚性好、变形小、重量轻。它要有一个斜边，主要是为了减小与台板的接触面积，防止框架压糊已印的花形。为了减轻网框的重量，也可以采用铝合金网框。

（2）制黑白稿器械

制黑白稿根据画稿上的不同图案和要求，可选用手工描绘、照相分色、电子分色三种方法。

手工描黑白稿时，将彩图花稿或织物印花实样分清套色后，要用手工在透明片上将每一种色彩分别描绘成黑白花纹。

利用胶片感光连晒机可以加快印花黑白稿描制的速度。对于某些连续性小花或小单元几何图案花纹，描稿只需绘画出一个或几个很小的单元，把它翻成负片，然后在连晒机上通过纵横连晒成由许多小单元组成的大的正片，即可供制作网板使用。以此为目的的胶片感光连晒机常用手动机械式。

手动机械连晒机主要结构为一个放置感光片的水平台面，上面铺毛毡及橡皮布，感光片贴在台面上，负片架及光源灯盒装在其上方的滑行架上，可升降。印花时，由手动拨盘转动螺丝杆做纵向、横向移动，拨盘上有精密计数刻度，借以对准花回位置。感光时间由时间继电器控制，感光负片玻璃框有多种规格。操作时，将玻璃框拉出，放在定位台上，对准十字线贴上负片，然后装上滑行架，转动拨盘按花回尺，一单元一单元纵向、横向逐一感光连晒。

照相分色可用自动连晒机。自动连晒机的连晒原理和手工连晒机一样，只是在连晒时用手工操作的连晒部分由机械自动完成。进行连晒前，先由人工在连晒机上按纵向、横向校正花回连晒尺寸（用滑块定位），调整所需感光时间，按下启动扭，即自动横向或纵向连续自动感光。

晒印照片以前，需要用照相机从彩稿上制得不失真的相片。可将原样或描稿放大或缩小，对难以描绘的花样，可直接拍摄成负片或正片，制成带网点云纹的黑白稿片，部分彩色图案通过照相机可分色相制成黑白稿。一般软片尺寸为长 55 厘米、宽 70 厘米。

利用电子分色是进入 21 世纪以后的新技术，常使用电脑花样描稿分色系统，简称电子分色系统。印花彩色稿经扫描仪扫描后输入计算机，通过计算机分色软件的处理，可形成黑白影像。将黑白影像数据传输给激光照排机，使胶片感光，可形成分色后的黑白胶片。输出幅面根据印花门幅决定，输出精度随计算机技术的发展提高很快。电脑描稿分色系统的应用，改变了手工描稿效率低、误差大的缺陷，提高了工作效率和产品质量。

（3）绷框机

绷框机是将筛网紧绷后用专用黏合剂将筛网和网框相互黏合而形成的印花网版。绷框的张力要求均匀，不致产生变形而使花纹走样。绷框机有手摇机械、电动机械、气动和液压及多框等形式。多框绷框机为机械传动针板式绷框机，该机绷网张力均匀，可同时进行一个网框或几个网框的制作。

（4）自动上胶机

自动上胶机用于平板筛网上感光胶，可单面上胶，也可双面上胶。刮胶可自上而下或由下而上移动。调换刮胶斗，可进行多种尺寸网框上胶。刮胶速度可调节。

（5）筛网感光连拍机

筛网感光连拍机主要用于平板筛网印花中的网版花形感光。上好感光胶烘干后的网版，即可在筛网感光连拍机上进行感光。拍照时，可以使用各种不同方式的相机。

手动机械感光连拍机为卧式机，光源用紫外光或日光灯。筛网框固定在滑行架上，可前后左右移动，采用滑块定位对准花回。上压板为气动式，与曝光电钮连动，曝光时间由时间继电器控制，启动后，上压板下降，使黑白稿紧贴在筛网上，自动开灯按指令时间曝光，自动关灯。压板上抬，一个过程（一版）即完成。然后，用人力推动滑行架，到第二个对花位置，再如上操作，直至全部感光完成，精度可达到 0.1 毫米。

自动感光连拍机也是卧式机，连拍原理和手动机械感光连拍机相同。只是其与手动机械感光连拍机的区别由原来人工一版一版地推动滑行拍，变成一版一版自动滑行连续拍完成。该机由机架、光源箱、光源导轨、网框车、框车导轨、压紧部件等组成，光源为 20 支 40 瓦的 YSD 紫外线印晒灯管。

其压紧部件由压紧电机、压紧架以及丝杆传动压紧系统上下限位开关组成。压板以机电传动使黑白稿与筛网压紧。感光有效尺寸小于等于 2.2×1.0 平方米，或小于等于 2.6×2.0 平方米。

喷墨（蜡）平网制网机（图 10.57）是在激光照排感光原理基础上，开发出的一种新型制网设备。制网时，制网机先读取经电脑分色处理生成的图像文件，接着以专用喷墨（蜡）打印软件进行工艺处理和排版，驱动喷墨（或喷蜡）打印头，把专用墨水（或黑蜡）打印在涂有感光胶的平网网版上，形成花形图案，再通过曝光、冲洗，制成生产用的网版。它可以

图 10.57　喷墨（蜡）平网制网机

省略感光用的黑白稿胶片，既减少工序又节约胶片，而且没有连拍机产生的接缝痕迹，对制作满地云纹花型和非常精细的满地细格子、细线条很有优势。

4. 制浆设备

用于印花的原糊制备和色浆调制设备，主要包括煮糊锅、真空滤浆机、球磨机和色浆搅拌器等。

（1）煮糊锅

煮糊锅为开口式锅形，锅身为一夹层，外层为铸铁，内层为紫铜或不锈钢，安装于两侧的机架上，由架的一侧可通入蒸汽于夹层中加热。锅上装有安全阀与压力表，以控制煮糊时所用的蒸汽压力。锅的两侧有进出水口各一个，作为夹层冷却时进出水之用。锅底外层有排水阀，用以放去废气及冷凝水；内层锅底有突出的法兰婆司与搅拌器的圆轴相吻合，锅身一侧有扭齿轮，可使锅身向前倾斜，便于出浆。锅中央有可升降的双轴芯，搅拌器有传动装置可使其缓缓转动，借手轮之作用，可上升或下降。锅容量有 100 升、200 升、300 升等多种规格。

(2) 真空滤浆机

真空滤浆机采用不锈钢丝网真空吸滤，由滤浆斗（容量为 100 升）、滤浆桶（200 升）、滤浆网（100～120 目）、真空泵、输浆泵组成，浆料通过不锈钢丝网真空吸滤，可除去杂质、浆块。

(3) 球磨机

球磨机用于使某些粉状染料或化学品达到印花需要的细度。其机身为一铸铁锅，直径 65 厘米，高 33 厘米，锅内盛有大小不等的钢球，直径有 5 厘米、7.5 厘米、10 厘米等 10 余只。染料或化学药品加水和助剂放入锅中，当球磨机锅身转动时，其中的钢球也随之而滚动，染料或化学品颗粒因钢球滚动的碰击摩擦而被研细。

(4) 色浆搅拌器

色浆搅拌器用于调制各种印花色浆、乳化糊等。它采用立式叶轮机械式搅拌和立式电动机，直接传动借助于叶轮片组成的搅拌头，搅拌速度最高达 2 880 转/分；叶轮可升降；采用点动式电动机机械传动，使螺杆升落，便于容器桶的拉出和拉进。

5. 蒸化设备

丝织物印后经烘干，还需要在蒸箱中经较高温度、湿度和压力蒸化，以使染料扩散到纤维内，并在纤维内固着。蒸化设备最早为木制蒸箱，后改进成间歇式圆筒蒸箱，继而又发展成了长环悬挂连续蒸化机。

图 10.58 所示是圆筒蒸箱结构示意图。内有星形挂绸（圈挂）和 Z 形挂绸（折挂）两种挂绸架子。其中，星形挂绸架为一个可以转动的星形圆铁架，架上有 12 根通过圆心的横档，各横档上装有 25～35 排钩针，用以钩绸，操作时将一层衬布和一层待蒸化印花绸同时圈绕，将衬布吊在钩针上。另外一种 Z 形挂绸架是有脚的圆形铁架，架上装有挂绸钩针，待蒸织物直接来回钩在架上。绸挂妥后，挂绸架用电吊车吊入蒸箱内，盖上顶盖，用螺丝旋紧封闭。

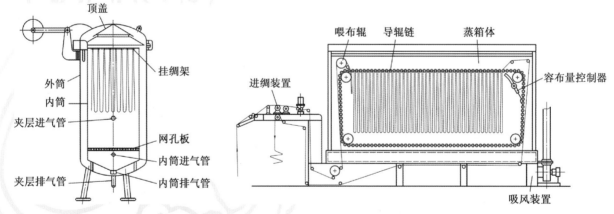

图 10.58　圆筒蒸箱结构示意图　　　　图 10.59　悬挂式连续蒸化机示意图

悬挂式连续蒸化机（图 10.59）为一长方形箱体，织物可以连续进出。织物进出方式有前进后出、前进前出两种。为了操作和监测方便，现在的连续蒸化机基本都采用前进前出方式。当织物进入蒸化机时，有一个成环机构，使之成一个长环，悬挂在挂杆上，挂杆连接在循环传动的链条上缓慢地前进。箱体织物悬挂容量有 80～400 米等多种规格，蒸化速度可在每分钟 10～40 米内调节。连续蒸化机的优点是连续生产，效率高，操作工人劳动强度低，蒸汽循环好，发色均匀，没有两边深浅。但是，酸性或直接染料直接印花织物的得色量不及圆筒蒸箱。

6. 水洗设备

织物经印花蒸化后，需通过水洗去除上面的糊料、助剂和浮色等，从而获得鲜艳的色彩和柔软的手感。蚕丝绸印花的水洗设备，早期常用水洗槽，后为绳状水洗机，以后又发展为松式平幅水洗机。

（1）水洗槽

水洗槽是用水泥瓷砖砌成或用不锈钢板制作的长方槽，织物在槽中浸泡，手工洗涤，可从一边进水，另一边溢流，使清水与脏水不断交换，借此洗掉丝绸上的染料、助剂和浮色。

（2）绳状水洗机

绳状水洗机如图10.60所示，主要是由木质或不锈钢板制成的水槽、椭圆形导辊以及槽中小导辊、分绸栅、挡板等组成的。织物运行时呈绳状，由椭圆导辊带动织物前行，并没入水槽中。织物经在水中适当浸泡后，由椭圆辊带出，做反复循环运转清洗，洗完一个过程，换水再洗。一般每台水洗机可容纳10～20匹丝绸同时水洗。

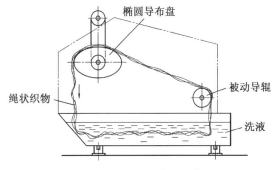

图10.60　绳状水洗机示意图

（3）平幅水洗机

平幅水洗机有松式导辊式、振荡式、圆网吸鼓式几种形式。松式导辊式主要利用流水及压力冲洗；振荡式水洗机的水洗槽内装置了振荡水洗辊，借助水的波动能量促使织物上的附着物迅速落下；圆网吸鼓式水洗机是借强力的水泵抽吸力量，强迫水流通过织物间隙，从而达到提高洗涤效果的目的，洗涤效率较高，比较适合洗涤组织稀松的织物。

水洗机的水洗槽，可根据工艺需要来排列组合。图10.61所示为引进的西德阿托斯吸鼓式水洗机。运作时，全机以直流电动机控制松式连动，强烈喷淋水可以回用，后格清水亦可打至前格回用，卧式浸渍槽上方有一金属网，做不断向前推动动作，帮助绸匹徐徐向前。其容绸量约为120米，可加热，以帮助糊料充分膨化洗除。

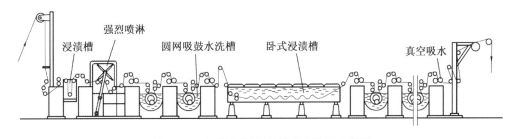

图10.61　西德阿托斯吸鼓式水洗机示意图

（四）蚕丝绸整理专用设备

当代的蚕丝绸整理设备一直沿用单辊筒烘燥整理机、呢毯整理机以及离心脱水机、轧水机等设备。蚕丝绸的烘燥趋于以热风松式烘燥设备为主，如悬挂式热风烘燥机、圆网烘燥机、热风布铗拉幅烘燥机等。而单辊筒烘燥机仅用于不易缩水的缎类、纺类织物。为改善穿着效果和服用性能，出现了橡毯呢毯预缩机、小布铗拉幅呢毯整理机、汽蒸预缩机、连续蒸呢机、柔软整理机等机械化整理机，还有用于化学整理的热风拉幅定型机等。

1. 悬挂式热风烘燥机

悬挂式热风烘燥机由热风室、进出绸架和风机组成。热风室内左右设有两条环状链条，其间由小导布辊连接着。织物进入口有一特殊机械装置，可使潮湿织物绕过运行小辊，下垂成圈状而悬挂在小辊上，随着链条的循环慢慢前行。空气经过蒸汽加热器加热后，由风机送入热风室顶部，从上面吹入室内，利用约80℃热空气循环使得织物在松弛状态下均匀烘干。

2. 圆网烘燥机

圆网烘燥机由一座热风房、房内两个大金属圆网（直径约1.4米，工作幅度为1.8米）、织物入口橡皮履带以及离心式风机、多管套片式加热器等组成。运作时，织物先打卷成轴，进入橡皮履带，平整无张力地进入热风房，包在房内两个大金属圆网上往前运行。热风从顶部和底部吹入圆网，圆网内用离心风机抽吸，使热风透过织物间隙循环。其烘干效率较高，绸面亦较平，特别适合于绉类高花织物。

3. 热风布铗拉幅烘燥机

热风布铗拉幅烘燥机可供织物进行拉幅烘燥整理。该机有热风烘房（长约14米，宽4米，高约2米），房内左右两边装有铝合金铸的环形布铗链条、供布铗链条做循环运转的轨道、电动及手动的调幅和自动探边装置。热风循环系统包括轴流风机、蒸汽散热器及上下风道、狭缝式风口等。热风最高温度为100℃，调幅范围为16～60厘米，每分钟可处理织物约50米，机前还配有气压二辊轧车。进行织物整理时，织物轧水后被喂入布铗咬住，布铗沿轨道前行，进入热风烘房。布铗徐徐拉宽，热风从织物上下两面喷风口喷向织物表面，湿气从烘房上方的排风管排出或由热风循环带走，使织物在纬向紧张状态下烘干，达到拉幅、整幅、烘燥的目的。

4. 热风拉幅热定型机

热风拉幅热定型机由热风烘房、布铗链、轨道、热风循环系统等组成，它与热风布铗拉幅烘燥机结构基本相同，不同的只是其热定型机烘房内（定型区）温度可达180℃以上，可以用作丝绸织物拉幅或进行特种化学整理加工。热风拉幅热定型机的热源一般有两种，一种是蒸汽热源，温度低于150℃，作拉幅烘燥用；另一种是高温热源，温度为180℃～230℃。高温热源取得途径有电加热、煤气燃烧加热、二苯醚载体加热、油载体加热等。

热风拉幅热定型机，一般在机台前面配有一台或两台压缩空气加压的二辊斜轧车或平轧车，以及配液设备，电动、手动或光电自动整纬器。轧车由直流或整流子电动机单独传动，轧车与布铗之间松式连接（由补偿器调节张力），出布有冷水辊或静电消除器及打卷设备。布铗由铝合金钢制，有的是布铗、针板二用。布铗轨道在石墨条上平滑运行，无须加油。布铗进绸口有自动探边、超喂、整纬等操作按钮和装置。为了方便化学整理加工，有的设备还配有短环热风烘干机，湿织物进入该机热风箱后，形成平幅环曲状态，被热风烘干。常同轧车、热风烘干机、布铗（针铗）拉幅热定型机组成联合机，以适应化学整理的需要。

5. 橡毯、呢毯预缩机

橡毯、呢毯预缩机主要用于织物的预缩整理，亦称机械防缩。它采用可压缩而有弹性的无缝环状橡胶毯和呢毯，包覆在加热金属大烘筒上循环前进。织物夹在弹性毯与烘筒之间，经预缩后，不但缩水率低，而且还具有优良的光泽和手感。

预缩机由进绸架、给湿装置、1.4米布铗拉幅区、橡毯收缩机、呢毯整理机、落绸架等组成。运作时，蒸汽加热辊筒后，织物经过给湿，通过布铗拉幅，然后贴于橡毯或呢毯上运行。织物先进入橡毯进行预缩处理，再经呢毯整理。其基本结构如图10.62所示。

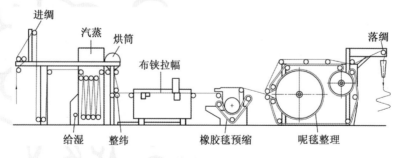

图10.62　织物橡毯、呢毯预缩机示意图

橡毯罗拉直径约为60厘米，橡毯厚约6厘米、长40厘米，无接头。呢毯为针刺毛毯，呢毯辊筒直径为2米。张力可调节呢毯烘干转鼓的直径为800毫米，适用织物最大幅宽为1.8米，每分钟可处理织物5～100米。

6. 小布铗拉幅呢毯整理机

小布铗拉幅呢毯整理机是通过蒸汽喷雾的方法，利用拉幅机的一对布铗轮对丝织物进行拉幅和含湿量调节的装置，由进绸架、给湿装置、布铗拉幅机、呢毯整理机（呢毯烘干烘筒）、落绸架等组成。布铗拉幅机的布铗轮中心距约 9 米，布铗轨道调幅用齿轮减速电机传动。在织物运转过程中，亦可进行调幅，拉幅时，烘燥采用圆形翅片散热器蒸汽加热。呢毯整理机用无接头环形针刺毛毯，呢毯的不锈钢大烘筒直径为 1.2 米，呢毯烘干不锈钢小烘筒直径为 57 厘米。呢毯运转设双辊筒呢毯跑偏修正装置，热能为蒸汽。拉幅机和呢毯机前各设有一个蒸汽喷雾装置，用以调节织物拉幅和呢毯整理前的含湿量，从而取得最佳整理效果。整机采用交流变频调速电机，分别驱动拉幅机和呢毯机的运转，中间由张力辊控制两单元的同步运转。每分钟可处理织物 15～40 米，处理织物的最大幅度为 1.6 米。

经过拉幅、呢毯整理，可改善真丝织物的光泽和手感，并有一定预缩效果。

7. 连续蒸呢（绸）机

连续蒸呢（绸）机的主体是一只表面有小孔的空心不锈钢大辊筒，辊筒可通蒸汽（又称喷气辊筒），大辊筒直径约 1 200 毫米，辊筒上包裹无接缝呢毯和抽气冷却装置。

连续蒸呢（绸）机有多种机型，可将织物在一只多孔大辊筒上汽蒸和抽气冷却；也有织物夹在环形衬毯（呢毯）与多孔大辊筒间汽蒸，而在另一辊筒上抽气冷却；还有多孔大辊筒和呢毯辊筒分别为两只连续蒸呢（绸）的加工。经过蒸绸后的织物，可获得柔和光泽及蓬松手感。

8. 柔软整理机

柔软整理能使织物组织和纤维间相对关系松动，破坏烘干时在湿热状态下因丝纤维的热可塑性而形成的"板硬"结构，使得织物变软。通常采用的方法有机械柔软整理、气流四机械柔软整理以及砂洗等方法。

机械柔软整理机是利用织物在上下两排搓绸辊之间穿过（搓绸辊全部被动），来达到搓揉目的的。其作用力的大小可由上下两排搓绸辊的升降加以控制，柔软效果则随通过次数来掌握。

气流机械柔软整理机目前仍以自意大利引进的气流式柔软整理机为典型模式。该整理机中，利用气流和织物、织物和管壁、织物与织物、织物和栅格、织物和助剂间的物理摩擦、搓揉、拍打及化学作用，消除了织物在纺、织、印染过程中的内应力，使织物组织蓬松、纤维蠕动、微纤起茸，最终可使织物获得良好的柔软蓬松感，并基本消除在整理过程中产生的皱印等疵病。湿蚕丝绸在这台设备上整理，还可以获得砂洗的效果；干蚕丝绸在这台设备上整理，少加或不加柔软剂，可使织物获得蓬松柔软的手感。

砂洗设备是利用特殊的助剂在织物表面产生砂洗效果的装置，主要由砂洗机、离心脱水机和烘干机构成。蚕丝绸砂洗是借助特殊的助剂使丝纤维膨化，然后利用砂洗机和烘干设备的摩擦，使绸面产生一层柔和的霜白茸毛（俗称灰伤）。砂洗一般采用工业卧式洗水机（砂洗机），烘干在立式转筒烘干机中进行。图 10.63 所示为砂洗设备的主要装置。

工业卧式洗水机　　　离心脱水机　　　立式烘干机

图 10.63　砂洗设备

（五）蚕丝染色专用设备

生丝成型产品绞装丝或筒子丝，在进行后道工序加工之前往往还需要进行染色处理。由于绞装丝或筒子丝在丝条聚结形态上差别很大，所以对这两种生丝成型产品进行染色及烘干处理的设备也很不一样。

1. 喷射式绞丝染色机

喷射式绞丝染色机是对生丝丝绞以管子喷射方式进行染色的装置。机器由染槽、多孔喷管、转动棒、输液管、水泵等组成。每根喷管均装有流量调节阀，可以调节喷管的染液流量。每根喷管上套挂绞丝的容丝量为5千克左右。喷射式绞丝染色机染色时，绞丝套在多孔喷管上，染液通过过滤网及弯管进入循环泵后，再经循环阀的控制和分液箱进入喷管，对绞丝喷淋，顺绞丝下流至染槽。与此同时，通过转棒转动，可使套在喷管上的绞丝移动位子，改变和喷管的接触位置，从而达到匀染。

2. 筒子染色机

筒子染色机适用于蚕丝的筒子脱胶和染色。染机容量规格很多，小到几千克的试验机、大到1 000千克的大生产设备，机型多种多样。该机由不锈钢染色缸体、装填机构、染液循环泵、加料桶及微电脑控制系统组成，结构如图10.64所示。该机采用体内换向离心式泵进行染液循环，循环染液的最高压力为0.35 MPa，最高温度为130℃。

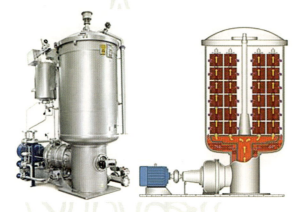

图10.64　筒子染色机

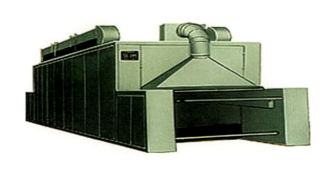

图10.65　绞丝烘燥机

3. 绞丝烘燥机

绞丝烘燥机用于绞丝脱水后把绞纱挂在绞棒上，用输送带或转动的绞棒系统通过导轨送入烘房中烘燥。烘房采用热风循环连续烘燥，烘燥温度为80℃～90℃，使用蒸汽压力为0.3 MPa（图10.65）。

绞丝烘燥机的烘房由8个连续配置的烘箱（节）组成，烘丝时可根据生产品种和数量在3～8节间选取。烘干效率由选用的烘箱节数确定，每小时大约可烘燥绞丝200～800千克。

4. 筒子纱烘干机

筒子纱烘干机是采用箱式烘燥对筒子纱进行处理的装置（图10.66），可将四辆装有几百只筒纱的小车推进箱内，喷风棒的螺帽用不锈钢锁紧夹头将筒子纱固定住，关闭烘箱门后即开始热风烘燥。烘燥机门可根据需要设计成水平开门或电动上下开门方式。筒子纱烘干机具有结构简单、热损耗低、散热面积合理、自动控温、操作便利等特点。该机烘干温度在80℃至90℃之间进行调节，烘干时间为2～4小时。

图10.66　筒子纱烘干机

四、蚕丝绸印染加工技术的新发展

随着时代的进步和经济的发展，新型纤维和新的染整技术不断出现，生态纺织品与绿色染整技术已成为未来纺织品的发展趋势与方向。其主要特点在于应用无害染料及助剂，采用无污染或低污染工艺对纺织品进行低污水排放、低耗能、非水或低用水、高效率及多效应的加工。新型染色工艺如新型涂料染色、增溶染色、受控染色、非水或无水染色、无盐或低盐染色等得到了不同程度的开发与应用。

（一）新型染色技术

进入 21 世纪以后，随着纤维、染料和助剂化学品的发展，以及计算机科学与材料科学的进步，染色技术也有了很大进步，在染色加工色牢度、环保产品开发、提高资源利用效率、提高染整加工效率、降低能耗、节约染化料、改善生态环境方面，各种新工艺、新技术层出不穷，表现出对于绿色加工、节省资源、高消费需求的很好适应性。

1. 新型涂料染色

涂料染色主要靠黏合剂将染料黏着于织物上，实现各种复杂的印染效果。这样的涂料染色技术有很强的优势，除了加工工艺简单之外，织物适用范围广泛，生产废水少，十分节约原料资源。新型涂料染色的开发研究，更重要的目标是克服传统涂料染色的弊端，选用无害环保的涂料和黏合剂，同时改善染色织物的手感和透气性等。

2. 禁用染料的代用染料染色

随着国际环保纺织协会 Oeko-Tex Standard 100 生态纺织品标准的不断修订与逐步完善，织物染色的环保要求更加严格。如对甲醛含量限定值控制加严；含氯有机农药禁用列表扩大；生物活性物质对所有纺织品禁用；石棉纤维被列为禁用纤维；织物染色过程中，特别关注消解样品中的重金属、全氟辛烷磺酸和全氟辛酸、邻苯二甲酸酯类、有机锡化合物、多环芳烃、阻燃剂、表面活性剂等有害物质的测试项目。根据新的生态纺织品标准，许多合成染料已被禁用，迫使染料研究机构不得不加大研发力度，并一批批推出符合生态标准的合成染料。因此，随着时代的进步，还将会有更多新的达标染料出现，与之相配套的染色新工艺也会相伴而生。

3. 计算机受控染色

借助计算机以及信息科学技术的迅速发展，应用计算机来控制和优化染色过程，这也是新时期染整加工技术发展的重要特征。如利用电脑，可按照活性染料的染色特征值，以及上染和固色动力学等参数，在线控制和优化染色全过程，从而达到高效率、高质量、低成本、低耗能、低生产周期的目的。

4. 高固色率或高上染率染料染色

染料的主要生态问题之一，就是染色废水的处理和排放。开发和应用高上染率或高固色率的染料，可以大大减少染料废水，还可以提高染料利用率。目前，研究机构已开发出一些高上染率和高固色率的活性、分散和阳离子染料，减少了废水中的残余染料，也减少了染色后水洗的用水量与废水量。

5. 天然染料染色

天然染料因其中大部分与环境生态相容性好、毒性较低且可生物降解，因而在部分合成染料受到限制的今天，它重又得到了人们的重视。虽然天然染料不能完全代替合成染料，但作为合成染料的部分替代或补充，以及某种功能性染料的开发是有其研究和应用价值的。

6. 高色牢度染料染色

染料的染色牢度在一定程度上影响着染色纺织品的生态标准与品质。过去应用的一些湿处理牢度及耐光色牢度等较差的直接染料、酸性染料等已逐渐被高染色牢度染料所替代。由于分散染料的水溶性很低，因而湿处理牢度良好，染色废水也容易净化处理。近年来正在开发的新型分散染料，不仅能用于羊毛和蚕丝织物的染色，而且特别适合这些纤维与合成纤维的混纺或交织物的染色。

7. 物理和物理化学法增强染色

通过物理和物理化学的方法可以增强染色，使染料上染速度大大加快，或使染料的吸附量提高。物理方法的典型例子是超声波在染色过程中的应用。在超声波的作用下，不仅染料的上染速度加快了，而且透染和匀染效果显著改善。目前，对直接染料和活性染料的应用研究较多，因为它可以减少助剂和电解质用量，有利于保护环境。低温等离子体对纺织品改性后，则可以增加纤维的染色性。用物理和物理化学方法增强染色可以减少染色废水的化学污染，不过在处理纺织品时，其对于劳动保护技术的要求也将相应地提高。

8. 还原染料及新型还原染色技术

还原染料因其不溶于水，染色时通常首先要采用保险粉等还原剂，以使其还原后能上染，不仅工艺复杂，染浴稳定性差，而且污染严重。近年来开发的非保险粉化学还原法，如染料的电化学还原技术、催化加氢预还原及葡萄糖等还原糖的还原法等，已经引起人们的关注，前景十分看好。

还原染料技术加速开发的同时，硫化染料的染色新工艺也已出现。

此外，在新的染料开发中，活性染料和分散染料占据了十分重要的位置，许多染色新工艺正是基于这两类染料而成功开发出来的。目前，活性染料不仅被用于染纤维素纤维纺织品，也用于蛋白质纤维和一些合成纤维，如锦纶等，还用于多组分纤维及其纺织品，如蚕蛹蛋白、大豆蛋白纤维，以及各种混纺、交织物。

（二）印花技术新发展

进入21世纪以后，随着计算机科学的高速发展，以电子计算机为主体的现代控制技术已无所不在地渗透到纺织印染加工的各个领域，给纺织印染行业的技术革命带来了新的契机。

1. 计算机花型设计系统

传统的印花生产以来样加工为主，即客户提供花稿，生产商按需照样生产。但在市场经济环境下，由于市场接纳的是符合国际流行趋势的款式和花型，因此生产商只有不断地主动推出新印花产品，才能赢得市场，所以，生产商要不断地设计出新的花型、颜色和款式。花型设计系统恰好能帮助生产商承担这项任务。

计算机花型设计系统带有一个丰富的面料数据库，可以供设计者参考。同时，计算机可以通过国际互联网获取最新流行趋势，给设计者提供设计方向。最后，计算机通过强大的设计软件可以高速度、高精度设计出需要的图案花型，相对于传统的手工设计来讲，这是一种与新时代、新技术伴生的技术优势。

2. 计算机分色描稿系统

计算机分色是印花CAD/CAM的核心部分，它的工作原理是：在计算机中将通过图形输入或经计算机设计得到的花稿进行描绘、分色等一系列处理，生成单色稿文件，然后将单色稿以数字信号的形式传给激光照排机，发出单色稿胶片。

电脑分色系统处理速度快，能绘制高难度、高精度的花形（如云纹、油画、马赛克等）与规则的几何图案，能在计算机中自动完成接回头、连晒、开路等工作。因此，电脑分色取代手工描绘已经成为不可避免的趋势，特别是对于电脑直接制网和无版喷射印花系统来说，电脑分色系统更是不可或缺。

直接制网是把分色后的单色稿文件以数字信号的形式传给制网系统，通过激光或喷墨、喷蜡的形式在已涂过感光胶的花网上，绘制出单色稿图案。激光制网是以计算机控制激光束把感光胶雕刻掉后在网上形成图案；喷墨、喷蜡制网则是根据打印机的原理，把墨或蜡喷在网上，通过感光形成图案。直接制网将整幅花稿绘制在网上，免去了传统制网的胶片拼接，大大提高了制网精度，也减少了工序，缩短了制网时间，加快了开发周期。

3. 数码喷射印花系统

数码印花是用数字技术进行的印花，始于20世纪末21世纪初。数码印花技术是随着计算机技术的不断发展而逐渐形成的一种集机械、计算机、电子信息、精细化工为一体的高新技术。这项技术在纺织印花业掀起了一次"工业革命"。

数码印花是将花样图案通过数字形式输入计算机，借助计算机的色彩管理软件进行编辑处理，再由计算机控制墨水喷嘴，把专用染液直接喷射到纺织品上，形成印花图案。与传统印花工艺相比，数码印花显示了以下几个方面的优势：

首先，数码印花的生产过程使原有的工艺路线大大缩短，接单速度快，打样成本大大降低。由于数码印花的生产工艺流程摆脱了传统印花中分色描稿、制片、制网的过程，从而大大缩短了生产时间。其接受花样的方式，可以通过光盘、网络等各种先进手段，一般打样时间不超过一个工作日，而传统打样的周期一般在2周左右，甚至需要更长时间。由于工艺简化，打样成本大大降低了。

其次，数码印花技术打破了传统生产对套色和花回长度的限制，可以使纺织面料实现高档印制效果。由于数码印花技术采用数字图案，由计算机进行测色、配色、喷印，因此数码印花产品的颜色理论上可以达到1 670万种，突破了传统纺织印染花样的套色限制，特别是在对渐变色、云纹等高精度图案的印制上，数码印花在技术上更是具有无可比拟的优越性。另外，传统印花往往受到花版宽度、圆网周长的限制，即有"花回"长度的限制，而数码印花则不存在"花回"的概念，从而极大地拓宽了纺织图案设计的空间。

再次，数码印花生产可以实现小批量、快速响应的生产过程，生产批量不受任何限制。而且，印制不同图案时，不需要停机，可以随时进行切换。

数码印花采用专用染料墨水，不用色浆，省略了调浆过程。在喷印过程中，染料的多少由计算机"按需分配"，染化料的浪费比较少，使纺织品印花的生产摆脱了过去高能耗、高污染的生产方式。

此外，数码印花采用CMYK原理印花，喷印过程经过了数字化处理，因此，印花后的产品即使被仿冒，其清晰度和鲜艳度相比原稿制作的产品都会逊色很多，因此被仿冒的可能性大大降低了，这非常有利于保护设计师与生产厂商的知识产权和经济利益。

4. 印花自动调浆系统

印花自动调浆系统的主要作用，是通过电脑系统自动、准确和适时地调制出印花生产所需要的色浆，其主要特点是：

（1）有高精度的称量装置，能准确地配出色浆量，并根据色浆量自动调整搅拌速度和时间。

（2）采用电脑系统控制和计算，在色浆重复调配时，具有完全的再现性。

（3）具有浆料消耗统计功能和残浆回用功能，有利于节约色浆成本。

印花自动调浆系统是将所需原料、染料、糊料及助剂分别密封于储罐中，集中放置，每一组分都通过管道连通带有分配阀门的旋转分配头。制浆时，通过电脑输入处方，并计算出每桶浆所需的染料、糊料和助剂的用量，传送并控制旋转分配头，搅拌色浆直至完成。

在调浆自动配色中，可以将人工经验处方与客户提供的处方要求直接输入配方库管理系统进行试样。根据测配色系统获得的处方数据，可以直接通过数据库的连接将数据导入配方库管理系统中。

（三）当代整理加工技术

丝织品经过精练、染色、印花后，还需要进行最后的整理工作。整理工艺除了要解决前几道工序遗留的潮湿、折皱、门幅参差不齐等问题之外，还要突出丝织物本身的柔软特性，并增加其服用功能。一般采用的主要是机械整理和化学整理两种方法。机械整理包括拉幅整纬整理、汽熨整理、轧光等；化学整理则是通过添加化学药剂，如柔软剂、抗静电剂、防火剂或由纯碱与磷酸三钠组成的砂洗剂等，达到防皱、防缩、柔软、增厚的效果。处理过的面料更适合穿着，不仅可以制作高雅华丽、富有东方神韵的服饰，也可用于制作精美的工艺品或其他丝绸产品。

以下是当代整理加工技术上备受关注的几个动向。

1. 抗皱整理

真丝绸有良好的穿着舒适性，享有"纤维皇后"之称，美中不足的是尺寸稳定性较差，湿抗皱性更差，不像涤纶、羊毛等纤维织物那样在服用过程中能保持平整和挺括的外观。而现代消费者普遍要求真丝绸不但有较好的抗皱性，而且经多次洗涤仍然挺括。因此，在不损害真丝绸风格的前提下，提高其抗皱性，成了丝绸印染科技工作者努力的目标之一。

有关真丝绸的抗皱整理，按整理浴组成，可分为树脂整理和添加整理；按整理体系，可分为液相整理和气相整理；按整理剂中是否含有甲醛，可分为含甲醛整理和不含甲醛整理。

早期真丝抗皱整理所用的树脂整理剂主要有脲醛树脂、三聚氰胺甲醛树脂、四聚甲醛、丙烯酸系树脂、氨基甲酸酯类树脂、硫脲树脂等。真丝织物经这些树脂整理后，游离甲醛很高，无法满足生态纺织品标准的要求。针对这一情况，陆续出现了改性树脂、环氧树脂、柠檬酸、有机硅、聚氨酯、丁烷四羧酸（BTCA）等整理剂。但是，无论用什么整理剂进行整理，对丝绸良好的吸水性、悬垂性、柔软性、强力等都会造成较大的损害，使蚕丝绸失去优良的服用性能。因此，到目前为止，蚕丝绸的抗皱整理还没有一种很完美的整理剂和整理技术。

2. 砂洗整理

砂洗是20世纪90年代由香港传入内地的一项蚕丝绸整理技术。真丝绸砂洗整理技术是利用酸、碱或专用砂洗剂作用于真丝织物，使丝纤维膨化，借助机械摩擦力的作用使织物表面产生灰伤，再用柔软剂处理，经烘干机烘干，使织物微纤维松散、裸露、竖立，织物经纬交织点活动性增大，最终在织物外表产生一层致密的、类似桃皮的短绒毛。

经砂洗后的丝绸手感丰满、柔软厚实、富有弹性、悬垂性好、不易起皱，拓宽了做时装面料的用途。但是，如果砂洗不匀，会产生砂洗折痕，影响美观；如果砂洗过度，则会对丝织物的强力造成较大影响。因此，对于不同厚薄、不同组织规格的面料，要采用不同的砂洗工艺。

真丝绸砂洗后，鲜艳度下降，有复古仿旧的效果。但随着时间推移，消费者对这种风格已不再感兴趣。因此，丝织物整理上又出现了保鲜砂洗、无灰伤砂洗。它是利用生物酶，破坏砂洗时出现的灰伤绒毛，使之断裂，让绸面重新变得光洁，恢复柔和的光泽。这种方法，既保证了砂洗的蓬松柔软度，又保持了丝绸的光泽度，被称为无灰伤砂洗。

3. 三防整理

三防整理是指通过化学整理，赋予蚕丝绸拒水、拒油和防污的功能。丝绸的某些特殊产品如领带、外套或伞布等，在服用和使用时需要有拒水、拒油和易去污的功能。为此，蚕丝绸的一些面料有时也需要一些"三防"整理。三防整理流程和工艺并不复杂，经浸轧、烘干和焙烘三个主要工序即可。浸轧一般采用一浸一轧，轧余率80%左右；烘干温度不超过120℃，烘干即可；焙烘温度为160℃～170℃，时间2～3分钟。焙烘温度越高，三防效果越好。三防助剂有：杭州传化化学品有限公司的防水防油加工剂TG-5601、美国亨斯曼公司的Oleophobol C、美国杜邦亨斯曼公司的Phobol CP-C。

4. 增重整理

蚕丝绸增重主要是为了弥补丝纤维或织物因脱胶所引起的失重，赋予其硬挺性与丰满性。目前使用的主要方法如下：

（1）单宁酸增重。它是通过真丝绸能吸附单宁酸，使自身重量增加而达到增重效果。该增重绸手感柔软，透气性、悬垂性好，抗皱性和紫外线耐受性与强力等均有所提高。但是，单宁增重处理后的真丝绸对阴离子染料会产生较大的阻染作用，使得其深染性变差。而且，天然单宁中的色素会影响真丝绸的着色与漂白，故而天然单宁增重不适合白色、浅色或鲜艳色的真丝绸产品，而主要用作为黑色丝绸织物增重。

（2）锡磷增重。它是用四氯化锡在丝纤维内与磷酸氢二钠和硅酸钠先后反应，生成不溶于水的沉淀物。染料在经锡磷化合物处理后的真丝织物上的上染率会有所下降，上染率随着增重率的提高而下降，所以其增重真丝染色织物的色光偏暗。

（3）接枝增重。接枝聚合增重可选用的单体较多，包括乙烯类（醋酸乙烯、丙烯腈、苯乙烯）、甲基丙烯酸酯类（甲基丙烯酸甲酯、甲基丙烯酸羟乙酯、甲基丙烯酸乙氧基乙酯）、丙烯酰胺类（丙烯酰胺、甲基丙烯酰胺、羟甲基丙烯酰胺、甲基丙烯酸羟甲基酰胺）。单体接枝工艺主要利用分子内具有双键的乙烯系单体，在引发剂作用下产生自由基，从而使不活泼的单体发生自由基聚合反应，形成聚合物，可在丝朊分子上呈分枝状聚合，也可在纤维内形成三维网状聚合物而沉积其中。接枝增重的丝绸手感变硬，光泽下降。

（4）丝素增重。采用丝素浸渍处理，也能使蚕丝纤维增重。但是，仅仅经浸渍丝素液而增重的真丝绸，一旦放在水中，附着其上的丝素大部分又会溶解，从而失去增重效果。为此，必须用甲醛、乙二醛、戊二醛等醛类化合物进行固着处理。不过，用甲醛交联固着处理的蚕丝织物含有游离甲醛，对人体健康有害。

除了对真丝织物增重外，对于真丝纱线的增重，则以选用甲基丙烯酰胺作为接枝单体为好，不仅增重率高，而且可以人为控制增重率。该接枝工艺较简单，能够单独进行增重，也可与染色同浴进行增重，增重率高达60%以上。接枝增重的优化工艺为：甲基丙烯酰胺浓度60%、过硫酸钾4.74%、甲酸调节pH值至3、非离子渗透剂4克/升、浴比1∶20、80℃、反应90分钟。该增重工艺只适用于蚕丝线的增重，对绸缎织物的增重效果不明显。

进入新世纪，纺织染整技术加强了与信息科学技术、微电子和计算机技术、绿色环保技术之间的交流与互动，逐步形成了新型的染整技术体系与新兴的丝绸染整产业形态。染色整理技术将为自动控制技术、现代测试技术和网络技术的应用开辟出全新的领域。可以期待，染整工程系统自动化、网络化、智能化水平将出现新的升华；同时，在能源利用、环境保护方面呈现出全新的节能、绿色染整产业面貌。

本文参考文献

1. 陈维稷. 中国纺织科学技术史（古代部分）[M]. 北京：科学出版社，1984.
2. 钱小萍. 中国传统工艺全集：丝绸织染 [M]. 郑州：大象出版社，2005.
3. 宋应星. 图解天工开物 [M]. 海口：南海出版社，2007.
4. 赵翰生. 中国古代纺织与印染 [M]. 北京：商务印书馆，1997.
5. 王菊生. 染整工艺原理（第三册）[M]. 北京：中国纺织出版社，1984.
6. 上海市丝绸工业公司. 丝绸染整手册 [M]. 北京：纺织工业出版社，1982.
7. 王庄穆. 民国丝绸史 [M]. 北京：中国纺织出版社，1995.
8. 杨丹. 真丝绸染整 [M]. 北京：纺织工业出版社，1983.
9. 篠原昭，嶋崎昭典，白倫. 絹の文化誌 [M]. 长野：信濃毎日新聞社，1992.
10. 沈国强，杨春霞，张栋. 天然色素（染料）的研究及发展趋势 [J]. 染料与染色，2009，46（1）：7-10.
11. 刘尊志，胡望林，郑洪全，等. 江苏徐州黑头山西汉刘慎墓发掘简报 [J]. 文物，2010（11）：17-41.
12. 吕烈丹. 南越王墓出土的青铜印花凸版 [J]. 考古，1989（2）：178-179.
13. 马小青. 一件珍罕的东汉青铜支架刻度熨斗 [J]. 文物春秋，2003（2）：47-48.
14. 鞠朝阳. 传统型版印染表现语言研究 [D]. 北京：北京服装学院，2008.

后　记

这本书完稿之际，正值当今世界经济发展中备受瞩目的"一带一路"的倡议构想在世界政治、经济版图上从容铺展之时。"一带一路"（The Belt and Road，B&R）是什么？它是"丝绸之路经济带"和"21世纪海上丝绸之路"的简称。

两千多年前，汉武帝派张骞出使西域，形成了一条横贯东西方的友好交流通道。西汉时期，它以长安为起点，经河西走廊到敦煌，通往欧亚大陆；丝绸作为东西方交流中广受欢迎的主要商品，使得这条以丝绸贸易为媒介的西域交通通道自古以来就备受关注。1877年，德国地质地理学家李希霍芬在其著作《中国》一书中，将这条通道称为"丝绸之路"，此后这一概念被世人广泛接受。自秦、汉开始，另外一条以中国徐闻港、合浦港等港口为起点的海上丝绸之路逐渐形成，后发展为经过中南半岛和南海诸国，穿过印度洋，进入红海，抵达东非和欧洲的又一条以丝绸为媒介的中西方贸易和文化交流大通道。

21世纪，当人类进入科学技术高度发展阶段时，在世界上重新唤起对丝绸和丝绸之路的怀想与憧憬，并借助世人对蚕丝绸神奇魅力的崇敬和对发明蚕丝绸神圣过程的景仰，由此激发起人们在新时代开辟中国与世界经济发展的共赢之路的热情与信心，这已成为今天人们探索新丝绸之路的使命担当。

为什么几千年前发明的丝绸在现代科学技术高度发展的世界中依然可以担当重要角色？为什么丝绸有如此让人不能忘怀的魅力？为什么古老的丝绸之路一旦被赋予新时代内涵后可以有强力的经济发展和时代进步推动力呢？《中国古今蚕桑丝绸技艺精华》恰好给出了完美的诠释。

回顾这本书的编写历程，从构思到几次拟订编写提纲，再到执笔写作每一个章节，直到完稿，前后长达10年之久，其间经历了多次修改和补充，无不倾注和凝聚了参与编写的蚕桑丝绸领域专家们的智慧和心血。如今，在苏州大学出版社的鼎力合作之下，这本书终于付诸出版了。我们在甚感欣慰的同时，谨向全体编委会成员表示衷心的感谢！此外，要感谢苏州丝绸博物馆和中国丝绸博物馆为本书提供了许多有关文物复制的珍贵资料；感谢中国丝绸博物馆赵丰馆长对本书出版工作的大力支持；感谢江苏省苏豪丝绸发展有限公司徐凤梅、江苏泗绢集团有限公司韩兴旺、苏州大学许雅香、原苏州绸缎炼染一厂徐彩云等在编写过程中给予的种种帮助和指导。特别要感谢苏州大学詹葵华副教授精心绘制了很大一部分插图，使本书增色不少。我们还要感谢苏州大学出版社对本书的编写与出版从各方面给予了极大的关心与支持，以及本书策划兼责任编辑张凝编审在编写全过程中一丝不苟的精心修改和编辑指导。

最后，在本书收笔之际，我们预祝"一带一路"的倡议构想能够一如古代丝绸之路，实现一个新的传承后代的旷世奇迹。

钱小萍　白伦
2020年6月24日于苏州